BACHILLERATO

MATEMÁTICAS I

J. Colera Jiménez, M.ª J. Oliveira González, R. Colera Cañas,
E. Santaella Fernández

1

ANAYA

Esta serie de Matemáticas ha sido creada por Anaya Educación para Bachillerato. En la realización de esta obra han intervenido:

Coordinación editorial
Mercedes García-Prieto

Edición
Vicente Vallejo

Equipo técnico
José Luis Román e Isabel Pérez

Corrección
Mercedes Pérez

Diseño
Dirección de arte: Javier Serrano. Cubierta e interiores: Patricia Gómez Serrano. Desarrollo gráfico de cubierta: Juan Carlos Quignon, Rafael Sombría y Miguel Ángel Castillejos.

Gráficos
José Luis Román

Edición gráfica
Beatriz Gutiérrez

Ilustraciones
Pablo Espada

Fotografías
AGE fotostock, Album, Archivo Anaya (Boé, O.; Candel, C.; Cosano, P.; García Pelayo, Á.; Giorcelli, G.; Hernández Moya, B.; Leiva, Á.; Liarte Sales, A.; Lucas, J.; Martin, J.; Marín, E.; Rivera Jove, V.; Ruiz Pastor, L.; Steel, M.; Valls, R.; Velasco, P. - Fototeca de España), Biblioteca Nacional Central de Florencia, Biblioteca Nacional de Francia, Biblioteca Universidad de Sevilla, Corbis/Cordon Press, ESA, Getty images, Index, Ministerio de Educación, Cultura y Deporte, NASA, Prisma, 123RF.

Agradecemos su colaboración a Francisco Javier González Ortiz por la elaboración de las actividades con GeoGebra que aparecen en este litro y a Rosario García Pérez y a Ana María Fernández Amor su colaboración en la elaboración del Generador de Evaluaciones correspondiente a este libro.

Las normas ortográficas seguidas en este libro son las establecidas por la Real Academia Española en la *Ortografía de la lengua española*, publicada en el año 2010.

Nuestras publicaciones mantienen el rigor en el uso y en la selección de los contenidos, en las imágenes y en el lenguaje, para cumplir con la **no discriminación** por razón de género, cultura u opinión.

Los enlaces a las páginas web que aparecen en este libro han sido revisados en la fecha de su impresión. La editorial no se hace responsable de las modificaciones o las anulaciones que se produzcan en ellos con posteridad a dicha fecha.

ISBN: 978-84-678-2688-3 - Depósito Legal: M-5725-2015 - Printed in Spain.

ET015757/1E8I - 8460024

Índice

Cómo usar este libro

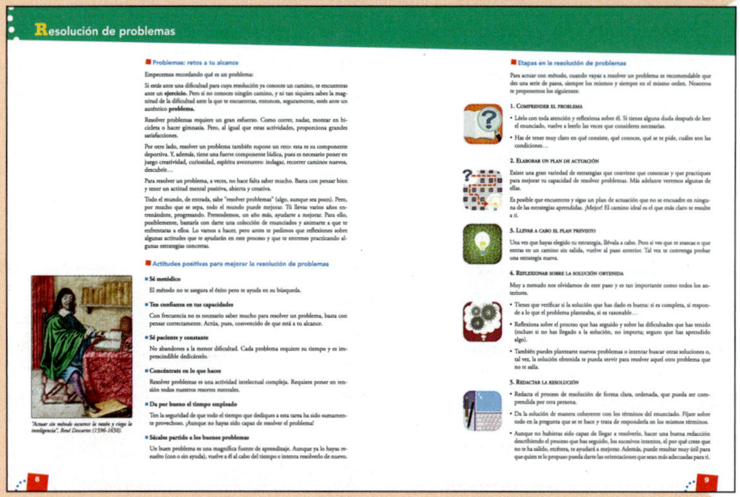

Resolución de problemas

Lo primero que te encontrarás al empezar el libro es una unidad dedicada a la resolución de problemas.

En ella te damos, en primer lugar, unas cuantas pautas y pasos a seguir a la hora de enfrentarte con un problema.

Después, te mostramos distintas estrategias muy útiles para la resolución de problemas. Encontrarás tanto problemas resueltos mediante la aplicación de estas estrategias, como problemas propuestos para que los resuelvas y compruebes si estás adquiriendo las habilidades presentadas.

Al final, te proponemos una gran cantidad de problemas para que ensayes estas estrategias.

Inicios de bloque

El libro está dividido en cinco bloques, que se corresponden con distintos campos de las matemáticas:

Aritmética y álgebra, Trigonometría y números complejos, Geometría, Análisis, Estadística.

Cada uno de estos bloques se inicia con un eje cronológico en el que se señalan los principales avances en el campo de las matemáticas tratado junto con los hechos históricos e inventos más relevantes de la época en la que se produjeron.

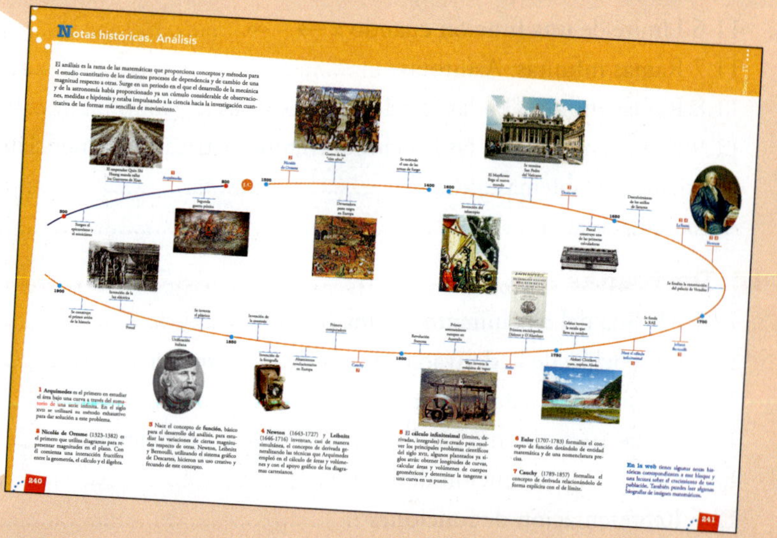

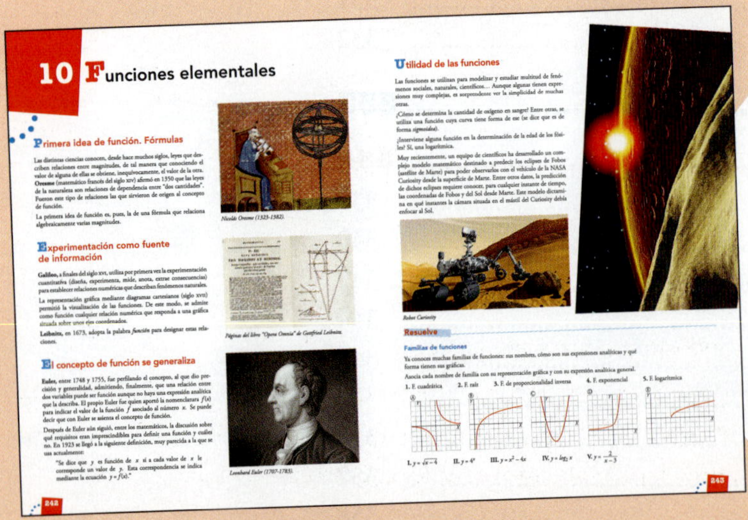

Inicios de unidad

Las dos primeras páginas de cada unidad están dedicadas a introducir los contenidos más importantes que se tratan en la misma. A través de los descubrimientos más destacados en un determinado campo de las matemáticas y de los personajes históricos que los protagonizaron se hace una breve presentación de los orígenes, la evolución y la situación actual de estos contenidos.

La introducción finaliza siempre con el apartado "Resuelve". En él se propone una actividad con cuya resolución pretendemos activar tus conocimientos previos sobre la materia que se va a trabajar a lo largo de la unidad.

Desarrollo de cada unidad

Las unidades se dividen en epígrafes y subepígrafes, en los que mostramos los conceptos y herramientas que debes aprender.

En cada epígrafe, como norma general, encontrarás ejercicios resueltos que te ilustrarán sobre la forma en que se utilizan las herramientas que estás aprendiendo en ese momento y ejercicios propuestos que te ayudarán a comprobar tus avances.

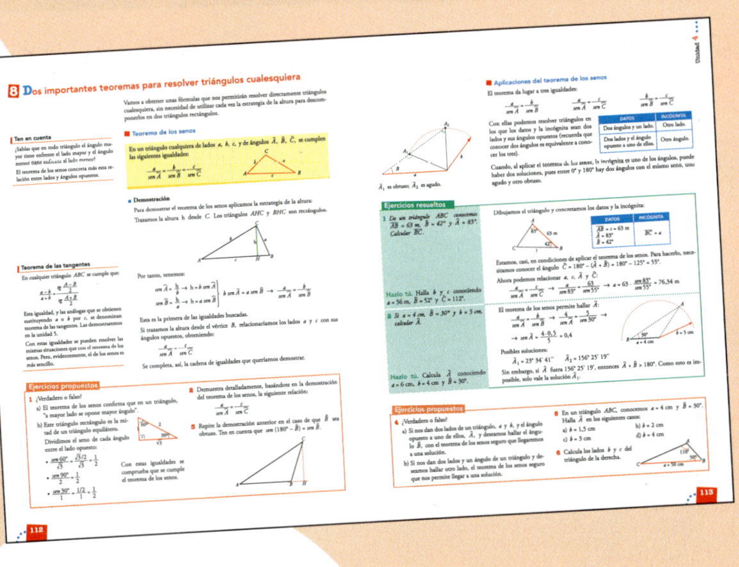

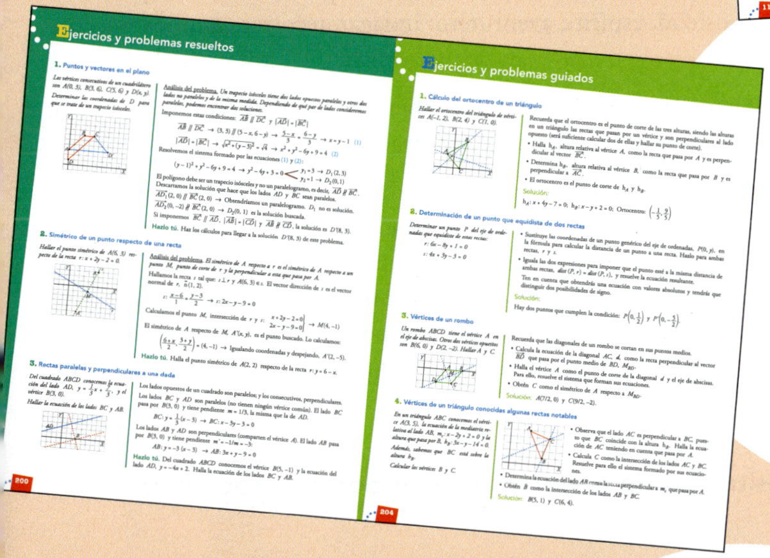

Ejercicios resueltos y guiados

La presentación teórica de los contenidos se completa en cada unidad con:

- Varias páginas de ejercicios resueltos colocados por contenidos. Intentan cubrir todos los conceptos y herramientas que has aprendido a lo largo de la unidad, aunque, ocasionalmente, se presentan algunos nuevos.
- Una página de ejercicios guiados para que los resuelvas siguiendo unos pasos y unas breves indicaciones que te ofrecemos en el libro para facilitarte esta labor. También te damos la solución de estos ejercicios.

Ejercicios propuestos y autoevaluaciones

Al final de cada unidad encontrarás una gran cantidad de ejercicios que te proponemos para que los resuelvas tú mismo. Están secuenciados por contenidos y por dificultad. Estos ejercicios se rematan con una autoevaluación que te ayudará a comprobar tus avances en el estudio de la unidad.

Además, al final de cada bloque te proponemos una larga autoevaluación con ejercicios para repasar los contenidos relacionados con las unidades que componen el bloque.

Las soluciones de todas las autoevaluaciones las encontrarás al final del libro, y las resoluciones completas, en **www.anayaeducacion.es.**

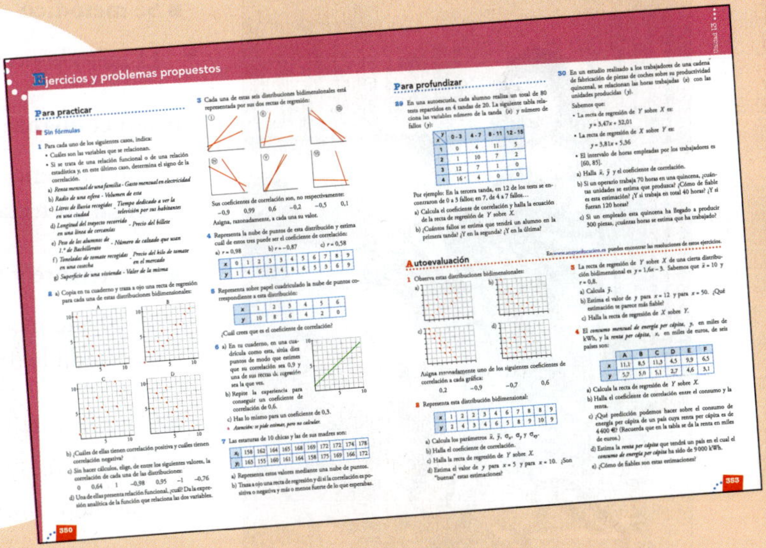

La web del alumnado y de la familia en anayaeducacion.es

¿Qué es? Un espacio lleno de recursos digitales para mejorar tu aprendizaje.

¿Cómo accedo? Regístrate en nuestra web e introduce el número de licencia que encontrarás al abrir este libro.

¿Cuándo accedo? Cuando el icono indique que en **www.anayaeducacion.es** dispones de recursos relacionados con el contenido que estás estudiando. Y, por supuesto, visita la web siempre que quieras descubrir y aprender más.

Problemas: retos a tu alcance

Empecemos recordando qué es un problema:

Si estás ante una dificultad para cuya resolución ya conoces un camino, te encuentras ante un **ejercicio.** Pero si no conoces ningún camino, y ni tan siquiera sabes la magnitud de la dificultad ante la que te encuentras, entonces, seguramente, estés ante un auténtico **problema.**

Resolver problemas requiere un gran esfuerzo. Como correr, nadar, montar en bicicleta o hacer gimnasia. Pero, al igual que estas actividades, proporciona grandes satisfacciones.

Por otro lado, resolver un problema también supone un reto: esta es su componente deportiva. Y, además, tiene una fuerte componente lúdica, pues es necesario poner en juego creatividad, curiosidad, espíritu aventurero: indagar, recorrer caminos nuevos, descubrir…

Para resolver un problema, a veces, no hace falta saber mucho. Basta con pensar bien y tener una actitud mental positiva, abierta y creativa.

Todo el mundo, de entrada, sabe "resolver problemas" (algo, aunque sea poco). Pero, por mucho que se sepa, todo el mundo puede mejorar. Tú llevas varios años entrenándote, progresando. Pretendemos, un año más, ayudarte a mejorar. Para ello, posiblemente, bastaría con darte una colección de enunciados y animarte a que te enfrentaras a ellos. Lo vamos a hacer, pero antes te pedimos que reflexiones sobre algunas actitudes que te ayudarán en este proceso y que te entrenes practicando algunas estrategias concretas.

Actitudes positivas para mejorar la resolución de problemas

"Actuar sin método oscurece la razón y ciega la inteligencia", René Descartes (1596-1650).

- **Sé metódico**

  El método no te asegura el éxito pero te ayuda en su búsqueda.

- **Ten confianza en tus capacidades**

  Con frecuencia no es necesario saber mucho para resolver un problema, basta con pensar correctamente. Actúa, pues, convencido de que está a tu alcance.

- **Sé paciente y constante**

  No abandones a la menor dificultad. Cada problema requiere su tiempo y es imprescindible dedicárselo.

- **Concéntrate en lo que haces**

  Resolver problemas es una actividad intelectual compleja. Requiere poner en tensión todos nuestros resortes mentales.

- **Da por bueno el tiempo empleado**

  Ten la seguridad de que todo el tiempo que dediques a esta tarea ha sido sumamente provechoso. ¡Aunque no hayas sido capaz de resolver el problema!

- **Sácales partido a los buenos problemas**

  Un buen problema es una magnífica fuente de aprendizaje. Aunque ya lo hayas resuelto (con o sin ayuda), vuelve a él al cabo del tiempo e intenta resolverlo de nuevo.

Etapas en la resolución de problemas

Para actuar con método, cuando vayas a resolver un problema es recomendable que des una serie de pasos, siempre los mismos y siempre en el mismo orden. Nosotros te proponemos los siguientes:

1. Comprender el problema

- Léelo con toda atención y reflexiona sobre él. Si tienes alguna duda después de leer el enunciado, vuelve a leerlo las veces que consideres necesarias.
- Has de tener muy claro en qué consiste, qué conoces, qué se te pide, cuáles son las condiciones…

2. Elaborar un plan de actuación

Existe una gran variedad de estrategias que conviene que conozcas y que practiques para mejorar tu capacidad de resolver problemas. Más adelante veremos algunas de ellas.

Es posible que encuentres y sigas un plan de actuación que no se encuadre en ninguna de las estrategias aprendidas. ¡Mejor! El camino ideal es el que más claro te resulte a ti.

3. Llevar a cabo el plan previsto

Una vez que hayas elegido tu estrategia, llévala a cabo. Pero si ves que te atascas o que entras en un camino sin salida, vuelve al paso anterior. Tal vez te convenga probar una estrategia nueva.

4. Reflexionar sobre la solución obtenida

Muy a menudo nos olvidamos de este paso y es tan importante como todos los anteriores.

- Tienes que verificar si la solución que has dado es buena: si es completa, si responde a lo que el problema planteaba, si es razonable…
- Reflexiona sobre el proceso que has seguido y sobre las dificultades que has tenido (incluso si no has llegado a la solución, no importa; seguro que has aprendido algo).
- También puedes plantearte nuevos problemas o intentar buscar otras soluciones o, tal vez, la solución obtenida te pueda servir para resolver aquel otro problema que no te salía.

5. Redactar la resolución

- Redacta el proceso de resolución de forma clara, ordenada, que pueda ser comprendida por otra persona.
- Da la solución de manera coherente con los términos del enunciado. Fíjate sobre todo en la pregunta que se te hace y trata de responderla en los mismos términos.
- Aunque no hubieras sido capaz de llegar a resolverlo, hacer una buena redacción describiendo el proceso que has seguido, los sucesivos intentos, el por qué crees que no te ha salido, etcétera, te ayudará a mejorar. Además, puede resultar muy útil para que quien te lo propuso pueda darte las orientaciones que sean más adecuadas para ti.

Análisis de algunas estrategias

Hacer un esquema

Con frecuencia, para entender mejor el enunciado conviene hacer un esquema. Veamos algunos tipos.

Bocetos

Sirven para situar y relacionar mejor los datos.

Problema resuelto

LA PIRAGUA Y LA CARPA

Un piragüista avanza por un lago de aguas tranquilas cuando, a cierta distancia, delante de él, salta una carpa. En 15 paladas alcanza la onda creada por el salto y, en otras 15, vuelve a alcanzarla para abandonar el círculo de expansión. ¿A cuántas paladas se encontraba la piragua de la carpa cuando esta saltó?

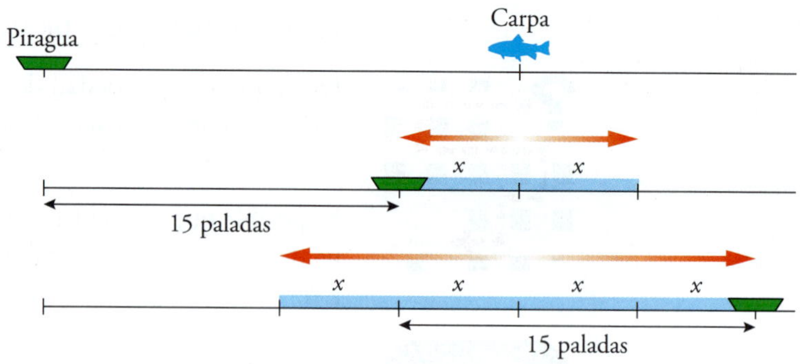

Vemos en el esquema que 15 paladas equivale a $3x$, por tanto, x equivale a 5 paladas.

Como la carpa saltó a 15 paladas más x, entonces saltó a 20 paladas del piragüista.

Dibujos geométricos

Si el problema es geométrico, es imprescindible una buena representación.

Problema resuelto

LA CABRA

Una cabra está atada, con una cuerda de 30 m, a una esquina de una casa de campo de planta rectangular de 20 m × 10 m. ¿Cuál es la superficie de la porción de parcela en la que puede pastar la cabra?

Nos ayudamos del siguiente esquema:

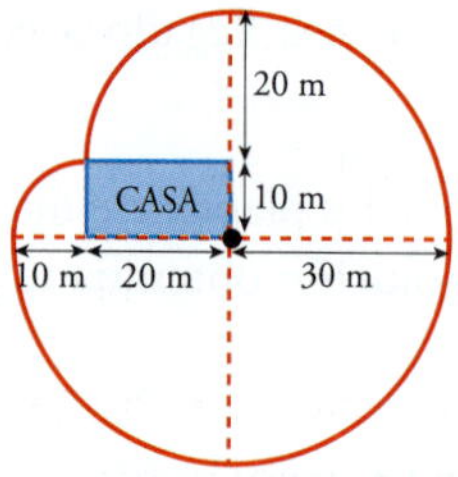

$$\text{Área} = \frac{3}{4}\pi \cdot 30^2 + \frac{1}{4}\pi \cdot 20^2 + \frac{1}{4}\pi \cdot 10^2 =$$
$$= 800\,\pi \approx 2\,513 \text{ m}^2$$

Aplica la estrategia y resuelve

1 Un motorista sale de su casa a las cinco de la tarde para acudir a una cita. Se da cuenta de que si viaja a 60 km/h llegará un cuarto de hora tarde, pero que si lo hace a 100 km/h llegará un cuarto de hora antes. ¿A qué hora es la cita? ¿A qué distancia está su destino?

2 En el segundo problema de arriba, supongamos que la cabra está atada a una casa de planta cuadrada de 10 m de lado y que la cuerda atada a una de las esquinas mide 20 m. Calcula, en este caso, la superficie en la que puede pastar la cabra.

■ Diagramas de Venn

Son esquemas usados en la teoría de conjuntos que ayudan a visualizar los datos en cierto tipo de problemas.

Problema resuelto

LA ENTREVISTA

En una entrevista de trabajo, de los 300 candidatos seleccionados 180 saben idiomas, 136 tienen experiencia y 76 han realizado un máster. Además, hay 21 con idiomas y máster, 24 con experiencia y con máster y 61 con idiomas y experiencia. Hay 34 candidatos que solo tienen máster. Si no hay candidatos que no tengan ninguna de las tres cosas, ¿cuántos tienen las tres? ¿Cuántos hay solo con idiomas? ¿Y solo con máster?

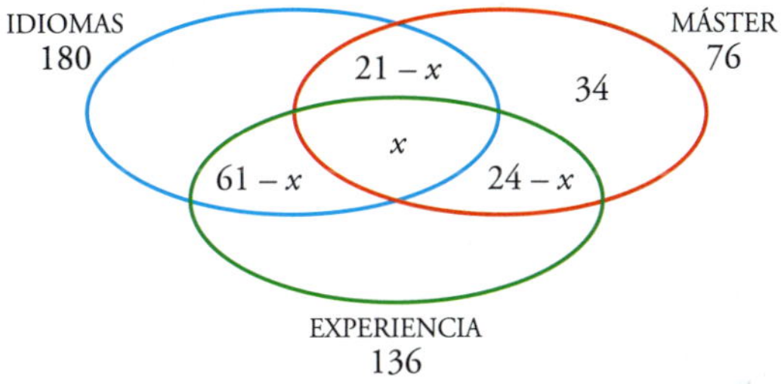

$(21 - x) + x + (24 - x) + 34 = 76 \rightarrow x = 3$

Hay 3 candidatos con las tres características.

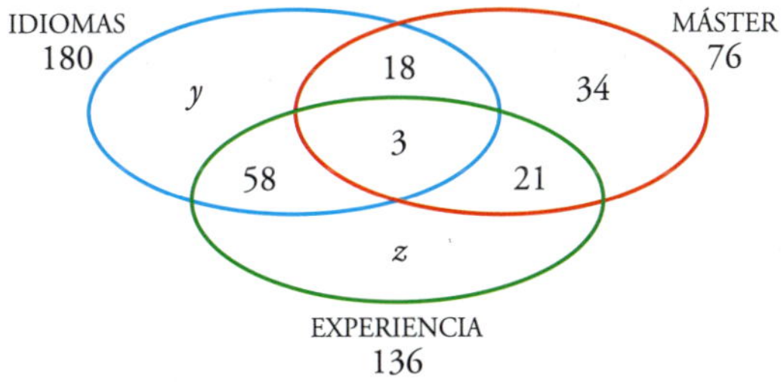

$58 + 3 + 18 + y = 180 \rightarrow y = 101; \quad 58 + 3 + 21 + z = 136 \rightarrow z = 54$

Hay 101 candidatos solo con idiomas y 76 solo con máster.

■ Diagramas en árbol

Sirven para facilitar la realización de recuentos.

Problema resuelto

EL PARTIDO

Dos equipos de fútbol se enfrentan en un partido. ¿De cuántas posibles formas se puede haber llegado a un resultado de 3-1?

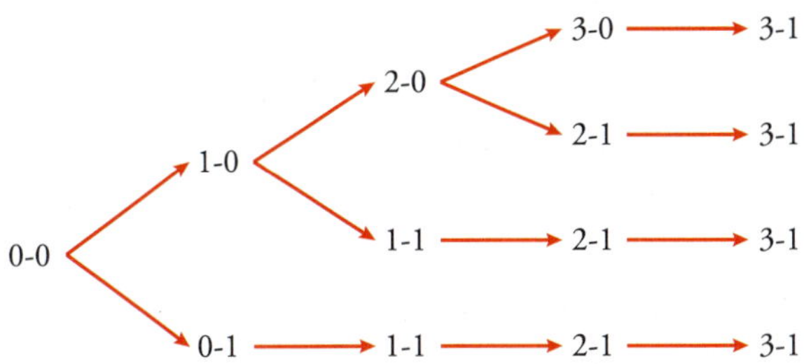

Por tanto, hay cuatro formas distintas de obtener un 3-1.

Aplica la estrategia y resuelve

3 En un club deportivo hay 513 socios que utilizan el gimnasio, 696 que juegan al pádel y 677 que van a la piscina. Usan las pistas de pádel y el gimnasio 89 socios; el gimnasio y la piscina, 124, y las pistas de pádel y la piscina, 162. Si hay 354 socios que solo usan el gimnasio, ¿cuántos socios usan todas las instalaciones? ¿Cuántos socios hay en total?

4 a) En un partido de fútbol, ¿de cuántas formas se puede llegar al resultado 5-0? ¿Y al resultado 4-1? Por tanto, ¿de cuántas formas se puede llegar al 5-1?

b) Si además de saber que un partido terminó 4-4, sabemos que pasó por 3-1, ¿de cuántas formas pudo evolucionar el resultado?

Resolución de problemas

Tantear. Describir los distintos casos

En algunos problemas hay que tantear todos los posibles casos para ver cuál responde a la solución buscada. Pero esta búsqueda debe complementarse con el hallazgo de algún indicio que nos delimite el número de posibilidades.

Problema resuelto

EL PANADERO

Un panadero mete en el horno seis bandejas, unas con magdalenas y otras con bollos suizos. En las bandejas hay 37, 15, 20, 8, 29 y 17 piezas. Por un descuido, se le queman todas las piezas de una de las bandejas. Hace un recuento y observa que tiene el doble de bollos suizos que de magdalenas. ¿Qué bandeja se le ha quemado? Entre las bandejas que le quedan, ¿cuáles son las de magdalenas y cuáles las de bollos suizos?

Si después de eliminar una bandeja resulta que hay el doble de bollos suizos que de magdalenas, se puede concluir que la suma de las piezas de las cinco bandejas que quedan ha de ser múltiplo de 3.

Al principio había $37 + 15 + 20 + 8 + 29 + 17 = 126$ piezas. Este número es múltiplo de 3. Si después de suprimir un sumando el resultado sigue siendo múltiplo de 3, el sumando suprimido debe ser, también, múltiplo de 3. La única bandeja que tenía un número de piezas múltiplo de 3 es la de 15 unidades. Esta es, pues, la que se ha quemado.

De las que quedan, 37, 20, 8, 29 y 17, probamos diversas combinaciones y obtenemos solo dos posibles descomposiciones en las que se verifica que una suma es doble que la otra:

- $20 + 8 + 29 + 17 = 2 \cdot (37)$
- $37 + 20 + 17 = 2 \cdot (8 + 29)$

De estas posibles soluciones, ¿cuál es la válida? Cualquiera. La frase en la que se pregunta por “las bandejas de magdalenas” no obliga a prescindir de la posibilidad de que solo haya una.

¡ATENCIÓN! Antes decíamos “probamos diversas combinaciones y…”. Veamos cómo la búsqueda puede simplificarse si caemos en la cuenta de un detalle: si el número de magdalenas es la mitad del de bollos suizos, las magdalenas son la tercera parte del total.

Por tanto, como había $37 + 20 + 8 + 29 + 17 = 111$ piezas, podemos concluir que $111 : 3 = 37$ son magdalenas. Y esta cantidad se consigue bien con una sola bandeja, la de 37 unidades, o bien sumando las unidades de dos bandejas $(29 + 8)$.

Aplica la estrategia y resuelve

5 Resuelve el problema anterior pero con estos números de magdalenas y bollos suizos en las seis bandejas: 18, 19, 21, 23, 25 y 34.

6 Ramiro tiene siete botes de canicas con 39, 46, 22, 14, 25, 18 y 12 unidades. Las canicas de seis de ellos son rojas y las canicas del otro son amarillas. Regala todas las bolas rojas a Horacio y a Arturo, dándole a cada uno varios botes completos. Si se sabe que Arturo recibe la cuarta parte de las bolas que ha recibido Horacio, ¿cuántas bolas amarillas hay en el único bote con canicas de este color? ¿Qué botes han recibido Horacio y Arturo?

7 Se han tomado dos fichas de cartón y se ha escrito un número en cada una de las cuatro caras.

Tirándolas al aire y sumando los números que quedan a la vista, pueden obtenerse los siguientes resultados: 36, 41, 50, 55.

Observa los siguientes números obtenidos en una de las tiradas y averigua los números que quedan ocultos:

25 **30**

Elegir la incógnita adecuada

Eligiendo una buena notación, un problema se puede simplificar notablemente. El objetivo es relacionar los datos con las variables elegidas y tratar de que los cálculos sean lo más sencillos posible. Para elegir una buena notación, debemos tener presente que esta sea clara, concisa y sin ambigüedades.

Problemas resueltos

LAS ESCALERAS

Eva sube las escaleras de un edificio de 2 en 2 y las baja de 3 en 3, con lo que da un total de 100 saltos. ¿Cuántos saltos da al subir y cuántos al bajar?

Si llamamos x al número de escalones que hay en el edificio:

- Da $\frac{x}{2}$ saltos cuando sube.
- Da $\frac{x}{3}$ saltos cuando baja.

$\frac{x}{2} + \frac{x}{3} = 100 \rightarrow x = 120$ escalones

Por tanto, da 120 : 2 = 60 saltos al subir y 120 : 3 = 40 saltos al bajar.

COCHE Y CAMIÓN

Un coche tarda en realizar el trayecto AB dos horas menos de lo que tarda un camión en realizar el trayecto contrario, BA. Saliendo simultáneamente, tardan 2 horas y 55 minutos en cruzarse. ¿Cuánto tarda cada uno en completar su recorrido?

2 h = 120 min

2 h 55 min = 175 min

Llamamos x al tiempo (en minutos) que tarda el coche en realizar el trayecto AB. Entonces:

- El coche en 1 min hace $\frac{1}{x}$ del trayecto.
- El camión en 1 min hace $\frac{1}{x+120}$ del trayecto.
- Entre los dos en 1 min hacen $\frac{1}{175}$ del trayecto.

$\frac{1}{x} + \frac{1}{x+120} = \frac{1}{175} \rightarrow x = 300 \text{ min} = 5 \text{ h}$

Por tanto, el coche tarda 5 horas y el camión, 7 horas.

PROPUESTA: Teniendo en cuenta que 2 h y 55 min son $\frac{35}{12}$ de hora, resuelve el problema sin pasar el tiempo a minutos.

Aplica la estrategia y resuelve

8 Un grupo de amigos van a comer a un restaurante chino. Cada dos comparten un plato de arroz; cada tres, uno de salsa, y cada cuatro, uno de carne. Si en total se sirvieron 65 platos, ¿cuántos amigos fueron a comer?

9 En una excursión a la montaña, organizada por un club alpino, cada tres miembros comparten una mochila; cada cuatro, una brújula, y cada seis, un mapa. Si entre mochilas, brújulas y mapas hay 27 objetos, ¿cuántos miembros del club participan en la excursión?

10 Un pintor tarda 3 horas más que otro en pintar una misma pared. Se sabe que trabajando juntos hubieran pintado esa pared en 2 horas. Calcula cuánto tardó cada uno en hacer el trabajo en solitario.

11 Un grifo tarda en llenar una piscina 3 horas menos que su desagüe en vaciarla. Si se abren ambos a la vez, estando vacía, la piscina tarda 36 horas en llenarse. ¿Cuánto tardará cada uno en cumplir su tarea si el otro permanece cerrado?

Considerar casos particulares. Experimentar

En algunas ocasiones, experimentar con casos particulares viene bien. Se suelen obtener ideas muy interesantes y provechosas.

Problema resuelto

SUMA DE IMPARES

Averiguar a qué es igual el resultado de sumar los n primeros números impares.

Probamos con los casos más sencillos. Observamos y elaboramos una conjetura:

$$1 = 1 = 1^2$$
$$1 + 3 = 4 = 2^2$$
$$1 + 3 + 5 = 9 = 3^2$$
$$1 + 3 + 5 + 7 = 16 = 4^2$$

Parece razonable conjeturar que:

$$\underbrace{1 + 3 + 5 + 7 + (2n - 1)}_{\text{suma de los } n \text{ primeros números impares}} = n^2$$

¿Será cierto? ¿Cómo comprobarlo? Una manera elegante de proceder es esta:

$$1 + 3 + 5 + 7 + \ldots + 2n - 1 = n^2$$

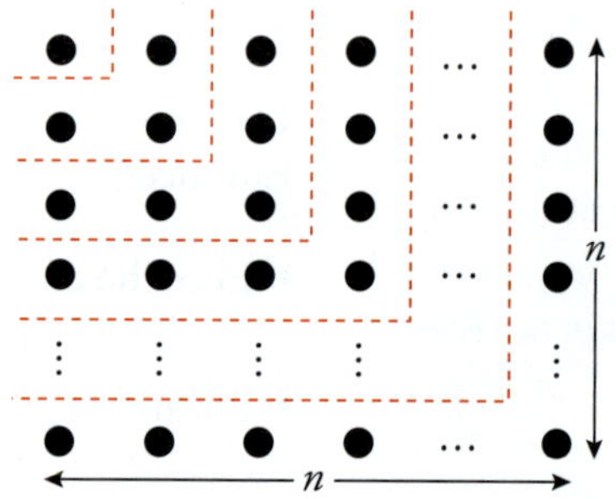

Como ves, existe una disposición geométrica en forma de cuadrado.

Aplica la estrategia y resuelve

12 El conserje de un hotel cierra y abre las puertas de las habitaciones según el siguiente criterio:

- El primer día cierra todas las puertas.
- El segundo día abre las pares.
- El tercer día cambia las múltiplos de 3 (si una puerta estaba abierta, la cierra; y si estaba cerrada, la abre).
- El cuarto día cambia las múltiplos de 4.
- Etcétera.

¿Qué puertas son las que quedarán cerradas al final del proceso?

Ayuda: observa, según el número de la puerta, la cantidad, par o impar, de divisores que tiene. Por ejemplo, la puerta 14 tiene un número par de divisores 1, 2, 7 y 14. Es decir, 1-cerrada, 2-abierta, 7-cerrada, 14-abierta. Sigue probando con otras puertas.

13 Observa cómo se pasa de una figura a la siguiente:

a) ¿Cuántos cuadraditos contiene la figura que ocupa el lugar 20 en el CASO I?

b) ¿Cuántos triangulitos contiene la figura que ocupa el lugar 20 en el CASO II?

c) ¿Cuántos cuadraditos contiene la figura que ocupa el lugar n en el CASO I?

d) ¿Cuántos triangulitos contiene la figura que ocupa el lugar n en el CASO II?

Cambiar el punto de vista

Hay problemas que parecen imposibles de resolver aunque la herramienta matemática necesaria para resolverlos sea asequible. Este tipo de problemas están diseñados de tal manera que al abordarlos parezcan muy complicados; pero, un pequeño cambio de punto de vista hace que su resolución sea trivial.

Problemas resueltos

MÁS PALILLOS

Con tres palillos iguales podemos formar un triángulo equilátero.

¿Sabrías formar con seis palillos cuatro triángulos equiláteros cuyos lados sean la longitud del palillo?

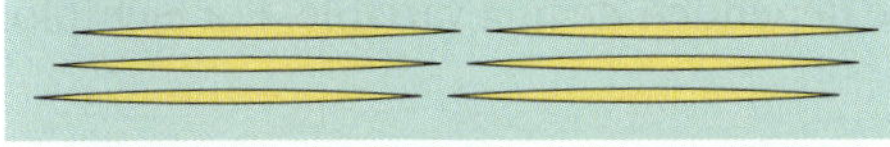

Por muchas vueltas que le des, si sigues poniendo los palillos en una mesa (en el plano), podrás llegar a una solución como la de la derecha.

Pero no vale, ya que los lados del triángulo han de tener la longitud de un palillo y estos son la mitad de largos.

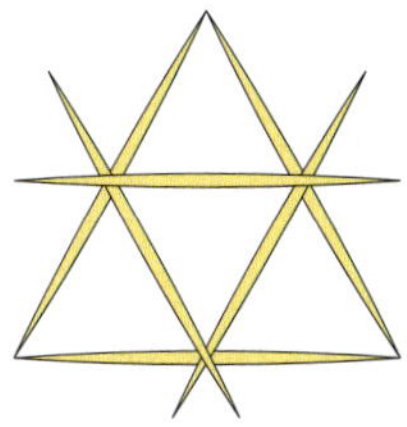

La solución es muy sencilla si tomas como posibilidad levantar los palillos del plano. Puedes formar un tetraedro regular con los seis palillos; con lo cual, ya tendrás tus cuatro triángulos equiláteros.

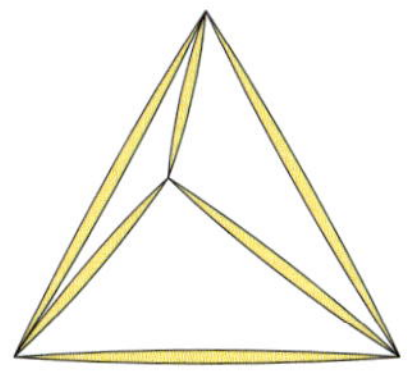

PUNTOS Y SEGMENTOS

Pasar por encima de estos nueve puntos con una línea quebrada de cuatro segmentos.

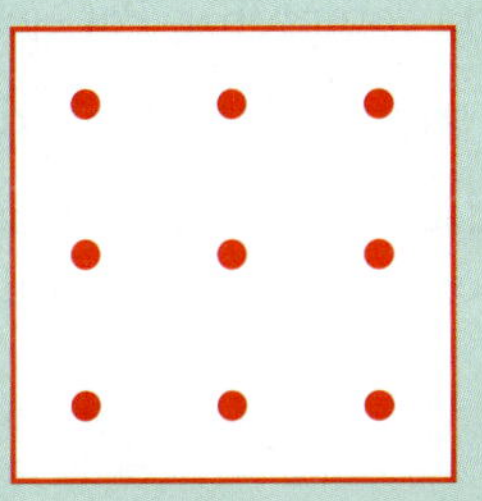

En primera instancia uno tiende a tratar de trazar la línea quebrada dentro del cuadrado rojo y no es capaz de abarcar los nueve puntos con solo cuatro segmentos. Ese cuadrado hace que, de un primer vistazo, parezca que no se puede salir uno de él. Pero si te sales, la solución es tan simple como esta:

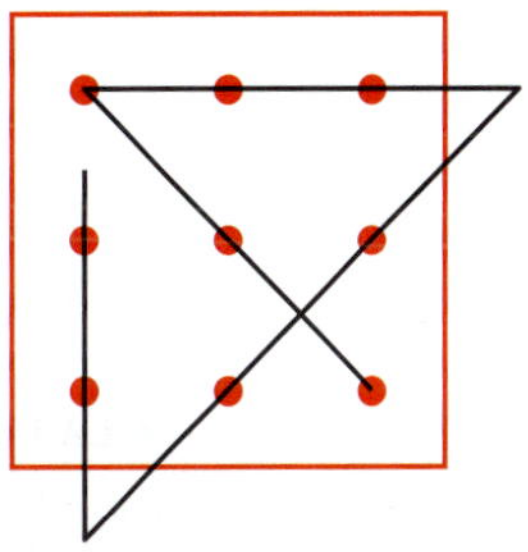

Aplica la estrategia y resuelve

14 Calcula la longitud del segmento d.

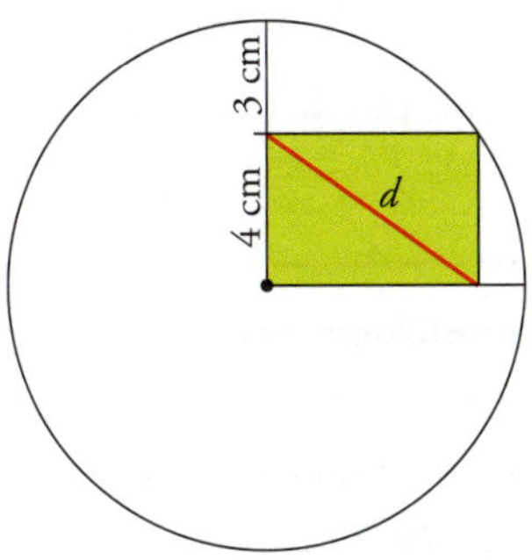

15 Sabiendo que el punto C es el centro del cuadrado pequeño, ¿qué superficie tiene la zona sombreada?

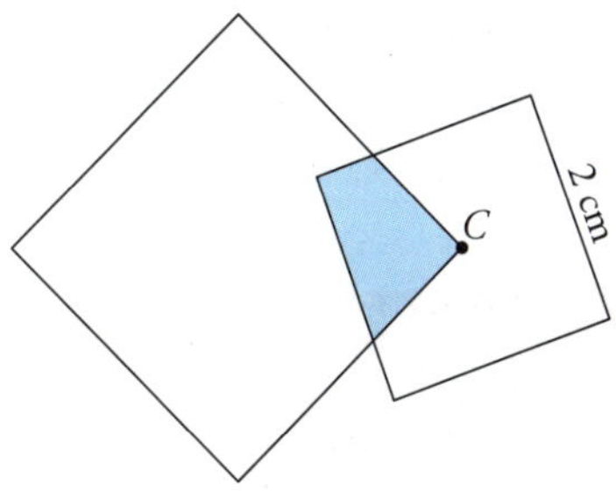

16 ¿Cómo pueden colocarse diez alumnos de tal manera que formen cinco filas de cuatro alumnos cada una?

La demostración matemática

El proceso deductivo

Desde los primeros tratados matemáticos, el razonamiento deductivo es el razonamiento por excelencia. En esencia, consiste en que, a partir de verdades ya demostradas (o bien, admitidas como válidas), se obtienen nuevos resultados.

El razonamiento deductivo garantiza, por su misma naturaleza, que lo que deducimos es verdad si el punto de partida también lo es. Vamos a analizarlo con detalle.

Proposiciones

Una **proposición** es una afirmación efectuada en términos inequívocos que puede ser **verdadera** o **falsa.**

Por ejemplo:

"El 6 es un múltiplo de 2" es una proposición verdadera.

"El 6 es un número primo" es una proposición falsa.

Con frecuencia se utilizan proposiciones que dependen de una variable. Por ejemplo:

"x es un número par"

Dependiendo del valor de x, la proposición es verdadera o falsa. Las proposiciones que dependen de una o más variables son, en realidad, familias de proposiciones. Para cada valor concreto de las variables se tiene una proposición concreta que, ahora sí, será verdadera o falsa.

Hay proposiciones complicadas cuya veracidad cuesta comprobar. Por ejemplo:

"Si n es un número natural, $n^3 - n$ es, con seguridad, múltiplo de 6"

Para averiguar si una proposición de este tipo es verdadera, se recurre al razonamiento deductivo. En este proceso es fundamental usar correctamente las **implicaciones.**

La implicación

Si una proposición, A, trae como consecuencia otra, B, se dice que A **implica** B y se expresa así: $A \Rightarrow B$

En tal caso, si A es verdadera, entonces B también lo es.

Por ejemplo:

A: "x es múltiplo de 6" B: "x es múltiplo de 2"

Es claro que $A \Rightarrow B$, pues "si x es múltiplo de 6, entonces x es múltiplo de 2".

Expresar una implicación

Hay distintas formas:

- $A \Rightarrow B$
- Si A, entonces B.
- A es una condición suficiente para que ocurra B.
- Siempre que ocurre A, ocurre B.

Aplica la estrategia y resuelve

1 Siendo la proposición A: "x es múltiplo de 10", ¿para cuál o cuáles de estas proposiciones se cumple $A \Rightarrow B$?

a) B: "x es múltiplo de 2"

b) B: "$x/10$ es un número primo"

c) B: "x^2 es múltiplo de 100"

d) B: "x^2 es múltiplo de 10"

Cadena de implicaciones

Si $A \Rightarrow B$ y $B \Rightarrow C$, entonces $A \Rightarrow C$.

Por ejemplo:

A: "la expresión decimal del número x acaba en 0"

B: "el número x es múltiplo de 10"

C: "el número x es múltiplo de 5"

$A \Rightarrow B$, pues "si x acaba en 0, entonces x es múltiplo de 10".

$B \Rightarrow C$, pues "si x es múltiplo de 10, entonces x es múltiplo de 5".

Por tanto, $A \Rightarrow C$, lo cual quiere decir que "si un número acaba en 0, entonces es múltiplo de 5".

Encadenar proposiciones

Si se encadenan n proposiciones, se llegará a la conclusión de que la primera implica la última:

Si $A_1 \Rightarrow A_2$ y $A_2 \Rightarrow A_3$ y $A_3 \Rightarrow A_4$ y …
… y $A_{n-1} \Rightarrow A_n$
entonces:

$A_1 \Rightarrow A_n$

El método deductivo como forma de demostración

Deseamos demostrar que una proposición X es verdadera. Para ello, podemos proceder del siguiente modo:

Partimos de una proposición A, que sabemos que es verdadera. Mediante una implicación, llegamos a la veracidad de otra proposición B. (Si A es verdadera y $A \Rightarrow B$, entonces B es verdadera). Y así, sucesivamente, mediante una cadena de implicaciones llegamos a la proposición X. De este modo se habrá demostrado que X es verdadera.

Problema resuelto

1 *Sabemos que n es un número natural.*

Demostrar que $n^3 - n$ es múltiplo de 6.

$n^3 - n = n(n^2 - 1) = n(n + 1)(n - 1) = (n - 1)n(n + 1)$

Obviamente $n - 1$, n y $n + 1$ son tres números naturales consecutivos, por lo que alguno de ellos es múltiplo de 2 y alguno es múltiplo de 3. Por tanto, su producto es múltiplo de 6.

Vamos a repetir el razonamiento anterior explicitando las proposiciones y las implicaciones entre ellas:

A: "$n^3 - n = n(n + 1)(n - 1)$"

B: "$n^3 - n$ es el producto de tres números naturales consecutivos"

C: "$n^3 - n$ es el producto de tres números, alguno $\dot{2}$ y alguno $\dot{3}$"

D: "$n^3 - n$ es $\dot{6}$"

$A \Rightarrow B \Rightarrow C \Rightarrow D$. Por tanto, $A \Rightarrow D$. Como A es cierta, D es cierta.

Aplica la estrategia y resuelve

2 El número p es un número primo mayor que 3. Demuestra que $p^2 - 1$ es múltiplo de 12.

3 Demuestra que cada ángulo de un polígono regular de n lados mide $180° - \dfrac{360°}{n}$.

Método de reducción al absurdo

El razonamiento deductivo tiene una vertiente muy interesante que describimos a continuación:

La implicación $A \Rightarrow B$ es equivalente a esta otra: no $B \Rightarrow$ no A.

Por eso, si queremos demostrar una proposición X, podemos hacerlo negándola (no X) y deduciendo de ahí una falsedad, un absurdo: no $X \Rightarrow$ no verdad.

De aquí se deduce (por ser equivalente a ella) que: verdad $\Rightarrow X$

Por tanto, X es verdadera.

Problema resuelto

1 *Demostrar que el número $\sqrt{2}$ es irracional.*

Supongamos que no es cierto; es decir, que $\sqrt{2}$ es racional. En tal caso, existirían dos números enteros a y b tales que:

$$\sqrt{2} = \frac{a}{b} \Rightarrow 2 = \frac{a^2}{b^2} \Rightarrow a^2 = 2b^2$$

Sabemos que en la descomposición factorial de un cuadrado perfecto, distinto de 1, todos los factores que aparecen lo hacen un número par de veces:

$$6^2 = 36 = 2 \cdot 2 \cdot 3 \cdot 3; \quad 8^2 = 64 = 2 \cdot 2 \cdot 2 \cdot 2 \cdot 2 \cdot 2; \quad 10^2 = 100 = 2 \cdot 2 \cdot 5 \cdot 5; \ldots$$

Como b^2 es un cuadrado perfecto, el factor 2 o no aparece o aparece un número par de veces. Pero entonces, el factor 2 aparecería un número impar de veces en la descomposición del cuadrado perfecto a^2 ya que hemos obtenido que $a^2 = 2 \cdot b^2$. Por tanto, a^2 no puede ser igual a $2b^2$. Puesto que se llega a una falsedad, la igualdad inicial es falsa. Por tanto, $\sqrt{2}$ es irracional.

Aplica la estrategia y resuelve

4 Demuestra que si n^2 es múltiplo de 5, entonces n es múltiplo de 5.

5 Demuestra que $\sqrt{3}$ es irracional.

6 Tres de los ángulos de un cuadrilátero miden 30°, 130° y 140°. Demuestra que no se puede inscribir en una circunferencia.

Ten en cuenta que los ángulos de un cuadrilátero suman 360° y que si un cuadrilátero está inscrito en una circunferencia, sus ángulos opuestos son suplementarios.

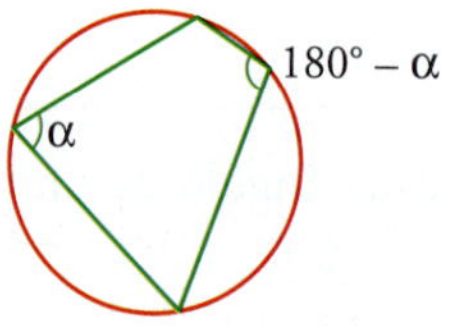

7 Tenemos un tablero de ajedrez y muchas fichas de dominó de tamaño exactamente igual a dos de las casillas del tablero. Es claro que con 32 de esas fichas podemos "tapar" las 64 casillas. Sin embargo, si prescindimos de la casilla de una esquina no podemos tapar al resto con las fichas, pues son un número impar de casillas y cada ficha tapa dos.

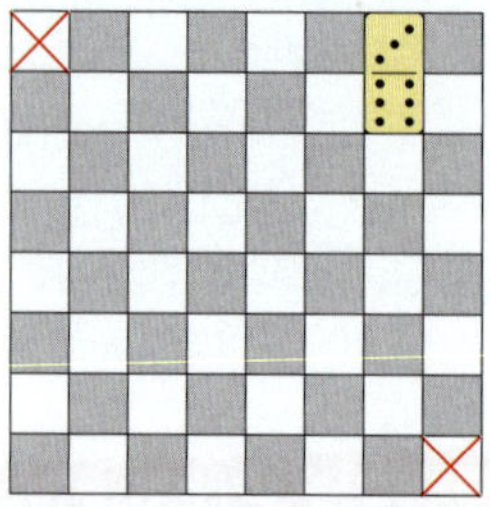

Demuestra que si prescindimos de las casillas de dos esquinas opuestas, las restantes 62 casillas no pueden taparse con 31 fichas.

Método de inducción completa

Imagina una fila de fichas de dominó situadas en vertical y a la misma distancia cada una de la siguiente.

— Comprobamos que la distancia entre ellas es tal que **si cae una, tira a la siguiente.** (∗)

— Hacemos caer la primera.

Es claro que caerán todas pues, al aplicar la propiedad (∗), la 1.ª tira a la 2.ª, la 2.ª a la 3.ª y así sucesivamente, hasta que todas hayan caído.

El método de inducción completa es algo parecido.

Deseamos demostrar que una propiedad $P(n)$ es válida para cualquier número natural n. Para ello, procedemos así:

a) Probamos que se verifica para $n = 1$: $P(1)$ es cierta.

b) Probamos que, si fuera verdadera para un cierto valor de n, entonces también sería verdadera para el siguiente, $n + 1$. Es decir, probamos que:

$$\text{“}P(n) \text{ es cierta”} \Rightarrow \text{“}P(n+1) \text{ es cierta”}$$

[Obsérvese que no se dice que $P(n)$ sea cierta, sino que si lo fuera, también lo sería $P(n + 1)$].

$P(n)$ verdadera $\Rightarrow$ $P(n + 1)$ verdadera

$P(1)$ verdadera $\Rightarrow$ $P(2)$ verdadera $\Rightarrow$ $P(3)$ verdadera $\Rightarrow$ …

Problema resuelto

1 *Demostrar que $n^3 + 5n$ es múltiplo de 6 siempre que $n \in \mathbb{N}$.*

Aplicamos el método de inducción para probar la propiedad $P(n)$: “$n^3 + 5n$ es múltiplo de 6”.

a) $n = 1 \rightarrow 1^3 + 5 \cdot 1 = 1 + 5 = 6$. Por tanto, $P(1)$ se cumple.

b) Suponemos que $P(n)$ es cierta; es decir, que $n^3 + 5n$ es múltiplo de 6. Probemos que $P(n + 1)$ es cierta; es decir, que $(n + 1)^3 + 5(n + 1)$ es múltiplo de 6.

$$(n+1)^3 + 5(n+1) = n^3 + 3n^2 + 3n + 1 + 5n + 5 = \underbrace{(n^3 + 5n)}_{(1)} + \underbrace{(3n^2 + 3n)}_{(2)} + \underbrace{6}_{(3)}$$

(1) $n^3 + 5n$ es múltiplo de 6 porque así lo hemos supuesto.

(2) $3n^2 + 3n = 3n(n + 1)$. Como n y $n + 1$ son números naturales consecutivos y, por tanto, uno de ellos es múltiplo de 2, entonces $3n(n + 1)$ es múltiplo de 6.

(3) 6, obviamente, es múltiplo de 6.

Y como la suma de tres números múltiplos de 6 es otro número múltiplo de 6, acabamos de probar que $P(n + 1)$ es múltiplo de 6. Por tanto, la propiedad de partida, $P(n)$, queda demostrada por el método de inducción.

Aplica la estrategia y resuelve

8 Demuestra, aplicando el método de inducción, que $n^3 - n$ es múltiplo de 6.

9 Demuestra, aplicando el método de inducción, que:

$$1 + 2 + \ldots + n = n(n+1)/2$$

Problemas para practicar

Todos los problemas que proponemos a continuación están resueltos en www.anayaeducacion.es. Además, en muchos se ofrecen ayudas previas que orientan en su resolución. Cuando te enfrentes con cada uno de ellos, te sugerimos que, en primer lugar, pongas empeño en resolverlo por tu cuenta. Si se te resiste, acude a la ayuda. Y, finalmente, contrasta la resolución ofrecida con la tuya.

Todos estos problemas vienen agrupados con uno o más similares a él. El primero de cada grupo tiene un número en rojo y los siguientes en azul. Por ejemplo, los problemas 10, 11 y 12 forman un grupo; la resolución del 10 te ayudará a resolver el 11 y el 12.

1 Un automovilista que conduce a 90 km/h ve un tren que se acerca en sentido contrario por una vía paralela a la carretera por la que circula. El tren está compuesto, entre vagones y máquina, por 18 unidades. Cada unidad tiene una longitud de 15 m. El tren tarda en pasar ante los ojos del automovilista, desde la locomotora a la cola, 6 s. ¿Sabrías, con todos estos datos, calcular la velocidad del tren?

2 Un tren avanza a 90 km/h por un tramo recto de vía. Por una carretera paralela, y en la misma dirección, avanza un coche a 120 km/h. ¿Cuál es la longitud del tren sabiendo que el coche tarda 18 s en sobrepasarlo?

3 Un ciclista sube un puerto a una velocidad de 8 km/h. Y lo baja por la misma vertiente a 24 km/h. ¿Cuál ha sido el promedio de velocidad en todo el recorrido?

4 Una ambulancia recibe el aviso de un accidente de tráfico y sale del hospital hacia el lugar del suceso a una velocidad de 60 km/h. Si la vuelta al hospital la hizo escoltada por un coche de policía a 100 km/h, ¿cuál fue la velocidad media del recorrido?

5 Si subo una colina a una velocidad de 4 km/h y pretendo que la velocidad media entre el ascenso y el descenso sea de 7 km/h, ¿a qué velocidad debo descender?

6 Una liebre aventaja en doce de sus saltos al galgo que la persigue. Dos saltos del galgo equivalen, en longitud, a tres de la liebre. El galgo tarda en dar tres saltos lo mismo que la liebre en dar cuatro. ¿Cuántos saltos dará la liebre antes de ser alcanzada?

7 Ana y su hermana pequeña, Marta, echan una carrera. Marta da 7 zancadas en 6 segundos y Ana, 9 zancadas en 4 segundos. Si Ana sale después de que Marta haya dado 318 zancadas, ¿en cuánto tiempo la alcanza, sabiendo que 3 zancadas de Marta equivalen a 2 zancadas de Ana?

8 Un barco hace un servicio regular entre dos ciudades, A y B, situadas en la misma orilla de un río. Cuando va de A a B, en el sentido de la corriente, tarda 3 horas; y a la vuelta, tarda 4 horas. ¿Cuánto tardará un objeto que flota en ir desde A hasta B?

9 Un remero va desde un punto A hasta otro B y vuelve otra vez a A en 10 h. La distancia entre A y B es de 24 km. Halla la velocidad de la corriente del agua sabiendo que rema 2 km aguas arriba en el mismo tiempo que rema 3 km aguas abajo.

10 Tenemos dos velas. La más estrecha mide 14 centímetros y se consume totalmente en 3 horas y media. La otra, mucho más ancha, tarda 5 horas en consumirse. Si las dejamos arder, al cabo de dos horas tendrán la misma altura. ¿Qué altura tiene ahora la vela más ancha?

11 Tenía dos velas de la misma calidad y grosor, una el doble de larga que la otra. Hace media hora las encendí simultáneamente y ahora una mide un quinto de la altura de la otra. ¿Cuánto tardará aún cada vela en consumirse?

12 Dos velas de la misma altura se encienden simultáneamente. Una se consume en 4 horas y la otra en 10 horas. ¿Cuántas horas deberán arder hasta que la longitud de una de ellas sea la mitad que la longitud de la otra?

13 Vas a un piso que se encuentra en la sexta planta de una casa sin ascensor. Hay tres interruptores, I, II y III, en la planta baja, uno de los cuales enciende la luz de tu rellano. ¿Cómo averiguas cuál es el interruptor correcto si solo subes una vez a hacer comprobaciones? (Es decir, manipulas los interruptores, subes, observas y deduces, sin ninguna duda, cuál de ellos es el que corresponde a tu planta).

14 Se sabe que una vela ilumina durante una hora; y que con las sobras de 10 velas se fabrica una nueva:

a) ¿Cuántas horas de luz tendremos con 442 velas?

b) ¿Cuántas velas se necesitan para garantizar 1 000 horas de luz?

15 Las edades de un padre y de su hijo suman 100. Cuando el padre tenía la edad que hoy tiene el hijo, sus edades sumaban 56. ¿Cuál es la edad de cada uno?

16 Ramón le dice a su sobrino David: “Mi edad es el triple de la edad que tú tenías cuando yo tenía la edad que tú tienes. Cuando tengas mi edad, la suma de nuestras edades será 70”. ¿Qué edad tiene cada uno en este momento?

17 Calcula el área de las partes del cuadrado ocupadas por cada color.

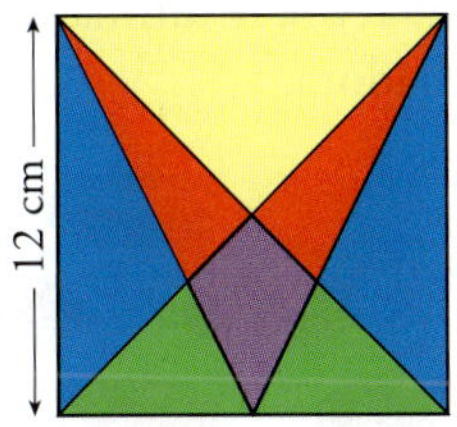

18 Calcula la superficie ocupada por cada color.

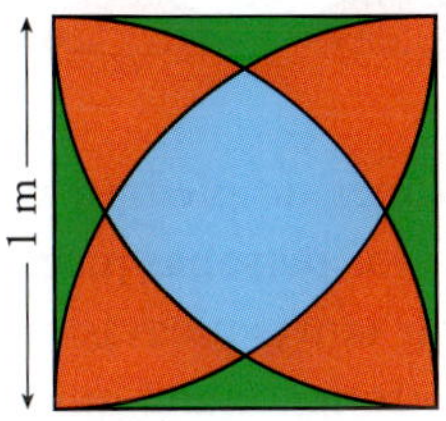

19 Calcula la superficie de la zona coloreada sabiendo que los centros de las circunferencias están sobre los lados del cuadrado.

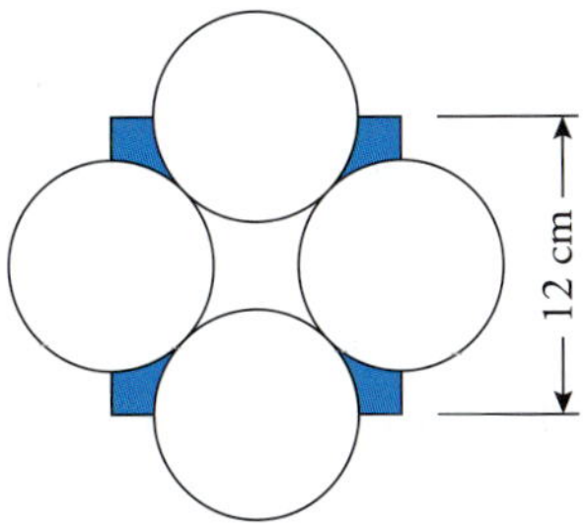

20 El área del rectángulo R es de 4 m^2, la del rectángulo S es de 13 m^2 y la del rectángulo T es de 5 m^2. ¿Cuál es el área del rectángulo $ABCD$?

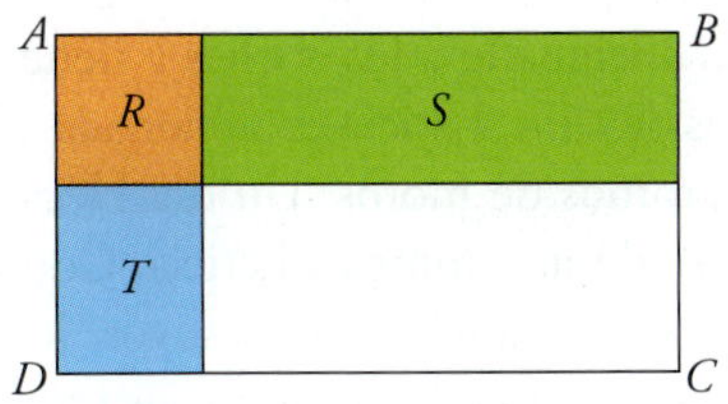

21 Estas cuatro piezas de plástico son ortoedros:

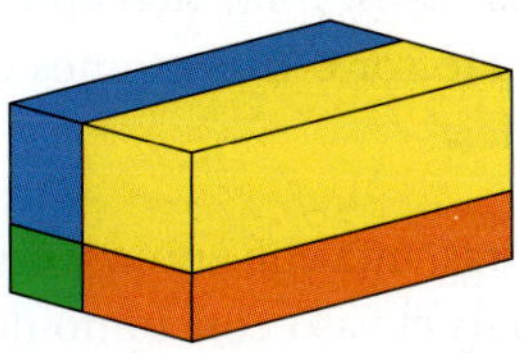

Se sabe que:

El volumen de la pieza azul es de 225 cm^3.

El volumen de la pieza roja es de 120 cm^3.

El volumen de la pieza verde es de 90 cm^3.

¿Cuál es el volumen de la pieza amarilla?

22 Una lagartija estaba tomando el sol sobre este bloque de piedra, en el punto A; pero al oírnos llegar, ha corrido a esconderse en B. Desde luego, no ha seguido el camino más corto. ¿Cuál es el camino más corto entre A y B? Halla su longitud.

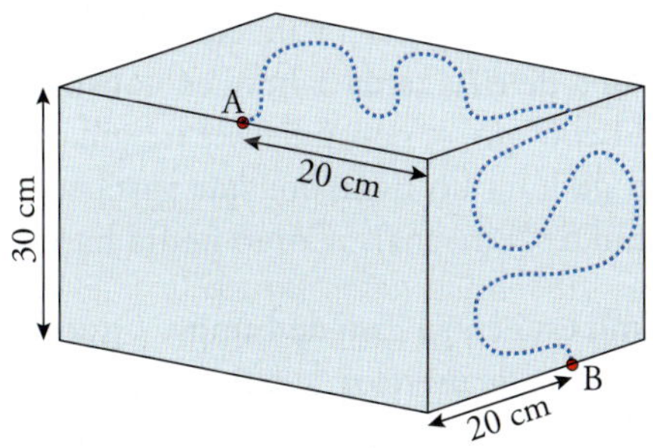

23 Describe y halla la longitud del trayecto más corto que debe recorrer una lagartija para ir de *A* a *B* en cada caso. (En el tercer caso, *A* y *B* son centros de dos caras en una pirámide recta cuadrangular cuyas aristas miden, todas, 2 m).

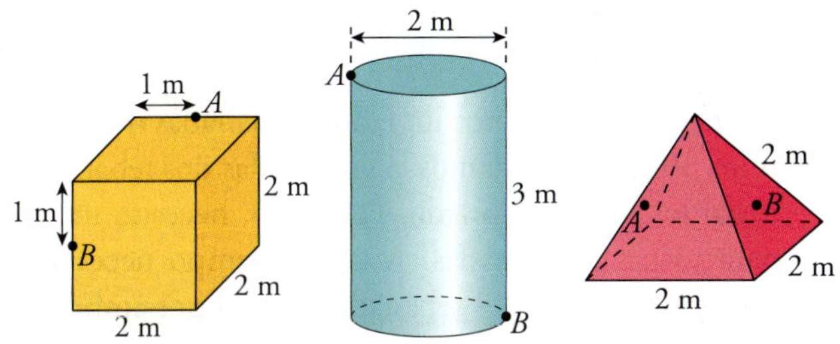

24 Toma una hoja y haz con ella lo siguiente:

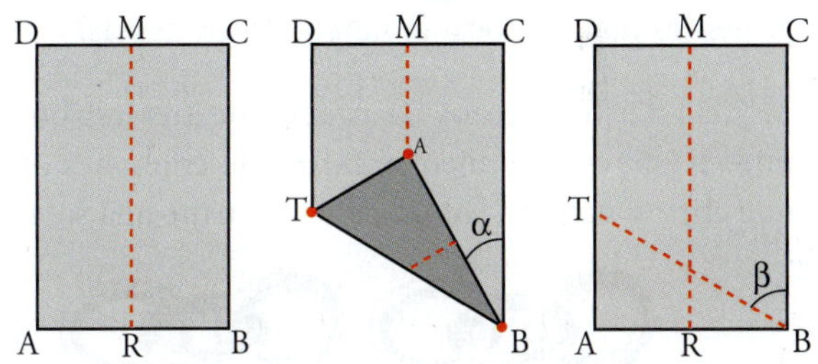

a) ¿Cuánto valen los ángulos α y β?

b) ¿Podrías construir con la hoja de papel un triángulo equilátero?

25 Indica por qué con este procedimiento podemos obtener un rectángulo formato DIN a partir de un cuadrado:

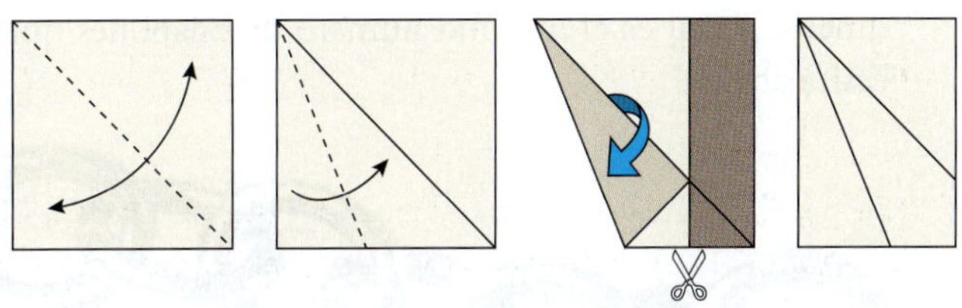

* *Recuerda que un rectángulo tiene formato DIN si el cociente entre las longitudes de sus lados es* $\sqrt{2}$.

26 Anselmo ha de tener en el horno un pollo durante 15 minutos exactos. Pero se le ha estropeado el reloj. Dispone de dos relojes de arena que miden 11 minutos y 7 minutos. ¿Cómo cronometrará con ellos los 15 minutos?

27 Ahora Anselmo ha de cronometrar los 45 minutos que tarda en hacerse un potaje. Para ello, dispone de dos mechas. Cada una de ellas tarda 1 hora en consumirse. Pero la velocidad con que se consumen es irregular (es decir, en un cuarto de hora no tiene por qué gastarse un cuarto de la longitud de la mecha). ¿Cómo podrá hacerlo?

28 Anselmo está en su casa de campo. Quiere saber la hora y solo dispone de un reloj de pared que se le ha parado, pero puede ponerlo en marcha dándole cuerda. Va a casa de su amiga, a unos 3 km, en la que hay otro reloj como el suyo. Pasa un rato charlando con ella y, a la vuelta, pone el reloj en hora con razonable precisión. Para ello, ¿qué otras cosas hace que no se describen aquí?

29 Divide el contenido de una jarra de 24 *l* en tres partes iguales, utilizando la jarra original y otras tres de 5 *l*, 11 *l* y 13 *l*.

30 Un tostador tuesta por un lado 2 rebanadas de pan juntas. A los 30 segundos damos la vuelta a las dos rebanadas y las tostamos por el otro lado. Por tanto, necesito un minuto para tostar 2 rebanadas. ¿Cuánto tiempo necesito como mínimo para tostar 3 rebanadas de pan por ambos lados?

31 Un cirujano debe operar a tres personas, pero solo tiene dos pares de guantes. ¿Cómo debe hacerlo si ni él ni los pacientes pueden tocar la sangre de los demás?

32 Se tienen cinco trozos de cadena de tres eslabones cada uno. ¿Cuál es el número mínimo de eslabones que habrá que abrir y volver a soldar para construir una sola cadena?

33 Un viajero pacta en una posada pagar cada día uno de los siete eslabones de su pulsera de plata, pero no desea estropearla demasiado, pues desea recuperarla cuando tenga dinero. ¿Cuál es el mínimo número de eslabones que necesita abrir?

34 Se colocan 15 fichas sobre la mesa. Dos jugadores, turnándose, retiran, según su elección, una, dos o tres fichas cualesquiera. El que retire la última, pierde. Intenta encontrar la estrategia ganadora.

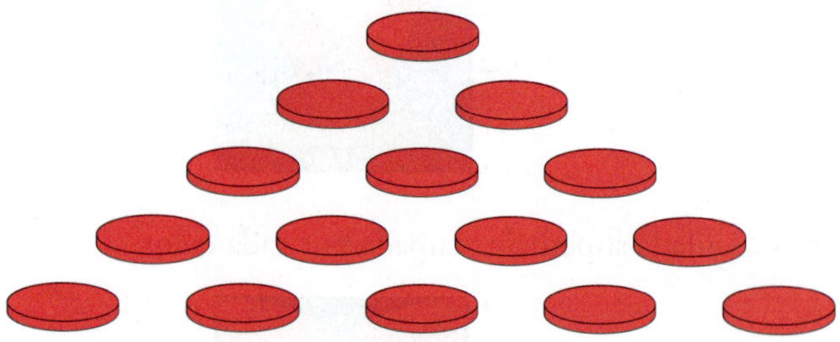

35 Hay dos montones de piedras, uno con 7 piedras y otro con 6 piedras. Dos personas juegan de manera alternativa, pudiendo retirar tantas piedras como deseen, pero solo de uno de los montones. Gana quien retire la última piedra. ¿Quién tiene ventaja, el jugador que comienza o el otro?

36 En ambas orillas de un río hay una palmera. La más alta mide 30 m; la más baja, 20 m, y la distancia entre ambas es de 50 m. En la copa de cada palmera hay un pájaro. Al descubrir los dos pájaros un pez en la superficie del río, se lanzan a por él rápidamente, alcanzándolo al mismo tiempo. ¿A qué distancia del tronco de la palmera más alta apareció el pez?

37 Dos localidades A y B se encuentran al mismo lado de una autopista recta, de la cual distan 14 km y 5 km, respectivamente. Se desea construir una carretera lo más corta posible que una ambas localidades pasando por la autopista. Sabiendo que la distancia entre A y B es de 15 km, halla la longitud de la carretera.

38 Héctor es aficionado a los coches y tiene un gran montón de cromos de ellos. Leticia es aficionada a las motos y tiene muchos cromos de motos. Un día Héctor, complaciente, le regala 40 de sus cromos a Leticia. Como son del mismo tamaño, ella los mezcla con los suyos. Más tarde se pelean y Héctor le pide que le devuelva sus cromos. Leticia, muy digna, cuenta 40 cromos cualesquiera y se los da. Él los mezcla con los suyos. ¿Hay más cromos de motos entre los de coches de Héctor o más cromos de coches entre los de motos de Leticia?

39 Tienes dos jarras, una con zumo y otra con agua, y un vaso vacío. Llenamos el vaso con zumo de la primera jarra y lo vertemos en la jarra de agua. Una vez mezclado, se vuelve a llenar el vaso con mezcla de la segunda jarra y se vierte en la primera. ¿Hay más zumo en el agua que agua en el zumo? ¿Es al contrario? ¿Hay, acaso, la misma cantidad de zumo en el agua que de agua en el zumo? ¿O depende de las cantidades de cada una que tuviéramos al principio?

40 Tres exploradores y tres caníbales deben cruzar un río con una sola barca. Además:

En la barca solo pueden viajar una o dos personas y al menos uno debe saber remar.

Saben remar los 3 exploradores y un caníbal.

En ninguna orilla los caníbales pueden superar en número a los exploradores, pues se los comerían.

¿Cómo conseguirán cruzar el río?

* *Distingue el caníbal que sabe remar de los demás.*

41 Óscar quiere pasar al otro lado del río con su oveja, su lobo y su col gigante. En la barca solo cabe él con una de las tres cosas. El problema es que el lobo no se puede quedar solo con la oveja, porque se la comería, y la oveja tampoco puede quedarse sola con la col.

¿Qué pasos debe dar Óscar?

42 Ángel, Ben, Cris y Dora quieren cruzar un río en una canoa que solo puede cargar 100 kg. Ángel pesa 90 kg; Ben, 80 kg; Cris, 60 kg; Dora, 40 kg, y las provisiones, 20 kg. ¿Cómo pueden cruzar?

43 ¿Cómo intercambiarías entre sí los vagones A y B dejando la locomotora en su posición original? Ten en cuenta que la locomotora puede actuar sobre los vagones empujando o tirando de ellos. Además, en la vía muerta que mide 10 m no puede dar la vuelta.

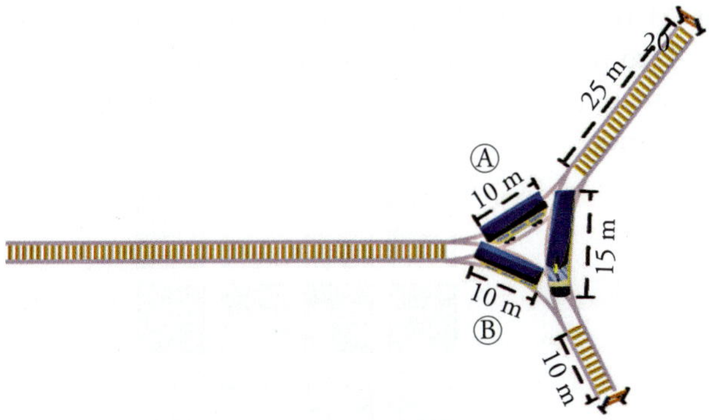

44 ¿En qué número termina 2^{83}?

* *Observa en qué cifra terminan las sucesivas potencias de base 2 y busca una regla.*

45 ¿Sabrías decir en qué cifra termina la potencia 7^{70}? ¿Y $2^{103} + 3$?

46 Si escribimos los números naturales seguidos de la siguiente manera:

1 2 3 4 5 6 7 8 9 10 11 12 13 14 15 …

¿qué dígito ocupará el lugar cien mil?

47 Averigua en cuántos ceros acaba el número 125!.

* *Recuerda que* $125! = 1 \cdot 2 \cdot 3 \cdot \ldots \cdot 123 \cdot 124 \cdot 125$.

48 ¿Cuántos limones equilibran la balanza?

49 ¿Qué habría que colocar en el platillo vacío para equilibrar la última balanza?

50 Observa y resuelve.

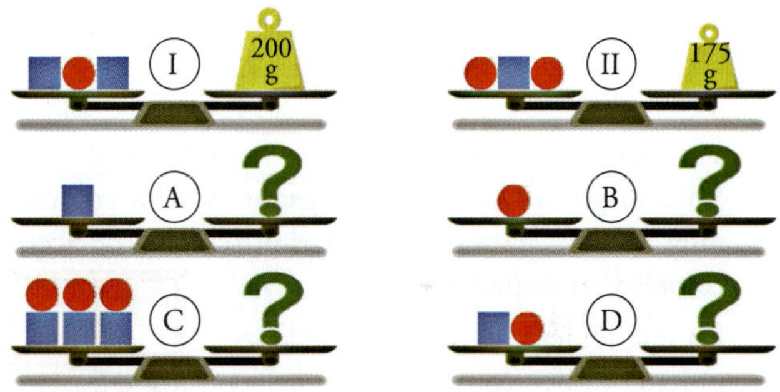

51 En una mesa hay cinco cartas:

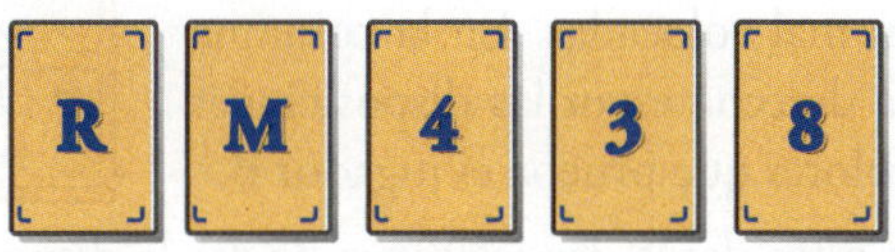

Cada carta tiene, en un lado, un número natural, y en el otro, una letra.

Enrique afirma: "Cualquier carta que tenga en un lado una vocal, tiene un número par en el otro lado".

¿A qué cartas tuvo que dar la vuelta Pedro para convencerse de que Enrique decía la verdad?

52 Si en el ejercicio anterior hubiera estas cartas, ¿cuáles tendría que levantar Pedro para saber que Enrique decía la verdad?

Resolución de problemas

53 En una clase hay 30 alumnos, de los cuales 22 estudian inglés y 15 estudian informática. Si todos estudian inglés o informática, ¿cuántos estudian solo inglés? ¿Y solo informática? ¿Cuántos estudian las dos cosas?

54 Se han presentado 300 personas a una oposición, de las cuales 123 no han aprobado ningún examen. Si 100 han aprobado el examen teórico y 85 el práctico, ¿cuántos candidatos han superado los dos exámenes?

55 Este juego consiste en encontrar un número de cuatro cifras que no empieza por cero.

Escrito un número en la tabla, en la columna B se indica cuántos dígitos tiene en común con el número buscado y en la misma posición; y en la columna R se indica cuántos dígitos tiene ese número en común con el buscado, pero en posición incorrecta.

Con los datos de la siguiente tabla, ¿serías capaz de encontrar el número oculto?

	B	R
3476	0	2
3965	0	2
4269	0	1
1057	2	1

56 En el juego *MasterMind* un jugador, A, debe colocar 4 colores en una cierta posición y el otro, B, ha de acertar los colores y su disposición.

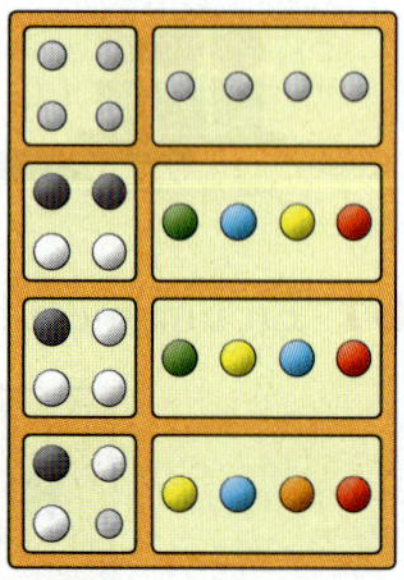

En este tablero, la columna de la izquierda indica con negras las fichas de color bien colocadas y con blancas las que tienen color correcto pero están mal colocadas. En la columna de la derecha están las disposiciones de colores que prueba el jugador B.

Con estos datos, ¿serías capaz de dar la disposición de colores correcta?

57 En un partido de baloncesto se va por el resultado 8-0. Si sabemos que no se ha marcado ningún triple, ¿de cuántas formas se ha podido llegar a ese resultado? (Comprueba que son 34).

58 Averigua de cuántas formas se puede llegar al resultado 4-4 en un partido de baloncesto sin triples. (Por asombroso que parezca hay 556 formas. Compruébalo).

59 Verifica que si en un partido de baloncesto se ha llegado en un cierto momento al resultado 4-4, esto ha podido ser de 784 formas distintas (ten en cuenta que se han podido marcar canastas de 1, 2 y 3 puntos).

60 Observa esta cuadrícula:

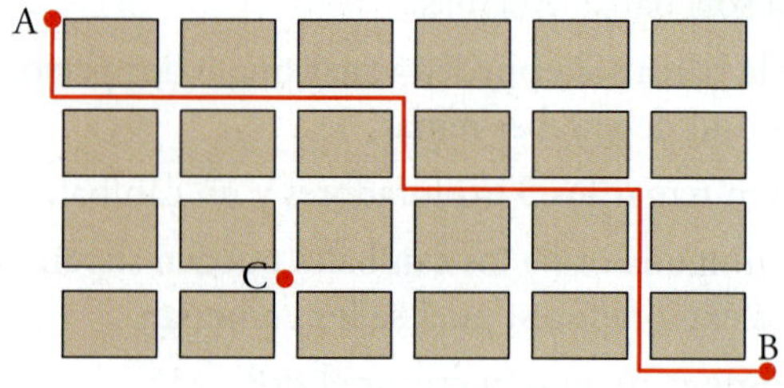

a) ¿Cuántos caminos de longitud mínima hay para ir de A a C?

b) ¿Cuántos hay para ir de C a B?

c) ¿Cuántos hay para ir del punto A al B, pasando por C?

d) ¿Cuántos hay para ir de A a B?

61 Sergio sabe que Lupe va a ir de P a R. Decide esperarla en Q. ¿Cuál es la probabilidad de que se encuentren?

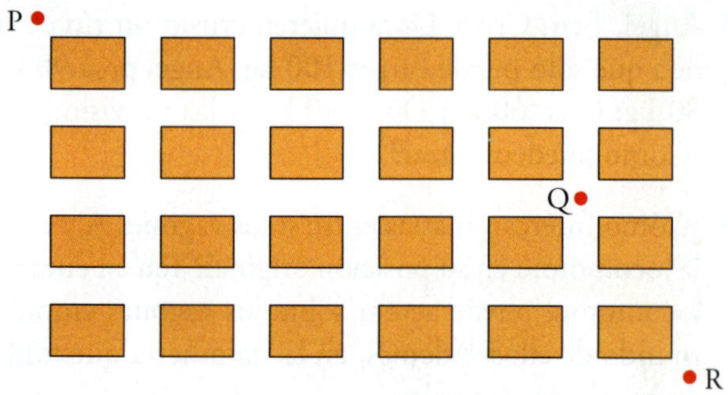

62 María va de A a B siguiendo el itinerario marcado en rojo. Pero podría haber seguido otros muchos. ¿Cuántos? ¿Y si quiere pasar, primero, por el quiosco Q para comprar el diario?

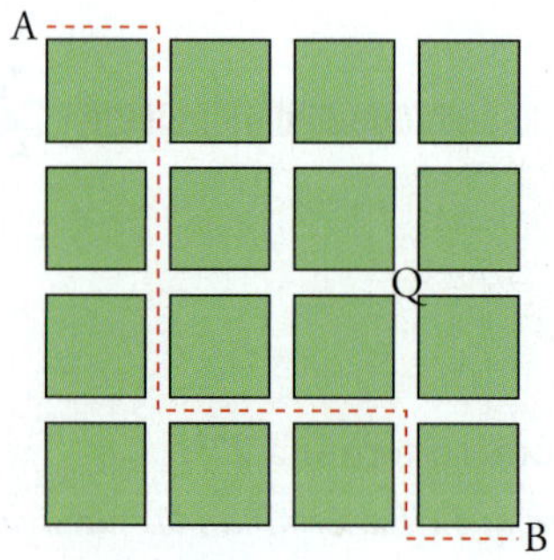

63 ¿De cuántas formas se puede formar la palabra MATES uniendo letras contiguas en esta figura?

M
A A
T T T
E E E E
S S S S S
E E E E
T T T
A A
M

I Aritmética y álgebra

Notas históricas. Aritmética y álgebra

Con el comienzo de la agricultura, surgen problemas como contar las estaciones, calcular superficies de terrenos, etc. Esto hizo preciso dar nombre a los números y contar más allá de “uno” y “muchos”. Al contar, se descubrieron relaciones entre los números y se establecieron gradualmente ciertas leyes generales que permiten y facilitan el cálculo (aritmética significa “arte de calcular”).

El álgebra inició su andadura, en paralelo con la aritmética elemental, desarrollándose en dos direcciones básicas: la sustitución de los números por letras, y la utilización de fórmulas para la resolución de ecuaciones.

4000 – Popularización del cobre

1 Surgimiento de Sumeria

Invención de la rueda

Invención de la escritura

3000 – Descubrimiento del bronce

Construcción de Stonehenge

Cultura del vaso campaniforme

1 Primer sistema de numeración posicional

Mueren los últimos mamuts en Siberia

20…

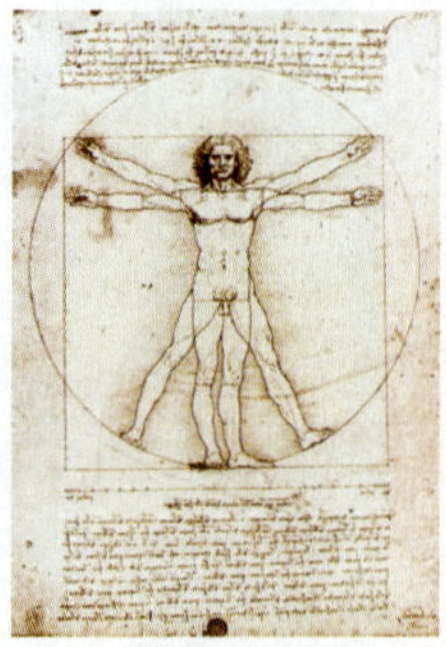

150… – Leonardo da Vinci

Elcano da la primera vuelta al mundo

Tartaglia, Cardano y Vieta 8

Batalla de Lepanto

Introducción de los números negativos 7

Se inventa el microscopio

1600 – Se publica el *Quijote*

Descartes 8

Velázquez

Hooke descubre la célula

1700 – Carlos II, último rey de España de la casa de Austria

1 La civilización sumeria (Mesopotamia) idea un sistema **posicional,** es decir, con unos pocos símbolos eran capaces de representar cualquier número.

2 Los **pitagóricos** se encuentran con los números irracionales. Estos números plantearon, tanto a ellos mismos como a los matemáticos de épocas posteriores, importantes problemas que no fueron resueltos hasta el siglo XIX.

3 El álgebra del periodo griego antiguo alcanza su punto culminante con **Diofanto de Alejandría** (siglo III). En su obra *La Aritmética* introdujo un cierto simbolismo para poder domesticar los problemas aritméticos. Empieza así a surgir el lenguaje algebraico.

4 Surge el **álgebra** propiamente dicha de mano de los árabes (siglo IX). En la Península se jugó un importante papel para su difusión y desarrollo.

5 Leonardo de Pisa, matemático italiano más conocido como **Fibonacci** (1180-1250), contribuyó, con su obra *Liber abaci,* a introducir el sistema de numeración decimal que había aprendido de los árabes en sus viajes comerciales por el norte de África.

Tales de Mileto

2 Pitágoras

…00

…bucodonosor II …quea Jerusalén

Argantonio, último rey de Tartessos

500

Los cartagineses llegan a la península ibérica

J. C.

Se construyen las termas de Caracalla

200

3 Diofanto

Crisis del imperio romano

Surge el arrianismo

300

4 Desarrollo de la ciencia árabe

Inicio del feudalismo

800

Carlomagno emperador de Occidente

Descubrimiento de la tumba del apóstol Santiago

900

Los chinos inventan la pólvora

Batalla de las Navas de Tolosa

1200

Fibonacci 5

Se inventan las gafas

…300

Marco Polo

Alfonso X el sabio 6

6 En la Escuela de Traductores de Toledo, impulsada por Alfonso X el sabio, se traducen todas las grandes obras de la ciencia árabe al latín. Esto permite introducir en Europa su álgebra y su **sistema de numeración decimal** (proveniente de la India y usado actualmente).

7 En el Renacimiento, el desarrollo del álgebra condujo a la introducción de los números **negativos,** tan chocantes en aquella época que Descartes, en el siglo XVII, los consideró números falsos.

8 El álgebra alcanza su mayoría de edad en Italia y en Francia (siglos XVI y XVII): métodos para la resolución general de ecuaciones de distintos tipos, consecución de una simbología adecuada (**Cardano, Tartaglia, Vieta**), llegando a su punto culminante con **Descartes** (siglo XVII) que combina geometría y álgebra.

En la web

- Ampliación de las notas históricas correspondientes a este bloque.
- Lectura sobre aritmética electoral.

1 Números reales

Origen de los números

Desde la prehistoria, el hombre se ha visto en la necesidad de contar y, por ello, todas las civilizaciones han desarrollado algún sistema de numeración. Como los dedos de las manos siempre han sido instrumentos muy útiles para llevar las cuentas, muchos de estos sistemas fueron decimales (con diez dígitos). Por cierto, la palabra dígito viene de dedo.

La concepción de un método para designar números en el cual el valor de cada cifra dependiera del lugar que ocupa (sistema posicional), fue determinante para que un sistema de numeración resultara más útil y operativo que otros. En este proceso, hubo que inventar el 0 para ocupar las posiciones vacías.

Los hindúes, en el siglo VI, completaron así su práctico sistema decimal posicional. Que empezó a llegar a occidente a partir de los siglos IX y X proveniente de la ciencia árabe, que a su vez lo había tomado de estos.

Primera representación conocida del cero en una pared de un templo situado en Gwalior (India).

Cómo se designan los decimales

La notación decimal aplicada a los números naturales, como acabamos de ver, se extendió por Europa durante los últimos siglos de la Edad Media, pero, curiosamente, no se aplicaba a las partes de la unidad, que hasta ese momento y durante algunos siglos más, se expresaron mediante fracciones sexagesimales. Por ejemplo, el número 27,56 se escribía así:

27; 33, 36 lo que significaba $27 + \frac{33}{60} + \frac{36}{60^2}$

A finales del siglo XVI, gracias al impulso del francés **Francisco Vieta** y del flamenco **Simon Stevin,** se generalizó el uso de la notación decimal también para las fracciones de la unidad.

Barco terrestre diseñado por Simon Stevin en torno a 1600.

Los números reales

Los irracionales fueron descubiertos por los pitagóricos aproximadamente en el siglo V antes de nuestra era. Sin embargo, más que como números fueron tomados como magnitudes geométricas. Esta forma de tratarlos se extendió durante casi dos milenios. Es muy reciente, pues, la idea de que todos estos números, junto con los racionales, forman un único conjunto con estructura y características muy interesantes.

El concepto de *número real*, como ahora lo manejamos, se fue concibiendo y construyendo al evolucionar el estudio de las funciones. Su formalización se la debemos al alemán **Georg Cantor,** que la realizó en 1871.

Georg Cantor (1845-1918).

Los números reales en la actualidad

El conjunto $\mathbb{R}$ es el ámbito natural en el que actualmente se desenvuelven las matemáticas teóricas.

Sin embargo, para el cálculo numérico es suficiente moverse en un conjunto mucho más humilde: el de los números decimales con un número finito de cifras. Este conjunto, llamado $\mathbb{D}$, es un subconjunto de los racionales ($\mathbb{D} \subset \mathbb{Q}$) y en él, tanto las sencillas calculadoras como los potentes ordenadores, se mueven con todo confort.

El número ϕ, un irracional histórico

Los griegos pitagóricos (siglo v a. C.) creían que todo el universo se regía por los números naturales y sus relaciones (fracciones). Formaban una especie de secta místico-matemática, cuyo símbolo era la estrella de cinco puntas (pentágono estrellado).

Pentagrama pitagórico en un rosetón mudéjar de la iglesia de San Andrés de Calatayud.

Pues bien, cuando los pitagóricos descubrieron que la relación que existe entre el lado del pentágono estrellado y el lado del correspondiente pentágono convexo no se puede expresar como cociente de dos números naturales, sufrieron una enorme conmoción en sus creencias.

Tan contraria a toda lógica les pareció la existencia de una relación así, que al número correspondiente lo consideraron irracional (contrario a la razón).

Pitagóricos celebrando el amanecer en el cuadro "Himno al sol naciente" de Fyodor Bronnikov.

Resuelve

El pentágono estrellado

Observa el pentágono estrellado que se muestra a continuación:

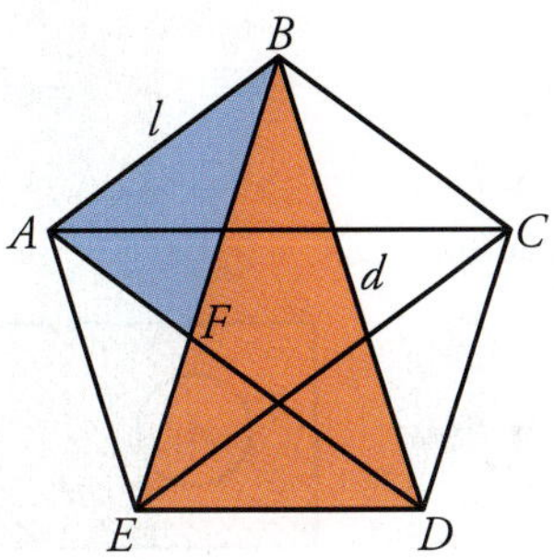

1. Demuestra que los triángulos *ABF* y *EBD* son semejantes (es decir, demuestra que sus ángulos son respectivamente iguales).

2. Si llamamos l al lado del pentágono y d a su diagonal, basándote en la semejanza de los triángulos que acabas de demostrar, halla la relación $\frac{d}{l}$ y comprueba que es el número áureo:

$$\frac{d}{l} = \frac{\sqrt{5}+1}{2} = \phi$$

1 Lenguaje matemático: conjuntos y símbolos

Terminología usada en los conjuntos

Las matemáticas resultan más claras, precisas y rigurosas si se apoyan en el lenguaje de los conjuntos. Hasta ahora lo hemos usado ocasionalmente, pero cada vez recurrimos a él con más frecuencia. Vamos a recordar cosas ya conocidas y a profundizar algo en ellas.

- Los conjuntos suelen designarse mediante letras mayúsculas: $C, X, Y, A, B, \ldots$ aunque algunos conjuntos numéricos muy utilizados tienen una simbología especial que ya conoces: $\mathbb{N}$, naturales; $\mathbb{Z}$, enteros; $\mathbb{Q}$, racionales; $\mathbb{R}$, reales.
- Para expresar que x es un **elemento** del conjunto C se utiliza el símbolo $\in$ (pertenece): $x \in C$ se lee "x **pertenece** a C"; $y \notin C$ se lee "y **no pertenece** a C". Por ejemplo:

  5 es un número natural $\to 5 \in \mathbb{N}$; $\sqrt{2}$ no es natural $\to \sqrt{2} \notin \mathbb{N}$
- Para describir conjuntos se utilizan, habitualmente, los siguientes símbolos:

  { } (llaves), encierran los elementos del conjunto o la propiedad que los caracteriza.

  / ("tales que"), precede a la propiedad que caracteriza a los elementos del conjunto. Por ejemplo:

  Números enteros comprendidos entre –3 y 4: $\{x \in \mathbb{Z} \,/\, -3 < x < 4\}$.

  Se lee "el conjunto de los x pertenecientes a $\mathbb{Z}$ *tales que* $-3 < x < 4$".
- Si todos los elementos de A son también elementos de C decimos que A es un **subconjunto** de C y lo expresamos así: $A \subset C$ (A está **contenido** en C), o así: $C \supset A$ (C **contiene** a A). Por ejemplo:

  $\mathbb{N} \subset \mathbb{Z}$, $\mathbb{Z} \subset \mathbb{Q}$, $\mathbb{Q} \subset \mathbb{R}$, o bien $\mathbb{Z} \supset \mathbb{N}$, $\mathbb{Q} \supset \mathbb{Z}$, $\mathbb{R} \supset \mathbb{Q}$.

Recuerda

Se llama **conjunto vacío** al que no tiene ningún elemento y se denota con el símbolo $\varnothing$.

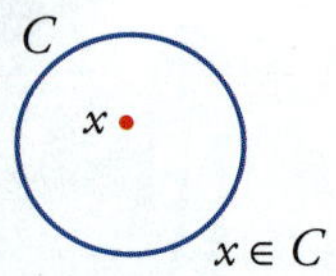

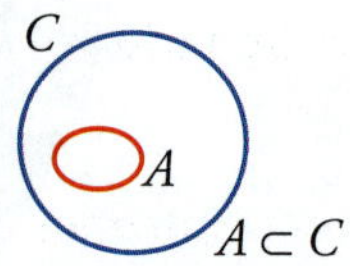

Operaciones con conjuntos

- El conjunto formado por todos los elementos de otros dos conjuntos A y B se designa $A \cup B$. Se lee "A **unión** B".

  Si $A \subset B$, entonces $A \cup B = B$. Por ejemplo, $\mathbb{N} \cup \mathbb{Z} = \mathbb{Z}$.

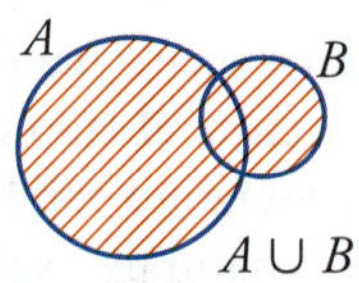

- El conjunto formado por los elementos que pertenecen a A y a B (a ambos) se designa $A \cap B$. Se lee "A **intersección** B".

  Si $A \subset B$, entonces $A \cap B = A$. Por ejemplo, $\mathbb{N} \cap \mathbb{Z} = \mathbb{N}$.

  Si A y B no tienen ningún elemento en común, entonces $A \cap B = \varnothing$.

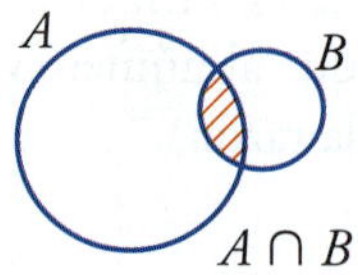

- El conjunto formado por todos los elementos de A que no están en B se designa $A - B$. Se lee "A menos B".

  $A - B$ se llama conjunto **diferencia.** Por ejemplo, los números naturales que no son múltiplos de 3: $\mathbb{N} - \{x / x \neq \dot{3}\}$.

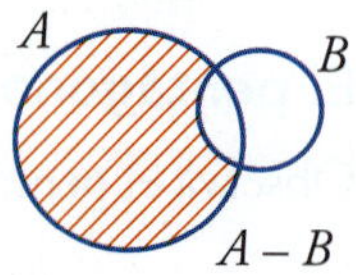

- Si en un cierto contexto hay un conjunto U en el cual están contenidos todos los demás conjuntos que se manejen, a U se le llama **conjunto universal.** En la mayoría de las aplicaciones numéricas de este curso, $\mathbb{R}$ es el conjunto universal.
- Si U es el conjunto universal, $U - A$ se llama **complementario** de A y se designa A' o A^c.

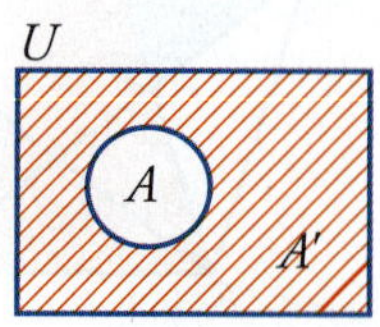

Ejemplo

$A = \{1, 2, 3, 4, 5, 6\}$

$B = \{2, 4, 6, 8, 10\}$

Unión

$A \cup B = \{1, 2, 3, 4, 5, 6, 8, 10\}$

Intersección

$A \cap B = \{2, 4, 6\}$

Diferencia

$A - B = \{1, 3, 5\}$

$B - A = \{8, 10\}$

Conjunto universal

$U = \{1, 2, 3, 4, 5, 6, 7, 8, 9, 10\}$

Complementarios

$A' = \{7, 8, 9, 10\}$

$B' = \{1, 3, 5, 7, 9\}$

Frases matemáticas

La expresión "$x \in A$" es una frase en la que se afirma que x *pertenece* (es un elemento) del conjunto A. En esta frase, el verbo es "$\in$".

Los símbolos $\in$, $\notin$, $\subset$, $\supset$, $=$, $<$, $>$, $\leq$, $\geq$ son verbos.

Con ellos se forman frases que afirman algo. Por ejemplo:

$A \cap B \subset A$	El conjunto $A \cap B$ está *contenido* en el conjunto A.
$(x-1)^2 \geq 0$	El resultado de $(x-1)^2$ *es mayor o igual* que 0.
$l \notin V$	La letra l *no pertenece* al conjunto de las vocales V.

Dos símbolos lógicos, $\Rightarrow$ y $\Leftrightarrow$

La afirmación siguiente

"**Si** x es un número entero, **entonces** x es un número racional"

relaciona dos afirmaciones:

P: "x es un número entero"

Q: "x es un número racional"

Las partículas *si… entonces…* (*si* P *entonces* Q) sirven para expresar una consecuencia: *siempre que ocurra* P *ocurrirá* Q.

Esto se puede expresar con el símbolo $\Rightarrow$ (que se lee **implica**):

x es un número entero $\Rightarrow$ x es un número racional

$$x \in \mathbb{Z} \Rightarrow x \in \mathbb{Q}$$

Cuando además de $P \Rightarrow Q$ ocurre que $Q \Rightarrow P$, entonces pondremos $P \Leftrightarrow Q$. Este símbolo $\Leftrightarrow$ (que se lee **si y solo si**) nos indica que las afirmaciones P y Q son **equivalentes,** es decir, siempre que sea cierta una, tiene que ser cierta la otra. Por ejemplo:

el triángulo ABC es equilátero $\Leftrightarrow$ el triángulo ABC es equiángulo

Ejercicio propuesto

1 ¿Verdadero o falso?

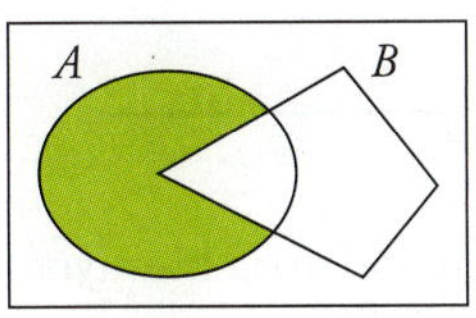

a) El conjunto coloreado de la izquierda se puede designar $A - B$.

b) El conjunto coloreado de la izquierda se puede designar $A \cap B'$.

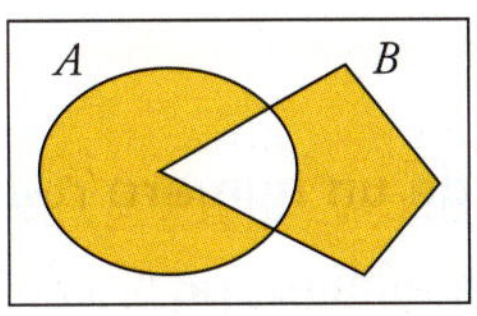

c) El conjunto coloreado de la derecha se puede designar: $(A - B) \cup (B - A)$

d) El conjunto coloreado de la derecha se puede designar: $(A \cup B) - (A \cap B)$

e) El conjunto coloreado de la derecha se puede designar $(A \cap B') \cup (A' \cap B)$.

f) $x \in \mathbb{Z} \Rightarrow x \in \mathbb{Q}$

g) $[x \in (\dot{3})$ y $x \in (\dot{2})] \Leftrightarrow x \in (\dot{6})$

$(\dot{n})$ es el conjunto de los múltiplos de n.

h) $(\dot{3}) \cap (\dot{2}) = (\dot{6})$

i) $x \in A - B \Rightarrow x \in A \cap B'$

j) $(x \in A \Rightarrow x \in B)$ es lo mismo que decir $A \subset B$.

k) $(x \in A \Rightarrow x \in B) \Leftrightarrow A \subset B$

l) $(x \in A \Rightarrow x \in B) \Rightarrow B \subset A$

m) $x \in (0, 1) \Leftrightarrow x \in \mathbb{R}$ y $0 < x < 1$

n) $\sqrt{2} \notin (\mathbb{R} - \mathbb{Q}) \cap (0, 1)$ pero $\sqrt{2}/2 \in (\mathbb{R} - \mathbb{Q}) \cap (0, 1)$

ñ) $0{,}5 \in (\mathbb{R} - \mathbb{Q}) \cap (0, 1)$

o) $(\mathbb{R} - \mathbb{Q}) \cap (0, 1)$ es el conjunto de los números irracionales positivos menores que 1.

p) $\{x \in \mathbb{Z} \,/\, -2 < x \leq 5\} = \{-1, 0, 1, 2, 3, 4, 5\}$

q) El conjunto de los números enteros mayores que -5 y menores que 7 es $\mathbb{Z} \cap (-5, 7)$.

r) (x es un número real pero no es racional) $\Leftrightarrow x \in \mathbb{R} - \mathbb{Q}$

2 Números reales. La recta real

Reflexiona y resuelve

Observa cómo se sitúan estos números en los conjuntos numéricos:

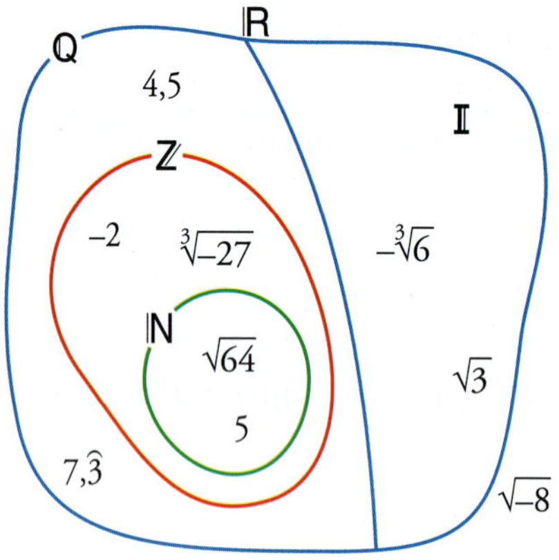

Ahora, en tu cuaderno, sitúa los siguientes números en un diagrama similar:

$-\sqrt[3]{1}$; $4,\widehat{5}$; 6; $\sqrt{10}$; $\sqrt[4]{-16}$; $\sqrt[3]{-2}$; 27/5; 27/3

Números racionales

Los **números racionales** son los que se pueden poner como cociente de dos números enteros. Entre ellos están los propios **números enteros,** $\mathbb{Z}$ (positivos —**naturales,** $\mathbb{N}$— y negativos).

Los números racionales se pueden expresar mediante decimales exactos o periódicos.

El conjunto de todos los números racionales se designa por $\mathbb{Q}$. Al situarlos sobre la recta numérica la ocupan densamente. Esto quiere decir que:

— Entre dos números racionales hay otros infinitos números racionales.

— Si tomamos un punto cualquiera de la recta numérica hay infinitos números racionales tan cerca de él como queramos.

Números irracionales

Aunque los números racionales están densamente situados, en la recta numérica hay infinitos puntos no ocupados por números racionales. A cada uno de esos puntos le corresponde un **número irracional.**

Son números irracionales $\sqrt{2}$, $\sqrt{3}$, $\sqrt[3]{5}$, π, ϕ (número áureo), etc.

Los números irracionales no se pueden poner como cociente de dos enteros.

Su expresión decimal tiene infinitas cifras no periódicas.

El conjunto de los números irracionales se designa por $\mathbb{I}$.

Números reales

Tanto los números racionales como los irracionales se llaman **números reales.** El conjunto de los números reales se designa por $\mathbb{R}$. Es decir:

$$\mathbb{R} = \mathbb{Q} \cup \mathbb{I} \qquad \mathbb{Q} \cap \mathbb{I} = \varnothing$$

Los números reales llenan la recta numérica. Es decir, si se señala en la recta un origen, 0, y se sitúa el punto correspondiente al número 1 (es decir, se concreta cuál es la longitud unidad), a cada número real le corresponde un punto de la recta y a cada punto de la recta le corresponde un número real. Por eso a la recta numérica se la llama **recta real.**

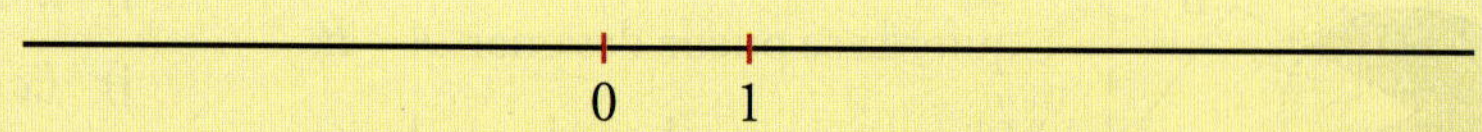

Los puntos de la recta y los números reales están en correspondencia biunívoca: a cada punto le corresponde un número real y a cada número real, un punto.

Atención

Hay operaciones cuyo resultado no es un número real. Por ejemplo:

$\sqrt{-4}$, $\sqrt{-5}$, $\sqrt[4]{-8}$

Valor absoluto de un número real

El valor absoluto de un número real nos da "el tamaño" de dicho número. Así, –8 y 8 tienen el mismo valor absoluto: 8.

El **valor absoluto** de un número real, a, es el propio número a, si es positivo, o su opuesto, $-a$, si es negativo:

$$|a| = \begin{cases} a, & \text{si } a \geq 0 \\ -a, & \text{si } a < 0 \end{cases}$$

Por ejemplo, $|1 - \sqrt{3}| = \sqrt{3} - 1$, pues $\sqrt{3} > 1$.

Interpretación gráfica

Gráficamente, el valor absoluto de un número es su distancia al 0.

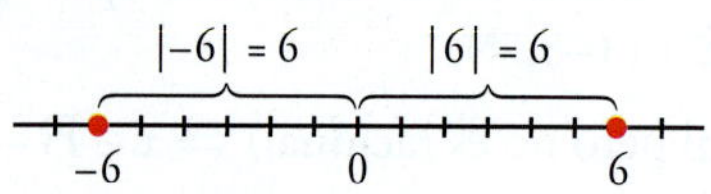

Intervalos y semirrectas

Recordemos la nomenclatura para designar algunos tramos de la recta real.

NOMBRE	SÍMBOLO	DESCRIPCIÓN	SIGNIFICADO	REPRESENTACIÓN
INTERVALO ABIERTO	(a, b)	$\{x / a < x < b\}$	Números comprendidos entre a y b, estos no incluidos.	
INTERVALO CERRADO	$[a, b]$	$\{x / a \le x \le b\}$	Números comprendidos entre a y b, estos incluidos.	
INTERVALO SEMIABIERTO	$(a, b]$	$\{x / a < x \le b\}$	Números comprendidos entre a y b; a no incluido, b incluido.	
	$[a, b)$	$\{x / a \le x < b\}$	Números comprendidos entre a y b; a incluido, b no incluido.	
SEMIRRECTA	$(-\infty, a)$	$\{x / x < a\}$	Números menores que a.	
	$(-\infty, a]$	$\{x / x \le a\}$	Números menores que a y el propio a.	
	$(a, +\infty)$	$\{x / a < x\}$	Números mayores que a.	
	$[a, +\infty)$	$\{x / a \le x\}$	Números mayores que a y el propio a.	

Ejercicios resueltos

1 *Representar los siguientes conjuntos numéricos:*

a) Números mayores que 3.

b) $\{x / 2 \le x < 5\}$

c) $\{x / 3 \le x \le 7\}$

d) Números menores que 1 excluyendo el 0.

e) $\{x / x^2 \ge 4\} = \{x / x \le -2\} \cup \{x / x \ge 2\}$

a) $(3, +\infty)$

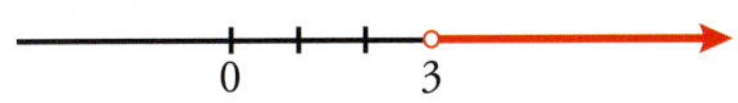

b) $[2, 5)$

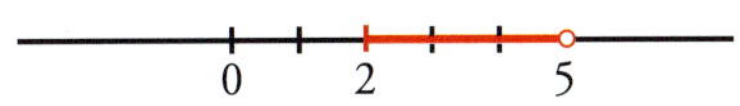

c) $[3, 7]$

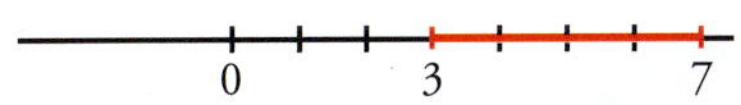

d) $(-\infty, 0) \cup (0, 1)$

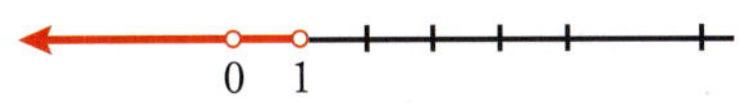

e) $(-\infty, -2] \cup [2, +\infty)$

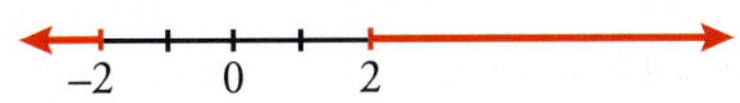

2 *Describir y representar.*

a) $|x| \ge 3$

b) $|x - 2| < 3$

a) $|x| \ge 3 \iff x \le -3$ o $x \ge 3$

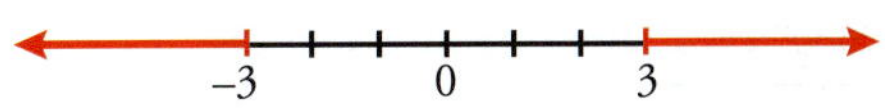

b) $|x - 2| < 3 \iff -3 \le x - 2 < 3 \iff -3 + 2 < x < 3 + 2 \iff -1 < x < 5$

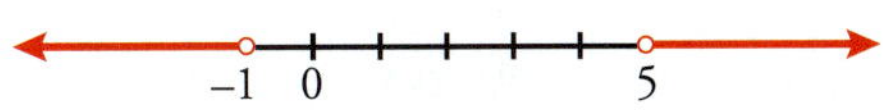

Ejercicios propuestos

1 Representa los siguientes conjuntos:

a) $(-3, -1)$ b) $[4, +\infty)$

c) $(3, 9]$ d) $(-\infty, 0)$

e) $\{x / -2 \le x < 5\}$ f) $[-2, 5) \cup (5, 7]$

g) $(-\infty, 0) \cup (3, +\infty)$ h) $(-\infty, 1) \cup (1, +\infty)$

2 Averigua y representa para qué valores de x se cumplen las siguientes relaciones:

a) $|x| = 5$ b) $|x| \le 5$

c) $|x - 4| = 2$ d) $|x - 4| \le 2$

e) $|x - 4| > 2$ f) $|x + 4| > 5$

3 Radicales. Propiedades

Recordemos que $\sqrt[n]{a} = b \Leftrightarrow a = b^n$, donde n es un número natural mayor que 1, y a y b son números reales.

$\sqrt[n]{a}$ se llama **radical,** a **radicando** y n **índice** de la raíz.

- Si $a \geq 0$, $\sqrt[n]{a}$ existe cualquiera que sea n.
- Si $a < 0$, $\sqrt[n]{a}$ solo existe para valores impares de n.

Forma exponencial de los radicales

- $\sqrt[n]{a} = a^{\frac{1}{n}}$, pues $\left(a^{\frac{1}{n}}\right)^n = a^{\frac{n}{n}} = a$
- $\sqrt[n]{a^m} = a^{\frac{m}{n}}$, pues $\sqrt[n]{a^m} = (a^m)^{\frac{1}{n}} = a^{m \cdot \frac{1}{n}} = a^{\frac{m}{n}}$

Potencias y raíces de radicales

① $\sqrt[np]{a^p} = \sqrt[n]{a}$, pues $\sqrt[np]{a^p} = a^{\frac{p}{np}} = a^{\frac{1}{n}} = \sqrt[n]{a}$

Esta propiedad es útil para:

— Simplificar radicales: $\sqrt[4]{9} = \sqrt[4]{3^2} = \sqrt{3}$; $\sqrt[6]{4} = \sqrt[6]{2^2} = \sqrt[3]{2}$

— Conseguir que dos o más radicales tengan el mismo índice (reducir a índice común) (véase el ejercicio resuelto 1).

② $(\sqrt[n]{a})^p = \sqrt[n]{a^p}$, pues $\left(a^{\frac{1}{n}}\right)^p = a^{\left(\frac{1}{n}\right) \cdot p} = (a^p)^{\frac{1}{n}} = \sqrt[n]{a^p}$

Esta propiedad solo es válida cuando existen los radicales $\sqrt[n]{a}$ y $\sqrt[n]{a^p}$.

Por ejemplo, no podemos poner que $(\sqrt{-5})^4 = \sqrt{(-5)^4} = 25$, pues el primer radical no tiene significado numérico.

③ $\sqrt[m]{\sqrt[n]{a}} = \sqrt[mn]{a}$, pues $\left(a^{\frac{1}{n}}\right)^{\frac{1}{m}} = a^{\left(\frac{1}{n}\right) \cdot \left(\frac{1}{m}\right)} = a^{\frac{1}{mn}} = \sqrt[mn]{a}$

Ejercicios resueltos

1 *Comparar $\sqrt[3]{103}$ y $\sqrt{22}$ reduciéndolos a índice común.*

Expresamos ambas raíces como raíces sextas:

$\sqrt[3]{103} = \sqrt[3 \cdot 2]{103^2} = \sqrt[6]{103^2} = \sqrt[6]{10\,609}$

$\sqrt{22} = \sqrt[2 \cdot 3]{22^3} = \sqrt[6]{22^3} = \sqrt[6]{10\,648}$

Vemos que $\sqrt[3]{103} < \sqrt{22}$.

2 *Simplificar.*

a) $\sqrt[12]{x^9}$ *b)* $\left(\sqrt[3]{a^2}\right)^6$ *c)* $\sqrt{\sqrt[3]{a}}$ *d)* $\sqrt[3]{\sqrt{a}}$

a) $\sqrt[12]{x^9} = \sqrt[3 \cdot 4]{x^{3 \cdot 3}} = \sqrt[4]{x^3}$

b) $\left(\sqrt[3]{a^2}\right)^6 = (a^2)^2 = a^4$

c) $\sqrt{\sqrt[3]{a}} = \sqrt[6]{a}$

d) $\sqrt[3]{\sqrt{a}} = \sqrt[6]{a}$

Ejercicios propuestos

1 Simplifica.

a) $\sqrt[9]{x^{12}}$ b) $\sqrt[12]{x^8}$ c) $\sqrt[5]{y^{10}}$

d) $\sqrt[6]{8}$ e) $\sqrt[9]{64}$ f) $\sqrt[8]{81}$

2 ¿Cuál es mayor, $\sqrt[4]{31}$ o $\sqrt[3]{13}$?

3 Reduce a índice común.

a) $\sqrt[12]{a^5}$ y $\sqrt[18]{a^7}$ b) $\sqrt[3]{51}$ y $\sqrt[9]{132\,650}$

4 Simplifica.

a) $\left(\sqrt{\sqrt{\sqrt{k}}}\right)^8$ b) $\sqrt[5]{\sqrt[3]{x^{10}}}$ c) $\sqrt[3]{(\sqrt{x})^6}$

Producto y cociente de radicales

④ $\sqrt[n]{\boldsymbol{a \cdot b}} = \sqrt[n]{\boldsymbol{a}} \cdot \sqrt[n]{\boldsymbol{b}}$, pues $\sqrt[n]{a \cdot b} = (a \cdot b)^{\frac{1}{n}} = a^{\frac{1}{n}} \cdot b^{\frac{1}{n}} = \sqrt[n]{a} \cdot \sqrt[n]{b}$

Por ejemplo: $\sqrt{3x^2y} = \sqrt{3} \cdot \sqrt{x^2} \cdot \sqrt{y}$; $\sqrt[5]{32x} = \sqrt[5]{32} \cdot \sqrt[5]{x} = 2\sqrt[5]{x}$

Esta propiedad tiene las siguientes aplicaciones:

— Sacar un factor fuera de la raíz. Por ejemplo:

$$\sqrt[3]{32} = \sqrt[3]{8 \cdot 4} = \sqrt[3]{8} \cdot \sqrt[3]{4} = 2 \cdot \sqrt[3]{4}; \quad \sqrt{18} = \sqrt{9} \cdot \sqrt{2} = 3 \cdot \sqrt{2}$$

— Al contrario, juntar varios radicales en uno solo: $\sqrt{15} \cdot \sqrt{20} = \sqrt{300}$

⑤ $\sqrt[n]{\dfrac{\boldsymbol{a}}{\boldsymbol{b}}} = \dfrac{\sqrt[n]{\boldsymbol{a}}}{\sqrt[n]{\boldsymbol{b}}}$, pues $\sqrt[n]{\dfrac{a}{b}} \left(\dfrac{a}{b}\right)^{\frac{1}{n}} = \dfrac{a^{1/n}}{b^{1/n}} = \dfrac{\sqrt[n]{a}}{\sqrt[n]{b}}$

Por ejemplo: $\sqrt{\dfrac{3}{x^3}} = \dfrac{\sqrt{3}}{\sqrt{x^3}}$; $\sqrt[3]{\dfrac{x^5}{8}} = \dfrac{\sqrt[3]{x^5}}{\sqrt[3]{8}} = \dfrac{\sqrt[3]{x^5}}{2}$

Esta propiedad, junto con las propiedades ① y ④, sirve para poner productos y cocientes de radicales bajo una sola raíz. Por ejemplo:

$$\frac{\sqrt{3} \cdot \sqrt[3]{4}}{\sqrt[6]{24}} = \frac{\sqrt[6]{3^3} \cdot \sqrt[6]{4^2}}{\sqrt[6]{2^3 \cdot 3}} = \sqrt[6]{\frac{3^3 \cdot 2^4}{2^3 \cdot 3}} = \sqrt[6]{2 \cdot 3^2} = \sqrt[6]{18}$$

Suma de radicales

Dos radicales distintos no pueden sumarse si no es obteniendo sus expresiones decimales aproximadas. Solo pueden sumarse radicales idénticos.

Por ejemplo, $\sqrt{3} + \sqrt{2}$ o $\sqrt{7} + \sqrt[3]{7}$ solo pueden realizarse de forma aproximada o dejándolas indicadas.

Sí puede simplificarse $7\sqrt{5} + 11\sqrt{5} - \sqrt{5} = 17\sqrt{5}$.

Hay casos en los que la posibilidad de simplificar una suma de radicales no es evidente. En tales casos, hemos de ingeniárnoslas para descubrir esa posibilidad.

Por ejemplo:

$$\sqrt{8} + \sqrt{18} + \sqrt[4]{2\,500} = \sqrt{2^3} + \sqrt{3^2 \cdot 2} + \sqrt[4]{2^2 \cdot 5^4} = 2\sqrt{2} + 3\sqrt{2} + 5\sqrt{2} = 10\sqrt{2}$$

Ejercicios propuestos

5 Reduce.

a) $\sqrt[3]{2} \cdot \sqrt[5]{2}$ b) $\sqrt[3]{9} \cdot \sqrt[6]{3}$

c) $\sqrt{2} \cdot \sqrt[4]{2} \cdot \sqrt[8]{2}$ d) $\sqrt[4]{8} \cdot \sqrt[3]{4}$

e) $\sqrt[4]{125} \cdot \sqrt{5}$ f) $\sqrt[3]{81} \cdot \sqrt{3}$

6 Simplifica.

a) $\dfrac{\sqrt[5]{x}}{\sqrt[3]{x}}$ b) $\dfrac{\sqrt{a \cdot b}}{\sqrt[3]{a \cdot b}}$

c) $\dfrac{\sqrt[6]{a^3}}{\sqrt[3]{a^2}}$ d) $\dfrac{\sqrt[4]{a^3 \cdot b^5 \cdot c}}{\sqrt{a \cdot b^3 \cdot c^3}}$

7 Reduce.

a) $\dfrac{\sqrt[3]{3^2}}{\sqrt{3}}$ b) $\dfrac{\sqrt{9}}{\sqrt[3]{3}}$

c) $\dfrac{\sqrt[5]{16}}{\sqrt{2}}$ d) $\dfrac{\sqrt[4]{729}}{\sqrt{3}}$

8 Suma y simplifica.

a) $5\sqrt{x} + 3\sqrt{x} + 2\sqrt{x}$ b) $\sqrt{9 \cdot 2} + \sqrt{25 \cdot 2} - \sqrt{2}$

c) $\sqrt{18} + \sqrt{50} - \sqrt{2} - \sqrt{8}$ d) $\sqrt{27} - \sqrt{50} + \sqrt{12} + \sqrt{8}$

e) $\sqrt{50a} - \sqrt{18a}$ f) $\sqrt[3]{16} + \sqrt[3]{54} - \sqrt[3]{250}$

Racionalización de denominadores

A veces conviene suprimir los radicales que hay en un denominador. Para ello, hay que multiplicarlo por la expresión adecuada. Naturalmente, el numerador también se multiplicará por esa expresión.

Veamos algunos procedimientos para suprimir raíces del denominador:

- Para suprimir una raíz cuadrada, basta multiplicar por la misma raíz.

  Por ejemplo: $\frac{7}{\sqrt{2}} = \frac{7 \cdot \sqrt{2}}{\sqrt{2} \cdot \sqrt{2}} = \frac{7\sqrt{2}}{2}$

- Para suprimir una raíz *n*-ésima, se multiplica por otra raíz *n*-ésima tal que se complete en el radicando una potencia *n*-ésima.

  Por ejemplo: $\frac{1}{\sqrt[3]{25}} = \frac{1}{\sqrt[3]{5^2}} = \frac{\sqrt[3]{5}}{\sqrt[3]{5^2} \cdot \sqrt[3]{5}} = \frac{\sqrt[3]{5}}{\sqrt[3]{5^3}} = \frac{\sqrt[3]{5}}{5}$

- En una suma de raíces cuadradas, $\sqrt{a} + \sqrt{b}$, se suprimen los radicales multiplicando por la diferencia de ellas, $\sqrt{a} - \sqrt{b}$, y recíprocamente.

  Por ejemplo:

$$\frac{7}{\sqrt{5} - \sqrt{3}} = \frac{7(\sqrt{5} + \sqrt{3})}{(\sqrt{5} - \sqrt{3})(\sqrt{5} + \sqrt{3})} = \frac{7(\sqrt{5} + \sqrt{3})}{(\sqrt{5})^2 - (\sqrt{3})^2} = \frac{7(\sqrt{5} + \sqrt{3})}{2}$$

$$\frac{2}{3 + \sqrt{7}} = \frac{2(3 - \sqrt{7})}{(3 + \sqrt{7})(3 - \sqrt{7})} = \frac{2(3 - \sqrt{7})}{3^2 - (\sqrt{7})^2} = \frac{2(3 - \sqrt{7})}{2} = 3 - \sqrt{7}$$

¿Por qué deseamos "racionalizar" el denominador?

Antiguamente, cuando no existían instrumentos de cálculo como los actuales, había que esmerarse en la búsqueda de métodos que aliviaran las operaciones. Y es claro que resulta mucho más sencillo multiplicar por un radical que dividir por él. Por eso convenía "echar fuera" del denominador los radicales.

Actualmente, con las calculadoras, eso es innecesario. Sin embargo, se sigue considerando que una expresión con radicales en el denominador es antiestética, que la simplificación está inacabada.

Ten en cuenta

Las expresiones $\sqrt{a} - \sqrt{b}$ y $\sqrt{a} + \sqrt{b}$ se suelen llamar **conjugadas.**

Se multiplican por una de ellas numerador y denominador para que en este desaparezcan los radicales, pues:

$$(\sqrt{a} + \sqrt{b})(\sqrt{a} - \sqrt{b}) = a - b$$

¿Qué es más cómodo?

$\frac{1}{\sqrt{2}} = \frac{\sqrt{2}}{2}$

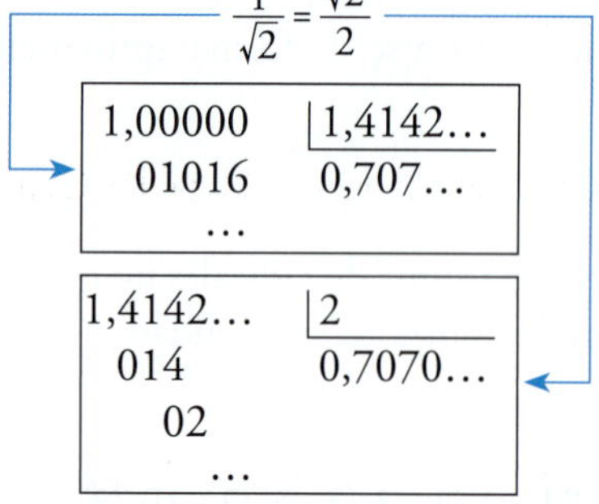

Ejercicios propuestos

9 Racionaliza denominadores y simplifica cuanto puedas.

a) $\frac{5}{\sqrt{7}}$ b) $\frac{3}{\sqrt[3]{4}}$

c) $\sqrt{\frac{7}{3}}$ d) $\frac{1}{\sqrt{a^3}}$

e) $\frac{3}{\sqrt{50}}$ f) $\frac{4}{\sqrt{18}}$

g) $\frac{2}{\sqrt[3]{25}}$ h) $\frac{1}{\sqrt[3]{40}}$

i) $\frac{3}{\sqrt[3]{36}}$ j) $\frac{2}{\sqrt[3]{100}}$

10 Racionaliza denominadores y simplifica cuanto puedas.

a) $\frac{1}{\sqrt{2}+1}$ b) $\frac{x+y}{\sqrt{x}+\sqrt{y}}$

c) $\frac{a-1}{\sqrt{a}-1}$ d) $\frac{\sqrt{x}+\sqrt{y}}{\sqrt{x}-\sqrt{y}}$

e) $\frac{1}{2\sqrt{3}-\sqrt{5}}$ f) $\frac{3\sqrt{2}+2\sqrt{3}}{3\sqrt{2}-2\sqrt{3}}$

g) $\frac{1}{\sqrt{2}} + \frac{1}{\sqrt{2}-1} + \frac{1}{\sqrt{2}+1}$ h) $\frac{1}{\sqrt{x}-\sqrt{y}} + \frac{1}{\sqrt{x}+\sqrt{y}}$

4 Logaritmos. Propiedades

Si $a > 0$ y $a \neq 1$, se llama **logaritmo en base *a*** de P, y se designa $log_a P$, al exponente al que hay que elevar la base a para obtener P.

$$log_a P = x \Leftrightarrow a^x = P$$

Por ejemplo:

$log_2 8 = 3$ porque $8 = 2^3$

$log_2 \frac{1}{8} = -3$ porque $\frac{1}{8} = \frac{1}{2^3} = 2^{-3}$

$log_5 25 = 2$ porque $25 = 5^2$

$log_5 \frac{1}{25} = -2$ porque $\frac{1}{25} = \frac{1}{5^2} = 5^{-2}$

$log_{10} 10\,000 = 4$ porque $10\,000 = 10^4$

$log_{10} 0{,}0001 = -4$ porque $0{,}0001 = 10^{-4}$

Logaritmo de un número que no es potencia exacta

Los números que son potencias exactas de la base tienen logaritmos enteros.

Los demás, tienen logaritmos con parte decimal.

Por ejemplo:

$$8 \xrightarrow{log_2} 3 \quad \ldots \quad 11 \xrightarrow{log_2} 3,\ldots \quad \ldots \quad 16 \xrightarrow{log_2} 4$$

El $log_2 11$ es un número decimal cuya parte entera es 3.

Propiedades de los logaritmos

① Dos números distintos tienen logaritmos distintos.

Si $P \neq Q$, entonces $log_a P \neq log_a Q$.

Si $a > 1$ y $P < Q$, entonces $log_a P < log_a Q$.

② El **logaritmo de la base** es 1: $log_a a = 1$, porque $a^1 = a$

③ El **logaritmo de 1** es 0, cualquiera que sea la base:

$$log_a 1 = 0, \text{ porque } a^0 = 1$$

④ El **logaritmo de un producto** es igual a la suma de los logaritmos de los factores:

$$log_a (P \cdot Q) = log_a P + log_a Q$$

⑤ El **logaritmo de un cociente** es igual al logaritmo del numerador menos el del denominador:

$$log_a \left(\frac{P}{Q}\right) = log_a P - log_a Q$$

⑥ El **logaritmo de una potencia** es igual al exponente por el logaritmo de la base de la potencia:

$$log_a P^n = n \, log_a P$$

⑦ El **logaritmo de una raíz** es igual al logaritmo del radicando dividido por el índice:

$$log_a \sqrt[n]{P} = \frac{log_a P}{n}$$

⑧ **Cambio de base.** El logaritmo en base a de un número se puede obtener a partir de logaritmos en otra base:

$$log_a P = \frac{log_b P}{log_b a}$$

Como verás en la página siguiente, con esta propiedad, y con la ayuda de la calculadora, podemos hallar logaritmos en cualquier base.

En la web

Ampliación teórica con las demostraciones de estas propiedades.

Etimología

Logaritmo, del griego *logos* (relación) y *aritmos* (número): números de relación o de comparación. Pues, cuando se inventaron los logaritmos (y durante mucho tiempo), sirvieron para relacionar, comparar y operar con números de muchas cifras.

Naturalmente, todo esto era antes de que hubiera calculadoras.

Nota histórica

La preocupación por encontrar recursos que facilitaran las operaciones aritméticas enormes hizo que a principios del siglo XVII los logaritmos fueran inventados casi simultáneamente por dos matemáticos:

NAPIER (Neper), escocés, en 1614 y BÜRGUI, suizo, en 1620.

John Napier (1550-1617).

Logaritmos decimales

Los logaritmos en base 10 se llaman **logaritmos decimales** y, en lugar de designarse mediante log_{10}, se designan simplemente así: *log*

$$log\ K = log_{10}\ K$$

La tecla [log] de la calculadora sirve para calcular logaritmos decimales. Gracias a la propiedad ⑧ anterior, podemos obtener, con la ayuda de la calculadora, el logaritmo de un número en cualquier base.

$$log_a\ P = \frac{log\ P}{log\ a} \rightarrow \text{[log]}\ P\ [\div]\ \text{[log]}\ a\ [=] \quad \text{se obtiene } log_a\ P$$

Por ejemplo:

$$log_2\ 11 = \frac{log\ 11}{log\ 2} \rightarrow \text{[log]}\ 11\ [\div]\ \text{[log]}\ 2\ [=]\ \boxed{3.459431\ 62}$$

Logaritmos neperianos

Se llama así a los logaritmos cuya base es el número e, y se designan mediante *ln*:

$$ln\ K = log_e\ K \quad \text{se lee } \textit{logaritmo neperiano} \text{ de } K$$

Su nombre proviene de su inventor, Neper o Napier.

El número $e = 2{,}71828182846...$ es irracional. Su importancia es enorme en matemáticas superiores. Nos lo encontraremos, de nuevo, en la próxima unidad.

La tecla [ln] de la calculadora sirve para calcular logaritmos neperianos. Estos logaritmos, además de su interés histórico, son también muy importantes en matemáticas superiores.

Ejercicios resueltos

1 *Hallar los siguientes logaritmos reconociendo la potencia correspondiente:*

a) $log_3\ 81$ *b)* $log\ 0{,}01$

c) $log_5\ 0{,}2$ *d)* $log_2\ 0{,}125$

Expresamos cada número como potencia de la base:

a) $81 = 3^4$. Por tanto, $log_3\ 81 = 4$

b) $0{,}01 = 10^{-2}$. Por tanto, $log\ 0{,}01 = log_{10}\ 0{,}01 = -2$

c) $0{,}2 = \frac{1}{5} = 5^{-1}$. Por tanto, $log_5\ 0{,}2 = -1$

d) $0{,}125 = \frac{1}{8} = \frac{1}{2^3} = 2^{-3}$. Por tanto, $log_2\ 0{,}125 = -3$

2 *Hallar la parte entera de los siguientes logaritmos. Encontrar su valor con la calculadora:*

a) $log_2\ 100$

b) $log\ 650$

a) ¿Entre qué dos potencias de 2 está el 100?

$2^6 = 64$, $2^7 = 128$; $2^6 < 100 < 2^7$. Por tanto, $6 < log_2\ 100 < 7$.

Es decir, $log_2\ 100 = 6,...$

Con la calculadora:

$$log_2\ 100 = \frac{log\ 100}{log\ 2} \rightarrow log_2\ 100 = \text{[log]}\ 100\ [\div]\ \text{[log]}\ 2 = 6{,}6438...$$

b) ¿Entre qué dos potencias de 10 está el 650?

$100 = 10^2 < 650 < 10^3 = 1\,000$. Por tanto $2 < log\ 650 < 3$.

Es decir, $log\ 650 = 2,...$

Con la calculadora:

Se obtiene directamente, [log] $650 = 2{,}8129...$

Ejercicios resueltos

3 *Sabiendo que $log_2 A = 3{,}5$ y $log_2 B = -1{,}4$, calcular:*

a) $log_2 \dfrac{A \cdot B}{4}$

b) $log_2 \dfrac{2\sqrt{A}}{B^3}$

a) Aplicamos las propiedades ④ y ⑤ de los logaritmos.

$$log_2 \left(\frac{A \cdot B}{4}\right) = log_2 A + log_2 B - log_2 4 = 3{,}5 - 1{,}4 - 2 = 0{,}1$$

b) Aplicamos primero las propiedades ④ y ⑤; y después, las ⑥ y ⑦.

$$log_2 \left(\frac{2\sqrt{A}}{B^3}\right) = log_2 2 + log_2 \sqrt{A} - log_2 B^3 = 1 + log_2 A^{1/2} - log_2 B^3 =$$

$$= 1 + \frac{1}{2}\, log_2 A - 3\, log_2 B = 1 + \frac{1}{2} \cdot 3{,}5 - 3 \cdot (-1{,}4) = 6{,}95$$

4 *Averiguar la relación que hay entre x e y, sabiendo que se verifica:*

$$ln\, y = x + ln\, 7$$

Como $x = ln\, e^x$, entonces $ln\, y = ln\, e^x + ln\, 7$.

Aplicamos la propiedad ④.

$ln\, y = ln\,(e^x \cdot 7) \rightarrow y = e^x \cdot 7$

La relación entre x e y es $y = 7e^x$.

5 *Hallar con calculadora:*

a) $log_5 80$

b) $log_{12} 100$

Dar la solución con cuatro cifras decimales.

En ambos casos aplicamos la propiedad ⑧.

a) $log_5 80 = \dfrac{log\, 80}{log\, 5}$

Con calculadora: [log] 80 [÷] [log] 5 = [2.722706232]

Por tanto, $log_5 80 = 2{,}7227$.

b) $log_{12} 100 = \dfrac{log\, 100}{log\, 12}$

Con calculadora: [log] 100 [÷] [log] 12 = [1.8532568]

Por tanto, $log_{12} 100 = 1{,}8533$.

Ejercicios propuestos

1 Halla.

a) $log_2 16$ b) $log_2 0{,}25$

c) $log_9 1$ d) $log_{10} 0{,}1$

e) $log_4 64$ f) $log_7 49$

g) $ln\, e^4$ h) $ln\, e^{-1/4}$

i) $log_5 0{,}04$ j) $log_6 \left(\dfrac{1}{216}\right)$

2 Halla la parte entera de…

a) $log_2 60$. b) $log_5 700$.

c) $log_{10} 43\,000$. d) $log_{10} 0{,}084$.

e) $log_9 60$. f) $ln\, e$.

g) $log_{20} 450\,000$. h) $log_{5,4} 900$.

3 Aplica la propiedad ⑧ para obtener los siguientes logaritmos con la ayuda de la calculadora:

a) $log_2 1\,500$ b) $log_5 200$

c) $log_{100} 200$ d) $log_{100} 40$

En cada caso, comprueba el resultado utilizando la potenciación.

4 Calcula sabiendo que $log_5 A = 1{,}8$ y $log_5 B = 2{,}4$.

a) $log_5 \sqrt[3]{\dfrac{A^2}{25B}}$ b) $log_5 \dfrac{5\sqrt{A^3}}{B^2}$

5 Averigua la relación que hay entre x e y, sabiendo que se verifica:

$$ln\, y = 2x - ln\, 5$$

5 Expresión decimal de los números reales. Números aproximados

El conjunto $\mathbb{D}$

En la práctica, para realizar cálculos numéricos se utilizan números decimales con un número finito de cifras. Al conjunto de todos ellos lo denominamos $\mathbb{D}$.

Es evidente que $\mathbb{Z} \subset \mathbb{D} \subset \mathbb{Q}$.

Observa que $\frac{1}{3} \notin \mathbb{D}$.

En su lugar $0{,}3333 \in \mathbb{D}$.

Los números reales reflejan con absoluta precisión resultados teóricos. Por ejemplo, $\frac{3\sqrt{5}\pi}{13}$ es un número real cuyo significado es clarísimo. Su expresión decimal consta de infinitas cifras (1,62111109…). Sin embargo, en la práctica (ciencia aplicada, economía, o, simplemente, en la vida cotidiana), estos números se expresan en forma decimal y con una cantidad reducida de cifras. Así, el número anterior se quedaría en 1,6; 1,62 o bien 1,621, según la precisión que requiera la operación que estemos realizando.

Por otra parte, en los problemas reales, los datos que manejamos (medidas, cantidades…) son solo aproximados y desconocemos su valor real. Cuando utilizamos un valor aproximado en lugar del valor real cometemos un error. Recordemos las definiciones:

$$\text{Error absoluto} = \text{E.A.} = |\text{Valor real} - \text{Valor aproximado}|$$

$$\text{Error relativo} = \text{E.R.} = \frac{\text{Error absoluto}}{\text{Valor real}}$$

Pero calcular estos errores es, en la práctica, imposible pues, como ya hemos comentado, el valor real es, habitualmente, desconocido. Por tanto, el error cometido al usar un número aproximado también es desconocido. Sin embargo, es imprescindible controlarlo. Y esto lo haremos diciendo: "*Este valor es aproximado. No sé qué error estoy cometiendo pero puedo asegurar que es menor que…*". A esto se le llama *poner cota al error*.

Cotas de error

Al dar un número aproximado hemos de poder asegurar que:

Error absoluto $< k$ (k es la **cota del error absoluto**)

Por ejemplo: "El peso de estos paquetes es 450 g con un error menor de 10 g".

A partir de la cota del error absoluto se puede acotar el error relativo:

$$\text{Error relativo} < \frac{k}{\text{Valor aproximado}}$$

En el ejemplo anterior, $10/450 = 0{,}0089 < 0{,}009$. Podemos, pues, decir que 0,0089 es una **cota del error relativo.** Y se puede simplificar tomando como cota 0,009.

Ten en cuenta

El error absoluto se expresa en la misma magnitud que la medición que se efectúa.

El error relativo es un número abstracto (sin unidades). Se puede expresar en tantos por ciento.

Ejercicio resuelto

1 *a) Calcular el volumen, en m³, de la esfera circunscrita a un cubo de 4 m de lado.*

b) Aproximar el volumen hasta los hectolitros.

c) Dar una cota del error absoluto y otra del error relativo.

a)

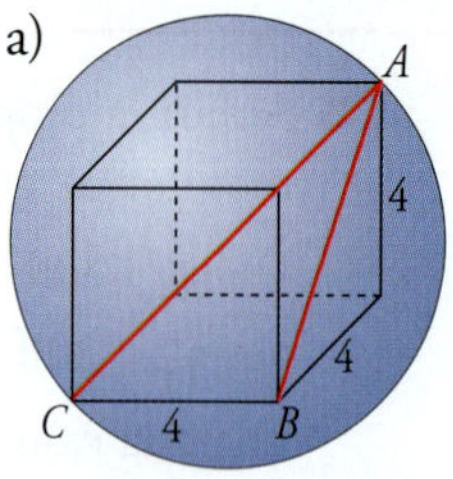

El diámetro de la esfera es la diagonal del cubo.

$$\overline{AB} = \sqrt{4^2 + 4^2} = 4\sqrt{2}\ ;\ \overline{AC} = \sqrt{(4\sqrt{2})^2 + 4^2} = 4\sqrt{3}\ \text{m}$$

El radio, R, de la esfera es $\frac{\overline{AC}}{2} \to R = 2\sqrt{3}$ m

$$V_{esfera} = \frac{4}{3}\pi R^3 = \frac{4}{3}\pi(2\sqrt{3})^3 = 32\sqrt{3}\pi\ \text{m}^3 \approx 174{,}12474\ \text{m}^3$$

b) Como $1\ hl = 0{,}1\ \text{m}^3$, para aproximar a hl hemos de dar el volumen en m³ con una cifra decimal: $V_{esfera} = 174{,}1\ \text{m}^3$

c) $\text{E.A.} < 0{,}02474 < 0{,}03\ \text{m}^3$ $\quad \text{E.R.} < \frac{0{,}03}{174{,}1} = 0{,}00017… < 0{,}0002$

Observamos que el error absoluto (y su cota) se da en la misma magnitud que la medida (m³ → volumen) mientras que el error relativo es un número abstracto. Se puede dar en tantos por ciento. En este caso diríamos que el error relativo es menor que el 0,02 %.

Cifras significativas

En la página anterior dábamos varias expresiones aproximadas del número:

$$\frac{3\sqrt{5}\pi}{13} = 1{,}62111109\ldots$$

EXPRESIONES APROXIMADAS: 1,6   1,62   1,621

Los números aproximados se expresan con varias cifras que sabemos exentas de error. Se llaman **cifras significativas.** En las expresiones aproximadas anteriores hemos utilizado, respectivamente, 2, 3 o 4 cifras significativas.

El **error absoluto** suele ser menor que 5 unidades del lugar siguiente al de la última cifra significativa utilizada. En el ejemplo anterior, los errores absolutos estarían acotados, respectivamente, así:

COTAS DE ERROR ABSOLUTO: 0,05   0,005   0,0005

El **error relativo** es tanto menor cuanto más cifras significativas se utilicen.

En ocasiones utilizamos ceros para poder expresar una medición. Por ejemplo, si decimos que el número de habitantes de una ciudad es 3 800 000, probablemente solo controlemos las dos primeras cifras, con lo cual los últimos ceros no serían cifras significativas. En tal caso sería más razonable decir que el número de habitantes es 3,8 millones o bien 38 cientos de miles.

Ejercicio resuelto

1 *Dar una cota del error absoluto y otra del error relativo en las siguientes medidas:*

a) 3 millones de personas.

b) 0,57 millones de euros.

c) 0,570 millones de euros.

a) Si se trata de una estimación fiable, es admisible que el error absoluto sea menor que medio millón de personas.

Error absoluto < 0,5 millones de personas

Error relativo $< \frac{0,5}{3} = 0{,}1666\ldots < 0{,}17 \rightarrow$ E.R. < 17 %

b) Si se trata de un número aproximado, entonces:

Error absoluto < 0,005 millones de euros → E.A. < 5 000 €

Error relativo $< \frac{0,005}{0,57} = 0{,}0087\ldots < 0{,}009 \rightarrow$ E.R. < 0,9 %

c) Al ser un número aproximado, el cero final significa que esa cifra (la de las milésimas) está controlada. Por tanto:

Error absoluto < 0,0005 millones de euros → E.A. < 500 €

Error relativo $< \frac{0,0005}{0,570} = 0{,}0009 \rightarrow$ E.R. < 0,09 %

Ejercicios propuestos

1 ¿Verdadero o falso?

I. El precio de esta vivienda es, aproximadamente, de 390 000 €, con un error menor que 10 000 €.

II. El precio del menú del día es, aproximadamente, de 12 €, con un error menor que 1 €.

En I el error absoluto es mucho mayor que en II, pero el error relativo es menor.

2 Di una cota del error absoluto y otra del error relativo en las siguientes mediciones:

a) Daniel le dice a su hermana María que la superficie de su casa es de 96,4 m^2.

b) Por la gripe se han perdido 37 millones de horas de trabajo.

c) Juana gana unos 19 000 € al año.

Practica

Di el error absoluto y el error relativo de las siguientes cantidades aproximadas:

a) $3{,}800 \times 10^{16}$ m

b) $2{,}5 \times 10^{-6}$ horas

c) $6{,}3 \times 10^{9}$ personas

d) $2{,}40 \times 10^{-12}$ g

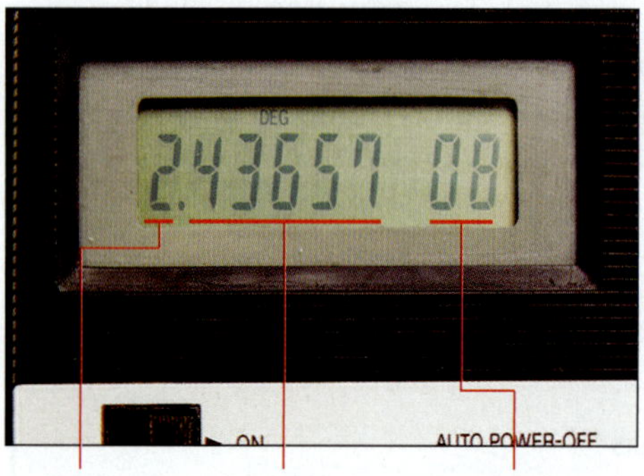

Parte entera — Parte decimal — Potencia entera de base 10

Notación científica

- El volumen de la Tierra es $1{,}08 \times 10^{21}$ m^3. Obviamente se trata de un número aproximado y está dado en **notación científica.**

  Como número aproximado, podemos decir que:

  $E.A. < 0{,}005 \times 10^{21}\ m^3 = 5 \times 10^{18}\ m^3 \rightarrow E.A. < 5 \times 10^{18}\ m^3$

  $E.R. < \dfrac{0{,}005}{1{,}08} = 0{,}0046\ldots < 0{,}005 \rightarrow E.R. < 0{,}5\%$

- Un cierto virus tiene un diámetro de $3{,}0 \times 10^{-9}$ m. También se trata de un número aproximado puesto en notación científica.

  $E.A. < 0{,}05 \times 10^{-9}\ m = 5 \times 10^{-11}\ m \rightarrow E.A. < 5 \times 10^{-11}\ m$

  $E.R. < \dfrac{0{,}05}{3{,}0} = 0{,}01666\ldots < 0{,}02 \rightarrow E.R. < 2\%$

Calculadora para la notación científica

Como sabes, la tecla [EXP] ayuda a expresar números en notación científica. Pero además, la calculadora posee un modo de actuación (MODE SCI) específico para esta notación:

El modo SCI hace que la calculadora trabaje siempre con números en notación científica y, además, con la cantidad de cifras significativas que previamente le hayamos indicado.

Por ejemplo, con una calculadora en la que se accede al modo SCI mediante la secuencia [MODE] [8], deseamos trabajar con la notación científica *utilizando cuatro cifras significativas*. Haremos:

Preparación de la calculadora:

[MODE] [8] [4] {0.000 00}

Multipliquemos $(3\,475\,980\,000) \cdot (1{,}27 \cdot 10^{-5})$.

Introducción del primer factor:

3 475 980 000 [×] {3.476 09}

Introducción del segundo factor y ejecución del producto:

1,27 [EXP] 5 [+/–] [=] {4.414 04}

Observaciones

- Cuando la calculadora está en modo SCI, admite expresiones no científicas, pero al darle a una tecla de operación o al [=], pone el número en notación científica, con las cifras significativas deseadas, redondeando.
- La calculadora conserva en su memoria los dígitos que no exhibe en la pantalla. Si en el ejemplo anterior ponemos la calculadora en el modo normal (MODE [9]), inmediatamente se muestra en la pantalla el resultado con todas las cifras: {44144.946}

Ejercicios propuestos

3 Calcula en notación científica sin usar la calculadora:

a) $(800\,000 : 0{,}0002) \cdot 0{,}5 \cdot 10^{12}$

b) $0{,}486 \cdot 10^{-5} + 93 \cdot 10^{-9} - 6 \cdot 10^{-7}$

4 Opera con la calculadora:

a) $(3{,}87 \cdot 10^{15} \cdot 5{,}96 \cdot 10^{-9}) : (3{,}941 \cdot 10^{-6})$

b) $8{,}93 \cdot 10^{-10} + 7{,}64 \cdot 10^{-10} - 1{,}42 \cdot 10^{-9}$

6 Factoriales y números combinatorios

Vamos a recordar dos tipos de números muy útiles para los cálculos de la combinatoria.

Factoriales

Observa:

$5! = 5 \cdot 4 \cdot 3 \cdot 2 \cdot 1 = 120$ $\qquad$ $7! = 7 \cdot 6 \cdot 5 \cdot 4 \cdot 3 \cdot 2 \cdot 1 = 5040$

Si n es un número natural, $n \geq 2$, se llama **factorial de n,** y se escribe $n!$, al producto de n factores decrecientes a partir de n:

$$n! = n \cdot (n-1) \cdot (n-2) \cdot \ldots \cdot 3 \cdot 2 \cdot 1$$

Por conveniencias de nomenclatura, hacemos extensiva la definición para $n = 1$ y $n = 0$:

$1! = 1$ $\qquad$ $0! = 1$ (aunque resulte chocante, conviene que sea así)

Recordemos que $n!$ es el número de permutaciones de n elementos, es decir, el número de formas en que se pueden ordenar n objetos.

Magnitud de los factoriales

El valor de $n!$ crece enormemente deprisa al aumentar n. Por ejemplo:

$10! = 3\,628\,000$

20! tiene 18 cifras.

Números combinatorios

Observa:

$\binom{5}{2} = \frac{5 \cdot 4}{2 \cdot 1} = 10$ $\qquad$ $\binom{7}{3} = \frac{7 \cdot 6 \cdot 5}{3 \cdot 2 \cdot 1} = 35$

En general, si m y n son números naturales, $m \geq n \geq 2$, definimos:

$$\binom{m}{n} = \frac{m \cdot (m-1) \cdot \ldots \cdot (m-n+1)}{n!} \leftarrow n \text{ factores decrecientes}$$

Hacemos extensiva la definición del siguiente modo:

$\binom{m}{1} = m$ $\qquad$ $\binom{m}{0} = 1$ $\qquad$ $\binom{1}{1} = 1$ $\qquad$ $\binom{1}{0} = 1$ $\qquad$ $\binom{0}{0} = 1$

Recordemos que $\binom{m}{n}$ es el número de subconjuntos de n elementos sin repetir que pueden extraerse de un conjunto de m elementos. Por ejemplo, ¿de cuántas formas podemos seleccionar 3 vocales? Veámoslo:

Conjunto inicial: $\{a, e, i, o, u\}$

Subconjuntos de 3 elementos: $\binom{5}{3} = \frac{5 \cdot 4 \cdot 3}{3 \cdot 2 \cdot 1} = 10$. Debe haber 10.

Comprobémoslo:

aei aeo aeu aio aiu aou
eio eiu eou
iou

Efectivamente, hay 10.

Veamos cómo puede ponerse un número combinatorio usando los factoriales:

$$\binom{m}{n} = \frac{m \cdot (m-1) \cdot \ldots \cdot (m-n+1) \cdot (m-n)!}{n! \cdot (m-n)!} = \frac{m!}{n! \cdot (m-n)!}$$

A la vista de esta fórmula se entiende por qué definimos $0! = 1$, pues así la igualdad es válida para $m = n$.

Con calculadora

En muchas calculadoras científicas existen las teclas [x!] y [nCr] que sirven para estos cálculos. Por ejemplo:

$7! \rightarrow 7$ [x!] [5040]

$\binom{7}{3} \rightarrow 7$ [nCr] 3 [=] [35]

Habitualmente estos resultados se obtienen como "segunda función" de las correspondientes teclas. Por tanto, deben ir precedidas por [SHIFT]:

$7! \rightarrow 7$ [SHIFT] [x!]

Ten en cuenta

Esta expresión de $\binom{m}{n}$ con factoriales es útil para desarrollos teóricos, pero no para cálculos. Por ejemplo:

$$\binom{7}{3} = \frac{7!}{3!\,4!} = \frac{7 \cdot 6 \cdot 5 \cdot 4 \cdot 3 \cdot 2 \cdot 1}{3 \cdot 2 \cdot 1 \cdot 4 \cdot 3 \cdot 2 \cdot 1}$$

es más engorroso que el sencillo cálculo que hicimos arriba.

Propiedades de los números combinatorios

Los números combinatorios tienen interesantes propiedades. Veamos algunas:

Ejemplos

I. $\binom{7}{0} = 1, \ \binom{4}{4} = 1$

II. $\binom{7}{3} = \binom{7}{4}, \ \binom{100}{99} = \binom{100}{1}$

III. $\binom{4}{2} + \binom{4}{3} = \binom{5}{3}$

$\binom{7}{5} + \binom{7}{6} = \binom{8}{6}$

$\binom{11}{7} + \binom{11}{8} = \binom{12}{8}$

En la web

Ampliación teórica con las demostraciones de estas propiedades.

I: $\binom{m}{0} = 1$ y $\binom{m}{m} = 1$ como ya hemos visto en la página anterior.

$\binom{m}{0}$ significa el número de subconjuntos con 0 elementos que se pueden extraer de un conjunto de m. Solo el Ø tiene 0 elementos.

$\binom{m}{m}$ es el número de subconjuntos de m elementos que se pueden extraer de un conjunto de m elementos. Solo el propio conjunto inicial.

II: $\binom{m}{n} = \binom{m}{m-n}$. En un conjunto de m elementos, cada subconjunto de n elementos tiene un complementario de $m - n$. Hay pues, tantos de unos como de otros.

III: $\binom{m-1}{n-1} + \binom{m-1}{n} = \binom{m}{n}$. La justificación de esta propiedad es más complicada.

Triángulo de Tartaglia

Tartaglia (siglo XVI)

El verdadero nombre de Tartaglia fue Niccolò Fontana. En una guerra recibió un golpe a consecuencia del cual quedó tartamudo.

Su apodo, Tartaglia (tartaja), se hizo tan popular que él mismo firmaba así sus libros.

El siguiente triángulo numérico, llamado de Tartaglia (se lee "Tartalla") o, también, de Pascal, resume brillantemente las propiedades de los números combinatorios. (A la izquierda, las expresiones como números combinatorios, a la derecha los valores correspondientes).

$$\binom{1}{0} \quad \binom{1}{1}$$
$$\binom{2}{0} \quad \binom{2}{1} \quad \binom{2}{2}$$
$$\binom{3}{0} \quad \binom{3}{1} \quad \binom{3}{2} \quad \binom{3}{3}$$
$$\binom{4}{0} \quad \binom{4}{1} \quad \binom{4}{2} \quad \binom{4}{3} \quad \binom{4}{4}$$
$$\binom{5}{0} \quad \binom{5}{1} \quad \binom{5}{2} \quad \binom{5}{3} \quad \binom{5}{4} \quad \binom{5}{5}$$

1 1

1 2 1

1 3 3 1

1 4 6 4 1

1 5 10 10 5 1

Esta configuración responde a las propiedades de arriba.

- Todos los elementos de los extremos valen 1 (Propiedad I).
- En cada fila, los elementos simétricos son iguales (Propiedad II).
- Cada elemento, salvo los de los extremos, se obtiene sumando los dos que tiene encima (Propiedad III).

De este modo, cada línea del triángulo de Tartaglia se obtiene de la anterior: se empieza y se termina con 1 y cada uno de los demás términos se halla sumando los dos que tiene encima.

Obtención de las filas 6.ª y 7.ª del triángulo de Tartaglia

5.ª		1	5	10	10	5	1	
6.ª	1	6	15	20	15	6	1	
7.ª	1	7	21	35	35	21	7	1

7 Fórmula del binomio de Newton

Como sabemos, $(a+b)^2 = a^2 + 2ab + b^2$.

Operando se pueden obtener las sucesivas potencias de $a + b$.

$$(a+b)^3 = (a+b)^2 \cdot (a+b) = a^3 + 3a^2b + 3ab^2 + b^3$$

$$(a+b)^4 = (a+b)^3 \cdot (a+b) = a^4 + 4a^3b + 6a^2b^2 + 4ab^3 + b^4$$

Para observar las regularidades que se producen, ordenamos los resultados:

$(a+b)^1$	$a + b$	1 1
$(a+b)^2$	$a^2 + 2ab + b^2$	1 2 1
$(a+b)^3$	$a^3 + 3a^2b + 3ab^2 + b^3$	1 3 3 1
$(a+b)^4$	$a^4 + 4a^3b + 6a^2b^2 + 4ab^3 + b^4$	1 4 6 4 1

Aclaración

Para que se aprecie mejor el resultado, hemos aislado a la derecha los coeficientes.

Los coeficientes son las sucesivas filas del triángulo de Tartaglia.

Obtengamos razonadamente la siguiente potencia: $(a+b)^5$. Para ello, multiplicamos $(a+b)^4 \cdot (a+b)$. Lo hacemos multiplicando primero por a (flecha azul), después por b (flecha roja) y sumando los resultados.

	a^4	$4a^3b$	$6a^2b^2$	$4ab^3$	b^4
	a^4b	$4a^3b^2$	$6a^2b^3$	$4ab^4$	b^5
a^5	$4a^4b$	$6a^3b^2$	$4a^2b^3$	ab^4	
$1a^5$	$(1+4)a^4b$	$(4+6)a^3b^2$	$(6+4)a^2b^3$	$(4+1)ab^4$	$1b^5$

Observamos que:

- Aparecen todos los posibles términos de 5.º grado: a^5, a^4b, a^3b^2, a^2b^3, ab^4 y b^5.
- Sus coeficientes son la suma de coeficientes de los términos que tienen encima, es decir, constituyen la fila 5 del triángulo de Tartaglia (puesto que los que tienen encima son la fila 4).

En general, se obtiene la llamada **fórmula del binomio de Newton:**

$$(a+b)^n = \binom{n}{0}a^n + \binom{n}{1}a^{n-1}b + \binom{n}{2}a^{n-2}b^2 + \ldots + \binom{n}{n-1}ab^{n-1} + \binom{n}{n}b^n$$

No lo olvides

En la fórmula del binomio de Newton, los coeficientes de los sucesivos términos son los números de la fila n-ésima del triángulo de Tartaglia.

Ejercicio resuelto

1 *¿Cuál es el coeficiente de x^2 en el desarrollo de $\left(\frac{x^3}{25} - \frac{10}{x}\right)^6$?*

Obtenemos el término $k+1$ en la fórmula del binomio de Newton para la expresión del enunciado:

$$\binom{6}{k}\left(\frac{x^3}{25}\right)^{6-k}\left(\frac{-10}{x}\right)^k$$

Si simplificamos esta expresión obtenemos un coeficiente C por una potencia de x:

$$C\,x^{3(6-k)}\,x^{-k} = C\,x^{18-4k}$$

Como buscamos el término en x^2, igualamos: $x^{18-4k} = x^2 \rightarrow 18 - 4k = 2 \rightarrow k = 4$

Se trata, pues, del quinto término ya que $k + 1 = 4 + 1 = 5$:

$$\binom{6}{4}\left(\frac{x^3}{25}\right)^{6-4}\left(\frac{-10}{x}\right)^4 = 15 \cdot \frac{x^6}{625} \cdot \frac{10\,000}{x^4} = 240\,x^2$$

El coeficiente pedido es 240.

Ejercicios propuestos

1 Desarrolla:

a) $(x+3)^5$ b) $(2x - x^2)^4$ c) $\left(\frac{x}{2} + \frac{1}{x}\right)^6$

2 Calcula el coeficiente de x^5 en el desarrollo del binomio:

$$\left(\frac{x^2}{2} - \frac{3}{x}\right)^7$$

1. Intervalos y valor absoluto

Escribir, en forma de intervalos, los valores que puede tomar x *para que sean válidas las siguientes expresiones:*

a) $|1-x|>3$

b) $\sqrt{x(3-x)}$

Hazlo tú. ¿Para qué valores de x se verifica $|3x-7|<5$?

a) Si queremos que $|1-x|>3 \rightarrow 1-x>3$ o $1-x<-3$

Buscamos los valores que cumplen las desigualdades:

$1-x>3 \rightarrow -x>2 \xrightarrow{(*)} x<-2$

$1-x<-3 \rightarrow -x<-4 \xrightarrow{(*)} x>4$

(*) Al cambiar el signo de los dos miembros de una desigualdad, cambia el sentido de la desigualdad.

Los valores que verifican la expresión son: $(-\infty, -2) \cup (4, +\infty)$

b) La raíz cuadrada se puede calcular si el radicando es mayor o igual que 0.

Para que un producto sea positivo, los dos factores deben tener el mismo signo.

Estudiamos el signo de cada factor:

	$-\infty$ a 0	0 a 3	3 a $+\infty$
x	–	+	+
$3-x$	+	+	–

Los dos factores son positivos si $0<x<3$.

No hay ningún valor para el cual los dos factores sean negativos. Los valores para los que la expresión es válida son:

$[0, 3]$

2. Entornos

Se llama entorno de centro a *y radio* r, *al intervalo* $(a-r,\ a+r)$.

a) Describir como entorno el intervalo $I=(-3, 5)$.

b) Expresar como intervalo el entorno de centro –5, 2 y radio 0,8.

a) El centro del entorno es el punto medio del intervalo: $C=\dfrac{-3+5}{2}=1$

El radio es la distancia del centro a un extremo: $r=|1-5|=4$

I es un entorno de centro 1 y radio 4.

b) Extremo inferior: $a-r=-5{,}2-0{,}8=-6$

Extremo superior: $a+r=-5{,}2+0{,}8=-4{,}4$

$I=(-6; -4{,}4)$

3. Operaciones con radicales

Operar y simplificar:

a) $5\sqrt[6]{64a^2}-5\sqrt[3]{27a}+6\sqrt[9]{a^3}$

b) $\sqrt{ab}\cdot\sqrt[3]{a^2b^2}\cdot\sqrt[4]{ab^3}$

c) $\left(1-\dfrac{\sqrt{3}}{1+\sqrt{3}}\right)\left(1+\dfrac{\sqrt{3}}{1-\sqrt{3}}\right)$

Hazlo tú. Simplifica:

a) $\sqrt{32}+\dfrac{1}{2}\sqrt{50}-\dfrac{5}{6}\sqrt{2}$

b) $\sqrt{8ab}\cdot\sqrt[3]{a^2b}$

a) Extraemos factores de los radicales:

$$\left.\begin{array}{l} 5\sqrt[6]{64a^2}=5\sqrt[6]{2^6a^2}=5\cdot 2\sqrt[6]{a^2}\overset{(*)}{=}10\sqrt[3]{a} \\ 5\sqrt[3]{27a}=5\sqrt[3]{3^3a}=5\cdot 3\sqrt[3]{a}=15\sqrt[3]{a} \\ 6\sqrt[9]{a^3}\overset{(*)}{=}6\sqrt[3]{a} \end{array}\right\} \text{Por tanto: } 10\sqrt[3]{a}-15\sqrt[3]{a}+6\sqrt[3]{a}=\sqrt[3]{a}$$

(*) Simplificamos dividiendo el índice y el exponente por un mismo número.

b) Reducimos los radicales a índice común: mín.c.m. (2, 3, 4) = 12

$$\sqrt[12]{(ab)^6}\cdot\sqrt[12]{(a^2b^2)^4}\cdot\sqrt[12]{(ab^3)^3}=\sqrt[12]{a^6b^6a^8b^8a^3b^9}=\sqrt[12]{a^{17}b^{23}}=ab\sqrt[12]{a^5\cdot b^{11}}$$

c) Efectuamos las operaciones dentro de cada paréntesis:

$$\left(\frac{1+\sqrt{3}-\sqrt{3}}{1+\sqrt{3}}\right)\left(\frac{1-\sqrt{3}+\sqrt{3}}{1-\sqrt{3}}\right)=\frac{1}{1+\sqrt{3}}\cdot\frac{1}{1-\sqrt{3}}=\frac{1}{1^2-(\sqrt{3})^2}=-\frac{1}{2}$$

4. Racionalización de denominadores

Racionalizar y simplificar.

a) $\dfrac{6}{\sqrt[4]{3}}$ *b)* $\dfrac{\sqrt{8}}{3\sqrt{2}-2}$

Hazlo tú. Racionaliza:

a) $\dfrac{2}{\sqrt[4]{5^3}}$ b) $\dfrac{11}{2\sqrt{5}+3}$

a) Multiplicamos numerador y denominador por $\sqrt[4]{3^3}$.

$$\frac{6\sqrt[4]{3^3}}{\sqrt[4]{3}\sqrt[4]{3^3}} = \frac{6\sqrt[4]{3^3}}{\sqrt[4]{3^4}} = \frac{6\sqrt[4]{27}}{3} = 2\sqrt[4]{27}$$

b) Multiplicamos numerador y denominador por $3\sqrt{2}+2$.

$$\frac{\sqrt{8}(3\sqrt{2}+2)}{(3\sqrt{2}-2)(3\sqrt{2}+2)} = \frac{3\sqrt{16}+2\sqrt{8}}{(3\sqrt{2})^2-2^2} = \frac{12+2\cdot 2\sqrt{2}}{14} = \frac{6+2\sqrt{2}}{7}$$

5. Problemas con radicales

El volumen de un tetraedro regular es $18\sqrt{2}$ cm³. Hallar la longitud de su arista.

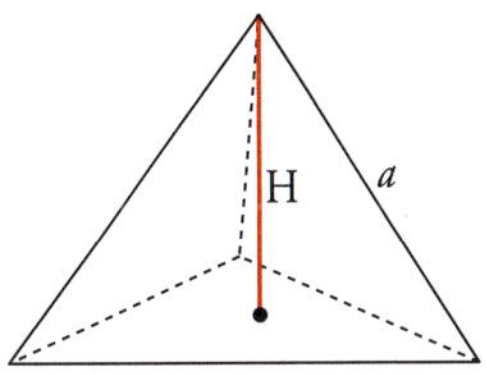

Hazlo tú. El volumen de una pirámide cuadrangular regular cuyas caras laterales son triángulos equiláteros, es $\dfrac{256}{3}\sqrt{2}$. Halla la longitud de su arista.

$V_{\text{TETRAEDRO}} = \dfrac{1}{3}A_{\text{BASE}} \cdot \text{H}$. Tenemos que expresar ambas en función de la arista.

- Área de la base:

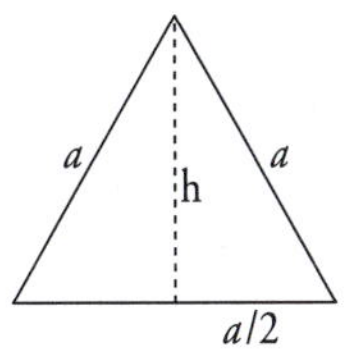

Hallamos la altura del triángulo equilátero:

$$\text{h}^2 = a^2 - \left(\frac{a}{2}\right)^2 \rightarrow \text{h} = \sqrt{\frac{3a^2}{4}} = \frac{a}{2}\sqrt{3}$$

$$A_{\text{BASE}} = \frac{1}{2}\cdot a \cdot \frac{a}{2}\sqrt{3} = \frac{\sqrt{3}}{4}a^2$$

- Altura del tetraedro, H:

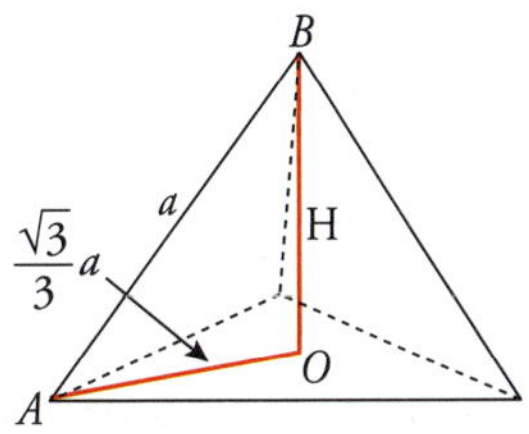

El triángulo AOB es rectángulo. El cateto AO mide $\dfrac{2}{3}$ de la altura de una cara.

$$\overline{AO} = \frac{2}{3}\cdot\frac{a}{2}\sqrt{3} = \frac{\sqrt{3}}{3}a$$

$$\text{H}^2 = a^2 - \left(\frac{\sqrt{3}}{3}a\right)^2 \rightarrow \text{H} = \sqrt{\frac{2a^2}{3}} = a\sqrt{\frac{2}{3}}$$

- Volumen del tetraedro: $V = \dfrac{1}{3}\cdot\dfrac{\sqrt{3}}{4}a^2\cdot a\sqrt{\dfrac{2}{3}} = \dfrac{\sqrt{2}}{12}a^3$

Por tanto: $\dfrac{\sqrt{2}}{12}a^3 = 18\sqrt{2} \rightarrow a^3 = 216 \rightarrow a = \sqrt[3]{216} = 6$

6. Errores y notación científica

Una galaxia, que está a un millón de años-luz de la nuestra, se acerca a una velocidad de 17 km/s.

a) ¿Cuántos kilómetros recorre en un año?

b) ¿Cuántos años tardará en llegar a nuestra galaxia?

Expresar los resultados en notación científica y dar, en cada caso, cotas del error absoluto y del error relativo cometidos.

a) Sabemos que $e = v \cdot t$. Como v viene dada en km/s, debemos expresar t en segundos. Ponemos la calculadora en modo SCI con dos cifras.

1 año = $365 \cdot 24 \cdot 60 \cdot 60 = 31\,536\,000$ s $= 3{,}2 \cdot 10^7$ s

$e = 17 \cdot 3{,}2 \cdot 10^7 = 5{,}4 \cdot 10^8$ km recorre, aproximadamente, en un año

Una cota del error absoluto es media unidad de la primera cifra no utilizada.

E.A. $< 0{,}05 \cdot 10^8 = 5 \cdot 10^6$ km E.R. $< \dfrac{5\cdot 10^6}{5{,}4\cdot 10^8} < 0{,}009 = 0{,}9\,\%$

b) Pasamos los años-luz a kilómetros.

Velocidad de la luz = 300 000 km/s $= 3 \cdot 10^5$ km/s

Un millón de años-luz $= 10^6 \cdot (3 \cdot 10^5) \cdot (3{,}2 \cdot 10^7) = 9{,}6 \cdot 10^{18}$ km

$t = \dfrac{e}{v} = \dfrac{9{,}6\cdot 10^{18}}{17} = 5{,}6 \cdot 10^{17}$ s $\rightarrow t = \dfrac{5{,}6\cdot 10^{17}}{3{,}2\cdot 10^7} = 1{,}8 \cdot 10^{10}$ años tardará

E.A. $< 0{,}05 \cdot 10^{10} = 5 \cdot 10^8$ años E.R. $< \dfrac{5\cdot 10^8}{1{,}8\cdot 10^{10}} < 0{,}028 = 2{,}8\,\%$

7. Logaritmos. Propiedades

Calcular el valor de x en cada una de estas igualdades.

a) $\log_x 0{,}25 = -2$

b) $\log 5^x = 12$

c) $\ln x + \ln 4 - 2 \ln 5 = \ln 3$

Hazlo tú. Calcula x en estos casos:

a) $\log_7 x = -2$ b) $\ln 3^{x-1} = 5$

c) $2 \log x - \log 4 = 2 \log 3$

a) Aplicamos la definición de logaritmo:

$$\log_x 0{,}25 = -2 \rightarrow x^{-2} = 0{,}25 \rightarrow \frac{1}{x^2} = \frac{1}{4} \rightarrow x^2 = 4 \begin{cases} x = -2 \text{ No válida} \\ x = 2 \end{cases}$$

b) Aplicamos la propiedad del logaritmo de una potencia: $\log_a x^n = n \log_a x$

$$x \log 5 = 12 \rightarrow x = \frac{12}{\log 5} \rightarrow x = 17{,}17$$

c) Debemos transformar la expresión en una del tipo $\ln A = \ln B$, de la que se deduce $A = B$. Para ello aplicamos las propiedades del logaritmo de un producto de una potencia y de un cociente.

$$\ln x \cdot 4 - \ln 5^2 = \ln 3 \rightarrow \ln \frac{4x}{5^2} = \ln 3 \rightarrow \frac{4x}{25} = 3 \rightarrow x = \frac{75}{4} = 18{,}75$$

8. Logaritmos. Demostración de una propiedad

Demostrar que:

$$\log_a (P \cdot Q) = \log_a P + \log_a Q$$

Hazlo tú. Demuestra que:

$$\log_a (P/Q) = \log_a P - \log_a Q$$

Llamamos $\log_a P = x$; $\log_a Q = y$. Expresamos P y Q como potencias aplicando la definición de logaritmo:

$$\left.\begin{matrix} P = a^x \\ Q = a^y \end{matrix}\right\} \text{ Multiplicamos miembro a miembro: } P \cdot Q = a^x \cdot a^y \rightarrow P \cdot Q = a^{x+y}$$

Tomamos logaritmos en esa igualdad: $\log_a (P \cdot Q) = \log_a a^{x+y} = x + y$

Sustituimos x e y: $\log_a (P \cdot Q) = \log_a P + \log_a Q$

9. Factoriales y números combinatorios

Calcular m en cada caso:

a) $\dfrac{m!}{(m-1)!} + \dfrac{(m+1)!}{m!} = 7$

b) $\dbinom{m}{3} : \dbinom{m}{2} = 4$

c) $\dbinom{17}{2+3m} = \dbinom{17}{m-5}$

Hazlo tú. Calcula m en esta expresión:

$$\binom{m}{2} = 3!$$

a) Aplicamos la definición de $m! = 1 \cdot 2 \cdot 3 \cdot \ldots \cdot m$ y simplificamos cada sumando.

$$\frac{m!}{(m-1)!} + \frac{1 \cdot 2 \cdot 3 \cdot \ldots \cdot (m-1) \cdot m}{1 \cdot 2 \cdot 3 \cdot \ldots \cdot (m-1)} = m \qquad \frac{(m+1)!}{m!} + \frac{1 \cdot 2 \cdot 3 \cdot \ldots \cdot m \cdot (m+1)}{1 \cdot 2 \cdot 3 \cdot \ldots \cdot m} = m + 1$$

Sumamos: $m + m + 1 = 7 \rightarrow 2m = 6 \rightarrow m = 3$

b) Utilizamos la definición de $\dbinom{m}{n}$.

$$\binom{m}{3} = \frac{m(m-1)(m-2)}{1 \cdot 2 \cdot 3} \qquad \binom{m}{2} = \frac{m(m-1)}{1 \cdot 2}$$

Dividimos: $\dfrac{m(m-1)(m-2)}{1 \cdot 2 \cdot 3} : \dfrac{m(m-1)}{1 \cdot 2} = \dfrac{m-2}{3}$.

Por tanto: $\dfrac{m-2}{3} = 4 \rightarrow m = 14$

c) Según la propiedad $\dbinom{m}{n} = \dbinom{m}{m-n}$ debe ser $(2 + 3m) + (m - 5) = 17$. Esto es:

$$4m - 3 = 17 \rightarrow m = 5$$

10. Binomio de Newton

Escribir el quinto término de $\left(\dfrac{x}{2} - \dfrac{1}{x}\right)^9$.

El término que ocupa el lugar k en el desarrollo de $(a - b)^n$ es:

$$\binom{n}{k-1} a^{n-(k-1)} (-b)^{k-1}$$

En este caso será: $\dbinom{9}{4}\left(\dfrac{x}{2}\right)^5 \left(\dfrac{-1}{x}\right)^4 = 126 \cdot \dfrac{x^5}{32} \cdot \dfrac{1}{x^4} = \dfrac{63}{16}x$

Ejercicios y problemas guiados

1. Simplificación de radicales

Simplificar esta expresión:

$$\sqrt{3\sqrt{\frac{\sqrt{12}-\sqrt{3}}{\sqrt{108}}}}$$

- Extrae factores fuera del radical en $\sqrt{12}$ y $\sqrt{108}$.
- Efectúa la operación del numerador y, después, simplifica la fracción.
- Introduce el 3 en la segunda raíz.
- Aplica la propiedad $\sqrt[m]{\sqrt[n]{a}} = \sqrt[mn]{a}$.

Solución:

$\sqrt[4]{\frac{3}{2}}$

2. Valor de un exponente

Calcular x para que se cumpla la igualdad:

$$3^{x-1} = 173$$

- Toma logaritmos en los dos miembros y aplica la propiedad del logaritmo de una potencia para "bajar" la x del exponente.
- Opera y despeja x.

Solución:

$x = 5{,}69$

3. Extracción de factores de un radical

Extraer fuera del radical los factores que sea posible.

$$\sqrt{4a^2cd + 8abcd + 4b^2cd}$$

- Para extraer factores de un radical aplicamos la propiedad $\sqrt{ab} = \sqrt{a}\sqrt{b}$. Por tanto, tenemos que expresar el radicando como un producto.
- Para ello, extrae factor común en el radicando. Obtendrás el cuadrado de una suma.

Solución:

$2(a + b)\sqrt{cd}$

4. Propiedades de los logaritmos

Averiguar la relación que existe entre M, x e y si sabemos que:

$$\ln M = \frac{1}{4}(2\ln x + 3\ln y - 5\ln 2)$$

El objetivo es conseguir una expresión del tipo $\ln M = \ln P$ de la que se deduce $M = P$.

Para ello, aplica paso a paso las propiedades:

$$n\ln A = \ln A^n;\ \ln A + \ln B = \ln(A \cdot B);\ \ln A - \ln B = \ln\frac{A}{B}$$

Solución:

$M = \sqrt[4]{\frac{x^2y^3}{2^5}}$

5. Cotas de error absoluto y relativo

Acotar el error que se comete al tomar 1,62 como aproximación del número de oro, ϕ.

- El error absoluto suele ser menor que 5 unidades del lugar siguiente al de la última cifra significativa utilizada.
- Para obtener una cota del error relativo, divide la cota del error absoluto entre el valor aproximado y expresa el cociente como un porcentaje.

Solución:

E.A. < 0,005; E.R. < 0,3 %

Para practicar

Números racionales e irracionales

1 Clasifica los siguientes números indicando a cuáles de los conjuntos $\mathbb{N}$, $\mathbb{Z}$, $\mathbb{Q}$ o $\mathbb{R}$, pertenecen:

$5;\ -7;\ \frac{5}{4};\ \sqrt{\frac{18}{2}};\ -\sqrt{3};\ \sqrt[3]{-5};\ 4{,}\widehat{7};\ \frac{\pi}{2}$

2 ¿Cuáles de estos números son irracionales? Expresa como fracción los que sea posible.

a) $3{,}181818\ldots$ b) $\sqrt{1{,}\widehat{7}}$
c) $\sqrt{8}$ d) $1{,}020020002\ldots$
e) $-4{,}0333\ldots$ f) $\sqrt[3]{81}$
g) $1{,}3999\ldots$ h) 2π

3

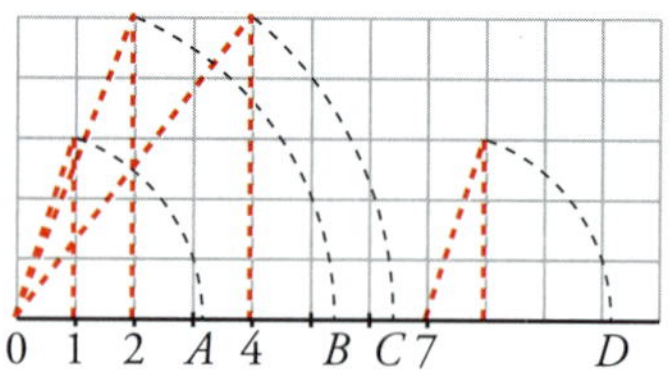

¿Qué números irracionales representan los puntos: A, B, C y D? Justifica la respuesta.

Intervalos y valor absoluto

4 Representa gráficamente y expresa como intervalo o como semirrecta los números que cumplen la condición dada en cada caso.

a) x es menor que -5.
b) 3 es menor o igual que x.
c) x está comprendido entre -5 y 1.
d) x está entre -2 y 0, ambos incluidos.
e) x es mayor o igual que -3 y menor que 2.

5 Escribe la desigualdad que verifica todo número x que pertenece a estos intervalos o semirrectas:

a) $[-2, 7]$ b) $[13, +\infty)$ c) $(-\infty, 0)$
d) $(-3, 0]$ e) $[3/2, 6)$ f) $(0, +\infty)$

6 Expresa como un único intervalo.

a) $[-3, 2] \cap [0, 5]$ b) $[2, +\infty) \cap (0, 10)$

7 Expresa en forma de intervalo los números que cumplen cada una de estas expresiones:

a) $|x| < 7$ b) $|x| \geq 5$ c) $|2x| < 8$
d) $|x-1| \leq 6$ e) $|x+2| > 9$ f) $|x-5| \geq 1$

8 Escribe mediante intervalos los posibles valores de x para que se pueda calcular la raíz en cada caso.

a) $\sqrt{x-4}$ b) $\sqrt{2x+1}$ c) $\sqrt{-x}$
d) $\sqrt{3-2x}$ e) $\sqrt{-x-1}$ f) $\sqrt{1+\frac{x}{2}}$

9 Expresa como un único intervalo.

a) $(1, 6] \cup [2, 5)$ b) $[-1, 3) \cup (0, 3]$
c) $(1, 6] \cap [2, 7)$ d) $[-1, 3) \cap (0, 4)$

10 Escribe en forma de intervalo los siguientes entornos:

a) Centro -1 y radio 2 b) Centro 2 y radio 1/3

11 Describe como entornos los siguientes intervalos:

a) $(-1, 2)$ b) $(1{,}3;\ 2{,}9)$
c) $(-2{,}2;\ 0{,}2)$ d) $(-4;\ -2{,}8)$

Radicales

12 Introduce los factores dentro de cada raíz.

a) $2\sqrt[3]{3}$ b) $4\sqrt[3]{\frac{1}{4}}$ c) $\frac{2}{x}\sqrt{\frac{3x}{8}}$
d) $\frac{3}{5}\sqrt[3]{\frac{25}{9}}$ e) $2\sqrt[4]{4}$ f) $\frac{1}{5}\sqrt[3]{15}$

13 Saca de la raíz el factor que puedas.

a) $\sqrt[3]{16}$ b) $4\sqrt{8}$ c) $\sqrt{1000}$
d) $\sqrt[3]{8a^5}$ e) $\sqrt{\frac{125a^2}{16b}}$ f) $\sqrt{\frac{1}{4}+\frac{1}{9}}$
g) $\sqrt{\frac{16}{a^3}}$ h) $\sqrt{4a^2+4}$ i) $\sqrt{\frac{a}{9}+\frac{a}{16}}$

14 Simplifica los siguientes radicales:

a) $\sqrt[3]{24}$ b) $\sqrt[6]{27}$ c) $\sqrt[3]{-108}$
d) $\sqrt[12]{64y^3}$ e) $\sqrt[4]{\frac{81}{64}}$ f) $\sqrt[8]{625} : \sqrt[4]{25}$
g) $\sqrt[6]{0{,}027}$ h) $\sqrt[8]{0{,}0016}$ i) $\sqrt[4]{1+\frac{9}{16}}$

15 Reduce a índice común y ordena de menor a mayor.

a) $\sqrt[4]{5},\ \sqrt[3]{3},\ \sqrt{2}$ b) $\sqrt{6},\ \sqrt[3]{4}$
c) $\sqrt[4]{6},\ \sqrt[5]{10}$ d) $\sqrt[4]{20},\ \sqrt[3]{9},\ \sqrt[6]{100}$

16 Realiza la operación y simplifica, si es posible.

a) $4\sqrt{27}\cdot 5\sqrt{6}$ b) $2\sqrt{\frac{4}{3}}\cdot\sqrt{\frac{27}{8}}$ c) $\sqrt{2}\cdot\sqrt{\frac{1}{8}}$
d) $(\sqrt[3]{12})^2$ e) $(\sqrt[6]{32})^2$ f) $\sqrt[3]{24} : \sqrt[3]{3}$

17 Efectúa y simplifica, si es posible.

a) $\sqrt[3]{2}\cdot\sqrt{3}$ b) $\sqrt[3]{a}\cdot\sqrt[3]{\frac{1}{a^2}}\cdot\sqrt{a}$
c) $\left(\frac{\sqrt[6]{32}}{\sqrt{8}}\right)^3$ d) $\sqrt[3]{2\sqrt{3}} : \sqrt{\sqrt[3]{4}}$

18 Expresa con una única raíz.

a) $\sqrt[4]{\sqrt[3]{4}}$ b) $\sqrt[3]{2\sqrt[4]{8}}$ c) $\left(\sqrt[4]{a^3}\cdot\sqrt[5]{a^4}\right) : \sqrt{a}$

19 Racionaliza los denominadores y simplifica.

a) $\frac{2\sqrt{3}}{\sqrt{18}}$ b) $\frac{2}{\sqrt[3]{2}}$ c) $\frac{\sqrt{2}-1}{3\sqrt{2}}$

d) $\frac{3}{3+\sqrt{3}}$ e) $\frac{\sqrt{72}-\sqrt{8}}{\sqrt{6}}$ f) $\frac{5}{\sqrt{3}-\sqrt{2}}$

20 Calcula y simplifica.

a) $5\sqrt{125}+6\sqrt{45}-7\sqrt{20}+\frac{3}{2}\sqrt{80}$

b) $\sqrt[3]{16}+7\sqrt[3]{2}-\sqrt[3]{54}-\frac{21}{5}\sqrt[3]{250}$

c) $-\sqrt{54}+3\sqrt{24}-\sqrt{150}+\sqrt{294}$

21 Simplifica las siguientes expresiones:

a) $\sqrt{18}+\sqrt{12}-\sqrt{27}+\sqrt{72}$

b) $\sqrt{\frac{2}{5}}-4\sqrt{\frac{18}{125}}+\frac{7}{2}\sqrt{\frac{8}{45}}$

c) $\frac{7}{5}\sqrt[3]{81a}-2\sqrt[3]{3a^4}-\frac{\sqrt[3]{3a}}{5}$

22 Efectúa y simplifica.

a) $(\sqrt{2}+\sqrt{3})(\sqrt{6}-1)$ b) $(\sqrt{5}-\sqrt{6})(\sqrt{5}+\sqrt{6})$

c) $(2\sqrt{5}-3\sqrt{2})^2$ d) $(\sqrt{2}-1)(\sqrt{2}+1)\sqrt{3}$

23 Racionaliza y simplifica.

a) $\frac{2\sqrt{3}-\sqrt{2}}{\sqrt{18}}$ b) $\frac{2\sqrt{3}+\sqrt{2}}{\sqrt{12}}$ c) $\frac{1}{2(\sqrt{3}-\sqrt{5})}$

d) $\frac{3}{\sqrt{5}-2}$ e) $\frac{13\sqrt{10}}{\sqrt{5}-3\sqrt{2}}$ f) $\frac{3\sqrt{6}+2\sqrt{2}}{3\sqrt{3}+2}$

24 Efectúa y simplifica.

a) $\frac{3}{\sqrt{3}-\sqrt{2}}-\frac{2}{\sqrt{3}+\sqrt{2}}$ b) $\frac{\sqrt{7}-\sqrt{5}}{\sqrt{7}+\sqrt{5}}-\frac{\sqrt{7}+\sqrt{5}}{\sqrt{7}-\sqrt{5}}$

Logaritmos

25 Expresa como potencia de la base y calcula aplicando la definición de logaritmo.

a) $log_2\ 1\,024$ b) $log\ 0{,}001$ c) $log_2 \frac{1}{64}$

d) $log_{\sqrt{3}}\ 3$ e) $log_3 \sqrt{3}$ f) $log_2 \sqrt{8}$

g) $log_{1/2} \frac{2}{\sqrt{2}}$ h) $log_\pi\ 1$ i) $ln \frac{1}{\sqrt[3]{e}}$

26 Calcula la base de estos logaritmos:

a) $log_x 125 = 3$ b) $log_x \frac{1}{9} = -2$

c) $log_x \frac{1}{4} = 2$ d) $log_x 2 = \frac{1}{2}$

e) $log_x 0{,}04 = -2$ f) $log_x 4 = -\frac{1}{2}$

27 Calcula el valor de x en estas igualdades:

a) $log\ 3^x = 2$ b) $log\ x^2 = -2$

c) $7^x = 115$ d) $5^{-x} = 3$

e) $log_7 3x = 0{,}5$ f) $3^{2+x} = 172$

28 Halla con la calculadora y comprueba el resultado mediante potenciación.

a) $log \sqrt{148}$ b) $ln\ (2{,}3 \cdot 10^{11})$ c) $ln\ (7{,}2 \cdot 10^{-5})$

d) $log_3 42{,}9$ e) $log_5 1{,}95$ f) $log_2 0{,}034$

29 Desarrolla las siguientes expresiones:

a) $log \frac{a^2 \sqrt[5]{b^3}}{100c^4}$ b) $ln \frac{\sqrt[4]{x^3} \cdot e^5}{\sqrt{y}}$

30 Halla el valor de x en estas expresiones aplicando las propiedades de los logaritmos:

a) $ln\ x = ln\ 17 + ln\ 13$

b) $log\ x = log\ 36 - log\ 9$

c) $ln\ x = 3\ ln\ 5 - 2\ ln\ 10$

d) $log\ x = 3\ log\ 2 - \frac{1}{2}\ log\ 25$

31 Si $log\ k = x$, escribe en función de x.

a) $log\ 100k$ b) $log \frac{k}{1000}$ c) $log\ k^3$

d) $log \sqrt[3]{10k}$ e) $log \frac{1}{k}$ f) $(log\ k)^{1/2}$

32 Averigua, en cada caso, la relación entre x, y, z.

a) $log\ z = 2\ log\ x - log\ y$

b) $log\ z = 2 - log\ x - \frac{1}{2}\ log\ y$

c) $log\ z = 1 - \frac{1}{2}\ (log\ x - log\ y)$

d) $ln\ z = 1 - 2\ ln\ x + 2\ ln\ y$

Notación científica y errores

33 Efectúa y da el resultado en notación científica con tres cifras significativas. Determina también, en cada caso, una cota del error absoluto y otra del error relativo cometidos.

a) $\frac{(3{,}12 \cdot 10^{-5} + 7{,}03 \cdot 10^{-4})\, 8{,}3 \cdot 10^8}{4{,}32 \cdot 10^3}$

b) $\frac{(12{,}5 \cdot 10^7 - 8 \cdot 10^9)(3{,}5 \cdot 10^{-5} + 185)}{9{,}2 \cdot 10^6}$

c) $\frac{5{,}431 \cdot 10^3 - 6{,}51 \cdot 10^4 + 385 \cdot 10^2}{8{,}2 \cdot 10^{-3} - 2 \cdot 10^{-4}}$

34 Expresa en notación científica y calcula.

$$\frac{60\,000^3 \cdot 0{,}00002^4}{100^2 \cdot 72\,000\,000 \cdot 0{,}0002^5}$$

35 Ordena de mayor a menor los números de cada apartado. Para ello, pasa a notación científica los que no lo estén.

a) $3{,}27 \cdot 10^{13}$; $85{,}7 \cdot 10^{12}$; $453 \cdot 10^{11}$

b) $1{,}19 \cdot 10^{-9}$; $0{,}05 \cdot 10^{-7}$; $2000 \cdot 10^{-12}$

36 Si $A = 3{,}24 \cdot 10^6$; $B = 5{,}1 \cdot 10^{-5}$; $C = 3{,}8 \cdot 10^{11}$ y $D = 6{,}2 \cdot 10^{-6}$, calcula $\left(\frac{A}{B} + C\right) \cdot D$. Expresa el resultado con tres cifras significativas y da una cota del error absoluto y otra del error relativo cometidos.

Factoriales y números combinatorios

37 Calcula.

a) $\dfrac{8!}{5!}$ b) $\dfrac{10!}{9!}$ c) $\dfrac{5!+4!}{12}$

38 Calcula.

a) $\binom{8}{4}$ b) $\binom{12}{7}$ c) $\binom{37}{35}$ d) $\binom{84}{1}$

39 Aplica las propiedades de los números combinatorios para obtener n.

a) $\binom{6}{n+2} = 1$ b) $\binom{8}{n-3} = 8$

c) $\binom{9}{2} = \binom{9}{n}$ d) $\binom{13}{n-1} = \binom{13}{n+2}$

e) $\binom{10}{n} + \binom{10}{n+1} = \binom{11}{7}$ f) $\binom{n}{7} = \binom{n}{9}$

Binomio de Newton

40 Desarrolla.

a) $(a^2 - 3b)^7$ b) $\left(\frac{a}{3} + 2b\right)^5$

41 Halla el noveno término del desarrollo de $(x^2 - y^2)^{12}$.

42 Halla el término central del desarrollo de $\left(\sqrt{a} + \frac{b}{2}\right)^6$.

43 Calcula el coeficiente de x^5 en el desarrollo de $\left(\frac{2}{x} - x^3\right)^7$.

44 Calcula el quinto término del desarrollo de $\left(\frac{1}{x^2} - 2x\right)^8$.

45 Calcula el coeficiente del sexto término del desarrollo de $\left(\frac{x}{2} + 3x^2\right)^8$.

Para resolver

46 El volumen de un cubo es $6\sqrt{6}$ cm^3. Halla:

a) Su arista.

b) La diagonal de una cara.

c) La diagonal del cubo.

Da, en cada caso, el valor exacto.

47 La superficie de un tetraedro es $9\sqrt{3}$ cm^2. Calcula su arista y su volumen. Da el valor exacto.

48 En un prisma hexagonal de lado 8 dm, y altura 12 dm, se inscribe un cono. Calcula su área lateral con una cifra decimal y da una cota del error absoluto y una cota del error relativo cometidos.

49 

Halla el área de la parte coloreada de esta figura en el que el lado del cuadrado mide 1 m. Expresa el área en decímetros cuadrados con tres cifras significativas y acota el error cometido.

50 Un hilo de cobre, cuya resistividad es $\rho = 1{,}7 \cdot 10^{-8}$ Ωm, mide 2 m de largo y tiene un diámetro de 0,2 mm.

Calcula su resistencia aplicando la fórmula $R = \rho\, l/S$ donde l es la longitud del hilo y S el área de la sección del mismo.

51 Si conocemos la longitud de onda de una radiación luminosa, podemos calcular su frecuencia (número de vibraciones por minuto) mediante la fórmula $v = c/\lambda$ donde c es la velocidad de la luz y λ su longitud de onda. Calcula la frecuencia de una radiación roja ($\lambda = 7\,000$ Å; 1 Å $= 10^{-10}$ m). Acota el error cometido.

52 La longitud de una barra metálica después de calentarla es $l = l_0(1 + kt)$ donde l_0 es la longitud a 0 °C, t la temperatura final y k el coeficiente de dilatación lineal. Si una barra de plomo mide 1 m a 800 °C, ¿cuál es su longitud a 200 °C? (En el plomo $k = 3 \cdot 10^{-5}$).

53 La estrella R136a1, descubierta recientemente, está a 165 000 años-luz y tiene una masa actual equivalente a 265 veces la masa del Sol. Expresa la distancia en kilómetros y la masa en kilogramos. Da, en cada caso, cotas del error absoluto y del error relativo.

54 Calcula k en cada caso.

a) $\dfrac{12\,(k-2)!}{k!} = 1$ b) $\binom{k}{k-2} = 10$

c) $3\binom{k}{4} = 5\binom{k}{2}$ d) $\dfrac{(k+6)!}{(k+4)!} = 72$

Cuestiones teóricas

55 Explica si estas frases son verdaderas o falsas:

a) Hay números irracionales que son enteros.

b) Todo número irracional es real.

c) Todos los números decimales son racionales.

d) Entre dos números racionales hay infinitos números irracionales.

56 Si $x \neq 0$, explica si estas afirmaciones son verdaderas o falsas:

a) x^{-2} es negativo si lo es x.

b) $\sqrt[3]{x}$ tiene el mismo signo que x.

c) Si $x > 0$ entonces $\sqrt{x} < x$.

57 ¿Cuáles de estas igualdades son verdaderas? Explica por qué:

a) $\log m + \log n = \log (m + n)$

b) $\log m - \log n = \dfrac{\log m}{\log n}$

c) $\log m - \log n = \log \dfrac{m}{n}$

d) $\log x^2 = \log x + \log x$

e) $\log (a^2 - b^2) = \log (a + b) + \log (a - b)$

Para profundizar

58 Halla el valor de esta expresión:

$$(8^{n+1} + 8^n)^2 : (4^n - 4^{n-1})^3$$

59 Determina el valor de p y q para que se verifique:

$$2^p \cdot 5^q = \frac{1}{125\,000}$$

60 ¿Cuál es el número de cifras de $4^{16} \cdot 5^{25}$?

61 Demuestra que $\binom{n}{0} + \binom{n}{1} + \binom{n}{2} + \ldots + \binom{n}{n} = 2^n$.

62 Comprueba si es verdadera o falsa cada una de las siguientes expresiones:

a) $|a| < b$ equivale a $-b < a < b$

b) $|-a| = -|a|$

c) $|a + b| = |a| + |b|$

d) $|a \cdot b| = |a| \cdot |b|$

63 Si se resta una unidad al cuadrado de un número impar, ¿se obtiene siempre un múltiplo de 8?

64 Si $x > 0$, $y > 0$, demuestra que $\dfrac{1}{x} + \dfrac{1}{y} > \dfrac{1}{x + y}$.

Autoevaluación

En la web Resoluciones de estos ejercicios.

1 Clasifica los siguientes números indicando a cuáles de los conjuntos $\mathbb{N}$, $\mathbb{Z}$, $\mathbb{Q}$ o $\mathbb{R}$ pertenecen:

$$-\frac{58}{45};\ \frac{51}{17};\ \frac{\pi}{3};\ \sqrt[4]{-3};\ \sqrt[3]{-8};\ \sqrt[5]{2^3};\ 1{,}0\widehat{7}$$

2 Expresa en forma de intervalo y haz la representación en cada caso.

a) $|x| \geq 8$ b) $|x - 4| < 5$

3 Simplifica.

a) $\sqrt[3]{250} - \sqrt[3]{54} + \sqrt[3]{16} - 2\sqrt[3]{2}$ b) $a\sqrt{a^{-1}} : \sqrt[3]{\dfrac{1}{a^2}}$

4 Dos esferas metálicas de 1 000 kg cada una se atraen con una fuerza de $8{,}35 \cdot 10^{-9}$ N. ¿A qué distancia se encuentran sus centros? Aplica la Ley de Gravitación Universal:

$$F = G\frac{M\,m}{r^2} \text{ donde } G = 6{,}67 \cdot 10^{-11}\ \frac{\text{N m}^2}{\text{kg}^2}$$

Acota el error cometido.

5 Calcula m en esta expresión:

$$\frac{m!}{(m-1)!} = \binom{m}{2}$$

6 Efectúa, racionalizando previamente.

$$\frac{4 + \sqrt{6}}{2\sqrt{3}} - \frac{2}{3 - \sqrt{3}}$$

7 Aplica la definición de logaritmo y obtén x.

a) $\log_3 x = -\dfrac{1}{4}$ b) $\ln \dfrac{x}{3} = -1$ c) $\log_x 512 = 3$

8 Aplica las propiedades de los logaritmos y halla A.

$$\log A = 2 \log 3 + 0{,}5 \log 4 - 3 \log 2$$

9 Calcula x en cada caso.

a) $2{,}5^x = 0{,}0087$ b) $e^{-x} = 425$

10 En un trapecio rectángulo, la base menor mide $4 - \sqrt{5}$ cm, la base mayor, $7 + 2\sqrt{5}$ cm y la altura, $4(1 + \sqrt{5})$ cm. Comprueba que el perímetro del trapecio es $10(2 + \sqrt{5})$ cm.

2 Sucesiones

La sucesión de Fibonacci

El siguiente problema, propuesto por el matemático italiano del siglo XIII **Leonardo de Pisa** (más conocido como **Fibonacci** —hijo de Bonaccio—) en su obra *Liber Abaci*, ha inspirado a multitud de matemáticos posteriores:

> *¿Cuántas parejas de conejos se producirán en un año, comenzando con una pareja única, si cada mes cualquier pareja engendra otra pareja, que se reproduce a su vez desde el segundo mes?*

El número de parejas, mes a mes, es:

1, 1, 2, 3, 5, 8, 13, 21, 34, 55, 89, 144, 233, …

Esta es la llamada *sucesión de Fibonacci*, en la que cada término se obtiene sumando los dos anteriores.

Leonardo de Pisa, Fibonacci (ca. 1170-ca. 1250).

La sucesión de Fibonacci y el número áureo

Si dividimos cada dos términos consecutivos de la sucesión de Fibonacci obtenemos:

$$\frac{a_2}{a_1}=\frac{1}{1}=1;\ \frac{a_3}{a_2}=\frac{2}{1}=2;\ \frac{a_4}{a_3}=\frac{3}{2}=1,5;\ \ldots;\ \frac{a_6}{a_5}=\frac{8}{5}=1,6;\ \ldots$$

La sucesión de cocientes se aproximan cada vez más al número áureo:

$$\phi=\frac{\sqrt{5}+1}{2}=1{,}61803398\ldots$$

De hecho, para $n > 11$, $\frac{a_{n+1}}{a_n} = 1{,}6180\ldots$, es decir, el cociente tiene cuatro cifras decimales coincidentes con las de ϕ.

Página del Liber Abaci con la sucesión de Fibonacci en el margen.

La sucesión de Fibonacci en la bolsa

La presencia de la sucesión de Fibonacci en multitud de objetos naturales (piñas, girasoles, espirales de las galaxias…) es conocida y admirada desde hace mucho tiempo. Sin embargo, vamos a señalar aquí la sorprendente relación de esta sucesión con la evolución de la bolsa.

Ya sabemos que el cociente de dos términos avanzados consecutivos de la sucesión es $\frac{a_{n+1}}{a_n} = 1{,}6180\ldots$; o su inverso $\frac{a_n}{a_{n+1}} = 0{,}6180\ldots$ (el número ϕ tiene la peculiaridad de que $\frac{1}{\phi} = \phi - 1$). Calculamos ahora

$$\frac{a_n}{a_{n+2}}=\frac{1}{\phi^2}=0{,}3819\ldots \text{ y } \frac{a_n}{a_{n+3}}=\frac{1}{\phi^3}=0{,}2360\ldots$$

Galaxia espiral.

Pues bien, estos tres números 0,618; 0,382 y 0,236 juegan un importante papel en las variaciones de los valores bursátiles. Veamos cómo:

En las fluctuaciones de los valores de un cierto producto de la bolsa suele haber un máximo, difícil de superar, al que se llama ***resistencia, M,*** y un mínimo del cual es difícil bajar, al que se llama ***soporte, m*** (son valores psicológicos: los vendedores "no están dispuestos" a ceder su producto por menos de m; y los compradores "cesan en su oferta" si el precio supera a M). Los precios, pues, oscilan entre m y M. Pero las fluctuaciones dentro de estos valores no se producen de cualquier manera.

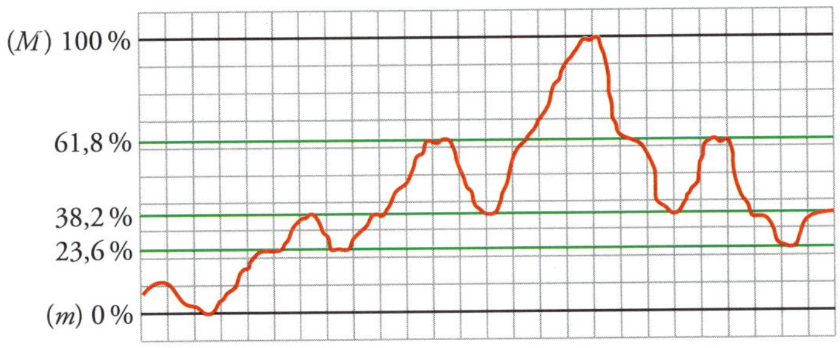

(Eje horizontal: tiempo)

(Eje vertical: valor del producto bursátil medido en porcentaje de aumento, tomando $M - m = 100$, a partir de la cota inferior m)

Observa las líneas que marcan los niveles 23,6%; 38,2% y 61,8% del tramo $M - m$. Estas líneas son los llamados *niveles de Fibonacci*. Cuando el precio llega a uno de ellos "parece como si dudara" si seguir subiendo o retroceder a partir de ahí.

Por supuesto que los niveles de resistencia y soporte cambian con el tiempo. Pero tras cada cambio se produce una estabilización y en el nuevo tramo $M - m$ aparecen los correspondientes niveles de Fibonacci.

En la web Biografía de Fibonacci.

Resuelve

Una hermosa curva

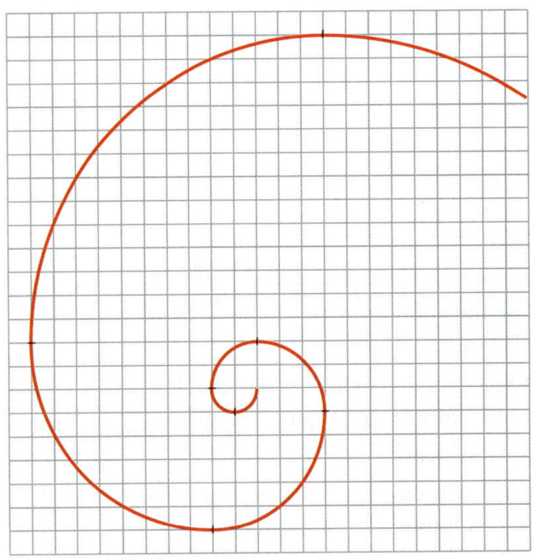

La curva de la derecha está construida con ocho arcos de circunferencia. Los siete primeros son de un cuarto de circunferencia. El octavo, es solo un trocito.

a) Lozaliza los centros y averigua los radios de los ocho arcos dibujados.

¿Ves la relación de los radios con la sucesión de Fibonacci?

b) Reproduce la curva en tu cuaderno completando el octavo tramo y añadiendo el noveno.

¿Qué radio tiene este último?

c) Como ves, esta curva se podría ir ampliando indefinidamente. Di cuáles serían los radios de los siguientes cinco tramos (10.°, 11.°, …).

1 Concepto de sucesión

Se llama **sucesión** a un conjunto infinito de números dados ordenadamente, de modo que se puedan numerar: primero, segundo, tercero…

Los elementos de la sucesión se llaman **términos** y se suelen designar mediante una letra con el subíndice correspondiente al lugar que ocupan en la sucesión:

$a_1,\ a_2,\ a_3,\ a_4,\ a_5,\ \dots$

Se llama **término general** de una sucesión, y se simboliza a_n, al término que representa a uno cualquiera de ella.

Cómo se determina una sucesión. Ley de formación

Si escribimos la sucesión 3, –5, 7, –9, 11, –13, …, con los puntos suspensivos estamos queriendo decir "y así sucesivamente, hay más, ya vemos cómo se forman". Pues sí, parece ser que cada término tiene su valor absoluto dos unidades mayor que el del anterior y los signos + y – se van alternando.

Aunque no todas son así, las sucesiones que manejaremos habitualmente estarán perfectamente determinadas mediante una de las dos formas siguientes:

- Dando la **expresión del término general,** o sea, dando una fórmula.

  Por ejemplo: $a_n = n^2 + 2$ es la expresión del término general de la siguiente sucesión 3, 6, 11, 18, 27, 38, 51, …

  Sus términos se obtienen así: $a_1 = 1^2 + 2 = 3$, $a_2 = 2^2 + 2 = 6$, $a_3 = 3^2 + 2 = 11$, …

- Dando la **ley de recurrencia,** o sea, dando el valor de los primeros términos y un criterio para obtener cada término a partir de los anteriores.

  Por ejemplo: $a_1 = 1$, $a_2 = 3$, $a_n = a_{n-1} + 2a_{n-2}$ es la ley de recurrencia de la sucesión 1, 3, 5, 11, 21, 43, 85, …

  Sus términos se obtienen de la siguiente forma: $a_3 = a_2 + 2a_1 = 3 + 2 \cdot 1 = 5$, $a_4 = a_3 + 2a_2 = 5 + 2 \cdot 3 = 11$, $a_5 = a_4 + 2a_3 = 11 + 2 \cdot 5 = 21$, …

  Las sucesiones recurrentes, a veces, pueden ser descritas, también, mediante la expresión de su término general.

En la web

Ampliación teórica: ¿término general o forma recurrente?

Sucesiones definidas de formas curiosas

Hay otras formas menos ortodoxas de definir una sucesión.

- Por ejemplo: 1, 4, 1, 4, 2, 1, 3, 5, 6, …

  ¿En qué consiste? Son las sucesivas cifras de $\sqrt{2}$.

- Otro ejemplo: 3, 3, 4, 6, 5, 4, 5, …

  Corresponde al número de letras que forman el nombre de cada uno de los números naturales; es decir:

  U-N-O → 3 letras, D-O-S → 3 letras, T-R-E-S → 4 letras, …

- Fíjate ahora en esta otra sucesión:

  1, 11, 21, 1 112, 3 112, 211 213, 312 213, 212 223, 114 213, …

  ¿En qué consiste? Cada término describe los dígitos que tiene el anterior. Empezamos por $a_1 = 1$; a_2 describe al término a_1, es decir, "un uno" → 11; a_3 describe al a_2, "dos unos" → 21; a_4 describe al a_3, "un uno y un dos" → 1 112; …

Este tipo de sucesiones están más encaminadas a la parte lúdica de las matemáticas (juegos para pensar) que a la parte académica.

Sucesión de broma

En ocasiones te encontrarás con sucesiones sorprendentes, como la de la izquierda.

¿Qué criterio siguen estos dibujos? ¿Qué símbolo crees que debe ocupar el sexto lugar?

(Tapa con un papel la parte izquierda de la columna y lo verás muy claro.)

Ejercicio resuelto

1 *Descubrir el criterio por el que se forman las sucesiones siguientes, añadir dos nuevos términos a cada una y dar su término general o su ley de formación:*

a) 1, 4, 9, 16, 25, …

b) 5, 8, 13, 20, 29, …

c) 1, –1, 1, –1, 1, …

d) –1, 2, –3, 4, –5, …

e) 1, –3, 9, –27, 81, …

f) 1, 2, 6, 24, 120, …

g) 1, 3, 6, 8, 16, …

a) Son los cuadrados de los números naturales.

$a_6 = 36, \; a_7 = 49$

El término general es: $a_n = n^2$

b) Cada término es 4 unidades mayor que el mismo término de la sucesión anterior.

$b_6 = 40, \; b_7 = 53$

El término general es: $b_n = n^2 + 4$

c) Los términos son, alternativamente, 1 y –1.

$c_6 = -1, \; c_7 = 1$

¿Cómo expresar con una fórmula esta alternancia? Observa: $c_n = (-1)^{n+1}$.

El sumando "+1" del exponente sirve para que el primer término de la sucesión sea positivo.

d) Son los sucesivos números naturales con los signos – y + alternativamente.

$d_6 = 6, \; d_7 = -7$

Para d_n utilizamos el recurso aprendido en el apartado anterior: $d_n = (-1)^n \cdot n$

e) Cada término se obtiene multiplicando el anterior por –3.

$e_6 = -243, \; e_7 = 729$

Esta sucesión queda pues definida por recurrencia: $e_1 = 1, \; e_n = (-3) \cdot e_{n-1}$

O bien, dando el término general: $e_n = (-3)^{n-1}$

f) Cada término se obtiene multiplicando el anterior por el número del lugar que ocupa. Por tanto: $f_6 = f_5 \cdot 6 = 120 \cdot 6 = 720, \; f_7 = 720 \cdot 7 = 5\,040$

Esta sucesión queda pues definida por recurrencia así: $f_1 = 1, \; f_n = f_{n-1} \cdot n$

El término general es: $f_n = n!$ (¿recuerdas los factoriales?)

g) Los términos pares se obtienen sumando 2 al anterior: $g_6 = 16 + 2 = 18$

Los términos impares, a partir del tercero, se obtienen multiplicando por 2 el anterior: $g_7 = 18 \cdot 2 = 36$

Por recurrencia, esta sucesión se puede definir así:

$$a_1 = 1, \; \begin{cases} \text{si } n \text{ es par, } a_n = a_{n-1} + 2 \\ \text{si } n \text{ es impar, } a_n = a_{n-1} \cdot 2 \end{cases}$$

Ejercicios propuestos

1 Obtén los seis primeros términos de cada una de las siguientes sucesiones:

$a_n = n^2 + 2n$ $\qquad b_n = (-1)^{n+1} n^2$

$c_n = (-1)^n (2n + 1)$ $\qquad d_n = (-2)^n$

$e_1 = 3, \; e_2 = -1, \; e_n = e_{n-2} + 2e_{n-1}$

$f_n = \dfrac{(-1)^n}{2n-1}$ $\qquad g_n = \dfrac{n^2+1}{n^2+2n}$

$h_n = n! - (n-1)!$ $\qquad i_n = \left(1 + \dfrac{1}{n}\right)^n$

2 Da el término general o el criterio de recurrencia (o ambas cosas) de las siguientes sucesiones:

a) 3, 8, 13, 18, 23, … $\qquad$ b) 1, 8, 27, 64, 125, …

c) 0, 3, 8, 15, 24, … $\qquad$ d) 1, –3, 5, –7, 9, …

e) 1, –2, 6, –24, 120, … $\qquad$ f) 1, 4, 8, 11, 22, 25, …

g) $\dfrac{2}{4}, \dfrac{5}{9}, \dfrac{8}{16}, \dfrac{11}{25}, \dfrac{14}{36}, \ldots$ $\qquad$ h) $0, \dfrac{1}{2}, \dfrac{2}{3}, \dfrac{3}{4}, \dfrac{4}{5}, \ldots$

i) 1, 3, 4, 7, 11, 18, … $\qquad$ j) $1, -\dfrac{1}{2}, \dfrac{1}{3}, -\dfrac{1}{4}, \dfrac{1}{5}, -\dfrac{1}{6}, \ldots$

2 Algunas sucesiones especialmente interesantes

¿Es a_n progresión aritmética?

Para decidir si una sucesión

$a_1, a_2, a_3, a_4, a_5, \dots$

es progresión aritmética, comprobamos si la diferencia de cada dos términos consecutivos es constante.

Una fórmula importante

La suma de los n primeros números naturales es:

$$1 + 2 + 3 + \dots + n = \frac{n(n+1)}{2}$$

En la web

Ejemplos de obtención del término general de una progresión aritmética.

En la web

- Suma de los cien primeros números naturales.
- Justificación gráfica de la fórmula de la suma de los n primeros términos de una progresión aritmética.

¿Es a_n progresión geométrica?

Para decidir si una sucesión

$a_1, a_2, a_3, a_4, a_5, \dots$

es progresión geométrica, comprobamos si el cociente de cada dos términos consecutivos es constante.

Progresiones aritméticas

Una **progresión aritmética** es una sucesión en la que se pasa de cada término al siguiente sumando un número, d, al que se llama **diferencia** de la progresión. Por tanto, se define así: a_1, $a_n = a_{n-1} + d$.

El **término general** es $a_n = a_1 + (n-1)d$.

En muchos tipos de sucesiones resulta interesante conocer la suma de sus n primeros términos. Veámoslo para las progresiones aritméticas:

La **suma** de los n primeros términos de una progresión aritmética es:

$$S_n = a_1 + a_2 + \dots + a_n = \frac{(a_1 + a_n)n}{2}$$

Por ejemplo:

- 11, 17, 23, 29, … queda definida dando $a_1 = 11$ y $d = 6$.

  Su término general es: $a_n = 11 + (n-1) \cdot 6 = 6n + 5$

  La suma de los n primeros términos es: $S_n = \frac{[11+(6n+5)]\,n}{2} = 3n^2 + 8n$

- 3, –1, –5, –9, … queda definida dando $b_1 = 3$ y $d = -4$.

  Su término general es: $b_n = 3 + (n-1) \cdot (-4) = -4n + 7$

  La suma de los n primeros términos es: $S_n = \frac{[3+(-4n+7)]n}{2} = -2n^2 + 5n$

Progresiones geométricas

Una **progresión geométrica** es una sucesión en la que se pasa de cada término al siguiente multiplicando por un número, r, al que se llama **razón** de la progresión. Por tanto, se define así: a_1, $a_n = a_{n-1} \cdot r$.

El **término general** es $a_n = a_1 \cdot r^{n-1}$.

La **suma** de los n primeros términos de una progresión geométrica es:

$$S_n = \frac{a_n \cdot r - a_1}{r-1} \quad (\text{si } r \neq 1)$$

Por ejemplo:

- 3, 6, 12, 24, … queda definida dando $a_1 = 3$ y $r = 2$.

  Su término general es: $a_n = 3 \cdot 2^{n-1}$

  La suma de los n primeros términos es: $S_n = \frac{3 \cdot 2^{n-1} \cdot 2 - 3}{2-1} = 3 \cdot 2^n - 3$

- 18, 6, 2, $\frac{2}{3}$, … queda definida dando $b_1 = 18$ y $r = \frac{1}{3}$.

  Su término general es: $b_n = 18 \cdot \left(\frac{1}{3}\right)^{n-1}$

  La suma de los n primeros términos es:

$$S_n = \frac{18 \cdot (1/3)^{n-1} \cdot (1/3) - 18}{(1/3)-1} = \frac{18 \cdot (1/3)^n - 18}{-2/3} = -27\left[\left(\frac{1}{3}\right)^n - 1\right] = 27\left[1 - \left(\frac{1}{3}\right)^n\right]$$

¡Atención!

La expresión "suma de los infinitos términos" es una incorrección: las sumas tienen un número finito de sumandos. Con ella se quiere decir que cuantos más sumandos pongamos, más se parece el resultado a $\frac{a_1}{1-r}$.

En el epígrafe 3 veremos esto mismo de forma precisa.

En la web Ejemplos de cálculo de S_∞ en progresiones geométricas con $|r| < 1$.

Progresiones geométricas con $|r| < 1$

Cuando los términos de una progresión geométrica son decrecientes en valor absoluto resulta interesante la expresión de la suma de "todos" sus términos (los *infinitos*):

La **suma de los infinitos términos** de una progresión geométrica en la que $|r| < 1$ se obtiene así:

$$S_\infty = \frac{a_1}{1-r}$$

Por ejemplo, en la progresión geométrica 18, 6, 2, $\frac{2}{3}$, …, cuya razón es $\frac{1}{3}$, la suma de sus infinitos términos es:

$$S_\infty = \frac{18}{1-(1/3)} = \frac{18}{2/3} = 27$$

Sucesiones de potencias

Nos encontramos con frecuencia con las siguientes sucesiones:

$1^2, 2^2, 3^2, \ldots, n^2, \ldots$

$1^3, 2^3, 3^3, \ldots, n^3, \ldots$

Es decir, las sucesiones de los cuadrados y de los cubos de los números naturales. En ellas son importantes las sumas de sus n primeros términos:

En la web Demostración de estas igualdades aplicando el método de inducción completa.

Suma de los n primeros cuadrados:

$$1^2 + 2^2 + 3^2 + \ldots + n^2 = \frac{n(n+1)(2n+1)}{6}$$

Suma de los n primeros cubos:

$$1^3 + 2^3 + 3^3 + \ldots + n^3 = \frac{n^2(n+1)^2}{4}$$

Observa que la suma de los n primeros cubos se puede poner así:

$$1^3 + 2^3 + 3^3 + \ldots + n^3 = \frac{n^2(n+1)^2}{4} = \left[\frac{n(n+1)}{2}\right]^2 = (1+2+3+\ldots+n)^2$$

Ejercicios propuestos

1 En las siguientes sucesiones identifica las progresiones aritméticas y las progresiones geométricas. Añade dos términos y escribe su término general:

a) 3, 7, 11, 15, 19, … b) 3, 4, 6, 9, 13, 18, …

c) 3, 6, 12, 24, 48, … d) 1, 3, 9, 27, 81, …

e) 5, –5, 5, –5, 5, … f) 10, 7, 4, 1, –2, …

g) 100; 50; 25; 12,5; … h) 12, 12, 12, 12, …

i) 3, –5, 7, –9, 11, … j) 2 840; 284; 28,4; …

k) 90, –30, 10, –10/3, 10/9, …

l) 17,4; 15,8; 14,2; 12,6; …

2 En 1a) halla S_{20}.

3 En 1f) halla S_{15}.

4 En 1d) halla S_{10}.

5 En 1k) halla S_{10}.

6 ¿En cuáles de las sucesiones del ejercicio 1 puedes hallar la suma de los infinitos términos? Hazlo.

7 Calcula:

a) $1^2 + 2^2 + \ldots + 30^2$ b) $1^3 + 2^3 + \ldots + 15^3$

c) $20^2 + 21^2 + \ldots + 30^2$ d) $16^3 + 17^3 + \ldots + 30^3$

8 Calcula:

$$2^3 + 4^3 + 6^3 + \ldots + 20^3$$

Ten en cuenta que, por ejemplo, $6^3 = (2 \cdot 3)^3 = 8 \cdot 3^3$ y que $20^3 = (2 \cdot 10)^3 = 8 \cdot 10^3$.

En la web Ejercicios de progresiones aritméticas.

$a_1 = 1,\ a_2 = 1,\ a_n = a_{n-2} + a_{n-1}$

Sucesión de Fibonacci

Como ya se ha dicho en las páginas introductorias, se llama así a la sucesión

$$1 \quad 1 \quad 2 \quad 3 \quad 5 \quad 8 \quad 13 \quad 21 \quad 34 \quad 55 \quad 89 \quad 144 \quad \ldots$$

en la que, después de los dos primeros, cada término se forma sumando los dos anteriores. Allí se relacionaba esta sucesión con el número de descendientes, generación a generación, de una pareja de conejos. Ese fue el artificio del que se valió su autor, Fibonacci, para presentar su sucesión. Sin embargo, es cierto que esta sucesión está presente en la naturaleza, muy especialmente en el reino vegetal: la distribución de las hojas alrededor del tallo, los pétalos en las flores o las semillas en numerosos frutos, se rigen por los términos de esta sucesión.

Es especialmente llamativa la siguiente propiedad: las semillas de algunas flores o frutos ocupan las casillas determinadas por el cruce de dos familias de espirales.

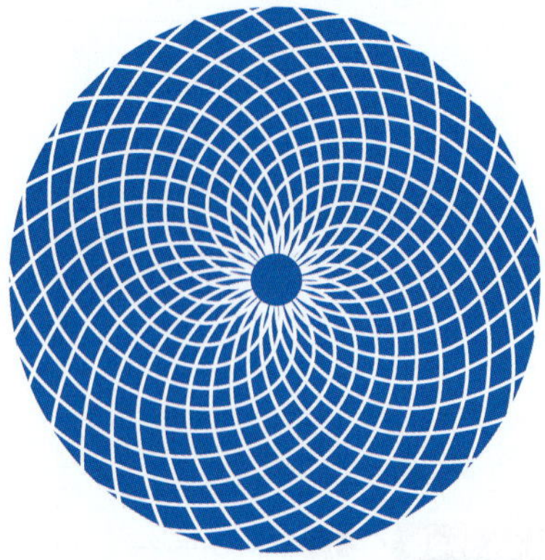

Pues bien, el número de espirales en un sentido y en el otro son dos términos consecutivos de la sucesión de Fibonacci. En la fotografía del girasol se ven 21 espirales en un sentido y 34 en el otro. En la piña del margen, 8 y 13. Pero hay otros frutos con 34 y 55, con 55 y 89, e incluso con 89 y 144.

El término general de la sucesión de Fibonacci es muy complicado:

$$f_n = \frac{1}{\sqrt{5}}\left(\frac{1+\sqrt{5}}{2}\right)^n - \frac{1}{\sqrt{5}}\left(\frac{1-\sqrt{5}}{2}\right)^n = \frac{1}{\sqrt{5}}(\phi^n - \phi^{-n})$$

Como vemos en su expresión, esta sucesión está muy relacionada con el número áureo $\phi = \dfrac{\sqrt{5}+1}{2}$. En los próximos apartados veremos esa relación.

Ejercicios propuestos

9 Calcula el 6.º término de la sucesión de Fibonacci, $f_6 = 8$, aplicando la fórmula.

10 Observa que, para valores “algo grandes” de n, el número ϕ^{-n} es “pequeño”. Por tanto, podemos hallar los términos avanzados de la sucesión de Fibonacci, de forma aproximada, prescindiendo del sustraendo:

$$f_n = \frac{1}{\sqrt{5}}(\phi^n - \phi^{-n}) \approx \frac{1}{\sqrt{5}}\phi^n$$

Por ejemplo, para calcular $f_{13} = 233$ procederíamos así: $f_{13} \approx \frac{1}{\sqrt{5}}\phi^{13}$. Hazlo y comprueba que el error cometido es menor que 0,001. Calcula de este modo f_{20}.

11 La *sucesión de Lucas* se define así:

$$l_1 = 1,\ l_2 = 3,\ l_n = l_{n-2} + l_{n-1}$$

Como ves, es muy parecida a la de Fibonacci y también tiene relación con el mundo vegetal.

a) Halla sus 11 primeros términos.

b) $l_1 + l_2 + \ldots + l_n = l_{n+2} - 3$. Compruébalo para $n = 6$.

c) Esta sucesión se relaciona con la de Fibonacci así:

$$f_n = \frac{l_{n-1} + l_{n+1}}{5}$$

Compruébalo hallando los 10 primeros términos de la sucesión de Fibonacci a partir de la de Lucas.

3 Límite de una sucesión

Idea intuitiva de límite de una sucesión

Vamos a representar un par de sucesiones para estudiar su comportamiento:

- Si en la expresión $a_n = \frac{5n}{n+3}$ sustituimos n por 1, 2, 3, …, 10, …, obtenemos:

$$a_1 = \frac{5}{4} = 1{,}25;\ a_2 = \frac{10}{5} = 2;\ a_3 = \frac{15}{6} = 2{,}5;\ \dots;\ a_{10} = \frac{50}{13} = 3{,}8;\ \dots$$

Estos resultados se pueden representar sobre unos ejes del siguiente modo:

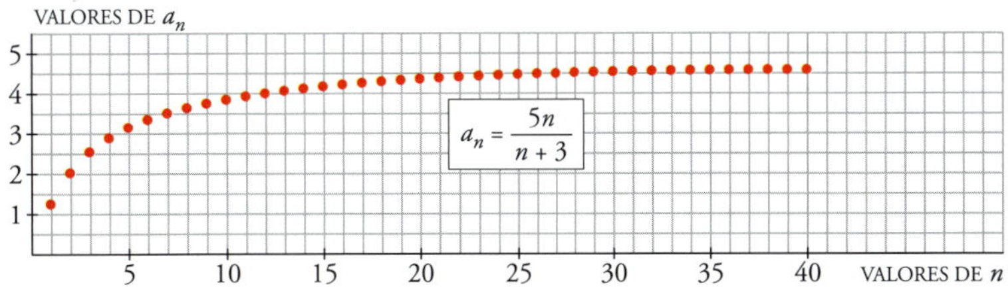

Observamos que los elementos de la sucesión se acercan cada vez más a 5. Eso lo expresamos así:

$$lím\ a_n = lím\ \frac{5n}{n+3} = 5$$

Calcula $a_{100}, a_{1\,000}, a_{10\,000}, \dots$ y comprueba que *"cada vez están más próximos a 5"*.

- Procedemos de forma análoga con la sucesión $b_n = \frac{n^2}{5} - 4n$:

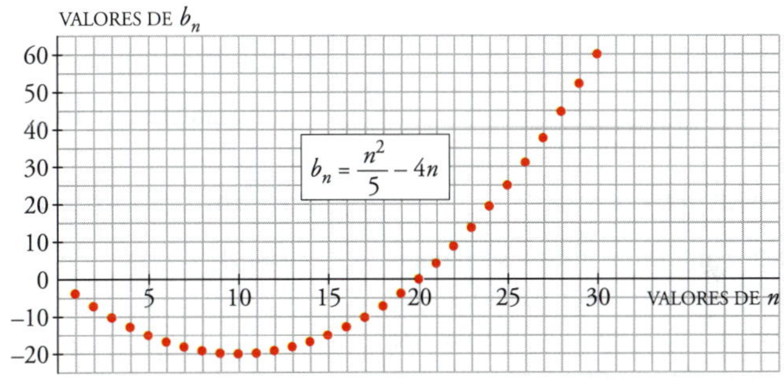

Aunque los términos de la sucesión empiezan decreciendo, a partir de uno de ellos empiezan a crecer y se hacen muy grandes, cada vez más. Esto lo expresamos así:

$$lím\ b_n = lím\left(\frac{n^2}{5} - 4n\right) = +\infty$$

Calcula $b_{100}, b_{1\,000}, b_{10\,000}, \dots$ y comprueba que *"sus valores crecen cada vez más"*.

Para hallar el límite de una sucesión, estudiamos su comportamiento para términos muy avanzados, es decir, cuando n toma valores cada vez mayores.

Ejercicios propuestos

1 Representa la sucesión $a_n = \frac{4n+10}{2n-1}$ y asigna un valor a su límite.

2 Representa la sucesión $b_n = \frac{n^2}{4} - 2n + 3$ y asigna un valor a su límite.

3 Representa la sucesión $c_n = (-1)^n \cdot n$ y describe su comportamiento.

¿Podríamos afirmar que $lím\ c_n = l$ o que $lím\ c_n = +\infty$?

¿O acaso que $lím\ c_n = -\infty$?

Definiciones e identificación de límites

Veamos los distintos comportamientos que puede tener una sucesión cuando n toma valores muy grandes:

El límite es infinito

$lím\ a_n = +\infty \Leftrightarrow$ Podemos conseguir que sus valores sean tan grandes como queramos (superando cualquier número k tan grande como deseemos) dándole a n valores suficientemente grandes.

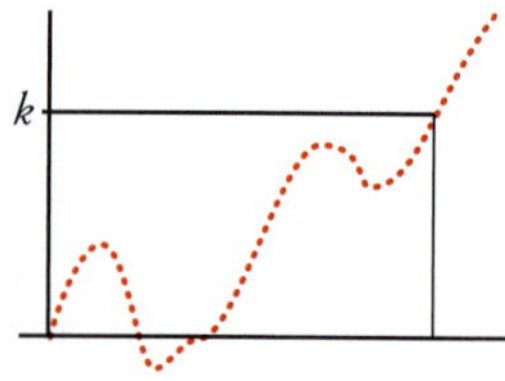

Por ejemplo, las siguientes sucesiones dadas por su término general tienen límite infinito (comprueba, tantea, y convéncete de que es así):

$$n,\ n^2,\ n^3,\ \dots$$

$$3n+5,\ n-50,\ n^2-40n,\ n^3-800n^2$$

Pensemos en la última de ellas. El sumando n^3 crece mucho más rápidamente que $800n^2$. Para $n = 800$ lo iguala y para valores mayores lo supera.

Es claro que lo que importa de cara al estudio de su límite es el término de mayor grado. Por motivos similares, tienen límite infinito las siguientes sucesiones:

$$\frac{n^2+3}{n+2},\quad \frac{3n^2-5}{n+1000},\quad \sqrt{\frac{n^2-7}{n+2}}$$

El límite es "menos infinito"

Similar al caso anterior. Los ejemplos son todos válidos cambiándoles el signo.

El límite es un número l (sucesión convergente)

$lím\ a_n = l \Leftrightarrow$ Podemos conseguir que sus valores estén tan cerca de l como queramos (a menos de una distancia ε —se lee *épsilon*— tan pequeña como deseemos) dándole a n valores suficientemente grandes.

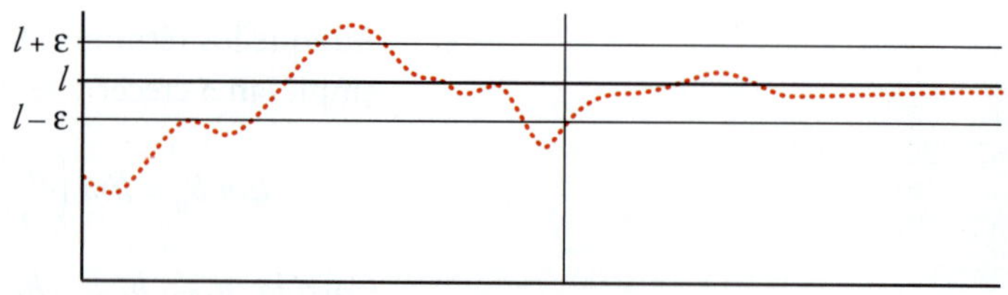

Por ejemplo:

$\frac{1}{n},\ \frac{1}{n^2+5},\ \frac{5}{-2n^3+4}$ tienen límite 0, pues el denominador se hace muy grande, en valor absoluto, y el numerador es constante.

$\frac{2n+3}{n^2},\ \frac{n^2-5n}{n^3-7}$ tienen límite 0, pues el denominador crece mucho más que el numerador.

Para averiguar el $lím\ \frac{2n^2+3n}{7n^2-5}$, dividimos por n^2 numerador y denominador y obtenemos $\frac{2+(3/n)}{7-(5/n^2)}$. Es claro que los sumandos $\frac{3}{n}$ y $\frac{-5}{n^2}$ se hacen muy pequeños cuando n crece. Por tanto el límite es $\frac{2}{7}$. Recuerda este método porque es muy útil para calcular el límite de muchas sucesiones.

Una nomenclatura curiosa

Las sucesiones con límite finito se llaman **convergentes** y ¡atención! *son las únicas que tienen límite.* Una sucesión cuyo límite sea $+\infty$ o $-\infty$ no se considera que tenga límite y se dice que es **divergente.**

Progresiones geométricas con $|r| < 1$

La suma de los términos de una progresión geométrica es:

$$S_n = \frac{a_n r - a_1}{r-1} = \frac{a_1 r^n - a_1}{r-1} = \frac{a_1 - a_1 r^n}{1-r}$$

Si $|r| < 1$, $lím\ a_1 \cdot r^n = 0$. Por tanto:

$$lím\ S_n = \frac{a_1}{1-r}$$

Esta suma es a la que llamamos S_∞.

Sucesiones oscilantes

Recuerda

Solo son convergentes las sucesiones cuyo límite es un número y las demás son divergentes.

La sucesión 1, –2, 3, –4, 5, –6, …, 105, –106, … cuyo término general es $(-1)^{n+1} \cdot n$, da saltos hacia arriba y hacia abajo al representarla.

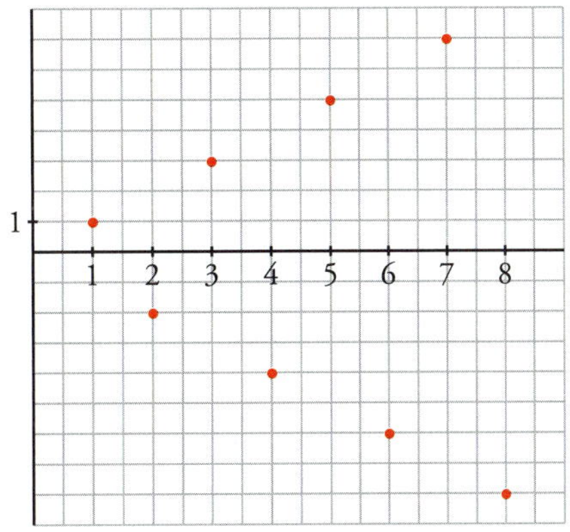

Es claro que no tiene límite +∞ ni –∞. Tampoco se acerca a ningún número concreto. Se le llama sucesión **oscilante.**

También es oscilante, por ejemplo:

1, –1, 1, –1, 1, –1, 1, –1, …

Estas sucesiones son divergentes.

Ejercicios resueltos

1 *Estudiar el comportamiento de las siguientes sucesiones para términos muy avanzados e indicar en cada una de ellas cuál es su límite:*

a) $a_n = 3 + \dfrac{10}{n}$

b) $b_n = \dfrac{n^2 - n}{2}$

a) $a_{10} = 3 + \dfrac{10}{10} = 4$; $a_{100} = 3 + \dfrac{10}{100} = 3{,}1$; $a_{1\,000} = 3 + \dfrac{10}{1000} = 3{,}01$; …

Observamos que el sumando $\dfrac{10}{n}$ se hace tan próximo a cero como queramos, sin más que darle a n valores muy grandes.

Por tanto, $lím\ a_n = 3$.

b) $b_{10} = \dfrac{100 - 10}{2} = 45$, $b_{100} = \dfrac{10\,000 - 100}{2} = 4\,950$, $b_{1\,000} = 499\,500$; …

Observamos que, en el numerador, el minuendo, n^2, crece mucho más rápidamente que el sustraendo, n. Por tanto, la diferencia se hace tan grande como queramos, aunque la dividamos por 2.

Es decir, $lím\ b_n = +\infty$.

2 *Comprobar si tienen límite estas sucesiones:*

a) $a_n = (-3)^n$

b) $b_n = \dfrac{(-1)^n}{n}$

a) $a_1 = -3$, $a_2 = 9$, $a_3 = -27$, $a_4 = 81$, $a_5 = -243$, …

Los términos impares son negativos y tienden a –∞.

Los términos pares son positivos y tienden a +∞.

Es una sucesión oscilante. No tiene límite.

b) $b_1 = -1$; $b_2 = 0{,}5$; $b_3 = -0{,}\widehat{3}$; $b_4 = 0{,}25$; …; $b_{999} = -0{,}001…$; $b_{1\,000} = 0{,}001$; …

Los términos impares son negativos y tienden a 0.

Los términos pares son positivos y tienden a 0.

Por tanto, b_n sí tiene límite: $lím\ b_n = 0$.

Ejercicios propuestos

4 Estudia el comportamiento de estas sucesiones para términos muy avanzados e indica su límite:

a) $a_n = \dfrac{2n - 3}{6}$ b) $b_n = \dfrac{2n - 3}{n + 5}$

c) $c_n = 3 - 2^n$ d) $d_n = 5 - \dfrac{1}{n^3}$

5 Di, razonadamente, cuáles de las siguientes sucesiones tienen límite:

a) $a_n = -\dfrac{2}{n^2}$ b) $b_n = (-1)^n \dfrac{n}{n + 4}$

c) $c_n = (-1)^n n^2$ d) $d_n = (-1)^n \dfrac{2}{n^2}$

4 Algunos límites importantes

El número e

El número e, que ya conoces de cursos anteriores y que hemos utilizado en la unidad 1 como base de los logaritmos neperianos, se obtiene como límite de la sucesión cuyo término general es:

$$a_n = \left(1+\frac{1}{n}\right)^n$$

Sus primeros términos son:

$$\left(1+\frac{1}{1}\right)^1,\ \left(1+\frac{1}{2}\right)^2,\ \left(1+\frac{1}{3}\right)^3,\ \left(1+\frac{1}{4}\right)^4,\ \left(1+\frac{1}{5}\right)^5,\ \dots,\ \left(1+\frac{1}{10}\right)^{10},\ \dots$$

cuyas expresiones decimales, obtenidas con la calculadora, son:

2; 2,25; 2,37…; 2,44…; 2,48…; …; 2,59…; …

Observamos que cada término es mayor que el anterior (es decir, la sucesión es creciente), pero crece muy lentamente. Si seguimos valiéndonos de la calculadora, podemos obtener términos muy avanzados. Por ejemplo:

$$a_{1\,000\,000} = \left(1+\frac{1}{1\,000\,000}\right)^{1\,000\,000} = \mathbf{2{,}718280}469$$

$$a_{1\,000\,000\,000} = \left(1+\frac{1}{1\,000\,000\,000}\right)^{1\,000\,000\,000} = \mathbf{2{,}71828182}7$$

(hemos puesto en negrita las cifras que coinciden con las del número e).

Parece, pues, evidente, que el límite de esta sucesión es e. Por tanto:

$$lím \left(1+\frac{1}{n}\right)^n = 2{,}7182818284\ldots = e$$

Para hacer más riguroso el razonamiento anterior, podríamos seguir los pasos de esta cadena argumental:

- La sucesión a_n es creciente.
- Todos los términos de la sucesión son menores que 3 (se dice que está acotada superiormente).
- Toda sucesión creciente y acotada superiormente tiene límite (análogamente si es decreciente y está acotada inferiormente).

Otra sucesión cuyo límite es el número e

Veamos cómo es la sucesión cuyo término general viene dado por esta suma:

$$a_n = 1 + \frac{1}{1!} + \frac{1}{2!} + \frac{1}{3!} + \dots + \frac{1}{n!}$$

— Es creciente, pues cada término se obtiene añadiéndole un sumando positivo al término anterior:

$$a_{n+1} = a_n + \frac{1}{(n+1)!}$$

— Está acotada superiormente, pues $\frac{1}{3!} < \frac{1}{4}$, $\frac{1}{4!} < \frac{1}{8}$, $\frac{1}{5!} < \frac{1}{16}$, …, y, por tanto,

$$a_n < 1 + 1 + \frac{1}{2} + \frac{1}{4} + \frac{1}{8} + \frac{1}{16} + \dots = 1 + \left(\frac{1}{1-(1/2)}\right) = 1 + 2 = 3$$

En consecuencia, tiene límite. Su límite es también el número e, aunque la demostración de este hecho excede el nivel de este curso.

Nota histórica

El matemático suizo **Leonhard Euler** (1707-1783) es, probablemente, junto a Arquímedes, Newton y Gauss, uno de los cuatro matemáticos más importantes de la historia.

Se puede afirmar, sin ninguna duda, que nuestro sistema de notaciones matemáticas es hoy lo que es debido más a Euler que a ningún otro matemático. El número e, base de los logaritmos neperianos, lleva este nombre en su honor (inicial de su apellido).

Dos sucesiones cuyo límite es e

La sucesión $\left(1+\frac{1}{n}\right)^n$ tiene límite. Este límite es, **por definición,** el número e.

La sucesión $1 + \frac{1}{1!} + \frac{1}{2!} + \frac{1}{3!} + \dots + \frac{1}{n!}$ también tiene límite, que coincide con el anterior.

$$lím \left(1+\frac{1}{1!}+\frac{1}{2!}+\frac{1}{3!}+\dots+\frac{1}{n!}\right) =$$

$$= lím \left(1+\frac{1}{n}\right)^n = e$$

Justificaciones

Por un lado, tenemos que:

$$\frac{1}{3!} = \frac{1}{3}\cdot\frac{1}{2} < \frac{1}{2}\cdot\frac{1}{2} = \frac{1}{4}$$

$$\frac{1}{4!} = \frac{1}{4}\cdot\frac{1}{3}\cdot\frac{1}{2} < \frac{1}{2}\cdot\frac{1}{2}\cdot\frac{1}{2} = \frac{1}{8}$$

Y por otro lado, $1 + \frac{1}{2} + \frac{1}{4} + \frac{1}{8} + \dots$ es la suma de los términos de una progresión geométrica en la que $a_1 = 1$, $r = \frac{1}{2}$.

El número ϕ

Si en la sucesión de Fibonacci dividimos *cada término par* por el anterior, obtenemos los siguientes resultados:

$$\frac{f_{n+1}}{f_n}\ (n+1 \text{ par}):\ \frac{1}{1},\ \frac{3}{2},\ \frac{8}{5},\ \frac{21}{13},\ \frac{55}{34},\ \ldots$$

Dada en forma decimal: 1; 1,5; 1,6; 1,615…; 1,617…; … es una sucesión creciente y acotada superiormente.

Análogamente, si dividimos *cada término impar* (a partir del 3.º) por el anterior:

$$\frac{f_{n+1}}{f_n}\ (n+1 \text{ impar}):\ \frac{2}{1},\ \frac{5}{3},\ \frac{13}{8},\ \frac{34}{21},\ \frac{89}{55},\ \ldots$$

Dada en forma decimal: 2; 1,666…; 1,625; 1,619…; 1,618…; … es una sucesión decreciente y acotada inferiormente.

Ambas tienen el mismo límite, el número $\phi = \frac{\sqrt{5}+1}{2} = 1{,}618033988\ldots$

Es el número áureo, que ya conocemos.

Por tanto, podemos asegurar que:

La sucesión $\frac{f_{n+1}}{f_n}$ que se obtiene dividiendo cada dos términos consecutivos de la sucesión de Fibonacci tiene límite y este es el número ϕ:

$$\text{lím}\ \frac{f_{n+1}}{f_n} = \phi$$

El diseño de la fachada de la catedral de Notre Dame de París está basado en la proporción áurea.

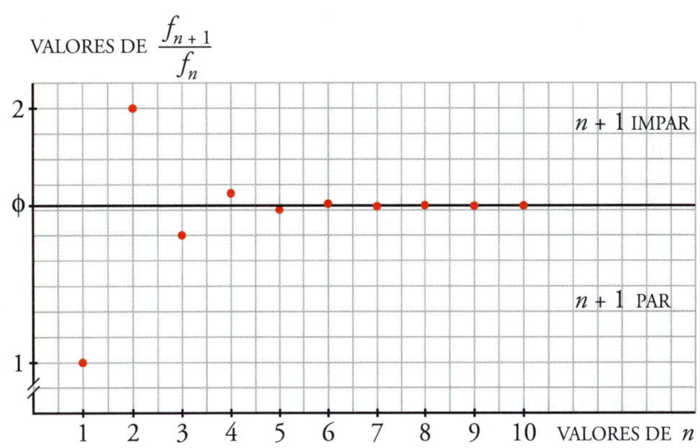

Ejercicios propuestos

1 a) Calcula $\left(1-\frac{1}{80}\right)^{80}$ y comprueba que "se parece mucho" a $e^{-1} = \frac{1}{e}$. Haz lo mismo con $\left(1-\frac{1}{1000}\right)^{1000}$.

¿Podemos suponer que $\text{lím}\left(1-\frac{1}{n}\right)^n = \frac{1}{e}$?

b) Calcula $1-\frac{1}{1!}+\frac{1}{2!}-\frac{1}{3!}+\frac{1}{4!}-\ldots-\frac{1}{9!}+\frac{1}{10!}$ y comprueba que es aproximadamente igual a e^{-1}.

¿Podemos suponer también que la sucesión $1-\frac{1}{1!}+\frac{1}{2!}-\frac{1}{3!}+\frac{1}{4!}-\ldots+(-1)^n\frac{1}{n!}$ tiende a e^{-1}?

2 Teniendo en cuenta que el término general de la sucesión de Fibonacci para n "grande" es:

$$f_n = \frac{1}{\sqrt{5}}(\phi^n - \phi^{-n}) \approx \frac{\phi^n}{\sqrt{5}}$$

demuestra que $\text{lím}\ \frac{f_{n+1}}{f_n} = \phi$.

3 Sabiendo que f_n es el término general de la sucesión de Fibonacci, calcula los siguientes límites:

a) $\text{lím}\ \frac{f_n}{f_{n+2}}$ b) $\text{lím}\ \frac{f_n}{f_{n+3}}$

Ejercicios y problemas resueltos

1. Sucesión de diagonales

Este dibujo muestra un octógono y sus 20 diagonales:

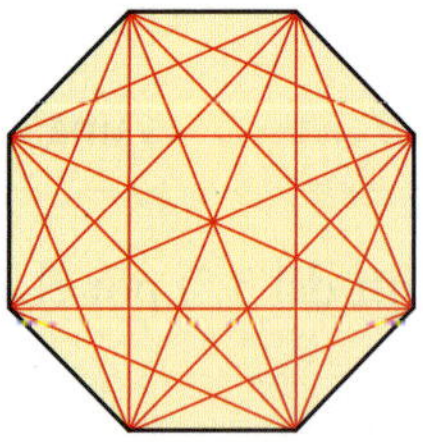

Averiguar, con ayuda de las sucesiones, el número de lados que debe tener un polígono con 860 diagonales.

- Este problema se puede resolver igualando a 860 el número de diagonales que tiene un polígono de n lados y despejando la n.

$$860 = \frac{n \cdot (n-3)}{2} \rightarrow n = 43$$

- Pero vamos a aplicar lo que sabemos de sucesiones para obtener el mismo resultado.

Formamos una sucesión con el número de diagonales que tienen los polígonos:

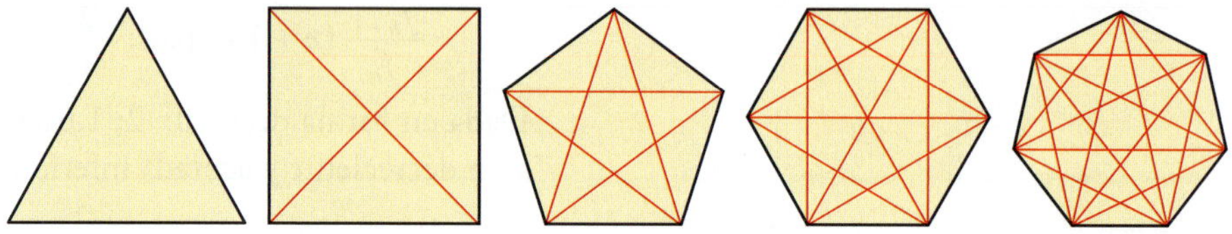

0 diagonales — 2 diagonales — 5 diagonales — 9 diagonales — 14 diagonales

Número de diagonales $\rightarrow$ $a_1 = 0,\ a_2 = 2,\ a_3 = 5,\ a_4 = 9,\ a_5 = 14,\ \dots$

Vemos que para pasar del primer término al segundo, se suman 2; del segundo al tercero, se suman 3; del tercero al cuarto, se suman 4, y así sucesivamente. Por tanto:

$$a_1 = 0,\ a_2 = 2,\ a_3 = 2 + 3,\ a_4 = 2 + 3 + 4,\ a_5 = 2 + 3 + 4 + 5,\ \dots$$

$$a_n = 2 + 3 + 4 + 5 + \dots + n$$

Y esta última expresión es la suma de los $n - 1$ primeros términos de una progresión aritmética de primer término 2 y diferencia 1.

$$a_n = \frac{(2+n)(n-1)}{2} = \frac{n^2+n-2}{2}$$

Hallamos el lugar que ocupa en esta sucesión el polígono que tiene 860 diagonales:

$$\frac{n^2+n-2}{2} = 860 \rightarrow n = 41$$

Luego la figura que buscamos es la que ocupa el lugar 41. Pero, ¡ojo!, el lugar 1, que es $a_1 = 0$, la ocupa un triángulo; es decir, un polígono de 3 lados. Por tanto, a_{41} corresponde a un polígono de 43 lados.

2. Los cuadrados van contracorriente

Hallar la siguiente suma:

$-1 + 2 + 3 - 4 + 5 + 6 + 7 + 8 - 9 + 10 + \dots + 15 - 16 + 17 + \dots + 24 - 25 + 26 + \dots + 1000$

Hazlo tú. Halla la suma:

$-1 + 2 + \dots + 7 - 8 + 9 + \dots + 26 - 27 + 28 + \dots + 63 - 64 + 65 + \dots + 999 - 1000$

(suma de los 1 000 primeros naturales pero con los cubos perfectos con signo menos).

Hemos de sumar los 1 000 primeros números naturales con la particularidad de que los cuadrados perfectos (1, 4, 9, 16, 25, …) llevan signo menos.

Hallamos la suma de los 1 000 primeros números naturales, $1 + 2 + \dots + 1000$, teniendo en cuenta que forman una progresión aritmética de razón 1:

$$S_{1\,000} = \frac{(1+1000) \cdot 1000}{2} = 1001 \cdot 500 = 500\,500$$

Calculamos la suma de todos los cuadrados menores que 1 000 (observa que $\sqrt{1000} = 31{,}6\dots$, luego el último cuadrado menor que 1 000 es 31^2).

$$SC_{31} = 1^2 + 2^2 + 3^2 + \dots + 31^2 = \frac{31 \cdot (31+1) \cdot (2 \cdot 31+1)}{6} = \frac{31 \cdot 32 \cdot 63}{6} = 10\,416$$

En $S_{1\,000}$ los cuadrados están sumando en lugar de restando. Por tanto, para obtener el resultado deseado, hemos de restar dos veces SC_{31} a $S_{1\,000}$.

$$S_{1\,000} - 2 \cdot SC_{31} = 500\,500 - 2 \cdot 10\,416 = 479\,668$$

3. Término general

Hallar el término general de cada una de las siguientes sucesiones:

a) $\frac{11}{3}, \frac{8}{7}, \frac{5}{11}, \frac{2}{15}, \ldots$

b) 4,86; 4,8686; 4,868686; …

c) $\frac{3}{7}, -\frac{11}{7}, -\frac{25}{7}, -\frac{39}{7}, \ldots$

a) No es una progresión aritmética ni geométrica. Observemos los numeradores y los denominadores por separado:

- La sucesión formada por los numeradores 11, 8, 5, 2, … es una progresión aritmética con $a_1 = 11$ y $d = -3$, por tanto, $a_n = 11 + (n-1)(-3) = 14 - 3n$.
- La sucesión formada por los denominadores 3, 7, 11, 15, …, es una progresión aritmética con $b_1 = 3$ y $d = 4$, por tanto, $b_n = 3 + (n-1)4 = 4n - 1$.

Así, el término general de la sucesión es $c_n = \frac{a_n}{b_n} = \frac{14-3n}{4n-1}$.

b) Podemos escribir los términos de la sucesión así:

$$a_1 = 4 + \frac{86}{100},\ a_2 = 4 + \frac{86}{100} + \frac{86}{10\,000},\ a_3 = 4 + \frac{86}{100} + \frac{86}{10\,000} + \frac{86}{1\,000\,000}, \ldots$$

El término general es:

$$a_n = 4 + \frac{86}{100} + \frac{86}{100^2} + \ldots + \frac{86}{100^n} = 4 + 86 \cdot \left(\frac{1}{100} + \frac{1}{100^2} + \ldots + \frac{1}{100^n}\right) \overset{(*)}{=}$$

$$= 4 + 86 \cdot \frac{\frac{1}{100} - \frac{1}{100^{n+1}}}{1 - \frac{1}{100}} = 4 + 86 \cdot \frac{1 - \frac{1}{100^n}}{100 - 1} = 4 + \frac{86}{99} - \frac{86}{99 \cdot 100^n}$$

(*) Suma de los n primeros términos de una progresión geométrica con $a_1 = \frac{1}{100}$ y $r = \frac{1}{100}$.

c) Es una progresión aritmética ya que $a_2 - a_1 = -\frac{11}{7} - \frac{3}{7} = -2$; y lo mismo ocurre con las diferencias $a_3 - a_2$ y $a_4 - a_3$.

Como $a_1 = \frac{3}{7}$ y $d = -2$, el término general es $a_n = \frac{3}{7} - (n-1)2 = \frac{17}{7} - 2n$.

Hazlo tú. Halla el término general de estas sucesiones:

a) $\frac{2}{-1}, \frac{5}{1}, \frac{10}{3}, \frac{17}{5}, \ldots$

b) 5,23; 5,2323; 5,232323; …

c) $\frac{7}{5}, \frac{4}{5}, \frac{1}{5}, \frac{-2}{5}, \ldots$

4. Límite de sucesiones

Estudiar los límites de estas sucesiones:

a) $a_n = \frac{8n - n^2}{2n^2 - 100}$

b) $b_n = \frac{n \cdot (-1)^n}{3n + 1}$

a) Para hacernos una idea del límite, le damos a n valores grandes:

$$a_{100} = \frac{8 \cdot 100 - 100^2}{2 \cdot 100^2 - 100} = -0{,}4623\ldots$$

$$a_{1\,000} = \frac{8 \cdot 1000 - 1000^2}{2 \cdot 1000^2 - 100} = -0{,}4960\ldots$$

$$a_{10\,000} = \frac{8 \cdot 10\,000 - 10\,000^2}{2 \cdot 10\,000^2 - 100} = -0{,}4996\ldots$$

Si damos a n valores cada vez mayores, 100 000, 1 000 000, …, podemos observar que el término que acompaña a n^2 en el numerador, $8n$, es insignificante comparado con n^2. Lo mismo ocurre con el término –100 en el denominador. Podemos entonces prescindir de ellos y el límite es evidente:

$$lím\ \frac{8n - n^2}{2n^2 - 100} = lím\ \frac{-n^2}{2n^2} = -\frac{1}{2} = -0{,}5$$

b) $b_1 = \frac{-1}{4} = -0{,}25$; $b_2 = \frac{2}{7} = 0{,}2857$; $b_3 = \frac{-3}{10} = -0{,}3$; $b_4 = \frac{4}{13} = 0{,}3076\ldots$; …

…; $b_{100} = 0{,}3322\ldots$; $b_{101} = -0{,}3322\ldots$; $b_{1\,000} = 0{,}3332\ldots$; $b_{1\,001} = -0{,}3332\ldots$; …

Los términos pares se aproximan a 1/3 y los impares, a –1/3. Por tanto, la sucesión no tiene límite: $lím\ \frac{n(-1)^n}{3n+1} = lím\ \frac{n(-1)^n}{3n} = lím\ \frac{1}{3} \cdot (-1)^n$, que no existe.

Hazlo tú. Estudia los límites de las siguientes sucesiones:

a) $a_n = \frac{5n+7}{2n-1}$

b) $b_n = \frac{(-1)\,n^2 + 4}{n+2}$

Ejercicios y problemas guiados

En la web

- Relación entre dos términos cualesquiera de una progresión aritmética.
- Relación entre dos términos cualesquiera de una progresión geométrica.

1. Paso de decimal periódico a fracción

Utilizar las sucesiones para pasar el número periódico $5{,}4\widehat{7}$ a fracción.

- Descompón el número $5{,}4\widehat{7}$ en suma de decimales:

  $5{,}4\widehat{7} = 5{,}4 + 0{,}07 + 0{,}007 + 0{,}0007 + \dots$

- Llama $a_1 = \frac{7}{100}$, $a_2 = \frac{7}{1000}$, $a_3 = \frac{7}{10\,000}$, …

  Busca la razón de esta progresión geométrica para hallar la suma de sus infinitos términos. Obtendrás una fracción.

- Expresa el número 5,4 como fracción.
- Ya solo tienes que sumar las dos fracciones para obtener el resultado.

Solución:

$5{,}4\widehat{7} = \frac{493}{90}$

2. Intereses bancarios

Se hace un depósito de 5 000 € en un banco que paga un interés del 4 % anual. ¿Cuántos años se ha de dejar para superar los 8 000 €?

- Aumentar un 4 % significa multiplicar por 1,04. En n años el capital se multiplicará por… Por tanto, es una progresión geométrica de razón…
- Para hallar el valor de n en una ecuación del tipo $A \cdot B^n = C$, o bien se toman logaritmos, o bien se hace con la calculadora por tanteo.

Solución:

12 años

3. Límites de sucesiones

Hallar el límite de las siguientes sucesiones:

a) $\frac{4}{3}, 7, -10, -\frac{13}{3}, -\frac{16}{5}, \dots$

b) $\sqrt{3}, \sqrt{3\sqrt{3}}, \sqrt{3\sqrt{3\sqrt{3}}}, \dots$

a) • ¿Se trata de una progresión aritmética o geométrica?

- Pon los denominadores, aunque sean 1, en todos los términos y coloca el signo menos en el numerador o en el denominador de cada uno, según convenga, hasta que descubras una sucesión de numeradores y otra de denominadores.
- Halla el término general de los numeradores, a_n, y el de los denominadores, b_n. Expresa la sucesión como $c_n = \frac{a_n}{b_n}$.
- Calcula c_n para valores de n muy grandes y obtendrás el límite.

b) • Expresa los términos de la sucesión como potencias de 3:

$a_1 = \sqrt{3} = 3^{1/2}$

$a_2 = \sqrt{3\sqrt{3}} = (3 \cdot 3^{1/2})^{1/2} = \dots$

$a_3 = \sqrt{3\sqrt{3\sqrt{3}}} = \dots$

- Estudia la sucesión de los exponentes: $\frac{1}{2}, \frac{1}{2} + \frac{1}{4}, \dots$
- ¿Cuál es el límite de la suma $\frac{1}{2} + \frac{1}{4} + \frac{1}{8} + \dots$?
- Conociendo el límite de los exponentes, conocerás el de la sucesión.

Solución:

a) $lím\ c_n = -\frac{3}{2}$ b) $lím\ a_n = 3$

Ejercicios y problemas propuestos

Para practicar

Criterio para formar sucesiones

1 Escribe los cinco primeros términos de las sucesiones cuyos términos generales son estos:

a) $a_n = 3 + \frac{2}{10^n}$ b) $b_n = \frac{n^2-1}{n}$ c) $c_n = \frac{3n-1}{n+1}$

d) $d_n = 2^{-n}$ e) $e_n = n!$ f) $f_n = \frac{(-1)^n \cdot n - n}{2}$

2 Escribe el término general de estas sucesiones:

a) $\frac{1}{2}, \frac{2}{3}, \frac{3}{4}, \frac{4}{5}, \dots$ b) $1, \frac{1}{2}, \frac{1}{3}, \frac{1}{4}, \frac{1}{5}, \dots$

c) $\frac{1}{5}, \frac{4}{7}, \frac{9}{9}, \frac{16}{11}, \dots$ d) $0, \frac{3}{5}, \frac{8}{10}, \frac{15}{17}, \frac{24}{26}, \dots$

e) 2, 5, 10, 17, 26, … f) 1, 3, 6, 10, 15, …

3 Construye dos sucesiones cuyas leyes de recurrencia sean:

a) $a_1 = 0,\ a_2 = 2,\ a_n = \frac{a_{n-1} + a_{n-2}}{2}$

b) $a_1 = 1,\ a_2 = 2,\ a_n = \frac{a_{n-1} \cdot a_{n-2}}{2}$

4 Busca una ley de recurrencia para definir las siguientes sucesiones. Halla tres términos más de cada una.

a) 4, 7, 3, –4, –7, … b) $2, 3, \frac{3}{2}, \frac{1}{2}, \frac{1}{3}, \dots$

Progresiones aritméticas

5 De las siguientes sucesiones, di cuáles son progresiones aritméticas y escribe su término general:

a) 1,2; 2,4; 3,6; 4,8; 6; … b) 5; 4,6; 4,2; 3,8; 3,4; …

c) 1, 2, 4, 7, 11, … d) 14, 13, 11, 8, 4, …

e) $\frac{3}{4}, 1, \frac{5}{4}, \frac{3}{2}, \frac{7}{4}, \dots$ f) $1, \frac{89}{100}, \frac{78}{100}, \frac{67}{100}, \frac{56}{100}, \dots$

6 Di cuáles de estas sucesiones son progresiones aritméticas:

a) $a_n = 3n$ b) $b_n = 5n - 4$ c) $c_n = \frac{1}{n}$

d) $d_n = \frac{8-3n}{4}$ e) $e_n = 5 + \frac{n}{2}$ f) $f_n = n^2 - 1$

7 Calcula la suma de los 25 primeros términos de las siguientes progresiones aritméticas:

a) 3, 6, 9, 12, 15, … b) 5; 4,9; 4,8; 4,7; 4,6; …

c) $c_n = 4n - 2$ d) $d_n = \frac{1-2n}{2}$

8 Halla la suma de los términos comprendidos entre a_{25} y a_{30}, ambos inclusive, de las progresiones aritméticas del ejercicio anterior.

Progresiones geométricas

9 De las siguientes sucesiones, ¿cuáles son progresiones geométricas? Escribe tres términos más en cada una y su término general.

a) 32, 16, 8, 4, 2, … b) 1; 0,1; 0,01; 0,001; …

c) 1, 4, 9, 16, 25, … d) $\sqrt{2}, 2, 2\sqrt{2}, 4, 4\sqrt{2}, \dots$

10 Calcula la suma de los 25 primeros términos de las siguientes progresiones geométricas y halla la suma de los infinitos términos en los casos que sea posible:

a) $a_1 = 32,\ r = 1/2$ b) $a_1 = 10,\ r = 1/10$

c) $a_1 = 2^{-10},\ r = 2$ d) $a_1 = -5,\ r = -1/4$

11 Halla la suma de los términos comprendidos entre el 10 y el 20, ambos inclusive, de la progresión geométrica cuyo primer término es $a_1 = \frac{1}{512}$ y cuya razón es $r = -2$.

Suma de potencias

12 Calcula.

a) $1^2 + 2^2 + 3^2 + \dots + 50^2$

b) $2^2 + 4^2 + 6^2 + \dots + 100^2$

13 Calcula.

$21^3 + 22^3 + \dots + 58^3 + 59^3 + 60^3$

Límites

14 Calcula los términos a_{10}, a_{100} y $a_{1\,000}$, en estas sucesiones e indica cuál es su límite:

a) $a_n = \frac{1}{n-1}$ b) $a_n = \frac{2n+5}{n}$

c) $a_n = \frac{5}{n} - 1$ d) $a_n = 3 - 7n$

15 Estudia el comportamiento de las siguientes sucesiones para términos muy avanzados e indica cuál es el límite de cada una de ellas:

a) $a_n = 5n - 10$ b) $b_n = \frac{n-3}{n+1}$

c) $c_n = \frac{n}{2n+1}$ d) $d_n = 10 - 5n + n^2$

e) $e_n = 1 - (n+2)^2$ f) $f_n = \frac{n \cdot (-1)^n}{n+1}$

g) $g_n = (-1)^n \cdot (n-1)^2$ h) $h_n = \frac{(-1)^n}{n^2}$

i) $i_n = n \cdot (-1)^n - n^2$ j) $j_n = \frac{3n}{n^2+1}$

k) $k_n = \frac{5}{3n+2}$ l) $l_n = (-1)^{n+1}$

Para resolver

16 Calcula la suma de:

a) Los números impares de tres cifras.

b) Los cuadrados de los números impares de tres cifras.

17 ¿Cuánto vale la suma de los 100 primeros múltiplos de 7?

18 En una progresión aritmética sabemos que $d = 3$, $a_k = 34$ y $S_k = 133$. Calcula k y a_1.

19 En una progresión geométrica de razón $r = 3$ conocemos $S_6 = 1456$. Calcula a_1 y a_4.

20 La suma de los infinitos términos de una progresión geométrica es igual a 4 y $a_2 = 1$. Calcula a_1 y la razón.

21 Sabemos que la suma de 138 números naturales consecutivos es 30 291. ¿Cuáles son el primero y el último?

22 Calcula la suma de todos los términos comprendidos entre el 10 y el 20, ambos inclusive, de estas sucesiones dadas por recurrencia:

a) $a_1 = 20,\ a_n = a_{n-1} + 4$

b) $b_1 = 7,\ b_2 = 13,\ b_n = b_{n-2} + 12$

c) $c_1 = 0{,}625,\ c_n = 2c_{n-1}$

d) $d_1 = 4,\ d_2 = 6,\ d_n = d_{n-2} \cdot \dfrac{9}{4}$

23 Halla la suma de todos los términos a partir del décimo de esta sucesión: $a_1 = 6144$, $a_2 = 3072$, $a_n = \dfrac{1}{4}\, a_{n-2}$.

24 Una célula alcanza la madurez y se reproduce por mitosis al cabo de 40 minutos. Partiendo de un cultivo inicial de 625 células, ¿cuántas tendremos al cabo de 4 horas?

25 En la primera década del siglo XXI la población española ha crecido un 1,4 % anualmente. Si a finales de 2010 había 46 millones de habitantes, ¿cuántos había a comienzos del año 2001?

26 Se sabe que los ángulos de cierto pentágono están en progresión aritmética. Si el menor mide 50°, halla los demás.

* *Recuerda cómo se obtiene la suma de los ángulos de un pentágono.*

27 Los lados de un hexágono están en progresión aritmética. Calcúlalos sabiendo que el mayor mide 13 cm y que su perímetro es de 48 cm.

28 En un cine, la segunda fila de butacas está a 10 m de la pantalla y la séptima fila está a 16 m. ¿En qué fila debe sentarse una persona que le guste ver la pantalla a una distancia de 28 m?

29 La maquinaria de una fábrica pierde cada año un 20 % de su valor. Si costó 4 millones de euros, ¿en cuánto se valorará después de 10 años de funcionamiento?

30 El 1 de enero depositamos 5 000 € en una cuenta bancaria a un interés anual del 6 % con abono mensual de intereses. ¿Cuánto dinero tendremos un año después si no hemos sacado nada en ese tiempo?

* *Un 6 % anual corresponde a* $\dfrac{6}{12}$ *= 0,5 % mensual.*

31 Recibimos un préstamo de 2 000 € al 10 % de interés anual y hemos de devolverlo en 4 años, pagando cada año los intereses de la parte adeudada más la cuarta parte del capital prestado. Calcula lo que tenemos que pagar cada año.

32 Utiliza las sumas de los términos de una progresión geométrica para expresar los siguientes números decimales periódicos como fracciones:

a) $2{,}\overset{\frown}{4}$ b) $1{,}\overset{\frown}{72}$ c) $0{,}3\overset{\frown}{5}$ d) $3{,}75\overset{\frown}{923}$

33 Calcula el límite de las siguientes sucesiones:

a) $a_n = 1 + \dfrac{1}{2^n}$ b) $b_n = \dfrac{5^n}{n^7}$

c) $c_n = \dfrac{(n-1)^2}{n^2+3}$ d) $d_n = \dfrac{\sqrt{n^2+1}}{2n}$

e) $e_n = \dfrac{3n+1}{\sqrt{n}}$ f) $f_n = \sqrt{\dfrac{4n-3}{n+2}}$

g) $g_n = \dfrac{(1+n)^3}{(n-2)^2}$ h) $h_n = \dfrac{\sqrt{n}}{1+\sqrt{n}}$

34 Calcula el término general de las siguientes sucesiones y luego halla su límite:

a) $\dfrac{3}{-2}, \dfrac{5}{-7}, \dfrac{7}{-12}, \dfrac{9}{-17}, \dfrac{11}{-22}, \ldots$

b) $\dfrac{7}{1}, \dfrac{4}{4}, \dfrac{1}{9}, \dfrac{-2}{16}, \dfrac{-5}{25}, \ldots$

c) $\dfrac{-99}{10}, \dfrac{-96}{20}, \dfrac{-91}{30}, \dfrac{-84}{40}, \dfrac{-75}{50}, \ldots$

35 Halla el término general y estudia el límite de esta sucesión:

$$2,\ \sqrt{2},\ \sqrt[3]{2},\ \sqrt[4]{2},\ \sqrt[5]{2},\ \ldots$$

36 a) Demuestra que:

$$2^2 + 4^2 + 6^2 + 8^2 + 10^2 = 4(1^2 + 2^2 + 3^2 + 4^2 + 5^2)$$

b) Calcula la suma de los cuadrados de los 50 primeros números pares.

c) Calcula la suma de los cuadrados de todos los números impares menores que 100.

37 Halla la siguiente suma:

$$11^3 + 13^3 + 15^3 + 17^3 + \ldots + 33^3$$

Cuestiones teóricas

38 Sea a_n una progresión aritmética con $d > 0$. ¿Cuál es su límite?

39 Si a_n es una progresión geométrica con $r = \frac{1}{3}$, ¿cuál es su límite?

* *Ten en cuenta el signo del primer término.*

40 Si la suma de los infinitos términos de una progresión geométrica es 5, ¿qué podemos decir del valor de r?

Inventa un ejemplo con r positivo en el que se verifique esto. Inventa otro ejemplo con r negativo.

41 La sucesión 3, 3, 3, 3, … puede considerarse una progresión aritmética y también geométrica. ¿Cuál es la diferencia en el primer caso? ¿Y la razón en el segundo?

42 En una progresión geométrica cualquiera, $a, ar, ar^2, \ldots$, comprueba que:

$$a_1 \cdot a_6 = a_2 \cdot a_5 = a_3 \cdot a_4$$

¿Se verifica también que $a_3 \cdot a_7 = a_4 \cdot a_6$? Enuncia una propiedad que exprese los resultados anteriores.

En la web Progresiones geométricas y fractales.

Para profundizar

43 Calcula el límite de cada una de estas sucesiones:

a) $a_n = \frac{1}{n^2} + \frac{2}{n^2} + \ldots + \frac{n}{n^2}$

b) $\frac{1^2}{1^3}, \frac{1^2+2^2}{1^3+2^3}, \frac{1^2+2^2+3^2}{1^3+2^3+3^3}, \ldots$

c) $\frac{1 \cdot 1^2}{1^3}, \frac{2 \cdot (1^2+2^2)}{1^3+2^3}, \frac{3 \cdot (1^2+2^2+3^2)}{1^3+2^3+3^3}, \ldots$

d) $\frac{1 \cdot 2^2}{1^3}, \frac{2 \cdot (2^2+4^2)}{1^3+2^3}, \frac{3 \cdot (2^2+4^2+6^2)}{1^3+2^3+3^3}, \ldots$

44 Si llamamos f_n y l_n a los términos generales de las sucesiones de Fibonacci y Lucas, respectivamente:

a) Comprueba que: $l_n = f_{n-1} + f_{n+1} = 2f_{n-1} + f_n$

b) Halla el término l_{20} obteniendo, a partir de la fórmula, los términos de la sucesión de Fibonacci que necesites.

c) Comprueba que $\lim \frac{l_{n+1}}{l_n} = \phi$, dividiendo, por ejemplo, $l_{11} : l_{10}$ y $l_{12} : l_{11}$.

¿Sabrías demostrarlo de forma general?

Autoevaluación

En la web Resoluciones de estos ejercicios.

1 Determina los términos a_1, a_{97} y a_{500} de la sucesión cuyo término general es: $a_n = \frac{n^2 - 709}{n+3}$

¿Cuál es su límite?

2 Escribe los diez primeros términos de la sucesión definida así: $a_1 = 4$, $a_2 = 7$, $a_{n+2} = 2a_n - a_{n+1}$

3 Halla el término general de las siguientes sucesiones. Indica cuáles de ellas son progresiones aritméticas y cuáles progresiones geométricas:

a) 3, 7, 11, 15, 19, 23, …
b) 1, 2, 5, 10, 17, 26, …
c) 1 024, 512, 256, 128, …
d) 3, –9, 27, –81, 243, …
e) 8/13, 19/52, 3/26, –7/52, …
f) 4, 3, 5, 2, 6, 1, 7, 0, …
g) 24, 18, 27/2, 81/8, 243/32, …
h) 0, 2, 6, 12, 20, 30, …

4 Halla la ley de recurrencia por la que se forman las siguientes sucesiones:

a) 7, 8, 15, 23, 38, 61, …
b) 1, 1, 1, 3, 5, 9, 17, 31, …
c) 0, 1, 2, 3, 6, 11, 20, 37, …
d) 1, 1, 3, 7, 17, 41, 99, …

5 Halla las siguientes sumas:

a) $3 + 7 + 11 + \ldots + 43$

b) $1\,000 + 1\,000 \cdot 1{,}1 + 1\,000 \cdot 1{,}1^2 + \ldots + 1\,000 \cdot 1{,}1^{15}$

c) $80 + 40 + 20 + 10 + 5 + \ldots$

d) $101^2 + 102^2 + 103^2 + \ldots + 140^2$

e) $3^3 + 4^3 + 5^3 + \ldots + 15^3$

6 En una progresión aritmética, $a_{15} = 43$ y $a_{86} = 85{,}6$.

a) Calcula S_{100}.
b) Obtén el valor de a_{220}.

7 Dados estos dos términos de una sucesión, $a_1 = 2$ y $a_3 = 8$, halla cuatro términos más y el término general suponiendo que se trata de una progresión:

a) aritmética.
b) geométrica.

8 Halla los límites de las siguientes sucesiones:

a) $a_n = \frac{5}{n}$
b) $b_n = \frac{5+3n}{n+1}$
c) $c_n = \frac{n^2+1}{5n}$
d) $d_n = (-5)^n + n^2$
e) $e_n = \frac{5n-2}{3-2n}$
f) $f_n = (-3)^n$
g) $g_n = \frac{3}{n} + \frac{n}{3}$
h) $h_n = \frac{4\,000n^2}{-n^3}$
i) $i_n = \frac{(-1)^n + 1}{2n}$

3 Álgebra

El lenguaje algebraico

El álgebra se vale de la aritmética y es, a su vez, importantísimo auxiliar suyo. En su lenguaje, claro y conciso, radica gran parte de su eficacia.

Al peculiar lenguaje algebraico se llegó de forma paulatina: egipcios, babilonios, árabes, hindúes y chinos resolvieron muchas situaciones de carácter algebraico, aunque utilizaron un lenguaje cercano al natural. Las ecuaciones se proponían del siguiente modo:

*¿Cuánto vale la **cosa** que si se triplica y se le añade diez, vale igual que el resultado de multiplicar la **cosa** por la **cosa**?*

Más adelante simplificaron:

*Tres veces la **cosa** más diez es **cosa** por **cosa.***

El camino para llegar a la sencilla expresión $3x + 10 = x^2$ fue muy largo. El simbolismo algebraico irrumpió con toda su fuerza a partir del siglo XVI. Las demás ciencias presionaban, de manera indirecta, para que aumentara la eficiencia de las matemáticas. **Vieta,** a finales del siglo XVI le dio al lenguaje algebraico una configuración próxima a la actual. Finalmente **Descartes,** en el siglo XVII, lo acabó de perfeccionar.

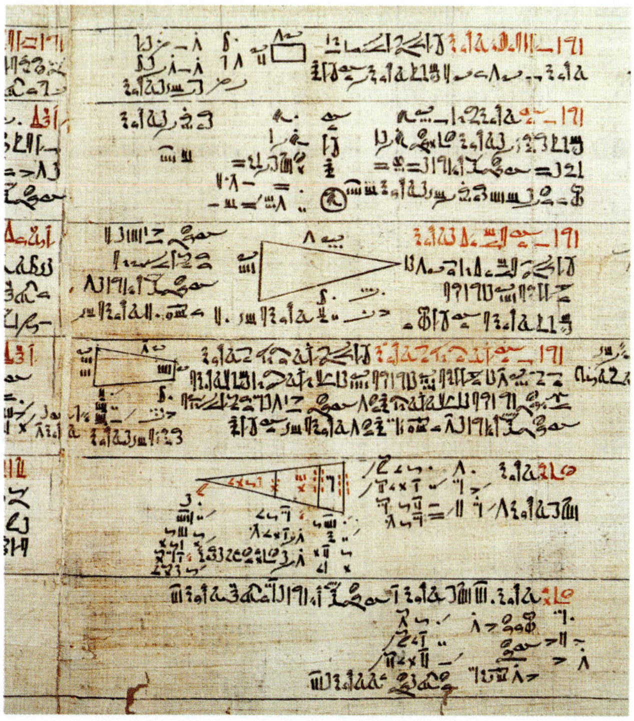

Papiro de Rhind con problemas matemáticos del siglo XIX a. C.

Resolución de ecuaciones

Diofanto de Alejandría (siglo III) propuso problemas algebraicos complejos y los resolvió por métodos originales y muy interesantes. Pero su aportación careció de método y tuvo poco valor pedagógico.

Sello ruso en honor de Al-Jwarizmi.

Al-Jwarizmi (siglo IX) fue quien, por primera vez, realizó un tratamiento sistemático y completo de la resolución de ecuaciones de primero y segundo grados. Su libro *Al-jabr wa-l-muqabala*, elemental, didáctico y exhaustivo, fue muy conocido y estudiado y, posteriormente, traducido a todos los idiomas. El comienzo de su título, *al-jabr*, da nombre a esta ciencia (*álgebra*).

En el siglo XVI, varios algebristas italianos (**Tartaglia, Cardano, Ludovico Ferrari, Scipione del Ferro, Antonio del Fiore**) mantuvieron unas interesantísimas, agitadas y fecundas discusiones sobre la resolución de distintos tipos de ecuaciones cúbicas (de tercer grado) y cuárticas (de cuarto grado).

Niccolo Fontana (1499-1557), más conocido como Tartaglia.

En la web Biografía de Cardano.

En la web Biografía de Diofanto.

Sistemas de ecuaciones

Los sistemas de ecuaciones se plantearon y resolvieron de forma simultánea a las ecuaciones, ya que el paso de un sistema de dos ecuaciones con dos incógnitas a una ecuación con una incógnita no supone ningún problema especial.

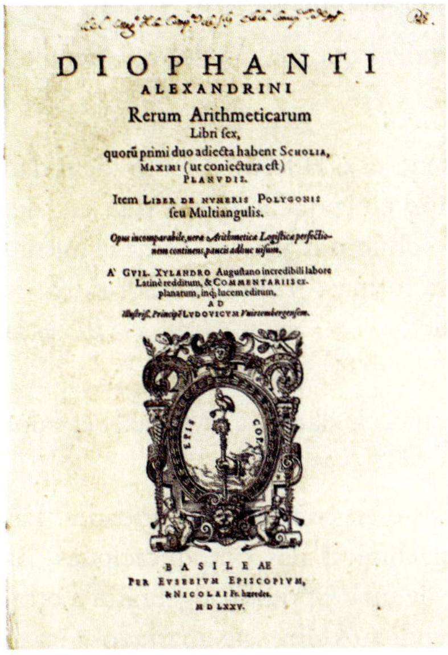
DIOPHANTI
ALEXANDRINI
Rerum Arithmeticarum
Libri sex,

BASILEAE

Portada de la gran obra de Diofanto: "Aritmética".

Diofanto, original e ingenioso, resolvía los problemas que podrían dar lugar a un sistema de ecuaciones mediante una única ecuación con una sola incógnita escogida hábilmente para conseguir su propósito.

Históricamente, los sistemas de ecuaciones lineales no han sido un reto especialmente difícil. Ya en el siglo II a. C., los chinos resolvían sistemas lineales de varias ecuaciones con el mismo número de incógnitas, mediante un método elegante y potente, similar al que usamos ahora.

El álgebra en la actualidad

En el mundo actual se presentan problemas algebraicos tremendos no por su complejidad matemática sino por la gigantesca cantidad de variables que aparecen. Un sistema con cientos de ecuaciones y cientos de incógnitas (que teóricamente es trivial), aún valiéndose de potentísimos ordenadores, tardaría muchas miles de horas en ser resuelto utilizando los métodos habituales. La investigación algebraica actual pone su empeño en diseñar nuevos caminos que acorten estos procesos para que tales problemas puedan ser abordados con ordenadores en un tiempo razonable.

Resuelve

Los cadetes que desfilan con su mascota

Una compañía de cadetes, formada en cuadro de 20 metros de lado, avanza con paso regular. La mascota de la compañía, un pequeño perro, parte del centro de la última fila, punto A, camina en línea recta hasta el centro de la fila de cabeza, punto B, y regresa del mismo modo hasta el centro de la última fila. En el momento de volver a alcanzar A, los cadetes han recorrido exactamente 20 metros. Suponiendo que el perro camina con velocidad constante y que no pierde tiempo en los giros, ¿cuántos metros ha recorrido?

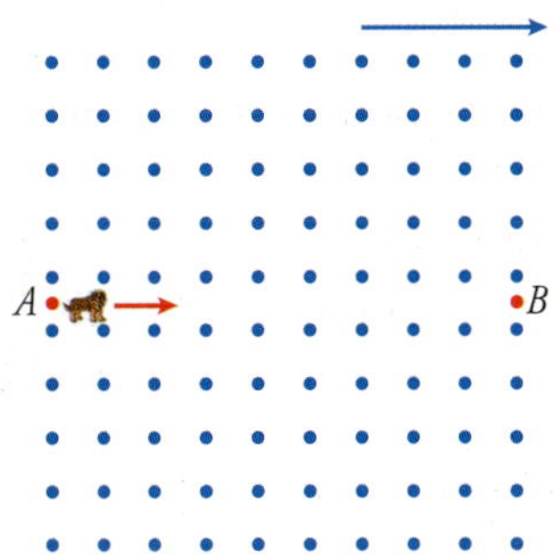

1 Polinomios. Factorización

Las igualdades en álgebra

En álgebra, se utiliza el signo igual (=) en dos tipos de expresiones: en las identidades y en la ecuaciones.

- **Identidades.** Cuando ponemos $(x+3)^2 = x^2 + 6x + 9$, estamos diciendo que "el cuadrado de $x + 3$ coincide con el polinomio $x^2 + 6x + 9$". Es decir, se trata de una **identidad:** desarrollando $(x+3)^2$ se obtiene el polinomio $x^2 + 6x + 9$.

  En las identidades, se cumple la igualdad cualquiera que sea el valor que demos a la variable (o a las variables, si hay más de una).

- **Ecuaciones.** La igualdad $x^3 + x^2 = 12x$ no es cierta si la leemos como identidad entre los dos miembros. Se trata de una **ecuación** en la que lo que se dice es: "deseamos encontrar un valor de x para el cual el polinomio $x^3 + x^2$ tome el mismo valor que el polinomio $12x$". O dicho de otra forma: "¿Para qué valor de x se cumple que $x^3 + x^2$ es igual a $12x$?". La solución "$x = 3$, $x = -4$, $x = 0$" es la respuesta a dicha pregunta.

  En una ecuación, solo se cumple la igualdad cuando le damos a la variable el valor de la solución.

Una buena parte de la actividad en álgebra consiste en conseguir identidades. Las operaciones con polinomios y con fracciones algebraicas, las simplificaciones, las descomposiciones factoriales… sirven para pasar de una expresión algebraica a otra, idéntica pero más conveniente para lo que pretendemos. En este apartado y en el siguiente, nos dedicaremos a las identidades. Más adelante, a las ecuaciones.

La divisibilidad en los polinomios

- Un polinomio $P(x)$ es divisible por otro polinomio $Q(x)$ cuando $P(x) : Q(x)$ es exacto. En tal caso, $P(x) : Q(x) = C(x)$. Y, por tanto, $P(x) = Q(x) \cdot C(x)$.

  Los polinomios $Q(x)$ y $C(x)$ se llaman **divisores** de $P(x)$.

  Por ejemplo: $(3x^3 - 14x^2 + 4x + 3) : (3x + 1) = x^2 - 5x + 3$

  Por tanto: $3x^3 - 14x^2 + 4x + 3 = (3x + 1) \cdot (x^2 - 5x + 3)$

- Un polinomio se dice que es **irreducible** cuando ningún polinomio de grado inferior es divisor suyo.

  Los polinomios irreducibles son:

  — los de primer grado: x, $2x - 1$, $\frac{x}{2} + 3$, …

  — los de segundo grado sin raíces: $x^2 + 1$, $2x^2 - 3x + 5$, …

- Un polinomio de segundo grado con raíces a y b se puede descomponer en forma de producto: $k(x - a)(x - b)$.

  Por ejemplo, el polinomio $5x^2 + 5x - 60$ tiene dos raíces: $x = 3$, $x = -4$ (compruébalo resolviendo la ecuación $5x^2 + 5x - 60 = 0$).

  Por tanto:

  $$5x^2 + 5x - 60 = 5(x-3)(x+4)$$

- Cualquier otro polinomio se puede descomponer en producto de polinomios irreducibles.

  Por ejemplo:

  $$3x^4 + 3x^3 - 33x^2 + 3x - 36 = 3(x-3)(x+4)(x^2+1)$$

Atención

La divisibilidad en el conjunto de los polinomios es muy similar a la divisibilidad entre números enteros.

- Los polinomios irreducibles desempeñan, en la divisibilidad entre polinomios, el mismo papel que los números primos en la divisibilidad entre números enteros.
- La descomposición de un polinomio en polinomios irreducibles es similar a la descomposición de un número en factores primos:

$3x^4 + 3x^3 - 33x^2 + 3x - 36$	$x - 3$
$3x^3 + 12x^2 + 3x + 12$	$x + 4$
$3x^2 + 3$	$x^2 + 1$
3	3
1	

Reflexiona

En la página anterior hemos visto que todo polinomio se puede factorizar como producto de polinomios irreducibles. Sin embargo, una cosa es que *se pueda* y otra que *sepamos hacerlo*.

Procedimiento para factorizar un polinomio

Vamos a ver en qué casos sabemos descomponer un polinomio en factores y de qué procedimientos nos podemos valer.

- Siempre que se pueda, sacaremos la x factor común.
- La regla de Ruffini nos ayuda a localizar con eficacia las raíces enteras de un polinomio, pues:
  - — Si los coeficientes de $P(x)$ son números enteros, las raíces enteras de $P(x)$ son divisores de su término independiente.
  - — Si $P(a) = 0$, entonces $P(x) = (x - a)\,Q(x)$. De este modo se van localizando sucesivamente las raíces.
- Si un polinomio de grado mayor que 2 no tiene raíces enteras, es poco probable que podamos descomponerlo con los conocimientos que poseemos.

Ejercicio resuelto

1 *Descomponer en factores irreducibles el siguiente polinomio:*

$$x^6 - 15x^4 - 42x^3 - 40x^2$$

Observamos que x es factor común y lo extraemos tantas veces como sea posible:

$$x^6 - 15x^4 - 42x^3 - 40x^2 = x^2(x^4 - 15x^2 - 42x - 40)$$

Ya hemos extraído el factor x dos veces. Ahora busquemos las raíces enteras de $x^4 - 15x^2 - 42x - 40$ aplicando la regla de Ruffini y probando con los divisores de 40 (±1, ±2, ±4, ±5, ±8, ±10, ±20, ±40).

Comprobamos que 1, –1, 2 no son raíces (hazlo). Probamos con –2:

	1	0	–15	–42	–40
–2		–2	4	22	40
	1	–2	–11	–20	0

–2 sí es raíz. Por tanto:

$x^4 - 15x^2 - 42x - 40 =$

$= (x + 2)(x^3 - 2x^2 - 11x - 20)$

Buscamos las raíces enteras de $x^3 - 2x^2 - 11x - 20$. Probamos con los divisores de 20 (ya no hemos de probar con 1, –1 y 2, pero sí con –2).

Comprobamos que –2, 4 y –4 no son raíces (hazlo). Probamos con 5:

	1	–2	–11	–20
5		5	15	20
	1	3	4	0

5 sí es raíz. Por tanto:

$x^3 - 2x^2 - 11x - 20 =$

$= (x - 5)(x^2 + 3x + 4)$

Como el factor que queda es de segundo grado, comprobamos si tiene raíces resolviendo la ecuación correspondiente:

$x^2 + 3x + 4 = 0$ no tiene raíces. Por tanto, $x^2 + 3x + 4$ es irreducible.

La descomposición queda así:

$x^6 - 15x^4 - 42x^3 - 40x^2 = x^2 \cdot (x + 2) \cdot (x - 5) \cdot (x^2 + 3x + 4)$

Ejercicios propuestos

1 Descompón factorialmente los siguientes polinomios:

a) $x^6 - 9x^5 + 24x^4 - 20x^3$

b) $x^6 - 3x^5 - 3x^4 - 5x^3 + 2x^2 + 8x$

c) $x^6 + 6x^5 + 9x^4 - x^2 - 6x - 9$

d) $4x^4 - 15x^2 - 5x + 6$

2 a) Intenta factorizar $x^4 + 4x^3 + 8x^2 + 7x + 4$.

b) Hazlo ahora sabiendo que es divisible por $x^2 + x + 1$.

3 Intenta factorizar $6x^4 + 7x^3 + 6x^2 - 1$. Vuelve a intentarlo sabiendo que $-\frac{1}{2}$ y $\frac{1}{3}$ son raíces suyas.

2 Fracciones algebraicas

Recuerda

Las fracciones de polinomios se comportan de forma muy parecida a las fracciones numéricas.

Definiciones

- Se llama **fracción algebraica** al cociente de dos polinomios, $\dfrac{P(x)}{Q(x)}$.

- **Simplificación.** Si el numerador y el denominador de una fracción algebraica se pueden dividir por un mismo polinomio (de grado mayor o igual que 1), al hacerlo se simplifica la fracción.

  Por ejemplo: $\dfrac{3x^3 - 2x^2 + 5x}{x^2 - 3x} = \dfrac{(3x^2 - 2x + 5)x}{(x-3)x} = \dfrac{3x^2 - 2x + 5}{x - 3}$

Recuerda

Para obtener el máximo común divisor (máx.c.d.) de dos polinomios, se descomponen factorialmente y se toman los factores que coincidan en ambos con los menores exponentes que presentan.

Si el máx.c.d. de dos polinomios es un número (polinomio de grado cero), entonces los dos polinomios son **primos entre sí.**

- Una fracción cuyos términos (numerador y denominador) son primos entre sí, se llama **irreducible.**

  Si en una fracción algebraica dividimos numerador y denominador por su máx.c.d., se obtiene una **fracción irreducible.**

  Es lo que hemos hecho en el ejemplo anterior, dividiendo por x numerador y denominador.

- Dos **fracciones algebraicas** son **equivalentes** si:
  - Una de ellas se obtiene simplificando la otra.
  - O bien, ambas, al simplificarse, dan lugar a la misma fracción.

  Por ejemplo, las fracciones $\dfrac{x-2}{x^2+x-6}$ y $\dfrac{x}{x^2+3x}$ son equivalentes porque al simplificarse ambas dan lugar a $\dfrac{1}{x+3}$.

  Si dos fracciones, $\dfrac{P(x)}{Q(x)}$ y $\dfrac{M(x)}{N(x)}$, son equivalentes, entonces "los productos cruzados" coinciden:

  $$P(x) \cdot N(x) = Q(x) \cdot M(x)$$

  Por ejemplo, realicemos los productos cruzados de las fracciones del ejemplo anterior para comprobar que son equivalentes:

  $$(x-2)(x^2+3x) = x^3 + x^2 - 6x = (x^2 + x - 6)x$$

Reducción a común denominador

Al multiplicar el numerador y el denominador de una fracción algebraica por un mismo polinomio, se obtiene una fracción equivalente.

Por ejemplo:

$$\frac{2x+1}{3x^2-x} = \frac{(2x+1)(x-1)}{(3x^2-x)(x-1)} = \frac{2x^2-x-1}{3x^3-4x^2+x}$$

son equivalentes.

Recuerda

Para obtener el mínimo común múltiplo (mín.c.m.) de dos polinomios, se descomponen factorialmente, y se toman todos los factores, coincidentes o no, con los mayores exponentes que presentan.

Si tenemos varias fracciones algebraicas, podemos obtener otras equivalentes a las primeras que tengan el mismo denominador. Se dice, entonces, que se han reducido a **denominador común.**

Por ejemplo, si queremos reducir a denominador común las fracciones $\dfrac{1}{x}$ y $\dfrac{x+1}{x-2}$, calcularemos el mín.c.m. $[x, x-2] = x(x-2)$ y obtendremos $\dfrac{(x-2)}{x(x-2)}$ y $\dfrac{(x+1)x}{(x-2)x}$, que son equivalentes a las iniciales y tienen, ambas, el mismo denominador.

Operaciones

Para **sumar** fracciones algebraicas, se reducen a común denominador (si no lo están ya) y se suman sus numeradores.

La **resta** es un caso particular de la suma.

Por ejemplo, efectuemos $\frac{x+7}{x}+\frac{x-2}{x^2+x}-2x$:

Hallamos el mín.c.m. de los denominadores. El denominador de $2x$ es 1.

$$\text{mín.c.m.}\ [x,\ x^2+x,\ 1] = \text{mín.c.m.}\ [x,\ x(x+1)] = x(x+1)$$

Reducimos la fracción a común denominador y operamos:

$$\frac{(x+7)(x+1)}{x(x+1)}+\frac{x-2}{x(x+1)}-\frac{2x\cdot x\cdot(x+1)}{x(x+1)}=\frac{(x+7)(x+1)+x-2-2x^2(x+1)}{x(x+1)}=$$
$$=\frac{x^2+8x+7+x-2-2x^3-2x^2}{x^2+x}=\frac{-2x^3-x^2+9x+5}{x^2+x}$$

El **producto** de dos fracciones algebraicas es el producto de sus numeradores partido por el producto de sus denominadores.

Por ejemplo: $\frac{3x+1}{x-1}\cdot\frac{x}{x+1}=\frac{(3x+1)x}{(x-1)(x+1)}=\frac{3x^2+x}{x^2-1}$

La **fracción inversa** de $\frac{x^2-5x}{3x-1}$ es $\frac{3x-1}{x^2-5x}$, pues su producto es una fracción equivalente al número 1.

El **cociente** de dos fracciones algebraicas es igual al producto de la primera por la inversa de la segunda.

Por ejemplo:

- $\frac{2x}{x+1}:\frac{x-1}{x^2}=\frac{2x}{x+1}\cdot\frac{x^2}{x-1}=\frac{2x^3}{x^2-1}$
- $\frac{x^2}{2}\cdot\left(\frac{1}{x+1}:\frac{x-1}{3}\right)=\frac{x^2}{2}\cdot\left(\frac{1}{x+1}\cdot\frac{3}{x-1}\right)=\frac{x^2}{2}\cdot\left(\frac{3}{(x+1)(x-1)}\right)=$
  $=\frac{3x^2}{2(x+1)(x-1)}=\frac{3x^2}{2(x^2-1)}=\frac{3x^2}{2x^2-2}$

Ejercicios propuestos

1 ¿Verdadero o falso?

a) $\frac{x+1}{x^2+1}=\frac{1}{x+1}$ b) $\frac{x-1}{x^2-1}=\frac{1}{x+1}$

c) $\frac{3x-3}{x^2-1}=\frac{3}{x+1}$ d) $\frac{x+1}{x}-1=\frac{1}{x}$

2 Reduce previamente a común denominador las fracciones algebraicas siguientes, y súmalas:

$\frac{x+7}{x}$ $\frac{x-2}{x^2+x}$ $-\frac{2x+1}{x+1}$

3 Efectúa:

a) $\frac{1}{x^2-1}+\frac{2x}{x+1}-\frac{x}{x-1}$ b) $\frac{x}{x+1}+5x$

4 Efectúa estas operaciones:

a) $\frac{x^2-2x+3}{x-2}\cdot\frac{2x+3}{x+5}$ b) $\frac{x^2-2x+3}{x-2}:\frac{2x+3}{x+5}$

5 Calcula:

a) $\frac{x+2}{x}:\left(\frac{x-1}{3}\cdot\frac{x}{2x+1}\right)$ b) $\frac{x^4-x^2}{x^2+1}\cdot\frac{x^4+x^2}{x^4}$

3 Resolución de ecuaciones

Vamos a repasar distintos tipos de ecuaciones y las técnicas básicas para resolverlas.

Ecuaciones de segundo grado, $ax^2 + bx + c = 0$

Sus soluciones se obtienen aplicando la siguiente fórmula:

$$x = \frac{-b \pm \sqrt{b^2 - 4ac}}{2a}$$

Tienen dos soluciones, una o ninguna según sea el signo de $b^2 - 4ac$.

- Si $b^2 - 4ac > 0$, hay dos soluciones.
- Si $b^2 - 4ac = 0$, hay una solución.
- Si $b^2 - 4ac < 0$, no hay solución.

Ecuaciones incompletas. En una ecuación de segundo grado, cuando $b = 0$ o $c = 0$, la ecuación se llama incompleta y se puede resolver de forma sencilla sin necesidad de aplicar la fórmula anterior.

- $ax^2 + c = 0 \rightarrow x^2 = \frac{-c}{a}$. Si $\frac{-c}{a} > 0$, sus soluciones son $x = \pm\sqrt{\frac{-c}{a}}$.
- $ax^2 + bx = 0 \rightarrow x(ax + b) = 0$. Sus soluciones son $x_1 = 0$, $x_2 = -\frac{b}{a}$.

Practica

Resuelve:

a) $x^2 + x - 6 = 0$ b) $x^2 - 2x + 1 = 0$

c) $x^2 - 3x + 3 = 0$ d) $3x^2 - 12 = 0$

e) $2x^2 + 10x = 0$ f) $x^2 = 121$

Ecuaciones bicuadradas, $ax^4 + bx^2 + c = 0$

Son ecuaciones de cuarto grado sin términos de grado impar.

Para resolverlas, efectuamos el cambio $x^2 = y$, y, por tanto, $x^4 = y^2$, con lo que queda una ecuación de segundo grado en la incógnita y:

$$ax^4 + bx^2 + c = 0 \rightarrow ay^2 + by + c = 0$$

Por cada valor positivo de y habrá dos valores de x: $x = \pm\sqrt{y}$.

Por ejemplo, resolvamos $x^4 - 2x^2 - 3 = 0$:

$$x^4 - 2x^2 - 3 = 0 \xrightarrow{x^2 = y} y^2 - 2y - 3 = 0$$

$$y = \frac{2 \pm \sqrt{4+12}}{2} = \frac{2 \pm 4}{2} = \begin{cases} -1 \rightarrow \text{No vale para solución de } x. \\ 3 \rightarrow x = \pm\sqrt{3} \end{cases}$$

Soluciones: $x_1 = -\sqrt{3}$, $x_2 = \sqrt{3}$

Practica

Resuelve:

a) $x^4 - 5x^2 + 4 = 0$ b) $x^4 - 14x^2 - 32 = 0$

c) $x^4 + 5x^2 + 6 = 0$ d) $3x^4 - 36x^2 = 0$

e) $x^4 - 8x^2 + 16 = 0$ f) $x^4 - 18x^2 = 0$

Ecuaciones con fracciones algebraicas

Si una ecuación tiene denominadores algebraicos, estos se suprimen multiplicando por el producto de todos ellos o, mejor, por su mínimo común múltiplo. De este modo se llega a una ecuación que, probablemente, se sabe resolver.

En el proceso de multiplicar por expresiones polinómicas, a veces aparecen soluciones falsas. Por tanto, siempre que lo hagamos, **deberemos comprobar todas las soluciones** obtenidas.

Por ejemplo, resolvamos $\frac{2x-3}{x^2-5x} + \frac{x+4}{x} = \frac{3}{4}$:

Para suprimir los denominadores de la ecuación, multiplicamos ambos miembros por $4(x^2 - 5x) = 4x(x - 5)$.

$$4(2x - 3) + 4(x + 4)(x - 5) = 3(x^2 - 5x) \rightarrow x^2 + 19x - 92 = 0$$

$$x = \frac{-19 \pm \sqrt{361 + 368}}{2} = \frac{-19 \pm 27}{2} = \begin{cases} -23 \\ 4 \end{cases}$$

Comprobadas las soluciones sobre la ecuación inicial, se ve que ambas son válidas.

Soluciones: $x_1 = -23$, $x_2 = 4$

Practica

Resuelve:

a) $\frac{3x-2}{x} - \frac{4}{x^2} = \frac{2x-5}{x}$

b) $\frac{3+x}{x-1} + \frac{5}{x+1} = \frac{x-2}{x^2-1}$

c) $\frac{-x}{x+1} + \frac{2x+1}{2x} + \frac{1}{x^2-1} = 0$

d) $\frac{x}{x+1} - \frac{1}{x} = \frac{3x+2}{x+1}$

Por qué se utiliza la x

Lee el siguiente párrafo extraído de una conocida novela:

"Omar Jayyam, poeta, astrónomo, matemático persa del siglo XI, en un libro sobre álgebra, para designar la incógnita utiliza el término árabe *shay*, que significa *cosa*. Esta palabra, escrita *xay* en las obras científicas españolas, ha sido reemplazada progresivamente por su primera letra, *x*, convertida en el símbolo universal de la incógnita".

Samarcanda. Amin Maalouf.

Practica

Resuelve:

a) $\sqrt{4x+9}-\sqrt{2x+1}=2$

b) $\sqrt{3x+4}-\sqrt{1-x}=1$

Practica

Resuelve:

a) $2^{x^2-4x}=\frac{1}{16}$

b) $5^{x^2-1}=7$

c) $3^{x+2}-3^x=72$

Ecuaciones con radicales

Si la x está dentro de una raíz cuadrada, se despeja aislando el radical y elevando al cuadrado los dos miembros.

Si hay más de un radical, hay que repetir el proceso.

Al elevar al cuadrado, es posible que aparezca alguna raíz falsa que, naturalmente, hay que rechazar. Por ello, en este tipo de ecuaciones **es fundamental comprobar todas las soluciones.**

Por ejemplo, resolvamos $\sqrt{2x-3}+\sqrt{x+7}=4$:

$\sqrt{2x-3}+\sqrt{x+7}=4$ Despejamos una de las dos raíces:

$\sqrt{2x-3}=4-\sqrt{x+7}$ Elevamos al cuadrado ambos miembros:

$2x-3=16+(x+7)-8\sqrt{x+7}$ Aislamos en un miembro el término en el que está la raíz:

$x-26=-8\sqrt{x+7}$ Elevamos al cuadrado los dos miembros:

$x^2-52x+676=64(x+7) \rightarrow x^2-116x+228=0 \rightarrow x_1=2,\ x_2=114$

Comprobación:

$x_1=2 \rightarrow \sqrt{2\cdot 2-3}+\sqrt{2+7}=\sqrt{1}+\sqrt{9}=1+3=4 \rightarrow x_1$ es válida.

$x_2=114 \rightarrow \sqrt{2\cdot 114-3}+\sqrt{114+7}=15+11\neq 4 \rightarrow x_2$ no es válida.

La solución de la ecuación es $x=2$ (única).

Ecuaciones exponenciales

Son aquellas en las que la incógnita está en el exponente. Veamos que, según su fisonomía, la forma de resolverla es distinta:

Ejemplos: a) $3^{1-x^2}=\frac{1}{27}$ b) $5^{x^2-5x+6}=1$ c) $3^{1-x^2}=2$ d) $2^x+2^{x+1}=12$

a) El segundo miembro se puede poner como potencia de base 3:

$\frac{1}{27}=\frac{1}{3^3}=3^{-3} \rightarrow 3^{1-x^2}=3^{-3} \rightarrow 1-x^2=-3 \rightarrow x^2=4 \rightarrow x=\pm 2$

Soluciones: $x_1=2,\ x_2=-2$

b) Expresamos el segundo miembro como potencia de base 5, es decir $1=5^0$.

$5^{x^2-5x+6}=5^0 \rightarrow x^2-5x+6=0 \rightarrow x=\frac{5\pm\sqrt{25-24}}{2}= \begin{cases} 2 \\ 3 \end{cases}$

Soluciones: $x_1=2,\ x_2=3$

c) Puesto que el segundo miembro no se puede poner como potencia entera de base 3, hemos de tomar logaritmos y recurrir a la calculadora:

$\log 3^{1-x^2}=\log 2 \rightarrow (1-x^2)\log 3=\log 2 \rightarrow$

$\rightarrow 1-x^2=(\log 2/\log 3)\approx 0{,}6309298 \rightarrow$

$\rightarrow x^2=1-(\log 2/\log 3)=1-0{,}6309298=0{,}3690702 \rightarrow x=\pm 0{,}6075$

Soluciones: $x_1=-0{,}6075,\ x_2=0{,}6075$

d) Hacemos el siguiente cambio de variable: $2^x=y$

Por tanto, $2^{x+1}=2^x\cdot 2=2y$. La ecuación inicial queda así:

$y+2y=12 \rightarrow 3y=12 \rightarrow y=4 \rightarrow 2^x=4 \rightarrow x=2$

Solución: $x=2$

Ecuaciones logarítmicas

Son aquellas en las que la incógnita está en una expresión afectada por un logaritmo. Por ejemplo:

a) $log\, x + log\, 50 = 3$ b) $5\, log_2\, (x + 3) = log_2\, 32$ c) $2\, log\, x = log\, (10 - 3x)$

Se resuelven teniendo en cuenta las propiedades de los logaritmos. **Es necesario comprobar la validez de las soluciones** sobre la ecuación inicial, teniendo en cuenta que solo existe el logaritmo de números positivos.

a) $log\, x + log\, 50 = 3$

Tendremos en cuenta que log significa log_{10}, $log\,(50x) = log\, 50 + log\, x$ y que $3 = log\, 1\,000$.

$$log\, 50x = log\, 1\,000 \rightarrow 50x = 1\,000 \rightarrow x = \frac{1000}{50} = 20$$

b) $5\, log_2\, (x + 3) = log_2\, 32$

Tendremos en cuenta que $5\, log_2\, (x + 3) = log_2\, (x + 3)^5$ y que $32 = 2^5$.

$$log_2\, (x + 3)^5 = log_2\, 2^5 \rightarrow (x + 3)^5 = 2^5 \rightarrow x + 3 = 2 \rightarrow x = -1$$

c) $2\, log\, x = log\, (10 - 3x)$

Tendremos en cuenta que $2\, log\, x = log\, x^2$.

$$log\, x^2 = log\, (10 - 3x) \rightarrow x^2 = 10 - 3x \rightarrow x^2 + 3x - 10 = 0$$

Posibles soluciones: $x_1 = 2$, $x_2 = -5$

La solución $x_2 = -5$ no es válida porque en la ecuación original aparece $log\, x$ y no se puede hallar el logaritmo de un número negativo.

Por tanto, la solución única es $x_1 = 2$.

(Si la ecuación inicial fuera $log\, x^2 = log\, (10 - 3x)$, serían válidas las dos soluciones.)

Practica

Resuelve:

a) $log\, x - log\, 4 = 2$

b) $3\, log_5\, (x - 1) = log_5\, 125$

c) $2\, ln\, x = ln\, (2x + 3)$

(Recuerda: ln es logaritmo neperiano o logaritmo en base e.)

Ejercicios propuestos

1 ¿Verdadero o falso?

a) Al resolver una ecuación con algún radical cuadrático siempre aparece alguna raíz falsa.

b) 4 y –4 son soluciones de la ecuación $\sqrt{5+x} + \sqrt{5-x} = 4$.

c) 4 y –4 son soluciones de la ecuación $\sqrt{5+x} - \sqrt{5-x} = 2$.

2 Resuelve las ecuaciones siguientes:

a) $x^4 - x^2 - 12 = 0$ b) $x^4 - 8x^2 - 9 = 0$

c) $x^4 + 10x^2 + 9 = 0$ d) $x^4 - x^2 - 2 = 0$

3 Resuelve las ecuaciones siguientes:

a) $\frac{1}{x} + \frac{1}{x+3} = \frac{3}{10}$ b) $\frac{4}{x} + \frac{2(x+1)}{3(x-2)} = 4$

c) $\frac{1}{x} + \frac{1}{x^2} = \frac{3}{4}$ d) $\frac{x}{x-1} + \frac{2x}{x+1} = 3$

e) $\frac{5}{x+2} + \frac{x}{x+3} = \frac{3}{2}$ f) $\frac{x+3}{x-1} - \frac{x^2+1}{x^2-1} = \frac{26}{35}$

4 Resuelve:

a) $-\sqrt{2x-3} + 1 = x$ b) $\sqrt{2x-3} - \sqrt{x+7} = 4$

c) $2 + \sqrt{x} = x$ d) $2 - \sqrt{x} = x$

e) $\sqrt{3x+3} - 1 = \sqrt{8-2x}$ f) $\sqrt{5x+1} + 2 = \sqrt{27+3x}$

5 Resuelve:

a) $2^{3x} = 0{,}5^{3x+2}$ b) $3^{4-x^2} = \frac{1}{9}$

c) $\frac{4^{x+1}}{2^{x+2}} = 186$ d) $7^{x+2} = 5\,764\,801$

6 Resuelve las ecuaciones siguientes:

a) $3^x + 3^{x+2} = 30$

b) $5^{x+1} + 5^x + 5^{x-1} = \frac{31}{5}$

c) $2\, log\, x - log\, (x + 6) = 3\, log\, 2$

d) $4\, log_2\, (x^2 + 1) = log_2\, 625$

4 Resolución de sistemas de ecuaciones

Recuerda que:

- Una **solución** de una ecuación con varias incógnitas es un conjunto de valores (uno para cada incógnita) que hacen cierta la igualdad. Por ejemplo, una solución de la ecuación $x^2 + y - z = 12$ es $x = 2$, $y = 3$, $z = -5$ porque $2^2 + 3 - (-5)$ es igual a 12.

- Las ecuaciones con más de una incógnita suelen tener infinitas soluciones.

- Un **sistema de ecuaciones** es un conjunto de ecuaciones de las que pretendemos encontrar su solución común (o sus soluciones comunes). O bien, reconocer que no tienen ninguna solución común (**incompatibles**).

  Por ejemplo, la solución del siguiente sistema de ecuaciones:

  $$\left.\begin{array}{l} x + y = 7 \\ 5x - 2y = -7 \end{array}\right\} \text{ es } x = 1,\ y = 6 \text{ porque es solución de ambas ecuaciones.}$$

- Para **resolver un sistema de ecuaciones** existen varios procedimientos que repasaremos en los ejemplos que aparecen a continuación. Dominando estos procedimientos y las técnicas para resolver ecuaciones (que hemos repasado en páginas anteriores) se puede afrontar con solvencia una amplísima gama de sistemas de ecuaciones.

Ejercicios resueltos

1 *Resolver los siguientes sistemas de ecuaciones:*

a) $\begin{cases} 2x - y = 9 \\ \sqrt{x + y} + y = x \end{cases}$

b) $\begin{cases} 2 \log x - \log y = 5 \\ \log (xy) = 4 \end{cases}$

a) Resolvámoslo por el **método de sustitución.**

Despejamos y en la 1.ª ecuación: $y = 2x - 9$.

Sustituimos en la 2.ª:

$$\sqrt{x + 2x - 9} + 2x - 9 = x \rightarrow \sqrt{3x - 9} = 9 - x$$

Elevamos al cuadrado ambos miembros y resolvemos:

$$3x - 9 = (9 - x)^2 \rightarrow 3x - 9 = 81 + x^2 - 18x \rightarrow$$

$$\rightarrow x^2 - 21x + 90 = 0 \rightarrow x_1 = 6,\ x_2 = 15$$

Soluciones: $\begin{cases} x_1 = 6,\ y_1 = 3 \\ \cancel{x_2 = 15,\ y_2 = 21} \end{cases}$

Comprobadas sobre las ecuaciones del sistema inicial, vemos que la primera solución es válida, pero la segunda no.

b) $$\begin{cases} 2 \log x - \log y = 5 \\ \log (xy) = 4 \end{cases} \xrightarrow{\log (A \cdot B) = \log A + \log B} \left.\begin{array}{l} 2 \log x - \log y = 5 \\ \log x + \log y = 4 \end{array}\right\}$$

Aplicamos el **método de reducción.**

Sumamos, miembro a miembro, las dos ecuaciones:

$$\left.\begin{array}{l} 3 \log x = 9 \rightarrow \log x = 3 \\ \log y = 4 - \log x = 4 - 3 = 1 \end{array}\right\} \rightarrow \begin{array}{l} \log x = 3 \rightarrow x = 10^3 = 1000 \\ \log y = 1 \rightarrow y = 10^1 = 10 \end{array}$$

Solución: $x = 1\,000$, $y = 10$

Ejercicios resueltos

2 *Resolver este sistema:*

$$\begin{cases} e = \dfrac{1}{4,8}t^2 \\ e = 20(t-18) \end{cases}$$

$$\begin{cases} e = \dfrac{1}{4,8}t^2 \\ e = 20(t-18) \end{cases}$$

Este sistema describe los movimientos de dos móviles, uno con aceleración uniforme y otro con velocidad constante. La solución buscada es el lugar y el momento de encuentro de ambos móviles (e en metros y t en segundos).

Lo resolvemos por el **método de igualación:**

$$\frac{1}{4,8}t^2 = 20\,(t-18) \rightarrow t^2 = 4,8 \cdot 20\,(t-18) \rightarrow t^2 - 96t + 1\,728 = 0 \quad \begin{matrix} t_1 = 24 \\ t_2 = 72 \end{matrix}$$

Soluciones: $\begin{cases} t_1 = 24 \rightarrow e_1 = 120 \\ t_2 = 72 \rightarrow e_2 = 1080 \end{cases}$

Los dos móviles coinciden en dos momentos: a los 24 s están ambos a 120 m de la salida, y a los 72 s, a 1 080 m de la salida.

3 *Resolver el siguiente sistema:*

$$\begin{cases} y = x + 2 \\ \dfrac{1}{x} - \dfrac{x}{y} = 0 \end{cases}$$

Sustituimos el valor de y de la 1.ª ecuación en la 2.ª: $\dfrac{1}{x} - \dfrac{x}{x+2} = 0$

Multiplicamos por $x(x+2)$:

$$(x+2) - x \cdot x = 0 \rightarrow x^2 - x - 2 = 0 \rightarrow x_1 = -1,\ x_2 = 2$$

Soluciones: $\begin{cases} x_1 = -1 \rightarrow y_1 = 1 \\ x_2 = 2 \rightarrow y_2 = 4 \end{cases}$

Comprobando en el sistema inicial, vemos que ambas soluciones son válidas.

4 *Resolver este sistema:*

$$\begin{cases} log\,(x+y) - log\,(x-y) = log\,5 \\ 2^x = 4 \cdot 2^y \end{cases}$$

Transformaremos las ecuaciones para que desaparezcan los logaritmos y las potencias.

1.ª ecuación: $log\,\dfrac{x+y}{x-y} = log\,5 \rightarrow \dfrac{x+y}{x-y} = 5 \rightarrow x + y = 5x - 5y \rightarrow$

$$\rightarrow 4x = 6y \rightarrow 2x = 3y$$

2.ª ecuación: $2^x = 2^2 \cdot 2^y \rightarrow 2^x = 2^{2+y} \rightarrow x = 2 + y$

El sistema queda así: $\begin{cases} 2x = 3y \\ x = 2 + y \end{cases}$

Sustituimos la 2.ª en la 1.ª: $2(2+y) = 3y \rightarrow y = 4 \rightarrow x = 6$

Solución: $x = 6,\ y = 4$

Ejercicios propuestos

1 ¿Verdadero o falso?

a) El sistema $\begin{cases} x + y = 5 \\ x - y = 3 \end{cases}$ tiene dos soluciones: $x = 4,\ y = 1$

b) El sistema $\begin{cases} x^2 + y^2 = 5 \\ x^2 - y^2 = 3 \end{cases}$ tiene solo dos soluciones:

$[x_1 = 2,\ y_1 = 1]$ y $[x_2 = -2,\ y_2 = -1]$

c) El sistema $\begin{cases} x^2 + y^2 = 5 \\ x^2 - y^2 = 3 \end{cases}$ tiene cuatro soluciones:

$[x_1 = 2,\ y_1 = 1]$; $[x_2 = 2,\ y_2 = -1]$

$[x_3 = -2,\ y_3 = 1]$; $[x_4 = -2,\ y_4 = -1]$

2 Resuelve estos sistemas de ecuaciones:

a) $\begin{cases} 2x - y - 1 = 0 \\ x^2 - 7 = y + 2 \end{cases}$

b) $\begin{cases} \dfrac{1}{x} + \dfrac{1}{y} = 1 - \dfrac{1}{xy} \\ xy = 6 \end{cases}$

c) $\begin{cases} x = 2y + 1 \\ \sqrt{x+y} - \sqrt{x-y} = 2 \end{cases}$

d) $\begin{cases} y^2 - x^2 = 16 \\ \sqrt{5-4y} - x = -(x+y) \end{cases}$

3 Resuelve:

a) $\begin{cases} x^2 + xy + y^2 = 21 \\ x + y = 1 \end{cases}$

b) $\begin{cases} log\,(x^2 + y) - log\,(x - 2y) = 1 \\ 5^{x+1} = 25^{y+1} \end{cases}$

c) $\begin{cases} x - y = 27 \\ log\,x - 1 = log\,y \end{cases}$

d) $\begin{cases} log\,(2x - y^2) = log\,(2 - y) + 1 \\ 3^{x-1} = 27^{y+3} \end{cases}$

5 Método de Gauss para sistemas lineales

Sistemas lineales

Las ecuaciones polinómicas de primer grado se llaman *lineales*. En ellas, las incógnitas no están elevadas a ningún exponente, ni multiplicadas entre sí, ni bajo radicales, ni en el denominador.

Un sistema formado por ecuaciones lineales (todas ellas) se denomina *sistema lineal*.

Para los sistemas lineales de más de dos ecuaciones y dos incógnitas existe una interesante generalización del método de reducción. Veámoslo para sistemas de tres ecuaciones con tres incógnitas.

Sistemas escalonados

Observa cómo resolvemos los siguientes sistemas de ecuaciones:

a) $\begin{cases} 3x - 5y - 10z = -15 \\ \quad 2y + 5z = 4 \\ \quad\quad 3z = -6 \end{cases}$

La resolución se realiza de forma muy sencilla:

3.ª ec.: $z = -\dfrac{6}{3} = -2$

2.ª ec.: $2y + 5 \cdot (-2) = 4 \to 2y = 14 \to y = \dfrac{14}{2} = 7$

1.ª ec.: $3x - 5 \cdot 7 - 10(-2) = -15 \to 3x = 0 \to x = 0$

El proceso para llegar a la solución $x = 0$, $y = 7$, $z = -2$ ha sido muy sencillo por la *forma escalonada* del sistema: cada ecuación tiene una incógnita menos que la anterior.

b) $\begin{cases} \quad y - 2z = -4 \\ \quad 4y = 24 \\ x - 2y + z = -5 \end{cases}$

Aunque su fisonomía sea menos clara, este otro sistema también es *escalonado* y, por tanto, su resolución resulta igualmente sencilla.

2.ª ec.: $y = \dfrac{24}{4} = 6$

1.ª ec.: $6 - 2z = -4 \to -2z = -4 - 6 = -10 \to z = 5$

3.ª ec.: $x - 2 \cdot 6 + 5 = -5 \to x = -5 + 12 - 5 = 2$

Solución: $x = 2$, $y = 6$, $z = 5$

Un **sistema** de tres ecuaciones con tres incógnitas se llama **escalonado** si en una de las ecuaciones solo aparece una incógnita y en otra de las ecuaciones falta alguna de las otras dos incógnitas.

En adelante intentaremos transformar cualquier sistema lineal en otro equivalente escalonado, pues estos son muy sencillos de resolver.

Ejercicios propuestos

1 Reconoce como escalonados y resuelve:

a) $\begin{cases} x = 7 \\ 2x - 3y = 8 \\ 3x + y - z = 12 \end{cases}$

b) $\begin{cases} 3x + 4y = 0 \\ \quad 2y = -6 \\ 5x + y - z = 17 \end{cases}$

c) $\begin{cases} 3x = -3 \\ \quad 5y = 20 \\ 2x + y - z = -2 \end{cases}$

d) $\begin{cases} \quad y = 4 \\ x \quad - z = 11 \\ \quad y - z = 7 \end{cases}$

2 Resuelve los siguientes sistemas escalonados:

a) $\begin{cases} \quad y = -5 \\ \quad 2z = 8 \\ 3x = 3 \end{cases}$

b) $\begin{cases} x + 2y - z = -3 \\ 3x + y = -5 \\ \quad 5y = -10 \end{cases}$

c) $\begin{cases} x - 5y + 3z = 8 \\ \quad 3y - z = 5 \\ \quad\quad 4z = 4 \end{cases}$

d) $\begin{cases} 4x + y - z = 7 \\ \quad 2y = 8 \\ 3x = 9 \end{cases}$

Método de Gauss

Acabamos de ver que los sistemas escalonados son muy sencillos de resolver. El método de Gauss consiste en transformar un sistema de ecuaciones lineales cualquiera en un sistema escalonado. Veámoslo con unos ejemplos:

I.

$$\begin{cases} x - 3y + 4z = 21 \\ 3x + y - z = -18 \\ 2x - y + 3z = 12 \end{cases} \xrightarrow{*} \begin{matrix} (1.^a) \\ (2.^a) - 3\cdot(1.^a) \\ (3.^a) - 2\cdot(1.^a) \end{matrix} \quad \begin{cases} x - 3y + 4z = 21 \\ 10y - 13z = -81 \\ 5y - 5z = -30 \end{cases} \to$$

$$\xrightarrow{**} \begin{matrix} (1.^a) \\ (2.^a) - 2\cdot(3.^a) \\ (3.^a) : 5 \end{matrix} \quad \begin{cases} x - 3y + 4z = 21 \\ -3z = -21 \\ y - z = -6 \end{cases}$$

2.ª ecuación → $z = 7$

3.ª ecuación → $y = 1$ *Solución:* $x = -4,\ y = 1,\ z = 7$

1.ª ecuación → $x = -4$

Aclaraciones I

* Para suprimir la x de las ecuaciones segunda y tercera.

** Para suprimir la y de la segunda ecuación.

II.

$$\begin{cases} x - 2y + z = 3 \\ 2x - z = 9 \\ 3x + y - 2z = 13 \end{cases} \xrightarrow{*} \begin{matrix} (1.^a) + 2\cdot(3.^a) \\ (2.^a) \\ (3.^a) \end{matrix} \quad \begin{cases} 7x - 3z = 29 \\ 2x - z = 9 \\ 3x + y - 2z = 13 \end{cases} \to$$

$$\xrightarrow{**} \begin{matrix} (1.^a) - 3\cdot(2.^a) \\ (2.^a) \\ (3.^a) \end{matrix} \quad \begin{cases} x = 2 \\ 2x - z = 9 \\ 3x + y - 2z = 13 \end{cases}$$

1.ª ecuación → $x = 2$

2.ª ecuación → $z = -5$ *Solución:* $x = 2,\ y = -3,\ z = -5$

3.ª ecuación → $y = -3$

Aclaraciones II

* Puesto que la segunda ecuación no tiene y, la suprimimos también de la primera.

** Es más fácil eliminar la z que la x debido a que en la segunda ecuación el coeficiente de la z es -1.

III.

$$\begin{cases} 5x + 2y - 3z = -1 \\ 2x + 3y - 4z = -6 \\ 6x - 4y + z = 8 \end{cases} \xrightarrow{*} \begin{matrix} (1.^a) + 3\cdot(3.^a) \\ (2.^a) + 4\cdot(3.^a) \\ (3.^a) \end{matrix} \quad \begin{cases} 23x - 10y = 23 \\ 26x - 13y = 26 \\ 6x - 4y + z = 8 \end{cases} \to$$

$$\xrightarrow{**} \begin{matrix} (1.^a) \\ (2.^a) : 13 \\ (3.^a) \end{matrix} \quad \begin{cases} 23x - 10y = 23 \\ 2x - y = 2 \\ 6x - 4y + z = 8 \end{cases} \xrightarrow{***} \begin{matrix} (1.^a) - 10\cdot(2.^a) \\ (2.^a) \\ (3.^a) \end{matrix} \quad \begin{cases} 3x = 3 \\ 2x - y = 2 \\ 6x - 4y + z = 8 \end{cases}$$

1.ª ecuación → $x = 1$

2.ª ecuación → $y = 0$ *Solución:* $x = 1,\ y = 0,\ z = 2$

3.ª ecuación → $z = 2$

Aclaraciones III

* Para suprimir la z de las ecuaciones primera y segunda.

** Para hacer más pequeños los coeficientes de la segunda ecuación.

*** Para suprimir la y de la primera ecuación.

Ejercicios propuestos

3 Resuelve por el método de Gauss:

a) $\begin{cases} x + y + z = 2 \\ x - y + z = 6 \\ x - y - z = 0 \end{cases}$ b) $\begin{cases} 2x + 3y = 14 \\ x - 2y + z = -3 \\ 2x - y - z = 9 \end{cases}$

4 Resuelve:

a) $\begin{cases} 5x - 4y + 3z = 9 \\ 2x + y - 2z = 1 \\ 4x + 3y + 4z = 1 \end{cases}$ b) $\begin{cases} 2x - 5y + 4z = -1 \\ 4x - 5y + 4z = 3 \\ 5x - 3z = 13 \end{cases}$

Sistemas incompatibles (sin solución)

Si un sistema de ecuaciones es incompatible (no tiene solución), ¿cómo evoluciona al intentar resolverlo por el método de Gauss? ¿Cómo reconoceremos, finalmente, que es incompatible? Veámoslo:

IV. $\begin{cases} 3x+2y-2z=4 \\ 4x+\ y-\ z=7 \\ x+4y-4z=0 \end{cases} \xrightarrow{*} \begin{matrix} (1.^a)-2\cdot(2.^a) \\ (2.^a) \\ (3.^a)-4\cdot(2.^a) \end{matrix} \begin{cases} -5x \qquad\qquad = -10 \\ 4x+y-z=7 \\ -15x \qquad\qquad = -28 \end{cases} \rightarrow$

$\rightarrow \begin{matrix} (1.^a):(-5) \\ (2.^a) \\ (3.^a)-3\cdot(1.^a) \end{matrix} \begin{cases} x \qquad\qquad = 2 \\ 4x+y-z=7 \\ 0x \qquad\qquad = 2 \end{cases}$ La tercera ecuación es un absurdo, imposible para cualquier valor de x.

Llegamos a un absurdo. Por tanto, el sistema no tiene solución. Es incompatible.

Si al aplicar el método de Gauss llegamos a una ecuación del tipo $0x+0y+0z=k$ $(k\neq 0)$, entonces el sistema es **incompatible.**

Aclaraciones IV

* Para suprimir la y de las ecuaciones primera y tercera.

Nos encontramos con un regalo inesperado: también desaparece la z.

Nomenclatura

Sería más correcto decir que *las ecuaciones que forman el sistema son incompatibles.*

Sin embargo, se abrevia diciendo que *el sistema es incompatible.*

Sistemas indeterminados (con infinitas soluciones)

Hay sistemas en los que sobra una ecuación, pues no dice nada que no se pueda deducir de las otras. Vamos a aprender a reconocerlos:

V. $\begin{cases} 3x+2y-2z=4 \\ 4x+\ y-\ z=7 \\ x+4y-4z=-2 \end{cases} \rightarrow \begin{matrix} (1.^a)-2\cdot(2.^a) \\ (2.^a) \\ (3.^a)-4\cdot(2.^a) \end{matrix} \begin{cases} -5x \qquad\qquad = -10 \\ 4x+y-z=7 \\ -15x \qquad\qquad = -30 \end{cases} \rightarrow$

$\rightarrow \begin{matrix} (1.^a):(-5) \\ (2.^a) \\ (3.^a)-3\cdot(1.^a) \end{matrix} \begin{cases} x \qquad\qquad = 2 \\ 4x+y-z=7 \\ 0x \qquad\qquad = 0 \end{cases}$ La tercera ecuación no aporta nada. La suprimimos y nos quedamos con las otras dos:

$$\begin{cases} x \qquad\qquad = 2 \\ 4x+y-z=7 \end{cases} \rightarrow 8+y-z=7 \rightarrow y=z-1 \rightarrow \begin{cases} x=2 \\ y=z-1 \end{cases}$$

Para cada valor de z hay una solución.

Por ejemplo, para $z=5 \rightarrow x=2,\ y=4,\ z=5$

Si al aplicar el método de Gauss llegamos a una ecuación del tipo $0x+0y+0z=0$, se suprime. Si quedan menos ecuaciones que incógnitas, el sistema tiene infinitas soluciones. Se llama **indeterminado.**

Un sistema lineal puede ser...

- Compatible: Con solución.
  - — Determinado: Con solución única.
  - — Indeterminado: Con infinitas soluciones.
- Incompatible: Sin solución.

Ejercicios propuestos

5 Intenta resolver por el método de Gauss:

a) $\begin{cases} x+\ y+z=-2 \\ x-2y-z=3 \\ 2x-\ y \qquad = 0 \end{cases}$ b) $\begin{cases} x+\ y+z=-2 \\ x-2y-z=3 \\ 2x-\ y \qquad = 1 \end{cases}$

6 Resuelve:

a) $\begin{cases} x \qquad +\ z=3 \\ 2x-y+4z=8 \\ x+y-\ z=2 \end{cases}$ b) $\begin{cases} x \qquad +\ z=3 \\ 2x-y+4z=8 \\ x+y-\ z=1 \end{cases}$

6 Inecuaciones y sistemas de inecuaciones con una incógnita

Una inecuación es una desigualdad entre expresiones algebraicas. Observa estas tres inecuaciones y el sistema de inecuaciones:

a) $2x + 1 < 7$ b) $x^2 - 5x + 4 \leq 0$ c) $\sqrt{x+3} \geq 5$ d) $\begin{cases} 3x - 9 < 0 \\ 2x + 4 \geq 0 \end{cases}$

Como ves, se trata de desigualdades en las que se usan los signos $<$, $\leq$, $>$ o $\geq$.

Solución de una inecuación es un valor de x con el cual se cumple la desigualdad.

Por ejemplo: 22, 50, 1 000 son algunas soluciones de la inecuación c).

Solución de un sistema de inecuaciones es una solución común a todas las inecuaciones que lo forman. Por ejemplo, $x = 0$ es solución del sistema d), porque es solución de las dos inecuaciones.

Resolver una inecuación o un sistema de inecuaciones consiste en encontrar *todas* sus soluciones. Habitualmente tienen infinitas, que se agrupan en intervalos de $\mathbb{R}$.

Inecuaciones lineales con una incógnita

Para resolver una **inecuación lineal** con una incógnita, se procede de forma similar a como se hace con las ecuaciones, pero teniendo en cuenta las desigualdades. Sus soluciones son todos los puntos de un intervalo infinito.

Las soluciones de un **sistema de inecuaciones lineales** con una incógnita pueden formar un intervalo, finito o infinito, o pueden no existir.

Ejercicios resueltos

1 *Resolver* $-2x + 1 < 7$.

En la inecuación $-2x + 1 < 7$, restamos 1 en cada miembro: $-2x < 6$

Al dividir entre -2, cambia la desigualdad:

$$-2x < 6 \rightarrow x > -3$$

Soluciones: $\{x \,/\, x > -3\} = (-3, +\infty)$

Gráficamente se interpreta así: para valores de x mayores que -3, la recta $y = -2x + 1$ va por debajo de $y = 7$; es decir, $-2x + 1 < 7$.

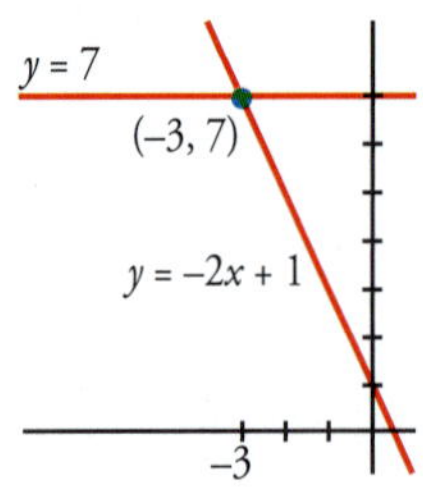

2 *Resolver:*

$\begin{cases} 3x - 9 < 0 \\ 2x + 4 \geq 0 \end{cases}$

Resolvemos cada ecuación por separado:

$$\begin{cases} 3x - 9 < 0 \\ 2x + 4 \geq 0 \end{cases} \rightarrow \begin{cases} 3x < 9 \\ 2x \geq -4 \end{cases} \rightarrow \begin{cases} x < 3 \\ x \geq -2 \end{cases}$$

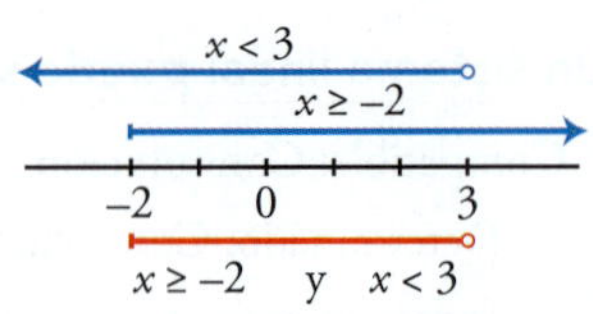

Las soluciones del sistema son las comunes a las dos inecuaciones:

$$\{x \,/\, x < 3 \text{ y } x \geq -2\} = \{x \,/\, -2 \leq x < 3\} = [-2, 3)$$

Ejercicios propuestos

1 Resuelve estas inecuaciones:

a) $3x - 2 \leq 10$ b) $x - 2 > 1$

c) $2x + 5 \geq 6$ d) $3x + 1 \leq 15$

2 Resuelve estos sistemas de inecuaciones:

a) $\begin{cases} 3x - 2 \leq 10 \\ x - 2 > 1 \end{cases}$ b) $\begin{cases} 2x + 5 \geq 6 \\ 3x + 1 \leq 15 \end{cases}$

Inecuaciones cuadráticas con una incógnita

Las soluciones de las inecuaciones $ax^2 + bx + c < 0$ (o bien ≤ 0) y $ax^2 + bx + c > 0$ (o bien ≥ 0) dependen de la posición de la parábola $y = ax^2 + bx + c$ respecto al eje X y de que el signo sea $<$, $\le$, $>$ o $\ge$.

Ejercicios resueltos

1 *Resolver las inecuaciones:*

a) $x^2 - 5x + 4 \le 0$

b) $x^2 - 5x + 4 < 0$

c) $x^2 - 5x + 4 \ge 0$

d) $x^2 - 5x + 4 > 0$

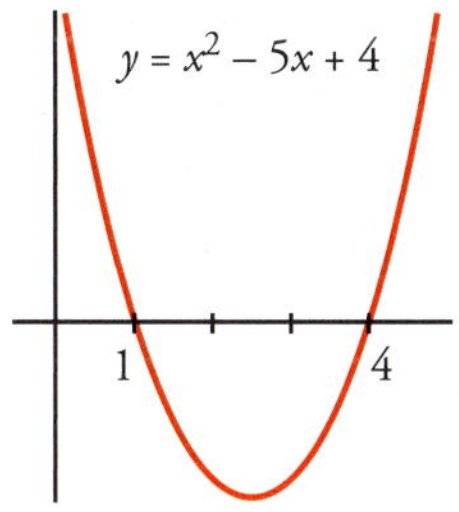

La representación gráfica de la parábola $y = x^2 - 5x + 4$ nos ayuda a interpretar las cuatro desigualdades y, por tanto, a resolver las cuatro inecuaciones.

La parábola $y = x^2 - 5x + 4$ corta al eje X en 1 y en 4.

En el intervalo $[1, 4]$ toma valores negativos o nulos. Por tanto:

- Las *soluciones* de la inecuación a) son los puntos del intervalo $[1, 4]$.
- Las *soluciones* de b) son los puntos del intervalo $(1, 4)$.

Las soluciones de c) y d) son los valores de x para los cuales la parábola está encima del eje X. Por tanto:

- *Soluciones* de c): $(-\infty, 1] \cup [4, +\infty)$.
- *Soluciones* de d): $(-\infty, 1) \cup (4, +\infty)$.

2 *Resolver las inecuaciones:*

a) $x^2 - 5x + 7 \le 0$

b) $x^2 - 5x + 7 \ge 0$

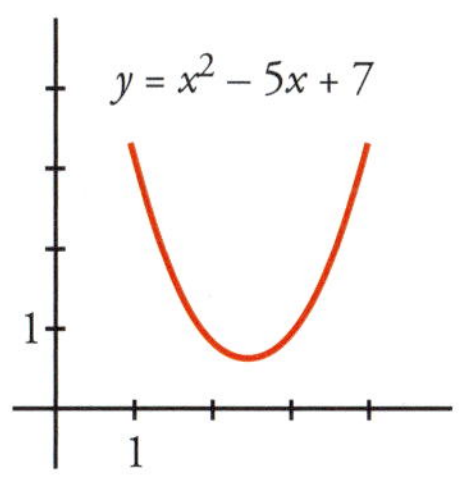

La parábola queda toda ella por encima del eje X.

Por tanto, la inecuación a) no tiene solución, y cualquier número real es solución de la inecuación b).

3 *Resolver el sistema:*

$$\begin{cases} x^2 - 5x + 4 \le 0 \\ 3x - 9 < 0 \end{cases}$$

Resolvemos por separado cada inecuación:

Soluciones de la primera inecuación: $[1, 4]$ (ver ejercicio resuelto 1)

Soluciones de la segunda inecuación: $(-\infty, 3)$

Nos quedamos con las soluciones comunes:

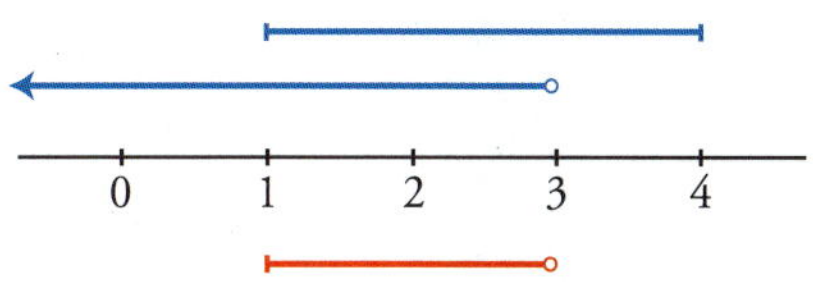

Soluciones comunes: $[1, 3)$

Ejercicios propuestos

3 Resuelve las siguientes inecuaciones:

a) $x^2 - 3x - 4 < 0$

b) $x^2 - 3x - 4 \ge 0$

c) $x^2 + 7 < 0$

d) $x^2 - 4 \le 0$

4 Resuelve los siguientes sistemas de inecuaciones:

a) $\begin{cases} x^2 - 3x - 4 \ge 0 \\ 2x - 7 > 5 \end{cases}$

b) $\begin{cases} x^2 - 4 \le 0 \\ x - 4 > 1 \end{cases}$

7 Inecuaciones lineales con dos incógnitas

Una inecuación lineal con dos incógnitas adopta una de estas formas:

$$ax + by + c < 0 \qquad \text{o} \qquad ax + by + c > 0$$

En lugar de los signos $<$ o $>$, pueden tener $\leq$ o $\geq$.

En cada una de ellas, *el conjunto de soluciones es el semiplano que está a uno de los lados de la recta* $ax + by + c = 0$. Cuando en la desigualdad está incluido el "igual" ($\leq$ o $\geq$), los puntos de la recta son también soluciones. Para expresar gráficamente si la recta es solución o no, se dibuja con trazo continuo o discontinuo, respectivamente.

Ejercicios resueltos

1 *Resolver la siguiente inecuación:*

$x + y \leq 6$

$x + y \leq 6$ es lo mismo que decir $x + y - 6 \leq 0$.

La recta $x + y - 6 = 0$ divide el plano en dos mitades.

En cada una de ellas, la expresión $x + y - 6$ toma un signo. ¿En cuál es negativo?

Para averiguarlo, tomamos un punto cualquiera, por ejemplo, el (0, 0). En él,

$$0 + 0 - 6 < 0$$

se cumple la desigualdad en el sentido buscado.

Por tanto, las soluciones de la inecuación $x + y - 6 \leq 0$ son todos los puntos de la región señalada en rojo, incluida la recta.

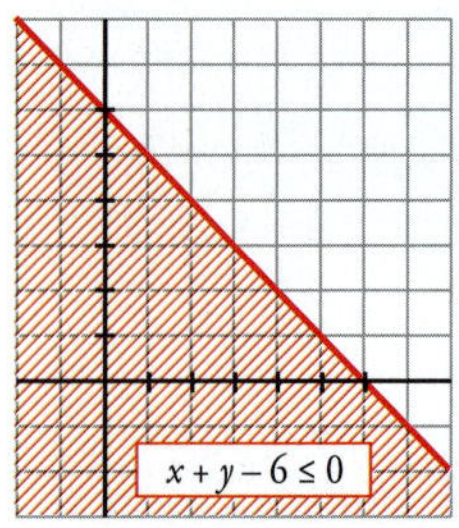

2 *Resolver la siguiente inecuación:*

$3x - 2y \geq -6$

$3x - 2y \geq -6$ es lo mismo que decir $3x - 2y + 6 \geq 0$.

Razonando de forma similar a como lo hicimos en el ejercicio anterior, obtenemos el recinto de soluciones de esta otra inecuación.

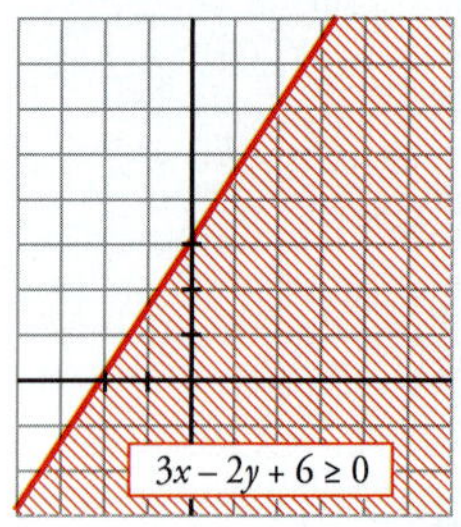

3 *Resolver las siguientes inecuaciones:*

a) $x > 0$

b) $y < 4$

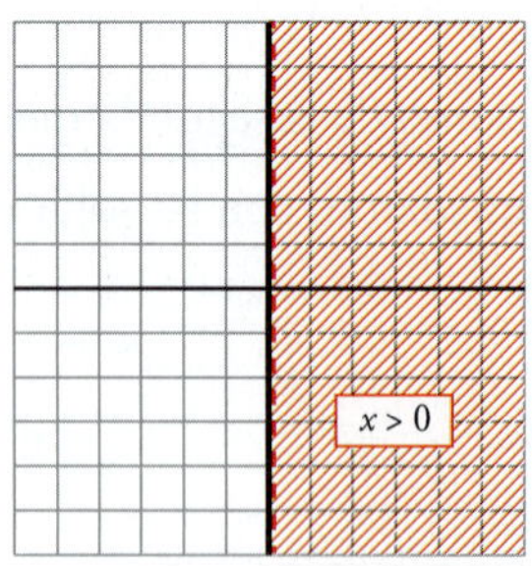

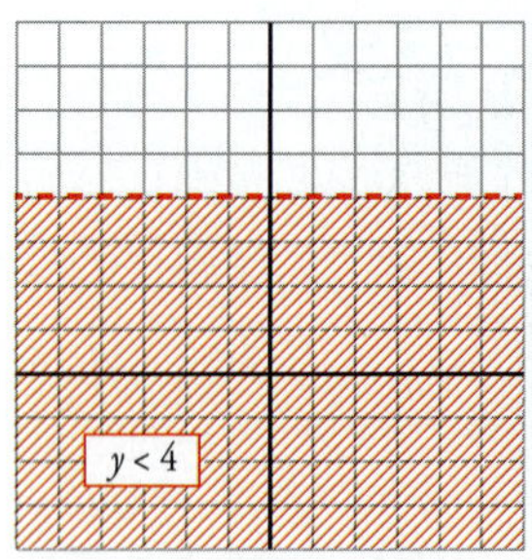

El eje Y no pertenece al conjunto de soluciones, pues en él es $x = 0$.

Ejercicios propuestos

1 Resuelve:

a) $3x + 2y \geq 6$

b) $x - y + 1 \geq 0$

2 Resuelve:

a) $x \leq -2$

b) $y > 1$

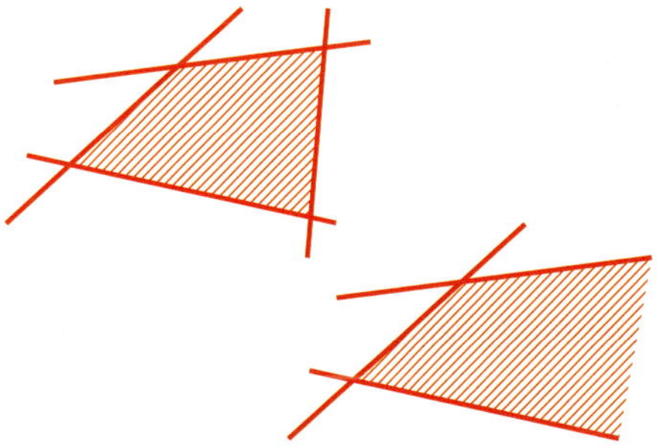

Sistemas de inecuaciones lineales con dos incógnitas

Varias inecuaciones forman un sistema cuando se buscan soluciones comunes a todas ellas.

Como el conjunto de soluciones de una inecuación de primer grado con dos incógnitas es un semiplano, el conjunto de soluciones de un sistema de inecuaciones de este tipo es la intersección de varios semiplanos, es decir, un **recinto poligonal** o bien un **recinto abierto.**

Es posible que los semiplanos no tengan ningún punto en común. El tal caso, el sistema no tiene solución y se dice que es incompatible.

Ejercicio resuelto

1 *Resolver los sistemas de inecuaciones siguientes:*

a) $\begin{cases} x + y \le 6 \\ 3x - 2y \ge -6 \end{cases}$

b) $\begin{cases} x + y > 9 \\ -2x + 3y \le 12 \end{cases}$

a) Ambas inecuaciones han sido resueltas en la página anterior. La solución del sistema es la intersección de los dos semiplanos soluciones de ambas inecuaciones. (Es decir, las soluciones del sistema son todos los puntos de dicho recinto).

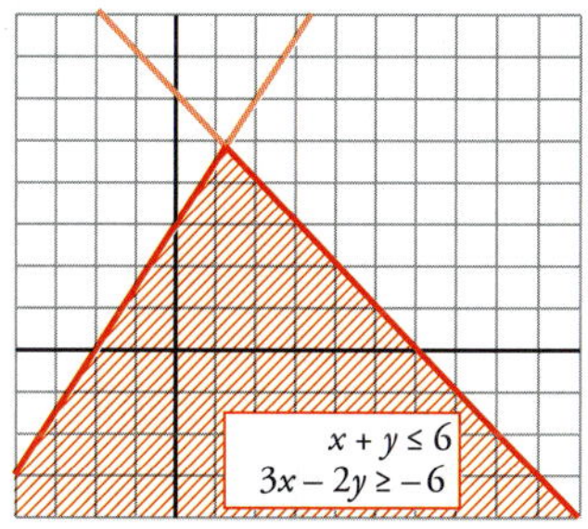

b) Resolvemos cada una de las inecuaciones:

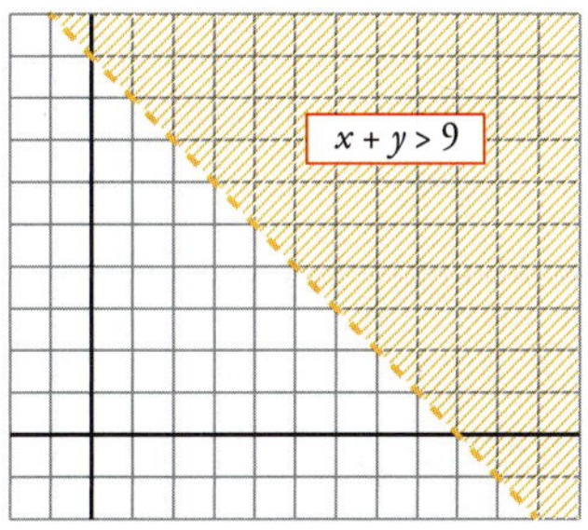

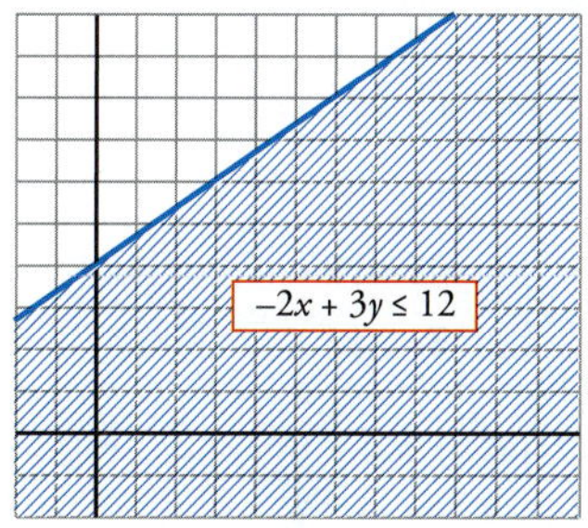

La solución es el recinto intersección de ambas. Se puede obtener representando directamente las dos rectas sobre los mismos ejes y señalando en cada una de ellas el semiplano correspondiente a la desigualdad indicada. El recinto solución se obtiene teniendo en cuenta la parte común de los distintos semiplanos.

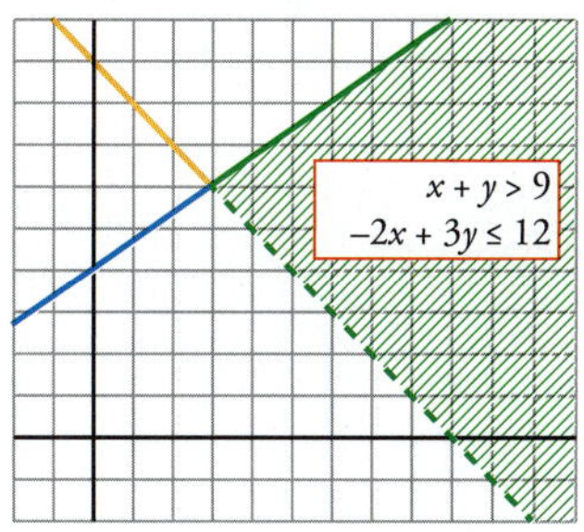

Ejercicios propuestos

3 Resuelve los siguientes sistemas de inecuaciones:

a) $\begin{cases} 3x + 2y \ge 6 \\ x - y + 1 \ge 0 \end{cases}$ b) $\begin{cases} x + y > 9 \\ -2x + 3y \ge 12 \end{cases}$ c) $\begin{cases} x \ge 3 \\ y \le 2 \end{cases}$ d) $\begin{cases} x + y \ge 11 \\ -x + 2y \ge 10 \\ y \le 9 \end{cases}$

e) $\begin{cases} x + y \le 11 \\ -x + 2y \ge 10 \\ y < 9 \end{cases}$ f) $\begin{cases} x + y < 11 \\ -x + 2y \le 10 \\ y \ge 9 \end{cases}$ g) $\begin{cases} 2x - 3y \le -3 \\ x + y \le 11 \\ x \ge 2 \end{cases}$ h) $\begin{cases} 2x - 3y > -3 \\ x + y > 11 \\ x \le 2 \end{cases}$

Ejercicios y problemas resueltos

1. Ecuaciones polinómicas de grado tres o superior

Resolver la siguiente ecuación:

$$6x^4 + 5x^3 - 2x^2 - x = 0$$

Para resolver ecuaciones del tipo $P(x) = 0$, donde $P(x)$ es un polinomio de grado mayor o igual que 3, factorizamos el polinomio $P(x)$.

Empezamos, si es posible, sacando factor común x.

$$6x^4 + 5x^3 - 2x^2 - x = x(6x^3 + 5x^2 - 2x - 1)$$

Buscamos ahora las raíces enteras del nuevo polinomio entre los divisores del término independiente y factorizamos.

	6	5	−2	−1
−1		−6	1	1
	6	−1	−1	0

$$6x^3 + 5x^2 - 2x - 1 = (x + 1)(6x^2 - x - 1)$$

Como no hay más raíces enteras, para descomponer el polinomio de segundo grado resolvemos la ecuación asociada.

$$6x^2 - x - 1 = 0 \rightarrow x = \frac{1}{2},\ x = -\frac{1}{3} \rightarrow 6x^2 - x - 1 = 6\left(x - \frac{1}{2}\right)\left(x + \frac{1}{3}\right)$$

La ecuación inicial es equivalente a: $6x(x + 1)\left(x - \frac{1}{2}\right)\left(x + \frac{1}{3}\right) = 0$

Soluciones: $x_1 = 0,\ x_2 = -1,\ x_3 = 1/2,\ x_4 = -1/3$

Hazlo tú. Resuelve esta ecuación:

$$12x^4 + 14x^3 - 2x = 0$$

2. Ecuaciones con valores absolutos

Resolver estas ecuaciones:

a) $|x^2 + 5x| = 6$

b) $\left|\frac{x-12}{3}\right| = |x - 4|$

c) $|x^2 - 4| = |x| + 2$

a) Aplicando la definición de valor absoluto, surgen dos ecuaciones que resolvemos:

- $x^2 + 5x = 6 \rightarrow x^2 + 5x - 6 = 0 \rightarrow x_1 = 1;\ x_2 = -6$
- $x^2 + 5x = -6 \rightarrow x^2 + 5x + 6 = 0 \rightarrow x_3 = -2;\ x_4 = -3$

b) De nuevo, al aplicar la definición de valor absoluto, obtenemos dos ecuaciones:

- $\frac{x-12}{3} = x - 4 \rightarrow x - 12 = 3x - 12 \rightarrow x_1 = 0$
- $\frac{x-12}{3} = -x + 4 \rightarrow x - 12 = -3x + 12 \rightarrow x_2 = 6$

c) Hallamos los intervalos en los que ambos valores absolutos cambian de signo:

$$|x| = \begin{cases} -x, & x < 0 \\ x, & x \geq 0 \end{cases} \qquad |x^2 - 4| = \begin{cases} x^2 - 4, & x < -2 \\ -x^2 + 4, & -2 \leq x < 2 \\ x^2 - 4, & x \geq 2 \end{cases}$$

Combinando ambas informaciones, obtenemos:

	$x < -2$	$-2 \leq x < 0$	$0 \leq x < 2$	$x \geq 2$
$\|x^2 - 4\|$	$x^2 - 4$	$-x^2 + 4$	$-x^2 + 4$	$x^2 - 4$
$\|x\| + 2$	$-x + 2$	$-x + 2$	$x + 2$	$x + 2$
$\|x^2 - 4\| = \|x\| + 2$	$x^2 + x - 6 = 0$	$x^2 - x - 2 = 0$	$x^2 + x - 2 = 0$	$x^2 - x - 6 = 0$

Por último, resolvemos las cuatro ecuaciones. Para que las soluciones que obtengamos tengan validez deben pertenecer al intervalo correspondiente.

$x < -2$	$-2 \leq x < 0$	$0 \leq x < 2$	$x \geq 2$
$x^2 + x - 6 = 0$	$x^2 - x - 2 = 0$	$x^2 + x - 2 = 0$	$x^2 - x - 6 = 0$
$x = -3$ $x = 2 \notin (-\infty, -2)$	$x = -1$ $x = 2 \notin (-2, 0)$	$x = 1$ $x = -2 \notin (0, 2)$	$x = 3$ $x = -2 \notin (2, +\infty)$

Soluciones: $x_1 = -3;\ x_2 = -1;\ x_3 = 1;\ x_4 = 3$

Hazlo tú. Resuelve estas ecuaciones:

a) $|x^2 - 2| = 2$

b) $|3x + 1| = |2x + 4|$

c) $|x + 3| = |2x| + 2$

3. Ecuaciones exponenciales

Resolver estas ecuaciones:

a) $2\sqrt[3]{(0,5)^{x+1}} = \frac{1}{4}$

b) $2^x \cdot 3^{x+1} = 6$

c) $3^{3x} + 3^{2-x} = 10 \cdot 3^x$

a) Expresamos ambos miembros de la ecuación como potencias de base 2:

$$2\sqrt[3]{(0,5)^{x+1}} = \frac{1}{4} \rightarrow 2\sqrt[3]{\left(\frac{1}{2}\right)^{x+1}} = \frac{1}{2^2} \rightarrow 2 \cdot \left(\frac{1}{2}\right)^{\frac{x+1}{3}} = 2^{-2} \rightarrow$$

$$\rightarrow 2 \cdot 2^{-\frac{x+1}{3}} = 2^{-2} \rightarrow 2^{1-\frac{x+1}{3}} = 2^{-2}$$

Igualamos los exponentes y resolvemos la ecuación: $1 - \frac{x+1}{3} = -2 \rightarrow x = 8$

b) Obtenemos una expresión de la forma $a^x = b$. Entonces, $x = log_a b$.

$$2^x \cdot 3^{x+1} = 6 \rightarrow 2^x \cdot 3 \cdot 3^x = 6 \rightarrow 3 \cdot 6^x = 6 \rightarrow 6^x = 2 \rightarrow x = log_6 2 = \frac{log\, 2}{log\, 6}$$

Otro método: Tomamos logaritmos en ambos miembros de la ecuación, aplicamos las propiedades de los logaritmos y despejamos x:

$$2^x \cdot 3^{x+1} = 6 \rightarrow log(2^x \cdot 3^{x+1}) = log\, 6 \rightarrow log\, 2^x + log\, 3^{x+1} = log\, 6 \rightarrow$$

$$\rightarrow x \cdot log\, 2 + (x+1) \cdot log\, 3 = log\, 6 \rightarrow x \cdot log\, 2 + x \cdot log\, 3 = log\, 6 - log\, 3 \rightarrow$$

$$\rightarrow x(log\, 2 + log\, 3) = log\, 2 \rightarrow x = \frac{log\, 2}{log\, 6}$$

c) Expresamos todas las potencias en función de 3^x:

$$3^{3x} + 3^{2-x} = 10 \cdot 3^x \rightarrow (3^x)^3 + \frac{3^2}{3^x} = 10 \cdot 3^x$$

Hacemos el cambio de variable $y = 3^x$:

$$y^3 + \frac{3^2}{y} = 10 \cdot y \rightarrow y^4 + 9 = 10y^2 \rightarrow y^4 - 10y^2 + 9 = 0$$

$$z = y^2 \rightarrow z^2 - 10z + 9 = 0 \rightarrow \begin{cases} z = 1 \rightarrow y = \pm\sqrt{z} = \pm 1 \\ z = 9 \rightarrow y = \pm\sqrt{z} = \pm 3 \end{cases}$$

Finalmente, deshacemos el cambio de variable inicial $y = 3^x$:

- $3^x = 1 \rightarrow x_1 = 0$
- $3^x = -1 \rightarrow$ Sin solución
- $3^x = 3 \rightarrow x_2 = 1$
- $3^x = -3 \rightarrow$ Sin solución

Hazlo tú. Resuelve estas ecuaciones:

a) $3^{x^2+1} - 9^x = 0$

b) $\left(\frac{1}{2}\right)^{-x-1} = 5$

c) $2^{2x} - 3 \cdot 2^x + 2 = 0$

4. Ecuaciones logarítmicas

Resolver:

a) $ln\,(x^2 + 1) = 1$

b) $2\, log\,(x+1) - log\,(x^2 - 1) = log\,(x + \sqrt{7}) + log\,(x - \sqrt{7})$

a) Sin más que utilizar la definición de logaritmo neperiano obtenemos que:

$$e = x^2 + 1 \rightarrow x^2 = e - 1 \rightarrow x = \pm\sqrt{e-1}$$

Comprobamos que ambas soluciones son válidas.

b) Aplicamos las propiedades de los logaritmos hasta llegar a una expresión del tipo $log\, A = log\, B$, de donde deduciremos que $A = B$.

$$log\,(x+1)^2 - log\,(x^2-1) = log\,(x+\sqrt{7}) + log\,(x-\sqrt{7}) \rightarrow$$

$$\rightarrow log\,\frac{(x+1)^2}{(x^2-1)} = log\,(x+\sqrt{7})(x-\sqrt{7}) \rightarrow log\,\frac{x+1}{x-1} = log\,(x^2-7) \rightarrow$$

$$\rightarrow \frac{x+1}{x-1} = x^2 - 7 \rightarrow x + 1 = x^3 - 7x - x^2 + 7 \rightarrow x^3 - x^2 - 8x + 6 = 0$$

$$x^3 - x^2 - 8x + 6 = (x-3)(x^2 + 2x - 2) = (x-3)(x - \sqrt{3} + 1)(x + \sqrt{3} + 1)$$

Posibles soluciones: $x = 3$; $x = \sqrt{3} - 1$; $x = -\sqrt{3} - 1$

Sustituyendo en la ecuación inicial, comprobamos que la única solución válida es $x = 3$, ya que las otras dos soluciones dan lugar a logaritmos de números negativos.

Hazlo tú. Resuelve estas ecuaciones:

a) $log\, x + log\, 4 = 2$

b) $2\, log\, x - log\,(x-1) = log\, 4$

5. Ecuaciones tipo $ax^{2n} + bx^n + c = 0$

Resolver:

$$x^6 - 7x^3 - 8 = 0$$

Análisis del problema: *Una ecuación del tipo* $\boldsymbol{ax^{2n} + bx^n + c = 0}$ *supone una generalización de las ecuaciones bicuadradas y se resuelve mediante el cambio de variable:* $\boldsymbol{y = x^n}$

En nuestro caso, el cambio de variable es $y = x^3$, quedando la ecuación $y^2 - 7y - 8 = 0$. Calculamos sus soluciones: $y = -1$; $y = 8$

Deshacemos el cambio de variable: $\begin{cases} -1 = x^3 \rightarrow x_1 = -1 \\ 8 = x^3 \rightarrow x_2 = 2 \end{cases}$

Hazlo tú. Resuelve esta ecuación:

$$x^8 - 15x^4 - 16 = 0$$

6. Inecuaciones con fracciones algebraicas

Resolver esta inecuación:

$$\frac{x}{x+1} \le 2x$$

No podemos proceder multiplicando por $x + 1$ para eliminar denominadores, como lo haríamos resolviendo una ecuación, ya que no conocemos el signo de esta expresión y, por tanto, no sabemos si tendríamos que invertir el signo de la desigualdad.

En lugar de ello, operamos hasta dejar un cero en el segundo miembro de la desigualdad y una única fracción en el primer miembro.

$$\frac{x}{x+1} \le 2x \rightarrow \frac{x}{x+1} - 2x \le 0 \rightarrow \frac{x - 2x(x+1)}{x+1} \le 0 \rightarrow \frac{-2x^2 - x}{x+1} \le 0$$

Para que la fracción sea negativa, numerador y denominador deben tener distinto signo. Calculamos las raíces de ambos polinomios. Ellas determinan los intervalos en los que hay que estudiar el signo de la fracción:

$$-2x^2 - x = 0 \rightarrow x(-2x - 1) = 0 \rightarrow x = 0,\ x = -1/2$$

$$x + 1 = 0 \rightarrow x = -1$$

	$(-\infty, -1)$	$(-1, -1/2)$	$(-1/2, 0)$	$(0, +\infty)$
$\frac{-2x^2 - x}{x+1}$	+	–	+	–

Incluimos 0 y $-1/2$ que anulan la fracción. La solución es: $(-1, -1/2] \cup [0, +\infty)$

Hazlo tú. Resuelve esta inecuación:

$$\frac{x-1}{x} \le x$$

7. Sistemas de inecuaciones

A una exposición asisten menos de 100 personas y se recaudan más de 260 € con entradas de 2 € y de 4 €. ¿Cuántas entradas de cada tipo han podido ser vendidas?

Empezamos definiendo las variables:

x = número de entradas de 2 € vendidas; y = número de entradas de 4 € vendidas

Planteamos las inecuaciones asociadas a las restricciones del enunciado.

Se venden entradas de ambos tipos: $x > 0$; $y > 0$

Asisten menos de 100 personas: $x + y < 100$

Se recaudan más de 260 €: $2x + 4y > 260$

$$\begin{cases} x > 0;\ y > 0 \\ x + y < 100 \\ 2x + 4y > 260 \end{cases}$$

Representamos las rectas asociadas a cada una de las inecuaciones y señalamos los semiplanos que determinan. Buscamos la región del plano común a todas las soluciones.

Cualquier punto de coordenadas enteras de la región rayada es una solución.

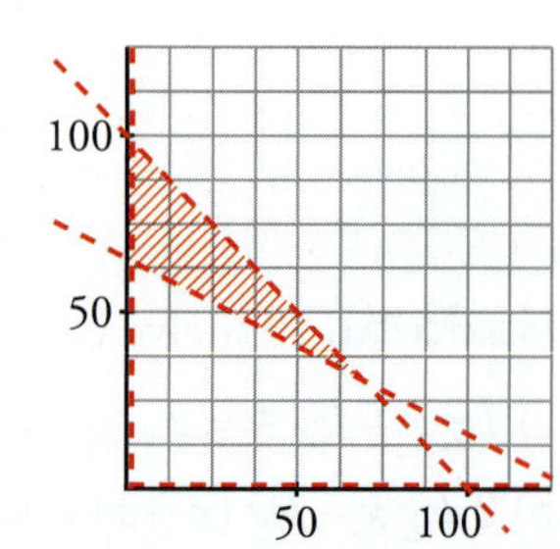

Ejercicios y problemas guiados

1. Sistemas de ecuaciones no lineales

Resolver los siguientes sistemas de ecuaciones:

a) $\begin{cases} 2^x + 3^y = 17 \\ 2^{2x} - 3^{y-1} = 61 \end{cases}$

b) $\begin{cases} 3\ln x - \ln y = 1 \\ \ln x^3 + \ln y^2 = 7 \end{cases}$

c) $\begin{cases} x^2 + y = 0 \\ 3^{x-1} = \dfrac{3^{y^2+1}}{9} \end{cases}$

a) • Expresa 2^{2x} y 3^{y-1} en función de 2^x y 3^y, respectivamente. Haz los cambios de variables $z = 2^x$ y $t = 3^y$.

• Resuelve el sistema de ecuaciones resultante. Puedes hacerlo por sustitución despejando una incógnita en la ecuación lineal.

• Deshaz el cambio de variable, observarás que uno de los posibles valores de z no es válido al ser negativo.

b) • Aplica las propiedades de los logaritmos y deja como únicos logaritmos $\ln x$ y $\ln y$.

• Resuelve el sistema resultante por reducción. Obtendrás una ecuación logarítmica en una sola variable.

c) • Opera en la segunda ecuación hasta llegar a una expresión del tipo: $3^{p(x)} = 3^{q(y)}$, de donde puedes deducir $p(x) = q(y)$.

• Resuelve el sistema formado por la nueva ecuación y la primera ecuación del sistema de partida. Puedes resolverlo por sustitución despejando y en $x^2 + y = 0$.

Solución: a) $x = 3$; $y = 2$ b) $x = e$; $y = e^2$ c) $x_1 = 0$, $y_1 = 0$; $x_2 = 1$, $y_2 = -1$

2. Planteamiento y resolución de un sistema de dos ecuaciones con dos incógnitas

Para fabricar una lata de conservas cilíndrica de capacidad 48π cm^3, se necesitan 56π cm^2 de chapa.

Calcular las dimensiones de la lata de conservas.

• Las incógnitas del problema son el radio de la base (r) y la altura (h).

• Recuerda que la superficie de un cilindro viene dada por: $S = 2 \cdot \pi r^2 + 2\pi r \cdot h$. Esta es la primera ecuación que debes plantear. Simplifica en ella dividiendo entre 2π.

• Plantea la segunda ecuación con el dato del volumen. Usa la fórmula: $V = \pi r^2 \cdot h$. De nuevo puedes simplificar dividiendo entre π.

• Obtendrás un sistema no lineal de dos ecuaciones con dos incógnitas. Puedes resolverlo despejando h en la segunda ecuación y sustituyendo en la primera.

Solución: Existen dos posibilidades: radio = 2 cm y altura = 12 cm; o bien, radio = 4 cm y altura = 3 cm.

3. Planteamiento y resolución de un sistema de tres ecuaciones con tres incógnitas

En un grupo de 1.º de bachillerato todos tienen como materia de modalidad biología, dibujo o tecnología. Las matrículas en biología representan el 60 % del total. Si tres alumnos de dibujo se hubiesen matriculado en tecnología, entonces las dos asignaturas tendrían el mismo número de estudiantes. Finalmente, el doble de la diferencia del número de matriculados en biología y en dibujo es el triple de la diferencia de los matriculados en dibujo y en tecnología. Hallar el número de estudiantes matriculados en cada una de las materias.

• Define las variables asociadas a las tres incógnitas del problema: número de matriculados en biología (x), número de matriculados en dibujo (y) y número de matriculados en tecnología (z).

• Como tenemos 3 incógnitas necesitamos 3 ecuaciones:

① x es el 60 % el total. Recuerda que para calcular el 60 % de una cantidad basta multiplicar por 0,6 esa cantidad.

② Si y disminuye en 3 y z aumenta en 3, entonces estas cantidades son iguales.

③ El doble de la diferencia de x e y es el triple de la diferencia entre y y z.

• Planteado el sistema de ecuaciones, debes eliminar paréntesis y ordenarlo. Por último, resuélvelo utilizando el método de Gauss.

Solución:

$$\begin{cases} x = 0{,}6(x+y+z) \\ y - 3 = z + 3 \\ 2(x-y) = 3(y-z) \end{cases} \rightarrow \begin{cases} x = 18 \text{ estudiantes de biología} \\ y = 9 \text{ estudiantes de dibujo} \\ z = 3 \text{ estudiantes de tecnología} \end{cases}$$

Ejercicios y problemas propuestos

Para practicar

Factorización

1 Descompón en factores estos polinomios y di cuáles son sus raíces:

a) $9x^4 - x^2$ b) $4x^2 - 28x + 49$

c) $x^3 + 9x^2 + 27x + 27$ d) $2x^3 - x^2 - x$

e) $x^4 - 13x^2 + 36$ f) $x^4 + 2x^2 + 1$

2 Halla, en cada uno de estos casos, el máx.c.d. $[A(x), B(x)]$ y el mín.c.m. $[A(x), B(x)]$:

a) $A(x) = x^2 + x - 12;\ B(x) = x^3 - 9x$

b) $A(x) = x^3 + x^2 - x - 1;\ B(x) = x^3 - x$

c) $A(x) = x^6 - x^2;\ B(x) = x^3 - x^2 + x - 1$

3 Resuelve estas ecuaciones factorizando previamente:

a) $6x^3 + 7x^2 - 1 = 0$ b) $16x^5 - 8x^3 + x = 0$

c) $x^3 + 6x^2 - 7x - 60 = 0$ d) $x^3 - 49x = 0$

e) $x^3 + 9x^2 + 15x - 25 = 0$ f) $x^6 + 3x^2 = 0$

Fracciones algebraicas

4 Simplifica las siguientes fracciones:

a) $\dfrac{x^4 - x^2}{x^5 + 3x^4 + 2x^3}$ b) $\dfrac{x^3 + 6x^2 + 12x + 8}{x^2 + 4x + 4}$

c) $\dfrac{-x^3 - 4x^2 + 11x + 30}{x^2 + 2x - 15}$ d) $\dfrac{x^4 - 4x^2}{x^3 + 4x^2 + 4x}$

5 Opera y simplifica el resultado.

a) $\dfrac{3a + 3}{12a - 12} : \dfrac{(a+1)^2}{a^2 - 1}$

b) $\dfrac{x^2 + 2x - 3}{(x-2)^3} \cdot \dfrac{(x-2)^2}{x^2 - 1}$

c) $\dfrac{x}{x-2} - \dfrac{x}{x-1} - \dfrac{x}{x^2 - 3x + 2}$

d) $\left(\dfrac{x+1}{x} - \dfrac{x}{x+2}\right) : \left(1 + \dfrac{x}{x+2}\right)$

e) $\left(1 - \dfrac{x+1}{x+2} \cdot \dfrac{x+3}{x+2}\right) : \dfrac{1}{x+2}$

6 Demuestra las siguientes identidades:

a) $\left(\dfrac{1}{1+x} + \dfrac{2x}{1-x^2}\right)\left(\dfrac{1}{x} - 1\right) = \dfrac{1}{x}$

b) $\dfrac{a^2 - 1}{a^2 - 3a + 2} : \dfrac{a^2 + 2a + 1}{a^2 - a - 2} = 1$

c) $\left(\dfrac{x-2}{x-3} - \dfrac{x-3}{x-2}\right) : \left(\dfrac{1}{x-3} - \dfrac{1}{x-2}\right) = 2x - 5$

Ecuaciones de primer y segundo grado

7 Resuelve, cuando sea posible, las siguientes ecuaciones:

a) $\dfrac{(x+1)^2}{16} - \dfrac{1+x}{2} = \dfrac{(x-1)^2}{16} - \dfrac{2+x}{4}$

b) $0{,}2x + 0{,}6 - 0{,}25(x-1)^2 = 1{,}25x - (0{,}5x + 2)^2$

c) $(5x - 3)^2 - 5x(4x - 5) = 5x(x - 1)$

8 Resuelve las siguientes ecuaciones de segundo grado:

a) $0{,}5(x-1)^2 - 0{,}25(x+1)^2 = 4 - x$

b) $\dfrac{3}{2}\left(\dfrac{x}{2} - 2\right)^2 - \dfrac{x+1}{8} = \dfrac{1}{8} - \dfrac{x-1}{4}$

c) $0{,}\widehat{3}x^2 - x - 1{,}\widehat{3} = 0$

d) $(x+1)^2 - (x-2)^2 = (x+3)^2 + x^2 - 20$

e) $\dfrac{x^2 - 2x + 5}{2} - \dfrac{x^2 + 3x}{4} = \dfrac{x^2 - 4x + 15}{6}$

f) $\dfrac{3x+1}{3} - \dfrac{5x^2 + 3}{2} = \dfrac{x^2 - 1}{2} - \dfrac{x+2}{3}$

g) $(x - a)^2 + x(x + b) = 8b^2 - x(2a - b) + a^2$

Ecuaciones bicuadradas

9 Resuelve las siguientes ecuaciones:

a) $x^4 - 5x^2 + 4 = 0$ b) $x^4 + 3x^2 - 4 = 0$

c) $x^4 + 3x^2 + 2 = 0$ d) $x^4 - 9x^2 + 8 = 0$

10 Resuelve:

a) $(x^2 - 2)^2 = 1$

b) $\dfrac{3x^4 - 1}{4} + \dfrac{1}{2}\left(x^4 - 2 - \dfrac{1}{2}x^2\right) = \dfrac{x^2 - 5}{4}$

c) $x^6 - 2x^3 + 1 = 0$

d) $x^8 - 15x^4 - 16 = 0$

Ecuaciones con fracciones algebraicas

11 Resuelve estas ecuaciones y comprueba la validez de las soluciones:

a) $\dfrac{1}{x} + \dfrac{x-1}{x^2} = 0$

b) $\dfrac{3x - 7}{x} = \dfrac{8x}{x+1} - 5$

c) $\dfrac{x}{x-2} + \dfrac{2x}{2-x} = -x$

d) $\dfrac{x-3}{x^2 - 9} + \dfrac{x+1}{x+3} = x + 2$

e) $\dfrac{x+7}{x+1} - \dfrac{7x+1}{x^2 + 2x + 1} = x - 4$

f) $\dfrac{30}{x^2 + 5x + 6} - \dfrac{x}{x+2} = \dfrac{2x+1}{x+3}$

Ecuaciones con radicales

12 Resuelve las siguientes ecuaciones y comprueba las soluciones:

a) $\sqrt{5x+6} = 3 + 2x$ b) $x + \sqrt{7-3x} = 1$

c) $\sqrt{2-5x} + x\sqrt{3} = 0$ d) $\sqrt{2x+3} + \sqrt{x-5} = 0$

13 Resuelve:

a) $\sqrt{2x} + \sqrt{5x-6} = 4$ b) $\sqrt{x-2} + \sqrt{x+1} = 3$

c) $\sqrt{\frac{7x+1}{4}} = \frac{5x-7}{6}$ d) $\sqrt{\frac{1}{x}} = \frac{x}{8}$

14 Resuelve las siguientes ecuaciones:

a) $\sqrt{3x} - \sqrt{x} - \sqrt{2} = 0$ b) $\sqrt{-5-7x} + \sqrt{4+x} = \sqrt{7-6x}$

c) $\sqrt[3]{4x-1} = x - 4$ d) $\sqrt[3]{4-2x} = \sqrt[6]{8x^2-16x}$

e) $\sqrt{2x+2} - \sqrt[4]{6x+10} = 0$ f) $\sqrt[4]{3x+1} = 4 - \sqrt[4]{3x+1}$

Ecuaciones exponenciales y logarítmicas

15 Resuelve expresando ambos miembros de la ecuación como potencias de la misma base:

a) $3^{x^2+1} = \frac{1}{9}$ b) $\frac{9^{2x}}{3^x} = 27$

c) $5 \cdot 2^{x+3} = \frac{5}{4}$ d) $5^{x^2+3x} = 0{,}04$

e) $\left(\frac{2}{3}\right)^x = \frac{8}{27}$ f) $\left(\frac{1}{9}\right)^x = 81$

g) $(0{,}01)^x = 100$ h) $3^{x+1} \cdot 2^{x+1} = 36$

i) $\sqrt{2^{3x-1}} = 0{,}125$ j) $3\sqrt[3]{27^{x-1}} = \left(\frac{1}{9}\right)^{2x+5}$

k) $3 \cdot 9^x \cdot 27^x = 1$ l) $5^{x-5} \cdot 125^{2x} = 25$

16 Resuelve, tomando logaritmos, estas ecuaciones:

a) $\frac{1}{e^x} = 27$ b) $e^{x-9} = \sqrt{73}$

c) $2^x \cdot 3^x = 81$ d) $\frac{2^x}{3^{x+1}} = 1$

e) $2^{x+1} \cdot 16^{2x+1} = 3$ f) $\left(\frac{1}{5}\right)^x \cdot 125^{x+1} = 4$

17 Resuelve las siguientes ecuaciones mediante un cambio de variable:

a) $2^x + 2^{1-x} = 3$ b) $2^{x+1} + 2^{x-1} = \frac{5}{2}$

c) $8^{1+x} + 2^{3x-1} = \frac{17}{16}$ d) $2^{2x} - 5 \cdot 2^x + 4 = 0$

e) $9^x - 3^x - 6 = 0$ f) $7^{1+2x} - 50 \cdot 7^x + 7 = 0$

g) $2^{x/2} + 2^x = 6$ h) $\sqrt{3^{2x}+7} = 3^x + 1$

i) $2^{3x} - 3 \cdot 2^{2x+1} + 3 \cdot 2^{x+2} = 8$

18 Resuelve estas ecuaciones:

a) $\log(x^2+1) - \log(x^2-1) = \log\frac{13}{12}$

b) $\ln(x-3) + \ln(x+1) = \ln 3 + \ln(x-1)$

c) $(x-1)\log(3^{x+1}) = 3\log 3$

d) $\log(x+3) - \log(x-6) = 1$

19 Resuelve las ecuaciones siguientes:

a) $\log_5(x^2-2x+5) = 1$

b) $\log\sqrt{3x+5} + \log\sqrt{x} = 1$

c) $2(\log x)^2 + 7\log x - 9 = 0$

d) $\frac{1}{2}\log_{11}(x+5) = 1$

e) $\log(x^2+3x+36) = 1 + \log(x+3)$

f) $\ln x + \ln 2x + \ln 4x = 3$

Sistemas de ecuaciones

20 Resuelve:

a) $\begin{cases} x \cdot y = 15 \\ \frac{x}{y} = \frac{5}{3} \end{cases}$ b) $\begin{cases} \frac{1}{x} + \frac{1}{y} = \frac{5}{6} \\ 2x + 3y = 2 \end{cases}$

c) $\begin{cases} x^2 + y^2 = 10 \\ 2y - x = 7 \end{cases}$ d) $\begin{cases} x^2 - y^2 = 5 \\ xy = 6 \end{cases}$

e) $\begin{cases} x^2 + y^2 - 5x - 5y + 10 = 0 \\ x^2 - y^2 - 5x + 5y + 2 = 0 \end{cases}$

21 Resuelve:

a) $\begin{cases} y^2 - 2y + 1 = x \\ \sqrt{x} + y = 5 \end{cases}$ b) $\begin{cases} 2\sqrt{x+1} = y + 1 \\ 2x - 3y = 1 \end{cases}$

c) $\begin{cases} \sqrt{3(x+y)} + x = 12 \\ 2x - y = 6 \end{cases}$ d) $\begin{cases} \sqrt{x+y} + 2 = x + 1 \\ 2x - y = 5 \end{cases}$

22 Resuelve los siguientes sistemas de ecuaciones:

a) $\begin{cases} y - x = 1 \\ 2^x + 2^y = 12 \end{cases}$ b) $\begin{cases} e^x \cdot e^{y+1} = 1 \\ x^2 + y^2 = 1 \end{cases}$

c) $\begin{cases} 5^x \cdot 5^y = 1 \\ 5^x : 5^y = 25 \end{cases}$ d) $\begin{cases} 10^x \cdot 10^{y^2-1} = 0{,}1 \\ \frac{2^{2x}}{2^{y-1}} = 0{,}25 \end{cases}$

e) $\begin{cases} 3^{2x} + 3^{y-1} = 4 \\ 3^{x+1} + 3^y = 12 \end{cases}$ f) $\begin{cases} 2^{2x} + 2^y = \frac{1}{2} \\ 2^{2(x-y)} = 4 \end{cases}$

Ejercicios y problemas propuestos

23 Resuelve:

a) $\begin{cases} \log x + \log y = 3 \\ \log x - \log y = -1 \end{cases}$ b) $\begin{cases} \log_2 x + 3\log_2 y = 5 \\ \log_2 \dfrac{x^2}{y} = 3 \end{cases}$

c) $\begin{cases} \log (x^2 y) = 2 \\ \log x = 6 + \log y^2 \end{cases}$ d) $\begin{cases} x^2 - y^2 = 11 \\ \log x - \log y = 1 \end{cases}$

e) $\begin{cases} x - y = 25 \\ \log y = \log x - 1 \end{cases}$ f) $\begin{cases} \ln x - \ln y = 2 \\ \ln x + \ln y = 4 \end{cases}$

Método de Gauss

24 Resuelve por el método de Gauss:

a) $\begin{cases} x - y - z = -10 \\ x + 2y + z = 11 \\ 2x - y + z = 8 \end{cases}$ b) $\begin{cases} 2x - 3y + z = 0 \\ 3x + 6y - 2z = 0 \\ 4x + y - z = 0 \end{cases}$

c) $\begin{cases} x + y + z = 3 \\ 2x - y + z = 2 \\ x - y - z = 1 \end{cases}$ d) $\begin{cases} x + y + z = 18 \\ x - z = 6 \\ x - 2y + z = 0 \end{cases}$

e) $\begin{cases} x + y + z = 2 \\ 2x + 3y + 5z = 11 \\ x - 5y + 6z = 29 \end{cases}$ f) $\begin{cases} x + y - 2z = 9 \\ 2x - y + 4z = 4 \\ 2x - y + 6z = -1 \end{cases}$

25 Resuelve:

a) $\begin{cases} 3x + 2y + z - 3 = 0 \\ x + y = z - 5 \\ x = z - 2y - 3 \end{cases}$ b) $\begin{cases} 7x - 3y + z = -11 \\ x - y + 1 = z \\ 2x + 2y = 8 + z \end{cases}$

c) $\begin{cases} \dfrac{x}{2} + \dfrac{y}{3} = z - 6 \\ 2x - y - \dfrac{z}{5} = 0 \\ \dfrac{-3x}{4} - \dfrac{y}{3} = \dfrac{z}{2} - 10 \end{cases}$ d) $\begin{cases} \dfrac{2(x-1)}{5} + y = \dfrac{z}{6} - 4 \\ \dfrac{x}{2} - \dfrac{y}{4} + \dfrac{z}{3} = 8 \\ x + 2y + \dfrac{z}{4} = 1 \end{cases}$

26 Resuelve aplicando el método de Gauss:

a) $\begin{cases} x - y = 1 \\ 2x + 6y - 5z = -4 \\ x + y - z = 0 \end{cases}$ b) $\begin{cases} x + 2y + z = 3 \\ x - 2y + 5z = 5 \\ 5x - 2y + 17z = 1 \end{cases}$

c) $\begin{cases} x + y + 3z = 2 \\ 2x + 3y + 4z = 1 \\ -2x - y - 8z = -7 \end{cases}$ d) $\begin{cases} 2x - y - z = 2 \\ 3x - 2y - 2z = 2 \\ -5x + 3y + 5z = -1 \end{cases}$

e) $\begin{cases} x + y + z = 3 \\ -x + 2y + z = 5 \\ x + 4y + 3z = 1 \end{cases}$ f) $\begin{cases} -2x + y + z = 1 \\ 3x + 2y - z = 0 \\ -x + 4y + z = 2 \end{cases}$

Inecuaciones. Sistemas de inecuaciones

27 Resuelve estas inecuaciones:

a) $5(2 + x) > -5x$ b) $\dfrac{x-1}{2} > x - 1$

c) $x^2 + 5x < 0$ d) $9x^2 - 4 > 0$

e) $x^2 + 6x + 8 \geq 0$ f) $x^2 - 2x - 15 \leq 0$

28 Resuelve los siguientes sistemas de inecuaciones:

a) $\begin{cases} 4x - 3 < 1 \\ x + 6 > 2 \end{cases}$ b) $\begin{cases} 3x - 2 > -7 \\ 5 - x < 1 \end{cases}$

c) $\begin{cases} 5 - x < -12 \\ 16 - 2x < 3x - 3 \end{cases}$ d) $\begin{cases} 2x - 3 > 0 \\ 5x + 1 < 0 \end{cases}$

29 Resuelve:

a) $(x + 1)\, x^2\, (x - 3) > 0$ b) $x(x^2 + 3) < 0$

c) $\dfrac{x^2}{x+4} < 0$ d) $\dfrac{x-3}{x+2} < 0$

30 Resuelve los siguientes sistemas de inecuaciones:

a) $\begin{cases} x^2 + 2x > 15 \\ 3 - 2x < 7 \end{cases}$ b) $\begin{cases} 5x - x^2 \geq 4 \\ 5x - 1 < 4x + 2 \end{cases}$

c) $\begin{cases} x^2 \leq 4 \\ x^2 - 5x + 4 \leq 0 \end{cases}$ d) $\begin{cases} x^2 - 5x - 6 \geq 0 \\ -x^2 + 11x - 24 \geq 0 \end{cases}$

31 Resuelve gráficamente:

a) $x + y - 2 \geq 0$ b) $2x - 3y \leq 6$

c) $\dfrac{x - 3y}{2} \leq 3$ d) $\dfrac{x}{2} - \dfrac{y}{3} \geq -1$

32 Resuelve gráficamente:

a) $\begin{cases} 2x + y > 2 \\ x \leq 3 \end{cases}$ b) $\begin{cases} x - y \leq 3 \\ y \leq 2 \end{cases}$

c) $\begin{cases} 2x - y \leq 3 \\ 2x + y \leq 5 \end{cases}$ d) $\begin{cases} 3x - 2y \leq 5 \\ x + y \geq 8 \end{cases}$

33 Representa, en cada caso, los puntos del plano que verifican las condiciones dadas:

a) $\begin{cases} x \geq 0 \\ y \geq 0 \\ x - y \leq 5 \end{cases}$ b) $\begin{cases} y \geq 1 \\ x \leq 3 \\ -x + y \leq 1 \end{cases}$

c) $\begin{cases} x + y < 2 \\ 2x - y > 1 \\ y > 0 \end{cases}$ d) $\begin{cases} x + 2y \leq 10 \\ 2x - y \geq 0 \\ -1 \leq x \leq 3 \end{cases}$

Problemas

34 Un inversor, que tiene 28 000 €, coloca parte de su capital en un banco al 8 % y el resto en otro banco al 6 %. Si la primera parte le produce anualmente 200 € más que la segunda, ¿cuánto colocó en cada banco?

35 Contratamos una hipoteca en enero de 2013 con revisión semestral del tipo de interés. En julio nos sube la cuota un 4 %, en la siguiente revisión baja un 1 % respecto a julio. Si en enero de 2014 estamos pagando 19,24 € mensuales más que en el mismo mes del año anterior, ¿cuál era la cuota inicial?

36 El número de visitantes a cierta exposición durante el mes de febrero se incrementó en un 12 % respecto al mes de enero. Sin embargo, en marzo sufrió un descenso del 12 % respecto a febrero. Si el número de visitantes de enero superó en 36 personas al de marzo, ¿cuántas personas vieron la exposición en enero?

37 Para cubrir el suelo de una habitación, un solador dispone de dos tipos de baldosas:

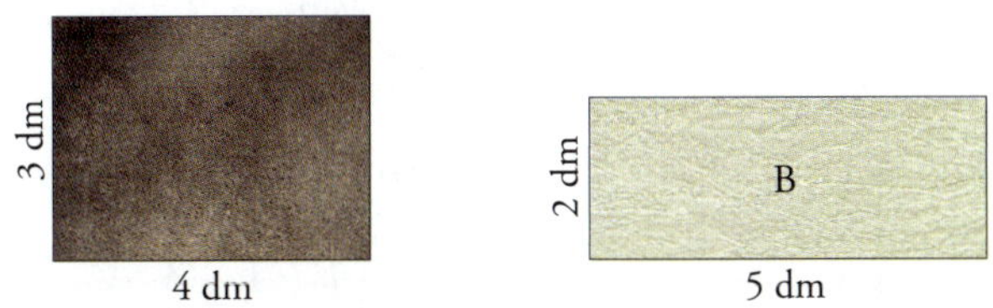

Eligiendo el tipo A, se necesitarían 40 baldosas menos que si se eligiera el tipo B. ¿Cuál es la superficie de la habitación?

38 En un número de dos cifras, las decenas son el triple de las unidades. Si se invierte el orden de las cifras, se obtiene otro número 54 unidades menor. Calcula el número inicial.

39 Dos grifos llenan un depósito de 1500 litros en una hora y doce minutos. Manando por separado, el primero tardaría una hora más que el segundo. ¿Cuánto tardaría en llenar el depósito cada grifo por separado?

40 Una piscina tarda 5 horas en llenarse utilizando su toma de agua habitual, y 20 horas si utilizamos una manguera. ¿Qué tiempo será necesario emplear para su llenado si usamos ambos métodos de forma simultánea?

41 En una tienda se vende té blanco a 18 €/kg y té verde a 14 €/kg. También, una mezcla de ambos a 16,40 €/kg. ¿Cuál es la composición de la mezcla?

42 La superficie de un triángulo equilátero es de 50 m^2. Calcula el lado.

43 Calcula las dimensiones de una finca rectangular sabiendo que su perímetro mide 140 m y su diagonal es de 50 m.

44 El cuadrilátero central es un rombo de 40 m de perímetro. Calcula las dimensiones del rectángulo sabiendo que la base es el triple de la altura.

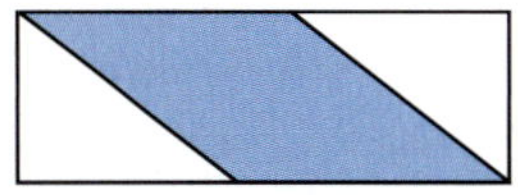

45 Un granjero espera obtener 36 € por la venta de huevos. En el camino al mercado se le rompen cuatro docenas. Para obtener el mismo beneficio, aumenta en 0,45 € el precio de la docena. ¿Cuántas docenas tenía al principio?

46 Un tendero invierte 125 € en la compra de una partida de manzanas. Desecha 20 kg por defectuosas y vende el resto, aumentando 0,40 € cada kilo sobre el precio de compra, por 147 €. ¿Cuántos kilogramos compró?

47 Un almacén tiene contenedores de reciclado para abastecer a las dos entidades para las que trabaja durante 6 meses. Sabiendo que, si suministrara a una sola de las dos, a la primera la podría servir durante 5 meses más que a la segunda, ¿durante cuánto tiempo podría proveer a cada una de ellas si fuesen clientes únicos?

48 Una empresa fabrica dos tipos de latas de refrescos de 33 *cl*. El primer tipo tiene una altura de 12 cm, y el segundo, de 15 cm. ¿Cuál tiene mayor coste de producción?

49 De dos triángulos rectángulos se sabe que: la suma de sus hipotenusas es 18, sus catetos menores son 3 y 5, respectivamente, y sus catetos mayores están en relación 1/3. Determina dichos triángulos.

50 En una caja registradora encontramos billetes de 50 €, 100 € y 200 €, siendo el número total de billetes igual a 21 y la cantidad total de dinero 1 800 €. Sabiendo que el número de billetes de 50 € es el quíntuple de los de 200 €, calcula el número de billetes de cada clase.

51 En una función de teatro se recaudan 5 200 € vendiéndose 200 entradas de tres tipos distintos: patio de butacas, a 30 €; primer y segundo piso, a 25 €, y localidades con visibilidad reducida, a 10 €. Sabiendo que el número de localidades más económicas suponen un 25 % del número de localidades de 25 €, calcula el número de entradas de cada tipo.

52 Preparamos un surtido con dos tipos de bombones de 10 €/kg y de 15 €/kg, respectivamente. Nuestro presupuesto es de 600 € y queremos preparar, al menos, 40 kg. ¿Qué restricciones tiene la composición del surtido?

53 Un comité de una comunidad de vecinos debe estar formado por entre 6 y 8 personas, no pudiendo ser el número de hombres ni el de mujeres inferior a un tercio del grupo. ¿Cuántas combinaciones posibles hay?

Ejercicios y problemas propuestos

Para resolver

54 Resuelve:

a) $x^7 - 16x^4 + 64x = 0$ b) $\frac{5x+1}{x^2+2x+1} + \frac{x}{x+1} = 2$

c) $\sqrt{2x+1} + \sqrt{x} = x + 1$ d) $(\sqrt{x} + x + 2)x = 0$

e) $\frac{\sqrt{x-4}}{\sqrt{x+1}} - \frac{\sqrt{x+1}}{\sqrt{x-4}} = \frac{-5}{6}$

55 Resuelve estas ecuaciones de grado superior a dos en las que puedes despejar la incógnita:

a) $\frac{3x}{5} + \frac{25}{9x^2} = 0$ b) $\frac{x}{8} - \frac{2}{81x^3} = 0$

c) $\frac{x}{2} - \frac{1}{x^2} = 0$ d) $\frac{2}{5x} - \frac{5x^3}{2} = 0$

e) $\frac{x+1}{x^2} - \frac{x}{x+1} - \frac{1}{x^3+x^2} = 0$

56 Resuelve las siguientes ecuaciones en las que aparecen valores absolutos:

a) $|x-5| = 3x - 1$ b) $\left|\frac{x-3}{2}\right| = 4$

c) $|x^2 - x| = |1 - x^2|$ d) $|x^2 - 3x + 1| = 1$

57 Resuelve las siguientes ecuaciones exponenciales:

a) $\left(\frac{1}{4}\right)^x \cdot 16^{x+1} \cdot 2^{1-x} = 0{,}25$

b) $\frac{\sqrt{3^x}}{(1/3)^{x+1}} \cdot 9^{1-x} = 243$

c) $2^x \cdot 5^{x+1} = 10$

d) $3^x \cdot 9^x = 2$

e) $25^x - 2 \cdot 5^{x+1} + 25 = 0$

f) $3^{2x} + 2 \cdot 3^{x+1} = 3^3$

58 Resuelve estas ecuaciones logarítmicas:

a) $2 \log_2 x = \log_2 \frac{x}{\sqrt{2}} - \frac{1}{2}$

b) $\log (x+1)^5 + \log (3x+2)^5 = 5$

c) $\log (8 + x^3) = 3 \log (x+2)$

d) $\ln 6 + (x^2 - 5x + 7) \ln 2 = \ln 12$

e) $(2x^2 + x - 3) \log 5 = 2 \log \frac{1}{5}$

f) $\log (3^{1-x})^{1+x} + \log 2700 = 2$

59 Resuelve por tanteo las siguientes ecuaciones, sabiendo que tienen una solución en el intervalo indicado:

a) $x^3 - x - 2 = 0$ en $[1, 2]$

b) $3x^3 + x^2 - 3 = 0$ en $[0, 1]$

60 Resuelve las siguientes ecuaciones mediante un cambio de variable:

a) $\sqrt{\left(2+\frac{1}{x}\right)^2 + 3} = -2\left(2+\frac{1}{x}\right)$

b) $e^{3x^2-3} - 3e^{2x^2-2} + 3e^{x^2-1} - 1 = 0$

c) $\sqrt{\left(\log \frac{2}{x}\right)^2 + 3} = -1 + 3 \log \frac{2}{x}$

61 Resuelve:

a) $\begin{cases} x + y = 5 \\ 2x - 5y = 17 \\ 5x - 2y = 32 \end{cases}$ b) $\begin{cases} 2x - y = 7 \\ 5x + 2y = 1 \\ 3x + 3y = 0 \end{cases}$

c) $\begin{cases} x - y + z = 8 \\ 2x + y + 2z = 1 \end{cases}$ d) $\begin{cases} x - 2y + 3z = 0 \\ 2x - 4y + 6z = 2 \end{cases}$

62 Resuelve:

a) $\begin{cases} \sqrt{x+y} - \sqrt{x-y} = \sqrt{2y} \\ x + y = 8 \end{cases}$ b) $\begin{cases} \sqrt{4y+2x} = \sqrt{3y+x} - 1 \\ y + x = -5 \end{cases}$

c) $\begin{cases} (x+3)(y-5) = 0 \\ (x-2)(y-1) = 0 \end{cases}$ d) $\begin{cases} (x^3 - 3x^2 + 4)(y+1) = 0 \\ \sqrt{24 - x^3} = y + 6 \end{cases}$

e) $\begin{cases} \frac{1}{x} + \frac{1}{y} = 5 \\ \frac{1}{x^2} - \frac{1}{y^2} = 5 \end{cases}$ f) $\begin{cases} x^2y + xy^2 = 6 \\ \frac{1}{x} + \frac{1}{y} = \frac{3}{2} \end{cases}$

63 Resuelve los siguientes sistemas de ecuaciones:

a) $\begin{cases} \log_y \sqrt{x} = \frac{1}{2} \\ \log_x y^2 = 2 \end{cases}$ b) $\begin{cases} \log (x+y) + \log (x-y) = \log 5 \\ \frac{e^x}{e^y} = e \end{cases}$

64 Representa gráficamente el conjunto de soluciones de estos sistemas de inecuaciones:

a) $\begin{cases} 2x + y \le 6 \\ 3x + 5y \ge 1 \\ x \ge 0 \\ y \ge 0 \end{cases}$ b) $\begin{cases} x + 3y \ge 1 \\ x \ge 7 \\ x - y \ge 0 \end{cases}$

65 Resuelve: $\frac{2x+4}{x-1} \ge 0$

Después, deduce la solución de estas otras inecuaciones:

a) $\frac{2x+4}{x-1} < 0$ b) $\frac{2x+4}{x-1} \le 0$

66 Resuelve las siguientes inecuaciones:

a) $x^4 - 4x^2 < 0$ b) $x^3 - x^2 - 6x < 0$

c) $\frac{4-x^2}{(x-3)^2} > 0$ d) $\frac{-2}{(x-1)^3} < 0$

Cuestiones teóricas

67 ¿Qué valores ha de tomar el parámetro k para que $x^2 - 6x + k = 0$ no tenga soluciones reales?

68 Halla m para que al dividir el polinomio

$$2x^4 + 9x^3 + 2x^2 - 6x + m$$

entre $x + 4$, el resto sea igual a 12.

69 Escribe un polinomio de grado 4 que solo tenga por raíces 0 y 1.

70 Justifica por qué este sistema de ecuaciones no puede tener solución:

$$\begin{cases} x + y - z = 3 \\ 2x - y + z = 5 \\ x + y - z = 2 \end{cases}$$

71 Inventa ecuaciones que tengan por soluciones los valores siguientes:

a) $3, -3, \sqrt{7}$ y $-\sqrt{7}$

b) 5; 0,3 y -2

c) $0, \frac{1}{2}$ y 0,7

d) $0, 1, -1$ y $\frac{1}{3}$

Para profundizar

72 Resuelve estas ecuaciones de segundo grado en las que la incógnita es x:

a) $abx^2 - (a + b)x + 1 = 0$

b) $(x - a)^2 - 2x(x + a) - 4a^2 = 0$

c) $ax^2 + bx + b - a = 0$

d) $(a + b)x^2 + bx - a = 0$

73 Resuelve:

a) $|x| + 1 = |3x - 5|$

b) $|x^2 - 1| = |x| - 1$

74 Resuelve las siguientes inecuaciones:

a) $\frac{2x+1}{x+1} > 1$

b) $\frac{x-1}{x+3} \geq x$

c) $\frac{x+1}{x-1} < \frac{x-1}{x+1}$

d) $\frac{1}{x+2} \leq \frac{x}{x+2}$

75 Una vasija contiene una mezcla de alcohol y agua en una proporción de 3 a 7. En otra vasija la proporción es de 2 a 3. ¿Cuántos cazos hemos de sacar de cada vasija para obtener 12 cazos de una mezcla en la que la proporción alcohol-agua sea de 3 a 5?

Autoevaluación

En la web Resoluciones de estos ejercicios.

1 Resuelve factorizando previamente.

$$3x^5 + x^4 - 9x^3 - 9x^2 - 2x = 0$$

2 Opera y simplifica el resultado.

$$\left(\frac{x^2}{x^2 - 1} - \frac{x}{x+1}\right) : \frac{3x}{x-1}$$

3 Resuelve las siguientes ecuaciones:

a) $x^4 - 3x^2 + 2 = 0$

b) $\sqrt{8 + 2x} - x = x + 6$

c) $\frac{3x}{x^2 - 4} = \frac{x}{x+2} - \frac{4}{3}$

d) $3^{x-1} = \frac{1}{\sqrt{3}}$

e) $2^{2x} - 6 \cdot 2^x + 8 = 0$

f) $\ln x + \ln 4 = 2 \ln (x + 1)$

g) $|3x + 1| = |x - 3|$

4 Resuelve estos sistemas no lineales:

a) $\begin{cases} xy - x^2 = 6 \\ x + y = 7 \end{cases}$

b) $\begin{cases} x^2 + y^2 + xy = 1 \\ 2x^2 - y^2 - xy = 2 \end{cases}$

5 Resuelve estos sistemas de ecuaciones:

a) $\begin{cases} y - 2x = 0 \\ 3^y - 6 \cdot 3^x = -9 \end{cases}$

b) $\begin{cases} \sqrt{x^2 + 5} = y + 2 \\ \log 5x - \log y = 1 \end{cases}$

c) $\begin{cases} x + 2y + 2z = 3 \\ x + y + 3z = 0 \\ -2x + 3y + 3z = 1 \end{cases}$

d) $\begin{cases} x + y - z = 3 \\ 2x - y - z = 8 \\ 3x - 2z = 0 \end{cases}$

6 Resuelve estos sistemas de inecuaciones:

a) $\begin{cases} 2x + y \leq 5 \\ x - y \leq 5 \\ y \leq 4 \\ x \geq -2 \end{cases}$

b) $\begin{cases} x^2 - x - 6 \leq 0 \\ \frac{x+1}{2} - 3x \leq x - 3 \end{cases}$

7 Resuelve:

a) $x(x - 1) - 2(x + 2) < x(x + 1)$

b) $\frac{x^2 + 2x + 1}{x + 3} \geq 0$

8 Un circo está compuesto por tres pistas circulares tangentes dos a dos. Las distancias entre sus centros son 80, 100 y 120 metros, respectivamente. Calcula el diámetro de cada una de las pistas.

En la web Otra autoevaluación.

Autoevaluación. Bloque I: Aritmética y álgebra

1 Explica si es verdadera o falsa cada una de estas frases:

a) Todo número decimal se puede expresar como fracción.

b) La suma de dos números irracionales es irracional.

c) Hay números irracionales que no son reales.

d) El producto de dos números irracionales puede ser un número racional.

2 Dados los intervalos $A = [1, 6)$ y $B = (-2, 5]$, expresa como intervalo $A \cup B$ y $A \cap B$.

3 Efectúa las siguientes operaciones y simplifica:

a) $\sqrt{a^3} - 2a\sqrt[4]{a^2} + 3a\sqrt[6]{a^3} - \sqrt[8]{a^{12}}$

b) $(\sqrt{2} + \sqrt{3})(\sqrt{6} - 1)$

c) $\dfrac{\sqrt{98} - \sqrt{18}}{\sqrt{96}} \cdot 30\sqrt{3}$ d) $\dfrac{5}{\sqrt{6}} + \dfrac{2}{\sqrt{6} + 3\sqrt{2}} - \dfrac{4\sqrt{2}}{\sqrt{3}}$

4 Expresa el resultado de la siguiente operación con tres cifras significativas y da una cota del error absoluto y otra del error relativo cometido:

$$(5 \cdot 10^{-18})(3{,}52 \cdot 10^{15}) : (-2{,}18 \cdot 10^{-7})^2$$

5 Si $log\, k = -1{,}3$ calcula el valor de estas expresiones:

a) $log\, k^3$ b) $log\, \dfrac{1}{k}$ c) $log\, \dfrac{k}{100}$

6 Calcula x aplicando la definición de logaritmo:

a) $log_2 \sqrt{x} = -1$ b) $ln\, \dfrac{3}{x} = -\dfrac{1}{2}$

7 Escribe los valores que puede tomar x para que sean válidas las siguientes expresiones:

a) $|x^2 - 3| = 1$ b) $|5 - x| < 2$

8 Escribe el cuarto término del desarrollo de $\left(\dfrac{x^2}{2} - \dfrac{3}{x}\right)^8$.

9 Calcula el término general de cada una de estas sucesiones; halla después la suma de los 20 primeros términos y, si es posible, calcula la suma de sus infinitos términos:

a) $\dfrac{13}{4}, 2, \dfrac{3}{4}, -\dfrac{1}{2}, -\dfrac{7}{4}\ldots$ b) $8, 18, 32, 50, 72\ldots$

c) $\sqrt{512}, 16, \sqrt{128}, 8, \sqrt{32}\ldots$ d) $18, -6, 2, -\dfrac{2}{3}, \dfrac{2}{9}\ldots$

10 Calcula la suma de los doce primeros términos de una progresión aritmética con $a_3 = 24$ y $a_2 + a_{11} = 41$.

11 Si al comienzo de cada año ingresamos 500 € en un banco al 4% anual, ¿cuánto dinero tendremos al final del quinto año?

12 Estudia el comportamiento de las siguientes sucesiones para términos avanzados e indica su límite:

$a_n = \dfrac{3}{n^2}$ $b_n = 5 - \dfrac{1}{n}$ $c_n = \dfrac{n^2 + 1}{n}$

$d_n = \dfrac{4n - 5}{2n + 1}$ $e_n = \dfrac{3n^2 - 2n}{4 - 2n^2}$ $f_n = \dfrac{(-1)^n \cdot 2n^3}{4n^3 + 3n^2}$

13 Simplifica la expresión del término general de la siguiente sucesión e indica su límite:

$$a_n = \frac{1}{n^2} + \frac{2}{n^2} + \frac{3}{n^2} + \ldots + \frac{n}{n^2}$$

14 Simplifica:

a) $\dfrac{x^2 + 3x + 2}{x^2 - 1}$ b) $\dfrac{x^5 + 2x^4 + 2x^3 + x^2}{x^5 + 3x^4 + 4x^3 + 3x^2 + x}$

15 Resuelve las siguientes ecuaciones:

a) $(x + 4)^2 - 7 = (2x + 3)^2 + 2x$

b) $8x^6 - 7x^3 - 1 = 0$

c) $\sqrt{3 - 2x} + \sqrt{1 - x} = 5$

d) $3x^5 - 4x^4 - 5x^3 + 2x^2 = 0$

16 Resuelve los siguientes sistemas:

a) $\begin{cases} x + y = 3 \\ xy + x = 0 \end{cases}$ b) $\begin{cases} x + 1 > 3 \\ 2x - 1 \le 9 \end{cases}$

17 Opera y simplifica: $\left(\dfrac{x^2 - 4}{x + 1} : \dfrac{x^2 + 2x}{x^3 - x}\right) - (x^2 - 3x)$

18 Resuelve:

a) $\dfrac{7 - x}{x^2 + 4x + 4} + \dfrac{x}{x + 2} = 1$ b) $\dfrac{1}{\sqrt{2x + 6}} = \dfrac{3 + x}{\sqrt{5 - 11x}}$

c) $3^{x^2 - 2} = 1/3$ d) $4^{2x} - 2 \cdot 4^{x + 1} + 16 = 0$

e) $log\,(x + 1) = 1 + log\, x$ f) $ln\, \sqrt{x} + 1 = ln\, x$

19 Resuelve los siguientes sistemas:

a) $\begin{cases} x - 4y = 5 \\ log\,(x + 1) = 1 + log\, y \end{cases}$ b) $\begin{cases} 2^x - 3^{y-1} = -5 \\ 2^{2x} - 3^y = -11 \end{cases}$

c) $\begin{cases} x + 2y + z = 1 \\ -2x + y - z = -5 \\ 3x - y + 3z = 10 \end{cases}$ d) $\begin{cases} x - y + 3z = 7 \\ 2x + 3y - z = 5 \\ -4x - 11y + 9z = 0 \end{cases}$

20 Resuelve:

a) $x^3 - 2x^2 - x + 2 \le 0$ b) $\dfrac{x^2 + 6}{x^2 - 4} \ge 0$

21 Una pastelería vendió 27 tartas. El número de las de chocolate duplicó al de tartas de nata y entre ambas excedieron en 3 a las ventas de tartas de queso. ¿Cuántas se vendieron de cada tipo?

En la web Resoluciones de estos ejercicios.

II Trigonometría y números complejos

Notas históricas. Trigonometría

La palabra trigonometría significa "medida de triángulos", pues sirve para *resolver* triángulos, es decir, para calcular elementos desconocidos a partir de elementos conocidos de estos. Muchas aplicaciones justifican el desarrollo de la trigonometría a través de la historia: cálculo de distancias, predicción de eclipses, confección de calendarios, construcción de obras de ingeniería, elaboración de mapas y cartas marinas…

3000

Elaboración del primer calendario

1 Construcción de las pirámides de Gizeh

Comienza la civilización minoica en Creta

Se construye el palacio de Cnosos

2000

Aparece el sistema de numeración en base 60

Primer alfabeto

1 Babilonia: código legal de Hammurabi

Comienzo de la Edad del Hierro

Guerra de Troya

Gengis Khan

Construcción de las catedrales góticas

Ricardo Corazón de León

Se escribe el *Cantar del Mio Cid*

1200

1500

Límites definitivos de España

Primera circunnavegación de la Tierra a cargo de El Cano

Lutero

Carlos I

Vieta 3

Felipe II

Se instaura el calendario gregoriano

1600

1 Las culturas babilónica, egipcia y griega antigua manejaron aspectos prácticos relacionados con la trigonometría carentes de sistematización y de una teoría matemática que los respaldase, pero gracias a los cuales realizaron algunas construcciones de enorme mérito: pirámides, túnel de Samos, orientación de templos…

2 **Eratóstenes** (276-194 a. C.) obtiene por métodos trigonométricos el radio de la Tierra con notable precisión.

3 **Hiparco** (190-120 a. C.) fue el precursor de la moderna trigonometría con la construcción de unas auténticas tablas trigonométricas.

4 **Ptolomeo de Alejandría** (85-165) construye una minuciosa tabla trigonométrica desde 0° a 180° con incrementos de medio grado y explica cómo utilizarla para resolver triángulos.

1000

Se edifica el templo de Salomón

1 Construcción del túnel de Samos

Aristóteles

Alejandro Magno

2 Eratóstenes

3 Hiparco

J. C.

4 Ptolomeo

Invención del papel en China

El emperador Constantino I se convierte al cristianismo

División del imperio romano

Atila

500

India **5**

900

Se funda la abadía de Cluny

Abderramán III funda el califato omeya de Córdoba

Desarrollo de la cultura árabe **6**

Almanzor

Avicena

1000

1100

Se funda la orden Templaria

Escuela de Traductores de Toledo **7**

5 En los tratados de astronomía indios de los siglos IV y V se exponen las funciones seno, coseno, secante y cosecante.

6 Los árabes publican el primer tratado de trigonometría plana y esférica como ciencia matemática independiente (siglo X) desarrollando los conocimientos tomados de las culturas griega e hindú.

7 A través de los árabes españoles la trigonometría se introduce en el occidente latino a partir del siglo XIII.

8 En el siglo XVI cabe destacar al francés Franciscus Vieta que sistematizó y amplió los conocimientos trigonométricos de entonces con importantes teoremas que aplicó a la resolución de problemas aritméticos y geométricos.

En la web

- Ampliación de las notas históricas correspondientes a este bloque.
- Lectura sobre cálculo de distancias astronómicas.

4 Resolución de triángulos

Origen de la trigonometría

La trigonometría nace y se desarrolla impulsada, fundamentalmente, por la astronomía. Hace casi 4 000 años, egipcios y babilonios fueron pioneros en este campo. A estos últimos les debemos la medida sexagesimal de los ángulos y las primeras y muy rudimentarias tablas trigonométricas.

Los griegos heredaron estos conocimientos, los asentaron y ampliaron. Destacaron por sus aportaciones teóricas **Hiparco de Nicea** (siglo II a. C.), gran astrónomo, y, muy especialmente, **Ptolomeo de Alejandría** (siglo II), autor de una monumental obra de astronomía de 13 volúmenes, el primero de los cuales desarrolla toda la trigonometría helena.

Los árabes (siglos IX y X) conocieron esta obra y la llamaron *Almagesto* (la más grande). Inspirándose en ella construyeron una trigonometría muy práctica y bien fundamentada, que se extendió por Europa a partir del siglo XII.

En la web Biografías de Hiparco y Ptolomeo.

Tablilla babilónica con problemas geométricos fechada en el año 1800 a. C.

Las tablas trigonométricas

El manejo de los ángulos se simplifica notablemente si cada medida angular se sustituye por una medida lineal. Es lo que actualmente se llama *razón trigonométrica* del ángulo.

Hiparco construyó una extensa tabla en la que se asociaba a cada ángulo la medida de la cuerda correspondiente (figura I). Y Ptolomeo amplió esta tabla siguiendo el mismo criterio.

Por otro lado, los hindúes, en los siglos IV y V, siguieron otro criterio para construir sus tablas: asociaron a cada ángulo la mitad de la cuerda del ángulo doble (figura II). Es lo que ahora llamamos *seno* del ángulo.

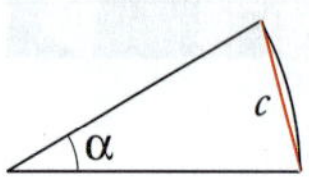

Figura I

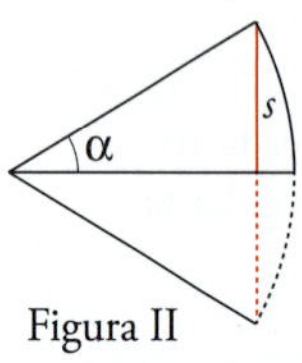

Figura II

Esta última forma de caracterizar los ángulos es más ventajosa porque trabaja con triángulos rectángulos. Por eso los árabes, que en su enfoque de la trigonometría siguieron el *Almagesto*, para construir sus tablas adoptaron la razón *seno* de los hindúes, y las completaron con las demás razones trigonométricas que hoy manejamos.

Claudio Ptolomeo (ca. 100-ca. 170).

Utilidad de la trigonometría

Excavar túneles

La trigonometría no solo se usó en la astronomía. Egipcios, babilonios, griegos, hindúes y árabes se valieron de ella para el cálculo de distancias y ángulos en sus construcciones. Una de las obras de ingeniería más notables de la Grecia antigua fue el túnel de Samos, realizado en el siglo VI a. C. Para su construcción se empleó, indudablemente, la triangulación y, por tanto, algunos rudimentos de trigonometría. El túnel, para llevar agua a través de un monte, se excavó partiendo simultáneamente de las dos laderas.

Túnel de Samos.

El GPS

En la actualidad hay instrumentos, como el GPS, que averiguan la posición en la que se encuentran en cada instante. ¿Cómo lo consiguen? Mediante una triangulación realizada con la ayuda de satélites artificiales y resuelta trigonométricamente mediante ordenador.

GPS son las siglas de Global Positioning System (Sistema de Posicionamiento Global). Funciona mediante una red de 24 satélites, con trayectorias sincronizadas para cubrir toda la superficie de la Tierra.

Resuelve

Localización de una emisora clandestina

Vamos a aplicar la técnica de la triangulación para resolver el siguiente problema:

> Una emisora de radio clandestina E se sintoniza desde dos controles policiales, A y B. En cada uno de ellos se detecta la dirección en la que se encuentra, no la distancia. Por tanto, se conocen los ángulos $\alpha = 58°$ y $\beta = 46°$, así como la distancia $AB = 120$ m. Para localizar sobre el terreno la emisora E hay que calcular la distancia $\overline{AE}$ o la distancia $\overline{BE}$.

Resuelve el problema planteado realizando un dibujo en tu cuaderno a escala 1:1 000 (1 m = 1 mm). Sobre el papel, mide los lados AE y BE e interpreta el resultado en la realidad.

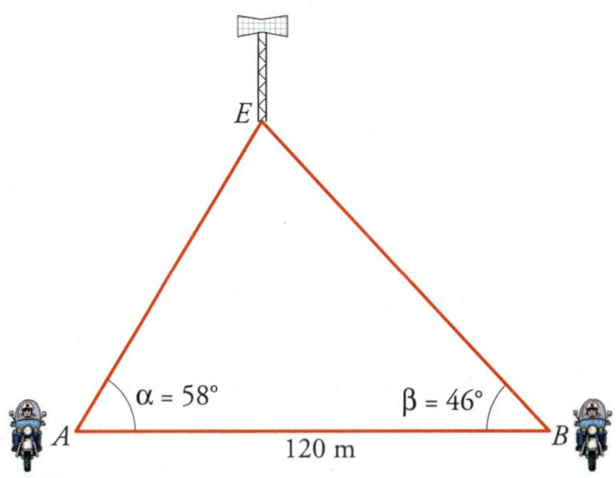

1 Razones trigonométricas de un ángulo agudo (0° a 90°)

La palabra **trigonometría** (*trigono*, triángulo, y *metría*, medida) trata de la "medición de triángulos", es decir, del cálculo de algún elemento desconocido (lado o ángulo) de un triángulo a partir de otros elementos conocidos. Es lo que se llama "resolver un triángulo". Para ello, son fundamentales las razones trigonométricas de los ángulos. Empezaremos, pues, recordando en qué consisten y, más adelante, las utilizaremos para resolver triángulos.

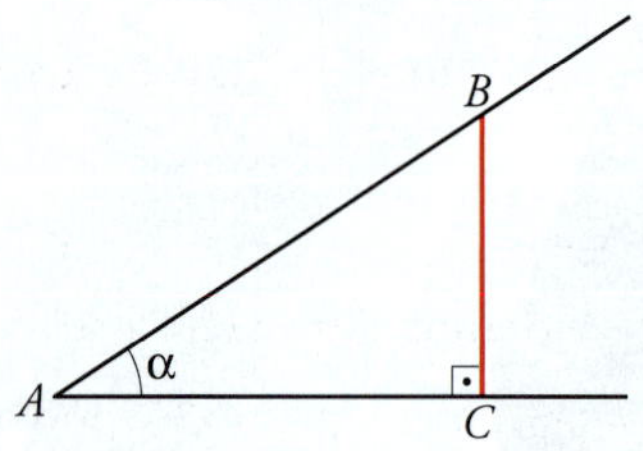

Las **razones trigonométricas** (seno, coseno y tangente) de un ángulo agudo, α, definidas a partir de un triángulo rectángulo, *ABC*, son:

$$sen\,\alpha = \frac{\overline{BC}}{\overline{AB}} \qquad cos\,\alpha = \frac{\overline{AC}}{\overline{AB}} \qquad tg\,\alpha = \frac{\overline{BC}}{\overline{AC}}$$

Entre ellas se dan las siguientes **relaciones fundamentales:**

$$\textbf{I. } sen^2\,\alpha + cos^2\,\alpha = 1 \qquad \textbf{II. } \frac{sen\,\alpha}{cos\,\alpha} = tg\,\alpha$$

En la web

Definiciones animadas de las razones trigonométricas de un ángulo agudo.

Demostración de las relaciones fundamentales:

$$\textbf{I. } (sen\,\alpha)^2 + (cos\,\alpha)^2 = \left(\frac{\overline{BC}}{\overline{AB}}\right)^2 + \left(\frac{\overline{AC}}{\overline{AB}}\right)^2 = \frac{\overline{BC}^2 + \overline{AC}^2}{\overline{AB}^2} \overset{(*)}{=} \frac{\overline{AB}^2}{\overline{AB}^2} = 1$$

(*) Por el teorema de Pitágoras.

$$\textbf{II. } \frac{sen\,\alpha}{cos\,\alpha} = \frac{\overline{BC}}{\overline{AB}} : \frac{\overline{AC}}{\overline{AB}} = \frac{\overline{BC}}{\overline{AC}} = tg\,\alpha$$

Recuerda

$(sen\,\alpha)^2$ se pone $sen^2\,\alpha$. Lo mismo las demás razones trigonométricas.

Ejercicios resueltos

1 *Conociendo* $cos\,\alpha = 0{,}86$ *calcular* $sen\,\alpha$ *y* $tg\,\alpha$.

La relación fundamental I nos permite calcular $sen\,\alpha$ (solo tomamos la raíz positiva):

$$sen^2\,\alpha + cos^2\,\alpha = 1 \to sen^2\,\alpha + 0{,}86^2 = 1 \to sen\,\alpha = \sqrt{1 - 0{,}86^2} = 0{,}51$$

Con la relación II, calculamos la tangente:

$$tg\,\alpha = \frac{sen\,\alpha}{cos\,\alpha} = \frac{0{,}51}{0{,}86} = 0{,}59$$

Hazlo tú. Sabiendo que $sen\,\beta = 0{,}39$ calcula $cos\,\beta$ y $tg\,\beta$.

2 *Conociendo* $tg\,\alpha = 2{,}83$ *calcular* $sen\,\alpha$ *y* $cos\,\alpha$.

Tomando como incógnitas $sen\,\alpha$ y $cos\,\alpha$, las relaciones fundamentales I y II dan lugar a un sistema de dos ecuaciones con dos incógnitas.

Llamamos $s = sen\,\alpha$ y $c = cos\,\alpha$.

$$\left.\begin{array}{l} s^2 + c^2 = 1 \\ s/c = 2{,}83 \end{array}\right\} \xrightarrow{\quad} (2{,}83c)^2 + c^2 = 1 \to 9{,}0089c^2 = 1 \to c = 0{,}33$$

$$\to s = 2{,}83c$$

$cos\,\alpha = 0{,}33$; $sen\,\alpha = 2{,}83 \cdot 0{,}33 = 0{,}93$

Hazlo tú. Conociendo $tg\,\beta = 1{,}28$ calcula $sen\,\beta$ y $cos\,\beta$.

3 *Demostrar la validez de la siguiente igualdad:*

$$\frac{1}{cos^2\,\alpha} = 1 + tg^2\,\alpha$$

$$\frac{1}{cos^2\alpha} \overset{(*)}{=} \frac{sen^2\alpha + cos^2\alpha}{cos^2\alpha} = \left(\frac{sen\,\alpha}{cos\,\alpha}\right)^2 + \frac{cos^2\,\alpha}{cos^2\,\alpha} \overset{(**)}{=} tg^2\,\alpha + 1$$

(*) Por la relación I. (**) Por la relación II.

2 Razones trigonométricas de ángulos cualesquiera (0° a 360°)

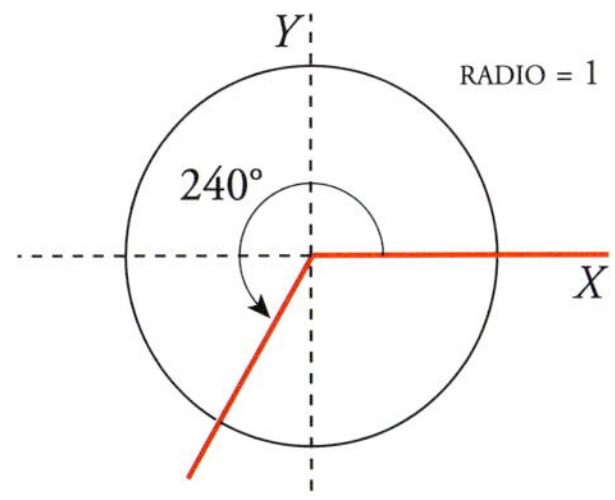

CIRCUNFERENCIA GONIOMÉTRICA

Para definir las razones trigonométricas de ángulos mayores que 90°, utilizaremos la **circunferencia goniométrica.** Recordemos en qué consiste:

Con centro en el origen de unos ejes coordenados, se traza una circunferencia de radio 1. Los ángulos se sitúan sobre ella del siguiente modo:

- Su vértice, en el centro.
- Uno de los lados, coincidiendo con el semieje positivo de las *X*.
- El otro lado, donde corresponda, abriéndose el ángulo en el sentido contrario al movimiento de las agujas del reloj.
- La circunferencia queda dividida en cuatro cuadrantes:

  1.er cuadrante: $0° < \alpha < 90°$ 2.º cuadrante: $90° < \alpha < 180°$

  3.er cuadrante: $180° < \alpha < 270°$ 4.º cuadrante: $270° < \alpha < 360°$

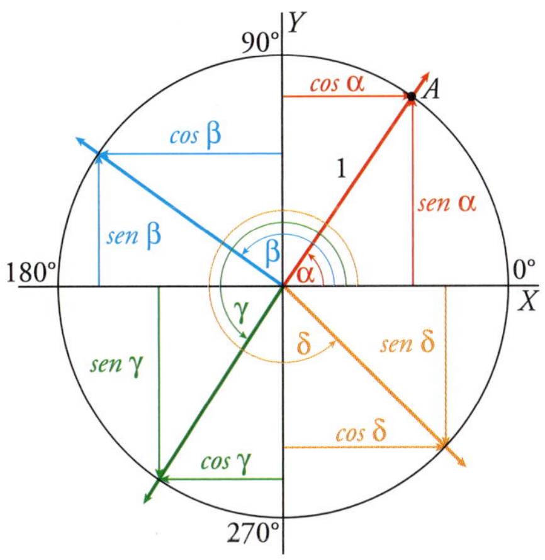

Seno y coseno de un ángulo entre 0° y 360°

Si situamos un ángulo agudo, α, sobre la circunferencia goniométrica, su segundo lado corta a esta en un punto *A* cuyas coordenadas son, precisamente, $cos\ \alpha$ y $sen\ \alpha$. Por extensión, definimos:

> ϕ es un ángulo cualquiera, de 0° a 360°. Al situarlo sobre la circunferencia goniométrica, su segundo lado la corta en un punto *P*. A sus coordenadas las identificamos con $cos\ \phi$ y $sen\ \phi$: $P(cos\ \phi, sen\ \phi)$.
>
> En todos los casos se cumple que $sen^2\ \phi + cos^2\ \phi = 1$.

En el gráfico, la dirección de las flechas marca el signo:

Para el coseno: $\begin{cases} \text{derecha } + \\ \text{izquierda } - \end{cases}$ Para el seno: $\begin{cases} \text{arriba } + \\ \text{abajo } - \end{cases}$

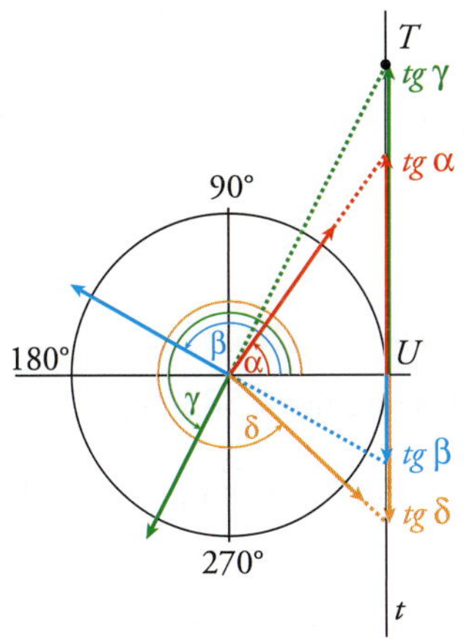

Tangente de un ángulo entre 0° y 360°

Situamos el ángulo sobre la circunferencia goniométrica. Trazamos la recta *t* tangente a la circunferencia en *U*. El segundo lado del ángulo, o su prolongación, corta a la recta *t* en el punto *T*. La *tangente* del ángulo es igual a la longitud del segmento *UT*, con el signo correspondiente. En todos los casos se cumple la relación:

$$tg\ \phi = \frac{sen\ \phi}{cos\ \phi}$$

Los ángulos de 90° y 270° *no tienen tangente*.

Ejercicios propuestos

1 Sabiendo que el ángulo α está en el segundo cuadrante $(90° < \alpha < 180°)$ y $sen\ \alpha = 0,62$, calcula $cos\ \alpha$ y $tg\ \alpha$.

2 Sabiendo que el ángulo α está en el tercer cuadrante $(180° < \alpha < 270°)$ y $cos\ \alpha = -0,83$, calcula $sen\ \alpha$ y $tg\ \alpha$.

3 Sabiendo que el ángulo α está en el cuarto cuadrante $(270° < \alpha < 360°)$ y $tg\ \alpha = -0,92$, calcula $sen\ \alpha$ y $cos\ \alpha$.

4 Completa en tu cuaderno la siguiente tabla y amplíala para los ángulos 210°, 225°, 240°, 270°, 300°, 315°, 330° y 360°.

	0°	30°	45°	60°	90°	120°	135°	150°	180°
sen	0	1/2	$\sqrt{2}/2$	$\sqrt{3}/2$	1				
cos	1	$\sqrt{3}/2$			0				
tg	0	$\sqrt{3}/3$			–				

En la web
- Ejercicios interactivos usando la circunferencia goniométrica.
- Razones trigonométricas de los ángulos más comunes.

3 Ángulos fuera del intervalo 0° a 360°

Nota histórica

La unidad de medida de ángulos, el grado, proviene de la antigua Babilonia. Los babilonios supusieron, en un principio, que el año tenía 360 días y tomaron como medida angular "el recorrido diario del Sol alrededor de la Tierra". Esta forma de medir ha perdurado hasta nuestros días y su influencia se ha dejado notar, también, en la medición del tiempo.

Ángulos de 360° o mayores

En el intervalo [0°, 360°) se encuentran todos los ángulos, sean cuales sean sus amplitudes. No obstante, vamos a darle validez a ángulos de un número cualquiera de grados. Veámoslo con unos ejemplos:

- Consideremos un ángulo de 412°.

  Puesto que 412° = 360° + 52°, el ángulo de 412° da una vuelta completa a la circunferencia goniométrica (360°) y, además, 52°. Por eso diremos que 412° = 52°. Sus razones trigonométricas, naturalmente, son las mismas:

  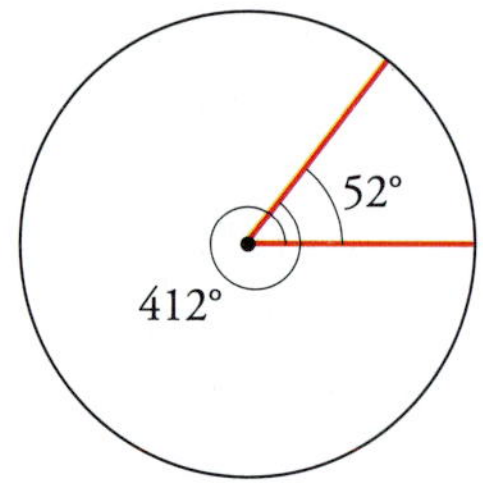

  $sen\ 412° = sen\ 52°$, $cos\ 412° = cos\ 52°$, $tg\ 412° = tg\ 52°$

- ¿A qué ángulo del intervalo [0°, 360°) corresponde 1 554°?

  1 554° |360°
  114°   4

  → $1\,554° = 360° \cdot 4 + 114°$. Por tanto, $1\,554° = 114°$.

- Y, obviamente, 360° = 0°.

En general, $\alpha = \alpha + 360° \cdot n$, donde n es un número entero (positivo o negativo).

Ángulos negativos

El ángulo de 300° puede expresarse así: $300° = 300° - 360° = -60°$

Frecuentemente, los ángulos que quedan situados debajo del eje X, es decir, los comprendidos entre 180° y 360°, se designan con una medida negativa. En tal caso, las medidas de los ángulos se dan en el intervalo (–180°, 180°].

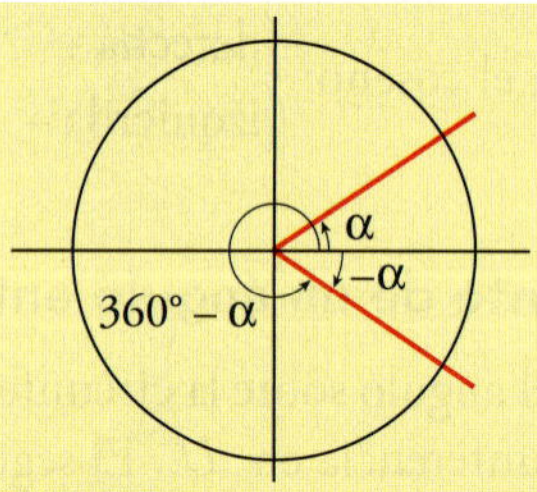

Si $0° < \alpha < 180°$, entonces a $360° - \alpha$ se le suele llamar, simplemente, $-\alpha$.

Se dice que α y $-\alpha$ son opuestos.

Ejemplo: Situemos en el intervalo (–180°, 180°] los ángulos 2 583° y 3 125°.

- 2 583° |360°
  063°   7

  → $2\,583° = 360° \cdot 7 + 63°$. Por tanto, $2\,583° = 63°$.

- 3 125° |360°
  245°   8

  → $3\,125° = 360° \cdot 8 + 245°$. Por tanto, $3\,125° = 245°$.

  Pero 245° no pertenece al intervalo (–180°, 180°]. Hemos de seguir de este modo: $245° = 245° - 360° = -115°$. Ahora sí: $3\,125° = -115°$.

Ejercicios propuestos

1 Pasa cada uno de los siguientes ángulos al intervalo [0°, 360°) y al intervalo (–180°, 180°]:

a) 396° b) 492°
c) 645° d) 3 895°
e) 7 612° f) 1 980°

2 Determina el valor de estas razones trigonométricas:

a) *sen* 13 290° b) *cos* (–1 680°)
c) *tg* 3 825° d) *cos* 4 995°
e) *sen* (–1 710°) f) *tg* 3 630°
g) *cos* (–36 000°) h) *sen* (–330°)

4 Trigonometría con calculadora

Unidades angulares

Los ángulos pueden expresarse en:

- **Grados sexagesimales** (°): un ángulo recto tiene 90°.
- **Grados centesimales** (gra): un ángulo recto tiene 100 gra.
- **Radianes** (rad): un ángulo recto tiene $\pi/2$ *rad.*

Las calculadoras los designan, respectivamente:

DEG, GRA, RAD

En esta unidad vamos a trabajar con grados sexagesimales, así que pon en tu calculadora modo DEG. (Los grados centesimales no los usaremos nunca y los radianes te los encontrarás en la próxima unidad.)

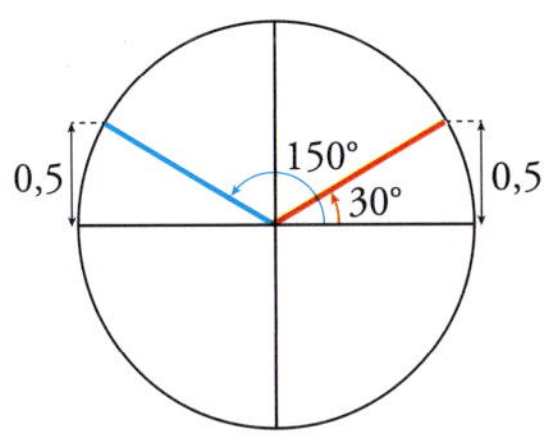

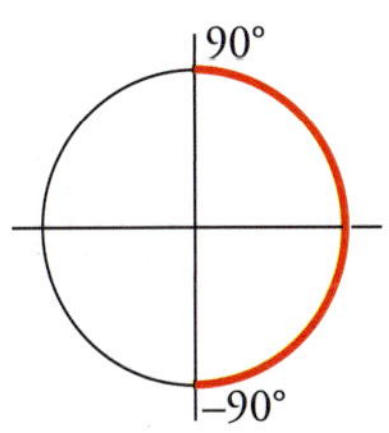

seno y tangente

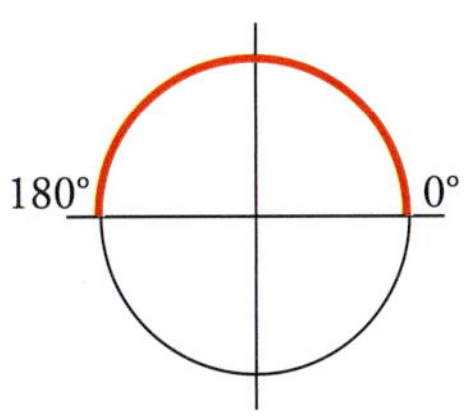

coseno

Razones trigonométricas de ángulos cualesquiera

La calculadora, como sabes, nos da las razones trigonométricas de cualquier ángulo. Probemos, por ejemplo, con *cos* 128°:

[cos] 128 [=] `-0.615661475`

¿Cómo actúa cuando le damos un ángulo menor que 0° o mayor que 360°? Pues exactamente igual, da automáticamente la razón trigonométrica que se le pide.

[sin] 8 953 [=] `-0.731353702`

[cos] 1 370 [=] `0.342020143`

[tan] 37 901 [=] `-5.144554016`

Hay algunas excepciones. Por ejemplo: [tan] 46170 [=] `-E-`

¿Por qué da mensaje de error? Sencillamente porque 46 170° = 128 · 360° + 90° y, como sabemos, no existe la tangente de 90°. Es decir, la calculadora hace una interpretación muy razonable de estos ángulos y sus razones trigonométricas.

También da mensaje de error cuando le pedimos la razón trigonométrica de un ángulo absurdamente grande. Por ejemplo $3{,}7 \cdot 10^{20}$. Estos ángulos no los interpreta.

Obtención del ángulo dada la razón trigonométrica

Si le preguntamos a la calculadora cuál es el ángulo cuyo seno es 0,5 ¿qué nos contestará? ¿30° o 150°? ¿O acaso 390°? ¿750°? Todos esos ángulos y otros muchos más tienen su *seno* igual a 0,5. Probémoslo:

[SHIFT] [sin] 0,5 [=] `30` ¿Por qué responde 30°? Veámoslo:

Si le preguntamos a la calculadora cuál es el ángulo cuya razón trigonométrica es un cierto número, responde del siguiente modo:

PARA	DA UN VALOR ENTRE
seno	–90° y 90°
coseno	0° y 180°
tangente	–90° y 90°

[SHIFT] [sin] –0,5 [=] `-30`

[SHIFT] [cos] –0,5 [=] `120`

[SHIFT] [tan] –4 [=] `-75.963...`

[SHIFT] [sin] 0,8 [=] `53.130...`

[SHIFT] [cos] 0,8 [=] `36.869...`

[SHIFT] [tan] 1 [=] `45`

Ejercicio resuelto

1 *Calcular sen α y cos α con calculadora, sabiendo que tg α = 2,83 y que 0° < α < 90°.*

Empezamos poniendo la calculadora en grados (modo DEG).

[SHIFT] [tan] 2,83 [=] `70.53878` [SHIFT] [°'"] `70°32°20°` [Min]

Hemos obtenido que α, el ángulo cuya tangente es 2,83, es 70° 32' 20".

Este resultado se ha introducido en la memoria y recurrimos a él mediante [MR].

[sin] [MR] [=] `0.942867` → *sen* α = 0,94

[cos] [MR] [=] `0.333168` → *cos* α = 0,33

Hazlo tú. Sabiendo que *sen* β = 0,87 y 90° < β < 180°, calcula *cos* β y *tg* β.

Ejercicio propuesto

1 A partir de los datos que se ofrecen en cada apartado relativos al ángulo α, halla, con ayuda de la calculadora, las razones trigonométricas de α.

a) *sen* α = 0,573; α > 90° b) *cos* α = 0,309; *sen* α < 0 c) *tg* α = 1,327; 180° < α < 270° d) *cos* α = –0,819; *tg* α < 0

En la web Ampliación sobre el uso de la calculadora en trigonometría.

5 Relaciones entre las razones trigonométricas de algunos ángulos

A veces puede resultar útil relacionar un cierto ángulo con otro situado en el primer cuadrante, de modo que las razones trigonométricas de aquel se obtengan a partir de las de este.

Las relaciones que estudiamos a continuación son muy sencillas. No es necesario que las aprendas de memoria, solo que las entiendas y las visualices. Si las ves con claridad, podrás repetirlas cuando las necesites.

Observa

Un ángulo que está en el **segundo cuadrante** se puede poner como $180° - \alpha$, siendo α su suplementario en el primer cuadrante. Sus razones trigonométricas se relacionan de forma muy sencilla.

■ **Ángulos suplementarios: α y $180° - \alpha$**

$sen\ (180° - \alpha) = sen\ \alpha$

$cos\ (180° - \alpha) = -cos\ \alpha$

$tg\ (180° - \alpha) = -tg\ \alpha$

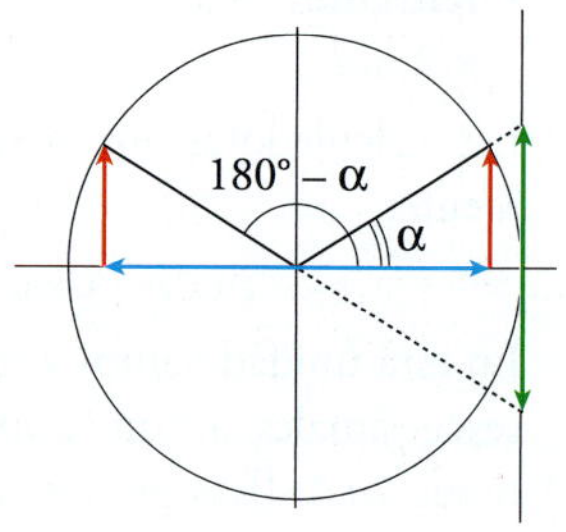

Observa

Un ángulo del **segundo cuadrante** se puede poner como $90° + \alpha$, siendo α del primer cuadrante.

Las relaciones entre sus razones trigonométricas son menos sencillas que las anteriores.

■ **Ángulos que difieren en 90°: α y $\alpha + 90°$**

$sen\ (\alpha + 90°) = cos\ \alpha$

$cos\ (\alpha + 90°) = -sen\ \alpha$

$tg\ (\alpha + 90°) = \dfrac{cos\ \alpha}{-sen\ \alpha} = \dfrac{-1}{tg\ \alpha}$

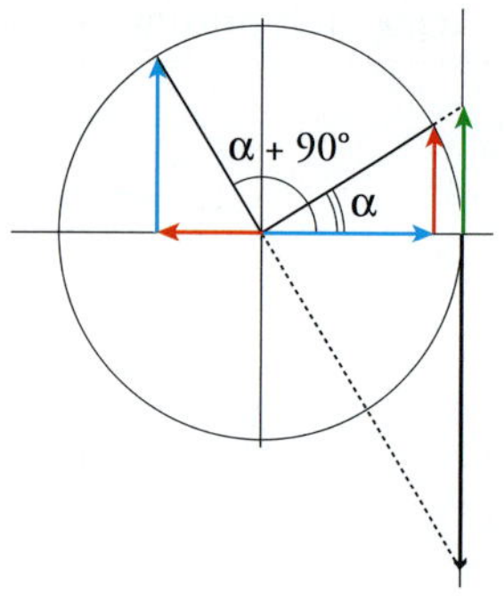

Observa

Un ángulo del **tercer cuadrante** se puede poner como $180° + \alpha$ para relacionarlo con un ángulo α del primer cuadrante.

■ **Ángulos que difieren en 180°: α y $\alpha + 180°$**

$sen\ (\alpha + 180°) = -sen\ \alpha$

$cos\ (\alpha + 180°) = -cos\ \alpha$

$tg\ (\alpha + 180°) = tg\ \alpha$

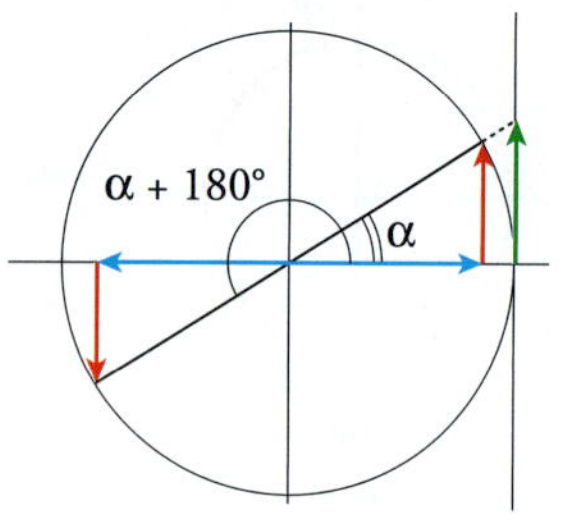

Observa

Un ángulo del **cuarto cuadrante** se puede designar como $-\alpha$ para, así, relacionarlo con su opuesto, α, del primer cuadrante.

■ **Ángulos opuestos: α y $-\alpha$**

$sen\ (-\alpha) = -sen\ \alpha$

$cos\ (-\alpha) = cos\ \alpha$

$tg\ (-\alpha) = -tg\ \alpha$

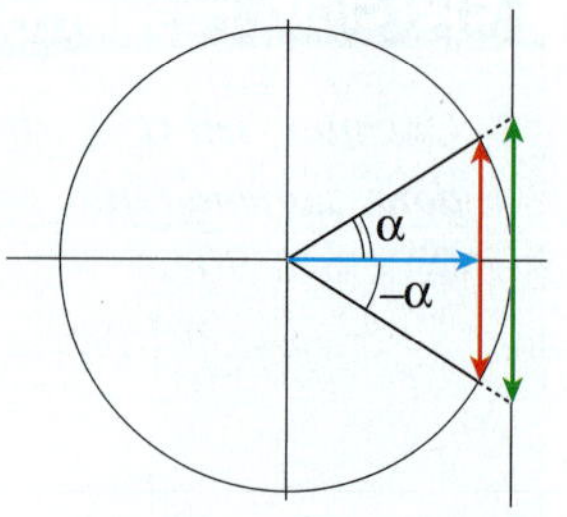

Observa

Las razones trigonométricas de dos ángulos **complementarios** α y $90° - \alpha$ se relacionan fácilmente.

■ **Ángulos complementarios: α y $90° - \alpha$**

$sen\ (90° - \alpha) = cos\ \alpha$

$cos\ (90° - \alpha) = sen\ \alpha$

$tg\ (90° - \alpha) = \dfrac{cos\ \alpha}{sen\ \alpha} = \dfrac{1}{tg\ \alpha}$

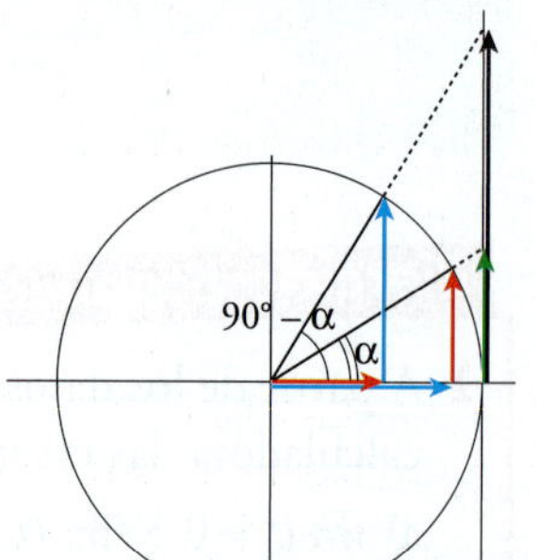

En la web — Animaciones y ejercicios que ilustran las relaciones entre razones trigonométricas de algunos ángulos.

Ejercicio resuelto

1 *Sabiendo que:*

sen $25° = 0{,}423$

cos $25° = 0{,}906$

tg $25° = 0{,}466$

hallar todas las razones trigonométricas de:

a) $65°$

b) $115°$

c) $155°$

d) $205°$

a) Los ángulos 25° y 65° son complementarios (65° = 90° – 25°).

Por tanto:

$sen\ 65° = cos\ 25° = 0{,}906$

$cos\ 65° = sen\ 25° = 0{,}423$

$$tg\ 65° = \frac{1}{tg\ 25°} = \frac{1}{0{,}466} = 2{,}146$$

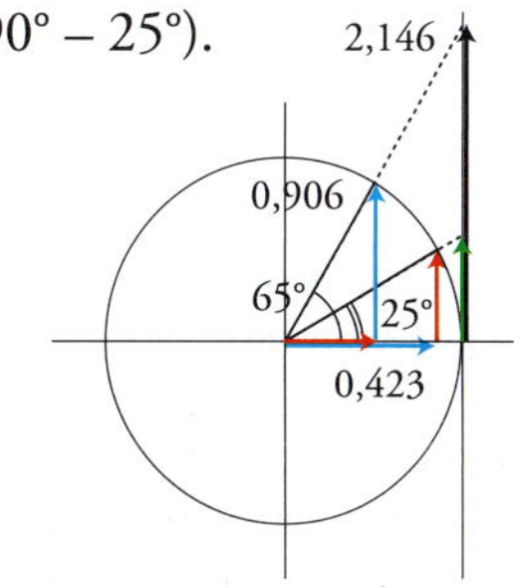

b) Los ángulos 25° y 115° difieren en 90° (115° = 25° + 90°).

Por tanto:

$sen\ 115° = cos\ 25° = 0{,}906$

$cos\ 115° = -sen\ 25° = -0{,}423$

$$tg\ 115° = \frac{-1}{tg\ 25°} = \frac{-1}{0{,}466} = -2{,}146$$

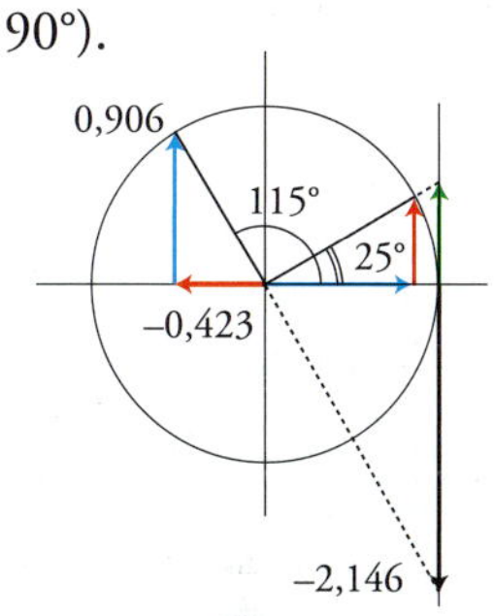

c) Los ángulos de 25° y 155° son suplementarios (155° = 180° – 25°). Por tanto:

$sen\ 155° = sen\ 25° = 0{,}423$

$cos\ 155° = -cos\ 25° = -0{,}906$

$tg\ 155° = -tg\ 25° = -0{,}466$

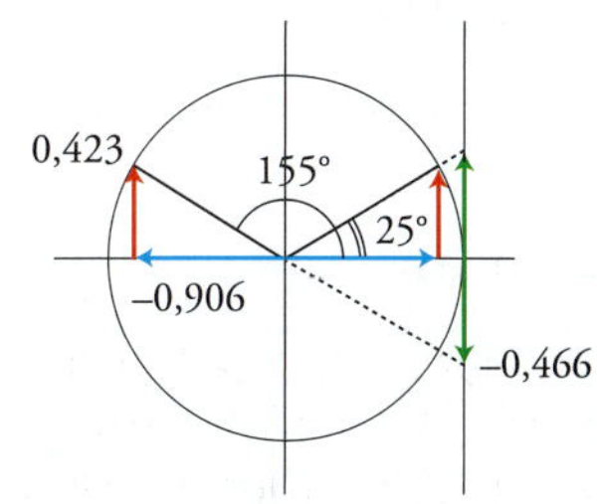

d) Los ángulos 25° y 205° difieren en 180° (205° = 25° + 180°).

Por tanto:

$sen\ 205° = -sen\ 25° = -0{,}423$

$cos\ 205° = -cos\ 25° = -0{,}906$

$tg\ 205° = tg\ 25° = 0{,}466$

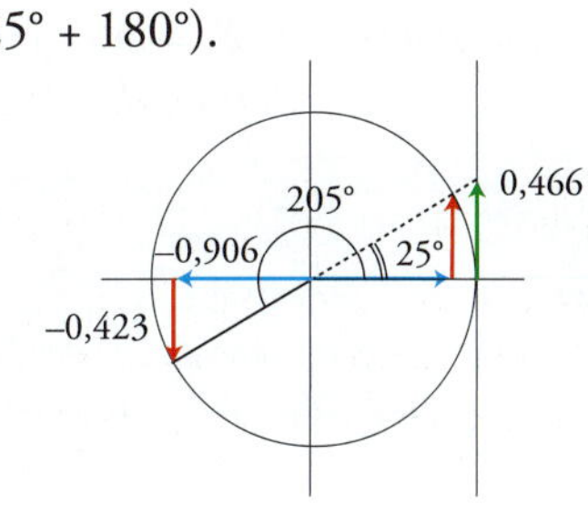

Ejercicios propuestos

1 Calcula las razones trigonométricas de 55°, 125°, 145°, 215°, 235°, 305° y 325° a partir de las razones trigonométricas de 35°:

$sen\ 35° = 0{,}57;\ \ cos\ 35° = 0{,}82;\ \ tg\ 35° = 0{,}70$

2 Averigua las razones trigonométricas de 358°, 156° y 342°, utilizando la calculadora solo para hallar razones trigonométricas de ángulos comprendidos entre 0° y 90°.

3 Dibuja, sobre la circunferencia goniométrica, ángulos que cumplan las siguientes condiciones y estima, en cada caso, el valor de las restantes razones trigonométricas:

a) $sen\ \alpha = -\frac{1}{2},\ \ tg\ \alpha > 0$

b) $cos\ \alpha = \frac{3}{4},\ \ \alpha > 90°$

c) $tg\ \alpha = -1,\ \ cos\ \alpha < 0$

d) $tg\ \alpha = 2,\ \ cos\ \alpha < 0$

e) $sen\ \alpha = -1$

f) $cos\ \alpha = 0,\ \ sen\ \alpha > 0$

6 Resolución de triángulos rectángulos

Resolver un triángulo es hallar uno o más elementos (lados y ángulos) desconocidos a partir de los elementos conocidos.

Casos de resolución de triángulos rectángulos

Hemos de tener en cuenta que en un triángulo rectángulo siempre conocemos un ángulo (el recto).

ELEMENTOS CONOCIDOS	CÓMO SE CALCULAN LOS DEMÁS
Dos lados.	• El tercer lado se calcula mediante el teorema de Pitágoras. • Cada ángulo desconocido se calcula mediante la razón trigonométrica que lo relaciona con los lados conocidos.
Un lado y un ángulo.	• Cada lado desconocido se calcula mediante la razón trigonométrica que lo relaciona con el lado y el ángulo conocidos. • El otro ángulo agudo es el complementario del que conocemos.

Preguntas clave para resolver un triángulo

- ¿Cuáles son los datos?
- ¿Cuáles son los elementos desconocidos?
- ¿Qué razón trigonométrica liga cada elemento desconocido con los datos?

En la web
Hoja de cálculo para corregir tus resoluciones de triángulos rectángulos.

Ejercicios resueltos

1 *En un triángulo rectángulo se conocen un cateto, a = 11 cm, y la hipotenusa, c = 20 cm.*

Hallar los demás elementos.

- Por Pitágoras obtenemos $b = \sqrt{20^2 - 11^2} = 16{,}7$ cm.
- El seno del ángulo $\hat{A}$ se obtiene con el cateto opuesto, a, y la hipotenusa, c:

$$sen\,\hat{A} = \frac{11}{20} = 0{,}55 \rightarrow \hat{A} = 33°\ 22'$$

- El otro ángulo, $\hat{B}$, es complementario de $\hat{A}$: $\hat{B} = 90° - \hat{A} = 56°\ 38'$

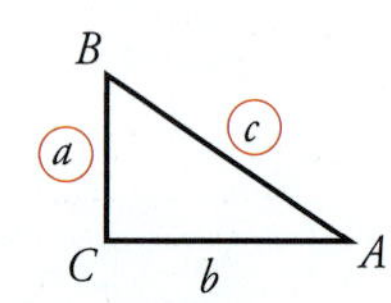

Hazlo tú. Los catetos de un triángulo rectángulo son $a = 47$ cm y $b = 62$ cm. Halla la hipotenusa y los ángulos.

2 *En un triángulo rectángulo del que se conocen $\hat{B} = 50°$ y un cateto $a = 15$ cm, hallar los demás elementos.*

- La tangente de $\hat{B}$ relaciona el ángulo con los dos catetos:

$$tg\,\hat{B} = \frac{b}{a} \rightarrow b = a\,tg\,\hat{B} = 15\,tg\,50° = 17{,}88 \text{ cm}$$

- $cos\,\hat{B}$ relaciona el cateto conocido con la hipotenusa:

$$cos\,\hat{B} = \frac{a}{c} \rightarrow c = \frac{a}{cos\,\hat{B}} = \frac{15}{cos\,50°} = 23{,}34 \text{ cm}$$

Puesto que ya se conocían los dos catetos, a y b, la hipotenusa se podría haber calculado mediante el teorema de Pitágoras: $c = \sqrt{15^2 + 17{,}88^2} = 23{,}34$ cm

- El ángulo $\hat{A}$ es complementario de $\hat{B}$: $\hat{A} = 90° - 50° = 40°$

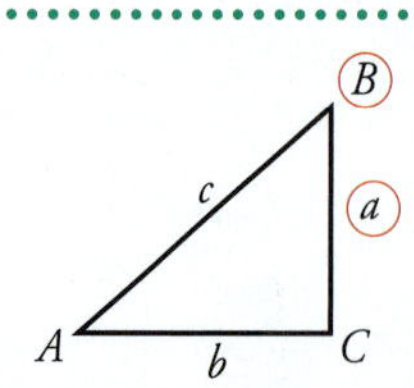

Hazlo tú. En un triángulo rectángulo conocemos $\hat{B} = 62°$ y $b = 152$ m. Halla los demás elementos.

3 *En un triángulo rectángulo conocemos la hipotenusa, c = 72 m, y un ángulo, $\hat{A} = 23°$. Calcular el lado a.*

Para relacionar un ángulo con su cateto opuesto y con la hipotenusa, recurrimos al seno:

$$sen\,\hat{A} = \frac{a}{c} \rightarrow a = c\,sen\,\hat{A} = 72\,sen\,23° = 28{,}13 \text{ m}$$

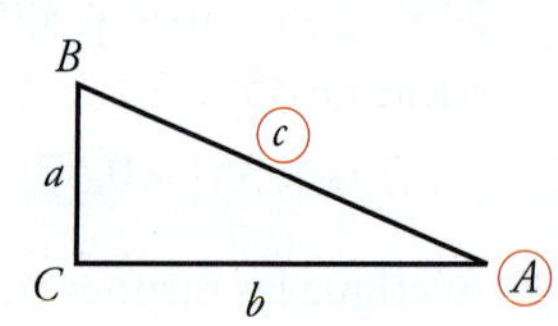

Hazlo tú. Conocemos la hipotenusa, $c = 72$ m, y el ángulo $\hat{A} = 23°$ de un triángulo rectángulo. Calcula b.

Algunos resultados muy útiles

Los siguientes resultados, ligados a la resolución de triángulos, aparecen con tanta frecuencia que es conveniente memorizarlos:

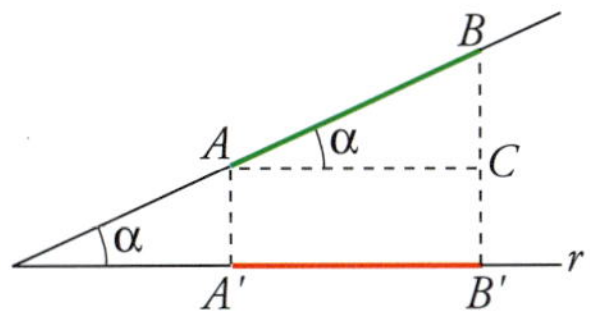

$A'B'$ es la proyección de AB sobre la recta r.

Proyección de un segmento

En el triángulo ABC, $\cos\alpha = \dfrac{\overline{AC}}{\overline{AB}} \rightarrow \overline{AC} = \overline{AB}\cos\alpha \rightarrow \overline{A'B'} = \overline{AB}\cos\alpha$

La **longitud de la proyección de un segmento sobre una recta** es igual al producto de la longitud del segmento por el coseno del ángulo que forman.

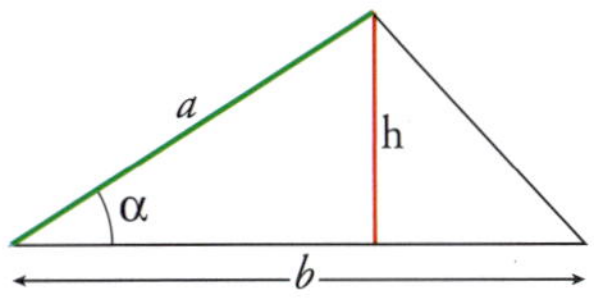

Altura de un triángulo

En el triángulo de la izquierda, $sen\,\alpha = \dfrac{h}{a} \rightarrow h = a\,sen\,\alpha$

La **altura de un triángulo** es igual al producto de uno de sus lados laterales por el seno del ángulo que dicho lado forma con la base.

Fórmula de Herón

Recordamos la **fórmula de Herón** para calcular el área de un triángulo en función de los tres lados, a, b y c:

$$A = \sqrt{s\cdot(s-a)\cdot(s-b)\cdot(s-c)}$$

donde $s = \dfrac{a+b+c}{2}$.

Área de un triángulo

$$\text{Área} = \frac{b\cdot h}{2} = \frac{b\cdot a\,sen\,\alpha}{2} = \frac{1}{2}\,ab\,sen\,\alpha$$

El **área de un triángulo** es igual a la mitad del producto de dos de sus lados por el seno del ángulo que forman.

Ejercicio resuelto

1 *En el siguiente triángulo:*

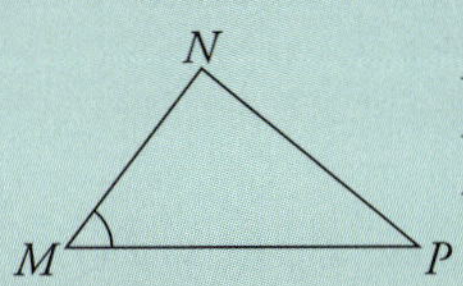

$\overline{MN} = 20$ cm
$\overline{MP} = 32$ cm
$\hat{M} = 52°$

a) Hallar la proyección de MN sobre MP.

b) Hallar su área.

a)

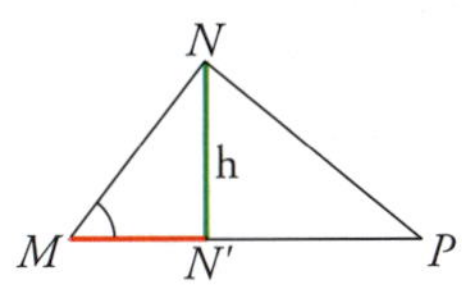

$\cos\hat{M} = \dfrac{\overline{MN'}}{\overline{MN}} \rightarrow \overline{MN'} = \overline{MN}\cos\hat{M} =$

$= 20\cdot\cos 52° = 12{,}31$ cm

b) Calculamos el área del triángulo con los dos lados conocidos y el ángulo que forman.

$$\text{Área} = \frac{1}{2}\,\overline{MN}\,\overline{MP}\,sen\,52° = \frac{1}{2}\,20\cdot 32\cdot sen\,52° = 252{,}16\ \text{cm}^2$$

Ejercicios propuestos

1 Las siguientes propuestas están referidas a triángulos rectángulos que, en todos los casos, se designan por ABC, siendo C el ángulo recto.

a) Datos: $c = 32$ cm, $\hat{B} = 57°$. Calcula a.

b) Datos: $c = 32$ cm, $\hat{B} = 57°$. Calcula b.

c) Datos: $a = 250$ m, $b = 308$ m. Calcula c y $\hat{A}$.

d) Datos: $a = 35$ cm, $\hat{A} = 32°$. Calcula b.

e) Datos: $a = 35$ cm, $\hat{A} = 32°$. Calcula c.

2 Para determinar la altura de un poste nos hemos alejado 7 m de su base y hemos medido el ángulo que forma la visual al punto más alto con la horizontal, obteniendo un valor de 40°. ¿Cuánto mide el poste?

3 Halla el área del siguiente cuadrilátero. Sugerencia: pártelo en dos triángulos.

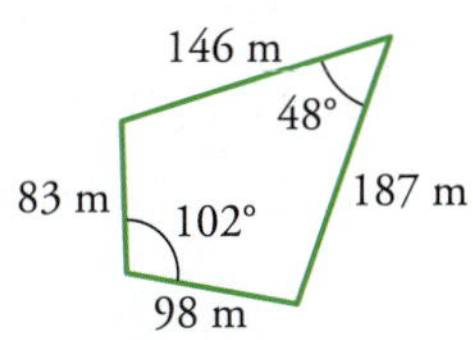

7 Estrategia de la altura para resolver triángulos oblicuángulos

Cualquier triángulo oblicuángulo (es decir, no rectángulo) puede ser resuelto, aplicando los métodos de resolución de los triángulos rectángulos, mediante la **estrategia de la altura.** Consiste en elegir adecuadamente una de sus alturas de modo que, al trazarla, se obtengan dos triángulos rectángulos resolubles con los datos que se tienen.

■ Ejemplo 1

Conocemos las distancias de A a C (b = 3 800 m) y de C a B (a = 5 600 m), y el ángulo $\hat{A}$ = 49°.

Queremos calcular la distancia de A a B ($\overline{AB} = c$).

Para ello dibujamos el triángulo, trazamos la altura h y nombramos x e y a las proyecciones de b y de a sobre c.

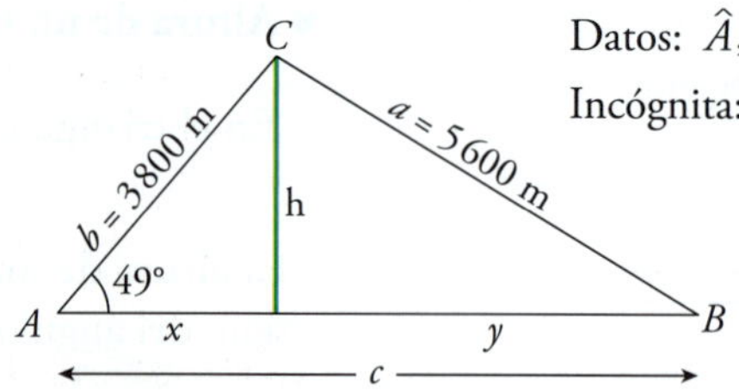

Datos: $\hat{A}$, a, b

Incógnita: c

$$x = b\, cos\, \hat{A} = 3\,800\, cos\, 49° = 2\,493 \text{ m}$$

$$\text{h} = b\, sen\, \hat{A} = 3\,800\, sen\, 49° = 2\,868 \text{ m}$$

Conociendo h y a calculamos y (teorema de Pitágoras):

$$y = \sqrt{a^2 - \text{h}^2} = \sqrt{5\,600^2 - 2\,868^2} = 4\,810 \text{ m}$$

Por tanto, $c = x + y = 2\,493 + 4\,810 = 7\,303$ m

■ Ejemplo 2

Estamos en P, situado en un llano. Queremos hallar la altura de una montaña, M. Para ello medimos el ángulo que forma la visual a la montaña con la horizontal ($\hat{P}$ = 29°). Avanzamos 300 m hacia la montaña y volvemos a medir el ángulo ($\hat{Q}$ = 32°).

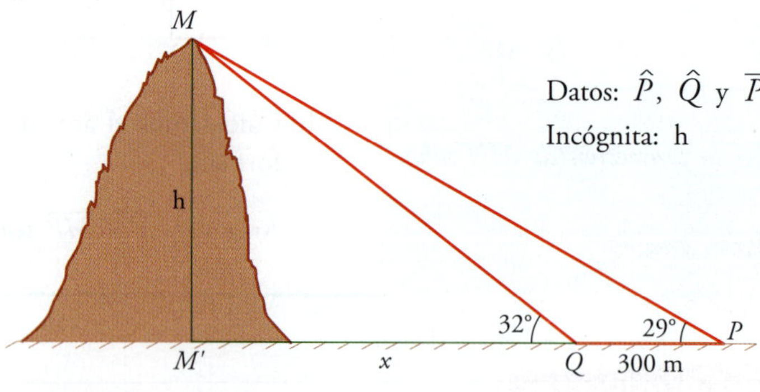

Datos: $\hat{P}$, $\hat{Q}$ y $\overline{PQ}$

Incógnita: h

$$\left.\begin{array}{l} \text{En } MM'Q,\ tg\, 32° = \dfrac{\text{h}}{x} \rightarrow \text{h} = x\, tg\, 32° \\ \text{En } MM'P,\ tg\, 29° = \dfrac{\text{h}}{x + 300} \rightarrow \text{h} = (x + 300)\, tg\, 29° \end{array}\right\} \text{Igualamos} \rightarrow$$

$$\rightarrow x\, tg\, 32° = (x + 300)\, tg\, 29° \rightarrow x(tg\, 32° - tg\, 29°) = 300\, tg\, 29° \rightarrow$$

$$\rightarrow x = \frac{300\, tg\, 29°}{tg\, 32° - tg\, 29°} = 2\,357 \text{ m}$$

Ahora volvemos a $\text{h} = x\, tg\, 32° = 2\,357\, tg\, 32° = 1\,473$ m.

Hemos obtenido que la altura de la montaña es de 1 473 m.

Significado

Paradigmático: Ejemplar, que sirve de ejemplo para algo importante.

Dos situaciones paradigmáticas

Las dos siguientes situaciones adelantan dos importantes resultados que se obtendrán en el apartado próximo.

- **SITUACIÓN 1.** Se relacionan dos ángulos y sus lados opuestos.

Datos: $\hat{A}$, $\hat{B}$, b

Incógnita: a

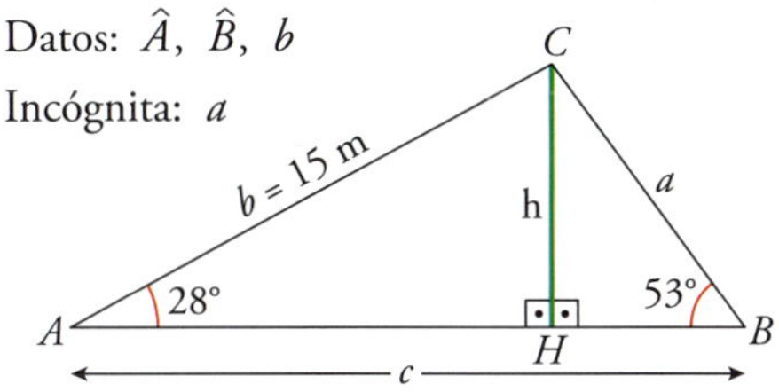

En el triángulo de la izquierda conocemos dos ángulos, $\hat{A}$ y $\hat{B}$, y el lado opuesto a uno de ellos, b. Y queremos averiguar el lado opuesto al otro, a.

Resolución: Trazamos la altura sobre el lado c, con lo que el triángulo queda partido en dos triángulos rectángulos: AHC y BHC.

$$\left.\begin{array}{l} \text{En } AHC,\ sen\,\widehat{A} = \dfrac{h}{b} \rightarrow h = b\ sen\,\widehat{A} \\ \text{En } BHC,\ sen\,\widehat{B} = \dfrac{h}{a} \rightarrow h = a\ sen\,\widehat{B} \end{array}\right\}\ \text{Igualamos} \rightarrow$$

$$\rightarrow b\ sen\,\hat{A} = a\ sen\,\hat{B} \rightarrow a = \frac{b\ sen\,\widehat{A}}{sen\,\widehat{B}} = \frac{15\,sen\,28°}{sen\,53°} = 8{,}82\ \text{m}$$

Esta forma de proceder se generalizará en el apartado siguiente, dando lugar al teorema de los senos.

- **SITUACIÓN 2.** Se relacionan los tres lados y un ángulo.

Datos: b, c, $\hat{A}$

Incógnita: a

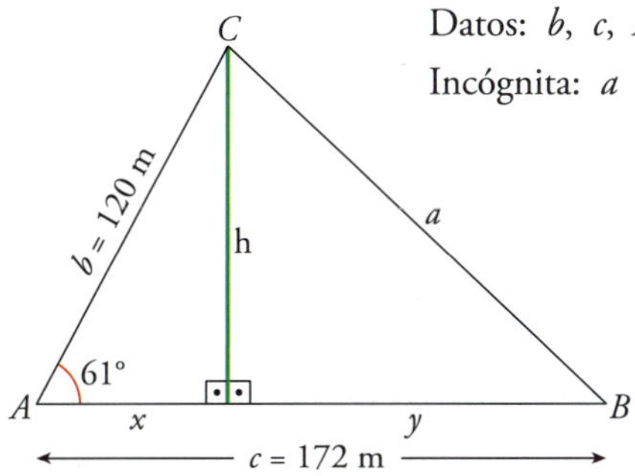

En el triángulo de la izquierda conocemos dos lados, b y c, y un ángulo, $\hat{A}$. Queremos calcular el tercer lado.

Resolución: Trazamos la altura h sobre el lado c y llamamos x e y a las proyecciones de b y a sobre c.

$$x = b\ cos\ 61° = 120\ cos\ 61° = 58{,}18\ \text{m}$$

$$y = c - x = 172 - 58{,}18 = 113{,}82\ \text{m}$$

$$h = b\ sen\ 61° = 120\ sen\ 61° = 104{,}95\ \text{m}$$

A partir de h e y calculamos el tercer lado, a, aplicando el teorema de Pitágoras:

$$a = \sqrt{h^2 + y^2} = \sqrt{104{,}95^2 + 113{,}82^2} = 154{,}82\ \text{m}$$

Procediendo de forma similar a esta se obtendrá, en el apartado siguiente, el teorema del coseno.

Ejercicios propuestos

1 En un triángulo ABC conocemos $\hat{A} = 68°$, $b = 172$ m y $a = 183$ m. Calcula la longitud del lado c.

2 En un triángulo MNP conocemos $\hat{M} = 32°$, $\hat{N} = 43°$ y $\overline{NP} = 47$ m. Calcula $\overline{MP}$.

3 En un triángulo ABC conocemos $a = 20$ cm, $c = 33$ cm y $\hat{B} = 53°$. Calcula la longitud del lado b.

4 Observa el gráfico de la derecha. Estamos en A, medimos el ángulo bajo el que se ve el edificio (42°), nos alejamos 40 m y volvemos a medir el ángulo (35°). ¿Cuál es la altura del edificio y a qué distancia nos encontramos de él?

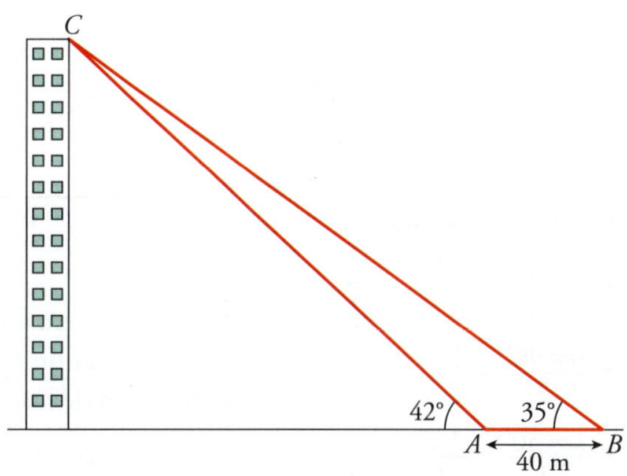

8 Dos importantes teoremas para resolver triángulos cualesquiera

Vamos a obtener unas fórmulas que nos permitirán resolver directamente triángulos cualesquiera, sin necesidad de utilizar cada vez la estrategia de la altura para descomponerlos en dos triángulos rectángulos.

Ten en cuenta

¿Sabías que en todo triángulo el ángulo mayor tiene enfrente el lado mayor y el ángulo menor tiene enfrente el lado menor?

El teorema de los senos concreta más esta relación entre lados y ángulos opuestos.

Teorema de los senos

En un triángulo cualquiera de lados a, b, c, y de ángulos $\hat{A}$, $\hat{B}$, $\hat{C}$, se cumplen las siguientes igualdades:

$$\frac{a}{sen\,\hat{A}} = \frac{b}{sen\,\hat{B}} = \frac{c}{sen\,\hat{C}}$$

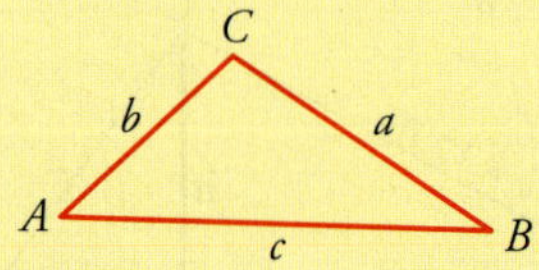

Demostración

Para demostrar el teorema de los senos aplicamos la estrategia de la altura:

Trazamos la altura h desde C. Los triángulos AHC y BHC son rectángulos.

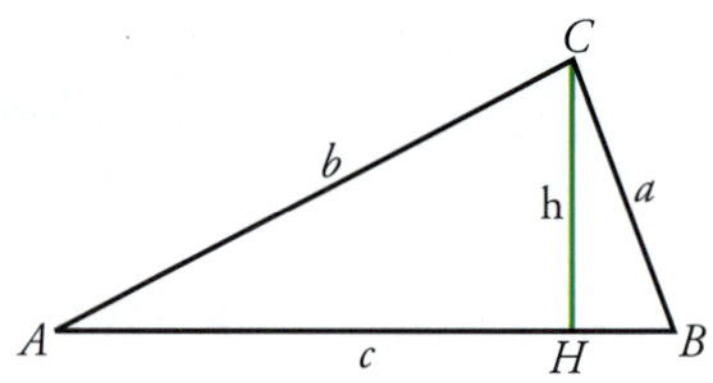

Por tanto, tenemos:

$$\left.\begin{array}{l} sen\,\hat{A} = \dfrac{h}{b} \to h = b\,sen\,\hat{A} \\ sen\,\hat{B} = \dfrac{h}{a} \to h = a\,sen\,\hat{B} \end{array}\right\} \; b\,sen\,\hat{A} = a\,sen\,\hat{B} \;\to\; \frac{a}{sen\,\hat{A}} = \frac{b}{sen\,\hat{B}}$$

Esta es la primera de las igualdades buscadas.

Si trazamos la altura desde el vértice B, relacionaríamos los lados a y c con sus ángulos opuestos, obteniendo:

$$\frac{a}{sen\,\hat{A}} = \frac{c}{sen\,\hat{C}}$$

Se completa, así, la cadena de igualdades que queríamos demostrar.

Teorema de las tangentes

En cualquier triángulo ABC se cumple que:

$$\frac{a-b}{a+b} = \frac{tg\,\dfrac{A-B}{2}}{tg\,\dfrac{A+B}{2}}$$

Esta igualdad, y las análogas que se obtienen sustituyendo a o b por c, se denominan teorema de las tangentes. Las demostraremos en la unidad 5.

Con estas igualdades se pueden resolver las mismas situaciones que con el teorema de los senos. Pero, evidentemente, el de los senos es más sencillo.

Ejercicios propuestos

1 ¿Verdadero o falso?

a) El teorema de los senos confirma que en un triángulo, "a mayor lado se opone mayor ángulo".

b) Este triángulo rectángulo es la mitad de un triángulo equilátero.

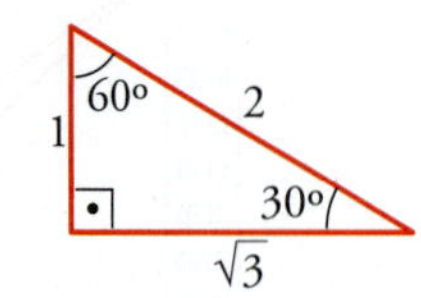

Dividimos el seno de cada ángulo entre el lado opuesto:

- $\dfrac{sen\,60°}{\sqrt{3}} = \dfrac{\sqrt{3}/2}{\sqrt{3}} = \dfrac{1}{2}$
- $\dfrac{sen\,90°}{2} = \dfrac{1}{2}$
- $\dfrac{sen\,30°}{1} = \dfrac{1/2}{1} = \dfrac{1}{2}$

Con estas igualdades se comprueba que se cumple el teorema de los senos.

2 Demuestra detalladamente, basándote en la demostración del teorema de los senos, la siguiente relación:

$$\frac{a}{sen\,\hat{A}} = \frac{c}{sen\,\hat{C}}$$

3 Repite la demostración anterior en el caso de que $\hat{B}$ sea obtuso. Ten en cuenta que $sen\,(180° - \hat{B}) = sen\,\hat{B}$.

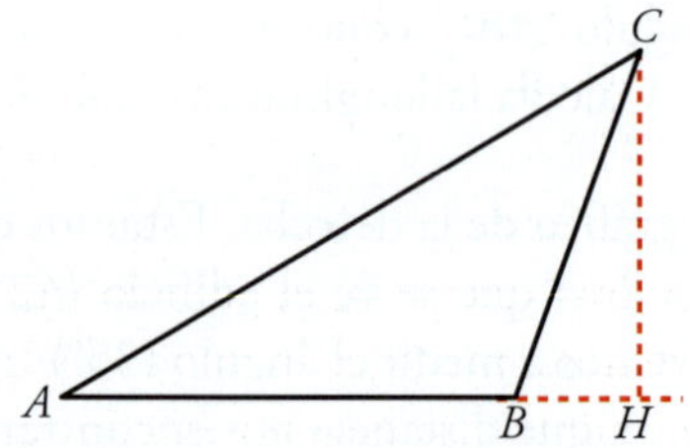

Aplicaciones del teorema de los senos

El teorema da lugar a tres igualdades:

$$\frac{a}{sen\,\widehat{A}} = \frac{b}{sen\,\widehat{B}} \qquad \frac{a}{sen\,\widehat{A}} = \frac{c}{sen\,\widehat{C}} \qquad \frac{b}{sen\,\widehat{B}} = \frac{c}{sen\,\widehat{C}}$$

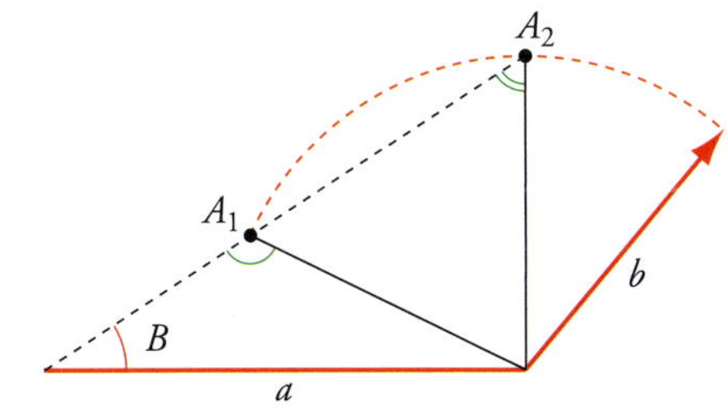

$\hat{A}_1$ es obtuso; $\hat{A}_2$ es agudo.

Con ellas podemos resolver triángulos en los que los datos y la incógnita sean dos lados y sus ángulos opuestos (recuerda que conocer dos ángulos es equivalente a conocer los tres).

DATOS	INCÓGNITA
Dos ángulos y un lado.	Otro lado.
Dos lados y el ángulo opuesto a uno de ellos.	Otro ángulo.

Cuando, al aplicar el teorema de los senos, la incógnita es uno de los ángulos, puede haber dos soluciones, pues entre 0° y 180° hay dos ángulos con el mismo seno, uno agudo y otro obtuso.

Ejercicios resueltos

1 *De un triángulo ABC conocemos $\overline{AB}$ = 63 m, $\hat{B}$ = 42° y $\hat{A}$ = 83°. Calcular $\overline{BC}$.*

Dibujamos el triángulo y concretamos los datos y la incógnita:

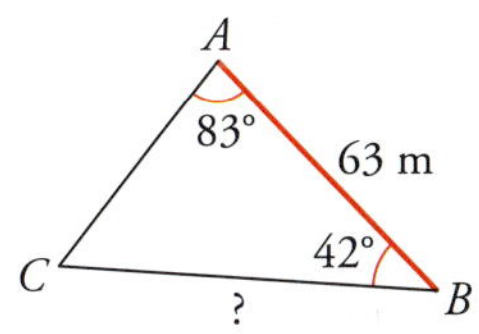

DATOS	INCÓGNITA
$\overline{AB} = c = 63$ m $\hat{A} = 83°$ $\hat{B} = 42°$	$\overline{BC} = a$

Estamos, casi, en condiciones de aplicar el teorema de los senos. Para hacerlo, necesitamos conocer el ángulo $\hat{C} = 180° - (\hat{A} + \hat{B}) = 180° - 125° = 55°$.

Ahora podemos relacionar a, c, $\hat{A}$ y $\hat{C}$:

$$\frac{a}{sen\,\widehat{A}} = \frac{c}{sen\,\widehat{C}} \rightarrow \frac{a}{sen\,83°} = \frac{63}{sen\,55°} \rightarrow a = 63 \cdot \frac{sen\,83°}{sen\,55°} = 76{,}34 \text{ m}$$

Hazlo tú. Halla b y c conociendo $a = 56$ m, $\hat{B} = 52°$ y $\hat{C} = 112°$.

2 *Si $a = 4$ cm, $\hat{B} = 30°$ y $b = 5$ cm, calcular $\hat{A}$.*

El teorema de los senos permite hallar $\hat{A}$:

$$\frac{a}{sen\,\widehat{A}} = \frac{b}{sen\,\widehat{B}} \rightarrow \frac{4}{sen\,\widehat{A}} = \frac{5}{sen\,30°} \rightarrow$$

$$\rightarrow sen\,\widehat{A} = \frac{4 \cdot 0{,}5}{5} = 0{,}4$$

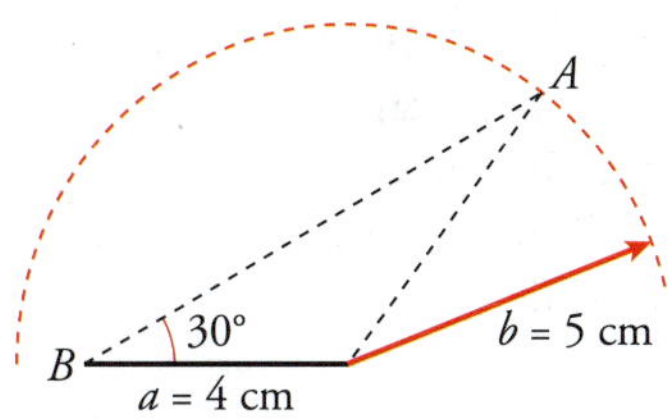

Posibles soluciones:

$\hat{A}_1 = 23°\ 34'\ 41''$ $\qquad \hat{A}_2 = 156°\ 25'\ 19''$

Sin embargo, si $\hat{A}$ fuera 156° 25' 19', entonces $\hat{A} + \hat{B} > 180°$. Como esto es imposible, solo vale la solución $\hat{A}_1$.

Hazlo tú. Calcula $\hat{A}$ conociendo $a = 6$ cm, $b = 4$ cm y $\hat{B} = 30°$.

Ejercicios propuestos

4 ¿Verdadero o falso?

a) Si nos dan dos lados de un triángulo, a y b, y el ángulo opuesto a uno de ellos, $\hat{A}$, y deseamos hallar el ángulo $\hat{B}$, con el teorema de los senos seguro que llegaremos a una solución.

b) Si nos dan dos lados y un ángulo de un triángulo y deseamos hallar otro lado, el teorema de los senos seguro que nos permite llegar a una solución.

5 En un triángulo ABC, conocemos $a = 4$ cm y $\hat{B} = 30°$. Halla $\hat{A}$ en los siguientes casos:

a) $b = 1{,}5$ cm $\qquad$ b) $b = 2$ cm

c) $b = 3$ cm $\qquad$ d) $b = 4$ cm

6 Calcula los lados b y c del triángulo de la derecha.

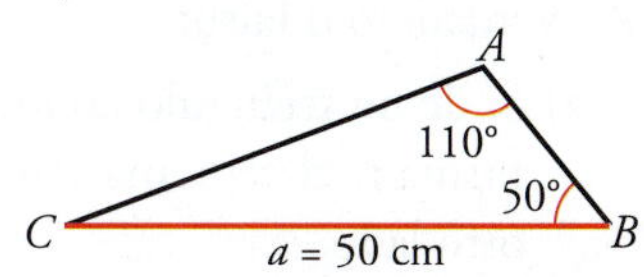

En la web Hoja de cálculo para corregir tus resoluciones de triángulos cualesquiera.

Teorema del coseno

El teorema de Pitágoras relaciona los cuadrados de los tres lados de un triángulo rectángulo. Ahora bien, ¿y si el triángulo no es rectángulo? Parece evidente que se dan las siguientes relaciones:

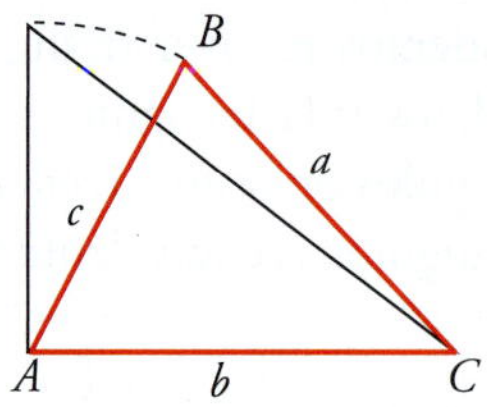

$\hat{A} < 90°$
$a^2 < b^2 + c^2$

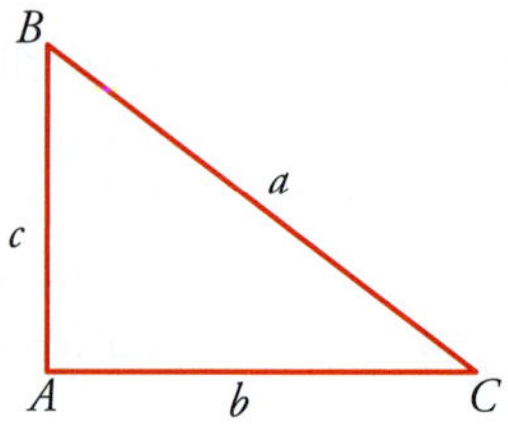

$\hat{A} = 90°$
$a^2 = b^2 + c^2$

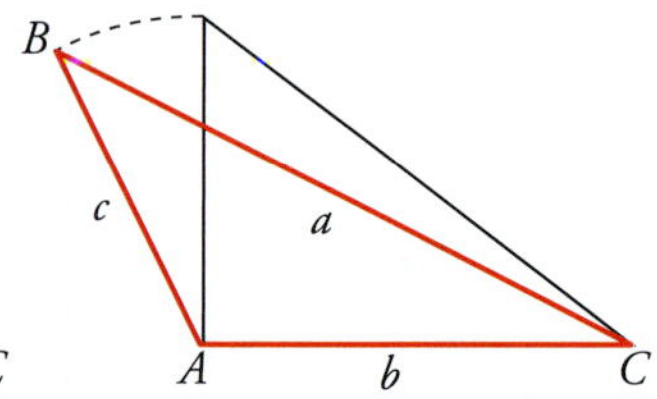

$\hat{A} > 90°$
$a^2 > b^2 + c^2$

El teorema del coseno precisa más estas relaciones.

En un triángulo cualquiera de lados a, b, c, se cumple que:

$$a^2 = b^2 + c^2 - 2bc \cos \hat{A}$$
$$b^2 = a^2 + c^2 - 2ac \cos \hat{B}$$
$$c^2 = a^2 + b^2 - 2ab \cos \hat{C}$$

Demostración

Trazamos la altura, h, sobre el lado b:

(1) $\overline{AH} = c \cos \hat{A}$

(2) $\overline{HC} = b - \overline{AH} = b - c \cos \hat{A}$

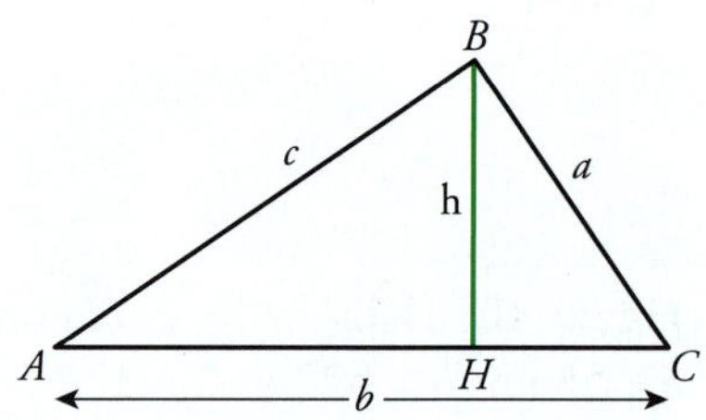

Aplicando el teorema de Pitágoras a los triángulos AHB y BHC, y teniendo en cuenta las igualdades (1) y (2), resulta:

$$a^2 = \text{h}^2 + \overline{HC}^2 = \text{h}^2 + (b - c \cos \hat{A})^2 = \text{h}^2 + b^2 + c^2 \cos^2 \hat{A} - 2bc \cos \hat{A}$$

$$c^2 = \text{h}^2 + \overline{AH}^2 = \text{h}^2 + (c \cos \hat{A})^2 = \text{h}^2 + c^2 \cos^2 \hat{A}$$

Restando: $a^2 - c^2 = b^2 - 2bc \cos \hat{A}$

Despejando: $a^2 = b^2 + c^2 - 2bc \cos \hat{A}$

De forma análoga se llegaría a las otras dos relaciones.

Observaciones

El triángulo sobre el que se ha razonado supone que tanto $\hat{A}$ como $\hat{C}$ son ángulos agudos. Puede repetirse el razonamiento para los siguientes casos y en todos ellos se llega a la misma fórmula:

a) $\hat{A} < 90°$, $\hat{C} > 90°$ b) $\hat{A} < 90°$, $\hat{C} = 90°$ c) $\hat{A} = 90°$ d) $\hat{A} > 90°$

Ejercicio propuesto

7 ¿Verdadero o falso?

a) Si de un triángulo conocemos dos lados y el ángulo que forman, el teorema del coseno nos permite obtener el otro lado.

b) Si aplicamos el teorema del coseno a la hipotenusa de un triángulo rectángulo, entonces obtenemos el teorema de Pitágoras.

Aplicaciones del teorema del coseno

Como ves, el teorema del coseno sirve para relacionar los tres lados de un triángulo con uno de sus ángulos. Por tanto, se podrá resolver con él cualquier triángulo en el que se conozcan los tres lados, o bien dos lados y un ángulo.

DATOS	INCÓGNITAS	REPRESENTACIÓN
Los tres lados.	Cualquier ángulo.	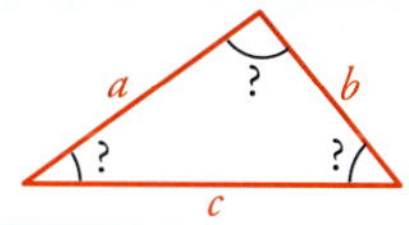
Dos lados y el ángulo opuesto a uno de ellos.	El otro lado. Los otros ángulos.	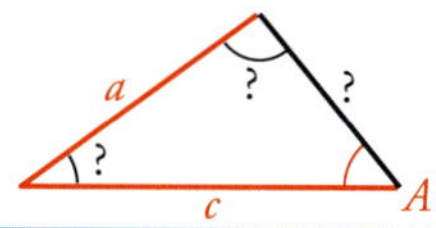
Dos lados y el ángulo que forman.	El otro lado. Los otros ángulos.	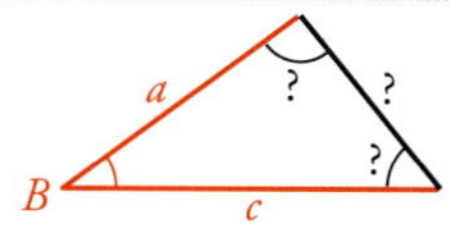

En la web Hoja de cálculo para trabajar algunos aspectos de esta unidad.

Ejercicio resuelto

1 *En un triángulo ABC conocemos $\overline{BC}$ = 1200 m, $\overline{BA}$ = 700 m y $\hat{B}$ = 108°. Calcular $\overline{AC}$.*

Dibujamos el triángulo y señalamos en él los datos y la incógnita:

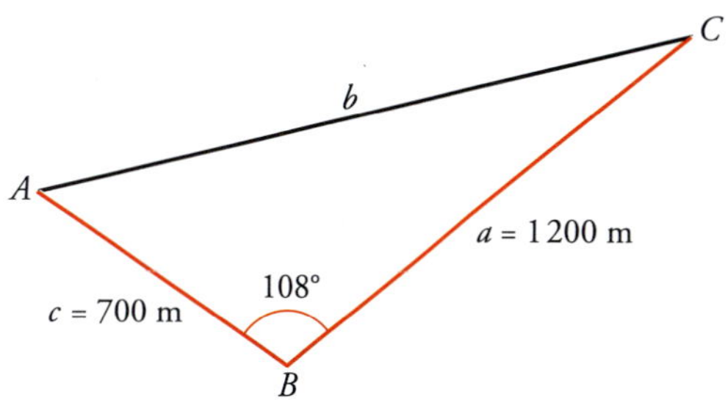

Hemos de relacionar los tres lados, a, b (incógnita), c, y el ángulo $\hat{B}$. Podemos, pues, aplicar el teorema del coseno:

$$b^2 = a^2 + c^2 - 2ac \cos \hat{B} \rightarrow b = \sqrt{1200^2 + 700^2 - 2 \cdot 1200 \cdot 700 \cdot \cos 108°} \rightarrow$$

$$\rightarrow b = 1\,564{,}97 \text{ m}$$

Hazlo tú. Calcula c conociendo $a = 7$ m, $b = 22$ m y $\hat{C} = 40°$.

Ejercicios propuestos

8 Resuelve los siguientes triángulos:

a) $a = 12$ cm; $b = 16$ cm; $c = 10$ cm

b) $b = 22$ cm; $a = 7$ cm; $\hat{C} = 40°$

c) $b = 4$ cm; $c = 3$ cm; $\hat{A} = 105°$

d) $a = 4$ m; $\hat{B} = 45°$; $\hat{C} = 60°$

e) $b = 5$ m; $\hat{A} = \hat{C} = 35°$

f) $a = b = 10$ cm; $\hat{C} = 40°$

g) $a = 5$ cm; $\hat{A} = 75°$; $\hat{B} = 45°$

h) $a = 16$ cm; $\hat{A} = 90°$; $\hat{C} = 30°$

9 Un barco B pide socorro y se reciben sus señales en dos estaciones de radio, A y C, que distan entre sí 50 km. Desde las estaciones se miden los siguientes ángulos:

$$\widehat{BAC} = 46° \text{ y } \widehat{BCA} = 53°$$

¿A qué distancia de cada estación se encuentra el barco?

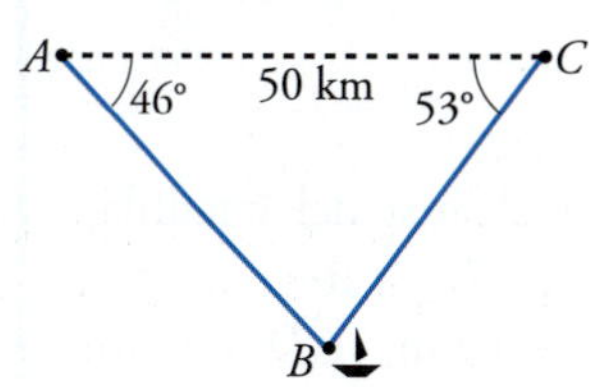

En la web Ejercicios de resolución de triángulos.

1. Relaciones entre las razones trigonométricas

a) Representar el ángulo α sabiendo que $tg\,\alpha = -\frac{\sqrt{5}}{2}$ y $90° < \alpha < 180°$.

b) Hallar sen α, cos α, sen (180° – α), cos (90° + α) y tg (180° + α).

c) Hallar con la calculadora el valor del ángulo α.

a) En la circunferencia goniométrica de centro *O*, señalamos el punto *P* por debajo del eje *X* tal que $\overline{AP} = \sqrt{5}/2$, y trazamos la recta *OP*. Esta recta corta a la circunferencia en dos puntos, que son extremos de los ángulos cuya tangente vale $-\sqrt{5}/2$.

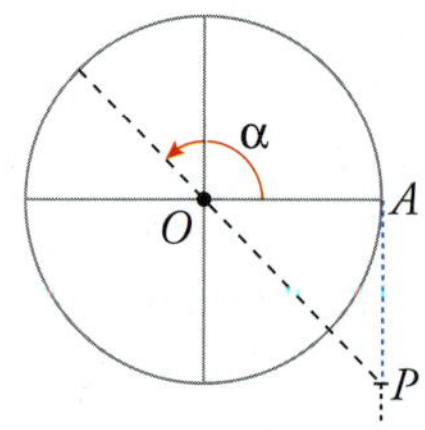

El ángulo α está en el segundo cuadrante.

b) • Calculamos *sen* α y *cos* α:

$$1 + tg^2\,\alpha = \frac{1}{cos^2\,\alpha} \rightarrow 1 + \left(-\frac{\sqrt{5}}{2}\right)^2 = \frac{1}{cos^2\,\alpha} \rightarrow cos\,\alpha = \pm\frac{2}{3}$$

Como α es del segundo cuadrante, $cos\,\alpha = -\frac{2}{3}$

$$sen^2\,\alpha + cos^2\,\alpha = 1 \rightarrow sen^2\,\alpha = 1 - \left(-\frac{2}{3}\right)^2 \rightarrow sen\,\alpha = \frac{\sqrt{5}}{3}$$

- $sen\,(180° - \alpha) = sen\,\alpha = \sqrt{5}/3 \rightarrow 180° - \alpha$ es del primer cuadrante.
- $cos\,(90° + \alpha) = -sen\,\alpha = -\sqrt{5}/3 \rightarrow 90° + \alpha$ es del tercer cuadrante.
- $tg\,(180° + \alpha) = tg\,\alpha = -\sqrt{5}/2 \rightarrow 180° + \alpha$ es del cuarto cuadrante.

c) Con el valor negativo de la tangente, la calculadora nos da un ángulo del intervalo (–90°, 0°). Le sumamos 180° para obtener α:

[SHIFT][tan] $-\sqrt{5}/2 = -48{,}189$ [+] 180 [=] 131,810 [SHIFT][° ' ''] 131° 48' 37''

Hazlo tú. Si $cos\,\alpha = -3/4$ y $180° < \alpha < 270°$, calcula: *sen* α; *tg* α; *cos* (90° – α); *sen* (180° + α); *tg* (180° – α); *sen* (360° – α), sin hallar el ángulo α.

2. Cálculo del área de una parcela descomponiéndola en triángulos

Hallar el área de una parcela cuadrangular irregular ABCD de la que conocemos: $\overline{AB} = 68$ m; $\overline{BC} = 72$ m; $\overline{CD} = 126$ m; $\overline{DA} = 105$ m; $\hat{D} = 58°$

<u>Análisis del problema</u>

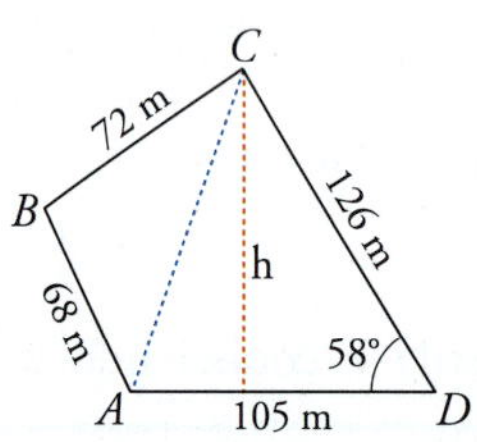

Trazando la diagonal AC, opuesta al ángulo conocido, obtenemos dos triángulos.

En el triángulo ACD, hallamos su altura, su área y el lado $\overline{AC}$.

En el triángulo ABC, calculamos su área a partir de los tres lados.

- En el triángulo *ACD*, hallamos la altura sobre *AD*:

$$sen\,58° = \frac{h}{126} \rightarrow h = 126 \cdot sen\,58°$$

Área del triángulo *ACD*: $S_{ACD} = \frac{105 \cdot 126 \cdot sen\,58°}{2} = 5\,609{,}8 \text{ m}^2$

Obtenemos $\overline{AC}$ aplicando el teorema del coseno:

$$\overline{AC}^2 = 105^2 + 126^2 - 2 \cdot 105 \cdot 126\,cos\,58° \rightarrow \overline{AC} = 113{,}5 \text{ m}$$

- Calculamos el área del triángulo *ABC* mediante la fórmula de Herón:

$$S = \sqrt{p(p-a)(p-b)(p-c)}, \text{ donde } p = \frac{a+b+c}{2} = 126{,}75 \text{ m}$$

$$S_{ABC} = \sqrt{126{,}75 \cdot 54{,}75 \cdot 13{,}25 \cdot 58{,}75} = 2\,324{,}2 \text{ m}^2$$

- El área de la parcela es la suma de las de los dos triángulos:

$$S_{TOTAL} = 5\,609{,}8 + 2\,324{,}2 = 7\,934 \text{ m}^2$$

Hazlo tú. Halla el área del cuadrilátero irregular *ABCD* sabiendo que $\overline{AB} = 62$ m; $\overline{BC} = 19$ m; $\overline{CD} = 21$ m; $\overline{AD} = 45$ m; $\hat{B} = 60°$.

3. Cálculo de una distancia mediante la estrategia de la altura

Para localizar una señal de alarma, dos receptores A y B, que distan entre sí 10 km, orientan sus antenas hacia el punto de donde procede la señal. Estas direcciones forman con AB ángulos de 40° y 65° como indica la figura. ¿A qué distancia de A y de B se produce la alarma?

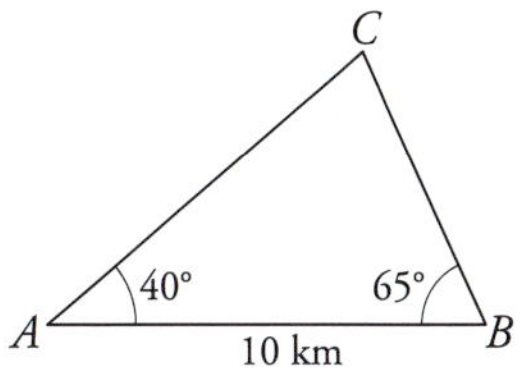

Trazamos la altura CH, formándose los triángulos rectángulos ACH y CHB. Llamamos $HB = x$ y $AH = 10 - x$.

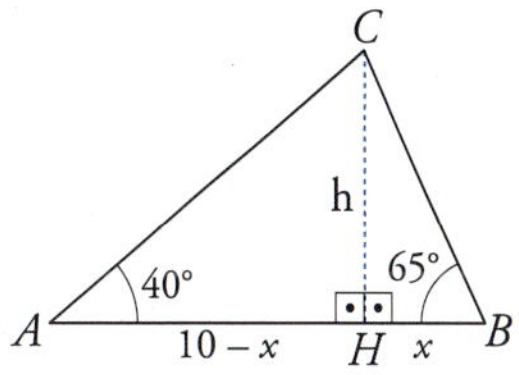

- En el triángulo ACH: $tg\,40° = \dfrac{h}{10-x} \to h = (10-x)\,tg\,40°$
  En el triángulo CHB: $tg\,65° = \dfrac{h}{x} \to h = x\,tg\,65°$ } igualamos →

$$\to (10-x)\,tg\,40° = x\,tg\,65° \to 10\,tg\,40° = x\,tg\,65° + x\,tg\,40° \to$$

$$\to x = \frac{10\,tg\,40°}{tg\,65° + tg\,40°} = 2{,}8 \text{ km}$$

$$h = x\,tg\,65° = 2{,}8\,tg\,65° = 6 \text{ km}$$

- En ACH: $\overline{AC}^2 = (10-x)^2 + h^2 \to \overline{AC} = \sqrt{7{,}2^2 + 6^2} = 9{,}4$ km
- En CHB: $\overline{CB}^2 = x^2 + h^2 \to \overline{CB} = \sqrt{2{,}8^2 + 6^2} = 6{,}6$ km

NOTA: Este problema también se puede resolver aplicando el teorema de los senos.

Hazlo tú. De un triángulo ABC conocemos $\overline{AC} = 15$ m, $\hat{A} = 52°$ y $\hat{C} = 70°$. Calcula la altura sobre AC.

4. Resolución de un triángulo conocidos dos lados y el ángulo opuesto a uno de ellos

Ana y Pablo juegan a la petanca. Ana lanza su bola y esta queda a 25 cm de la bola de muestra. Lanza Pablo y su bola queda a 10 cm de la de Ana, de modo que el ángulo que forma la bola de muestra con las otras dos es de 20°. ¿Podemos saber, con estos datos, cuál de las dos bolas está más cerca de la bola de muestra?

Análisis del problema. *Cuando de un triángulo se conocen dos lados y el ángulo opuesto a uno de ellos, pueden existir dos soluciones, una o ninguna solución.*

Representamos los datos del problema:

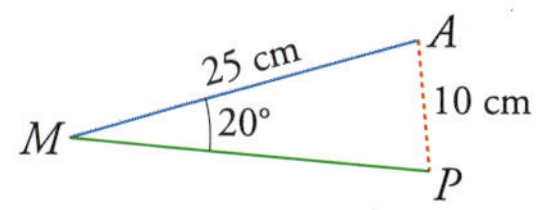

Aplicamos el teorema de los senos para hallar el ángulo $\hat{P}$:

$\dfrac{10}{sen\,20°} = \dfrac{25}{sen\,\hat{P}} \to sen\,\hat{P} = 0{,}855...;$ $\hat{P}$ puede ser 58° 46' o bien 121° 14'.

- Si $\hat{P}_1 = 58°\,46'$, entonces: $\hat{A}_1 = 180° - (\hat{M} + \hat{P}_1) = 101°\,14'$

  $\dfrac{\overline{MP_1}}{sen\,101°\,14'} = \dfrac{10}{sen\,20°} \to \overline{MP_1} = 28{,}7$ cm

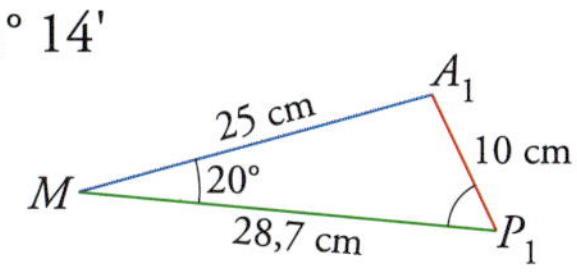

- Si $\hat{P}_2 = 121°\,14'$, entonces: $\hat{A}_2 = 180° - (\hat{M} + \hat{P}_2) = 38°\,46'$

  $\dfrac{\overline{MP_2}}{sen\,38°\,46'} = \dfrac{10}{sen\,20°} \to \overline{MP_2} = 18{,}3$ cm

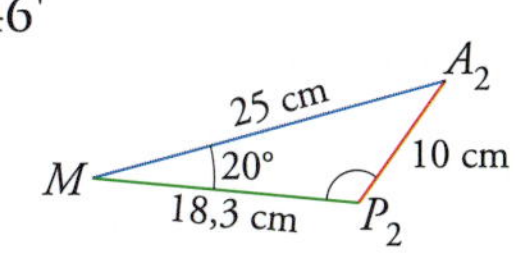

No podemos saber si la distancia de la bola de Pablo a la bola de muestra es de 28,7 cm o de 18,3 cm.

Hazlo tú. Resuelve el triángulo ABC en el que conocemos $a = 12$ cm, $b = 8{,}3$ cm y $\hat{A} = 110°$.

Ejercicios y problemas resueltos

5. Cálculo de los ángulos de un triángulo cuando se conocen los tres lados

La resultante de dos fuerzas $F_1 = 16\ N$ y $F_2 = 12\ N$, aplicadas en un mismo punto es de $R = 25\ N$. ¿Qué ángulo forman entre sí? ¿Y cada una de ellas con la resultante?

Análisis del problema. *Si colocamos F_1 y F_2 con el mismo origen y completamos un paralelogramo, su diagonal, que es la resultante de la suma de las fuerzas, divide al paralelogramo en dos triángulos que podemos resolver.*

Dibujamos las fuerzas y su resultante:

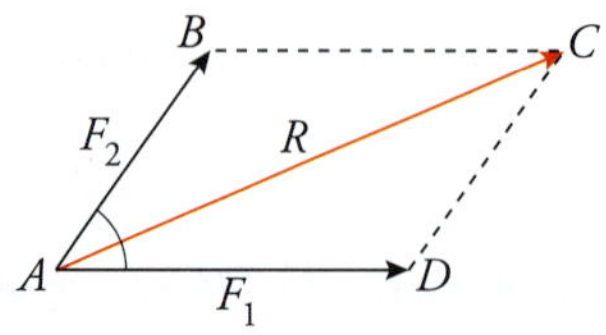

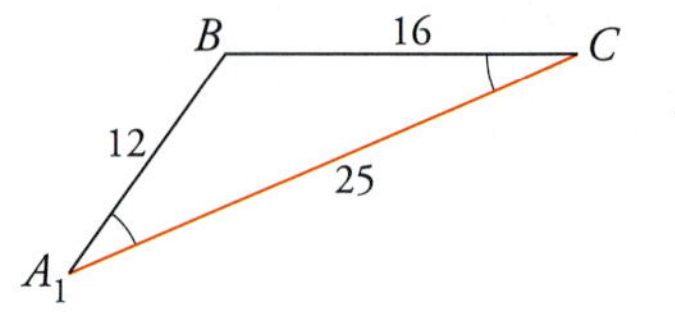

En el triángulo A_1BC, hallamos los ángulos aplicando el teorema del coseno:

$$25^2 = 12^2 + 16^2 - 2 \cdot 12 \cdot 16 \cos \hat{B} \rightarrow \cos \hat{B} = -225/384 \rightarrow \hat{B} = 125°\ 52'$$

$$16^2 = 12^2 + 25^2 - 2 \cdot 12 \cdot 25 \cos \hat{A}_1 \rightarrow \cos \hat{A}_1 = 513/600 \rightarrow \hat{A}_1 = 31°\ 14'$$

En el paralelogramo $ABCD$: $\hat{A} + \hat{B} = 180° \rightarrow \hat{A} = 54°\ 8'$

Ángulo que forman las fuerzas entre sí: $\hat{A} = 54°\ 8'$

Ángulo que forman F_2 y R: $\hat{A}_1 = 31°\ 14'$

Ángulo que forman F_1 y R: $\hat{A} - \hat{A}_1 = 22°\ 54'$

Hazlo tú. Halla los ángulos del triángulo ABC en el que $a = 15$ cm, $b = 27$ cm y $c = 38$ cm.

6. Cálculo de la distancia entre dos puntos inaccesibles

Queremos hallar la distancia entre dos puntos C y D, ambos fuera de nuestro alcance. Para ello, en el lugar donde nos encontramos, fijamos dos puntos A y B, tales que $\overline{AB} = 120$ m y medimos estos ángulos:

$$\widehat{CAD} = 40°;\quad \widehat{DAB} = 58°$$

$$\widehat{CBD} = 25°;\quad \widehat{ABC} = 62°$$

Calcular $\overline{CD}$.

Hazlo tú. Calcula la distancia $\overline{MN}$.

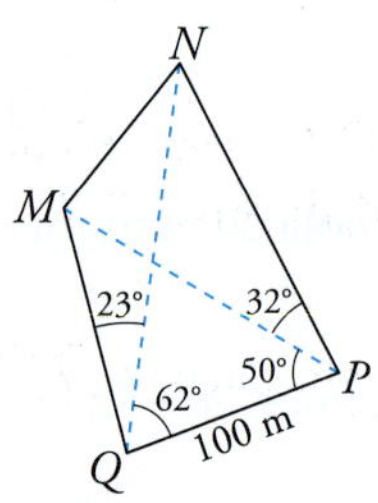

Análisis del problema

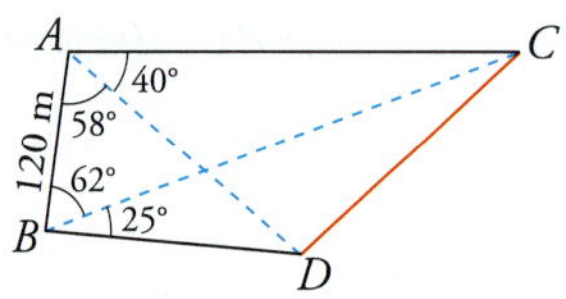

Al representar los datos, observamos que CD es un lado del triángulo ACD, del que conocemos el ángulo $\widehat{CAD}$. Podemos calcular $\overline{AC}$ en el triángulo ABC y $\overline{AD}$ en el triángulo ADB.

- Calculamos $\overline{AC}$ aplicando el teorema de los senos en el triángulo ABC:

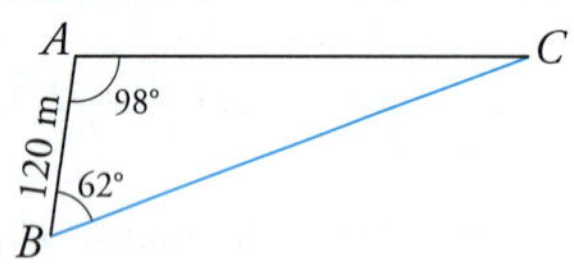

$$\widehat{ACB} = 180° - (98° + 62°) = 20°$$

$$\frac{120}{sen\ 20°} = \frac{\overline{AC}}{sen\ 62°} \rightarrow \overline{AC} = 309{,}8 \text{ m}$$

- Calculamos $\overline{AD}$ en el triángulo ADB:

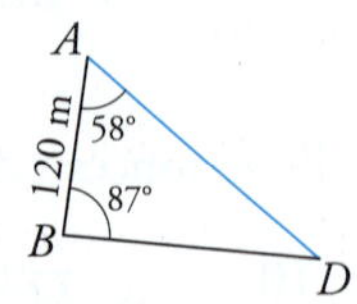

$$\widehat{ADB} = 180° - (58° + 87°) = 35°$$

$$\frac{120}{sen\ 35°} = \frac{\overline{AD}}{sen\ 87°} \rightarrow \overline{AD} = 208{,}9 \text{ m}$$

- Obtenemos $\overline{CD}$ aplicando el teorema del coseno en el triángulo ACD:

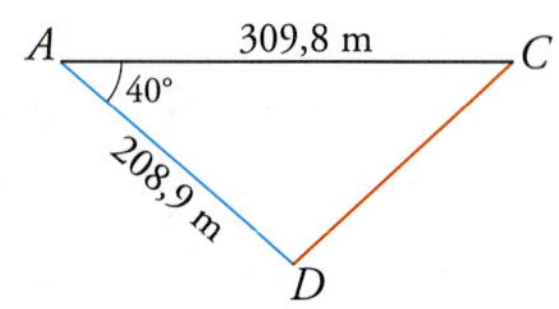

$$\overline{CD}^2 = 309{,}8^2 + 208{,}9^2 - 2 \cdot 309{,}8 \cdot 208{,}9 \cdot \cos 40°$$

$\overline{CD} = 201{,}2$ m es la distancia entre C y D.

NOTA: Podemos razonar de modo análogo utilizando el triángulo BCD.

Ejercicios y problemas guiados

1. Cálculo de los lados y los ángulos de un triángulo

Desde un punto P observamos los puntos A y B, situados en las orillas opuestas de una laguna, bajo un ángulo de 68°. Sabemos que $\overline{PA} = 70$ m y $\overline{PB} = 115$ m.

Calcular la distancia AB y los ángulos $\widehat{PAB}$ y $\widehat{PBA}$.

- Dibuja el triángulo PAB con los datos del problema.
- Para hallar $\overline{AB}$, aplica el teorema del coseno en el triángulo PAB.
- Utiliza el teorema de los senos en el mismo triángulo para hallar uno de los ángulos pedidos.
- Ten en cuenta la suma de los ángulos de un triángulo para hallar el otro ángulo.

Solución: $\overline{AB} = 110$ m; $\widehat{PAB} = 75°\ 46'\ 22''$; $\widehat{PBA} = 36°\ 13'\ 38''$

2. Ángulos en un cubo

Hallar el ángulo que forma la diagonal de la cara de un cubo con la diagonal del cubo.

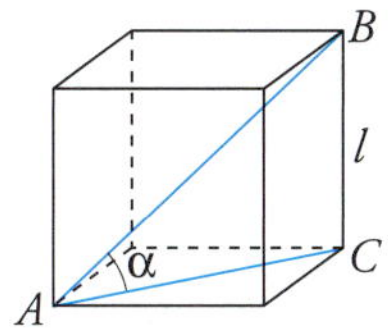

- Llama l a la arista del cubo.
- En el cuadrado de la base, expresa $\overline{AC}$ en función de l.
- Calcula $tg\,\alpha$ en el triángulo rectángulo ABC.

Solución: $\alpha = 35°\ 15'\ 52''$

3. Resolución de triángulos: altura de una torre

Para medir la altura de la torre AB, nos situamos en los puntos C y D y tomamos estas medidas:

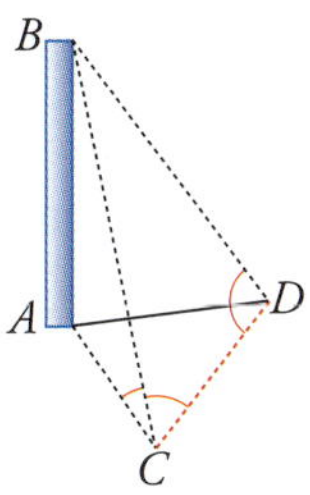

$\overline{CD} = 15$ m; $\widehat{ACB} = 40°$

$\widehat{BCD} = 58°$; $\widehat{BDC} = 70°$

¿Qué altura tiene la torre?

Halla la distancia $\overline{BC}$ para luego calcular $\overline{AB}$ en el triángulo rectángulo ABC. Para ello:

- Halla el ángulo $\hat{B}$ del triángulo CBD.
- Aplica el teorema de los senos en el triángulo CBD para calcular $\overline{BC}$.
- En el triángulo BAC, conoces la hipotenusa y un ángulo. Halla $\overline{AB}$.

Solución:

$\overline{AB} = 11{,}5$ m

4. Área y perímetro de un trapecio

Hallar el perímetro y el área de este trapecio isósceles:

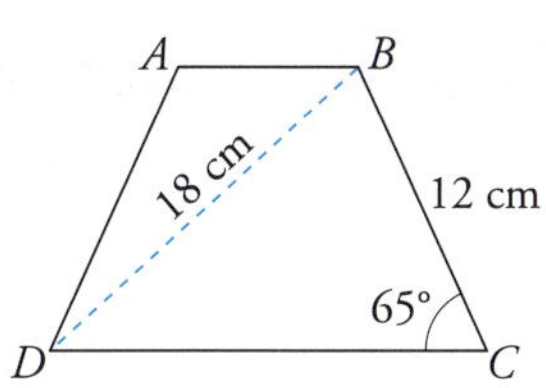

- Necesitas conocer $\overline{AB}$ y $\overline{DC}$.
- Traza la altura desde B. Llama H al pie de la altura.
- En el triángulo BHC, halla los catetos BH y HC.
- En el triángulo BHD, halla el cateto DH.

Solución: Perímetro = 52,6 cm; Área = 156 cm^2

5. Tangentes a una circunferencia: distancias

Las tangentes trazadas desde el punto P a una circunferencia de centro O y de 14 cm de radio forman un ángulo de 32°. Calcular:

a) La distancia de P al centro de la circunferencia.

b) La longitud de la cuerda que une los puntos de tangencia.

- Representa los datos. Llama T y T' a los puntos de tangencia.
- La distancia $\overline{PO}$ es la hipotenusa del triángulo rectángulo OTP, del que conoces un ángulo agudo.
- La cuerda TT' es un lado del triángulo isósceles OTT'. Para calcularla, necesitas conocer el ángulo $\widehat{TOT'}$. (Observa que en el cuadrilátero $TOT'P$ conoces tres ángulos).
- Aplica el teorema del coseno en el triángulo TOT' para calcular $\overline{TT'}$.

Solución: a) $\overline{PO} = 50{,}8$ cm b) $\overline{TT'} = 26{,}9$ cm

Para practicar

Razones trigonométricas. Relaciones entre ellas

1 Utiliza las relaciones fundamentales para hallar las demás razones trigonométricas de los ángulos agudos α, β y γ.

a) $cos\ \alpha = \sqrt{5}/3$ b) $sen\ \beta = 3/5$ c) $tg\ \gamma = 3$

2 Copia en tu cuaderno la siguiente tabla y complétala calculando las razones trigonométricas que faltan en cada caso:

	sen α	*cos* α	*tg* α
$0° < \alpha < 90°$	0,3		
$90° < \alpha < 180°$		–0,6	
$180° < \alpha < 270°$			2
$270° < \alpha < 360°$			$-\sqrt{5}$

3 Halla, en cada caso, las razones trigonométricas de α:

a) $sen\ \alpha = -2/3;\ cos\ \alpha < 0$ b) $cos\ \alpha = 5/6;\ tg\ \alpha < 0$

c) $tg\ \alpha = 2{,}25;\ sen\ \alpha < 0$ d) $cos\ \alpha = -\sqrt{5}/4;\ sen\ \alpha < 0$

4 Sabiendo que $cos\ \alpha = 0{,}8$ y $sen\ \alpha = 0{,}6$ calcula:

a) $cos\ (180° + \alpha)$ b) $sen\ (180° - \alpha)$

c) $tg\ (-\alpha)$ d) $sen\ (90° - \alpha)$

e) $cos\ (90° + \alpha)$ f) $tg\ (90° - \alpha)$

5 Si sabemos que $sen\ 42° = 0{,}67$, $cos\ 42° = 0{,}74$ y $tg\ 42° = 0{,}9$, di el valor de las siguientes razones trigonométricas sin utilizar la calculadora:

a) $cos\ 48°$ b) $sen\ (-48°)$ c) $sen\ 138°$

d) $tg\ 318°$ e) $cos\ 222°$ f) $tg\ 858°$

6 Expresa con un ángulo del primer cuadrante las siguientes razones trigonométricas y di su valor exacto sin usar la calculadora:

a) $sen\ 135°$ b) $cos\ 240°$ c) $tg\ 120°$

d) $cos\ 1\,845°$ e) $tg\ 1\,125°$ f) $sen\ (-120°)$

7 Halla con la calculadora el valor del ángulo α:

a) $sen\ \alpha = -0{,}75;\ \ \alpha < 270°$

b) $cos\ \alpha = -0{,}37;\ \ \alpha > 180°$

c) $tg\ \alpha = 1{,}38;\ \ sen\ \alpha < 0$

d) $cos\ \alpha = 0{,}23;\ \ sen\ \alpha < 0$

8 a) Representa un ángulo α tal que $cos\ \alpha = -\dfrac{3}{8}$ y $sen\ \alpha < 0$. Halla $sen\ \alpha$ y $tg\ \alpha$.

b) Di el valor de las razones siguientes:

$tg\ (180° - \alpha)$; $cos\ (90° - \alpha)$; $sen\ (180° + \alpha)$

$sen\ (-\alpha)$; $tg\ (90° + \alpha)$; $cos\ (360° - \alpha)$

Resolución de triángulos rectángulos

9 Para llegar a una altura de 3 m, apoyamos una escalera formando un ángulo de 60° con el suelo. Halla la longitud de la escalera y la distancia desde su base hasta la pared.

10 Una persona que mide 1,78 m proyecta una sombra de 85 cm. ¿Qué ángulo forman los rayos del sol con la horizontal?

11 Un mástil está sujeto a tierra con dos cables de 12 m que forman ángulos de 50° con el suelo. Calcula la altura del mástil y la distancia de la base a los puntos de sujeción.

12 En un triángulo isósceles, el lado desigual mide 10 m y el ángulo opuesto es de 40°. Halla el perímetro y el área del triángulo.

13 Calcula la altura trazada desde C en cada uno de los triángulos siguientes:

a) 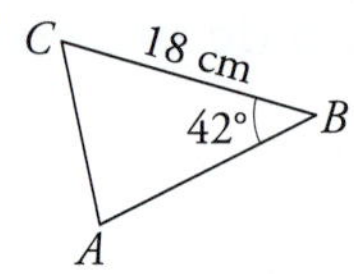

b) 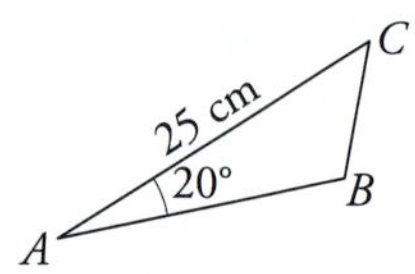

14 Halla, en cada caso, la proyección de un segmento de 20 cm de longitud sobre una recta r con la que forma un ángulo α:

a) $\alpha = 20°$ b) $\alpha = 45°$ c) $\alpha = 80°$

15 Calcula el área de un paralelogramo cuyos lados, de 9 cm y 16 cm, forman un ángulo de 65°.

16 El tejado de una casa tiene la forma y las medidas que se indican en la figura. Calcula la distancia $\overline{AB}$.

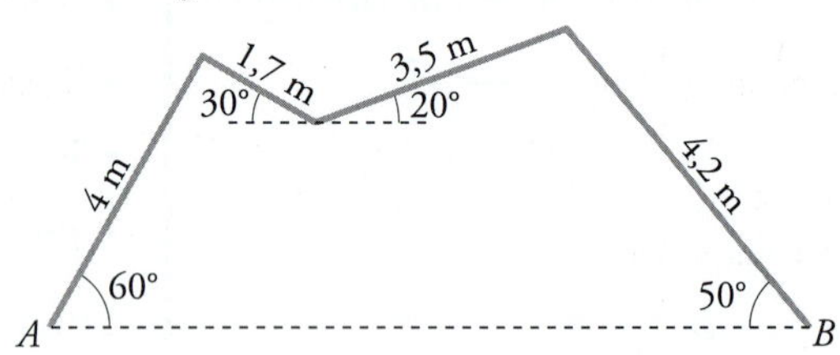

17 Desde un punto P exterior a una circunferencia se trazan las tangentes que forman entre sí un ángulo de 40°. Si la distancia de P al centro de la circunferencia es de 15 cm, ¿cuál es su radio?

18 En un triángulo ABC, rectángulo en A, se conocen un cateto y la altura sobre la hipotenusa:

$\overline{AC} = 15$ m $\overline{AD} = 12$ m

Halla los lados y los ángulos del triángulo.

19 Las bases de un trapecio isósceles miden 18 cm y 26 cm, y los lados iguales, 14 cm. Calcula sus ángulos y su área.

Resolución de triángulos cualesquiera

20 Aplica el teorema de los senos para resolver el triángulo *ABC* en los siguientes casos:

a) $\hat{A} = 55°$, $\hat{B} = 40°$, $c = 15$ m

b) $\hat{A} = 50°$, $a = 23$ m, $c = 18$ m

c) $\hat{A} = 35°$, $\hat{C} = 42°$, $b = 17$ m

b) $\hat{B} = 105°$, $b = 30$ m, $a = 18$ m

21 Aplica el teorema del coseno para hallar el lado a del triángulo *ABC*, en el que $\hat{A} = 48°$, $b = 27{,}2$ m y $c = 15{,}3$ m.

22 Halla los ángulos del triángulo *ABC* en el que $a = 11$ m, $b = 28$ m y $c = 35$ m.

23 Resuelve los siguientes triángulos:

a) $b = 32$ cm, $a = 17$ cm, $\hat{C} = 40°$

b) $a = 85$ cm, $c = 57$ cm, $\hat{B} = 65°$

c) $a = 23$ cm, $b = 14$ cm, $c = 34$ cm

24 Resuelve los siguientes triángulos:

a) $a = 100$ m, $\hat{B} = 47°$, $\hat{C} = 63°$

b) $b = 17$ m, $\hat{A} = 70°$, $\hat{C} = 35°$

c) $a = 70$ m, $b = 55$ m, $\hat{C} = 73°$

d) $a = 122$ m, $c = 200$ m, $\hat{B} = 120°$

e) $a = 25$ m, $b = 30$ m, $c = 40$ m

f) $a = 100$ m, $b = 185$ m, $c = 150$ m

g) $a = 15$ m, $b = 9$ m, $\hat{A} = 130°$

h) $b = 6$ m, $c = 8$ m, $\hat{C} = 57°$

Para resolver

25 El radar de un barco detecta un objeto no identificado a 40 m de profundidad y en una dirección que forma 15° con la horizontal. ¿Qué distancia tiene que recorrer un buzo para llegar desde el barco hasta el objeto?

26 Dos senderos rectos se cruzan formando un ángulo de 60°. En uno de ellos, a un kilómetro del cruce, hay una fuente. ¿Cuál es la distancia más corta que hay desde la fuente al otro sendero si vamos campo a través?

27 Una antena de radio está sujeta al suelo con dos cables que forman con el suelo ángulos de 36° y 48°. Los puntos de sujección de los cables están alineados con el pie de la antena y distan entre sí 90 m. Calcula la altura de la antena.

28 Un faro de 20 m de altura está colocado sobre un promontorio. Un barco ve el pedestal bajo un ángulo de 15° y el faro, bajo un ángulo de 40°. Calcula la altura del promontorio.

29

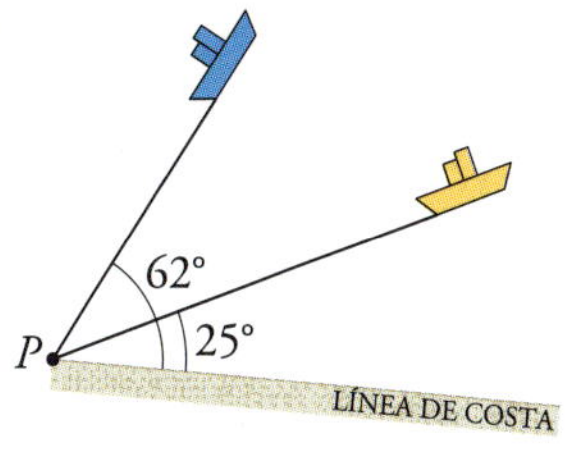

Dos barcos salen simultáneamente de un punto P con rumbos de 62° y 25° respecto a la línea de costa. El primero lleva una velocidad de 7,5 nudos, y el otro, de 9 nudos. ¿Cuál será la distancia entre ellos al cabo de una hora de navegación?

30 Para hallar el área de una parcela irregular, hemos tomado las medidas indicadas en la figura. ¿Cuál es su área?

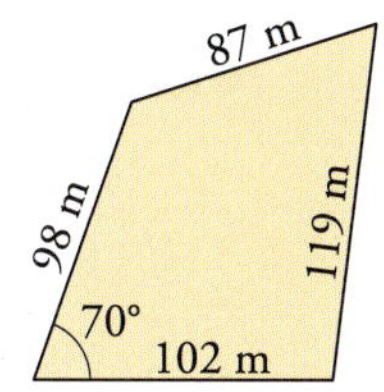

31 Dos fuerzas de 18 N y 30 N actúan sobre un punto formando un ángulo de 45°. Calcula la intensidad de la resultante y el ángulo que forma con cada una de las fuerzas.

32 Desde un punto P observamos un avión que se acerca bajo un ángulo de 30°. Quince segundos después, el ángulo es de 55°. Si el avión vuela a 3 000 m de altura, ¿cuál es su velocidad?

33

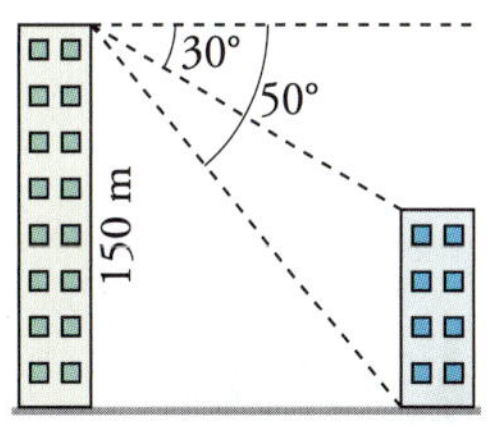

Desde la terraza de un edificio de 150 m de altura medimos los ángulos que se indican en la figura. Calcula la altura del edificio más bajo y la anchura de la calle.

34 Dos circunferencias secantes tienen radios de 6 cm y 10 cm. Sus tangentes comunes forman un ángulo de 40°. Calcula la distancia entre sus centros.

35 En una circunferencia de 12 cm de radio trazamos una cuerda de 20 cm de longitud. ¿Cuál es el ángulo correspondiente a esa cuerda?

36 Calcula el área de un octógono regular inscrito en una circunferencia de 10 cm de radio.

37 Calcula el área de un hexágono regular circunscrito a una circunferencia de 15 cm de radio.

38 De un trapecio rectángulo conocemos el lado oblicuo, que mide 16 cm, la diagonal menor, 12 cm, y el ángulo que esta forma con la base mayor, 50°. Calcula el área y el perímetro del trapecio.

39 En un rectángulo *ABCD* de lados 8 cm y 12 cm, se traza desde B una perpendicular a la diagonal AC, y desde D, otra perpendicular a la misma diagonal. Sean M y N los puntos donde esas perpendiculares cortan a la diagonal. Halla la longitud del segmento MN.

40 El triángulo ABC es rectángulo en C. Sabemos que el radio de la circunferencia mide 2 cm y $\overline{CD} = \sqrt{3}$ cm. Calcula $\overline{AD}$ y $\overline{DB}$.

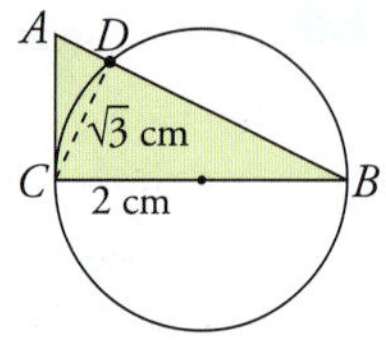

41 Para construir un túnel entre A y C necesitamos saber su longitud y dirección. Para ello, fijamos un punto B y tomamos las medidas indicadas en la figura. Calcula $\overline{AC}$ y los ángulos $\hat{B}$ y $\hat{C}$.

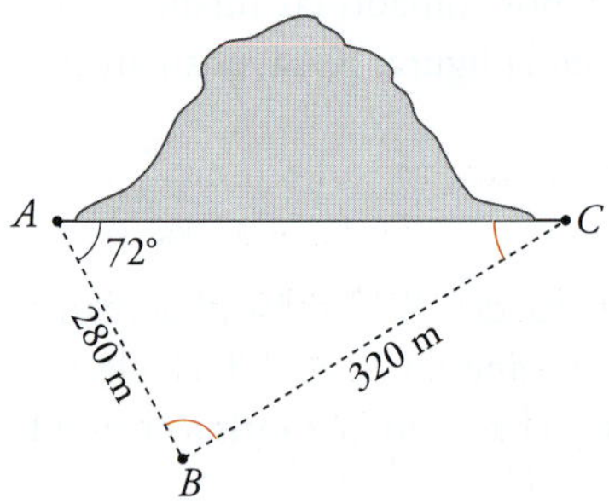

42 Desde una torre de vigilancia de 25 m, observamos dos árboles situados en orillas opuestas de un río bajo un ángulo de 15°. Los dos árboles están alineados con el pie de la torre y la distancia de esta al río es de 50 m. Calcula la anchura del río.

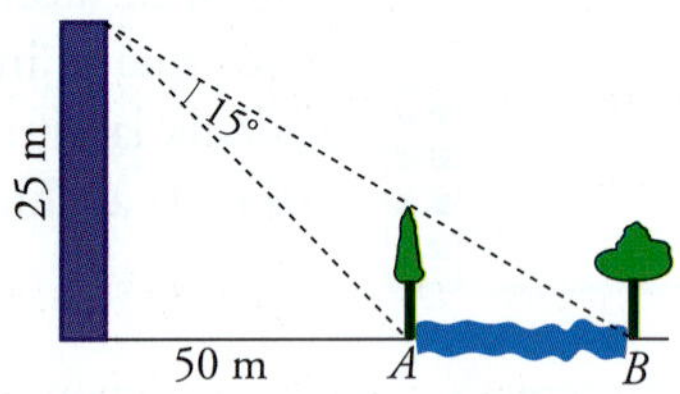

43 En un entrenamiento de fútbol se coloca el balón en un punto situado a 5 m y 8 m de cada uno de los postes de la portería, cuyo ancho es de 7 m. ¿Bajo qué ángulo se ve la portería desde ese punto?

44 Calcula, en este paralelogramo $ABCD$, el área, las longitudes de los lados y la longitud de la otra diagonal:

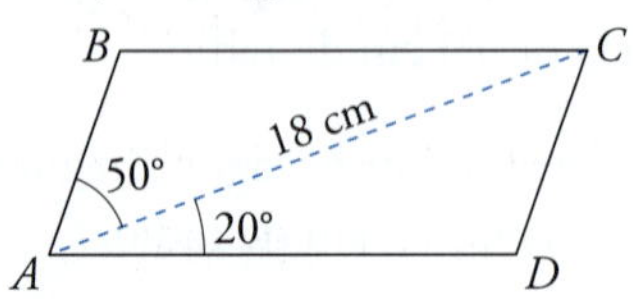

45 En un cuadrilátero $ABCD$ conocemos las medidas de los lados y de la diagonal BD. Calcula las medidas del ángulo $\hat{B}$ y de la diagonal AC.

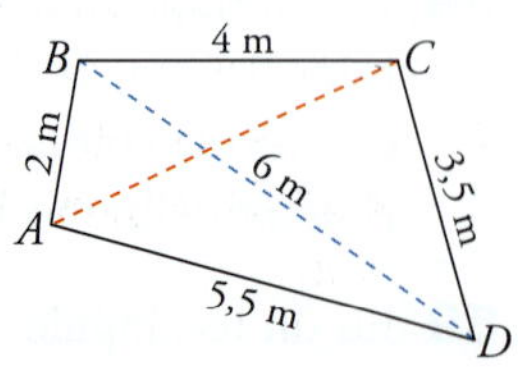

46 Las diagonales de un paralelogramo miden 6 cm y 14 cm y forman un ángulo de 75°. Halla los lados y los ángulos del paralelogramo.

47 Dos árboles C y D se encuentran en la orilla opuesta de un río. Desde dos puntos A y B, situados en la orilla donde nos encontramos, tomamos las siguientes medidas:

$\overline{AB} = 100$ m $\widehat{CAB} = 82°$ $\widehat{DAB} = 40°$

$\widehat{DBA} = 32°$ $\widehat{CBA} = 25°$

Calcula la distancia que separa a los dos árboles.

48 Resuelve estos triángulos, teniendo en cuenta que puede que no exista solución, que la solución sea única o que existan dos soluciones:

a) $a = 3$ m; $b = 8$ m; $\hat{A} = 25°$

b) $a = 12{,}6$ m; $b = 26{,}4$ m; $\hat{B} = 124°\ 34'$

c) $a = 82{,}6$ m; $b = 115$ m; $\hat{A} = 28°\ 4'$

Cuestiones teóricas

49 Si $sen\ \alpha = m$ y α es un ángulo obtuso, expresa en función de m:

a) $cos\ \alpha$ b) $tg\ \alpha$ c) $cos\ (180° - \alpha)$ d) $tg\ (-\alpha)$

50 Demuestra que en un triángulo ABC, rectángulo en A, se verifica:

a) $\dfrac{b^2 - c^2}{b^2 + c^2} = cos^2\ \hat{C} - sen^2\ \hat{C}$

b) $sen\ \hat{B} - cos\ \hat{C} = 0$

c) $tg\ \hat{B} \cdot tg\ \hat{C} = 1$

51 ¿Existe algún valor de $\alpha \neq 0$ que verifique $2\ sen\ \alpha = tg\ \alpha$? Justifícalo.

52 Prueba que en cualquier paralelogramo de lados a y b y diagonales c y d, se verifica:

$$c^2 + d^2 = 2(a^2 + b^2)$$

* *Aplica el teorema del coseno en dos triángulos que tengan un vértice en el centro del paralelogramo.*

53 Demuestra que el área de cualquier cuadrilátero es igual a la mitad del producto de sus diagonales por el seno del ángulo que forman.

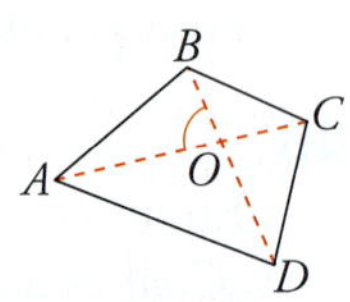

* *Ten en cuenta que:* $S_{ABCD} = S_{AOB} + S_{BOC} + S_{COD} + S_{AOD}$

54 Demuestra que en un triángulo cualquiera ABC se verifica la siguiente igualdad:

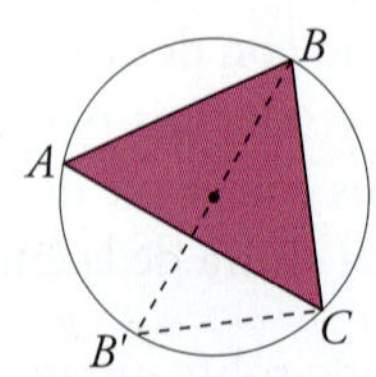

$$\frac{a}{sen\ \hat{A}} = \frac{b}{sen\ \hat{B}} = \frac{c}{sen\ \hat{C}} = 2R$$

R es el radio de la circunferencia circunscrita al triángulo.

* *Traza el diámetro de la circunferencia desde uno de los vértices. Aplica el teorema de los senos en los triángulos ABC y $BB'C$.*

Para profundizar

55 Para medir la altura de una antena, cuyo pie es inaccesible, nos situamos en un punto P al oeste de la antena y la observamos bajo un ángulo de 60°. Caminamos unos 25 metros hacia el sur y desde Q el ángulo de observación es de 30°. Halla la altura de la antena.

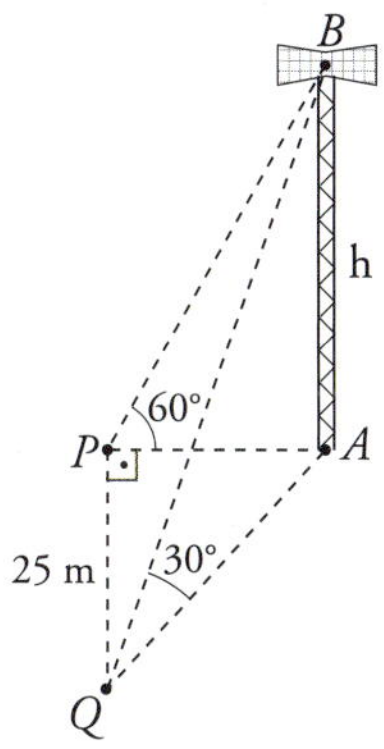

* *Expresa PA y QA en función de h.*

56 Uno de los lados de un triángulo mide el doble que otro, y el ángulo comprendido entre ellos mide 60°. Halla los otros ángulos.

57 En un triángulo ABC de lados $a = 10$ cm, $b = 14$ cm y $c = 7$ cm, halla la longitud de la mediana que parte de B.

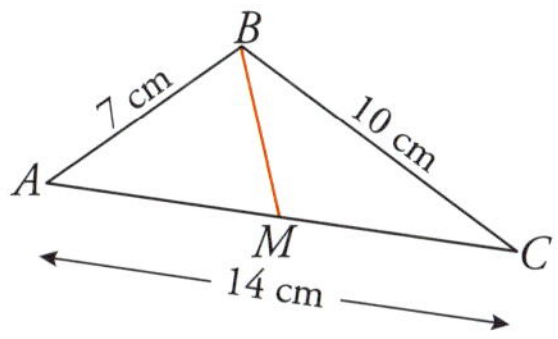

58 De un triángulo ABC conocemos los tres lados, $a = 14$ cm, $b = 16$ cm y $c = 9$ cm. Halla la longitud de la bisectriz del ángulo $\hat{A}$.

59 En el cuadrilátero $ABCD$ sabemos que $\overline{AB} = a$, $\overline{AD} = 2a$, $\overline{BC} = 3a$, $\widehat{BAD} = 90°$ y $\cos \widehat{DBC} = \dfrac{1}{\sqrt{5}}$. Calcula $\overline{DC}$ en función de a.

60 Halla el ángulo que forma la tangente a estas circunferencias con la recta que une sus centros. Los radios miden 4 cm y 9 cm, y la distancia entre sus centros es de 16 cm.

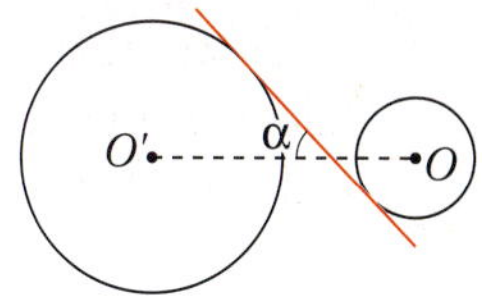

61 Halla el ángulo α que forman dos caras contiguas de un tetraedro regular de arista a.

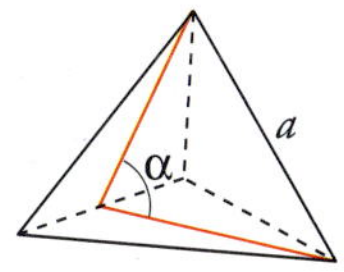

62 Queremos calcular la distancia desde A y B a un punto inaccesible P. Para ello, fijamos un punto C de modo que $\widehat{PBC} = 90°$ y tomamos las medidas indicadas en la figura. Calcula $\overline{PA}$ y $\overline{PB}$.

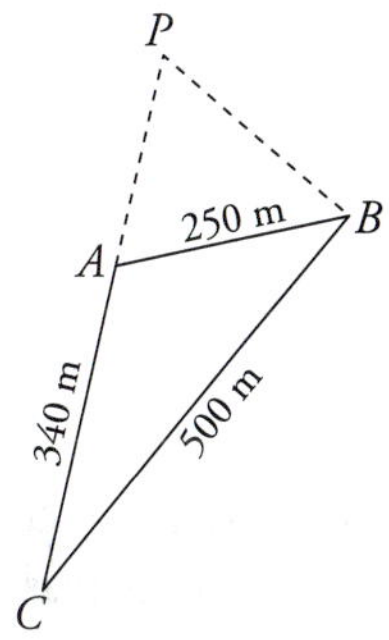

63 Demuestra que la bisectriz de un ángulo de un triángulo divide al lado opuesto al ángulo en segmentos proporcionales a los otros lados.

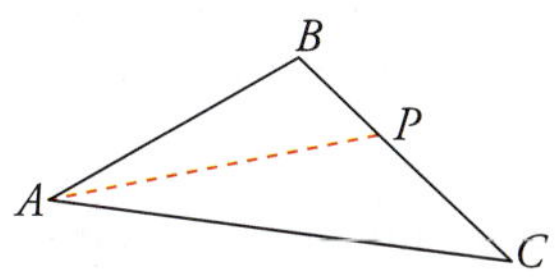

* *Debes probar que* $\dfrac{\overline{AB}}{\overline{BP}} = \dfrac{\overline{AC}}{\overline{PC}}$. *Aplica el teorema de los senos en los triángulos ABP y ACP.*

Autoevaluación

En la web Resoluciones de estos ejercicios.

1 En un triángulo isósceles los lados iguales miden 7 cm y los ángulos iguales 52°. Halla la altura y el lado desigual.

2 En un triángulo ABC, rectángulo en A, conocemos el cateto $c = 10$ cm y la altura relativa a la hipotenusa, h = 6 cm. Halla los lados y los ángulos desconocidos.

3 Expresa a través de las razones trigonométricas de un ángulo del primer cuadrante, las razones trigonométricas de los siguientes ángulos: 154°, 207°, 318°, 2 456°.

4 Si $sen\ \alpha = \dfrac{4}{5}$ y $\alpha > 90°$, calcula sin hallar el ángulo α:

a) $\cos \alpha$ b) $tg\ \alpha$ c) $sen\ (180° + \alpha)$

d) $\cos (90° + \alpha)$ e) $tg\ (180° - \alpha)$ f) $sen\ (90° + \alpha)$

5 Si $tg\ \alpha = -3{,}5$, halla α con ayuda de la calculadora, exprésalo como un ángulo del intervalo [0, 180°) y obtén su seno y su coseno.

6 Desde un punto del suelo medimos el ángulo bajo el que se ve un edificio y obtenemos 40°. Nos alejamos 30 m y el ángulo es ahora de 28°. Calcula la altura del edificio y la distancia desde la que se hizo la primera observación.

7 Resuelve el triángulo ABC y halla su área en estos casos:

a) $c = 19$ cm, $a = 33$ cm, $\hat{B} = 48°$

b) $a = 15$ cm, $b = 11$ cm, $\hat{B} = 30°$

8 Los lados de un paralelogramo miden 18 cm y 32 cm y forman un ángulo de 52°. Halla la longitud de la diagonal mayor.

9 De esta figura, sabemos que $\overline{BD} = \overline{DC}$, $\hat{A} = 60°$, $\widehat{ADB} = 45°$ y $\overline{AD} = 5$ m. Calcula $\overline{BC}$.

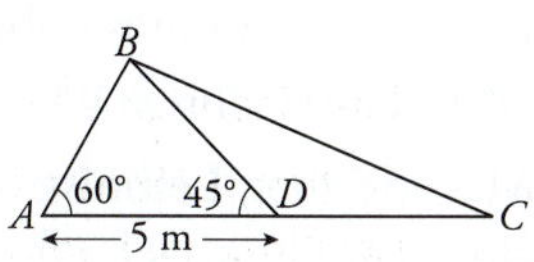

5 Fórmulas y funciones trigonométricas

La trigonometría en Europa

La obra de los árabes, y en concreto la trigonometría, se extendió por Europa a partir del siglo XII.

El astrónomo prusiano **Johann Müller (Regiomontano),** en el siglo XV, fue el primer europeo en sistematizar y ampliar los conocimientos trigonométricos recibidos de los árabes. Más adelante, con el desarrollo de la aritmética y el álgebra, su obra fue notablemente simplificada.

Se puede considerar que la trigonometría alcanza su punto culminante con las series de **Fourier,** a principios del siglo XIX, con las que la trigonometría se une estrechamente al análisis, proporcionando un instrumento sin precedentes para la exploración de las vibraciones y movimientos periódicos que por todas partes aparecen en la naturaleza.

Johann Müller de Königsberg.

Regiomontano, todo un personaje

Johann Müller de Königsberg (1436-1476) fue un típico hombre del Renacimiento por sus muchos conocimientos, amplios y profundos. Niño prodigio, se dedicó principalmente a las matemáticas y a la astronomía, pero atendió otros muchos campos del pensamiento. De no haber muerto tan pronto (a los 40 años) seguramente las matemáticas en Europa habrían avanzado mucho más rápido de lo que lo hicieron.

Tradujo el *Almagesto* griego directamente al latín, sin partir de una traducción árabe. Escribió varios libros de trigonometría. En uno de ellos, *De Triangulis Omnimodis* (1464), hizo una exposición sistemática de los métodos de resolución de triángulos. Este libro constituye uno de los grandes hitos de la trigonometría, y debido a él es considerado el padre de la trigonometría moderna.

¿Cómo fue que un prusiano se llamara **Regiomontano**? En aquella época el lenguaje de la ciencia era el latín y los científicos también latinizaban sus nombres de modo que Königsberg, *montaña regia* en alemán, pasó a ser Regiomontanus.

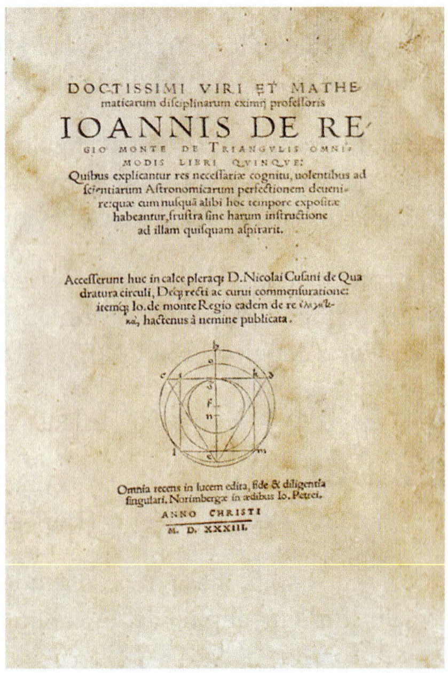

DOCTISSIMI VIRI ET MATHEmaticarum disciplinarum eximij professoris
IOANNIS DE REGIO MONTE DE TRIANGVLIS OMNIMODIS LIBRI QVINQVE:
Quibus explicantur res necessariæ cognitu, uolentibus ad scientiarum Astronomicarum perfectionem deuenire: quæ cum nusquã alibi hoc tempore expositæ habeantur, frustra sine harum instructione ad illam quisquam aspirarit.

Accesserunt huc in calce pleraq; D. Nicolai Cusani de Quadratura circuli, Deq; recti ac curui commensuratione: itemq; Io. de monte Regio eadem de re [illegible], hactenus à nemine publicata.

Omnia recens in lucem edita, fide & diligentia singulari. Norimbergæ in ædibus Io. Petrei.
ANNO CHRISTI
M. D. XXXIII.

Portada del libro "De Triangulis Omnimodis" de una edición de 1533.

La primera representación del seno

Gilles de Roberval, matemático francés especialmente interesado en el estudio de diversas curvas, en 1635 bosquejó por primera vez la gráfica de la mitad de un arco de la curva seno. Lo que hasta entonces era una colección de valores (tabla numérica) útil para la trigonometría, pasó a ser mirado como gráfica de una función.

Más adelante, **Leibnitz** (1646-1716) le dio carta de naturaleza a la función seno, junto a las demás funciones trigonométricas.

Las funciones trigonométricas en el mundo actual

Nuestro mundo está lleno de ondas, vibraciones, ritmos periódicos... La ciencia ha diseñado aparatos para detectarlos y describirlos: latidos del corazón, ondas cerebrales, radio, electromagnetismo... forman parte de nuestro mundo próximo. El macromundo de las galaxias y el micromundo del átomo también nos envían mensajes por medio de ondas.

El *análisis armónico* es la herramienta matemática que trata de las funciones periódicas. Comenzó con el estudio de la vibración de una cuerda musical y se ha desarrollado de tal manera que con él se pueden analizar y describir todo tipo de ondas. Física, química, medicina, ingeniería, tecnología... son deudoras de esta rama de las matemáticas. Sus ingredientes básicos son las funciones trigonométricas que se estudian en esta unidad.

Conceptos musicales como serie armónica, timbre o armónicos, están estrechamente ligados al estudio de la vibración de una cuerda.

Resuelve

Dos formas de visualizar la curva seno

1.ª En una hoja de papel transparente, pinta una diagonal con un rotulador rojo de trazo grueso. Enrolla la transparencia sobre el lado largo de la hoja y verás con toda nitidez la curva seno.

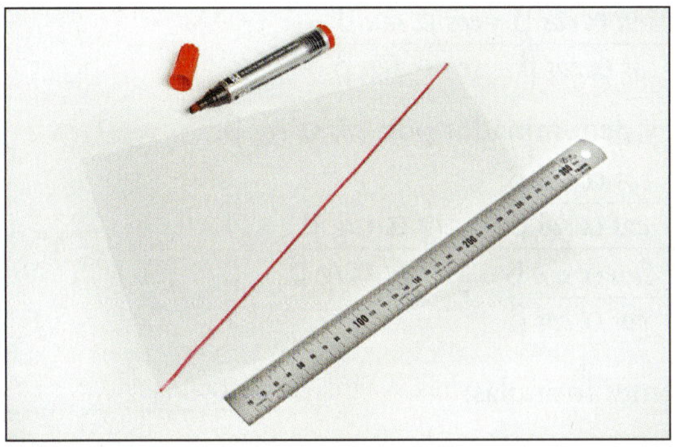

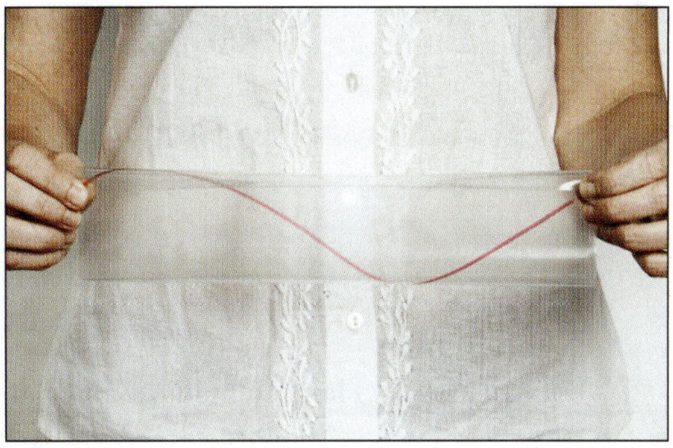

2.ª Enrolla una hoja de papel alrededor de una vela o alrededor del soporte de cartón de un rollo de papel higiénico o de papel de cocina. Córtalo con un cuchillo, cúter o serrucho, trazando un ángulo de 45° con su eje. Desenrolla. La curva resultante es la curva seno.

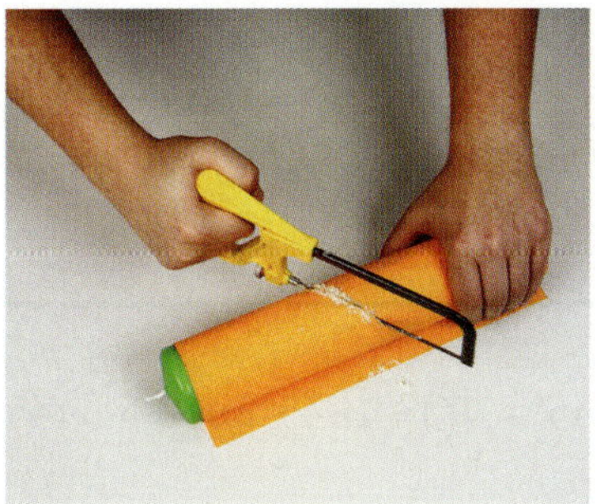

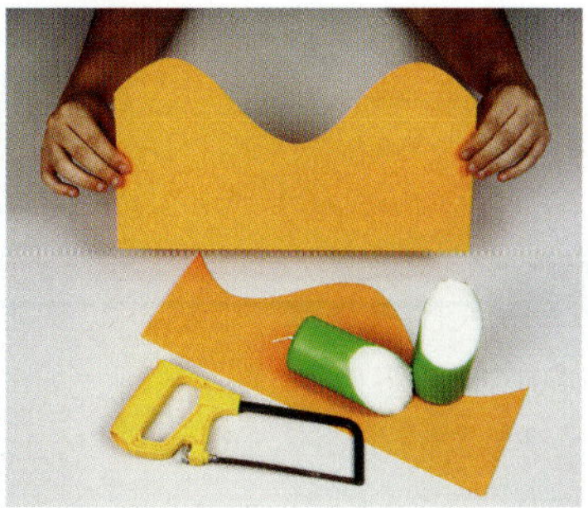

1 Fórmulas trigonométricas

Razones trigonométricas de la suma de dos ángulos

Pretendemos obtener las razones trigonométricas del ángulo $\alpha + \beta$ en función de las razones trigonométricas de α y de β. Para ello nos valdremos de la figura del margen, en la que hemos representado α, β y $\alpha + \beta$:

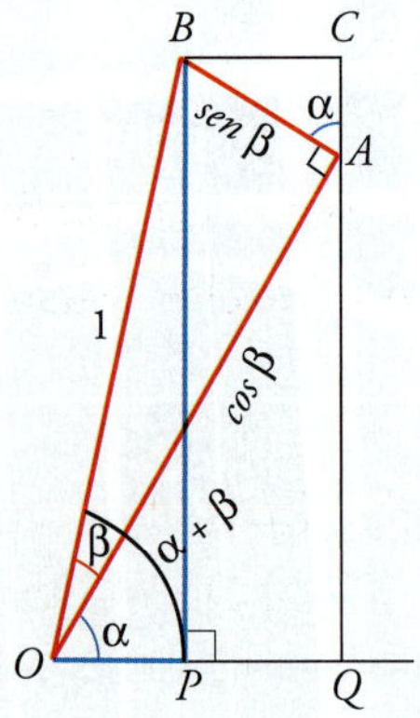

- En el triángulo rojo OAB, cuya hipotenusa $\overline{OB}$ mide 1 (es decir, la tomamos como unidad), es claro que:

$$cos\ \beta = \overline{OA} \qquad sen\ \beta = \overline{AB}$$

- En el triángulo azul OPB observamos que:

$$sen\ (\alpha + \beta) = \frac{\overline{PB}}{\overline{OB}} = \overline{PB} \qquad (1)$$

- Además, podemos expresar $\overline{PB}$ como $\overline{QA} + \overline{AC}$.

  $\overline{QA}$ es la altura del triángulo OQA:

  $$\overline{QA} = \overline{OA}\ sen\ \alpha = cos\ \beta\ sen\ \alpha$$

  $\overline{AC}$ es la proyección de $\overline{AB}$ sobre la vertical:

  $$\overline{AC} = \overline{AB}\ cos\ \alpha = sen\ \beta\ cos\ \alpha$$

  Por tanto: $\overline{PB} = sen\ \alpha\ cos\ \beta + cos\ \alpha\ sen\ \beta \qquad (2)$

- Igualando las expresiones (1) y (2), obtenemos:

$$sen\ (\alpha + \beta) = sen\ \alpha\ cos\ \beta + cos\ \alpha\ sen\ \beta \qquad (3)$$

A partir de esta fórmula vamos a obtener fácilmente las demás:

$$cos\ (\alpha + \beta) = sen\ [90° + (\alpha + \beta)] = sen\ [(90° + \alpha) + \beta] \overset{(*)}{=}$$
$$= sen\ (90° + \alpha)\ cos\ \beta + cos\ (90° + \alpha)\ sen\ \beta =$$
$$= cos\ \alpha\ cos\ \beta + (-sen\ \alpha)\ sen\ \beta = cos\ \alpha\ cos\ \beta - sen\ \alpha\ sen\ \beta$$

(*) Aplicamos (3)

$$tg\ (\alpha + \beta) = \frac{sen\ (\alpha + \beta)}{cos\ (\alpha + \beta)} = \frac{sen\ \alpha\ cos\ \beta + cos\ \alpha\ sen\ \beta}{cos\ \alpha\ cos\ \beta - sen\ \alpha\ sen\ \beta} \overset{(**)}{=}$$

(**) Dividimos numerador y denominador por $cos\ \alpha\ cos\ \beta$.

$$= \frac{\dfrac{sen\ \alpha\ cos\ \beta}{cos\ \alpha\ cos\ \beta} + \dfrac{cos\ \alpha\ sen\ \beta}{cos\ \alpha\ cos\ \beta}}{\dfrac{cos\ \alpha\ cos\ \beta}{cos\ \alpha\ cos\ \beta} - \dfrac{sen\ \alpha\ sen\ \beta}{cos\ \alpha\ cos\ \beta}} = \frac{tg\ \alpha + tg\ \beta}{1 - tg\ \alpha\ tg\ \beta}$$

Hemos obtenido, pues, las siguientes fórmulas:

RAZONES TRIGONOMÉTRICAS DEL ÁNGULO SUMA

$$sen\ (\alpha + \beta) = sen\ \alpha\ cos\ \beta + cos\ \alpha\ sen\ \beta \qquad \textbf{(I.1)}$$

$$cos\ (\alpha + \beta) = cos\ \alpha\ cos\ \beta - sen\ \alpha\ sen\ \beta \qquad \textbf{(I.2)}$$

$$tg\ (\alpha + \beta) = \frac{tg\ \alpha + tg\ \beta}{1 - tg\ \alpha\ tg\ \beta} \qquad \textbf{(I.3)}$$

Recuerda

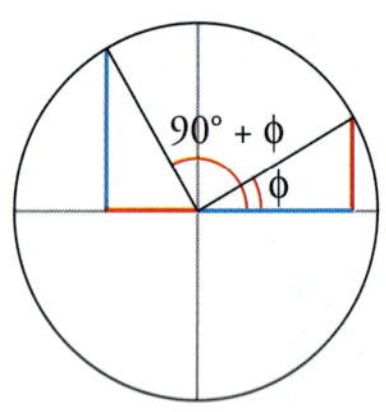

$$sen\ (90° + \phi) = cos\ \phi$$
$$cos\ (90° + \phi) = -sen\ \phi$$

Ejercicio resuelto

1 *A partir de las razones trigonométricas de 30° y de 45°, hallar sen 75°.*

$$sen\ 75° = sen\ (45° + 30°) = sen\ 45°\ cos\ 30° + cos\ 45°\ sen\ 30° = \frac{\sqrt{2}}{2} \cdot \frac{\sqrt{3}}{2} + \frac{\sqrt{2}}{2} \cdot \frac{1}{2} = \frac{\sqrt{6} + \sqrt{2}}{4}$$

Recuerda

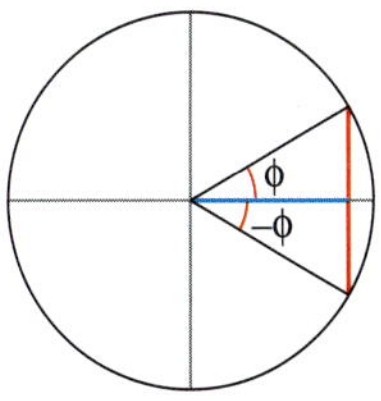

$cos\,(-\phi) = cos\,\phi$

$sen\,(-\phi) = -sen\,\phi$

Razones trigonométricas de la diferencia de dos ángulos

Las relaciones anteriores nos permiten obtener, muy fácilmente, las razones trigonométricas de $\alpha - \beta$. Si en la primera de las fórmulas anteriores ponemos $-\beta$ en lugar de β, obtenemos:

$$sen\,(\alpha - \beta) = sen\,[\alpha + (-\beta)] = sen\,\alpha\,cos\,(-\beta) + cos\,\alpha\,sen\,(-\beta) =$$
$$= sen\,\alpha\,cos\,\beta + cos\,\alpha\,(-sen\,\beta) = sen\,\alpha\,cos\,\beta - cos\,\alpha\,sen\,\beta$$

Análogamente, procederíamos con $cos\,(\alpha - \beta)$ y $tg\,(\alpha - \beta)$, obteniendo:

RAZONES TRIGONOMÉTRICAS DEL ÁNGULO DIFERENCIA

$$sen\,(\alpha - \beta) = sen\,\alpha\,cos\,\beta - cos\,\alpha\,sen\,\beta \qquad \textbf{(II.1)}$$
$$cos\,(\alpha - \beta) = cos\,\alpha\,cos\,\beta + sen\,\alpha\,sen\,\beta \qquad \textbf{(II.2)}$$
$$tg\,(\alpha - \beta) = \frac{tg\,\alpha - tg\,\beta}{1 + tg\,\alpha\,tg\,\beta} \qquad \textbf{(II.3)}$$

Razones trigonométricas del ángulo doble

Si en las fórmulas **(I)** hacemos $\alpha = \beta$, obtendremos las razones trigonométricas de 2α en función de las de α. Por ejemplo:

$$cos\,2\alpha = cos\,(\alpha + \alpha) = cos\,\alpha\,cos\,\alpha - sen\,\alpha\,sen\,\alpha = cos^2\,\alpha - sen^2\,\alpha$$

Análogamente procederíamos para $sen\,2\alpha$ y $tg\,2\alpha$, obteniendo:

RAZONES TRIGONOMÉTRICAS DEL ÁNGULO DOBLE

$$sen\,2\alpha = 2\,sen\,\alpha\,cos\,\alpha \qquad \textbf{(III.1)}$$
$$cos\,2\alpha = cos^2\,\alpha - sen^2\,\alpha \qquad \textbf{(III.2)}$$
$$tg\,2\alpha = \frac{2\,tg\,\alpha}{1 - tg^2\,\alpha} \qquad \textbf{(III.3)}$$

Ejercicio resuelto

1 *Determinar $tg\,120°$ sabiendo que $tg\,60° = \sqrt{3}$.*

$$tg\,120° = tg\,(2 \cdot 60°) = \frac{2\,tg\,60°}{1 - tg^2\,60°} = \frac{2\sqrt{3}}{1 - (\sqrt{3})^2} = \frac{2\sqrt{3}}{1 - 3} = -\sqrt{3}$$

Ejercicios propuestos

1 Demuestra la fórmula **II.2** a partir de la fórmula:

$$cos\,(\alpha + \beta) = cos\,\alpha\,cos\,\beta - sen\,\alpha\,sen\,\beta$$

2 Demuestra **II.3** a partir de $tg\,(\alpha + \beta) = \dfrac{tg\,\alpha + tg\,\beta}{1 - tg\,\alpha\,tg\,\beta}$.

3 Demuestra la fórmula **II.3** a partir de las siguientes:

$$sen\,(\alpha - \beta) = sen\,\alpha\,cos\,\beta - cos\,\alpha\,sen\,\beta$$
$$cos\,(\alpha - \beta) = cos\,\alpha\,cos\,\beta + sen\,\alpha\,sen\,\beta$$

4 Si $sen\,12° = 0{,}2$ y $sen\,37° = 0{,}6$, halla $cos\,12°$, $tg\,12°$, $cos\,37°$ y $tg\,37°$. Calcula, a partir de ellas, las razones trigonométricas de 49° y de 25°, usando las fórmulas **(I)** y **(II)**.

5 Demuestra esta igualdad:

$$\frac{cos\,(a+b) + cos\,(a-b)}{sen\,(a+b) + sen\,(a-b)} = \frac{1}{tg\,a}$$

6 Demuestra las fórmulas **(III.1)** y **(III.3)** haciendo $\alpha = \beta$ en las fórmulas **(I)**.

7 Halla las razones trigonométricas de 60° usando las de 30°.

8 Halla las razones trigonométricas de 90° usando las de 45°.

9 Demuestra que: $\dfrac{2\,sen\,\alpha - sen\,2\alpha}{2\,sen\,\alpha + sen\,2\alpha} = \dfrac{1 - cos\,\alpha}{1 + cos\,\alpha}$

Razones trigonométricas del ángulo mitad

Vamos a ver cómo obtener las razones trigonométricas del ángulo $\frac{\alpha}{2}$ en función de $cos\ \alpha$.

Teniendo en cuenta que $\alpha = 2 \cdot \frac{\alpha}{2}$ y aplicando **(III.2)**:

$$cos\ \alpha = cos\left(2 \cdot \frac{\alpha}{2}\right) = cos^2 \frac{\alpha}{2} - sen^2 \frac{\alpha}{2}$$

Recuerda

(III.2) $cos\ 2\alpha = cos^2\ \alpha - sen^2\ \alpha$

De esta forma:

$$\begin{cases} cos\ \alpha = cos^2 \frac{\alpha}{2} - sen^2 \frac{\alpha}{2} \\ 1 = cos^2 \frac{\alpha}{2} + sen^2 \frac{\alpha}{2} \quad \text{(Esta es la igualdad fundamental.)} \end{cases}$$

Sumando y restando ambas igualdades se obtiene, respectivamente:

$$\left.\begin{array}{l} 1 + cos\ \alpha = 2\ cos^2 \frac{\alpha}{2} \\ 1 - cos\ \alpha = 2\ sen^2 \frac{\alpha}{2} \end{array}\right\}$$

En estas igualdades se despeja $cos \frac{\alpha}{2}$ y $sen \frac{\alpha}{2}$. A partir de ellas se obtiene $tg \frac{\alpha}{2}$.

RAZONES TRIGONOMÉTRICAS DEL ÁNGULO MITAD

$$sen \frac{\alpha}{2} = \pm\sqrt{\frac{1 - cos\ \alpha}{2}} \qquad \textbf{(IV.1)}$$

$$cos \frac{\alpha}{2} = \pm\sqrt{\frac{1 + cos\ \alpha}{2}} \qquad \textbf{(IV.2)}$$

$$tg \frac{\alpha}{2} = \pm\sqrt{\frac{1 - cos\ \alpha}{1 + cos\ \alpha}} \qquad \textbf{(IV.3)}$$

En cada caso, el signo será + o – según el cuadrante en el que se encuentre el ángulo $\frac{\alpha}{2}$.

Ejercicio resuelto

1 *Hallar sen 15° a partir del dato* $cos\ 30° = \frac{\sqrt{3}}{2}$.

$$sen\ 15° = sen\ \frac{30°}{2} = \sqrt{\frac{1 - cos\ 30°}{2}} = \sqrt{\frac{1 - (\sqrt{3}/2)}{2}} = \sqrt{\frac{2 - \sqrt{3}}{4}}$$

Hazlo tú. Halla $cos\ 15°$ y $tg\ 15°$.

Ejercicios propuestos

10 Siguiendo las indicaciones que se dan, demuestra detalladamente las fórmulas **IV.1**, **IV.2** y **IV.3**.

11 Sabiendo que $cos\ 78° = 0{,}2$, calcula $sen\ 78°$ y $tg\ 78°$. Averigua las razones trigonométricas de 39° aplicando las fórmulas del ángulo mitad.

12 Halla las razones trigonométricas de 30° a partir de $cos\ 60° = 0{,}5$.

13 Halla las razones trigonométricas de 45° a partir de $cos\ 90° = 0$.

14 Demuestra esta igualdad: $2\ tg\ \alpha \cdot sen^2 \frac{\alpha}{2} + sen\ \alpha = tg\ \alpha$

15 Demuestra la siguiente igualdad:

$$\frac{2\ sen\ \alpha - sen\ 2\alpha}{2\ sen\ \alpha + sen\ 2\alpha} = tg^2 \frac{\alpha}{2}$$

Sumas y diferencias de senos y de cosenos

A veces conviene expresar una suma o una diferencia en forma de producto. Para esto, son útiles las siguientes fórmulas:

SUMAS Y DIFERENCIAS DE SENOS Y DE COSENOS

$$sen\ A + sen\ B = 2\ sen\ \frac{A+B}{2}\ cos\ \frac{A-B}{2} \qquad \textbf{(V.1)}$$

$$sen\ A - sen\ B = 2\ cos\ \frac{A+B}{2}\ sen\ \frac{A-B}{2} \qquad \textbf{(V.2)}$$

$$cos\ A + cos\ B = 2\ cos\ \frac{A+B}{2}\ cos\ \frac{A-B}{2} \qquad \textbf{(V.3)}$$

$$cos\ A - cos\ B = -2\ sen\ \frac{A+B}{2}\ sen\ \frac{A-B}{2} \qquad \textbf{(V.4)}$$

Vamos a deducir las dos primeras basándonos en otras que ya conocemos:

$$sen\ (\alpha+\beta) = sen\ \alpha\ cos\ \beta + cos\ \alpha\ sen\ \beta$$

$$sen\ (\alpha-\beta) = sen\ \alpha\ cos\ \beta - cos\ \alpha\ sen\ \beta$$

Sumando $\rightarrow$ $sen\ (\alpha+\beta) + sen\ (\alpha-\beta) = 2\ sen\ \alpha\ cos\ \beta$ (1)

Restando $\rightarrow$ $sen\ (\alpha+\beta) - sen\ (\alpha-\beta) = 2\ cos\ \alpha\ sen\ \beta$ (2)

Conviene cambiar la notación para facilitar los cálculos.

Llamando $\left.\begin{matrix}\alpha+\beta=A\\ \alpha-\beta=B\end{matrix}\right\}$ y resolviendo el sistema, se tiene:

$$\alpha = \frac{A+B}{2} \qquad \beta = \frac{A-B}{2}$$

Sustituyendo en (1) y (2) se obtienen **V.1** y **V.2**.

Demostración del teorema de las tangentes

En la unidad anterior, en el margen de la página 116, dimos el teorema de las tangentes:

$$\frac{a-b}{a+b} = \frac{tg\ \frac{A-B}{2}}{tg\ \frac{A+B}{2}}$$

Vamos a demostrarlo utilizando las fórmulas de esta página.

Partimos del teorema de los senos:

$$\frac{a}{sen\ A} = \frac{b}{sen\ B} = k \rightarrow \begin{cases} a = k\ sen\ A \\ b = k\ sen\ B \end{cases}$$

Entonces:

$$\frac{a-b}{a+b} = \frac{k\ sen\ A - k\ sen\ B}{k\ sen\ A + k\ sen\ B} = \frac{sen\ A - sen\ B}{sen\ A + sen\ B} =$$

$$= \frac{2\ cos\ \frac{A+B}{2}\ sen\ \frac{A-B}{2}}{2\ sen\ \frac{A+B}{2}\ cos\ \frac{A-B}{2}} = \frac{tg\ \frac{A-B}{2}}{tg\ \frac{A+B}{2}}$$

En la web

Hoja de cálculo para trabajar algunos aspectos de esta unidad.

Ejercicio resuelto

1 *Transformar en producto y calcular $cos\ 75° + cos\ 15°$.*

$$cos\ 75° + cos\ 15° = 2\ cos\ \frac{75°+15°}{2}\ cos\ \frac{75°-15°}{2} = 2\ cos\ 45°\ cos\ 30° = 2\frac{\sqrt{2}}{2}\cdot\frac{\sqrt{3}}{2} = \frac{\sqrt{6}}{2}$$

Ejercicios propuestos

16 Para demostrar las fórmulas **(V.3)** y **(V.4)**, da los siguientes pasos:

- Expresa en función de α y β:

  $cos\ (\alpha+\beta) = \dots \qquad cos\ (\alpha-\beta) = \dots$

- Suma y resta como hemos hecho arriba y obtendrás dos expresiones.
- Sustituye en las expresiones anteriores:

  $\left.\begin{matrix}\alpha+\beta=A\\ \alpha-\beta=B\end{matrix}\right\}$

17 Transforma en producto y calcula.

a) $sen\ 75° - sen\ 15°$

b) $sen\ 75° + sen\ 15°$

c) $cos\ 75° - cos\ 15°$

18 Expresa en forma de producto el numerador y el denominador de esta fracción y simplifica el resultado:

$$\frac{sen\ 4a + sen\ 2a}{cos\ 4a + cos\ 2a}$$

2 Ecuaciones trigonométricas

Soluciones extrañas

Se suele llamar "solución extraña" a un valor de la variable que se obtiene en el proceso de resolución de una ecuación pero que, realmente, no cumple la ecuación. Obviamente, no es una solución.

Las ecuaciones trigonométricas son aquellas en las que aparecen funciones trigonométricas actuando sobre un ángulo incógnita que, como en todas las ecuaciones, hay que despejar.

Las soluciones que se obtengan deben ser comprobadas sobre la ecuación inicial, pues es frecuente que aparezcan "soluciones extrañas".

Suele ser suficiente dar las soluciones comprendidas entre 0° y 360°.

Ejercicios resueltos

1 *Resolver esta ecuación:*

$$\cos(30° + \alpha) = \operatorname{sen} \alpha$$

En el primer miembro de la ecuación tenemos el coseno de una suma. Lo desarrollamos aplicando **(I.2)**:

$$\cos 30° \cos \alpha - \operatorname{sen} 30° \operatorname{sen} \alpha = \operatorname{sen} \alpha \rightarrow$$

$$\rightarrow \frac{\sqrt{3}}{2} \cos \alpha - \frac{1}{2} \operatorname{sen} \alpha = \operatorname{sen} \alpha \rightarrow \sqrt{3} \cos \alpha = 3 \operatorname{sen} \alpha$$

Dividimos los dos miembros entre $\cos \alpha$:

$$\sqrt{3} = 3 \frac{\operatorname{sen} \alpha}{\cos \alpha} \rightarrow \sqrt{3} = 3 \operatorname{tg} \alpha \rightarrow \operatorname{tg} \alpha = \frac{\sqrt{3}}{3}$$

Posibles soluciones: 30° y 210°. Al comprobarlas sobre la ecuación inicial, vemos que las dos son válidas.

Por tanto, las soluciones son:

$$\boxed{\alpha_1 = 30° \text{ y } \alpha_2 = 210°}$$

Hazlo tú. Resuelve $\operatorname{sen}(\alpha + 30°) = 2 \cos \alpha$.

2 *Resolver la siguiente ecuación:*

$$\operatorname{sen} 2\alpha = \operatorname{tg} \alpha$$

Expresamos $\operatorname{sen} 2\alpha$ **(III.1)** y $\operatorname{tg} \alpha$ en función de $\operatorname{sen} \alpha$ y $\cos \alpha$:

$$2 \operatorname{sen} \alpha \cos \alpha = \frac{\operatorname{sen} \alpha}{\cos \alpha}$$

Multiplicamos todo por $\cos \alpha$ y pasamos al primer miembro:

$$2 \operatorname{sen} \alpha \cos^2 \alpha - \operatorname{sen} \alpha = 0 \rightarrow \operatorname{sen} \alpha (2 \cos^2 \alpha - 1) = 0$$

Para resolver esta ecuación, analizamos por separado los dos factores, $\operatorname{sen} \alpha$ y $2 \cos^2 \alpha - 1$:

$$\text{Posibles soluciones} \begin{cases} \operatorname{sen} \alpha = 0 \rightarrow \boxed{\alpha_1 = 0°,\ \alpha_2 = 180°} \\ \cos^2 \alpha = \dfrac{1}{2} \rightarrow \begin{cases} \cos \alpha = \dfrac{\sqrt{2}}{2} \rightarrow \boxed{\alpha_3 = 45°,\ \alpha_4 = 315°} \\ \cos \alpha = -\dfrac{\sqrt{2}}{2} \rightarrow \boxed{\alpha_5 = 135°,\ \alpha_6 = 225°} \end{cases} \end{cases}$$

Al comprobarlas sobre la ecuación inicial, vemos que las seis soluciones son válidas.

Hazlo tú. Resuelve $\cos \alpha = \operatorname{sen} 2\alpha$.

Ejercicios resueltos

3 *Resolver esta ecuación:*

$\cos 3\alpha + \cos \alpha = 0$

Puesto que el segundo miembro es 0, la resolución se simplificaría mucho si el primer miembro se pudiera poner en forma de producto. Para ello aplicamos la fórmula **V.3**.

$$2 \cos \frac{3\alpha + \alpha}{2} \cos \frac{3\alpha - \alpha}{2} = 0 \rightarrow 2 \cos 2\alpha \cos \alpha = 0 \rightarrow \begin{cases} \cos 2\alpha = 0 \\ \cos \alpha = 0 \end{cases}$$

Si $\cos \alpha = 0 \rightarrow \boxed{\alpha_1 = 90°, \ \alpha_2 = 270°}$

Si $\cos 2\alpha = 0 \xrightarrow{\text{(III.2)}} \cos^2 \alpha - \sin^2 \alpha = 0 \rightarrow \cos^2 \alpha = \sin^2 \alpha \rightarrow \begin{cases} \cos \alpha = \sin \alpha \\ \cos \alpha = -\sin \alpha \end{cases}$

$\cos \alpha = \sin \alpha$

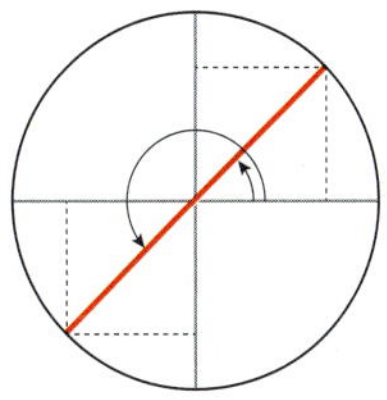

$\boxed{\alpha_3 = 45°}$ $\boxed{\alpha_4 = 225°}$

$\cos \alpha = -\sin \alpha$

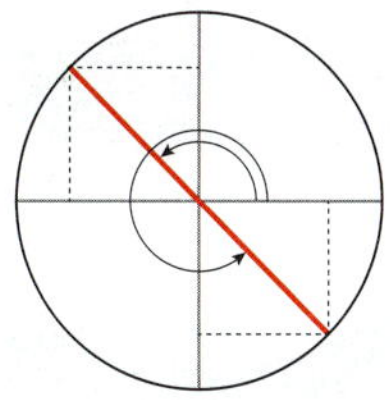

$\boxed{\alpha_5 = 135°}$ $\boxed{\alpha_6 = 315°}$

Hay, pues, seis posibles soluciones. Al comprobarlas sobre la ecuación inicial, vemos que todas son válidas.

Otra forma de resolver $\cos 2\alpha = 0$

Observa que también podríamos haber actuado de esta otra forma:

$$\cos 2\alpha = 0 \begin{cases} 2\alpha = 90° \longrightarrow \alpha_3 = 45° \\ 2\alpha = 270° \longrightarrow \alpha_5 = 135° \\ 2\alpha = 90° + 360° = 450° \longrightarrow \alpha_6 = 225° \\ 2\alpha = 270° + 360° = 630° \longrightarrow \alpha_4 = 315° \end{cases}$$

Si sumáramos a los valores de 2α múltiplos de 360°, obtendríamos para α soluciones equivalentes a estas cuatro.

Hazlo tú. Resuelve $\sin 3\alpha - \sin \alpha = 0$.

Ejercicios propuestos

1 Resuelve.

a) $\tan \alpha = -\sqrt{3}$

b) $\sin \alpha = \cos \alpha$

c) $\sin^2 \alpha = 1$

d) $\sin \alpha = \tan \alpha$

2 Resuelve estas ecuaciones:

a) $2 \cos^2 \alpha + \cos \alpha - 1 = 0$

b) $2 \sin^2 \alpha - 1 = 0$

c) $\tan^2 \alpha - \tan \alpha = 0$

d) $2 \sin^2 \alpha + 3 \cos \alpha = 3$

3 Transforma en producto $\sin 5\alpha - \sin 3\alpha$ y resuelve después la ecuación $\sin 5\alpha - \sin 3\alpha = 0$.

4 Resuelve.

a) $4 \cos 2\alpha + 3 \cos \alpha = 1$

b) $\tan 2\alpha + 2 \cos \alpha = 0$

c) $\sqrt{2} \cos (\alpha/2) - \cos \alpha = 1$

d) $2 \sin \alpha \cos^2 \alpha - 6 \sin^3 \alpha = 0$

5 Resuelve las siguientes ecuaciones trigonométricas:

a) $\sin (180° - \alpha) = \cos (270° - \alpha) + \cos 180°$

b) $\sin (45° - \alpha) + \sqrt{2} \sin \alpha = 0$

3 Funciones trigonométricas

El radián: unidad de medida de ángulos

Hasta ahora hemos utilizado como unidad de medida de ángulos el grado. Ha resultado útil, y lo seguirá siendo, para los problemas de trigonometría, astronomía, navegación y para la resolución de triángulos, en general. Pero para definir las funciones trigonométricas funciona mucho mejor otra medida, el radián, que veremos a continuación.

Visión intuitiva

Imagina que estamos arreglando un pinchazo en una rueda de bicicleta, y que la tenemos situada en el borde de una mesa, tal y como se ve en la fotografía de la izquierda.

Al girar la rueda, el punto P en el que está el pinchazo varía su altura respecto de la mesa.

Vamos a representar la función $x \xrightarrow{f} y$

x: longitud recorrida por el punto P *al girar*

y: altura a la que se encuentra P *respecto al nivel de la mesa*

tomando la longitud del radio como unidad de medida.

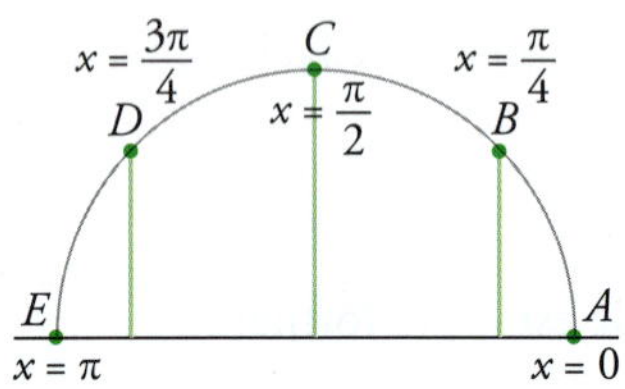

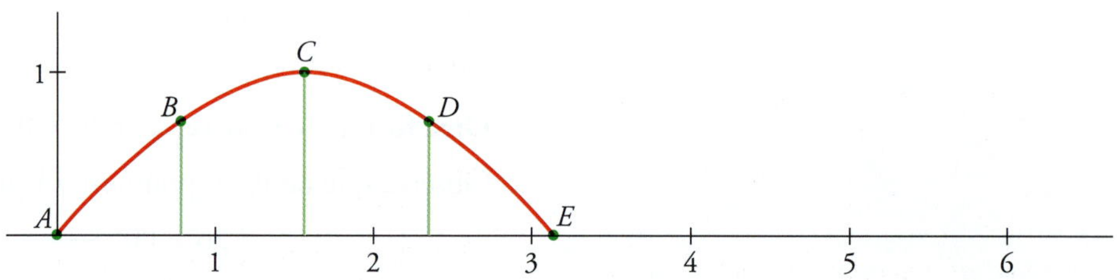

Observamos que la abscisa de cada punto es la distancia recorrida sobre la circunferencia. Como la unidad de medida es el radio $(r = 1)$, un cuarto de vuelta es $\frac{\pi}{2} \approx 1{,}6$; media vuelta es $\pi \approx 3{,}1$; …

Veamos la gráfica de la función para una vuelta completa de la rueda:

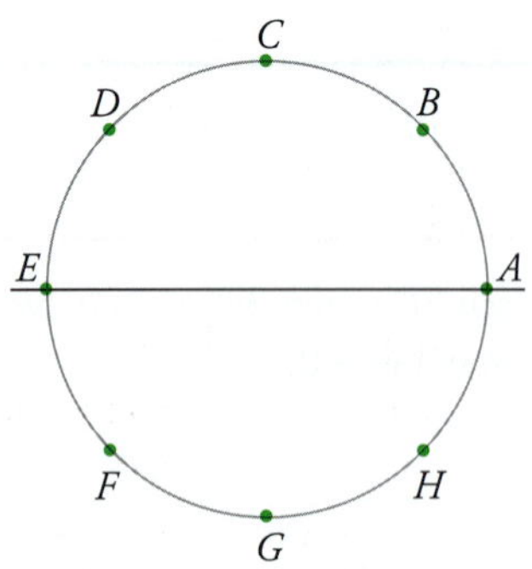

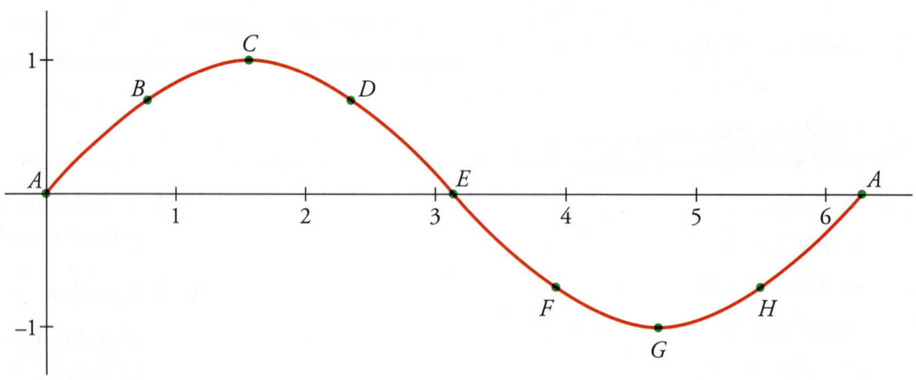

La función que acabamos de representar en esta visión intuitiva describe la posición del punto P. Podríamos describir esa misma posición tomando como abscisa, en lugar de la longitud que recorre el punto, el ángulo que va describiendo el punto sobre la rueda. Si, además, quisiésemos que la gráfica siguiera siendo la misma, tendríamos que tomar como unidad un ángulo cuyo arco coincida con el radio de la rueda. A ese ángulo se le llama radián.

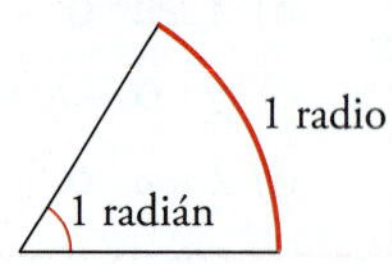

Ten en cuenta

- Para la resolución de triángulos, conviene expresar los ángulos en grados (° ' ").
- Para manejar funciones trigonométricas, conviene expresar los ángulos en radianes (*rad*).

Definición

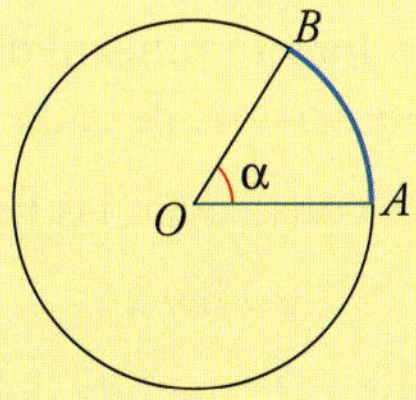

Se llama **radián** a un ángulo tal que el arco que abarca tiene la misma longitud que el radio con el que se ha trazado.

Es decir, α es un radián porque la longitud del arco AB es igual a la del radio:

$$\text{Longitud de } \widehat{AB} = \overline{OA}$$

Paso de grados a radianes y viceversa

La longitud de la circunferencia es $2\pi r$. Por tanto, el número de radianes de un ángulo completo es 2π. Sabemos que el número de grados de un ángulo completo es 360°. Por tanto:

$$360° = 2\pi \text{ radianes}$$

Esta igualdad nos permite pasar de grados a radianes y de radianes a grados.

Paso de grados a radianes

$$\alpha \text{ grados} = \frac{2\pi}{360} \cdot \alpha \text{ radianes}$$

Paso de radianes a grados

$$n \text{ radianes} = \frac{360}{2\pi} \cdot n \text{ grados}$$

El valor de un radián es: $\frac{360}{2\pi} = \frac{180}{3,14\ldots} \approx 57°\ 17'\ 45''$

Valor aproximado de 1 radián

Cortamos un trozo de hilo de longitud igual a un radio y lo ceñimos a la circunferencia. El ángulo correspondiente es 1 radián.

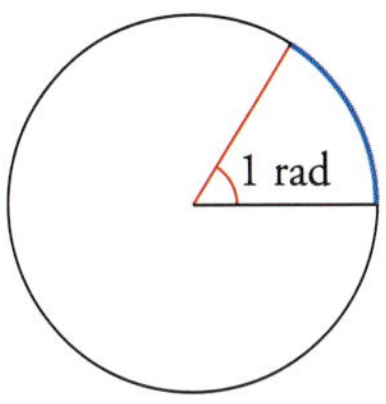

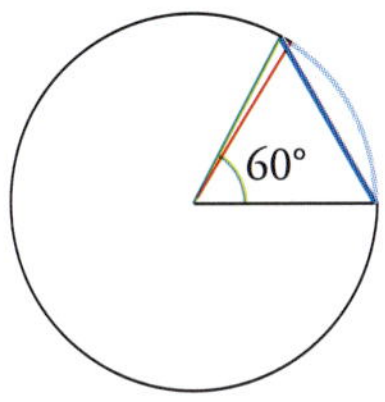

Si ahora lo tensamos (cuerda) se forma un triángulo equilátero. El ángulo es de 60°.

Por tanto:

1 radián mide algo menos de 60°

Calculadora

Para hallar las razones trigonométricas de un ángulo dado en radianes, hay que empezar poniendo la calculadora en el modo correspondiente (modo RAD). Por ejemplo:

sen (1 rad): (RAD) [sin] 1 [=] → [0.841470985] → *sen* (1 rad) = 0,84

$tg\left(\frac{\pi}{4}\text{ rad}\right)$: (RAD) [tan] [(] [π] [÷] [4] [)] [=] → [1] → $tg\left(\frac{\pi}{4}\text{ rad}\right) = 1$

Ejercicios propuestos

1 ¿Verdadero o falso?

a) El radián es una medida de longitud equivalente al radio.

b) Un radián es un ángulo algo menor que 60°.

c) Puesto que la longitud de la circunferencia es $2\pi r$, un ángulo completo (360°) tiene 2π radianes.

d) 180° es algo menos de 3 radianes.

e) Un ángulo recto mide $\pi/2$ radianes.

2 Pasa a radianes los siguientes ángulos:

a) 30° b) 72° c) 90°

d) 127° e) 200° f) 300°

Expresa el resultado en función de π y luego en forma decimal. Por ejemplo:

$$30° = 30 \cdot \frac{\pi}{180}\text{ rad} = \frac{\pi}{6}\text{ rad} = 0,52\text{ rad}$$

3 Pasa a grados los siguientes ángulos:

a) 2 rad b) 0,83 rad c) $\frac{\pi}{5}$ rad

d) $\frac{5\pi}{6}$ rad e) 3,5 rad f) π rad

4 Copia y completa la siguiente tabla en tu cuaderno y añade las razones trigonométricas (seno, coseno y tangente) de cada uno de los ángulos:

GRADOS	0°	30°		60°	90°		135°	150°	
RADIANES			$\frac{\pi}{4}$			$\frac{2}{3}\pi$			π

GRADOS	210°	225°		270°			330°	360°
RADIANES			$\frac{4}{3}\pi$		$\frac{5}{3}\pi$	$\frac{7}{4}\pi$		

grad (°)	rad	*sen*	*cos*	*tg*
0	0	0	1	0
30	$\pi/6$	$1/2$	$\sqrt{3}/2$	$\sqrt{3}/3$
45	$\pi/4$	$\sqrt{2}/2$	$\sqrt{2}/2$	1
60	$\pi/3$	$\sqrt{3}/2$	$1/2$	$\sqrt{3}$
90	$\pi/2$	1	0	—
120	$2\pi/3$	$\sqrt{3}/2$	$-1/2$	$-\sqrt{3}$
135	$3\pi/4$	$\sqrt{2}/2$	$-\sqrt{2}/2$	-1
150	$5\pi/6$	$1/2$	$-\sqrt{3}/2$	$-\sqrt{3}/3$
180	π	0	-1	0
210	$7\pi/6$	$-1/2$	$-\sqrt{3}/2$	$\sqrt{3}/3$
225	$5\pi/4$	$-\sqrt{2}/2$	$-\sqrt{2}/2$	1
240	$4\pi/3$	$-\sqrt{3}/2$	$-1/2$	$\sqrt{3}$
270	$3\pi/2$	-1	0	—
300	$5\pi/3$	$-\sqrt{3}/2$	$1/2$	$-\sqrt{3}$
315	$7\pi/4$	$-\sqrt{2}/2$	$\sqrt{2}/2$	-1
330	$11\pi/6$	$-1/2$	$\sqrt{3}/2$	$-\sqrt{3}/3$
360	2π	0	1	0

Las funciones trigonométricas

En el ejercicio 4 de la página anterior se te pide construir una tabla en la que se recogen los ángulos más significativos de 0° a 360° expresados en radianes, así como las razones trigonométricas de cada uno de ellos. Repetimos esta tabla en el margen.

Con estos datos se construyen las funciones:

$$y = sen\, x \qquad y = cos\, x \qquad y = tg\, x$$

en las que la abscisa es la medida del ángulo en radianes, y la ordenada, el valor de la razón trigonométrica correspondiente.

Se las llama **funciones trigonométricas** o **funciones circulares.**

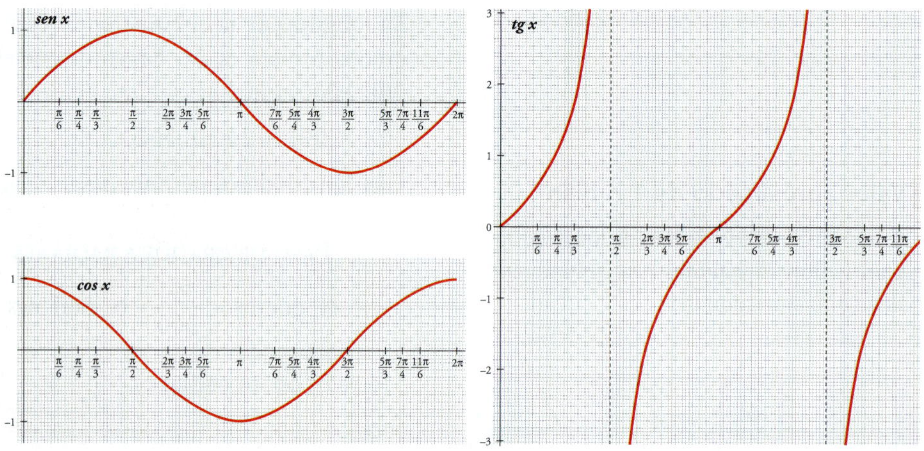

La primera de estas funciones, $y = sen\, x$, se construyó en el comienzo de este epígrafe al describir el movimiento de un punto de una rueda de bicicleta al girar entorno a su eje. Este tramo corresponde a una vuelta. Pero podemos extender la función tantas vueltas como se quiera. Esto da lugar a una función periódica de periodo 2π. Análogamente, las otras dos, $y = cos\, x$ tiene periodo 2π e $y = tg\, x$ tiene periodo π.

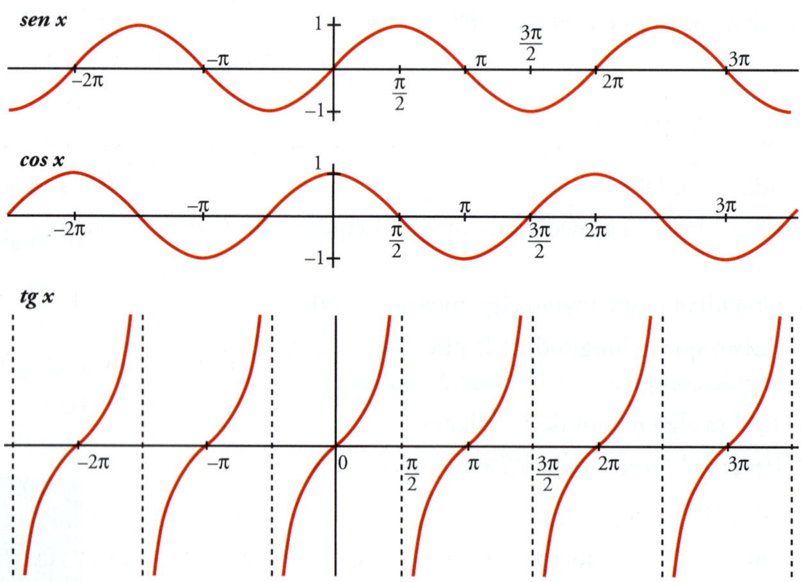

La función tangente no está definida en los puntos $x = \frac{\pi}{2} + k\pi$ para valores enteros de k.

En la web

Animaciones que muestran la representación de:
- la función seno.
- la función coseno.
- la función tangente.

Ejercicio propuesto

5 ¿Verdadero o falso?

a) Las funciones trigonométricas son periódicas.

b) Las funciones *sen* y *cos* tienen un periodo de 2π.

c) La función *tg x* tiene periodo π.

d) La función *cos x* es como *sen x* desplazada $\pi/2$ a la izquierda.

Ejercicios y problemas resueltos

1. Razones trigonométricas a partir de otras

Si $\cos 148° = -0{,}85$, hallar $\operatorname{sen} 148°$ y $\operatorname{tg} 148°$.

Calcular después, a partir de ellas, las siguientes razones trigonométricas:

$\operatorname{sen} 296°$

$\cos 208°$

$\operatorname{tg} 74°$

$\operatorname{sen} 58°$

$\operatorname{tg} 193°$

- Utilizamos las relaciones fundamentales.

$$\operatorname{sen}^2 148° + \cos^2 148° = 1 \rightarrow \operatorname{sen} 148° = \sqrt{1-(-0{,}85)^2} = 0{,}53$$

$$\operatorname{tg} 148° = \frac{\operatorname{sen} 148°}{\cos 148°} = \frac{0{,}53}{-0{,}85} = -0{,}62$$

- Buscamos la relación de cada uno de los ángulos dados con 148°.

$$\operatorname{sen} 296° = \operatorname{sen}(2 \cdot 148°) = 2 \operatorname{sen} 148° \cos 148° = 2 \cdot 0{,}53 \cdot (-0{,}85) = -0{,}9$$

$$\cos 208° = \cos(148° + 60°) = \cos 148° \cos 60° - \operatorname{sen} 148° \operatorname{sen} 60° =$$

$$= -0{,}85 \cdot \frac{1}{2} - 0{,}53 \cdot \frac{\sqrt{3}}{2} = -0{,}88$$

$$\operatorname{tg} 74° = \operatorname{tg}\left(\frac{148°}{2}\right) = \sqrt{\frac{1-\cos 148°}{1+\cos 148°}} = \sqrt{\frac{1+0{,}85}{1-0{,}85}} = 3{,}5$$

$$\operatorname{sen} 58° = \operatorname{sen}(148° - 90°) = \operatorname{sen} 148° \cos 90° - \cos 140° \operatorname{sen} 90° =$$

$$= 0{,}53 \cdot 0 - (-0{,}85) \cdot 1 = 0{,}85$$

$$\operatorname{tg} 193° = \operatorname{tg}(148° + 45°) = \frac{\operatorname{tg} 148° + \operatorname{tg} 45°}{1 - \operatorname{tg} 148° \operatorname{tg} 45°} = \frac{-0{,}62+1}{1+0{,}62 \cdot 1} = 0{,}23$$

Hazlo tú. Sabiendo que $\operatorname{sen} 54° = 0{,}81$ halla $\cos 108°$, $\operatorname{tg} 27°$, $\operatorname{sen} 24°$, $\cos 99°$.

2. Identidades trigonométricas

Demostrar las siguientes identidades:

a) $\dfrac{1+\operatorname{sen} 2\alpha}{1+\cos 2\alpha} = \dfrac{1}{2}(1+\operatorname{tg}\alpha)^2$

b) $2 \operatorname{tg}\alpha \operatorname{sen}^2 \dfrac{\alpha}{2} + \operatorname{sen}\alpha = \operatorname{tg}\alpha$

a) Aplicamos las fórmulas de $\operatorname{sen} 2\alpha$ y $\cos 2\alpha$ y utilizamos la relación fundamental $1 = \operatorname{sen}^2\alpha + \cos^2\alpha$.

$$\frac{1+2\operatorname{sen}\alpha\cos\alpha}{1+\cos^2\alpha-\operatorname{sen}^2\alpha} = \frac{\operatorname{sen}^2\alpha+\cos^2\alpha+2\operatorname{sen}\alpha\cos\alpha}{\operatorname{sen}^2\alpha+\cos^2\alpha+\cos^2\alpha-\operatorname{sen}^2\alpha} \overset{(*)}{=} \frac{(\operatorname{sen}\alpha+\cos\alpha)^2}{2\cos^2\alpha} =$$

$$= \frac{1}{2}\left(\frac{\operatorname{sen}\alpha+\cos\alpha}{\cos\alpha}\right)^2 \overset{(**)}{=} \frac{1}{2}[(\operatorname{tg}\alpha)+1]^2 = \frac{1}{2}(1+\operatorname{tg}\alpha)^2$$

(*) Expresamos el numerador como cuadrado de una suma.

(**) Dividimos entre $\cos\alpha$.

b) Aplicamos la fórmula de $\operatorname{sen}\dfrac{\alpha}{2}$ y expresamos $\operatorname{tg}\alpha$ como $\dfrac{\operatorname{sen}\alpha}{\cos\alpha}$.

$$2\frac{\operatorname{sen}\alpha}{\cos\alpha} \cdot \frac{1-\cos\alpha}{2} + \operatorname{sen}\alpha = \frac{\operatorname{sen}\alpha(1-\cos\alpha)}{\cos\alpha} + \operatorname{sen}\alpha =$$

$$= \frac{\operatorname{sen}\alpha - \operatorname{sen}\alpha\cos\alpha + \cos\alpha\operatorname{sen}\alpha}{\cos\alpha} = \frac{\operatorname{sen}\alpha}{\cos\alpha} = \operatorname{tg}\alpha$$

Hazlo tú. Demuestra que $\operatorname{sen} 2\alpha - \operatorname{tg}\alpha \cos 2\alpha = \operatorname{tg}\alpha$.

3. Simplificación de expresiones trigonométricas

Simplificar esta expresión:

$\cos\alpha \cos(\alpha-\beta) + \operatorname{sen}\alpha \operatorname{sen}(\alpha-\beta)$

Desarrollamos $\cos(\alpha-\beta)$ y $\operatorname{sen}(\alpha-\beta)$ y efectuamos los productos.

$$\cos\alpha(\cos\alpha\cos\beta + \operatorname{sen}\alpha\operatorname{sen}\beta) + \operatorname{sen}\alpha(\operatorname{sen}\alpha\cos\beta - \cos\alpha\operatorname{sen}\beta) =$$

$$= \cos^2\alpha\cos\beta + \cos\alpha\operatorname{sen}\alpha\operatorname{sen}\beta + \operatorname{sen}^2\alpha\cos\beta - \operatorname{sen}\alpha\cos\alpha\operatorname{sen}\beta =$$

$$= \cos^2\alpha\cos\beta + \operatorname{sen}^2\alpha\cos\beta \overset{(*)}{=} \cos\beta(\cos^2\alpha + \operatorname{sen}^2\alpha) = \cos\beta \cdot 1 = \cos\beta$$

(*) Extraemos factor común $\cos\beta$.

Hazlo tú. Simplifica la expresión $\dfrac{2\cos(45°+\alpha)\cos(45°-\alpha)}{\cos 2\alpha}$.

4. Resolución de ecuaciones trigonométricas

Resolver las siguientes ecuaciones:

a) $\cos^2 x - \sqrt{3}\, \operatorname{sen} x \cos x = 0$

b) $\sqrt{3} \cos x - \operatorname{sen} x = 1$

c) $\dfrac{1-\cos 2x}{2} = 2\left(\operatorname{sen}^2 \dfrac{x}{2} - \cos^2 \dfrac{x}{2}\right)$

d) $\dfrac{\operatorname{sen} 3x + \operatorname{sen} x}{\cos 3x + \cos x} = \sqrt{3}$

a) Extraemos factor común: $\cos x (\cos x - \sqrt{3}\, \operatorname{sen} x) = 0$

Igualamos a cero cada factor resultante.

$\cos x = 0 \rightarrow x = 90° + 360°k;\ x = 270° + 360°k$

$\cos x - \sqrt{3}\, \operatorname{sen} x = 0 \overset{(*)}{\rightarrow} 1 - \sqrt{3}\, \dfrac{\operatorname{sen} x}{\cos x} = 0 \rightarrow 1 - \sqrt{3}\, tg\, x = 0 \rightarrow tg\, x = \dfrac{1}{\sqrt{3}} \rightarrow$

$\rightarrow x = 30° + 360°k;\ x = 210° + 360°k$

Podemos expresar las soluciones así: $x = 90° + 180°k;\ x = 30° + 180°k$

(*) Dividimos los dos miembros entre $\cos x$.

b) Pasamos $\operatorname{sen} x$ al segundo miembro y elevamos al cuadrado para poder expresar $\cos^2 x$ como $1 - \operatorname{sen}^2 x$.

$(\sqrt{3} \cos x)^2 = (1 + \operatorname{sen} x)^2 \rightarrow 3 \cos^2 x = 1 + 2 \operatorname{sen} x + \operatorname{sen}^2 x \rightarrow$

$\rightarrow 3(1 - \operatorname{sen}^2 x) = 1 + 2 \operatorname{sen} x + \operatorname{sen}^2 x \rightarrow 4 \operatorname{sen}^2 x + 2 \operatorname{sen} x - 2 = 0 \rightarrow$

$\rightarrow 2 \operatorname{sen}^2 x + \operatorname{sen} x - 1 = 0 \rightarrow \operatorname{sen} x = \dfrac{-1 \pm 3}{4} \begin{cases} \operatorname{sen} x = 1/2 \rightarrow x = 30°,\ x = 150° \\ \operatorname{sen} x = -1 \rightarrow x = 270° \end{cases}$

Comprobamos las soluciones porque al elevar al cuadrado pueden aparecer falsas soluciones.

$x = 30° \rightarrow \sqrt{3} \cdot (\sqrt{3}/2) - (1/2) = 1$ Vale

$x = 150° \rightarrow \sqrt{3} \cdot (-\sqrt{3}/2) - (1/2) \neq 1$ No vale

$x = 270° \rightarrow \sqrt{3} \cdot 0 - (-1) = 1$ Vale

Soluciones: $x = 30° + 360°k;\ x = 270° + 360°k$

c) Aplicamos las fórmulas de $\cos 2x$, $\operatorname{sen} \dfrac{x}{2}$ y $\cos \dfrac{x}{2}$.

$\dfrac{1 - (\cos^2 x - \operatorname{sen}^2 x)}{2} = 2\left(\dfrac{1 - \cos x}{2} - \dfrac{1 + \cos x}{2}\right) \overset{(*)}{\rightarrow}$

$\rightarrow \dfrac{1 - \cos^2 x + 1 - \cos^2 x}{2} = 1 - \cos x - 1 - \cos x \rightarrow 1 - \cos^2 x = -2 \cos x \rightarrow$

$\rightarrow \cos^2 x - 2 \cos x - 1 = 0 \rightarrow$

$\rightarrow \cos x = \dfrac{2 \pm \sqrt{8}}{2} \begin{cases} \cos x = 1 + \sqrt{2} \text{ Imposible} \\ \cos x = 1 - \sqrt{2} \rightarrow x = 114° 28';\ x = 294° 28' \end{cases}$

Soluciones: $x = 114° 28' + 180°k$

(*) Sustituimos $\operatorname{sen}^2 x = 1 - \cos^2 x$.

d) Transformamos en productos la suma de senos y la suma de cosenos.

$\dfrac{2 \operatorname{sen} \dfrac{3x + x}{2} \cos \dfrac{3x - x}{2}}{2 \cos \dfrac{3x + x}{2} \cos \dfrac{3x - x}{2}} = \sqrt{3} \rightarrow \dfrac{\operatorname{sen} 2x}{\cos 2x} = \sqrt{3} \rightarrow tg\, 2x = \sqrt{3} \rightarrow$

$\rightarrow \begin{cases} 2x = 60° \rightarrow x = 30° + 360°k \\ 2x = 240° \rightarrow x = 120° + 360°k \end{cases}$ Si sumamos a estas soluciones 360°, encontramos otras nuevas. $\rightarrow$

$\rightarrow \begin{cases} 2x = 60° + 360° \rightarrow x = 210° + 360°k \\ 2x = 240° + 360° \rightarrow x = 300° + 360°k \end{cases}$ Si sumamos de nuevo 360°, las soluciones se repiten.

Soluciones: $x = 30° + 90°k$

Hazlo tú. Resuelve estas ecuaciones:

a) $\operatorname{sen}^3 x - \operatorname{sen} x \cos^2 x = 0$

b) $\sqrt{3}\, \operatorname{sen} x + \cos x = 2$

c) $tg^2 \dfrac{x}{2} = 1 - \cos x$

d) $\dfrac{\cos 4x + \cos 2x}{\operatorname{sen} 4x - \operatorname{sen} 2x} = 1$

Ejercicios y problemas guiados

1. Razones trigonométricas de $(\alpha + \beta)$; $(\alpha - \beta)$; 2α y $\alpha/2$

Si $sen\ \alpha = \frac{3}{5}$, $90° < \alpha < 180°$, *y* $cos\ \beta = -\frac{1}{4}$, $180° < \beta < 270°$, *hallar:* $cos\ (\alpha + \beta)$; $sen\ (\alpha - \beta)$; $tg\ 2\alpha$; $tg\ \frac{\beta}{2}$.

- Calcula las demás razones de α y de β.
- Aplica las fórmulas de $cos\ (\alpha + \beta)$; $sen\ (\alpha - \beta)$; $tg\ 2\alpha$; $tg\ \beta/2$.

  Para saber el signo de $tg\ \beta/2$, mira en qué cuadrante está β y, después, $\beta/2$.

Solución:

$cos\ (\alpha + \beta) = \frac{4 + 3\sqrt{15}}{20}$; $sen\ (\alpha - \beta) = \frac{-3 - 4\sqrt{15}}{20}$; $tg\ 2\alpha = -\frac{24}{7}$; $tg\ \frac{\beta}{2} = -\sqrt{\frac{5}{3}}$

2. Identidades trigonométricas

Demostrar que:

$$cos\ 3x = 4\ cos^3 x - 3\ cos\ x$$

- Haz $cos\ 3x = cos\ (2x + x)$ y desarrolla el coseno de la suma de dos ángulos.
- Sustituye $cos\ 2x$ y $sen\ 2x$ por las fórmulas del ángulo doble.
- Expresa el seno en función del coseno para obtener el 2.º miembro de la identidad.

3. Expresiones algebraicas equivalentes

Escribir la expresión:

$$cos\ (\alpha + \beta)\ cos\ (\alpha - \beta)$$

en función de $cos\ \alpha$ *y* $sen\ \beta$.

- Desarrolla $cos\ (\alpha + \beta)$ y $cos\ (\alpha - \beta)$. Al multiplicar obtendrás una diferencia de cuadrados.
- Expresa $cos^2\ \beta$ en función de $sen\ \beta$; y $sen^2\ \alpha$, en función de $cos\ \alpha$.

Solución: $cos\ (\alpha + \beta)\ cos\ (\alpha - \beta) = cos^2\ \alpha - sen^2\ \beta$

4. Simplificación de expresiones trigonométricas

Simplificar esta expresión:

$$2\ tg\ \alpha\ cos^2 \frac{\alpha}{2} - sen\ \alpha$$

- Aplica la fórmula de $cos\ \frac{\alpha}{2}$ y expresa $tg\ \alpha$ como $\frac{sen\ \alpha}{cos\ \alpha}$.
- Opera y simplifica.

Solución: $tg\ \alpha$

5. Ecuaciones trigonométricas

Resolver estas ecuaciones:

a) $cos^2 (2x + 30°) = \frac{1}{4}$

b) $4\ sen\ x + 4\ cos^2 x\ tg\ x + tg\ x = 0$, *con* $tg\ x \neq 0$

a) • Despeja $cos\ (2x + 30)$

- Iguala el ángulo $2x + 30°$ a cada uno de los cuatro ángulos de la circunferencia cuyo coseno sea igual a los valores obtenidos.
- Suma 360° a esos ángulos e iguala cada uno a $2x + 30°$. Obtendrás ocho soluciones.

b) Divide por $tg\ x$ los dos miembros y obtendrás una ecuación cuya incógnita es $cos\ x$.

Solución:

a) $x = 15° + 90°k$; $x = 45° + 90°k$

b) $x = 120° + 360°k$; $x = 240° + 360°k$

6. Resolución de sistemas de ecuaciones trigonométricas

Resolver el siguiente sistema de ecuaciones en el intervalo [0°, 360°]:

$$\begin{cases} cos\ y - sen\ x = 1 \\ 4\ sen\ x\ cos\ y + 1 = 0 \end{cases}$$

- Resuelve por sustitución: despeja $cos\ y$ en la primera ecuación y sustituye en la segunda.
- Obtén los valores de x y utilízalos en la primera ecuación para hallar los valores de y.

Solución: (210°, 60°); (210°, 300°); (330°, 60°); (330°, 300°)

Ejercicios y problemas propuestos

Para practicar

Fórmulas trigonométricas

1 Sabiendo que $\cos\alpha = -\frac{3}{4}$ y $90° < \alpha < 180°$, calcula sin hallar el valor de α:

a) $\operatorname{sen} 2\alpha$ b) $\operatorname{tg}\frac{\alpha}{2}$

c) $\operatorname{sen}(\alpha + 30°)$ d) $\cos(60° - \alpha)$

e) $\cos\frac{\alpha}{2}$ f) $\operatorname{tg}(45° + \alpha)$

2 Calcula las razones trigonométricas de 22° 30' a partir de las de 45°.

3 Si $\cos 78° = 0{,}2$ y $\operatorname{sen} 37° = 0{,}6$ halla las razones trigonométricas de 41° y de 115°.

4 a) Halla el valor exacto de las razones trigonométricas de 75° a partir de las de 30° y 45°.

b) Utilizando los resultados del apartado anterior, calcula las razones trigonométricas de: 105°; 165°; 15°; 195° y 135°.

5 Desarrolla, en función de las razones trigonométricas de α, y simplifica las siguientes expresiones:

a) $\operatorname{sen}(45° + \alpha) - \cos(\alpha - 45°)$

b) $\dfrac{\cos 2\alpha}{\cos\alpha + \operatorname{sen}\alpha}$

c) $(\operatorname{sen}\alpha + \cos\alpha)^2 - 2\operatorname{sen}\alpha + \cos 2\alpha$

d) $\cos^2\frac{\alpha}{2}\cdot\operatorname{sen}^2\frac{\alpha}{2} + \frac{1}{4}\cos^2\alpha$

6 Sabiendo que $\cos\alpha = \frac{-7}{25}$ $(180° < \alpha < 270°)$ y $\operatorname{tg}\beta = \frac{4}{3}$ $(180° < \beta < 270°)$, calcula $\operatorname{tg}\frac{\alpha+\beta}{2}$.

7 Si $\operatorname{tg}\frac{\alpha}{2} = -3$ y $\alpha < 270°$, halla $\operatorname{sen}\alpha$, $\cos\alpha$ y $\operatorname{tg}\alpha$.

8 Si $\operatorname{tg} 2\alpha = \sqrt{6}$ y $\alpha < 90°$, halla $\operatorname{sen}\alpha$, $\cos\alpha$ y $\operatorname{tg}\alpha$.

9 Expresa en función de α y simplifica esta expresión:

$$\operatorname{sen}^2\frac{\alpha}{2} - \cos^2\frac{\alpha}{2} + 2\operatorname{sen}(90 - \alpha)$$

10 Transforma las siguientes sumas en productos:

a) $\operatorname{sen} 65° + \operatorname{sen} 35°$ b) $\operatorname{sen} 65° - \operatorname{sen} 35°$

c) $\cos 48° + \cos 32°$ d) $\cos 48° - \cos 32°$

e) $\frac{1}{2} + \operatorname{sen} 50°$ f) $\frac{\sqrt{2}}{2} + \cos 75°$

Identidades trigonométricas

11 Demuestra las siguientes identidades teniendo en cuenta las relaciones fundamentales:

a) $(\operatorname{sen}\alpha + \cos\alpha)^2 - (\operatorname{sen}\alpha - \cos\alpha)^2 = 4\operatorname{sen}\alpha\cos\alpha$

b) $\operatorname{sen}\alpha\cdot\cos^2\alpha + \operatorname{sen}^3\alpha = \operatorname{sen}\alpha$

c) $\dfrac{\operatorname{sen}\alpha}{1+\cos\alpha} + \dfrac{\operatorname{sen}\alpha}{1-\cos\alpha} = \dfrac{2}{\operatorname{sen}\alpha}$

d) $\dfrac{\cos\alpha + \operatorname{sen}\alpha}{\cos\alpha - \operatorname{sen}\alpha}\cdot\cos 2\alpha = 1 + \operatorname{sen} 2\alpha$

12 Prueba que son verdaderas las identidades siguientes:

a) $\cos(x + 60°) - \cos(x + 120°) = \cos x$

b) $\operatorname{tg}(x + 45°) - \operatorname{tg}(x - 45°) = \dfrac{2 + 2\operatorname{tg}^2 x}{1 - \operatorname{tg}^2 x}$

13 Comprueba que se verifican las dos identidades siguientes:

a) $\operatorname{sen}\alpha\operatorname{sen}(\alpha + \beta) + \cos\alpha\cos(\alpha + \beta) = \cos\beta$

b) $\dfrac{\operatorname{sen}(\alpha+\beta)}{\operatorname{sen}(\alpha-\beta)} = \dfrac{\operatorname{tg}\alpha + \operatorname{tg}\beta}{\operatorname{tg}\alpha - \operatorname{tg}\beta}$

* *En b), divide numerador y denominador entre* $\cos\alpha\cos\beta$.

14 Demuestra.

a) $\operatorname{tg}\alpha + \dfrac{1}{\operatorname{tg}\alpha} = \dfrac{2}{\operatorname{sen} 2\alpha}$

b) $2\operatorname{tg}\alpha\cos^2\frac{\alpha}{2} - \operatorname{sen}\alpha = \operatorname{tg}\alpha$

15 Demuestra.

a) $\cos(\alpha + \beta)\cos(\alpha - \beta) = \cos^2\beta - \operatorname{sen}^2\alpha$

b) $\operatorname{sen}(\alpha + \beta)\operatorname{sen}(\alpha - \beta) = \operatorname{sen}^2\alpha - \operatorname{sen}^2\beta$

16 Demuestra las siguientes igualdades:

a) $\dfrac{2\operatorname{sen}\alpha}{\operatorname{tg} 2\alpha} + \dfrac{\operatorname{sen}^2\alpha}{\cos\alpha} = \cos\alpha$

b) $\dfrac{1 - \cos 2\alpha}{\operatorname{sen}^2\alpha + \cos 2\alpha} = 2\operatorname{tg}^2\alpha$

c) $\operatorname{sen} 2\alpha\cos\alpha - \operatorname{sen}\alpha\cos 2\alpha = \operatorname{sen}\alpha$

d) $\dfrac{2\operatorname{sen}\alpha - \operatorname{sen} 2\alpha}{2\operatorname{sen}\alpha + \operatorname{sen} 2\alpha} = \operatorname{tg}^2\frac{\alpha}{2}$

e) $\dfrac{\operatorname{sen} 2\alpha}{1 + \cos 2\alpha} = \operatorname{tg}\alpha$

17 Comprueba, sin utilizar la calculadora, las siguientes igualdades.

a) $\operatorname{sen} 130° + \operatorname{sen} 50° = 2\cos 40°$

b) $\cos 75° - \cos 15° = -\dfrac{\sqrt{2}}{2}$

Ecuaciones trigonométricas

18 Resuelve las siguientes ecuaciones:

a) $2\ sen^2 x = 1$ b) $3\ tg^2 x - 1 = 0$

c) $1 - 4\ cos^2 x = 0$ d) $3\ tg\, x + 4 = 0$

19 Resuelve estas ecuaciones:

a) $2\ cos^2 x - sen^2 x + 1 = 0$

b) $sen^2 x - sen\, x = 0$

c) $2\ cos^2 x - \sqrt{3}\ cos\, x = 0$

20 Resuelve.

a) $sen^2 x - cos^2 x = 1$

b) $cos^2 x - sen^2 x = 0$

c) $2\ cos^2 x + sen\, x = 1$

d) $3\ tg^2 x - \sqrt{3}\ tg\, x = 0$

21 Resuelve las siguientes ecuaciones:

a) $sen \left(\frac{\pi}{6} - x\right) + cos \left(\frac{\pi}{3} - x\right) = \frac{1}{2}$

b) $sen\ 2x - 2\ cos^2 x = 0$

c) $cos\ 2x - 3\ sen\, x + 1 = 0$

d) $sen \left(\frac{\pi}{4} + x\right) - \sqrt{2}\ sen\, x = 0$

22 Resuelve.

a) $cos^2 \frac{x}{2} + cos\, x - \frac{1}{2} = 0$

b) $tg^2 \frac{x}{2} + 1 = cos\, x$

c) $2\ sen^2 \frac{x}{2} + cos\ 2x = 0$

d) $4\ sen^2 x\ cos^2 x + 2\ cos^2 x - 2 = 0$

23 Transforma estas ecuaciones en otras equivalentes cuya incógnita sea $tg\, x$ y resuélvelas:

a) $sen\, x + cos\, x = 0$

b) $sen^2 x - 2\sqrt{3}\ sen\, x\ cos\, x + 3\ cos^2 x = 0$

c) $sen^2 x + sen\, x\ cos\, x = 0$

24 Resuelve las siguientes ecuaciones:

a) $\sqrt{3}\ cos \left(\frac{3\pi}{2} + x\right) + cos\ (x - \pi) = 2$

b) $cos \left(\frac{5\pi}{6} - x\right) + sen\, x - \sqrt{3}\ cos\, x = 0$

c) $sen \left(\frac{\pi}{4} + x\right) + cos \left(\frac{\pi}{4} + x\right) = 1$

d) $cos \left(\frac{\pi}{3} - x\right) - \sqrt{3}\ sen \left(\frac{\pi}{3} - x\right) = 1$

25 Resuelve las siguientes ecuaciones:

a) $cos\ 2x + 3\ sen\, x = 2$

b) $tg\ 2x \cdot tg\, x = 1$

c) $cos\, x\ cos\ 2x + 2\ cos^2 x = 0$

d) $2\ sen\, x = tg\ 2x$

e) $\sqrt{3}\ sen \frac{x}{2} + cos\, x - 1 = 0$

f) $sen\ 2x\ cos\, x = 6\ sen^3 x$

g) $tg \left(\frac{\pi}{4} - x\right) + tg\, x = 1$

Ángulos en radianes

26 Expresa en grados los siguientes ángulos dados en radianes:

$\frac{5\pi}{6};\ \frac{7\pi}{3};\ \frac{4\pi}{9};\ \frac{3\pi}{5};$ 1,5; 3,2

27 Pasa a radianes los siguientes ángulos. Exprésalos en función de π:

135°; 210°; 108°; 72°; 126°; 480°

28 Prueba que:

a) $4\ sen \frac{\pi}{6} + \sqrt{2}\ cos \frac{\pi}{4} + cos\ \pi = 2$

b) $2\sqrt{3}\ sen \frac{2\pi}{3} + 4\ sen \frac{\pi}{6} - 2\ sen \frac{\pi}{2} = 3$

c) $sen \frac{2\pi}{3} - cos \frac{7\pi}{6} + tg \frac{4\pi}{3} + tg \frac{11\pi}{6} = \frac{5\sqrt{3}}{3}$

29 Halla el valor exacto de cada una de estas expresiones sin utilizar la calculadora:

a) $5\ cos \frac{\pi}{2} - cos\ 0 + 2\ cos\ \pi - cos \frac{3\pi}{2} + cos\ 2\pi$

b) $sen \frac{\pi}{4} + sen \frac{\pi}{2} + sen\ \pi$

c) $cos \frac{5\pi}{3} + tg \frac{4\pi}{3} - tg \frac{7\pi}{6}$

d) $\sqrt{3}\ cos \frac{\pi}{6} + sen \frac{\pi}{6} - \sqrt{2}\ cos \frac{\pi}{4} - 2\sqrt{3}\ sen \frac{\pi}{3}$

Comprueba los resultados con calculadora.

30 Halla las razones trigonométricas de los siguientes ángulos e indica, sin pasar a grados, en qué cuadrante está cada uno:

a) 0,8 rad b) 3,2 rad c) 2 rad d) 4,5 rad

e) $\pi/8$ rad f) $7\pi/4$ rad g) $3\pi/5$ rad h) $1,2\pi$ rad

* *Ten en cuenta que:* $\frac{\pi}{2} \approx 1,57;\ \pi \approx 3,14;\ \frac{3\pi}{2} \approx 4,7;\ 2\pi \approx 6,28.$

31 En cada caso halla, en radianes, dos valores para el ángulo α tales que:

a) $sen\ \alpha = 0,32$ b) $cos\ \alpha = 0,58$

c) $tg\ \alpha = -1,5$ d) $sen\ \alpha = -0,63$

Ejercicios y problemas propuestos

Para resolver

32 Representa las siguientes funciones trigonométricas:

a) $y = -sen\ x$ b) $y = 1 + sen\ x$

c) $y = -cos\ x$ d) $y = 1 + cos\ x$

33 Asocia a cada una de las siguientes funciones la gráfica que le corresponde:

a) $y = 2\ sen\ x$ b) $y = cos\ 2x$

c) $y = 2\ cos\ x$ d) $y = sen\ 2x$

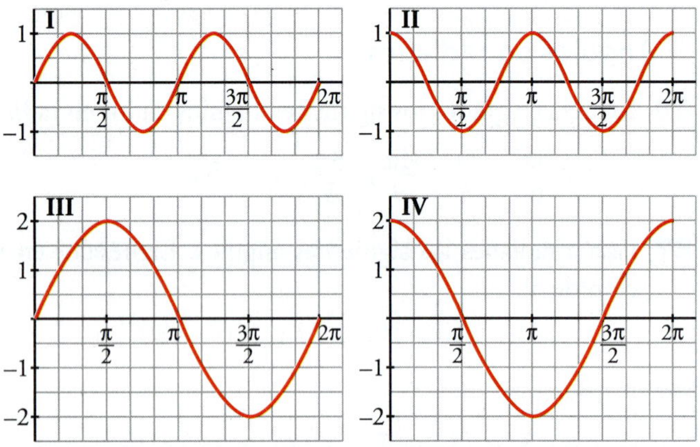

34 Halla los puntos de corte de las funciones $y = sen\ x$ e $y = tg\ x$.

35 En una circunferencia de 16 cm de radio, un arco mide 20 cm. Halla el ángulo central que corresponde a ese arco en grados y en radianes.

36 En una determinada circunferencia, a un arco de 12 cm de longitud le corresponde un ángulo de 2,5 radianes. ¿Cuál es el radio de esa circunferencia?

37 Halla, en radianes, el ángulo comprendido entre 0 y 2π tal que sus razones trigonométricas coincidan con las de $\frac{19\pi}{5}$.

38

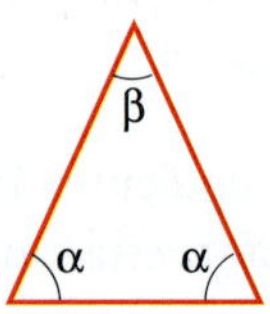

Si en este triángulo isósceles sabemos que $cos\ \alpha = \frac{\sqrt{2}}{4}$, calcula, sin hallar el ángulo α, el valor de $cos\ \beta$.

39 En un triángulo ABC conocemos $\hat{B} = 45°$ y $cos\ \hat{A} = -\frac{1}{5}$. Calcula, sin hallar los ángulos $\hat{A}$ y $\hat{C}$, las razones trigonométricas del ángulo $\hat{C}$.

40 Si $cos\ 2\alpha = \frac{\sqrt{3}}{3}$ y $\frac{3\pi}{2} < \alpha < 2\pi$, calcula $sen\ \alpha$ y $cos\ \alpha$, sin hallar el ángulo α.

41 Demuestra estas igualdades:

a) $\dfrac{tg\ \alpha}{tg\ 2\alpha - tg\ \alpha} = cos\ 2\alpha$

b) $sen\ 4\alpha = 2\ sen\ 2\alpha\ (1 - 2\ sen^2\ \alpha)$

c) $cos\ 4\alpha + 2\ sen^2\ 2\alpha = 1$

42 Simplifica:

a) $\dfrac{2\ cos\ (45° + \alpha)\ cos\ (45° - \alpha)}{cos\ 2\alpha}$

b) $sen\ \alpha \cdot cos\ 2\alpha - cos\ \alpha \cdot sen\ 2\alpha$

43 Resuelve estas ecuaciones:

a) $\dfrac{sen\ 5x + sen\ 3x}{cos\ x + cos\ 3x} = 1$ b) $\dfrac{sen\ 3x + sen\ x}{cos\ 3x - cos\ x} = \sqrt{3}$

c) $sen\ 3x - sen\ x = cos\ 2x$ d) $sen\ 3x - cos\ 3x = sen\ x - cos\ x$

44 a) Demuestra que $sen\ 3x = 3\ sen\ x\ cos^2\ x - sen^3\ x$.

b) Resuelve la ecuación $sen\ 3x - 2\ sen\ x = 0$.

45 Demuestra las siguientes igualdades:

a) $sen^2\left(\dfrac{\alpha + \beta}{2}\right) - sen^2\left(\dfrac{\alpha - \beta}{2}\right) = sen\ \alpha \cdot sen\ \beta$

b) $cos^2\left(\dfrac{\alpha - \beta}{2}\right) - cos^2\left(\dfrac{\alpha + \beta}{2}\right) = sen\ \alpha \cdot sen\ \beta$

46 Resuelve los sistemas siguientes dando las soluciones correspondientes al primer cuadrante:

a) $\begin{cases} x + y = 120° \\ sen\ x - sen\ y = \frac{1}{2} \end{cases}$ b) $\begin{cases} sen\ x + cos\ y = 1 \\ x + y = 90° \end{cases}$

c) $\begin{cases} sen^2\ x + cos^2\ y = 1 \\ cos^2\ x - sen^2\ y = 1 \end{cases}$ d) $\begin{cases} sen\ x + cos\ y = 1 \\ 4\ sen\ x\ cos\ y = 1 \end{cases}$

47 Sin desarrollar las razones trigonométricas de la suma o de la diferencia de ángulos, averigua para qué valores de x se verifica cada una de estas igualdades:

a) $sen\ (x - 60°) = sen\ 2x$

b) $cos\ (x - 45°) = cos\ (2x + 60°)$

c) $sen\ (x + 60°) = cos\ (x + 45°)$

d) $cos\ (2x - 30°) = cos\ (x + 45°)$

48 En una circunferencia goniométrica dibujamos los ángulos α y β. Llamamos $\gamma = \alpha - \beta$.

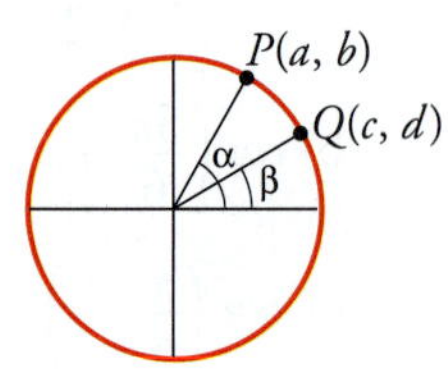

a) ¿Cuál de estas expresiones es igual a $sen\ \gamma$?

I. $ac + bd$ II. $bc - ad$ III. $ad - bc$ IV. $ab + cd$

b) ¿Alguna de ellas es igual a $cos\ \gamma$?

Cuestiones teóricas

49 ¿Cuál de las siguientes condiciones deben cumplir x e y para que se verifique $\cos(x+y) = 2\cos x \cos y$?

Ⓘ $x = y$ Ⓘⓘ $x - y = \pi$ Ⓘⓘⓘ $x + y = \pi$ Ⓘⓥ $x - y = \frac{\pi}{2}$

50 Expresa $sen\ 4\alpha$ y $\cos 4\alpha$ en función de $sen\ \alpha$ y $\cos\alpha$.

51 Al duplicarse un ángulo, ¿se duplica su seno? Prueba si se cumple $sen\ 2x = 2\ sen\ x$ para cualquier valor de x.

52 Justifica que en un triángulo ABC, rectángulo en A, se verifica la siguiente igualdad:

$$sen\ 2B = sen\ 2C$$

53 ¿Para qué valores de α y β se verifica la igualdad $sen(\alpha+\beta) = 2\ sen\ \alpha \cos\beta$?

54 ¿Qué relación existe entre las gráficas de $y = sen\ x$ e $y = \cos x$ y la de cada una de las funciones siguientes?:

a) $y = sen\left(x + \frac{\pi}{2}\right)$ b) $y = \cos\left(x + \frac{\pi}{2}\right)$

c) $y = \cos\left(\frac{\pi}{2} - x\right)$ d) $y = sen\left(\frac{\pi}{2} - x\right)$

55 ¿En qué puntos del intervalo $[0, 4\pi]$ corta al eje X cada una de las siguientes funciones?:

a) $y = \cos\frac{x}{2}$ b) $y = sen(x - \pi)$ c) $y = \cos(x + \pi)$

Para profundizar

56 Demuestra que si $\alpha + \beta + \gamma = 180°$, se verifica:

$$tg\ \alpha + tg\ \beta + tg\ \gamma = tg\ \alpha \cdot tg\ \beta \cdot tg\ \gamma$$

57 Prueba si existe algún triángulo isósceles en el que el coseno del ángulo distinto sea igual a la suma de los cosenos de los ángulos iguales.

58 Resuelve los sistemas siguientes dando las soluciones en el intervalo $[0, 2\pi)$:

a) $\begin{cases} \cos x + \cos y = -1/2 \\ \cos x \cos y = -1/2 \end{cases}$ b) $\begin{cases} x + y = \pi/2 \\ \sqrt{3}\cos x - \cos y = 1 \end{cases}$

c) $\begin{cases} sen\ x + sen\ y = \sqrt{3}/2 \\ sen^2 x + sen^2 y = 3/4 \end{cases}$ d) $\begin{cases} sen\ x \cdot \cos y = 1/4 \\ \cos x \cdot sen\ y = 1/4 \end{cases}$

59 Demuestra que:

a) $sen\ x = \dfrac{2\ tg(x/2)}{1 + tg^2(x/2)}$ b) $\cos x = \dfrac{1 - tg^2(x/2)}{1 + tg^2(x/2)}$

c) $tg\ x = \dfrac{2\ tg(x/2)}{1 - tg^2(x/2)}$

60 Demuestra que, en la siguiente figura, $\alpha = \beta + \gamma$:

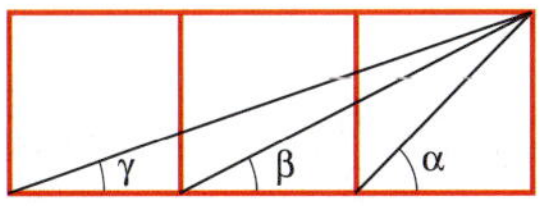

Autoevaluación

En la web Resoluciones de estos ejercicios.

1 Si $\cos\alpha = -\frac{1}{4}$ y $\alpha < \pi$, halla:

a) $sen\ \alpha$ b) $\cos\left(\frac{\pi}{3} + \alpha\right)$ c) $tg\ \frac{\alpha}{2}$ d) $sen\left(\frac{\pi}{6} - \alpha\right)$

2 Demuestra cada una de estas igualdades:

a) $tg\ 2\alpha = \dfrac{2\ tg\ \alpha}{1 - tg^2\alpha}$

b) $sen(\alpha+\beta) \cdot sen(\alpha-\beta) = sen^2\alpha - sen^2\beta$

3 Resuelve:

a) $\cos 2x - \cos\left(\frac{\pi}{2} + x\right) = 1$

b) $2\ tg\ x \cos^2\frac{x}{2} - sen\ x = 1$

4 Simplifica:

a) $\dfrac{sen\ 60° + sen\ 30°}{\cos 60° + \cos 30°}$ b) $\dfrac{sen^2\alpha}{1 - \cos\alpha}\left(1 + tg^2\frac{\alpha}{2}\right)$

5 Expresa en grados: $\frac{3\pi}{4}$ rad, $\frac{5\pi}{2}$ rad, 2 rad.

6 Expresa en radianes dando el resultado en función de π y como número decimal.

a) 60° b) 225° c) 330°

7 En una circunferencia de 16 cm de diámetro dibujamos un ángulo de 3 rad. ¿Qué longitud tendrá el arco correspondiente?

8 Asocia a esta gráfica una de las siguientes expresiones y di cuál es su periodo:

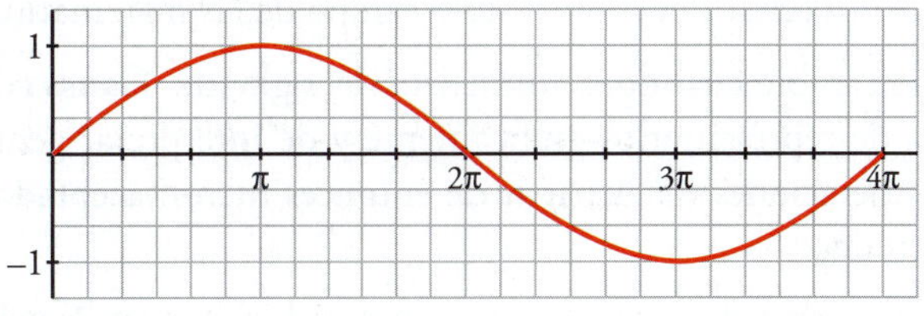

a) $y = \dfrac{sen\ x}{2}$ b) $y = sen\ 2x$ c) $y = sen\ \dfrac{x}{2}$

6 Números complejos

Origen de los números complejos

Los algebristas del siglo XV y comienzos del XVI, al encontrarse con ecuaciones como esta, $x^2 - 4x + 13 = 0$, aplicaban la fórmula de resolución y obtenían $x = \dfrac{4 \pm \sqrt{-36}}{2}$. Y, ante la raíz cuadrada de un número negativo, decían: *la ecuación no tiene solución.*

A mediados del siglo XVI, en el empeño por resolver ecuaciones de tercer grado, se llegó a una fórmula (llamada de **Cardano-Tartaglia**) en la cual se producía un curioso fenómeno: había casos en que la ecuación tenía soluciones reales pero en los pasos para llegar a ellas aparecían raíces cuadradas de números negativos, con lo que no se podía seguir adelante. Esta situación de perplejidad llevó al italiano **Rafael Bombelli** (1526-1573) a tener "la idea loca" (según él mismo la llamó) de operar con esas raíces "como si se pudiera". Y llegó a la conclusión de que, si se admitían esas operaciones, se obtenían las soluciones buscadas.

¿Cómo se operó con las raíces de números negativos? Veámoslo con la expresión anterior:

$$\frac{4 \pm \sqrt{-36}}{2} = \frac{4 \pm \sqrt{36 \cdot (-1)}}{2} = \frac{4 \pm \sqrt{36}\sqrt{-1}}{2} = 2 \pm 3\sqrt{-1}$$

A partir de aquí se sigue utilizando $\sqrt{-1}$ como si fuera un número real (con la peculiaridad de que $\sqrt{-1} \cdot \sqrt{-1} = -1$, claro).

Leibnitz, en el siglo XVII, decía que $\sqrt{-1}$ era *una especie de anfibio entre el ser y la nada*. Fue en 1777 cuando **Euler** le dio "al monstruo" $\sqrt{-1}$ el nombre de i (por imaginario). Y llamó imaginarios a todos los números en cuya expresión aparecía la i.

Leonhard Euler (1707-1783).

Representación gráfica

A pesar de que los números complejos (del tipo $a + bi$, siendo a y b números reales) se podían manipular algebraicamente con toda solvencia, estos fueron menospreciados y no había expectativas de que pudieran echar raíces en el serio campo de las matemáticas.

Todo cambió cuando, a comienzos del siglo XIX, **Gauss** concibió la manera de representarlos gráficamente y de interpretar geométricamente sus operaciones (*). A partir de entonces fueron aceptados sin reservas por todos.

(*) Unos años antes que Gauss, el matemático danés **Caspar Wessel** había tenido la misma idea y la plasmó en su tesis doctoral (1797). Pero su aportación pasó absolutamente inadvertida.

Sello alemán con el sistema de representación de los complejos ideado por Gauss.

Desarrollo posterior

Aunque el manejo formal de los números complejos se inició de manera mecánica y casi sin entender a fondo lo que se estaba haciendo, pronto se llegó a la generalización en el campo complejo de teorías matemáticas bien asentadas en el campo real, como las funciones trigonométricas y exponenciales. Relacionada con ellas es la sorprendente **Fórmula de Euler** en la que intervienen los números más carismáticos de las matemáticas: $e^{i\pi} + 1 = 0$.

Su significado es demasiado profundo para el nivel de este curso, pero su simplicidad y belleza nos anima a plasmarla aquí.

Además de impulsar y enriquecer las matemáticas teóricas, los números complejos son útiles en el electromagnetismo, en la mecánica cuántica y en otras ciencias físicas.

Los números imaginarios también desempeñan un papel importante en los fractales.

Representación del conjunto de Mandelbrot, uno de los fractales más conocidos.

Resuelve

¿Cómo operar con $\sqrt{-1}$?

Vamos a proceder como los antiguos algebristas: cuando nos encontremos con $\sqrt{-1}$ seguiremos adelante operando con ella con naturalidad y teniendo en cuenta que $(\sqrt{-1})^2 = -1$.

1. Para comprobar que a y b son las raíces de un polinomio, podemos poner $(x-a)(x-b)$ y operar para obtener dicho polinomio. Por ejemplo, vamos a aplicar esta técnica para comprobar que $2 + 3\sqrt{-1}$ y $2 - 3\sqrt{-1}$ son las raíces del polinomio $x^2 - 4x + 13$:

$$[x - (2 + 3\sqrt{-1})][x - (2 - 3\sqrt{-1})] =$$
$$= x^2 - (2 + 3\sqrt{-1})x - (2 - 3\sqrt{-1})x + (2 + 3\sqrt{-1})(2 - 3\sqrt{-1}) =$$
$$= x^2 - 2x - 3\sqrt{-1}x - 2x + 3\sqrt{-1}x + 2^2 - (3\sqrt{-1})^2 = x^2 - 4x + 4 - 9 \cdot (-1) = x^2 - 4x + 13$$

- Halla las raíces de la ecuación $x^2 - 4x + 5$ y, aplicando la técnica que acabamos de ver, comprueba que efectivamente lo son.

2. Comprobemos ahora que -8 tiene tres raíces cúbicas: -2, $1 + \sqrt{3}\sqrt{-1}$ y $1 - \sqrt{3}\sqrt{-1}$.

La primera es clara:

$$(-2)^3 = (-2)(-2)(-2) = -8$$

Veamos la segunda:

$$(1 + \sqrt{3}\sqrt{-1})^3 = 1^3 + 3 \cdot 1^2 \cdot (\sqrt{3}\sqrt{-1}) + 3 \cdot 1 \cdot (\sqrt{3}\sqrt{-1})^2 + (\sqrt{3}\sqrt{-1})^3 =$$
$$= 1 + 3\sqrt{3}\sqrt{-1} + 3(\sqrt{3})^2(\sqrt{-1})^2 + (\sqrt{3})^3(\sqrt{-1})^3 =$$
$$= 1 + 3\sqrt{3}\sqrt{-1} + 9(-1) + 3\sqrt{3}(-1 \cdot \sqrt{-1}) =$$
$$= 1 + 3\sqrt{3}\sqrt{-1} - 9 - 3\sqrt{3}\sqrt{-1} = -8$$

- Comprueba tú la tercera viendo que $(1 - \sqrt{3}\sqrt{-1})^3$ es igual a -8.

1 En qué consisten los números complejos

Necesidad de una ampliación del campo numérico

Al resolver $x^2 - 6x + 13 = 0$, obtenemos $3 + 2\sqrt{-1}$ y $3 - 2\sqrt{-1}$, soluciones que carecen de sentido porque $\sqrt{-1}$ no es un número real.

Los números complejos nacen del deseo de dar validez a estas expresiones. Para ello, es necesario admitir como números válidos a $\sqrt{-1}$ y a todos los que se obtengan al operar con él como si se tratara de un número más.

- **Unidad imaginaria.** Se llama así al nuevo número $\sqrt{-1}$. Se designa por la letra i.
  $i = \sqrt{-1}$; $i^2 = -1$ (El nombre i viene de *imaginario*).
- **Números complejos.** Son las expresiones $a + bi$, donde a y b son números reales.
- **Componentes.** La expresión $a + bi$ se llama **forma binómica** de un número complejo porque tiene dos componentes:

  $a \rightarrow$ **componente real** $\qquad b \rightarrow$ **componente imaginaria**

  También se llaman **parte real** y **parte imaginaria.**
- **Igualdad.** Dos números complejos son iguales cuando tienen la misma componente real y la misma componente imaginaria.

  $$a + bi = a' + b'i \Rightarrow a = a' \text{ y } b = b'$$
- El conjunto de todos **los números complejos** se designa por $\mathbb{C}$:

  $$\mathbb{C} = \{a + bi \,/\, a, b \in \mathbb{R}\}$$
- **Los números reales son complejos,** $\mathbb{R} \subset \mathbb{C}$. Los reales son números complejos cuya componente imaginaria es cero: $a + 0i = a$
- **Los números imaginarios** son los números complejos cuya componente imaginaria no es cero.

  Por tanto, un número complejo o es real o es imaginario.
- **Números imaginarios puros** son los imaginarios cuya componente real es cero.
- Los números complejos $a + bi$ y $-a - bi$ se llaman **opuestos.**
- Los complejos $z = a + bi$ y $\bar{z} = a - bi$ se llaman **conjugados.**

Ejemplos

Componentes

$3 - 2i$ es un número complejo.

3 es su componente real.

-2 es su componente imaginaria.

Igualdad

Si $a + bi = 5 - \sqrt{3}i$, entonces

$a = 5$ y $b = -\sqrt{3}$

Observa que $2 + 3i \neq 2i + 3$.

Los números reales son complejos

El número real $7 = 7 + 0i$ es un número complejo cuya componente imaginaria es 0.

Números imaginarios puros

$-4i = 0 - 4i$ es un número complejo cuya componente real es 0. Por eso es un número imaginario puro.

Opuesto

El opuesto de $3 - 2i$ es $-3 + 2i$.

Conjugado

El conjugado de $3 - 2i$ es $3 + 2i$.

Ejercicios propuestos

1 ¿Verdadero o falso?

a) El número 7 es un número real. Por tanto, no es un número complejo.

b) Si $a + bi$ es un número complejo, entonces no puede ser número real.

c) Para que el número complejo $a + bi$ sea imaginario hace falta que a sea cero.

d) Para que el número complejo $a + bi$ sea imaginario es necesario que b sea distinto de cero.

e) El número $0 + 0i$ ni es complejo ni es real.

f) El número 5 no tiene conjugado.

g) Si un número complejo coincide con su conjugado, entonces es un número real.

h) Si un número complejo coincide con su opuesto, entonces es el cero.

i) Si el opuesto de un número complejo coincide con su conjugado, entonces es imaginario puro.

2 De los siguientes números complejos:

$$3 + 2i, \; -\sqrt{3} + 5i, \; 2i, \; 7, \; 0$$

a) ¿Cuáles son números reales? Ponlos en forma binómica.

b) ¿Cuáles son imaginarios?

c) ¿Cuáles son imaginarios puros? Ponlos en forma binómica.

d) Escribe el opuesto de cada uno de ellos.

e) Escribe el conjugado de cada uno de ellos.

Nomenclatura en $\mathbb{C}$

En el campo complejo se suele utilizar la letra z para designar un número. Y también se usa z para nombrar la incógnita de una ecuación.

¿Ecuaciones sin solución?

"La ecuación $x^2 + 2x + 5 = 0$ *no tiene solución"*, decíamos cuando nos movíamos en el campo real. Sin embargo, en el campo complejo diremos *"la ecuación* $z^2 + 2z + 5 = 0$ *tiene dos soluciones:*

$z_1 = -1 + 2i, \; z_2 = -1 - 2i$"

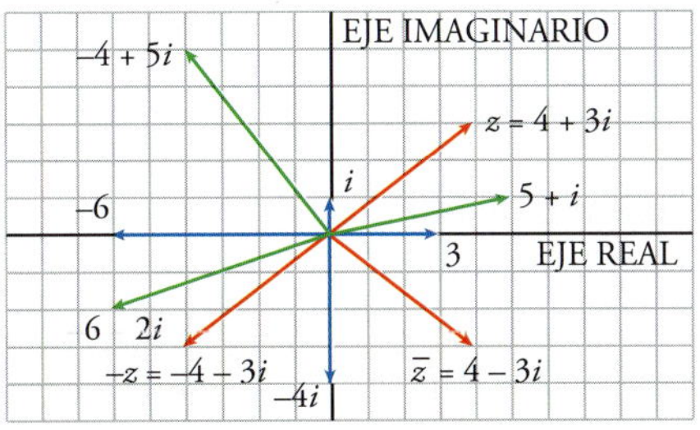

Resolución de una ecuación de segundo grado

Resolvamos la ecuación $z^2 + 2z + 5 = 0$:

$$z = \frac{-2 \pm \sqrt{4-20}}{2} = \frac{-2 \pm \sqrt{-16}}{2} = \frac{-2 \pm \sqrt{16} \cdot \sqrt{-1}}{2} = \frac{-2 \pm 4i}{2}$$

Soluciones $-1 + 2i$ y $-1 - 2i$. Hemos encontrado dos raíces imaginarias conjugadas.

Este resultado se puede generalizar:

Cualquier ecuación de segundo grado con coeficientes reales que no tenga solución real tiene dos soluciones imaginarias que son números complejos conjugados.

Representación gráfica de los números complejos

Las sucesivas categorías de números (naturales, enteros, racionales...) se pueden representar sobre la recta. Los reales la llenan por completo, de modo que a cada número real le corresponde un punto en la recta y a cada punto, un número real. Por eso hablamos de recta real.

Para representar los números complejos tenemos que salir de la recta y llenar el plano, pasando así de la **recta real** al **plano complejo.**

Los números complejos se representan en unos ejes cartesianos. El eje X se llama **eje real,** y el Y, **eje imaginario.** El número complejo $a + bi$ se representa mediante el punto (a, b), que se llama su **afijo,** o mediante un vector (flecha) de origen $(0, 0)$ y extremo (a, b).

Los afijos de los números reales se sitúan sobre el eje real, y los imaginarios puros, sobre el eje imaginario.

Los afijos de un número complejo y su conjugado son simétricos respecto del eje real.

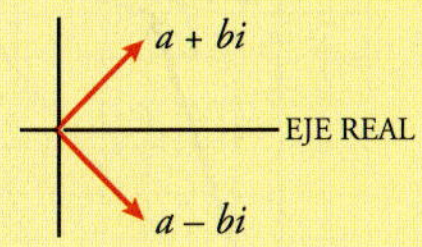

Ejercicio resuelto

1 *Obtener la solución de la siguiente ecuación y representarla en el plano complejo:*

$z^2 - 4z + 13 = 0$

$$z = \frac{4 \pm \sqrt{16 - 4 \cdot 13}}{2} = \frac{4 \pm \sqrt{-36}}{2} = \frac{4 \pm \sqrt{36} \cdot \sqrt{-1}}{2}$$

La ecuación tiene dos raíces imaginarias conjugadas:

$2 + 3i, \; 2 - 3i$

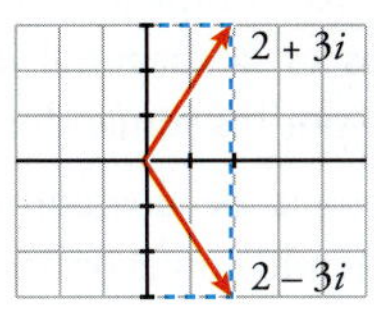

Ejercicios propuestos

3 Representa gráficamente los siguientes números complejos y di cuáles son reales, cuáles imaginarios y, de estos, cuáles son imaginarios puros:

$5 - 3i; \; \frac{1}{2} + \frac{5}{4}i; \; -5i; \; 7; \; \sqrt{3}i; \; 0; \; -1 - i; \; -7; \; 4i$

4 Resuelve las ecuaciones y representa las soluciones.

a) $z^2 + 4 = 0$ b) $z^2 + 6z + 10 = 0$

c) $3z^2 + 27 = 0$ d) $3z^2 - 27 = 0$

5 Representa gráficamente cada número complejo, su opuesto y su conjugado:

a) $3 - 5i$ b) $5 + 2i$ c) $-1 - 2i$

d) $-2 + 3i$ e) 5 f) 0

g) $2i$ h) $-5i$ i) -2

6 Calcula i^3, i^4, i^5, i^6, i^{20}, i^{21}, i^{22}, i^{23}. Da un criterio para simplificar potencias de i de exponente natural.

2 Operaciones con números complejos en forma binómica

La suma, la resta y la multiplicación de números complejos se realizan siguiendo las reglas de las operaciones de los números reales y teniendo en cuenta que $i^2 = -1$.

Por ejemplo:

- $(3 + 2i) + (5 + 6i) = 3 + 5 + 2i + 6i = 8 + 8i$
- $(6 - 5i) - (4 - 7i) = 6 - 4 - 5i + 7i = 2 + 2i$
- $(3 + 4i) \cdot (2 - 5i) = 3 \cdot (2 - 5i) + 4i \cdot (2 - 5i) = 6 - 15i + 8i - 20i^2 =$
  $= 6 - 15i + 8i + 20 = 6 + 20 - 15i + 8i = 26 - 7i$
- $(4 - \sqrt{3}i) \cdot (\sqrt{2} - i) = 4\sqrt{2} - 4i - \sqrt{3}\sqrt{2}i + \sqrt{3}i^2 = 4\sqrt{2} - 4i - \sqrt{6}i - \sqrt{3} =$
  $= (4\sqrt{2} - \sqrt{3}) + (-4 - \sqrt{6})i$
- $(5 + 3i) \cdot (5 - 3i) = 25 - 15i + 15i - 9i^2 = 25 + 9 = 34$

En el último ejemplo podemos ver cómo **multiplicando un número complejo por su conjugado se obtiene un número real:** $z \cdot \bar{z} = (a + bi)(a - bi) = a^2 + b^2$. Este resultado va a ser muy útil para dividir complejos: multiplicaremos numerador y denominador por el conjugado de este último, consiguiendo así que en el denominador quede un número real. Por ejemplo:

- $\dfrac{5 - 3i}{4 + 2i} = \dfrac{(5 - 3i)(4 - 2i)}{(4 + 2i)(4 - 2i)} = \dfrac{20 - 10i - 12i + 6i^2}{16 - 8i + 8i - 4i^2} =$

  $= \dfrac{20 - 6 - 10i - 12i}{16 + 4} = \dfrac{14}{20} - \dfrac{22}{20}i = 0{,}7 - 1{,}1i$

Por tanto, el resultado de sumar, restar, multiplicar o dividir dos números complejos es otro número complejo, que se obtiene del siguiente modo:

Suma: $(a + bi) + (c + di) = (a + c) + (b + d)i$

Resta: $(a + bi) - (c + di) = (a - c) + (b - d)i$

Multiplicación: $(a + bi) \cdot (c + di) = (ac - bd) + (ad + bc)i$

El producto de un número complejo, $c + di$, por su conjugado, $c - di$, es siempre un número real:

$(c + di) \cdot (c - di) = c^2 - cdi + cdi + d^2 = c^2 + d^2$

División: $\dfrac{a + bi}{c + di} \overset{(*)}{=} \dfrac{(a + bi)(c - di)}{(c + di)(c - di)} = \dfrac{ac + bd}{c^2 + d^2} + \dfrac{bc - ad}{c^2 + d^2}i$

(*) Se multiplica y se divide por el conjugado del denominador y se opera.

El divisor no puede ser el número 0.

Representación gráfica

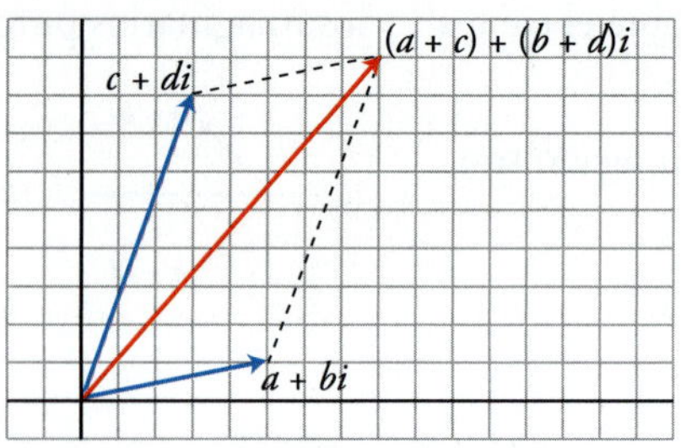

El número complejo resultante de sumar otros dos es la diagonal del paralelogramo formado por los sumandos.

La diferencia de dos complejos es la suma del minuendo con el opuesto del sustraendo.

Más adelante se aprenderá a interpretar gráficamente el producto y el cociente de complejos.

Ejercicio propuesto

1 ¿Verdadero o falso?

a) La suma de un número complejo y su opuesto es 0.

b) La suma de un número complejo y su conjugado es un número imaginario puro.

c) La suma de un número complejo y su conjugado es un número real.

d) El cuadrado de un número complejo cualquiera es un número real.

e) El cuadrado de un número imaginario puro es un número real.

f) El cociente de dos números imaginarios puros es un número real pues $\dfrac{ai}{a'i} = \dfrac{a}{a'}$.

Propiedades de las operaciones con números complejos

- El 0 es el **elemento neutro** de la **suma.**
- Todo número complejo, $a + bi$, tiene un **opuesto,** $-a - bi$.
- El 1 es el **elemento neutro** del **producto.**
- Todos los números complejos, $a + bi$, salvo el 0, tienen un **inverso:**

$$\frac{1}{a+bi} = \frac{a-bi}{(a+bi)(a-bi)} = \frac{a-bi}{a^2+b^2} = \frac{a}{a^2+b^2} - \frac{b}{a^2+b^2}i$$

En la práctica, las propiedades de estas operaciones permiten operar con los complejos de la misma forma que con los reales.

Inverso del complejo $3 + 4i$

$$\frac{1}{3+4i} = \frac{1\cdot(3-4i)}{(3+4i)\cdot(3-4i)} = \frac{3-4i}{9+16} =$$

$$= \frac{3-4i}{25} = \frac{3}{25} - \frac{4}{25}i$$

Ejercicios resueltos

1 *Obtener un polinomio de segundo grado cuyas raíces sean $5 - 2i$ y $5 + 2i$.*

Si a y b son raíces de un polinomio de segundo grado, entonces:

$$P(x) = k(x - a)(x - b)$$

Por tanto, obtenemos el polinomio así:

$$P(x) = [x - (5 - 2i)][x - (5 + 2i)] = [(x - 5) + 2i][(x - 5) - 2i] = (x - 5)^2 - (2i)^2 =$$

$$= x^2 - 10x + 25 + 4 = x^2 - 10x + 29$$

El polinomio $x^2 - 10x + 29$ tiene las dos raíces pedidas.

Hazlo tú. Obtén un polinomio de segundo grado cuyas raíces sean $\sqrt{2}i$ y $-\sqrt{2}i$.

2 *¿Cuánto ha de valer x para que $(2 + xi)^2$ sea imaginario puro?*

Empezamos desarrollando la expresión dada:

$$(2 + xi)^2 = 4 + 4xi + x^2i^2 = 4 + 4xi - x^2 = (4 - x^2) + 4xi$$

Para que este complejo sea imaginario puro, su parte real debe ser cero:

$$4 - x^2 = 0 \rightarrow x^2 = 4 \rightarrow x = \pm 2$$

Ha de ser $x = 2$ o $x = -2$.

Hazlo tú. ¿Cuánto ha de valer x para que $(4 + 3i)(3 - xi)$ sea real?

Ejercicios propuestos

2 Efectúa las siguientes operaciones y simplifica el resultado:

a) $(6 - 5i) + (2 - i) - 2(-5 + 6i)$

b) $(2 - 3i) - (5 + 4i) + \frac{1}{2}(6 - 4i)$

c) $(3 + 2i)(4 - 2i)$

d) $(2 + 3i)(5 - 6i)$

e) $(-i + 1)(3 - 2i)(1 + 3i)$

f) $\frac{2+4i}{4-2i}$ g) $\frac{1-4i}{3+i}$ h) $\frac{4+4i}{-3+5i}$

i) $\frac{5+i}{-2-i}$ j) $\frac{1+5i}{3+4i}$ k) $\frac{4-2i}{i}$

l) $6 - 3\left(5 + \frac{2}{5}i\right)$ m) $\frac{(-3i)^2(1-2i)}{2+2i}$

3 Obtén polinomios cuyas raíces sean:

a) $2 + \sqrt{3}i$ y $2 - \sqrt{3}i$

b) $-3i$ y $3i$

c) $1 + 2i$ y $3 - 4i$

(Observa que solo cuando las dos raíces son conjugadas, el polinomio tiene coeficientes reales).

4 ¿Cuánto debe valer x para que $(25 - xi)^2$ sea imaginario puro?

5 Representa gráficamente $z_1 = 3 + 2i$, $z_2 = 2 + 5i$, $z_1 + z_2$. Comprueba que $z_1 + z_2$ es una diagonal del paralelogramo de lados z_1 y z_2.

3 Números complejos en forma polar

El número complejo $4 + 3i$ se representa mediante un vector de longitud 5 unidades y que forma un ángulo de 36° 52' con el eje real. Diremos que su **módulo** es 5 y su **argumento** es 36° 52'.

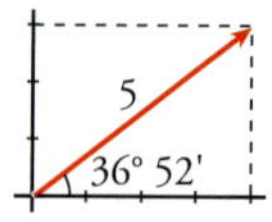

Vamos a estudiar la relación que hay entre las componentes, a y b, de un número complejo, con su módulo y su argumento.

Módulo y argumento de un número complejo

- **Módulo** de un número complejo z es la longitud del vector mediante el que dicho número se representa. Se designa por $|z|$.
- **Argumento** de un complejo z, $z \neq 0$, es el ángulo que forma el vector con el eje real. Se designa por $arg\,(z)$.
- Si $|z| = r$ y $arg\,(z) = \alpha$, el número complejo se puede designar así: $z = r_\alpha$

Esta es la forma **módulo-argumental** o **polar** de describir un número complejo.

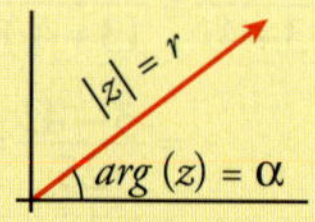

Observa:

- Un número complejo admite infinitos argumentos:

  $$r_\alpha = r_{360° + \alpha} = r_{720° + \alpha} = r_{1\,080° + \alpha} = \dots$$

  De entre todos, solo uno de ellos está entre 0° y 360°.
- El complejo 0 no tiene argumento. Por tanto, no se puede poner en forma polar.
- Si $z = m_\alpha$ es un número complejo, entonces:

  Su opuesto es $-z = m_{\alpha + 180°}$.

  Su conjugado es $\bar{z} = m_{-\alpha}$.

Paso de forma binómica a forma polar

Si conocemos un número complejo $z = a + bi$ en forma binómica, las siguientes relaciones, que son muy claras, permiten pasarlo a la forma polar, r_α:

$$r = |z| = \sqrt{a^2 + b^2} \qquad tg\,\alpha = \frac{b}{a}$$

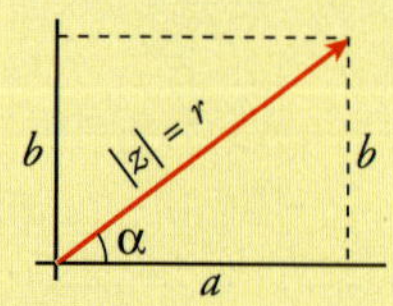

Ejercicio resuelto

1 *Pasar a forma polar los siguientes números complejos:*

a) $z_1 = -2 + 2\sqrt{3}i$

b) $z_2 = i$

c) $z_3 = -2$

a) Representamos z_1 para visualizar su situación.

Módulo: $|z_1| = \sqrt{(-2)^2 + (2\sqrt{3})^2} = \sqrt{4 + 12} = 4$

Argumento: $tg\,\alpha = \dfrac{2\sqrt{3}}{-2} = -\sqrt{3} \rightarrow \alpha = 120°$

Por tanto: $z_1 = 4_{120°}$ o bien $z_1 = 4_{(2\pi/3)\text{ rad}}$

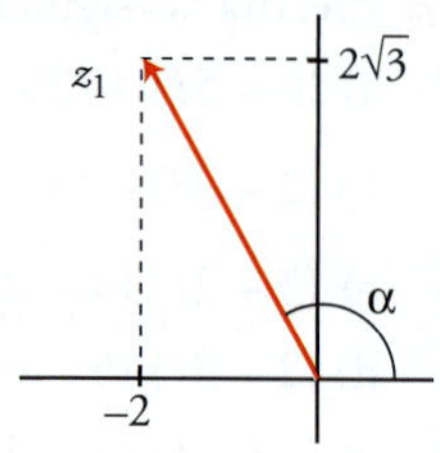

($-\sqrt{3}$ es la tangente de 120° y de 300°, pero observando la representación gráfica de z_1 vemos que su argumento está entre 90° y 180° y que, por tanto, es 120°.)

b) y c) La expresión polar de estos dos complejos es inmediata y no requiere cálculos:

$$z_2 = i = 1_{90°} \qquad z_3 = -2 = 2_{180°}$$

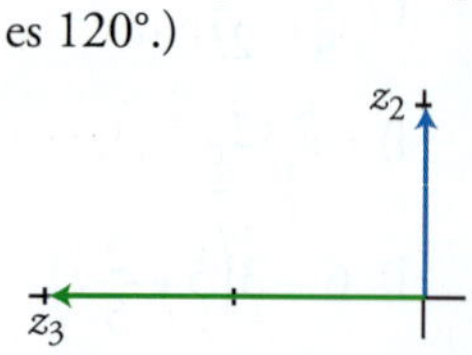

Paso de forma polar a forma binómica

Si conocemos un número complejo $z = r_\alpha$ en forma polar, las siguientes relaciones permiten pasarlo a forma binómica:

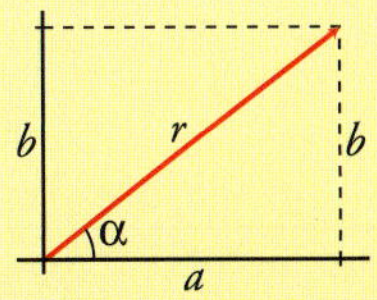

$$a = r \cos \alpha \qquad b = r \operatorname{sen} \alpha$$

Según estas igualdades, el número complejo puede ponerse así:

$$z = r \cos \alpha + (r \operatorname{sen} \alpha)\, i = r\,(\cos \alpha + i \operatorname{sen} \alpha)$$

Esta expresión, $z = r\,(\cos \alpha + i \operatorname{sen} \alpha)$, se llama **forma trigonométrica** y sirve para pasar de forma polar a forma binómica.

Ejercicio resuelto

1 *Pasar a forma binómica los siguientes números complejos:*

a) $z_1 = 5_{225°}$

b) $z_2 = 4_{0°}$

c) $z_3 = 3_{270°}$

a)

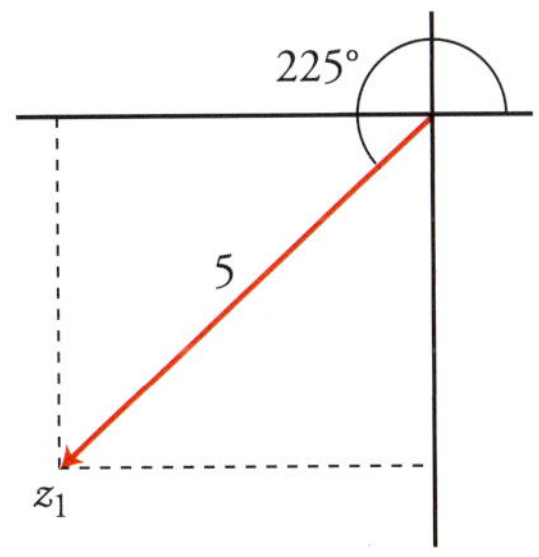

Parte real: $5 \cos 225° = 5\left(-\dfrac{\sqrt{2}}{2}\right) = -\dfrac{5\sqrt{2}}{2}$

Parte imaginaria: $5 \operatorname{sen} 225° = 5\left(-\dfrac{\sqrt{2}}{2}\right) = -\dfrac{5\sqrt{2}}{2}$

$$z_1 = 5_{225°} = -\frac{5\sqrt{2}}{2} - \frac{5\sqrt{2}}{2}i$$

b) y c) La expresión binómica de los otros dos es inmediata y no requiere cálculos:

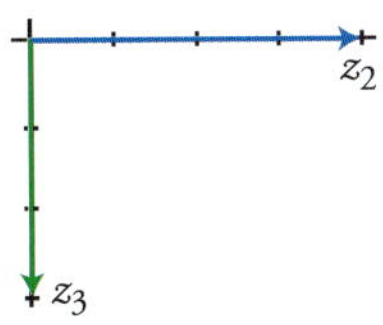

$z_2 = 4 + 0i = 4$

$z_3 = 0 - 3i = -3i$

Ejercicios propuestos

1 ¿Verdadero o falso?

a) Los módulos de dos números complejos opuestos son iguales pero con signos distintos.

b) Los módulos de dos complejos opuestos son iguales.

c) Los módulos de dos complejos conjugados son iguales.

d) Los argumentos de dos números complejos opuestos difieren en 180°.

e) Los argumentos de dos números complejos conjugados son opuestos (α y $-\alpha$).

f) El argumento de cualquier número real es 0.

g) El argumento de los números reales negativos es 180°.

h) El argumento de un imaginario puro es 90° o 270°.

2 Escribe en forma polar los siguientes números complejos:

a) $1 + \sqrt{3}i$ b) $\sqrt{3} + i$ c) $-1 + i$

d) $5 - 12i$ e) $3i$ f) -5

3 Escribe en forma binómica los siguientes números complejos:

a) $5_{(\pi/6)\ \text{rad}}$ b) $2_{135°}$ c) $2_{495°}$

d) $3_{240°}$ e) $5_{180°}$ f) $4_{90°}$

4 Expresa en forma polar el opuesto y el conjugado del número complejo $z = r_\alpha$.

5 Escribe en forma binómica y en forma polar el complejo:

$$z = 8(\cos 30° + i \operatorname{sen} 30°)$$

6 Sean los números complejos $z_1 = 4_{60°}$ y $z_2 = 3_{210°}$.

a) Expresa z_1 y z_2 en forma binómica.

b) Halla $z_1 \cdot z_2$ y z_2/z_1, y pasa los resultados a forma polar.

c) Compara los módulos y los argumentos de $z_1 \cdot z_2$ y de z_2/z_1 con los de z_1 y z_2 e intenta encontrar relaciones entre ellos.

4 Operaciones con complejos en forma polar

El módulo y el argumento de la suma de dos números complejos poco tiene que ver con los módulos y los argumentos de los sumandos. Es decir, la relación entre ellos es tan complicada que no sirve de mucho.

Sin embargo, como pudiste ver en el último ejercicio del apartado anterior, hay unas relaciones muy sencillas y útiles entre la forma polar de dos números complejos y la de su producto o su cociente. Veámoslas.

Producto

El producto de dos números complejos es otro número complejo tal que:

- Su módulo es el producto de los módulos de los factores.
- Su argumento es la suma de los argumentos de los factores.

$$\boxed{r_\alpha \cdot r'_\beta = (r \cdot r')_{\alpha+\beta}}$$

Demostración

Expresamos los dos factores en forma trigonométrica:

$$r_\alpha \cdot r'_\beta = r\,(\cos\alpha + i\,\text{sen}\,\alpha)\cdot r'(\cos\beta + i\,\text{sen}\,\beta) =$$

$$= r\cdot r'[(\cos\alpha\cos\beta - \text{sen}\,\alpha\,\text{sen}\,\beta) + i\,(\text{sen}\,\alpha\cos\beta + \cos\alpha\,\text{sen}\,\beta)] \overset{(*)}{=}$$

$$= r\cdot r'[\cos(\alpha+\beta) + i\,\text{sen}\,(\alpha+\beta)] = (r\cdot r')_{\alpha+\beta}$$

(*) Aplicamos las fórmulas **I.1** y **I.2** de las razones trigonométricas del ángulo suma.

Multiplicar por 1_β

Al multiplicar un número complejo $z = r_\alpha$ por 1_β, se gira z un ángulo β alrededor del origen: $r_\alpha \cdot 1_\beta = r_{\alpha+\beta}$

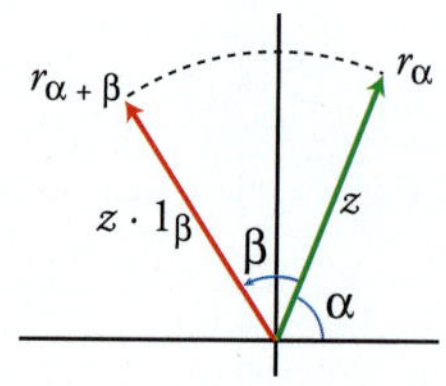

Potencia

$$\boxed{(r_\alpha)^n = (r^n)_{n\alpha}} \quad \text{pues} \quad (r_\alpha)^n = r_\alpha \cdot r_\alpha \cdot \ldots \cdot r_\alpha = (r\cdot r\cdot \ldots \cdot r)_{\alpha+\alpha+\ldots+\alpha} = (r^n)_{n\alpha}$$

Al elevar r_α a un número natural, n, su módulo se eleva a n (r^n) y su argumento se multiplica por n $(n\alpha)$.

Cociente

$$\boxed{\frac{r_\alpha}{r'_\beta} = \left(\frac{r}{r'}\right)_{\alpha-\beta}} \quad \text{pues} \quad \left(\frac{r}{r'}\right)_{\alpha-\beta}\cdot r'_\beta = \left(\frac{r}{r'}\cdot r'\right)_{\alpha-\beta+\beta} = r_\alpha$$

Para dividir dos números complejos, se dividen sus módulos y se restan sus argumentos.

Ejercicio propuesto

1 ¿Verdadero o falso?

a) Al multiplicar un número complejo z por la unidad imaginaria i, se gira 90° alrededor del origen.

b) Al dividir z por i, se gira 90° alrededor del origen en el sentido de las agujas del reloj.

c) El módulo del producto $r_\alpha \cdot r'_\beta$ puede ser menor que r.

d) $(r_{45°})^4$ es un número real negativo.

e) $r_{30°}$ y $r_{330°}$ son conjugados.

f) $r_{30°}$ y $r_{210°}$ son opuestos.

Fórmula de Moivre

Aplicando las propiedades de la potencia de un número complejo, se obtiene la siguiente fórmula, llamada **fórmula de Moivre:**

$$(\cos \alpha + i \operatorname{sen} \alpha)^n = \cos n\alpha + i \operatorname{sen} n\alpha$$

que es útil en trigonometría, pues permite hallar $\cos n\alpha$ y $\operatorname{sen} n\alpha$ en función de $\cos \alpha$ y $\operatorname{sen} \alpha$.

Demostración

$(\cos \alpha + i \operatorname{sen} \alpha)^n = (1_\alpha)^n = 1_{n\alpha} = \cos n\alpha + i \operatorname{sen} n\alpha$

Ejercicios resueltos

1 *Dados los complejos*

$z_1 = 4_{60°}$ *y* $z_2 = 3_{210°}$,

hallar:

$z_1 \cdot z_2$ $\quad z_1^5$ $\quad z_2^4$ $\quad \frac{z_2}{z_1}$

Basándonos en las propiedades anteriores, podemos efectuar las operaciones sin pasar, previamente, a la forma binómica:

$z_1 \cdot z_2 = 4_{60°} \cdot 3_{210°} = 12_{270°}$ $\qquad z_1^5 = (4_{60°})^5 = (4^5)_{5 \cdot 60°} = 1\,024_{300°}$

$z_2^4 = (3_{210°})^4 = (3^4)_{4 \cdot 210°} = 81_{840°} = 81_{120°}$ $\qquad \frac{z_2}{z_1} = \frac{3_{210°}}{4_{60°}} = \left(\frac{3}{4}\right)_{150°}$

Ahora, si se desea, se pueden pasar los resultados a la forma binómica.

Hazlo tú. Halla z_1/z_2; z_1^6; z_2^3.

2 *Calcular* $\cos 2\alpha$ *y* $\operatorname{sen} 2\alpha$ *mediante la fórmula de Moivre.*

Desarrollamos:

$$(\cos \alpha + i \operatorname{sen} \alpha)^2 = \cos^2 \alpha + (2 \operatorname{sen} \alpha \cos \alpha)i + (i \operatorname{sen} \alpha)^2 =$$
$$= (\cos^2 \alpha - \operatorname{sen}^2 \alpha) + i\,(2 \operatorname{sen} \alpha \cos \alpha)$$

Si aplicamos la fórmula de Moivre:

$$(\cos \alpha + i \operatorname{sen} \alpha)^2 = \cos 2\alpha + i \operatorname{sen} 2\alpha$$

Como ambas expresiones tienen que ser iguales:

$$\cos 2\alpha + i \operatorname{sen} 2\alpha = (\cos^2 \alpha - \operatorname{sen}^2 \alpha) + i\,(2 \operatorname{sen} \alpha \cos \alpha)$$

Igualando las partes reales y las partes imaginarias, obtenemos:

$$\cos 2\alpha = \cos^2 \alpha - \operatorname{sen}^2 \alpha$$

$$\operatorname{sen} 2\alpha = 2 \operatorname{sen} \alpha \cos \alpha$$

Ejercicios propuestos

2 Efectúa estas operaciones y da el resultado en forma polar y en forma binómica:

a) $1_{150°} \cdot 5_{30°}$ b) $6_{45°} : 3_{15°}$

c) $2_{10°} \cdot 1_{40°} \cdot 3_{70°}$ d) $5_{(2\pi/3)\ \text{rad}} : 1_{60°}$

e) $(1 - \sqrt{3}i)^5$ f) $(3 + 2i) + (-3 + 2i)$

3 Compara los resultados en cada caso.

a) $(2_{30°})^3$, $(2_{150°})^3$, $(2_{270°})^3$

b) $(2_{60°})^4$, $(2_{150°})^4$, $(2_{270°})^4$, $(2_{330°})^4$

4 Dados los complejos $z = 5_{45°}$, $w = 2_{15°}$, $t = 4i$, obtén en forma polar:

a) $z \cdot t$ b) $\frac{z}{w^2}$

c) $\frac{z^3}{w \cdot t^2}$ d) $\frac{z \cdot w^3}{t}$

5 Expresa $\cos 3\alpha$ y $\operatorname{sen} 3\alpha$ en función de $\operatorname{sen} \alpha$ y $\cos \alpha$ utilizando la fórmula de Moivre. Ten en cuenta que:

$$(a + b)^3 = a^3 + 3a^2b + 3ab^2 + b^3$$

5 Radicación de números complejos

Los números reales positivos tienen dos raíces cuadradas. Por ejemplo, 2 y –2 son las raíces de 4. Los números reales negativos tienen dos raíces cuadradas imaginarias. Puedes comprobar, elevándolos al cuadrado, que $2i$ y $-2i$ son las raíces cuadradas de –4.

Vamos a probar ahora que cualquier número complejo, salvo el 0, tiene n raíces n-ésimas.

Obtención de las raíces *n*-ésimas de un número complejo

Un número complejo r_α es raíz n-ésima de otro, R_β, si $(r_\alpha)^n = R_\beta$.

Estudiemos la relación que hay entre el módulo y el argumento de R_β y el de su raíz n-ésima, r_α:

$(r_\alpha)^n = (r^n)_{n\alpha}$. Por tanto, $(r^n)_{n\alpha} = R_\beta$.

Es decir: $$\begin{cases} r^n = R \rightarrow r = \sqrt[n]{R} \\ n\alpha = \beta \rightarrow \alpha = \dfrac{\beta}{n} \end{cases}$$

> Si r_α es la **raíz *n*-ésima** de R_β, entonces:
>
> Su módulo es $r = \sqrt[n]{R}$.
>
> Su argumento es $\alpha = \dfrac{\beta}{n}$.

Sin embargo, aunque el argumento de un complejo lo mismo puede ser β que $\beta + 360°$, que $\beta + 720°$, etc., los resultados al dividir por n estos ángulos no son iguales. Estudiemos cuántos resultados distintos hay:

$$\beta + 360° \cdot k = n\alpha \rightarrow \alpha = \frac{\beta + 360° \cdot k}{n}$$

Si $k = 0 \rightarrow \alpha_1 = \dfrac{\beta}{n}$

Si $k = 1 \rightarrow \alpha_2 = \dfrac{\beta}{n} + \dfrac{360°}{n}$

…

Si $k = n - 1 \rightarrow \alpha_n = \dfrac{\beta}{n} + \dfrac{360° \cdot (n-1)}{n}$

Al dividir $\beta + 360° \cdot k$ por n hay n posibles valores.

Por tanto, $\sqrt[n]{R_\beta}$ tiene n posibles argumentos.

Observa que si $k = n$, $\dfrac{\beta + 360° \cdot n}{n} = \dfrac{\beta}{n} + 360° = \dfrac{\beta}{n}$. Se obtiene α_1.

Y para valores superiores de k se obtienen argumentos que ya tenemos.

> Un número complejo, R_β, tiene n raíces n-ésimas. Todas ellas tienen el mismo módulo $r = \sqrt[n]{R}$. Sus argumentos son:
>
> $$\alpha_1 = \frac{\beta}{n},\ \alpha_2 = \frac{\beta}{n} + \frac{360°}{n},\ \alpha_3 = \frac{\beta}{n} + \frac{360°}{n} \cdot 2,\ \dots$$
>
> $$\dots,\ \alpha_n = \frac{\beta}{n} + \frac{360°}{n} \cdot (n-1)$$
>
> Para $n > 2$, los afijos de estas n raíces son los vértices de un n-ágono regular con centro en el origen.

Ejercicios resueltos

1 *Hallar las raíces cúbicas de $8i$, y representarlas.*

$8i = 8_{90°}$. Sus raíces cúbicas tienen módulo $\sqrt[3]{8} = 2$.

Sus argumentos son:

$\alpha_1 = \dfrac{90°}{3} = 30°$ $\qquad \alpha_2 = 30° + \dfrac{360°}{3} = 30° + 120° = 150°$

$\alpha_3 = 30° + 2 \cdot 120 = 270°$

Así pues, las tres raíces cúbicas de $8i$ son:

$2_{30°} \quad 2_{150°} \quad 2_{270°}$

Es interesante observar que sus afijos ocupan los vértices de un triángulo equilátero.

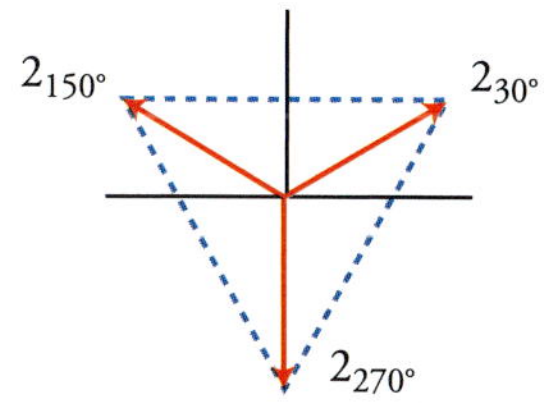

2 *Hallar las raíces cuartas de*

$$z = -\frac{1}{2} - \frac{\sqrt{3}}{2}i$$

y representarlas.

Este enunciado es equivalente a este otro:

Resolver esta ecuación:

$$z^4 + \left(\frac{1}{2} + \frac{\sqrt{3}}{2}i\right) = 0$$

En primer lugar, expresaremos z en forma polar:

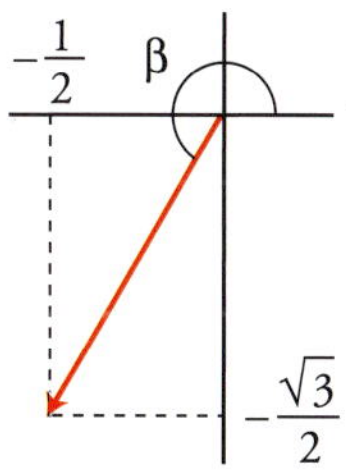

$$\begin{cases} |z| = \sqrt{\left(-\frac{1}{2}\right)^2 + \left(-\frac{\sqrt{3}}{2}\right)^2} = \sqrt{\frac{1}{4} + \frac{3}{4}} = 1 \\ tg\ \beta = \frac{-\sqrt{3}/2}{-1/2} = \sqrt{3} \to \beta = 240° \end{cases}$$

Por tanto: $z = 1_{240°}$

Las raíces cuartas de $1_{240°}$ tienen módulo 1. Sus argumentos son:

$\dfrac{240° + k \cdot 360°}{4} = 60° + k \cdot 90°$ siendo $k = 0, 1, 2, 3$.

Los afijos de las cuatro raíces cuartas, $1_{60°}$, $1_{150°}$, $1_{240°}$, $1_{330°}$, ocupan los vértices de un cuadrado centrado en el origen.

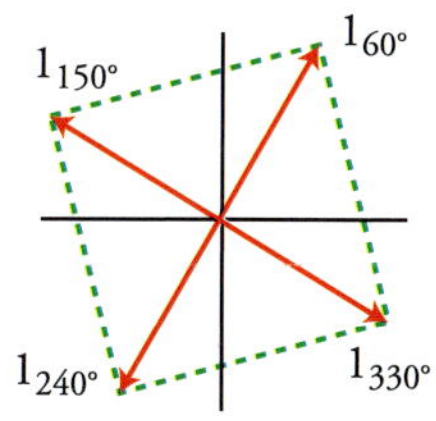

Ejercicios propuestos

1 ¿Verdadero o falso?

a) Los números reales negativos no tienen raíces cuadradas en el campo complejo.

b) El real –9 tiene dos raíces imaginarias puras: $3i$ y $-3i$.

c) El número 16 tiene dos raíces cuartas reales, 2 y –2, y otras dos imaginarias puras, $2i$ y $-2i$.

d) Ninguna de las cuatro raíces cuartas de –16 es un número real.

e) El número –8 tiene una raíz cúbica real, el –2. Las otras dos raíces cúbicas son números imaginarios conjugados.

f) $2_{84°}$ es una raíz quinta de $32_{60°}$.

2 Halla las seis raíces sextas de 1. Represéntalas y exprésalas en forma binómica.

3 Resuelve $z^3 + 27 = 0$. Representa sus soluciones.

4 Resuelve estas ecuaciones:

a) $z^4 + 1 = 0$ $\qquad$ b) $z^6 + 64 = 0$

5 Calcula.

a) $\sqrt[3]{-i}$ $\qquad$ b) $\sqrt[4]{-8 + 8\sqrt{3}i}$

c) $\sqrt{-25}$ $\qquad$ d) $\sqrt{\dfrac{-2+2i}{1+\sqrt{3}i}}$

6 Comprueba que si z y w son dos raíces sextas de 1, entonces también lo son los resultados de las siguientes operaciones:

$$z \cdot w, \quad \frac{z}{w}, \quad z^2, \quad z^3$$

7 El número $4 + 3i$ es la raíz cuarta de un cierto número complejo, z. Halla las otras tres raíces cuartas de z.

8 Calcula las siguientes raíces y representa gráficamente sus soluciones:

a) $\sqrt{-9}$ $\qquad$ b) $\sqrt[3]{-27}$ $\qquad$ c) $\sqrt[3]{2-2i}$

d) $\sqrt[3]{\dfrac{1-i}{1+i}}$ $\qquad$ e) $\sqrt[5]{\dfrac{-32}{i}}$ $\qquad$ f) $\sqrt[3]{8i}$

6 Descripciones gráficas con números complejos

¿Dónde están los afijos de todos los números complejos cuya parte real es 2? Es claro que se sitúan sobre una recta perpendicular al eje real que pasa por el punto (2, 0).

La representación gráfica de los números complejos mediante sus afijos permite relacionar familias de números complejos con líneas o recintos en el plano. Veámoslo.

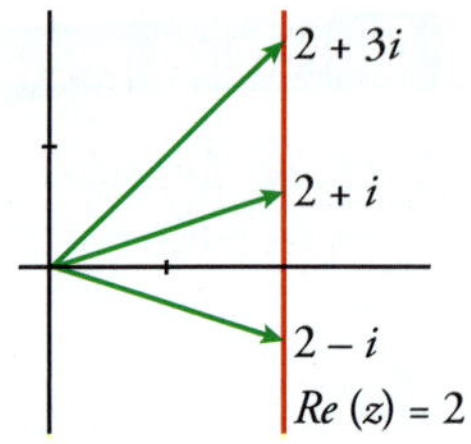

Complejos en forma binómica

El afijo de un número complejo z puesto en forma binómica, $z = a + bi$, es el punto (a, b). Es decir, la parte real $Re\,(z) = a$ y la parte imaginaria $Im\,(z) = b$, son las coordenadas de su afijo.

Esto permite tratar analíticamente las familias de números complejos con ecuaciones o inecuaciones, como ya sabemos hacer con las coordenadas (x, y) en un diagrama cartesiano. Por ejemplo:

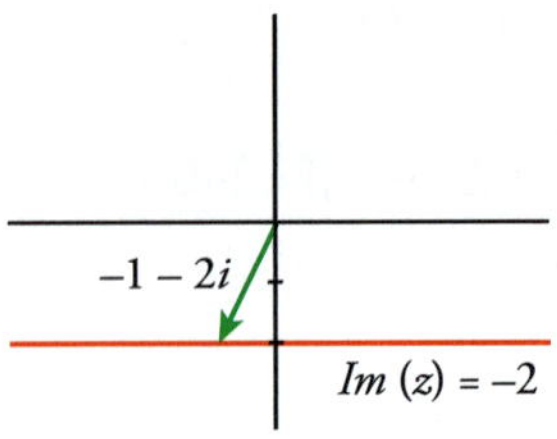

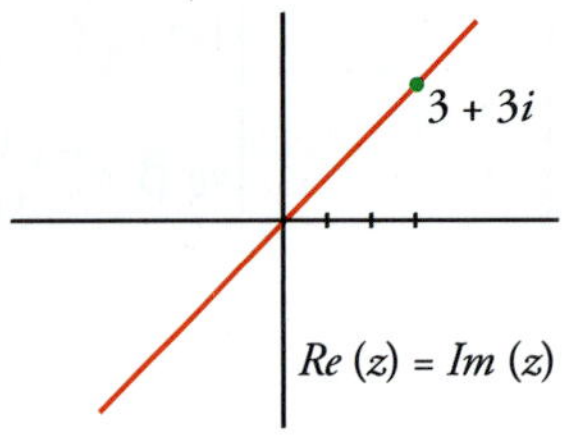

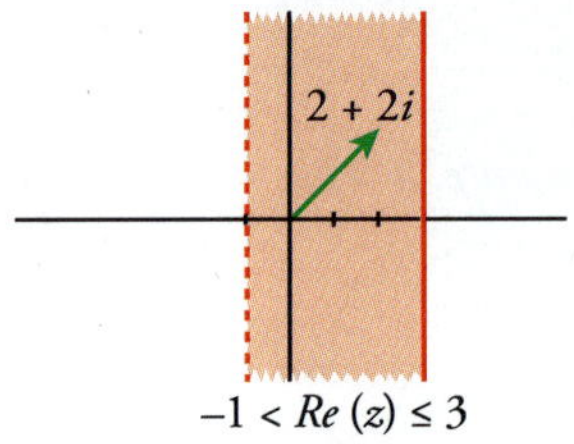

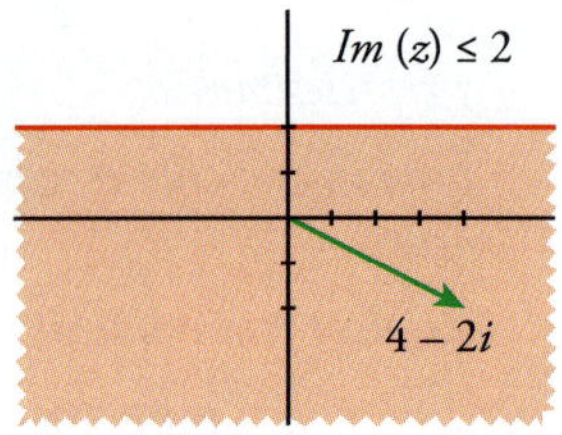

Complejos en forma módulo-argumental

También podemos representar gráficamente familias de números complejos z dadas mediante ecuaciones o inecuaciones que relacionan sus módulos, $|z|$, o sus argumentos $arg\,(z)$. Por ejemplo:

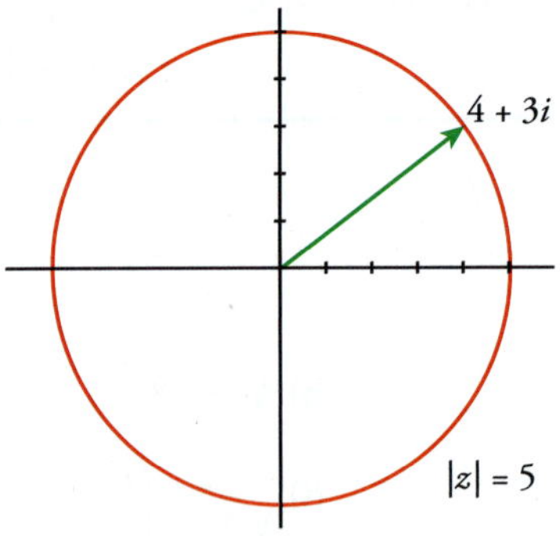

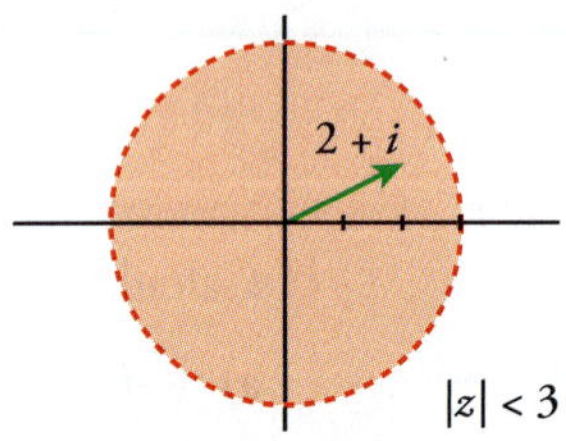

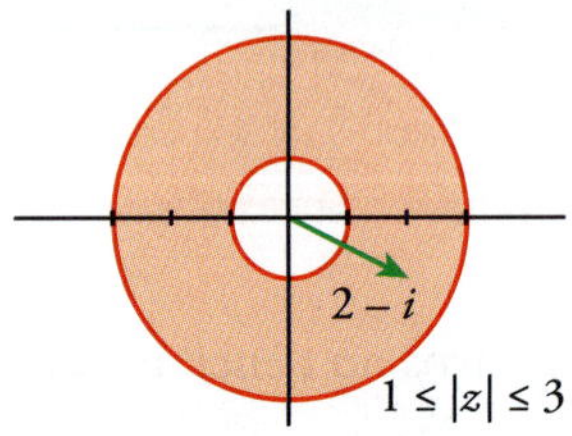

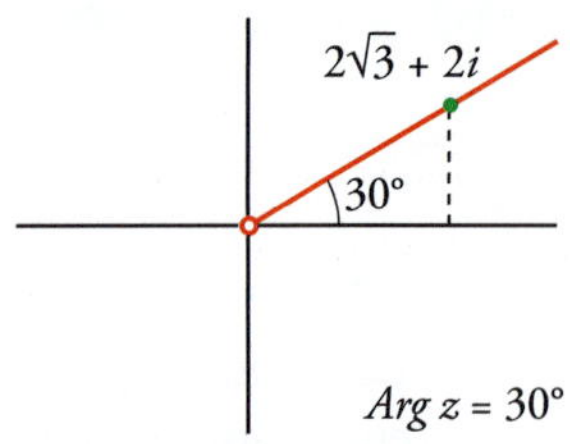

Ejercicios propuestos

1 Describe con palabras cada una de las familias ("son los números complejos cuya parte real vale …"), escribe su ecuación o inecuación (usando *Re*, *Im*, | |, *arg*) y da un representante de cada una de ellas.

a)

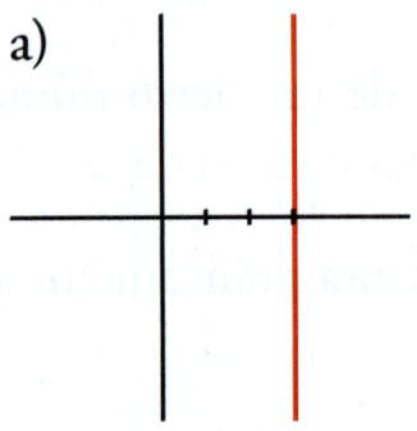

b)

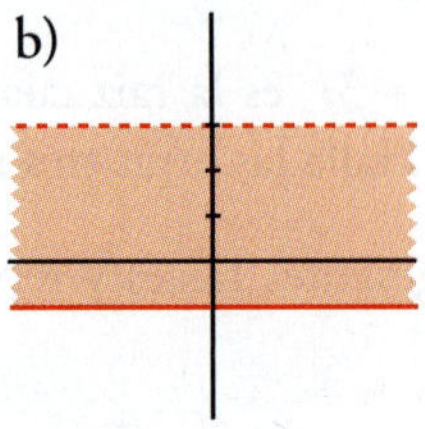

c)

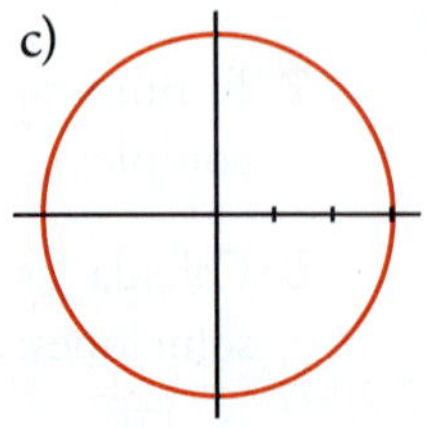

d)

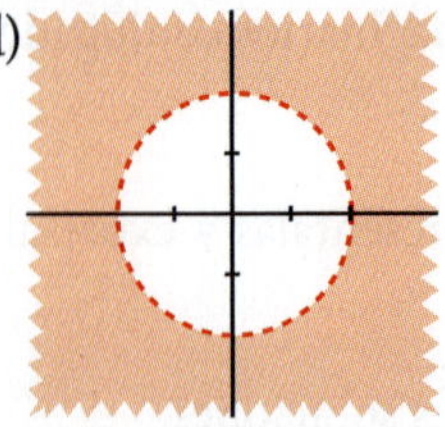

e)

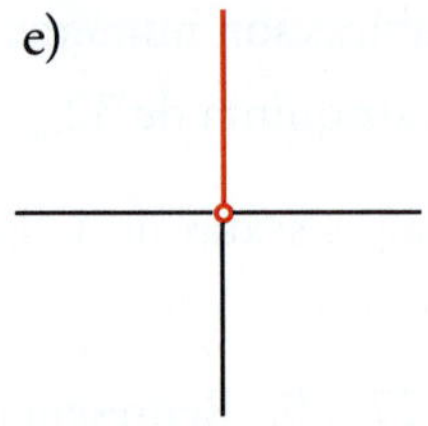

2 Representa.

a) $Re\,(z) = -3$ b) $Im\,(z) = 0$ c) $3 < Re\,(z) \le 5$ d) $|z| < 4$ e) $Arg\,z = 180°$

Ejercicios y problemas resueltos

1. Operaciones con números complejos en forma binómica

Calcular a y b para que se verifique esta igualdad:

$$\frac{(2+i)^2 - 3i(a-i)}{1+2i} = 2 + bi$$

Hazlo tú. Calcula el valor de a y b para que se verifique $a - 3i = \frac{1+bi}{5-3i}$.

Desarrollamos el primer miembro de la igualdad.

$$\frac{4+i^2+4i-3ai+3i^2}{1+2i} = \frac{4-1+4i-3ai-3}{1+2i} = \frac{(4-3a)\,i}{1+2i}$$

Para dividir multiplicamos numerador y denominador por el conjugado de $1 + 2i$.

$$\frac{(4-3a)\,i(1-2i)}{(1+2i)(1-2i)} = \frac{(4-3a)(i+2)}{1+4} = \frac{8-6a}{5} + \frac{4-3a}{5}i = 2 + bi$$

Igualamos el número obtenido y el segundo miembro de la igualdad teniendo en cuenta que si dos números complejos son iguales deben tener la misma parte real y la misma parte imaginaria.

$$\frac{8-6a}{5} = 2 \rightarrow a = -\frac{1}{3}; \qquad \frac{4-3a}{5} = b \rightarrow b = 1$$

2. Números complejos conjugados

Hallar dos números complejos conjugados sabiendo que su producto es $18_{0°}$ y que el argumento de su cociente es 90°. Expresarlos en forma binómica.

Hazlo tú. El producto de dos números complejos conjugados es $48_{0°}$ y el argumento de su cociente es 60°. Hállalos.

Análisis del problema. *Dos números complejos conjugados, $a + bi$ y $a - bi$, tienen el mismo módulo y sus argumentos son opuestos. Les llamamos r_α y $r_{-\alpha}$. Expresaremos su producto y su cociente en forma polar.*

$$r_\alpha \cdot r_{-\alpha} = 18_{0°} \begin{cases} r^2 = 18 \rightarrow r = \sqrt{18} = 3\sqrt{2} \\ \alpha - \alpha = 0° \end{cases}$$

$$r_\alpha / r_{-\alpha} = 1_{90°} \rightarrow \alpha - (-\alpha) = 90° \rightarrow 2\alpha = 90° \rightarrow \alpha = 45°$$

Los números complejos buscados son $3\sqrt{2}_{45°}$ y $3\sqrt{2}_{315°}$.

En forma binómica serán:

$$3\sqrt{2}(\cos 45° + i \operatorname{sen} 45°) = 3\sqrt{2}\left(\frac{1}{\sqrt{2}} + i\frac{1}{\sqrt{2}}\right) = 3 + 3i$$

$$3\sqrt{2}(\cos 315° + i \operatorname{sen} 315°) = 3\sqrt{2}\left(\frac{1}{\sqrt{2}} + i\left(-\frac{1}{\sqrt{2}}\right)\right) = 3 - 3i$$

3. Relaciones entre las razones trigonométricas de un ángulo y los números complejos

Determinar el valor de sen 75° y cos 75° a partir del producto $1_{30°} \cdot 1_{45°}$.

Hazlo tú. Halla sen 15° y cos 15° a partir del cociente $1_{45°} : 1_{30°}$.

Análisis del problema. *Sabemos que $1_{30°} \cdot 1_{45°} = 1_{75°}$. Si expresamos los factores en forma binómica y el producto en forma trigonométrica, podemos obtener sen 75° y cos 75°.*

$$1_{30°} \cdot 1_{45°} = 1_{75°} = 1(\cos 75° + i \operatorname{sen} 75°) \quad (1)$$

$$\left.\begin{array}{l} 1_{30°} = 1\,(\cos 30° + i \operatorname{sen} 30°) = \frac{\sqrt{3}}{2} + \frac{1}{2}i \\ 1_{45°} = 1\,(\cos 45° + i \operatorname{sen} 45°) = \frac{\sqrt{2}}{2} + \frac{\sqrt{2}}{2}i \end{array}\right\} \rightarrow$$

$$\rightarrow \left(\frac{\sqrt{3}}{2} + \frac{1}{2}i\right)\left(\frac{\sqrt{2}}{2} + \frac{\sqrt{2}}{2}i\right) = \frac{\sqrt{6}}{4} + \frac{\sqrt{6}}{4}i + \frac{\sqrt{2}}{4}i + \frac{\sqrt{2}}{4}i^2 = \frac{\sqrt{6}-\sqrt{2}}{4} + \frac{\sqrt{6}+\sqrt{2}}{4}i \quad (2)$$

Igualamos las partes reales y las partes imaginarias de (1) y de (2):

$$\cos 75° + i \operatorname{sen} 75° = \frac{\sqrt{6}-\sqrt{2}}{4} + \frac{\sqrt{6}+\sqrt{2}}{4}i \begin{cases} \cos 75° = \frac{\sqrt{6}-\sqrt{2}}{4} \\ \operatorname{sen} 75° = \frac{\sqrt{6}+\sqrt{2}}{4} \end{cases}$$

4. Operaciones con números complejos en forma polar

Expresar en forma polar, efectuar las operaciones indicadas y representar en el plano complejo los resultados obtenidos.

$$\sqrt[3]{\left(\frac{\sqrt{3}+i}{-1+i}\right)^2}$$

Representamos $z_1 = \sqrt{3} + i$ y $z_2 = -1 + i$ y calculamos sus módulos y sus argumentos.

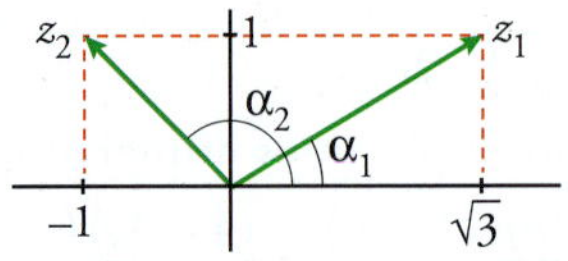

$|z_1| = \sqrt{(\sqrt{3})^2 + 1^2} = 2;\ tg\,\alpha_1 = \dfrac{1}{\sqrt{3}} \rightarrow \alpha_1 = 30°$

$|z_2| = \sqrt{(-1)^2 + 1^2} = \sqrt{2};\ tg\,\alpha_2 = \dfrac{1}{-1} = -1 \rightarrow \alpha_2 = 135°$

Dividimos y tomamos como argumento el que esté en el intervalo [0°, 360°].

$$\frac{\sqrt{3}+i}{-1+1} = \frac{2_{30°}}{\sqrt{2}_{135°}} = \left(\frac{2}{\sqrt{2}}\right)_{-105° + 360°} = \left(\frac{2}{\sqrt{2}}\right)_{255°}$$

Elevamos al cuadrado.

$$\left[\left(\frac{2}{\sqrt{2}}\right)_{255°}\right]^2 = 2_{510°} = 2_{510° - 360°} = 2_{150°}$$

Calculamos las raíces cúbicas: $\sqrt[3]{2_{150°}} = \sqrt[3]{2}_{\frac{150 + 360k}{3}}$, $k = 0, 1, 2.$

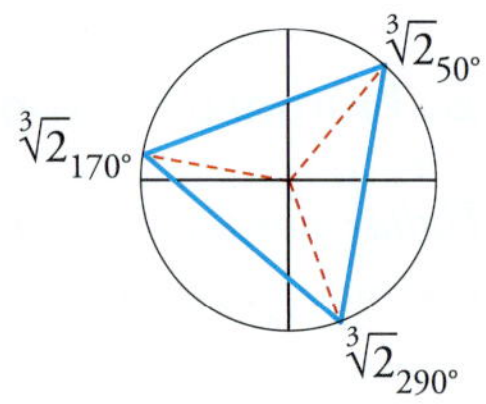

Por tanto, las soluciones son: $\sqrt[3]{2}_{50°};\ \sqrt[3]{2}_{170°};\ \sqrt[3]{2}_{290°}$.

Los afijos de las tres raíces son los vértices de un triángulo equilátero con centro en (0, 0).

Hazlo tú. Calcula y representa las soluciones de $\sqrt[4]{(-2 + 2\sqrt{3}\,i)^3}$.

5. Resolución de ecuaciones en ℂ

Resolver las siguientes ecuaciones en ℂ:

a) $z^3 + 8i = 0$

b) $\dfrac{z+1}{z-1} = 2 - i$

a) $z^3 = -8i \rightarrow z = \sqrt[3]{-8i}$

Pasamos $-8i$ a forma polar para hallar las raíces: $-8i = 8_{270°}$

Por tanto: $z = \sqrt[3]{8_{270°}} = \sqrt[3]{8}_{\frac{270° + 360k}{3}}$, $k = 0, 1, 2.$

Si $k = 0 \rightarrow z_1 = 2_{90°} = 2(cos\ 90° + i\ sen\ 90°) = 2i$

Si $k = 1 \rightarrow z_2 = 2_{210°} = 2(cos\ 210° + i\ sen\ 210°) = -\sqrt{3} - i$

Si $k = 2 \rightarrow z_3 = 2_{330°} = 2(cos\ 330° + i\ sen\ 330°) = \sqrt{3} - i$

b) $z + 1 = (2 - i)(z - 1) \rightarrow z + 1 = (2 - i)z - (2 - i) \rightarrow z - 2z + iz = -2 + i - 1 \rightarrow$

$\rightarrow z(-1 + i) = -3 + i \rightarrow z = \dfrac{-3+i}{-1+i} = \dfrac{(-3+i)(-1-i)}{(-1+i)(-1-i)} = \dfrac{4+2i}{2} \rightarrow z = 2 + i$

Hazlo tú. Resuelve estas ecuaciones:

a) $z^4 + 1 = 0$ b) $iz + 3i - 2 = 1 + i$

6. Problemas geométricos con complejos

Sean A, B, C, D los afijos de los números complejos $z_1 = 3 + 5i$; $z_2 = 3 - 5i$; $z_3 = 4i$; $z_4 = 3$.

Comprobar que A, B, C pertenecen a una circunferencia de centro D.

¿Cuál es su radio? ¿Qué clase de triángulo es ABC?

Análisis del problema. *Si A, B, C están en una circunferencia de centro D, las distancias* $\overline{AD}$, $\overline{BD}$ *y* $\overline{CD}$ *deben ser iguales. Esas distancias son los módulos de los números complejos* $z_1 - z_4$; $z_2 - z_4$; $z_3 - z_4$.

Calculamos dichos módulos:

$z_1 - z_4 = 3 + 5i - 3 = 5i \rightarrow |z_1 - z_4| = \sqrt{0^2 + 5^2} = 5$

$z_2 - z_4 = 3 - 5i - 3 = -5i \rightarrow |z_2 - z_4| = \sqrt{0^2 + (-5)^2} = 5$

$z_3 - z_4 = 4i - 3 = -3 + 4i \rightarrow |z_3 - z_4| = \sqrt{(-3)^2 + 4^2} = 5$

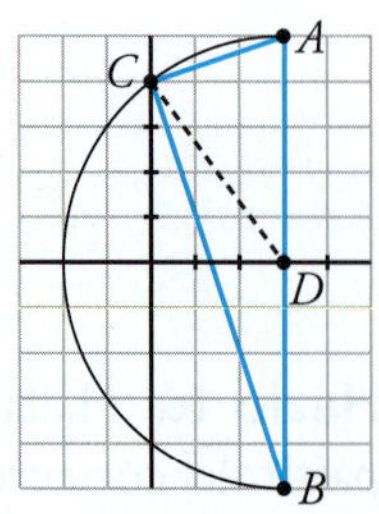

Como las distancias son iguales, *A, B, C* están en una circunferencia de centro (3, 0) y radio 5. El triángulo *ABC* es rectángulo por estar inscrito en una semicircunferencia.

Ejercicios y problemas guiados

1. Números reales y números imaginarios

Hallar el valor que debe tener x para que el cociente $\frac{1+3xi}{3-4i}$ sea:

a) Un número real.

b) Un número imaginario puro.

Halla el cociente multiplicando numerador y denominador por el conjugado del denominador.

a) Para obtener un número real, iguala a 0 la parte imaginaria y despeja x.

b) Para obtener un número imaginario puro, iguala a 0 su parte real.

Soluciones: a) $x = -4/9$ b) $x = 1/4$

2. Números complejos que cumplen ciertas condiciones

Hallar un número complejo que tenga el mismo módulo que $4\sqrt{2} + 3\sqrt{2}i$ y cuyo afijo esté en la bisectriz del primer o tercer cuadrante.

- Para que el afijo del complejo $a + bi$ esté en la bisectriz del primer o tercer cuadrante, debe ser $a = b$.
- Calcula el módulo de $4\sqrt{2} + 3\sqrt{2}i$ e iguálalo al de $a + bi$ con $a = b$.

Solución: $5 + 5i$ o bien $-5 - 5i$

3. Suma de números complejos expresados en forma polar

Calcular:

$$2_{\frac{\pi}{6}} - \sqrt{3}_{\pi} + 3_{\frac{3\pi}{2}}$$

- Expresa los números complejos en forma binómica y efectúa la operación indicada.
- Pasa el resultado a forma polar.

Solución: $4_{\frac{11\pi}{6}}$

4. Potencia y raíces de números complejos

Una de las raíces sextas de un número complejo z es $-\sqrt{3} + i$. Calcular z y el área del hexágono cuyos vértices son los afijos de las raíces sextas de z. Hallar esos afijos.

- Si $\sqrt[6]{z} = -\sqrt{3} + i$ entonces $z = (-\sqrt{3} + i)^6$.
- Expresa z en forma polar y obtén sus raíces sextas.
- Pásalas a forma binómica para tener los vértices del hexágono y calcula el área de este.

Soluciones: $z = 64_{180°}$. Vértices del hexágono $A(\sqrt{3}, 1)$; $B(0, 2)$; $C(-\sqrt{3}, 1)$; $D(-\sqrt{3}, -1)$; $E(0, -2)$; $F(\sqrt{3}, -1)$. Área $= 6\sqrt{3}$ u^2.

5. Interpretación gráfica de igualdades con números complejos

Representar, en cada caso, los números complejos que cumplen la condición dada.

a) $z + \bar{z} = 2$

b) $z - \bar{z} = -4i$

c) $|z| = 3$

a) Escribe z y su conjugado en forma binómica, súmalos y obtendrás la condición que debe cumplir la parte real. Represéntala mediante una recta.

b) Efectúa $z - \bar{z}$ en forma binómica, iguala a $-4i$ y obtendrás la condición que debe cumplir la parte imaginaria. Represéntala mediante una recta.

c) Ten en cuenta que el módulo de z es 3 y que el argumento puede ser cualquiera. Al representarlos obtendrás una circunferencia.

Soluciones:

a)

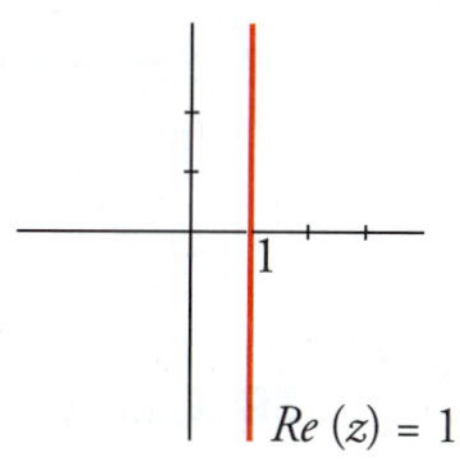

b)

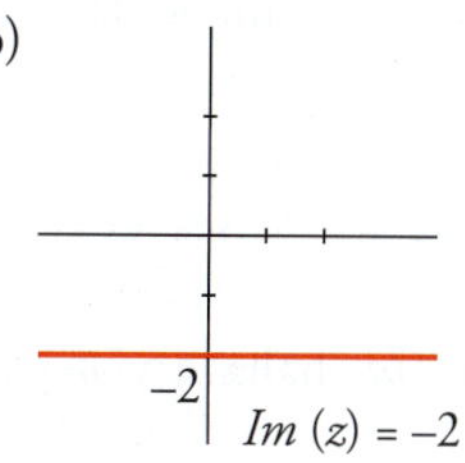

c)

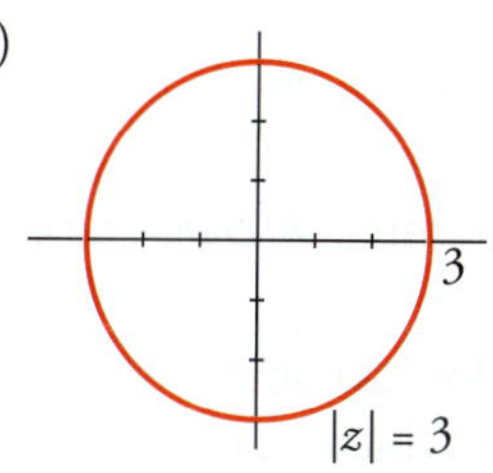

Ejercicios y problemas propuestos

Para practicar

Números complejos en forma binómica. Operaciones

1 Calcula.

a) $(3 + 2i)(2 - i) - (1 - i)(2 - 3i)$

b) $3 + 2i(-1 + i) - (5 - 4i)$

c) $-2i - (4 - i)5i$

d) $(4 - 3i)(4 + 3i) - (4 - 3i)^2$

2 Los puntos A, B, C, D corresponden a los afijos de los números complejos z_1, z_2, z_3, z_4.

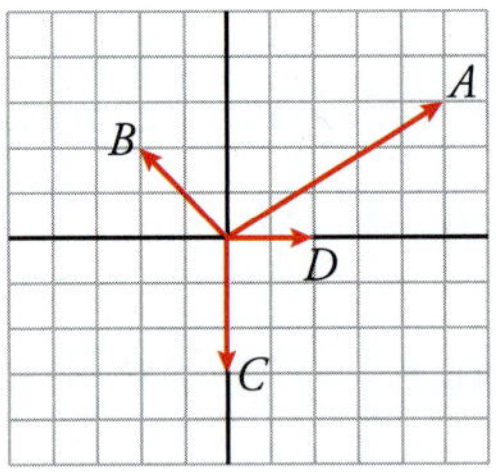

Efectúa y representa.

a) $z_1 \cdot z_4 - z_2 \cdot z_3$

b) $(z_2 - z_1)^2$

c) $\dfrac{5(z_1 - z_4)}{z_2 + z_3}$

d) $\dfrac{\overline{z}_1 - \overline{z}_2}{z_3 + z_4}$

3 Calcula en forma binómica.

a) $\dfrac{(3+3i)(4-2i)}{2-2i}$

b) $\dfrac{-2+3i}{(4+2i)(-1+i)}$

c) $\dfrac{2+5i}{3-2i}(1-i)$

d) $\dfrac{1+i}{2-i} + \dfrac{-3-2i}{1+3i}$

4 Dados los números complejos $z = 1 - 3i$, $w = -3 + 2i$, $t = -2i$, calcula:

a) zwt

b) $zt - w(t + z)$

c) $\dfrac{w}{z}t$

d) $\dfrac{2z - 3t}{w}$

e) $\dfrac{3z + it}{3}w$

f) $\dfrac{z^2 - wt^2}{2}$

5 Calcula.

a) i^{37} b) i^{126} c) i^{-7} d) i^{64} e) i^{-216}

6 Dado el número complejo $z = -\dfrac{1}{2} + \dfrac{\sqrt{3}}{2}i$, prueba que:

a) $1 + z + z^2 = 0$

b) $\dfrac{1}{z} = z^2$

7 Calcula m y n para que se verifique la igualdad $(2 + mi) + (n + 5i) = 7 - 2i$.

8 Determina k para que el cociente $\dfrac{k+i}{1+i}$ sea igual a $2 - i$.

9 Dados los complejos $2 - ai$ y $3 - bi$, halla a y b para que su producto sea igual a $8 + 4i$.

Números complejos en forma polar

10 Representa estos números complejos, sus opuestos y sus conjugados. Exprésalos en forma polar:

a) $1 - i$ b) $-1 + i$ c) $\sqrt{3} + i$ d) $-\sqrt{3} - i$

e) -4 f) $2i$ g) $-\dfrac{3}{4}i$ h) $2 + 2\sqrt{3}i$

11 Escribe en forma binómica estos números complejos:

a) $2_{45°}$ b) $3_{(\pi/6)}$ c) $\sqrt{2}_{180°}$ d) $17_{0°}$

e) $1_{(\pi/2)}$ f) $5_{270°}$ g) $1_{150°}$ h) $4_{100°}$

12 Dados los números complejos: $z_1 = 2_{270°}$, $z_2 = 4_{120°}$; $z_3 = 3_{315°}$, calcula:

a) $z_1 \cdot z_2$ b) $z_2 \cdot z_3$ c) $z_1 \cdot z_3$

d) $\dfrac{z_3}{z_1}$ e) $\dfrac{z_2}{z_1}$ f) $\dfrac{z_1 \cdot z_3}{z_2}$

g) z_1^2 h) z_2^3 i) z_3^4

13 Expresa en forma polar y calcula.

a) $(-1 - i)^5$ b) $\sqrt[4]{1 - \sqrt{3}i}$ c) $\sqrt[6]{64}$

d) $\sqrt[3]{8i}$ e) $(-2\sqrt{3} + 2i)^6$ f) $(3 - 4i)^3$

14 Calcula y representa gráficamente el resultado.

a) $\left(\dfrac{1-i}{\sqrt{3}+i}\right)^3$

b) $\sqrt[3]{\dfrac{1+i}{2-i}}$

15 Calcula y representa las soluciones.

a) $\sqrt[3]{4 - 4\sqrt{3}i}$ b) $\sqrt[4]{-16}$ c) $\sqrt[3]{-27i}$

16 Calcula pasando a forma polar.

a) $(1 + i\sqrt{3})^5$

b) $\dfrac{8}{(1-i)^5}$

c) $\sqrt[6]{-64}$

d) $\sqrt{\dfrac{2-2i}{-3+3i}}$

17 Expresa en forma polar z, su opuesto $-z$, y su conjugado $\overline{z}$ en cada uno de estos casos:

a) $z = 1 - \sqrt{3}i$

b) $z = -2 - 2i$

c) $z = -2\sqrt{3} + 2i$

d) $z = -5$

e) $z = 7i$

f) $z = -3 - 4i$

18 Representa los polígonos regulares que tienen por vértices los afijos de las siguientes raíces:

a) $\sqrt[5]{i}$ b) $\sqrt[6]{-1}$ c) $\sqrt[4]{2\sqrt{3} + 2i}$

19 Calcula $\overline{z}^5$ y $\sqrt[4]{\overline{z}}$, siendo $z = -\dfrac{1}{2} + \dfrac{\sqrt{3}}{2}i$.

Ecuaciones y sistemas en $\mathbb{C}$

20 Resuelve las siguientes ecuaciones y expresa las soluciones en forma binómica:

a) $z^2 + 4 = 0$ b) $z^2 + z + 4 = 0$

c) $z^2 + 3z + 7 = 0$ d) $z^2 - z + 1 = 0$

21 Resuelve estas ecuaciones:

a) $z^5 + 32 = 0$ b) $iz^3 - 27 = 0$

c) $z^3 + 8i = 0$ d) $iz^4 + 4 = 0$

22 Resuelve las siguientes ecuaciones en $\mathbb{C}$:

a) $z^2 + 4i = 0$ b) $z^2 - 2z + 5 = 0$

c) $2z^2 + 10 = 0$ d) $z^4 + 13z^2 + 36 = 0$

23 Obtén las cuatro soluciones de las siguientes ecuaciones:

a) $z^4 - 1 = 0$ b) $z^4 + 16 = 0$ c) $z^4 - 8z = 0$

24 Resuelve los siguientes sistemas de ecuaciones:

a) $\begin{cases} 3z - w = 1 - i \\ 2z - 3w = 8 - 8i \end{cases}$ b) $\begin{cases} z + 3w = 8 - 3i \\ 2z + w = 6 - i \end{cases}$

c) $\begin{cases} 5z + 4w = 11i \\ 3z - 2w = 11i \end{cases}$ d) $\begin{cases} 2z - 5w = -5 + 2i \\ 4z - 3w = -3 - 10i \end{cases}$

Para resolver

25 Calcula a y b de modo que se verifique:

$$(a + bi)^2 = 3 + 4i$$

26 Halla el valor de b para que el producto $(3 - 6i)(4 + bi)$ sea un número:

a) imaginario puro. b) real.

27 Determina a para que $(a - 2i)^2$ sea un número imaginario puro.

28 Calcula x para que el resultado de $(x + 2 + ix)(x - i)$ sea un número real.

29 Calcula el valor que debe tener a para que el módulo del cociente $\dfrac{a + 2i}{1 - i}$ sea $\dfrac{3\sqrt{2}}{2}$.

30 La suma de dos números complejos es $3 + i$. La parte real del primero es 2 y el cociente entre este y el segundo es un número real. Hállalos.

31 Si $z = (i^0 + i^1 + i^2 + i^3 + \ldots + i^{10})(3 + ki)$, halla el valor de k para que el módulo de z sea 5.

32 ¿Para qué valores de x es imaginario puro el cociente $\dfrac{x - 4i}{x + i}$?

33 Halla dos números complejos tales que su cociente sea 3, la suma de sus argumentos $\pi/3$, y la suma de sus módulos 8.

* *Llámalos r_α y s_β y escribe las condiciones que los relacionan.*

34 El producto de dos números complejos es $2_{90°}$ y el cubo del primero dividido por el otro es $(1/2)_{0°}$. Hállalos.

35 El producto de dos números complejos es -27 y uno de ellos es igual al cuadrado del otro. Calcúlalos.

36 Halla, en función de x, el módulo de $z = \dfrac{1 + xi}{1 - xi}$.

Demuestra que $|z| = 1$ para cualquier valor de x.

37 Halla dos números complejos conjugados sabiendo que su suma es 8 y que la suma de sus módulos es 10.

38 Representa gráficamente los resultados que obtengas al hallar $\sqrt[3]{-2 - 2i}$ y calcula el lado del triángulo que se forma al unir esos tres puntos.

39 Dibuja el hexágono cuyos vértices son los afijos de $\sqrt[6]{-64}$. ¿Obtienes el mismo hexágono con los afijos de $\sqrt[6]{64i}$; $\sqrt[6]{64}$; $\sqrt[6]{-64i}$?

Compruébalo y representa los resultados obtenidos.

40 Halla los números complejos que corresponden a los vértices de estos triángulos equiláteros.

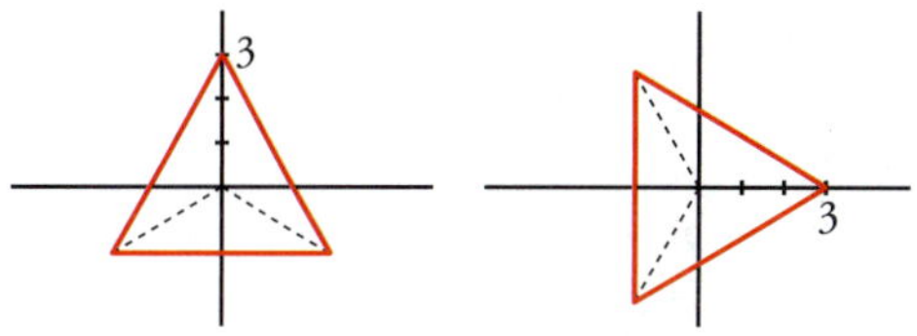

41 ¿Pueden ser las raíces de un complejo z los números $2_{28°}$, $2_{100°}$, $2_{172°}$, $2_{244°}$ y $2_{316°}$? En caso afirmativo, halla z.

* *Comprueba si el ángulo que forman cada dos de ellas es el de un pentágono regular.*

42 El número complejo $3_{40°}$ es vértice de un pentágono regular. Halla los otros vértices y el número complejo cuyas raíces quintas son esos vértices.

43 Una de las raíces cúbicas de un número complejo z es $1 + i$. Halla z y las otras raíces cúbicas.

44 Busca dos números complejos cuya suma sea $-3 + 3i$ y que una de las raíces cuadradas de su cociente sea $2i$.

45 Calcula el valor que debe tener b para que el módulo de $\dfrac{-3 + bi}{1 - 2i}$ sea igual a $\sqrt{2}$.

46 Expresa $\cos 4\alpha$ y $\operatorname{sen} 4\alpha$ en función de $\operatorname{sen} \alpha$ y $\cos \alpha$, utilizando la fórmula de Moivre. Ten en cuenta que $(a + b)^4 = a^4 + 4a^3b + 6a^2b^2 + 4ab^3 + b^4$.

Ejercicios y problemas propuestos

47 Un pentágono regular con centro en el origen de coordenadas tiene uno de sus vértices en el punto $(\sqrt{2}, \sqrt{2})$. Halla los otros vértices y la longitud de su lado.

48 El afijo de $3 + 2i$ es uno de los vértices de un cuadrado con centro en el origen de coordenadas. Halla los otros vértices y el área del cuadrado.

49 ¿Pueden ser $z_1 = 2 + i$, $z_2 = -2 + i$, $z_3 = -1 - 2i$ y $z_4 = 1 - 2i$, las raíces de un número complejo? Justifica tu respuesta.

50 Sean A, B, C, D los afijos de los números $z_0 = 4$; $z_1 = \frac{1+i}{2}z_0$; $z_2 = \frac{1+i}{2}z_1$; $z_3 = \frac{1+i}{2}z_2$.

a) ¿Cuáles son las coordenadas de A, B, C, D?

b) Calcula $d_0 = |z_0 - z_1|$; $d_1 = |z_1 - z_2|$; $d_2 = |z_2 - z_3|$ e interpreta geométricamente estos números.

c) ¿Cuánto mide la línea poligonal $ABCD$?

51 Escribe una ecuación de segundo grado cuyas soluciones sean:

a) $1 + i$ y $1 - i$ b) $5i$ y $-5i$

c) $2 - 3i$ y $2 + 3i$ d) $4 - i$ y $1 + 2i$

52 Halla el valor que debe tener m para que $1 - 2i$ sea una solución de la ecuación $z^2 - mz + 5 = 0$.

53 Resuelve estas ecuaciones:

a) $2z + 3i - 2 = 3 + zi$ b) $(5 + i)z = 3z + 4i - 2$

c) $(1 - i)z^2 = 1 + i$ d) $(i^{23} - i^{37})z = 2i^{22} - 3i^{19}$

54 Halla los números complejos z y w que verifican cada uno de estos sistemas de ecuaciones:

a) $\begin{cases} z + w = -1 + 2i \\ z - w = -3 + 4i \end{cases}$

b) $\begin{cases} z + 2w = 2 + i \\ iz + w = 5 + 5i \end{cases}$

55 Resuelve los siguientes sistemas de ecuaciones:

a) $\begin{cases} z + w = -1 + 2i \\ iz + (1 - i)\,w = 1 + 3i \end{cases}$

b) $\begin{cases} z - w = 5 - 3i \\ (2 + i)\,z + iw = 3 - 3i \end{cases}$

56 Resuelve las siguientes ecuaciones:

a) $z^3 + z^2 - 2 = 0$ b) $z^3 - 3z^2 + z + 5 = 0$

c) $z^4 - 7z^2 - 144 = 0$ d) $z^4 + 2z^2 + 2 = 0$

57 Halla los números complejos cuyo cuadrado sea igual a su conjugado.

Interpretación gráfica de igualdades y desigualdades entre complejos

58 Representa y describe con palabras cada una de estas familias de números complejos:

a) $Re\ z = 2$ b) $Im\ z = 1$

c) $Re\ z \le 0$ d) $-1 \le Im\ z \le 3$

e) $-2 < Re\ z < 5$ f) $|z| \le 3$

g) $Arg\ z = 45°$ h) $0° \le Arg\ z \le 90°$

59 Representa los números complejos z tales que $z + \bar{z} = -3$.

* *Escribe z en forma binómica, súmale su conjugado y representa la condición que obtienes.*

60 Representa los números complejos que verifican:

a) $\bar{z} = -z$ b) $|z + \bar{z}| = 3$ c) $|z - \bar{z}| = 4$

61 Escribe las condiciones que deben cumplir los números complejos cuya representación gráfica es la siguiente:

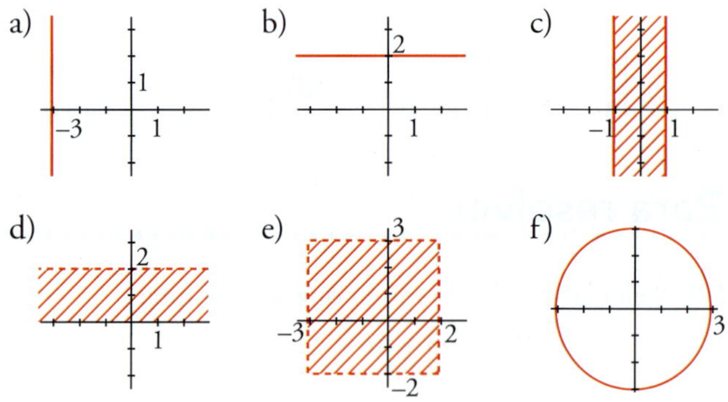

* *En a), b) y f) es una igualdad. En c) y d), una desigualdad. En e), dos desigualdades.*

Cuestiones teóricas

62 ¿Se puede decir que un número complejo es real si su argumento es 0°?

63 Si $z = r_\alpha$, ¿qué relación tienen con z los números $r_{\alpha + 180°}$ y $r_{360° - \alpha}$?

64 Comprueba que:

a) $\overline{z + w} = \bar{z} + \bar{w}$

b) $\overline{z \cdot w} = \bar{z} \cdot \bar{w}$

c) $\overline{kz} = k\,\bar{z}$, con $k \in \mathbb{R}$

65 Demuestra que $\left|\frac{1}{z}\right| = \frac{1}{|z|}$.

66 El producto de dos números complejos imaginarios, ¿puede ser real? Acláralo con un ejemplo.

67 Representa el número complejo $z = 4 - 3i$. Multiplícalo por i y comprueba que el resultado que obtienes es el mismo que si aplicas a z un giro de $90°$.

68 ¿Qué relación existe entre el argumento de un complejo y el de su opuesto?

69 ¿Qué condición debe cumplir un número complejo $z = a + bi$ para que $\bar{z} = \frac{1}{z}$?

* *Halla $\frac{1}{z}$, e iguala a $a - bi$.*

70 Sean z y w dos números complejos tales que $|z| = \sqrt{2}$ y $|w| = \sqrt{2}$. Justifica si las siguientes igualdades son verdaderas o falsas:

a) $|z + w| = 2\sqrt{2}$ b) $|3z| = 3\sqrt{2}$

c) $|z \cdot w| = 2$ d) $\left|\frac{1}{z}\right| = \frac{\sqrt{2}}{2}$

71 Si $z = r_\alpha$ y $w = s_\beta$, ¿qué relación debe existir entre α y β para que ocurra cada una de las siguientes afirmaciones?

a) $z \cdot w$ es imaginario puro.

b) z/w es un número real.

c) $z \cdot w$ está en la bisectriz del primer o tercer cuadrante.

72 Sea $z \neq 0$ un número complejo y $w = -\frac{1}{2} + \frac{\sqrt{3}}{2}i$. Justifica que los afijos de z, zw y zw^2 son los vértices de un triángulo equilátero.

Para profundizar

73 Halla los números complejos cuyo cubo coincide con el cuadrado de su conjugado.

74 Si el producto de dos números complejos es -8 y dividiendo el cubo de uno de ellos entre el otro obtenemos de resultado 2, ¿cuánto valen el módulo y el argumento de cada uno?

75 Calcula el inverso de los números complejos siguientes y representa gráficamente el resultado que obtengas:

a) $3_{\pi/3}$ b) $2i$ c) $-1 + i$

¿Qué relación existe entre el módulo y el argumento de un número complejo y de su inverso?

76 Representa gráficamente las igualdades siguientes. ¿Qué figura se determina en cada caso?

a) $|z - (1 + i)| = 5$ b) $|z - (5 + 2i)| = 3$

77 Escribe la condición que verifican todos los números complejos cuyos afijos estén en la circunferencia de centro $(1, 1)$ y radio 3.

78 La suma de los números complejos $z = a + 3i$ y $w = b - 5i$ dividida por su diferencia es un número imaginario puro. Prueba que z y w han de tener el mismo módulo.

79 Sea z un número complejo cuyo afijo está en la bisectriz del primer cuadrante. Comprueba que $\frac{z - 1 - i}{z + 1 + i}$ es un número real.

Autoevaluación

En la web Resoluciones de estos ejercicios.

1 Efectúa y representa la solución.

$$\frac{(3-2i)^2 - (1+i)(2-i)}{-3+i}$$

2 Calcula z y expresa los resultados en forma binómica.

$$\sqrt[4]{z} = \frac{-\sqrt{3}+i}{\sqrt{2}i}$$

3 Halla a y b para que se verifique la igualdad:

$$5(a - 2i) = (3 + i)(b - i)$$

4 Resuelve la ecuación: $z^2 - 10z + 29 = 0$

5 Calcula el valor que debe tomar x para que el módulo de $\frac{x + 2i}{1 - i}$ sea igual a 2.

6 Halla el lado del triángulo cuyos vértices son los afijos de las raíces cúbicas de $4\sqrt{3} - 4i$.

7 Representa gráficamente.

a) $1 \le Im\, z \le 5$ b) $|z| = 3$ c) $z + \bar{z} = -4$

8 Halla dos números complejos tales que su cociente sea $2_{150°}$ y su producto $18_{90°}$.

9 Demuestra que $z \cdot \bar{z} = |z|^2$.

10 Calcula el valor de $\cos 120°$ y de $\operatorname{sen} 120°$ a partir del producto $1_{90°} \cdot 1_{30°}$.

11 Halla el número complejo z que se obtiene al transformar el complejo $2 + 3i$ mediante un giro de $30°$ con centro en el origen.

Autoevaluación. Bloque II: Trigonometría y números complejos

1 Halla el lado de un pentágono regular inscrito en una circunferencia de radio 8 cm.

2 Calcula los lados y los ángulos del triángulo ABC.

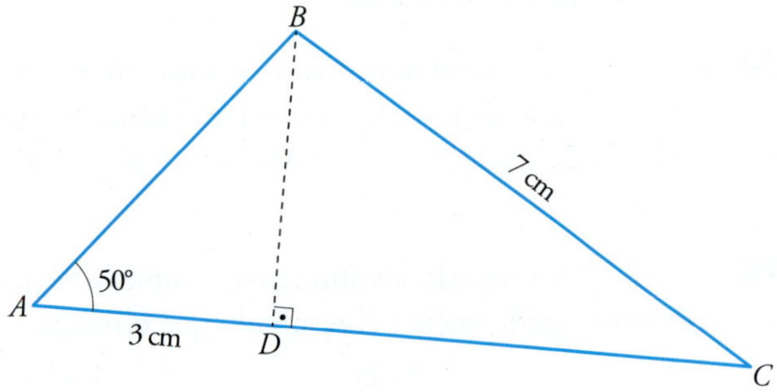

3 Un globo aerostático está sujeto al suelo en dos puntos que distan entre sí 50 m. El cable más corto mide 75 m y el más largo forma un ángulo de 35° con el suelo. Halla la altura a la que se encuentra el globo y la longitud del cable más largo.

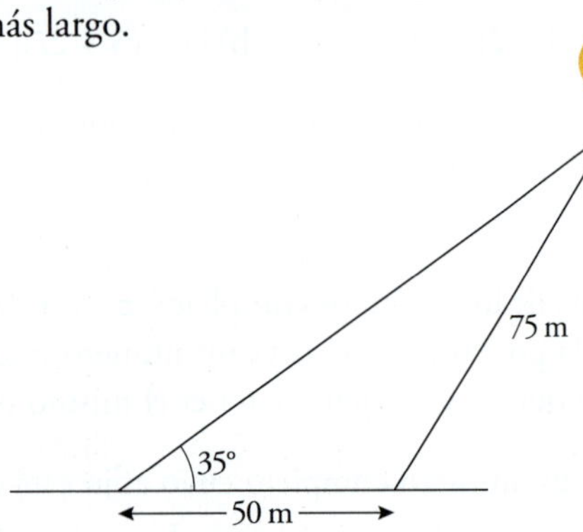

4 En un triángulo ABC conocemos $\overline{AC} = 115$ m, $\overline{BC} = 83$ m y $\widehat{ABC} = 28°$. Calcula los demás elementos del triángulo. ¿Podemos asegurar que $\overline{AB} > \overline{AC}$?

5 Justifica si existe algún ángulo α tal que $tg\,\alpha = \frac{2}{3}$ y $sen\,\alpha = \frac{1}{2}$.

6 Las diagonales de un paralelogramo miden 16 cm y 28 cm y forman un ángulo de 48°. Calcula el perímetro y el área de dicho paralelogramo.

7 Busca, en cada caso, un ángulo del primer cuadrante que tenga una razón trigonométrica igual que el ángulo dado y di cuál es esa razón.

a) 297° b) 1 252°

c) –100° d) $\frac{13\pi}{5}$

8 Si $tg\,\alpha = 2$ y $cos\,\alpha > 0$, halla:

a) $cos\,2\alpha$ b) $sen\left(\frac{\pi}{2} - \alpha\right)$

c) $sen\,\frac{\alpha}{2}$ d) $tg\left(\frac{\pi}{4} + \alpha\right)$

9 Asocia a cada gráfica una de estas fórmulas:

a) $y = tg\,x$ b) $y = sen\,2x$

c) $y = cos\left(\frac{\pi}{2} - x\right)$ d) $y = sen\left(\frac{\pi}{2} + x\right)$

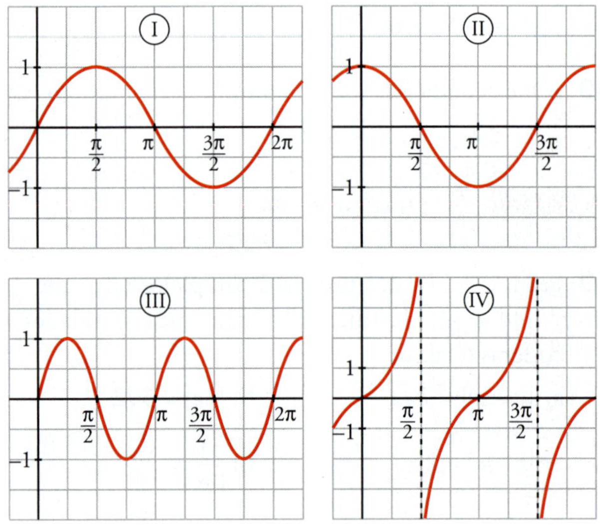

10 Demuestra las siguientes identidades:

a) $cos^4 x - sen^4 x = 2\,cos^2 x - 1$

b) $2tg\,x\,cos^2 \frac{x}{2} - sen\,x = tg\,x$

11 Resuelve las ecuaciones siguientes:

a) $2sen\,x + cos\,x = 1$ b) $2sen^2 \frac{x}{2} + cos\,2x = 0$

12 Dado el número complejo $z = 3_{60°}$, expresa en forma polar el conjugado, el opuesto y el inverso.

13 Simplifica: $\frac{i^{10} - 2i^7}{2 + i^{33}}$

14 Escribe una ecuación de segundo grado cuyas soluciones sean $-1 + \sqrt{3}i$ y $-1 - \sqrt{3}i$.

15 Un cuadrado cuyo centro es el origen de coordenadas tiene un vértice en el afijo del número complejo $1 + \sqrt{3}i$. Determina los otros vértices y la medida del lado del cuadrado.

16 Calcula a y b para que se verifique esta igualdad:

$$\frac{a - 2i}{3 - i} = \frac{b - i}{5}$$

17 Resuelve la ecuación $2z^2 + 8 = 0$.

18 Representa gráficamente:

a) $Re(z) \geq 3$ b) $|z| < 2$ c) $z - \bar{z} = -4i$

En la web Resoluciones de estos ejercicios.

III

Geometría

Notas históricas. Geometría

La palabra geometría significa "medida de la tierra". El comienzo de las ideas geométricas se remonta a épocas muy lejanas. Las primeras formulaciones son comúnmente atribuidas a las culturas de Babilonia y de Egipto. El sabio griego **Eudemo de Rodas** explicaba que "la geometría fue descubierta por los egipcios como resultado de las mediciones de sus tierras, lo que era necesario debido a las inundaciones del Nilo que, periódicamente, borraban los límites de los campos de cultivo".

1 Papiro de Rhind

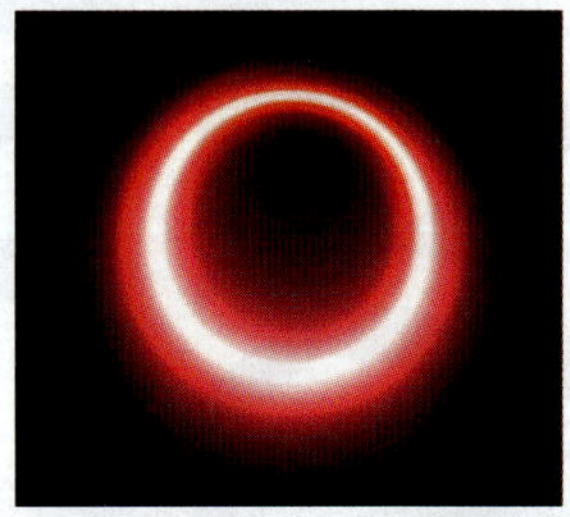

1600

Los hititas saquean Babilonia

Cultura de los túmulos en Europa

Papiro de Rhind

Comienza el apogeo de la cultura micénica

1500

600

Nabucodonosor

Primera predicción de un eclipse solar

Invenció[n de] las mone[das]

1700

Leyes de Newton

Luis XIV: El rey Sol

Descubrimiento de los glóbulos rojos

Descartes Fermat 6

Paz de los Pirineos: quiebra de España como gran potencia

Se edifica el Taj Mahal en la India

1650

Richelieu

1 En el **papiro de Rhind** (escrito hacia 1550 a. C.), perteneciente a la cultura egipcia, se sugiere que el área de un círculo de 9 unidades de diámetro es igual a la de un cuadrado de 8 unidades de lado. Esta estimación conlleva un valor de $\pi = 3{,}16$.

2 Con **Pitágoras** (582-507 a. C.), los conocimientos geométricos pasan de tener un carácter eminentemente experimental y práctico, a tener forma matemática, pues fue capaz de deducir diversos resultados geométricos a partir de un número limitado de axiomas.

3 **Euclides** (325-265 a. C.) reunió, ordenó y escribió el saber geométrico de su época en un admirable tratado que tituló *Los elementos*. Este es uno de los libros más importantes a lo largo de la historia. De hecho, ha servido de libro de texto hasta principios del siglo XX.

2 Pitágoras

Nacen el confucianismo, el budismo y el taoísmo

Democracia en Atenas

500

300

Biblioteca y Faro de Alejandría

3 Euclides

4 Arquímedes

Aníbal

5 Apolonio

Se extiende el uso del pergamino

Inicio de la construcción de la Gran Muralla China

200

Viriato

Los romanos toman Numancia

Teoría heliocéntrica de Galileo

Roma derrota a Grecia

Introducción del vidrio soplado

100

J.C.

1600

Invención del telescopio

Leyes de Kepler

4 El genial **Arquímedes de Siracusa** (287-212 a. C.), en lo que respecta a la geometría, realizó una serie de construcciones clave para el desarrollo posterior. Cabe mencionar un pequeño tratado sobre "la medida del círculo" en el que llega a la conclusión de que π estaba comprendido entre 221/71 y 22/7.

5 **Apolonio de Perga** (262-190 a. C.) escribe una obra titulada *Las cónicas* en la que estudia las curvas que resultan al cortar superficies cónicas mediante planos.

6 Surge la **geometría analítica** de la mano de **Descartes** (1596-1650) y **Fermat** (1601-1665). Su genial idea consistió en transformar los problemas geométricos en problemas algebraicos mediante la introducción de sistemas de coordenadas. Así, las rectas y las curvas pasan a ser ecuaciones.

En la web

- Ampliación de las notas históricas correspondientes a este bloque.
- Lectura sobre propiedades y curiosidades de las cónicas.

7 Vectores

Magnitudes vectoriales

Hay magnitudes, como la fuerza, el desplazamiento, la velocidad, la aceleración…, que no quedan completamente determinadas mediante valores numéricos: se necesita conocer, también, la dirección y el sentido con que se manifiestan. Estas magnitudes, como sabes, se llaman **vectoriales** y se representan mediante **vectores.**

Las nociones relativas a los vectores y sus operaciones se encuentran implícitas en los trabajos de los físicos de finales del siglo XVII cuando manejaban composiciones de fuerzas o de velocidades.

Estas ideas son recogidas por los matemáticos que, paso a paso, proceden a su progresiva formalización. Para ello tuvieron que definir las operaciones con vectores aunando validez formal con coherencia respecto a aquello que representaban.

Galileo Galilei (1564-1642), fue uno de los físicos fundamentales para la revolución científica de los siglos XVI y XVII.

Descripción de la suma de vectores

Veamos, a continuación, cómo se razonaba para definir la suma de vectores.

> "La velocidad que desarrolla un barco ha de ser representada mediante un vector $\vec{v}_1$ pues, además de su intensidad (módulo), son relevantes la dirección y el sentido en los que se aplica. Si las aguas en las que se desliza el barco también están en movimiento, la velocidad de la corriente es también una magnitud vectorial, $\vec{v}_2$.
>
> ¿Cuál es la verdadera velocidad con la que se mueve el barco? Veamos:
>
> Supongamos que, en cada pequeña porción de tiempo, se aplican sucesivamente una y otra velocidades: el empuje del barco lo desplazaría de A a B y, después, la corriente lo llevaría de B a C.
>
> Pero realmente los dos impulsos actúan simultáneamente, de modo que el resultado conjunto lleva el barco de A a C.
>
> Parece razonable asignar el vector $\overrightarrow{AC}$ para representar la actuación conjunta, suma de los dos vectores, $\vec{v}_1 + \vec{v}_2$."

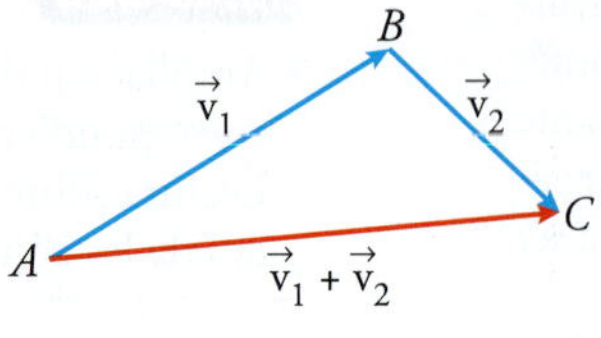

En la web Biografías de Lagrange y Hamilton.

Evolución de la teoría de vectores

El empleo de los vectores abre una rama muy interesante en la historia de las matemáticas, denominada *cálculo vectorial*. Fue el matemático italiano **Lodovico Lagrange** quien, a finales del siglo XVIII, asignó coordenadas a los vectores y aritmetizó sus operaciones.

Gauss, a comienzo del siglo XIX, utilizó los vectores para representar los números complejos. Como vimos en la unidad anterior, esta idea sirvió para consolidar los números complejos como una estructura digna de ser atendida por los más rigurosos matemáticos. Pero, además, puso al servicio de los vectores las operaciones de los números complejos, que así pudieron ser utilizados para realizar transformaciones geométricas.

Mientras tanto, a estos entes matemáticos aún no se les llamaba vectores. El nombre se lo puso el irlandés **William Hamilton** a mediados del siglo XIX.

Los vectores, finalmente, dotados de una estructura sólidamente asentada, dieron lugar a la **teoría de vectores,** de gran utilidad, además de para las propias matemáticas, para la física y la tecnología

En los mapas de viento los vectores nos indican la dirección, sentido e intensidad del viento.

Lodovico Lagrange (1736-1813).

Resuelve

Descomposición de una fuerza

I. Una cuerda de 10 m de larga cuelga de dos escarpias, A y B, situadas a la misma altura y a 8 m de distancia entre sí. De ella se cuelga una pesa de 50 kg de masa que permanece en equilibrio en un punto situado a 3 m de A y a 7 m de B.

Observa que descomponemos el peso, P, que produce los 50 kg de masa, en dos componentes, P_1 y P_2, cada una de las cuales tira de uno de los trozos de cuerda. Estima, midiendo y teniendo en cuenta la escala, la magnitud de cada una de las dos componentes del peso.

II. Repite la construcción suponiendo que la masa se coloca simétricamente respecto a las dos escarpias (5 m de cuerda a cada lado). Estima, midiendo, la tracción que, en este caso, debe soportar cada trozo de cuerda.

III. Vuelve a repetir la construcción para una cuerda de doble longitud y en la que se coloca la pesa simétricamente.

Si la cuerda fuera débil y temieras que pudiera romperse con tracciones fuertes, ¿cuál de las tres situaciones **I, II** o **III** te parecería la más adecuada para colgar la pesa?

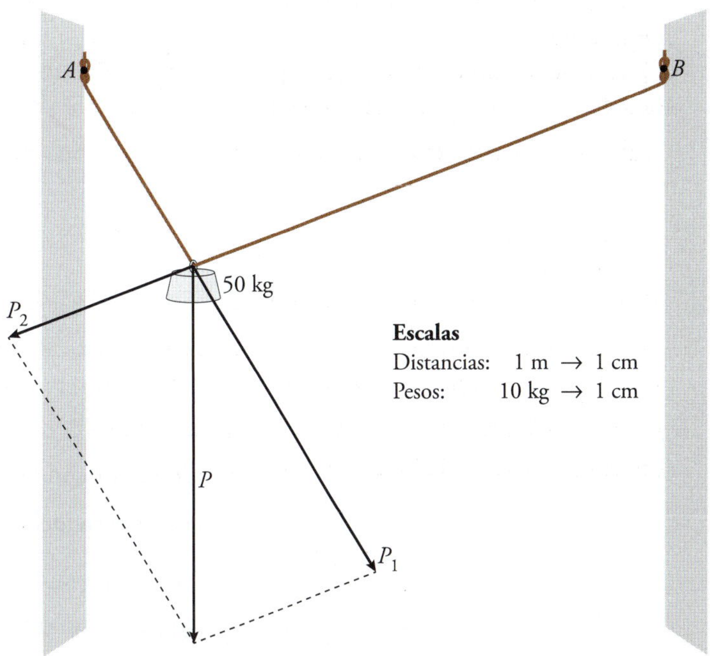

1 Los vectores y sus operaciones

Etimología

Vector significa en latín *el que transporta, el que conduce*.

Definiciones

Un **vector** $\overrightarrow{AB}$ es un segmento orientado que queda determinado por dos puntos: **origen** A y **extremo** B.

Módulo del vector es la distancia entre A y B. Se designa poniendo el vector entre barras: $|\overrightarrow{AB}|$

Dirección del vector es la dirección de la recta en la que se encuentra el vector y la de todas sus paralelas.

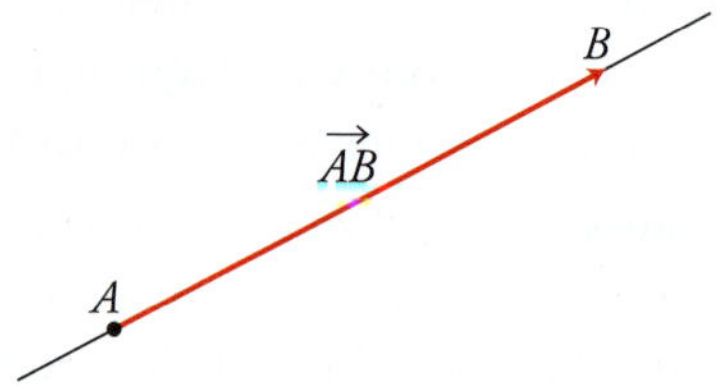

Sentido de un vector, indicado por la punta de flecha, es la orientación con la que se recorre. Por tanto, cada dirección admite dos sentidos opuestos. Por ejemplo, $\overrightarrow{MN}$ y $\overrightarrow{MP}$ son vectores con la misma dirección y de sentidos opuestos.

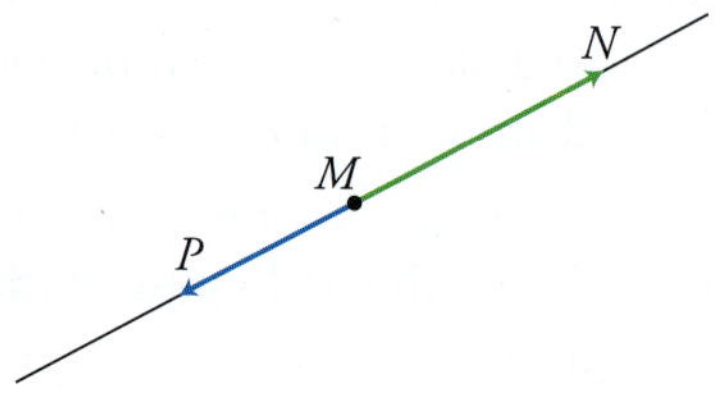

Dos vectores son iguales cuando tienen el mismo módulo, la misma dirección y el mismo sentido (también se les suele llamar **equipolentes**).

Cuando queremos hacer uso de un vector, podemos tomar, en su lugar, cualquiera de los que son iguales a él. Cada uno de ellos es un **vector fijo.**

Todos ellos se llaman **representantes** de un único vector, llamado **vector libre.**

Los vectores se representan por letras, $\vec{u}$, $\vec{v}$, $\vec{w}$, $\vec{x}$, $\vec{y}$..., o bien, mediante uno de sus representantes, designando su origen y su extremo con una flechita encima, $\overrightarrow{AB}$.

Vectores iguales

Dos vectores iguales, $\overrightarrow{AB}$, $\overrightarrow{A'B'}$, situados en rectas distintas determinan un paralelogramo.

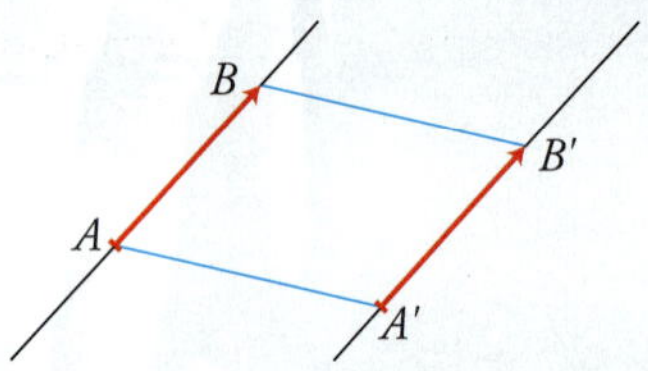

Producto de un vector por un número

El producto de un número k por un vector $\vec{v}$ es otro vector $k\vec{v}$ que tiene:

- Módulo: igual al producto del módulo de $\vec{v}$ por el valor absoluto de k:
  $|k\vec{v}| = |k||\vec{v}|$
- Dirección: la misma que $\vec{v}$.
- Sentido: el mismo que el de $\vec{v}$ o su opuesto, según k sea positivo o negativo.

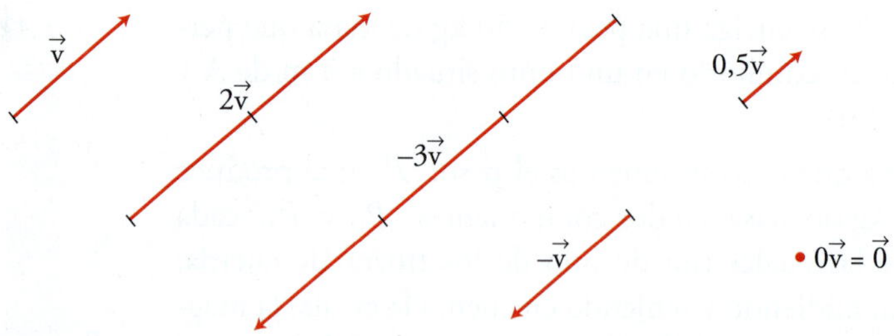

El producto $0\vec{v}$ es igual al **vector cero,** $\vec{0}$. Es un vector cuyo origen y extremo coinciden y, por tanto, su módulo es cero. Carece de dirección.

El vector $-1\vec{v}$ se designa por $-\vec{v}$ y se llama **opuesto** de $\vec{v}$.

Un vector con la misma dirección y el mismo sentido que $\vec{v}$ y cuyo módulo sea la cuarta parte del de $\vec{v}$ es $\frac{1}{4}\vec{v}$.

Un vector con la misma dirección que $\vec{v}$, de sentido opuesto y de módulo la mitad del de $\vec{v}$ es $\frac{-1}{2}\vec{v}$.

Módulo y valor absoluto

$$|k\vec{v}| = |k||\vec{v}|$$

Observa que el signo | | tiene aquí dos significados muy distintos.

- $\vec{v}$ y $k\vec{v}$ son vectores. Por tanto, $|\vec{v}|$ y $|k\vec{v}|$ son sus módulos.
- k es un número. Por tanto, $|k|$ es su valor absoluto.

Suma y resta de vectores con la misma dirección

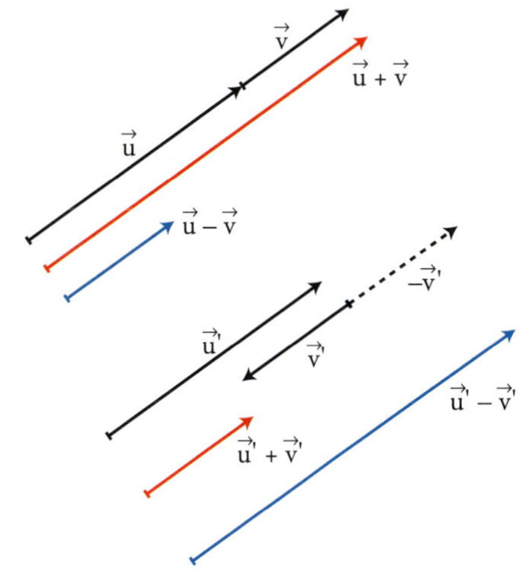

Suma y resta de vectores

- Para **sumar** dos vectores, $\vec{u}$ y $\vec{v}$, se procede del siguiente modo: se sitúa $\vec{u}$ a continuación de $\vec{v}$, de manera que el origen de $\vec{v}$ coincida con el extremo de $\vec{u}$. La suma $\vec{u}+\vec{v}$ es el vector cuyo origen es el de $\vec{u}$ y extremo el de $\vec{v}$.

- Para **restar** dos vectores, $\vec{u}-\vec{v}$, se le suma a $\vec{u}$ el opuesto de $\vec{v}$:

$$\vec{u}-\vec{v}=\vec{u}+(-\vec{v})$$

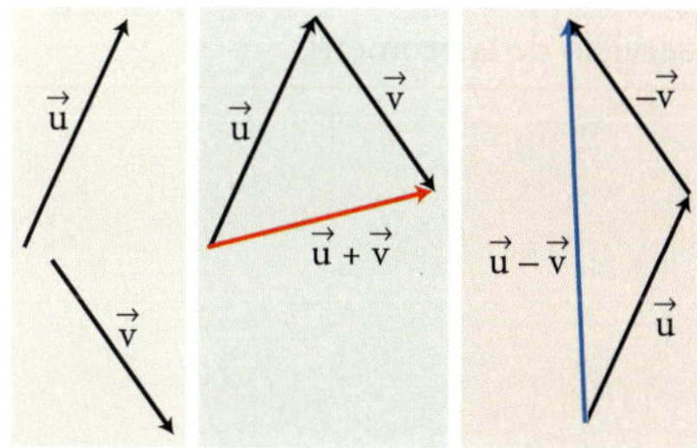

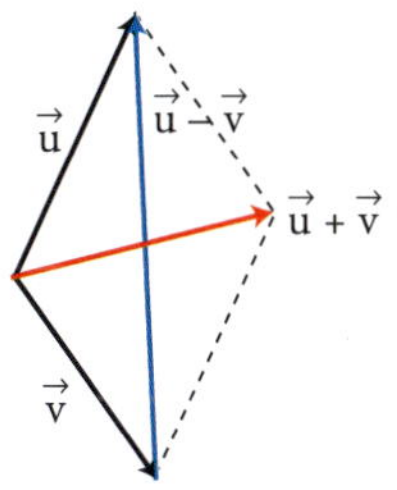

Si colocamos $\vec{u}$ y $\vec{v}$ con origen común y completamos un paralelogramo, entonces:

- La diagonal cuyo origen es el origen de $\vec{u}$ y $\vec{v}$, es el vector suma, $\vec{u}+\vec{v}$.
- La diagonal que va del extremo de $\vec{v}$ al extremo de $\vec{u}$ es $\vec{u}-\vec{v}$.

Combinación lineal de vectores

Dados dos vectores, $\vec{x}$, $\vec{y}$, y dos números, a, b, el vector $a\vec{x}+b\vec{y}$ es **combinación lineal** (C.L.) de $\vec{x}$ e $\vec{y}$.

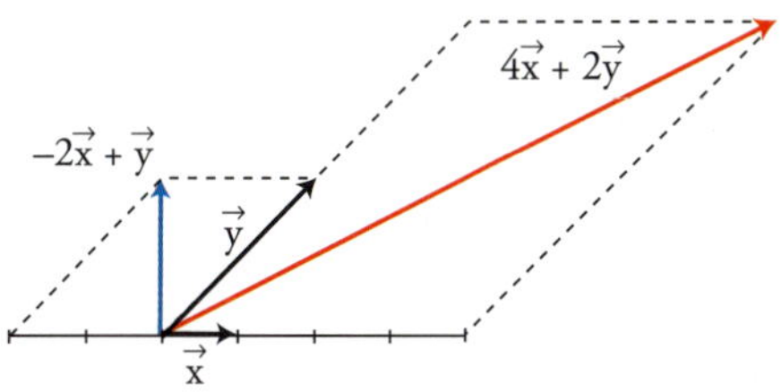

Por ejemplo, $4\vec{x}+2\vec{y}$ y $-2\vec{x}+\vec{y}$ son combinaciones lineales de $\vec{x}$ e $\vec{y}$.

También se pueden formar combinaciones lineales de más de dos vectores. Por ejemplo, $a\vec{x}+b\vec{y}+c\vec{z}$.

Cómo expresar un vector como combinación lineal de otros dos

Observa cómo expresamos el vector $\vec{v}$ como combinación lineal de $\vec{x}$ e $\vec{y}$:

- Colocamos $\vec{x}$, $\vec{y}$, $\vec{v}$ con el origen común.
- Trazamos rectas X e Y que contienen a los vectores $\vec{x}$ e $\vec{y}$.
- Desde el extremo de $\vec{v}$ trazamos paralelas a Y y a X. Los puntos de corte determinan los vectores $\vec{x}'$ e $\vec{y}'$:

$$\vec{v}=\vec{x}'+\vec{y}'$$

- Como $\vec{x}'$ tiene la misma dirección que $\vec{x}$, podemos poner $\vec{x}'=a\vec{x}$.

  Análogamente, $\vec{y}'=b\vec{y}$.

  Por tanto, $\vec{v}=a\vec{x}+b\vec{y}$.

  En el dibujo, $\vec{v}=3\vec{x}+2{,}5\vec{y}$

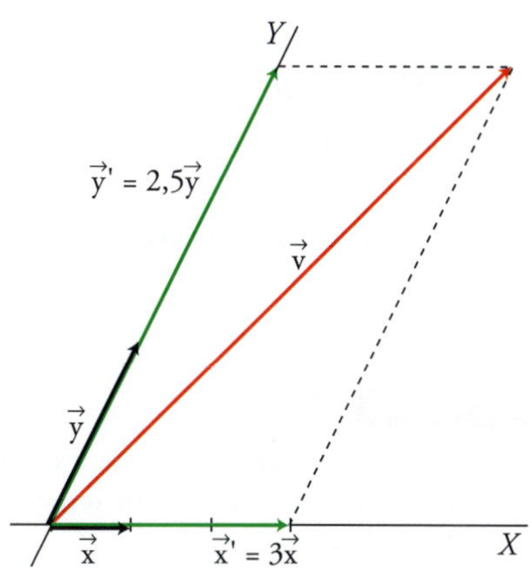

Observa

Si dos vectores $\vec{x}$ e $\vec{y}$ tienen distinta dirección, entonces cualquier vector puede ponerse como combinación lineal de ellos.

En la web

Animación interactiva para visualizar cómo un vector se puede poner como combinación lineal de otros dos.

2 Coordenadas de un vector

Aritmetizar la geometría

La posibilidad de expresar un vector mediante un par de números (sus coordenadas) permite poner la aritmética y el álgebra al servicio de la geometría.

Al final del apartado anterior aprendimos a expresar un vector como combinación lineal de otros dos. Analizando el proceso seguido, podemos destacar dos importantes resultados:

CUALQUIER VECTOR SE PUEDE PONER COMO C.L. DE OTROS DOS.	Si tenemos dos vectores, $\vec{x}$, $\vec{y}$, con distintas direcciones, cualquier vector, $\vec{v}$, se puede poner como combinación lineal de ellos: $\vec{v} = a\vec{x} + b\vec{y}$

ESTA COMBINACIÓN LINEAL ES ÚNICA.	La combinación lineal anterior es única. Es decir, solo existen dos números a, b para los que existe la igualdad anterior.

Observa que también los propios vectores $\vec{x}$ e $\vec{y}$ se pueden poner como combinación lineal de ellos mismos:

$$\vec{x} = 1\vec{x} + 0\vec{y} \qquad \vec{y} = 0\vec{x} + 1\vec{y}$$

Base

Se llama **base** del conjunto de los vectores del plano a dos vectores cualesquiera, $\vec{x}$ e $\vec{y}$, con distintas direcciones. Se denota $B(\vec{x}, \vec{y})$.

Cualquier vector del plano se puede poner como combinación lineal de los vectores de una base, de forma única.

Base ortonormal

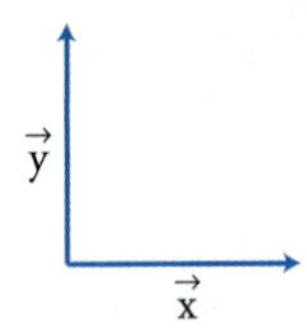

$|\vec{x}| = 1, \; |\vec{y}| = 1$

$\vec{x} \perp \vec{y}$

El símbolo $\perp$ significa *perpendicular a*.

Si los dos vectores de la base son perpendiculares entre sí, se dice que forman una **base ortogonal,** y si además ambos tienen módulo 1, se dice que forman una **base ortonormal.**

Coordenadas de un vector respecto de una base

Cualquier vector, $\vec{v}$, se puede poner como combinación lineal de los elementos de una base $B(\vec{x}, \vec{y})$ de forma única. $\Big\}\; \vec{v} = a\vec{x} + b\vec{y}$

A los números (a, b) se les llama **coordenadas** de $\vec{v}$ respecto de B.

Se expresa así: $\vec{v} = (a, b)$ o bien $\vec{v}(a, b)$

Por ejemplo, puedes comprobar que las coordenadas de los vectores que hay en la gráfica, respecto a la base $B(\vec{x}, \vec{y})$, son las siguientes:

$\vec{x}(1, 0)$	$\vec{y}(0, 1)$	$\vec{0}(0, 0)$
$\vec{z}(2, 3)$	$\vec{t}(0, 3)$	$\vec{u}(-2, 2)$
$-\vec{x}(-1, 0)$	$\vec{v}(-0{,}5; -2)$	$\vec{w}(1, -2)$

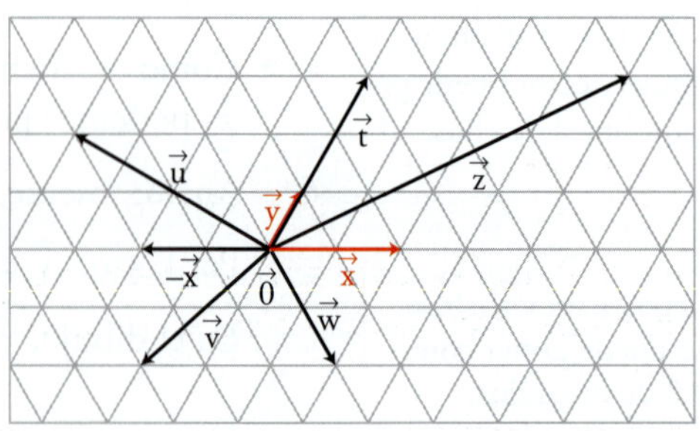

Coordenadas del vector $\vec{0}$ y del vector opuesto

Las coordenadas de $\vec{0}$ son (0, 0) cualquiera que sea la base.

Si las coordenadas de un vector son $\vec{v}(a, b)$, las de su opuesto son $-\vec{v}(-a, -b)$.

En la web

Ejercicios interactivos para trabajar las coordenadas de un vector respecto de una base.

Operaciones con coordenadas

Coordenadas del vector suma

$$\left.\begin{array}{l}\vec{u}(x_1, y_1)\\ \vec{v}(x_2, y_2)\end{array}\right\} \quad \vec{u} + \vec{v} = (x_1 + x_2, y_1 + y_2)$$

Las coordenadas del vector $\vec{u} + \vec{v}$ se obtienen sumando las coordenadas de $\vec{u}$ con las de $\vec{v}$.

Coordenadas del vector $k\vec{u}$

$$\vec{u}(x_1, y_1) \rightarrow k\vec{u} = (kx_1, ky_1)$$

Las coordenadas del vector $k\vec{u}$ se obtienen multiplicando por k las coordenadas de $\vec{u}$.

Coordenadas de una combinación lineal

$$\left.\begin{array}{l}\vec{u}(x_1, y_1)\\ \vec{v}(x_2, y_2)\end{array}\right\} \quad a\vec{u} + b\vec{v} = (ax_1 + bx_2, ay_1 + by_2)$$

Como consecuencia de estos resultados, será muy cómodo trabajar con los vectores a partir de sus coordenadas.

Ejercicios resueltos

1 *Si las coordenadas de dos vectores, $\vec{u}$ y $\vec{v}$, son $\vec{u}(2, 3)$ y $\vec{v}(5, -2)$, comprobar gráficamente que las de $\vec{u} + \vec{v}$ son $(7, 1)$ y las de $3\vec{u}$ son $(6, 9)$.*

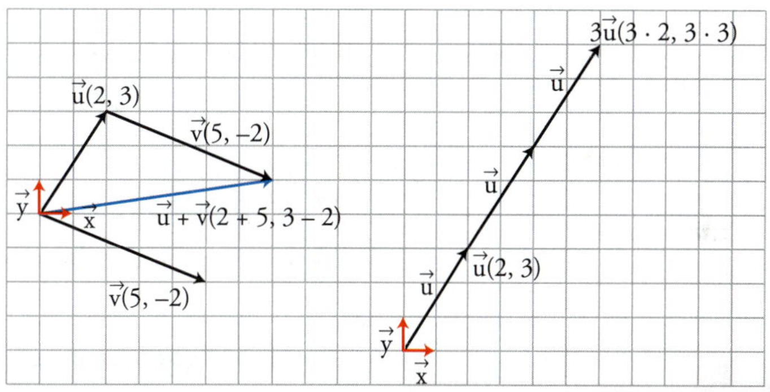

2 *Las coordenadas de $\vec{u}$, $\vec{v}$ y $\vec{w}$ son $\vec{u}(0, -1)$, $\vec{v}(-1, 0)$, $\vec{w}(2, -3)$. Calcular a y b para que se verifique:*

$$\vec{w} = a\vec{u} + b\vec{v}$$

Expresamos la igualdad sustituyendo los vectores por sus coordenadas. Después operamos (suma y producto por un número), independizando cada una de las dos coordenadas.

$$(2, -3) = a(0, -1) + b(-1, 0) = (0, -a) + (-b, 0) = (-b, -a)$$

Igualando las primeras coordenadas entre sí, y las segundas entre sí:

$$\left.\begin{array}{l}-b = 2 \rightarrow b = -2\\ -a = -3 \rightarrow a = 3\end{array}\right\} \quad \vec{w} = 3\vec{u} - 2\vec{v}$$

Ejercicio propuesto

1 Si $\vec{u}(-2, 5)$ y $\vec{v}(1, -4)$ son las coordenadas de dos vectores respecto de una base, halla las coordenadas respecto de la misma base de:

a) $2\vec{u} + \vec{v}$

b) $\vec{u} - \vec{v}$

c) $3\vec{u} + \frac{1}{3}\vec{v}$

d) $-\frac{1}{2}\vec{u} - 2\vec{v}$

3 Producto escalar de vectores

Notación

El producto escalar se representa mediante un "punto gordo".

$$\vec{u} \cdot \vec{v}$$

Se llama **producto escalar** de dos vectores $\vec{u}$ y $\vec{v}$ al siguiente resultado:

$$\vec{u} \cdot \vec{v} = |\vec{u}||\vec{v}| \cos(\widehat{\vec{u}, \vec{v}})$$

Como $|\vec{u}|$, $|\vec{v}|$ y $\cos(\widehat{\vec{u}, \vec{v}})$ son números, $\vec{u} \cdot \vec{v}$ es un número. De ahí viene el nombre, pues *escalar* significa *número* en contraposición a *vector*.

Propiedad fundamental

Si cualquiera de los dos vectores, $\vec{u}$ o $\vec{v}$ es $\vec{0}$, entonces, obviamente, su producto escalar es 0.

Si $\vec{u} \neq \vec{0}$ y $\vec{v} \neq \vec{0}$, para que el producto escalar sea 0 es necesario que $\cos(\widehat{\vec{u}, \vec{v}}) = 0$. Es decir, que $\vec{u} \perp \vec{v}$.

La condición necesaria y suficiente para que el producto escalar de dos vectores no nulos sea igual a 0 es que los vectores sean perpendiculares.

$$\vec{u} \perp \vec{v} \Leftrightarrow \vec{u} \cdot \vec{v} = 0$$

Importancia de esta propiedad

$$\vec{u} \perp \vec{v} \Leftrightarrow \vec{u} \cdot \vec{v} = 0$$

Esta propiedad será muy utilizada para averiguar la perpendicularidad de vectores comprobando que su producto escalar es cero. Su mayor utilidad será cuando se manejen los vectores mediante sus coordenadas.

Signo del producto escalar

Si el ángulo $(\widehat{\vec{u}, \vec{v}})$ es agudo, $\cos(\widehat{\vec{u}, \vec{v}}) > 0$ y, por tanto, $\vec{u} \cdot \vec{v} > 0$.

Si $(\widehat{\vec{u}, \vec{v}})$ es obtuso, entonces $\cos(\widehat{\vec{u}, \vec{v}}) < 0$ y, por tanto, $\vec{u} \cdot \vec{v} < 0$.

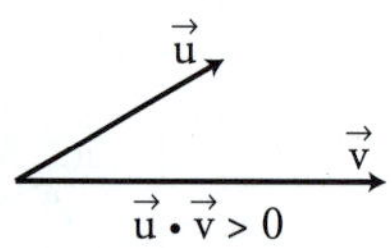

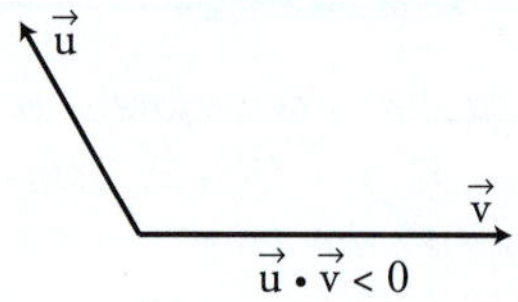

Propiedades del producto escalar

El producto escalar de vectores verifica las propiedades que describimos a continuación:

Propiedad conmutativa: $\vec{u} \cdot \vec{v} = \vec{v} \cdot \vec{u}$

Propiedad asociativa: $\lambda(\vec{u} \cdot \vec{v}) = (\lambda\vec{u}) \cdot \vec{v} = \vec{u} \cdot (\lambda\vec{v})$

Propiedad distributiva: $\vec{u} \cdot (\vec{v} + \vec{w}) = \vec{u} \cdot \vec{v} + \vec{u} \cdot \vec{w}$

En la web

Demostración de estas tres propiedades del producto escalar.

Ejercicios propuestos

1 ¿Verdadero o falso?

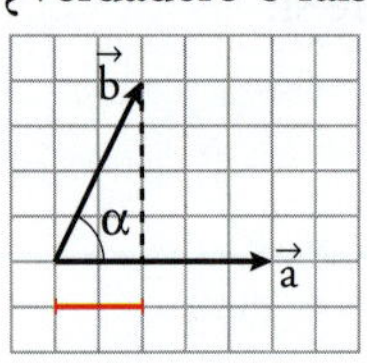

Demostramos que $\vec{a} \cdot \vec{b} = 10$:

$\cos\alpha = \frac{2}{|\vec{b}|} \Rightarrow |\vec{b}| \cos\alpha = 2$

$\vec{a} \cdot \vec{b} = |\vec{a}||\vec{b}| \cos\alpha = 5 \cdot 2 = 10$

2

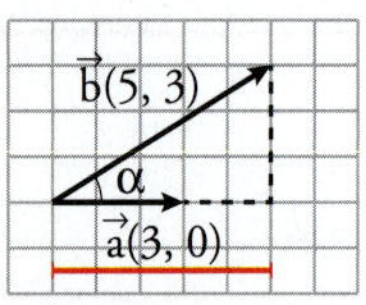

Observando el razonamiento del ejercicio anterior, calcula $\vec{a} \cdot \vec{b}$.

3 Dos vectores $\vec{u}$ y $\vec{v}$ cumplen que: $|\vec{u}| = 4$, $|\vec{v}| = \frac{3}{2}$, $(\widehat{\vec{u}, \vec{v}}) = 30°$. Calcula:

a) $\vec{u} \cdot \vec{v}$ b) $\vec{v} \cdot \vec{u}$ c) $(-\vec{u}) \cdot \vec{v}$

d) $(3\vec{u}) \cdot (-5\vec{v})$ e) $\vec{u} \cdot \vec{u}$ f) $\vec{v} \cdot (-\vec{v})$

4 Si $|\vec{u}| = 3$, $|\vec{v}| = 5$ y $\vec{u} \cdot \vec{v} = -2$, averigua el ángulo $(\widehat{\vec{u}, \vec{v}})$. (Usa la calculadora).

5 Halla $\vec{u} \cdot (\vec{v} + \vec{u})$ y $\vec{v} \cdot (\vec{v} - \vec{u})$ sabiendo que $|\vec{u}| = 3$, $|\vec{v}| = 5$, $(\widehat{\vec{u}, \vec{v}}) = 120°$.

Expresión analítica del producto escalar en bases ortonormales

Si $B(\vec{i}, \vec{j})$ es una **base ortonormal,** entonces:

$$\vec{i} \cdot \vec{i} = 1 \qquad \vec{j} \cdot \vec{j} = 1 \qquad \vec{i} \cdot \vec{j} = 0$$

Si las coordenadas de los vectores $\vec{u}$ y $\vec{v}$ respecto de la base B son $\vec{u}(x_1, y_1)$, $\vec{v}(x_2, y_2)$, entonces:

$$\vec{u} \cdot \vec{v} = x_1x_2 + y_1y_2$$

Demostraciones

$\vec{i} \cdot \vec{i} = |\vec{i}||\vec{i}|\, cos\,(\widehat{\vec{i}, \vec{i}}) = 1 \cdot 1 \cdot 1 = 1$

pues $cos\,(\widehat{\vec{i}, \vec{i}}) = cos\, 0° = 1$

$\vec{i} \cdot \vec{j} = |\vec{i}||\vec{j}|\, cos\,(\widehat{\vec{i}, \vec{j}}) = 1 \cdot 1 \cdot 0 = 0$

pues $cos\,(\widehat{\vec{i}, \vec{j}}) = cos\, 90° = 0$

Demostración:

$$\vec{u} \cdot \vec{v} = (x_1\vec{i} + y_1\vec{j}) \cdot (x_2\vec{i} + y_2\vec{j}) =$$
$$= (x_1x_2)(\vec{i} \cdot \vec{i}) + (x_1y_2)(\vec{i} \cdot \vec{j}) + (y_1x_2)(\vec{j} \cdot \vec{i}) + (y_1y_2)(\vec{j} \cdot \vec{j}) =$$
$$= (x_1x_2) \cdot 1 + (x_1y_2) \cdot 0 + (y_1x_2) \cdot 0 + (y_1y_2) \cdot 1 = x_1x_2 + y_1y_2$$

Por ejemplo, si $\vec{u}(2, -6)$, $\vec{v}(0, 4)$ y $\vec{w}(3, 1)$, entonces:

$$\vec{u} \cdot \vec{v} = (2, -6) \cdot (0, 4) = 2 \cdot 0 + (-6) \cdot 4 = -24$$
$$\vec{v} \cdot \vec{w} = (0, 4) \cdot (3, 1) = 0 \cdot 3 + 4 \cdot 1 = 4$$
$$\vec{u} \cdot \vec{w} = (2, -6) \cdot (3, 1) = 2 \cdot 3 + (-6) \cdot 1 = 0$$

Este último resultado nos hace ver que $\vec{u}$ y $\vec{w}$ son perpendiculares, pues su producto escalar es 0 (propiedad fundamental).

Coordenadas de un vector ortogonal a otro

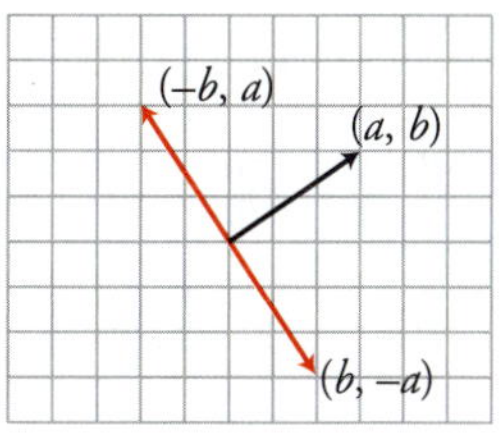

La propiedad fundamental del producto escalar permite encontrar las coordenadas de un vector perpendicular a otro.

Vectores ortogonales a (a, b) son $(-b, a)$ y $(b, -a)$

(a, b) y $(-b, a)$ son ortogonales, pues $(a, b) \cdot (-b, a) = -ab + ab = 0$.

Análogamente, $(a, b) \cdot (b, -a) = ab - ab = 0$.

Por ejemplo: $(3, 2) \perp (-2, 3)$; $(3, 2) \perp (2, -3)$; $(3, 5) \perp (5, -3)$; $(2, -1) \perp (1, 2)$

Módulo de un vector (en una base ortonormal)

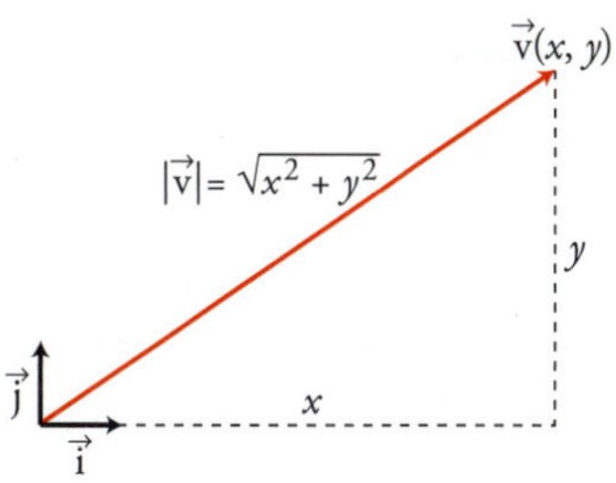

Las coordenadas de un vector $\vec{v}(x, y)$ son las medidas de los catetos de un triángulo rectángulo cuya hipotenusa es el módulo de $\vec{v}$. Por tanto:

$$|\vec{v}| = \sqrt{\vec{v} \cdot \vec{v}} = \sqrt{x^2 + y^2}$$

Vamos a deducir esta igualdad a partir del producto escalar:

$$\vec{v} \cdot \vec{v} = |\vec{v}||\vec{v}|\, cos\,(\widehat{\vec{v}, \vec{v}}) = |\vec{v}|^2\, cos\, 0 = |\vec{v}|^2 \to |\vec{v}| = \sqrt{\vec{v} \cdot \vec{v}} = \sqrt{xx + yy} = \sqrt{x^2 + y^2}$$

Por ejemplo:

$$|(3, -5)| = \sqrt{3^2 + 5^2} = \sqrt{9 + 25} = \sqrt{34} \approx 5{,}83$$
$$|(10, -24)| = \sqrt{10^2 + 24^2} = \sqrt{100 + 576} = \sqrt{676} = 26$$

Ángulo de dos vectores (en una base ortonormal)

$$\vec{u} \cdot \vec{v} = |\vec{u}||\vec{v}| \cos(\widehat{\vec{u}, \vec{v}}) \rightarrow \cos(\widehat{\vec{u}, \vec{v}}) = \frac{\vec{u} \cdot \vec{v}}{|\vec{u}||\vec{v}|}$$

Si las coordenadas de estos vectores son $\vec{u}(x_1, y_1)$, $\vec{v}(x_2, y_2)$, entonces:

$$\vec{u} \cdot \vec{v} = x_1x_2 + y_1y_2 \qquad |\vec{u}| = \sqrt{x_1^2 + y_1^2} \qquad |\vec{v}| = \sqrt{x_2^2 + y_2^2}$$

$$\cos(\widehat{\vec{u}, \vec{v}}) = \frac{x_1x_2 + y_1y_2}{\sqrt{x_1^2 + y_1^2}\sqrt{x_2^2 + y_2^2}}$$

Por ejemplo, hallemos el ángulo que forman $\vec{u}(3, 2)$ y $\vec{v}(-5, 3)$.

$$\cos(\widehat{\vec{u}, \vec{v}}) = \frac{3 \cdot (-5) + 2 \cdot 3}{\sqrt{3^2 + 2^2}\sqrt{(-5)^2 + 3^2}} = \frac{-9}{\sqrt{13}\sqrt{34}} \approx -0{,}428 \rightarrow \widehat{\vec{u}, \vec{v}} = 115° \ 20' \ 46''$$

Ejercicios resueltos

1 *Sean los vectores $\vec{u}(12, 5)$, $\vec{v}(2, -1)$. Hallar:*

a) $|\vec{u}|$ y $|\vec{v}|$.

b) El ángulo de $\vec{u}$ y $\vec{v}$.

c) Un vector ortogonal a $\vec{u}$.

d) Un vector unitario ortogonal a $\vec{v}$.

a) $|\vec{u}| = \sqrt{12^2 + 5^2} = \sqrt{169} = 13 \qquad |\vec{v}| = \sqrt{2^2 + (-1)^2} = \sqrt{5}$

b) $\cos(\widehat{\vec{u}, \vec{v}}) = \frac{\vec{u} \cdot \vec{v}}{|\vec{u}||\vec{v}|} = \frac{12 \cdot 2 - 5 \cdot 1}{13 \cdot \sqrt{5}} = \frac{19}{13\sqrt{5}} = 0{,}6536 \rightarrow$

$\rightarrow (\widehat{\vec{u}, \vec{v}}) = 49° \ 11' \ 6''$

c) $(-5, 12)$ es perpendicular a $\vec{u}$. También lo son $(-5k, 12k)$ con $k \neq 0$.

d) $(1, 2)$ es perpendicular a $\vec{v}$. Su módulo es $\sqrt{5}$.

Para conseguir un vector unitario con la misma dirección que $(1, 2)$, habrá que "dividirlo" por su módulo; es decir, multiplicarlo por $\frac{1}{|(1, 2)|}$:

$\frac{1}{\sqrt{5}}(1, 2) = \left(\frac{1}{\sqrt{5}}, \frac{2}{\sqrt{5}}\right)$ es ortogonal a $\vec{v}$ y unitario.

También lo es su opuesto $\left(-\frac{1}{\sqrt{5}}, -\frac{2}{\sqrt{5}}\right)$.

2 *Hallar el valor de a para que el vector $(a, 5)$ sea perpendicular a $(-7, 4)$.*

Para que $(a, 5)$ y $(-7, 4)$ sean perpendiculares, su producto escalar ha de ser cero:

$(a, 5) \cdot (-7, 4) = -7a + 20 \rightarrow -7a + 20 = 0 \rightarrow a = \frac{20}{7}$

Si $a = \frac{20}{7}$ los dos vectores son perpendiculares (ortogonales).

Ejercicio propuesto

6 Las coordenadas de los vectores $\vec{u}$ y $\vec{v}$ respecto a una base ortonormal son $\vec{u}(3, -4)$ y $\vec{v}(-1, 3)$. Halla:

a) $\vec{u} \cdot \vec{v}$ y $\vec{v} \cdot \vec{u}$

b) $|\vec{u}|$, $|\vec{v}|$ y $(\widehat{\vec{u}, \vec{v}})$

c) El valor de k para que $(4, k)$ sea perpendicular a $\vec{v}$.

d) Un vector unitario perpendicular a $\vec{u}$.

Ejercicios y problemas resueltos

1. Producto escalar en bases no ortonormales

De una base $B = (\vec{u}, \vec{v})$ se sabe que $|\vec{u}| = 2$, $|\vec{v}| = 3$ y $\vec{u} \cdot \vec{v} = 3$.

a) Representar $\vec{x}(1, -1)$ e $\vec{y}(2, 1)$ cuyas coordenadas están dadas respecto de esta base.

b) Calcular $\vec{x} \cdot \vec{y}$.

Hazlo tú. Calcula el producto escalar $\vec{a} \cdot \vec{b}$, siendo $\vec{a}(0, 3)$ y $\vec{b}(-1, 1)$ sus coordenadas respecto a la base B.

a) Sabiendo que $|\vec{u}| = 2$, $|\vec{v}| = 3$ y $\vec{u} \cdot \vec{v} = 3$, podemos calcular el ángulo formado por estos vectores:

$$\cos(\widehat{\vec{u}, \vec{v}}) = \frac{\vec{u} \cdot \vec{v}}{|\vec{u}||\vec{v}|} = \frac{3}{2 \cdot 3} = \frac{1}{2} \rightarrow (\widehat{\vec{u}, \vec{v}}) = 60°$$

Esto nos permite tener una visión gráfica de la situación.

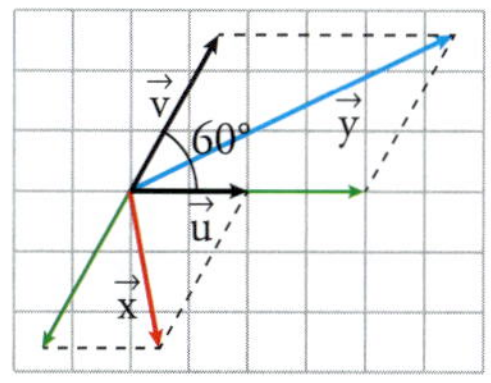

b) Parece conveniente expresar $\vec{x} \cdot \vec{y}$ en función de los datos proporcionados. Como las coordenadas de $\vec{x}$ e $\vec{y}$ lo son respecto de la base B, podemos expresar estos vectores como combinación lineal de $\vec{u}$ y $\vec{v}$:

$$\vec{x} = \vec{u} - \vec{v}; \quad \vec{y} = 2\vec{u} + \vec{v}$$

Por tanto:

$$\vec{x} \cdot \vec{y} = (\vec{u} - \vec{v}) \cdot (2\vec{u} + \vec{v}) = 2\vec{u} \cdot \vec{u} + \vec{u} \cdot \vec{v} - 2\vec{u} \cdot \vec{v} - \vec{v} \cdot \vec{v} =$$
$$= 2 \cdot |\vec{u}|^2 - \vec{u} \cdot \vec{v} - |\vec{v}|^2 = 2 \cdot 2^2 - 3 - 3^2 = -4$$

2. Construcción de un triángulo equilátero conocido el vector que define un lado

Determinar las coordenadas de un vector $\vec{b}$ tal que, al ser representado con el mismo origen que el vector $\vec{a}$, estos dos vectores junto al vector que se forma al unir sus extremos formen un triángulo equilátero.

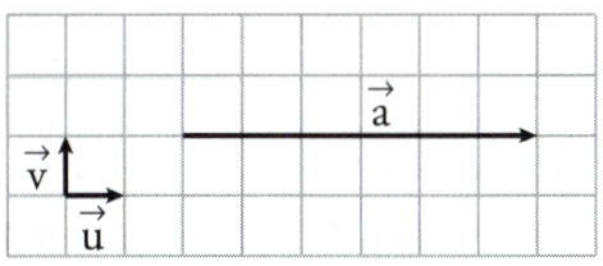

Observamos que $\vec{a}(6, 0)$. Buscamos el vector $\vec{b}(x, y)$.

Al tratarse de un triángulo equilátero ha de cumplirse:

$|\vec{a}| = |\vec{b}|$ y $(\widehat{\vec{a}, \vec{b}}) = 60°$. Por tanto:

$$|\vec{a}| = |\vec{b}| \rightarrow \sqrt{6^2 + 0^2} = \sqrt{x^2 + y^2} \rightarrow x^2 + y^2 = 36$$

$$\vec{a} \cdot \vec{b} = |\vec{a}||\vec{b}| \cos 60° \rightarrow 6x = 6 \cdot 6 \cdot 0{,}5 \rightarrow x = 3$$

Sustituyendo en la 1.ª ecuación obtenemos el valor de y:

$$x^2 + y^2 = 36 \rightarrow y = \pm\sqrt{36 - x^2} \rightarrow y = \pm\sqrt{27} \rightarrow y = \pm 3\sqrt{3}$$

Obtenemos dos soluciones: $\vec{b}(3, 3\sqrt{3})$ y $\vec{b}'(3, -3\sqrt{3})$

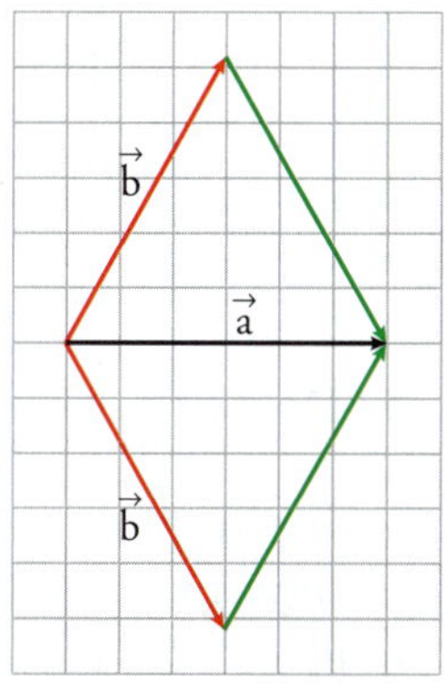

3. Proyección de un vector sobre otro

Dados dos vectores $\vec{u}$ y $\vec{v}$ definimos la proyección de $\vec{u}$ sobre $\vec{v}$, $proy_{\vec{v}}(\vec{u})$, como:

$$proy_{\vec{v}}(\vec{u}) = |\vec{u}| \cos(\widehat{\vec{u}, \vec{v}})$$

a) Interpretar gráficamente el concepto de proyección de $\vec{u}$ sobre $\vec{v}$.

b) Establecer una relación entre proyección y producto escalar.

c) Si $\vec{u}'$ es un vector tal que:

$$proy_{\vec{v}}(\vec{u}) = proy_{\vec{v}}(\vec{u}')$$

¿qué podemos decir de $\vec{u} \cdot \vec{v}$ y $\vec{u}' \cdot \vec{v}$?

En la web

Animación para visualizar la proyección de un vector sobre otro.

a) Dibujamos los vectores $\vec{u}$ y $\vec{v}$ con el mismo origen y llamamos α al ángulo que forman. Distinguimos tres posibilidades: $\alpha < 90°$, $\alpha = 90°$ y $90° < \alpha < 180°$.

- Si α es agudo, $\cos \alpha > 0$; por tanto, $proy_{\vec{v}}(\vec{u})$ es un número positivo y coincide con el valor de la longitud del segmento naranja.

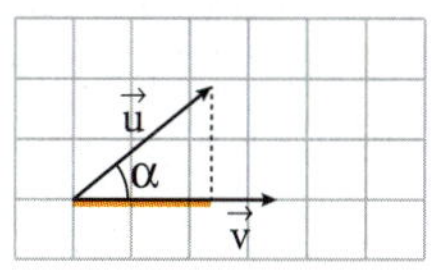

- Si $\alpha = 90°$, entonces $proy_{\vec{v}}(\vec{u}) = 0$.
- Si $90° < \alpha < 180°$, $\cos \alpha < 0$; por tanto, $proy_{\vec{v}}(\vec{u})$ es una cantidad negativa y coincide con el opuesto del valor de la longitud del segmento naranja.

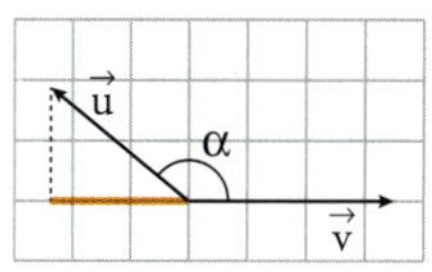

b) Sabemos que $\vec{u} \cdot \vec{v} = |\vec{u}||\vec{v}| \cos(\widehat{\vec{u}, \vec{v}})$, además $proy_{\vec{v}}(\vec{u}) = |\vec{u}| \cos(\widehat{\vec{u}, \vec{v}})$. Por tanto, se cumple que:

$$\vec{u} \cdot \vec{v} = |\vec{v}| \, proy_{\vec{v}}(\vec{u})$$

Es decir, el producto escalar de dos vectores es igual al módulo de uno de ellos por la proyección del otro sobre él.

c) $\vec{u} \cdot \vec{v} = |\vec{v}| \, proy_{\vec{v}}(\vec{u}) = |\vec{v}| \, proy_{\vec{v}}(\vec{u}') = \vec{u}' \cdot \vec{v} \rightarrow \vec{u} \cdot \vec{v} = \vec{u}' \cdot \vec{v}$

4. Descomponer un vector

Dados los vectores $\vec{a} = (3, -2)$ y $\vec{b} = (7, 4)$, descomponer el vector $\vec{b}$ en suma de dos vectores, $\vec{b} = \vec{u} + \vec{v}$, tales que:

- *$\vec{u}$ sea paralelo a $\vec{a}$.*
- *$\vec{v}$ sea perpendicular a $\vec{a}$.*

Hazlo tú. Resuelve este mismo problema si $\vec{a} = (-1, 4)$ y $\vec{b} = (2, 9)$.

Resolución gráfica

Deseamos expresar $\vec{b}$ como suma de dos vectores, uno paralelo a $\vec{a}$, al que llamaremos $\vec{u}$, y otro perpendicular a $\vec{a}$, al que llamaremos $\vec{v}$.

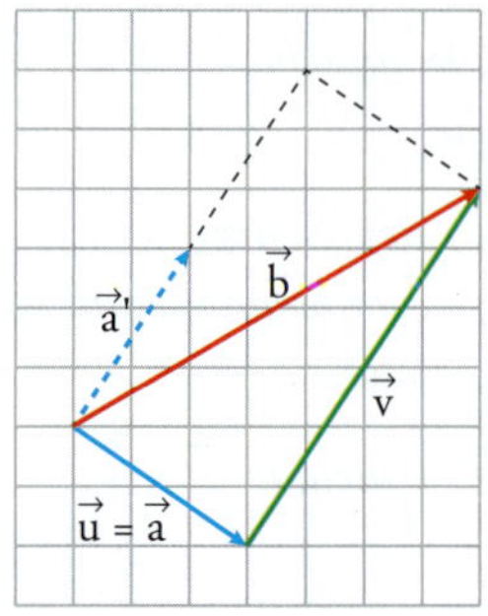

Dibujamos con el mismo origen $\vec{b}$, $\vec{a}$ y un vector perpendicular a $\vec{a}$, $\vec{a}'$. Desde el extremo de $\vec{b}$, trazamos paralelas a $\vec{a}$ y $\vec{a}'$ y prolongamos esos vectores hasta formar un paralelogramo del que $\vec{b}$ es la diagonal.

Hemos representado $\vec{b}$ como suma de dos vectores que cumplen las condiciones exigidas. Gráficamente vemos que las coordenadas de esos vectores son:

$$\vec{u} = \vec{a} = (3, -2) \text{ y } \vec{v} = (4, 6).$$

Resolución analítica

Expresamos con coordenadas las condiciones que deben cumplir $\vec{u}$ y $\vec{v}$.

$\vec{u}$ es paralelo a $\vec{a}$, entonces: $\vec{u} = k\vec{a} = (3k, -2k)$

$\vec{v}$ es perpendicular a $\vec{a}$, por tanto: $\vec{v} = h(2, 3) = (2h, 3h)$

$\vec{b} = \vec{u} + \vec{v} \to (7, 4) = (3k, -2k) + (2h, 3h) = (3k + 2h, -2k + 3h)$

Igualando coordenadas: $\left\{\begin{array}{l} 7 = 3k + 2h \\ 4 = -2k + 3h \end{array}\right\}$, de donde $k = 1$; $h = 2$

Los vectores buscados son $\vec{u} = (3, -2)$ y $\vec{v} = (4, 6)$.

5. Demostración: los puntos medios de un rectángulo forman un rombo

Sean $\vec{a}$ y $\vec{b}$ los vectores que definen un rectángulo, no cuadrado, partiendo de uno de sus vértices.

Demostrar que los puntos medios de los lados de este rectángulo definen un rombo no cuadrado.

Análisis del problema. *Para demostrar que un cuadrilátero es un rombo veremos que sus cuatro lados miden lo mismo y que son paralelos dos a dos. Además, dos lados consecutivos no deben ser perpendiculares, ya que en caso contrario sería un cuadrado.*

Consideramos como base $B = \left(\dfrac{\vec{a}}{|\vec{a}|}, \dfrac{\vec{b}}{|\vec{b}|}\right)$. Observa que se trata de una base ortonormal cuyos vectores son paralelos a $\vec{a}$ y a $\vec{b}$. En esta base, $\vec{a}(|\vec{a}|, 0)$ y $\vec{b}(0, |\vec{b}|)$.

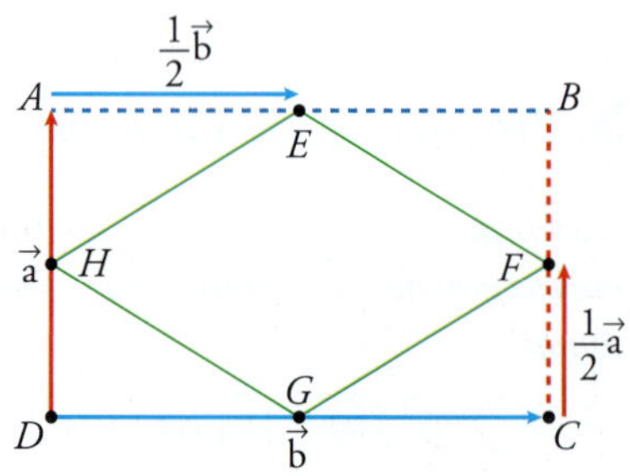

Los puntos medios de los lados del rectángulo definen los lados del cuadrilátero. Los expresamos como combinación lineal de $\vec{a}$ y $\vec{b}$:

$$\left.\begin{array}{l} \overrightarrow{HE} = \dfrac{1}{2}\vec{a} + \dfrac{1}{2}\vec{b} = \left(\dfrac{|\vec{a}|}{2}, \dfrac{|\vec{b}|}{2}\right) \\ \overrightarrow{GF} = \dfrac{1}{2}\vec{b} + \dfrac{1}{2}\vec{a} = \left(\dfrac{|\vec{a}|}{2}, \dfrac{|\vec{b}|}{2}\right) \end{array}\right\} \overrightarrow{HE} = \overrightarrow{GF} \qquad \left.\begin{array}{l} \overrightarrow{EF} = \dfrac{1}{2}\vec{b} - \dfrac{1}{2}\vec{a} = \left(\dfrac{-|\vec{a}|}{2}, \dfrac{|\vec{b}|}{2}\right) \\ \overrightarrow{HG} = -\dfrac{1}{2}\vec{a} + \dfrac{1}{2}\vec{b} = \left(\dfrac{-|\vec{a}|}{2}, \dfrac{|\vec{b}|}{2}\right) \end{array}\right\} \overrightarrow{EF} = \overrightarrow{HG}$$

Los lados están definidos, dos a dos, por vectores iguales. Por tanto, son paralelos y tienen la misma longitud. Además, observando sus coordenadas, es claro que todos los vectores tienen el mismo módulo.

Por último, comprobaremos que dos lados consecutivos no son perpendiculares:

$$\overrightarrow{HE} \cdot \overrightarrow{EF} = \left(\frac{|\vec{a}|}{2}, \frac{|\vec{b}|}{2}\right) \cdot \left(\frac{-|\vec{a}|}{2}, \frac{|\vec{b}|}{2}\right) = -\frac{|\vec{a}|^2}{4} + \frac{|\vec{b}|^2}{4} \neq 0,$$ porque al ser un rectángulo no cuadrado, $|\vec{a}| \neq |\vec{b}|$.

Ejercicios y problemas guiados

1. Obtención de vectores paralelos y perpendiculares a uno dado

Dado el vector $\vec{v}(9, 12)$, calcular las coordenadas de los siguientes vectores:

a) $\vec{u}$, unitario y de la misma dirección que el vector $\vec{v}$.

b) $\vec{w}$, ortogonal al vector $\vec{v}$ y del mismo módulo.

c) $\vec{z}$, de módulo 5 y ortogonal a $\vec{v}$.

a) Para que dos vectores tengan la misma dirección sus coordenadas deben ser proporcionales. Para hacer un vector unitario basta dividir sus coordenadas entre el valor de su módulo. El opuesto de ese vector también es solución.

b) Como vector ortogonal a otro dado $\vec{x}(a, b)$, basta tomar $\vec{y}(-b, a)$. ¿Qué relación existe entre los módulos de estos vectores? Como en el apartado anterior, el opuesto es también solución.

c) Combina los razonamientos de los apartados anteriores, empieza por obtener un vector ortogonal, después hazlo unitario dividiendo entre su módulo y finalmente multiplica sus coordenadas por 5, para que su módulo sea 5.

Solución:

a) $\vec{u}_1 = \left(\frac{3}{5}, \frac{4}{5}\right)$; $\vec{u}_2 = \left(\frac{-3}{5}, \frac{-4}{5}\right)$ b) $\vec{w}_1 = (-12, 9)$; $\vec{w}_2 = (12, -9)$

c) $\vec{z}_1 = (-4, 3)$; $\vec{z}_2 = (4, -3)$

2. Cálculo de los módulos de la suma y de la diferencia de dos vectores

De los vectores $\vec{a}$ y $\vec{b}$ conocemos sus módulos, 1 y $\sqrt{2}$, respectivamente, y sabemos que forman un ángulo de 45°.

Hallar $|\vec{a} + \vec{b}|$ y $|\vec{a} - \vec{b}|$.

- Aplica la igualdad $|\vec{u}|^2 = \vec{u} \cdot \vec{u}$ al vector $\vec{u} = \vec{a} + \vec{b}$. Al hacer el producto escalar tendrás que volver a utilizar esa misma igualdad con los vectores $\vec{a}$ y $\vec{b}$. Obtendrás una igualdad donde todos los datos son conocidos y podrás calcular su valor.

  Obtendrás el valor de $|\vec{a} + \vec{b}|^2$, tan solo faltará que calcules su raíz cuadrada.

- Procede de forma análoga con $\vec{u}' = \vec{a} - \vec{b}$.

Solución: $|\vec{a} + \vec{b}| = \sqrt{5}$; $|\vec{a} - \vec{b}| = 1$

3. Determinación de parámetros para que un vector cumpla ciertas condiciones

Sean los vectores $\vec{a}(3, n)$ y $\vec{b}(-2, m)$. Calcular el valor de los parámetros n y m en cada uno de los siguientes casos, para que se cumpla:

a) $|\vec{a}| = 5$

b) $\vec{a} \perp \vec{b}$ y $|\vec{a}| = |\vec{b}|$

c) $\vec{a}$ forme un ángulo de 45° con el vector $\vec{u} = (1, 1)$.

a) Expresa el módulo de $\vec{a}$ utilizando sus coordenadas e iguálalo a 5. Resuelve la ecuación resultante.

b) Expresa ambas condiciones utilizando coordenadas y teniendo en cuenta que dos vectores son perpendiculares si su producto escalar es cero. Obtendrás un sistema de ecuaciones que debes resolver.

c) En la expresión $\vec{a} \cdot \vec{v} = |\vec{a}| \cdot |\vec{v}| \cdot \cos 45°$, sustituye por coordenadas y opera. Resuelve la ecuación resultante.

Solución: a) $n = \pm 4$ b) $n = 2$ y $m = 3$ o $n = -2$ y $m = -3$ c) $n = 0$

4. Coordenadas de un vector en una base no ortonormal

En una base ortonormal se consideran los vectores $\vec{u}(3, 0)$, $\vec{v}(2, 1)$ y $\vec{w}(-1, -2)$.

Comprobar que $B(\vec{u}, \vec{v})$ es también una base y calcular las coordenadas de $\vec{w}$ en esta base.

Has de tener en cuenta que para que dos vectores formen una base basta que tengan distinta dirección. Además, las coordenadas de un vector respecto de una base son los coeficientes al expresar el vector como combinación lineal de los vectores de la base.

- Comprueba que B es una base viendo que las coordenadas de $\vec{u}$ y $\vec{v}$ no son proporcionales.
- Expresa $\vec{w}$ como combinación lineal de $\vec{u}$ y $\vec{v}$: $\vec{w} = m\vec{u} + n\vec{v}$

Escribe la igualdad anterior utilizando coordenadas, opera y resuelve el sistema de ecuaciones que obtienes al igualar coordenada a coordenada.

Solución: Coordenadas de $\vec{w}$ respecto de B: $(1, -2)$

Ejercicios y problemas propuestos

Para practicar

Los vectores y sus operaciones

1 Observa la siguiente figura:

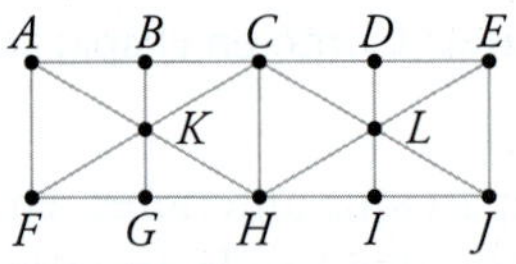

a) Compara el módulo, la dirección y el sentido de las siguientes parejas de vectores: $\overrightarrow{AB}$ e $\overrightarrow{IJ}$; $\overrightarrow{AH}$ y $\overrightarrow{LC}$.

b) Calcula $\overrightarrow{AC} + \overrightarrow{CH}$ y $\overrightarrow{HC} + 2\overrightarrow{CL}$.

c) Completa las siguientes igualdades: $\overrightarrow{LC} - \overrightarrow{CB} = \overrightarrow{L\ldots}$; $\overrightarrow{HA} + \overrightarrow{H\ldots} = \overrightarrow{HC}$

2 Sean $\vec{u}$, $\vec{v}$ y $\vec{w}$ los siguientes vectores:

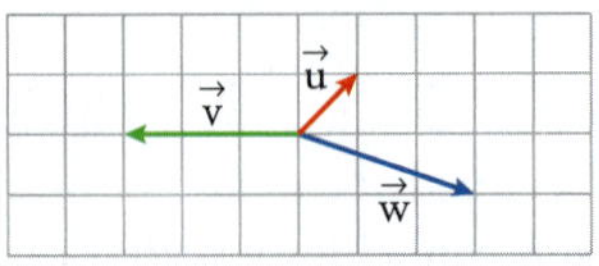

Calcula gráficamente los vectores:

a) $\vec{u} + \vec{v}$ b) $\vec{u} - \vec{v}$ c) $\vec{u} + \vec{w}$

d) $2\vec{u} - 3\vec{w}$ e) $\vec{u} + 3\vec{w} - 4\vec{v}$ f) $-\vec{u} - \vec{v} - \vec{w}$

3 Observa el rombo de la figura y calcula:

a) $\overrightarrow{AB} + \overrightarrow{BC}$

b) $\overrightarrow{OB} + \overrightarrow{OC}$

c) $\overrightarrow{OA} + \overrightarrow{OD}$

d) $\overrightarrow{AB} + \overrightarrow{CD}$

e) $\overrightarrow{AB} + \overrightarrow{AD}$

f) $\overrightarrow{DB} - \overrightarrow{CA}$

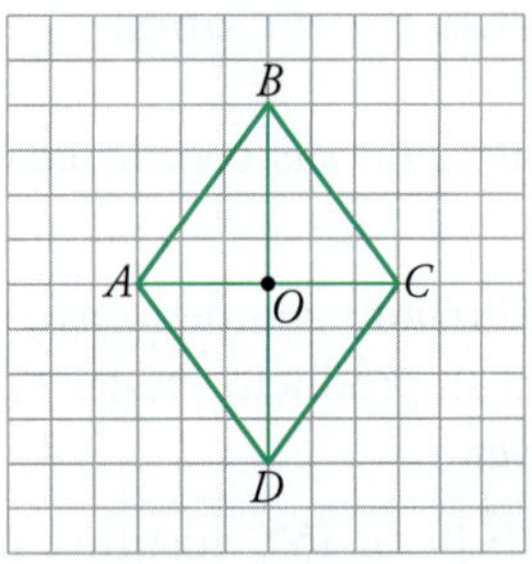

Expresa los resultados utilizando los vértices del rombo.

4 Considera el vector $\vec{w}$:

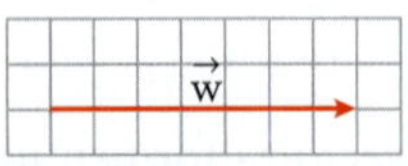

Dibuja en cada uno de estos casos un vector $\vec{v}$ que sumado con $\vec{u}$ dé como resultado $\vec{w}$:

a)

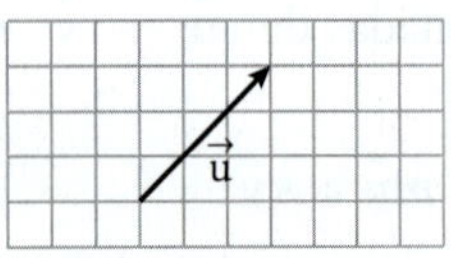

b)

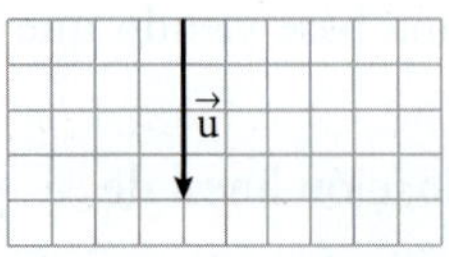

c)

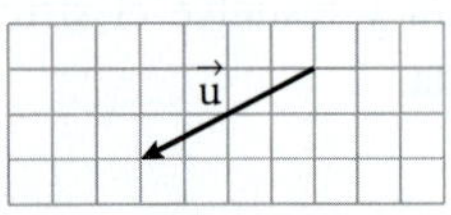

d)

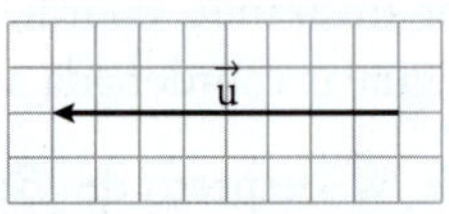

5 Los vectores $\vec{a}$, $\vec{b}$ y $\vec{c}$ los hemos obtenido operando con los vectores $\vec{x}$, $\vec{y}$, $\vec{z}$. ¿Qué operaciones hemos hecho en cada caso?

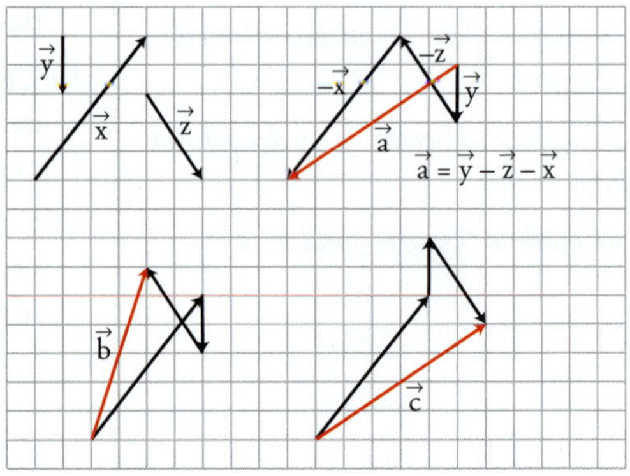

Bases y coordenadas

6 A la vista de la figura, dibuja los vectores:

$-\vec{u} + \vec{v}$ $\vec{u} - \vec{v}$ $\vec{u} + \vec{v}$

$-\vec{u} - \vec{v}$ $-\vec{u} + 2\vec{v}$ $\vec{u} - 2\vec{v}$

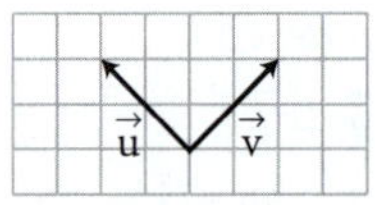

Si tomamos como base $B(\vec{u}, \vec{v})$, ¿cuáles son las coordenadas de los vectores que has dibujado?

7 Escribe el vector $\vec{a}$ como combinación lineal de los vectores $\vec{x}$ e $\vec{y}$. Escríbelo también como combinación lineal de $\vec{u}$ y $\vec{v}$.

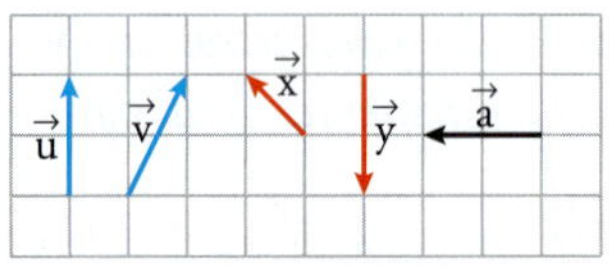

¿Cuáles son las coordenadas de $\vec{a}$ respecto de la base $B(\vec{x}, \vec{y})$? ¿Y respecto de la base $B'(\vec{u}, \vec{v})$?

8 Escribe las coordenadas de los vectores $\vec{a}$, $\vec{b}$, $\vec{c}$ y $\vec{d}$ respecto a la base $B(\vec{x}, \vec{y})$.

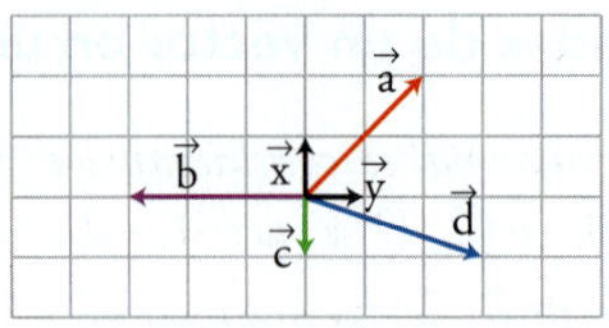

9 ¿Cuáles de los siguientes pares de vectores forman una base?

a) $\vec{u}(3, -1)$, $\vec{v}(1, 3)$ b) $\vec{u}(2, 6)$, $\vec{v}\left(\frac{2}{3}, 2\right)$

10 Considera el vector $\vec{u}(-1, -3)$. Da un vector $\vec{v}$ tal que $B(\vec{u}, \vec{v})$ sea una base, y un vector $\vec{w}$ tal que $\vec{u}$ y $\vec{w}$ no formen una base.

11 Dados los vectores $\vec{u}(3, -5)$ y $\vec{v}(-2, 1)$, calcula:

a) $-2\vec{u} + \frac{1}{2}\vec{v}$ b) $\frac{1}{2}(\vec{u} + \vec{v}) - \frac{2}{3}(\vec{u} - \vec{v})$

12 Halla el vector $\vec{b}$ tal que $\vec{c} = 3\vec{a} - \frac{1}{2}\vec{b}$, siendo $\vec{a}(-1, 3)$ y $\vec{c}(7, -2)$.

13 Dados los vectores $\vec{a}(3, -2)$, $\vec{b}(-1, 2)$ y $\vec{c}(0, -5)$, calcula m y n de modo que: $\vec{c} = m\vec{a} + n\vec{b}$.

14 Expresa el vector $\vec{a}(-1, -8)$ como combinación lineal de $\vec{b}(3, -2)$ y $\vec{c}\left(4, -\frac{1}{2}\right)$.

15 En una base ortonormal las coordenadas de un vector son $\vec{v}(2, -5)$. Halla las coordenadas de $\vec{v}$ en la base $B = ((1, -1), (0, -1))$.

Producto escalar. Módulo y ángulo

16 Dados los vectores $\vec{x}(5, -2)$, $\vec{y}(0, 3)$, $\vec{z}(-1, 4)$, calcula:

a) $\vec{x} \cdot \vec{y}$ b) $\vec{x} \cdot \vec{z}$ c) $\vec{y} \cdot \vec{z}$

17 De los vectores $\vec{u}$, $\vec{v}$ y $\vec{w}$ sabemos que:

$$\vec{u}(-1, 1);\ |\vec{v}| = 1;\ (\widehat{\vec{u}, \vec{v}}) = 45°;\ \vec{w} \perp \vec{v}$$

Calcula $\vec{u} \cdot \vec{v}$ y $\vec{v} \cdot \vec{w}$.

18 En una circunferencia de centro O y de radio 2 cm, se inscribe un hexágono regular de vértices A, B, C, D, E, F. Calcula los productos:

a) $\overrightarrow{OA} \cdot \overrightarrow{OB}$ b) $\overrightarrow{OA} \cdot \overrightarrow{OC}$

c) $\overrightarrow{AB} \cdot \overrightarrow{ED}$ d) $\overrightarrow{BC} \cdot \overrightarrow{EF}$

19 Dados $\vec{u}(2, 3)$, $\vec{v}(-3, 1)$ y $\vec{w}(5, 2)$, calcula:

a) $(3\vec{u} + 2\vec{v}) \cdot \vec{w}$ b) $\vec{u} \cdot \vec{w} - \vec{v} \cdot \vec{w}$

c) $(\vec{u} \cdot \vec{v})\vec{w}$ d) $\vec{u}(\vec{v} \cdot \vec{v})$

20 Si A, B y C son los vértices de un triángulo equilátero de lado 1, calcula:

a) $\overrightarrow{AB} \cdot \overrightarrow{AC}$ b) $2\overrightarrow{AB} \cdot (-3\overrightarrow{AC})$

c) $(\overrightarrow{AB} + \overrightarrow{AC}) \cdot \overrightarrow{AB}$ d) $(2\overrightarrow{AB} - 3\overrightarrow{AC}) \cdot \overrightarrow{AC}$

21 Comprueba si las siguientes parejas de vectores son perpendiculares:

a) $\vec{u}(0, 1)$, $\vec{v}(2, 4)$ b) $\vec{u}(0, 7)$, $\vec{v}(-5, 0)$

c) $\vec{u}(2, 5)$, $\vec{v}(5, 2)$ d) $\vec{u}(3, 6)$, $\vec{v}(-2, 1)$

22 Obtén, en cada caso, un vector paralelo y otro perpendicular al vector dado.

a) $\vec{u}(0, 3)$ b) $\vec{u}(-5, 0)$ c) $\vec{u}(3, 8)$ d) $\vec{u}(-1, -1)$

23 Calcula k para que el producto $\vec{u} \cdot \vec{v}$ sea igual a 0 en los siguientes casos:

a) $\vec{u}(6, k)$, $\vec{v}(-1, 3)$ b) $\vec{u}\left(\frac{1}{5}, -2\right)$, $\vec{v}(k, 3)$

c) $\vec{u}(-3, -2)$, $\vec{v}(5, k)$ d) $\vec{u}(k, -k)$, $\vec{v}(5, 5)$

24 Halla el módulo de cada uno de los siguientes vectores:

$\vec{u}(3, 2)$ $\vec{v}(-2, 3)$ $\vec{w}(5, 0)$

25 Halla el valor de m para que el módulo del vector $\vec{u}\left(\frac{3}{5}, m\right)$ sea igual a 1.

26 Dada la base $B = (\vec{u}, \vec{v})$ donde $\vec{u}(3, -4)$ y $\vec{v}(0, -8)$, determina, en cada caso, una base B' de vectores unitarios tales que:

a) Los vectores de B' sean paralelos a los de B.

b) Los vectores de B' sean perpendiculares a $\vec{u}$ y $\vec{v}$.

27 Dado el vector $\vec{u}(-5, k)$ calcula k de modo que:

a) $\vec{u}$ sea ortogonal a $\vec{v}(4, -2)$.

b) El módulo de $\vec{u}$ sea igual a $\sqrt{34}$.

28 Dado el vector $\vec{u}(5, 12)$, determina:

a) Los vectores unitarios paralelos a $\vec{u}$.

b) Los vectores ortogonales a $\vec{u}$ que tengan el mismo módulo que $\vec{u}$.

c) Los vectores unitarios y perpendiculares a $\vec{u}$.

29 Halla un vector de módulo 50 que sea perpendicular al vector $\vec{a}(8, 6)$.

30 Halla el ángulo que forman estos pares de vectores:

a) $\vec{u}(3, 2)$, $\vec{v}(1, -5)$

b) $\vec{m}(4, 6)$, $\vec{n}(3, -2)$

c) $\vec{a}(1, 6)$, $\vec{b}\left(-\frac{1}{2}, -3\right)$

31 Dados $\vec{u}\left(\frac{1}{2}, k\right)$ y $\vec{v}\left(\frac{1}{2}, 0\right)$, calcula k para que $\vec{u}$ y $\vec{v}$ formen un ángulo de 60°.

32 Calcula x, de modo que el producto escalar de $\vec{a}(3, -5)$ y $\vec{b}(x, 2)$ sea igual a 7. ¿Qué ángulo forman los vectores $\vec{a}$ y $\vec{b}$?

33 Calcula la proyección de $\vec{u}$ sobre $\vec{v}$, la de $\vec{v}$ sobre $\vec{u}$ y representa gráficamente cada situación.

a) $\vec{u}(3, 0)$ y $\vec{v}(3, 4)$

b) $\vec{u}(1, 3)$ y $\vec{v}(-4, 2)$

c) $\vec{u}(-2, -5)$ y $\vec{v}(5, -2)$

Para resolver

34 Señala si las siguientes afirmaciones son verdaderas o falsas:

a) Si $\vec{u} \cdot \vec{v} = 0$, entonces $B = (\vec{u}, \vec{v})$ es una base.

b) Dos vectores paralelos pueden tener sus coordenadas no proporcionales.

c) Si dos vectores son perpendiculares, sus coordenadas no pueden ser proporcionales.

d) $\overrightarrow{AB}$ y $\overrightarrow{BA}$ tienen el mismo módulo, pero distinta dirección.

e) El módulo de $-3\vec{v}$ es el triple que el módulo de $\vec{v}$.

35 ¿Cómo es el ángulo formado por los vectores $\vec{u}$ y $\vec{v}$ en los siguientes casos?:

a) $proy_{\vec{u}}(\vec{v}) > 0$ b) $proy_{\vec{u}}(\vec{v}) < 0$ c) $proy_{\vec{u}}(\vec{v}) = 0$

36 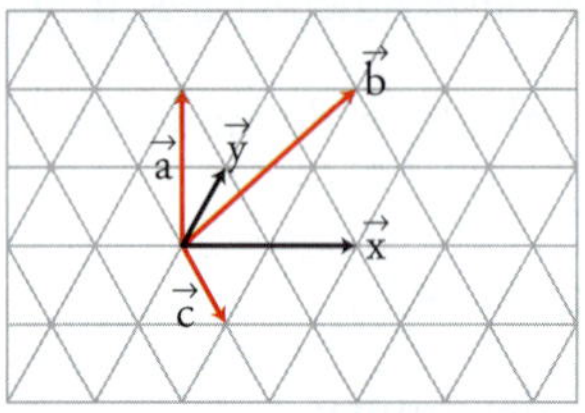

Expresa los vectores $\vec{a}$, $\vec{b}$ y $\vec{c}$ como combinación lineal de $\vec{x}$ e $\vec{y}$.

37 Sean A, B y C los vértices de un triángulo. Si $\overrightarrow{AB}(-1, 4)$, $\overrightarrow{AC}(3, -1)$ y $\overrightarrow{BC}(4, -5)$, ¿puede tratarse de un triángulo rectángulo?

38 Sean A, B, C y D los vértices de un cuadrilátero. Señala, en cada caso, las condiciones que deben cumplir los vectores $\overrightarrow{AB}$, $\overrightarrow{BC}$, $\overrightarrow{CD}$ y $\overrightarrow{DA}$ para que el cuadrilátero $ABCD$ sea un:

a) Cuadrado. b) Paralelogramo.

c) Trapecio isósceles. d) Trapecio escaleno.

39 Sean $\vec{a}(-6, 8)$ y $\vec{b}(3, 4)$. Halla, en cada caso, un vector $\vec{c}(x, y)$ perpendicular a $\vec{b}$ tal que:

a) $|\vec{c}| = |\vec{a}|$ b) $|\vec{c}| = 1$ c) $\vec{c} \cdot \vec{a} = 4$

40 Dados los vectores $\vec{u}(-1, a)$ y $\vec{v}(b, 15)$, halla a y b, en cada caso, de modo que:

a) $\vec{u} \perp \vec{v}$ y $|\vec{u}| = \sqrt{10}$ b) $\vec{u} \cdot \vec{v} = 7$ y $|\vec{v}| = 17$

41 Dados los vectores $\vec{a} = 2\vec{u} - \vec{v}$ y $\vec{b} = -3\vec{u} + k\vec{v}$, siendo $\vec{u} = (2, 3)$ y $\vec{v} = (-3, 0)$, halla k de modo que $(\vec{a} + \vec{b})$ sea ortogonal a $(\vec{a} - \vec{b})$.

42 Calcula la proyección de $\vec{u} + \vec{v}$ sobre $\vec{u}$ sabiendo que $|\vec{u}| = |\vec{v}| = 2$ y $(\widehat{\vec{u}, \vec{v}}) = 45°$.

43 De los vectores $\vec{a}$ y $\vec{b}$ sabemos que $|\vec{a}| = 3$ y $|\vec{b}| = 5$ y que forman un ángulo de 120°. Calcula $|\vec{a} - \vec{b}|$.

44 Halla el valor que debe tener k para que los vectores $\vec{x} = k\vec{a} + \vec{b}$ e $\vec{y} = k\vec{a} - \vec{b}$ sean perpendiculares, siendo $\vec{a}(3/2, 4)$ y $\vec{b}(5, 0)$.

45 Si $|\vec{u}| = 3$ y $(\vec{u} + \vec{v}) \cdot (\vec{u} - \vec{v}) = -11$, halla $|\vec{v}|$.

46 Sabiendo que $|\vec{u}| = 3$, $|\vec{v}| = 5$ y $\vec{u} \perp \vec{v}$, halla $|\vec{u} + \vec{v}|$ y $|\vec{u} - \vec{v}|$.

47 Sea $B(\vec{x}, \vec{y})$ una base ortonormal. Calcula $|\vec{x} + \vec{y}|$ y $|\vec{x} - \vec{y}|$.

48 Si $|\vec{u}| = 4$, $|\vec{v}| = 3$ y $|\vec{u} + \vec{v}| = 5$, ¿qué ángulo forman $\vec{u}$ y $\vec{v}$?

49 Calcula x para que los vectores $\vec{a}(7, 1)$ y $\vec{b}(1, x)$ formen un ángulo de 45°.

50 Halla un vector unitario que forme un ángulo de 30° con el vector $\vec{a}(1, \sqrt{3})$.

51 Determina x para que los vectores $\vec{u}(x, 1)$ y $\vec{v}(x, 0)$ formen un ángulo de 30°.

52 Halla un vector $\vec{a}$ que forme un ángulo de 60° con el vector $\vec{b}(2, 2\sqrt{3})$ y tenga como módulo la mitad del módulo de $\vec{b}$.

53 De una base $B = (\vec{u}, \vec{v})$ se sabe que $|\vec{u}| = 2$, $|\vec{v}| = 1$ y $\vec{u} \cdot \vec{v} = -1$. En esa base las coordenadas de dos vectores son $\vec{x}(1, 2)$ e $\vec{y}(-1, 1)$. Calcula $\vec{x} \cdot \vec{y}$.

* *Mira el problema resuelto número 1.*

54 Dados $\vec{a}(1, 2)$ y $\vec{b}(5, 5)$, expresa el vector $\vec{b}$ como suma de dos vectores: uno de la misma dirección que $\vec{a}$ y otro ortogonal a $\vec{a}$.

55 Se sabe que $\vec{c} = \vec{a} + 2\vec{b}$ y $\vec{d} = 5\vec{a} - 4\vec{b}$ son perpendiculares y que $\vec{a}$ y $\vec{b}$ son unitarios. ¿Cuál es el ángulo que forman $\vec{a}$ y $\vec{b}$?

56 Demuestra que el vector $(\vec{b} \cdot \vec{c})\vec{a} - (\vec{a} \cdot \vec{c})\vec{b}$ es perpendicular al vector $\vec{c}$.

57 Una barca se desplaza por un río en dirección sur a una velocidad de 20 km/h. Si empieza a soplar un viento en dirección este a 5 km/h, ¿en qué dirección y a qué velocidad se moverá la barca?

58 Sean $\vec{a}$ y $\vec{b}$ los vectores que definen un cuadrado. Demuestra que los puntos medios de sus lados definen otro cuadrado.

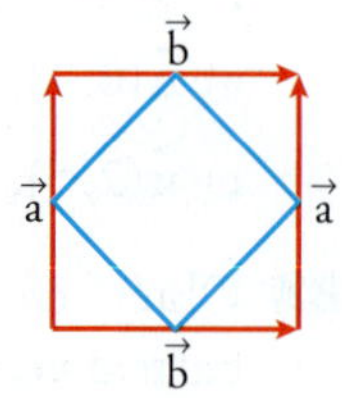

* *Mira el problema resuelto número 5.*

Cuestiones teóricas

59 Indica si el resultado de las siguientes operaciones es un número o un vector:

a) $2\vec{a} \cdot \vec{b}$ b) $(\vec{a} \cdot \vec{b})\vec{c}$

c) $(3\vec{a} - 2\vec{b}) \cdot \vec{c}$ d) $(\vec{a} + \vec{b}) \cdot (\vec{a} - \vec{b})$

60 Si $B(\vec{a}, \vec{b})$ es una base de los vectores del plano, señala cuáles de los siguientes pares de vectores pueden ser otra base:

a) $(3\vec{a}, -2\vec{b})$ b) $(-\vec{a} - \vec{b}, \vec{a} + \vec{b})$

c) $(\vec{a} - \vec{b}, \vec{a} + \vec{b})$ d) $(\vec{a} - \vec{b}, \vec{b} - \vec{a})$

61 Sean $\vec{a}$ y $\vec{b}$ dos vectores no nulos. Indica qué ángulo forman en los siguientes casos:

a) $\vec{a} \cdot \vec{b} = |\vec{a}||\vec{b}|$ b) $\vec{a} \cdot \vec{b} = 0$

c) $\vec{a} \cdot \vec{b} = -|\vec{a}||\vec{b}|$ d) $\vec{a} \cdot \vec{b} = 0,5\,|\vec{a}||\vec{b}|$

62 Busca algunos ejemplos con los que se vea que:

$\vec{a} \cdot \vec{b} = \vec{a} \cdot \vec{c}$ no implica que $\vec{b} = \vec{c}$

63 Prueba, que si $\vec{a} \perp \vec{b}$ y $\vec{a} \perp \vec{c}$, entonces:

$\vec{a} \perp (m\vec{b} + n\vec{c}), \quad m, n \in \mathbb{R}$

64 Prueba que si $\vec{a} \perp \vec{b}$ y $\vec{a} \perp (\vec{b} + \vec{c})$, entonces se verifica que $\vec{a} \perp \vec{c}$.

65 Justifica por qué $|\vec{a} \cdot \vec{b}| \leq |\vec{a}| \cdot |\vec{b}|$.

Para profundizar

66 Sean $\vec{a}$ y $\vec{b}$ los vectores que definen los lados de un rombo, partiendo de uno de sus vértices (cada vector determina un par de lados paralelos).

a) Expresa las diagonales del rombo en función de los vectores $\vec{a}$ y $\vec{b}$.

b) Demuestra vectorialmente que las diagonales del rombo son perpendiculares.

67 Halla los ángulos interiores del triángulo *ABC*.

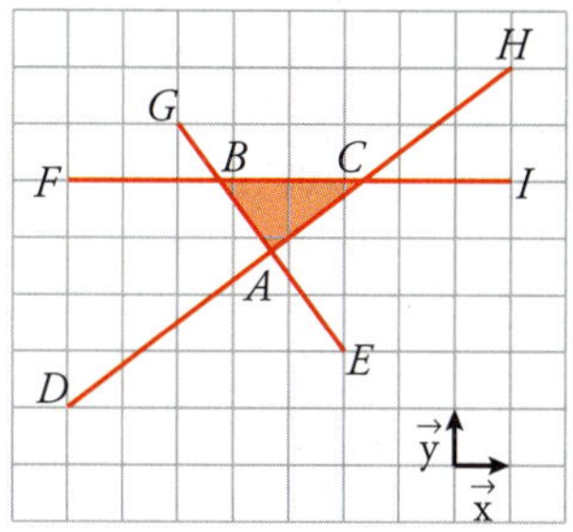

Observa que puedes expresar estos ángulos como ángulos entre vectores. Las coordenadas de estos vectores las obtendrás expresándolos como combinación lineal de la base $B = (\vec{x}, \vec{y})$.

68 Dados dos vectores $\vec{u}$ y $\vec{v}$, definimos el vector proyección de $\vec{v}$ sobre $\vec{u}$ como el vector $proy_{\vec{u}}(\vec{v}) \cdot \dfrac{\vec{u}}{|\vec{u}|}$.

Calcula analítica y gráficamente este vector si:

a) $\vec{u}(3, 4)$ y $\vec{v}(3, -4)$ b) $\vec{u}(8, 6)$ y $\vec{v}(2, -1)$

¿Existe alguna relación entre el sentido de este vector y el ángulo $(\widehat{\vec{u}, \vec{v}})$?

En la web Resoluciones de estos ejercicios.

Autoevaluación

1 Se consideran los vectores $\vec{u}(-2, 6)$ y $\vec{v}(1, -2)$.

Calcula gráficamente y utilizando coordenadas, $\vec{u} + 2\vec{v}$ y $\frac{1}{2}\vec{u} - 3\vec{v}$.

2 Sean $\vec{u}$ y $\vec{v}$ dos vectores unitarios que forman un ángulo de 60°. Calcula:

a) $\vec{u} \cdot \vec{v}$ b) $(3\vec{u}) \cdot (-2\vec{v})$ c) $proy_{\vec{u}}(\vec{u} + \vec{v})$

3 Expresa el vector $\vec{a}(-1, -9)$ como combinación lineal de los vectores de la base $B = ((-2, 3), (-1, 5))$.

4 Consideramos los vectores $\vec{u}$ y $\vec{v}$ cuyas coordenadas respecto a una base ortonormal son $\vec{u}(0, 2)$ y $\vec{v}(1, \sqrt{3})$. Calcula:

a) Su producto escalar.

b) El módulo de ambos vectores.

c) El ángulo que forman.

5 Considera el vector $\vec{u}(3, -4)$. Calcula:

a) Un vector paralelo a $\vec{u}$ de módulo 1.

b) Un vector perpendicular a $\vec{u}$ de módulo 2.

6 Sea $\vec{u}(-3, k)$. Calcula k de forma que:

a) $\vec{u}$ sea ortogonal a $\vec{v}(4, -6)$.

b) El módulo de $\vec{u}$ sea igual a 5.

7 Determina las coordenadas de un vector $\vec{a}(x, y)$ que forme con el vector $\vec{v}(-1, 0)$ un ángulo de 60° y cuyo módulo sea 2.

8 Obtén un vector $\vec{u}(x, y)$ ortogonal a $\vec{v}(8, 6)$ y cuyo módulo sea la mitad del de $\vec{v}$.

9 Sean $\vec{a}$ y $\vec{b}$ dos vectores unitarios que forman un ángulo de 120°. Calcula $|\vec{a} + \vec{b}|$ y $|\vec{a} - \vec{b}|$.

En la web Otra autoevaluación.

8 Geometría analítica

Origen de la geometría analítica

La invención de la geometría analítica representa uno de los acontecimientos más importantes en la historia de las matemáticas. El desarrollo del álgebra y la maduración de su cálculo simbólico durante los siglos XV y XVI propició que en el siglo XVII se pudiera concebir la utilización de las herramientas algebraicas para el tratamiento de problemas geométricos, creando así la geometría analítica. Con ella se abrió un nuevo mundo de posibilidades tanto para la geometría como para el álgebra.

Este hallazgo pone de manifiesto, una vez más, que las grandes creaciones humanas son fruto de una época, de un momento histórico cuyas circunstancias lo propician. Solo falta el personaje genial que lo lleve a efecto. En este caso fueron dos franceses, **Descartes** y **Fermat,** quienes tuvieron la brillante idea de utilizar el álgebra para afrontar problemas geométricos. Y lo hicieron independiente y casi simultáneamente.

Pierre de Fermat (1601-1665).

Descartes

René Descartes (1596-1650), filósofo y matemático, desarrolló sus concepciones sobre el pensamiento lógico en su obra *Discurso del método*; y, como ejemplo de aplicación de su método, añadió tres apéndices a esta obra, en el último de los cuales, llamado *La geometría*, se detalla cómo se aplica el álgebra a la resolución de algunos problemas geométricos con la ayuda de un sistema de coordenadas. *Coordenadas cartesianas* se llamaron, pues en aquella época los textos científicos se escribían en latín y Descartes latinizó su nombre: *Renatus Cartesius.*

Uno de sus primeros libros (*El mundo o el tratado de la luz*) no se publicó hasta después de su muerte, pues en él apoyaba el heliocentrismo, y cuando lo tenía listo para la imprenta se enteró de la persecución a Galileo por defender esta teoría y tuvo miedo.

La obra más ambiciosa de Descartes fue *Los principios de la filosofía*. En él intentó fundamentar matemáticamente todo el universo físico.

En 1649 se desplazó a Suecia para ser tutor de la reina Cristina. Murió al cabo de unos meses. Siempre hemos leído que murió de neumonía por los rigores del invierno sueco, agravados por la costumbre de la reina de iniciar sus clases a las cinco de la madrugada. Esto contrastaba fuertemente con los hábitos anteriores de Descartes, que no solía levantarse antes de las once de la mañana. No obstante, modernísimas investigaciones parece ser que han puesto de manifiesto que murió envenenado, posiblemente por integristas protestantes suecos temerosos de que su reina recibiera la influencia de un librepensador racionalista católico como él.

Descartes representado en el cuadro "La reina Cristina de Suecia y su corte" de Pierre Louis Dumesnil.

En la web Biografía de Descartes.

En la web Biografía de Fermat.

Fermat

Pierre de Fermat (1601-1665), abogado, político y matemático por afición, desarrolló un sistema similar al de Descartes: aplicó los métodos algebraicos al tratamiento de figuras geométricas representadas en unos ejes de coordenadas. Todo esto lo describió en 1636, un año antes que Descartes, pero no fue publicado hasta después de su muerte, por lo que su obra no ejerció tanta influencia como la de aquel. Por eso es frecuente atribuir solo a Descartes la invención de la geometría analítica, olvidando la contribución de Fermat que, incluso, llegó un poco antes.

Sistemas de coordenadas en la actualidad

La descripción de puntos mediante sus coordenadas es una de esas ideas que cambian la historia. Actualmente se utilizan por doquier sin que seamos conscientes de que se están usando. Los medios de comunicación se valen de ellas para describir gráficamente cosas tan diversas como la evolución de temperaturas, precios, niveles de empleo o cantidad de multas de tráfico a lo largo de un año.

Actualmente la geometría analítica es algo que nos parece tan natural que hay que hacer un esfuerzo para recordar que fue un invento humano.

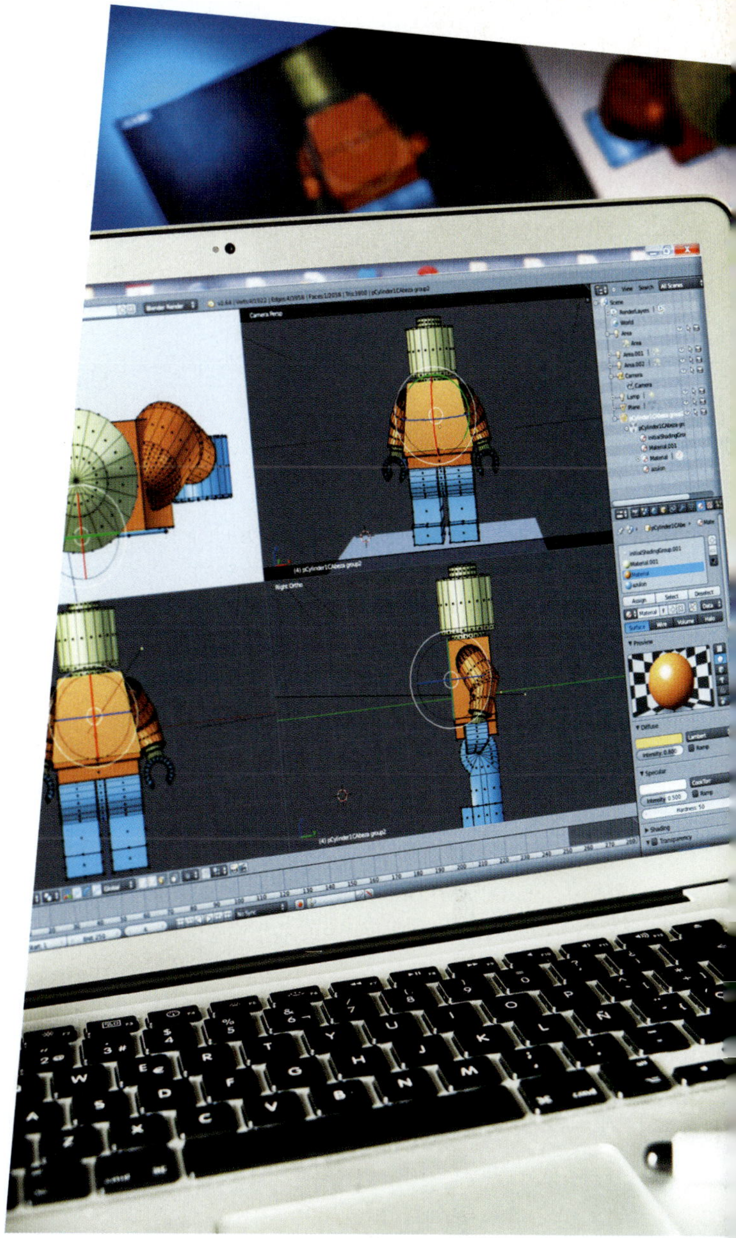

El tratamiento gráfico de los ordenadores también está basado en las coordenadas.

Resuelve

El embarcadero

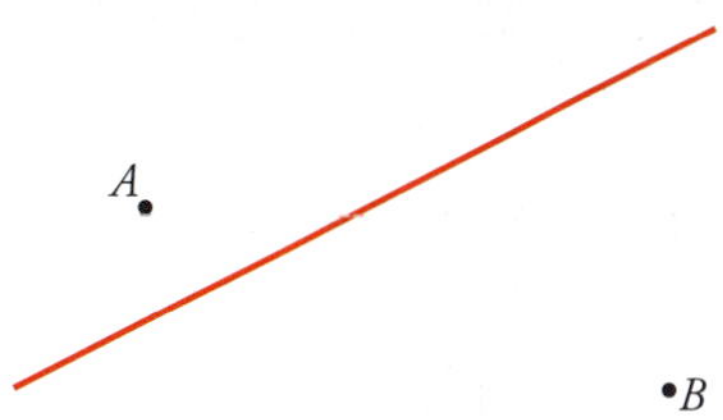

Tenemos dos pueblos, A y B, cada uno a un lado de un canal. Se desea construir un embarcadero situado exactamente a la misma distancia de los dos pueblos. ¿Dónde habrá que hacerlo?

Para decidirlo, colocamos unos ejes coordenados y razonamos del siguiente modo:

Los puntos de la mediatriz del segmento AB están a la misma distancia de los extremos de este. Por tanto, el punto buscado, P, es la intersección de la recta r (el canal) con la recta s (perpendicular a AB en su punto medio).

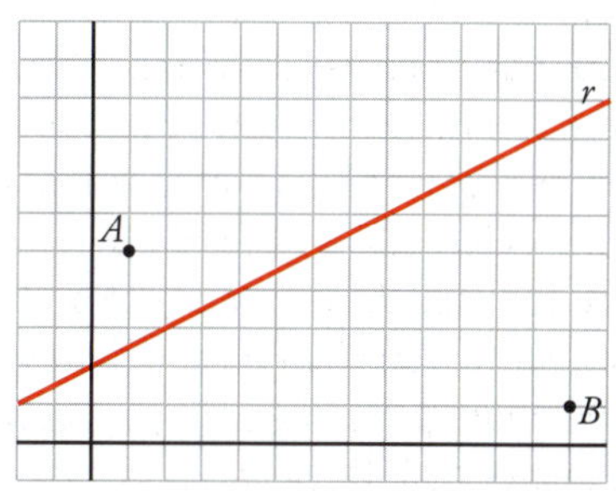

Halla las coordenadas de P.

1 Puntos y vectores en el plano

Sistema de referencia en el plano

Los vectores son un auxiliar utilísimo para la geometría. Empezaremos construyendo, a partir de ellos, un sistema de referencia para expresar analíticamente los puntos y, después, las figuras planas.

Un **sistema de referencia** para el plano consiste en el conjunto $\mathcal{R} = \{O, (\vec{i}, \vec{j})\}$ formado por:

- Un punto fijo, O, llamado **origen.**
- Una **base** $(\vec{i}, \vec{j})$ para los vectores.

A cada punto P —se le asocia→ el vector $\overrightarrow{OP}$ → de coordenadas $\overrightarrow{OP}(a, b)$

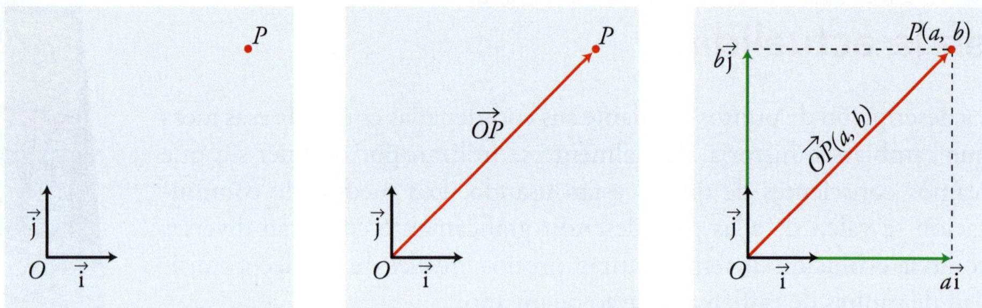

Ten en cuenta

En adelante, supondremos que la base que estamos utilizando es **ortonormal:** vectores de la misma longitud, que tomaremos como unidad, y perpendiculares entre sí.

De este modo, cada punto P del plano tiene unas coordenadas (a, b). Esto se puede expresar así: $P(a, b)$

Cuando la base es ortonormal (dos vectores unitarios y perpendiculares) se consigue el sistema de referencia habitual.

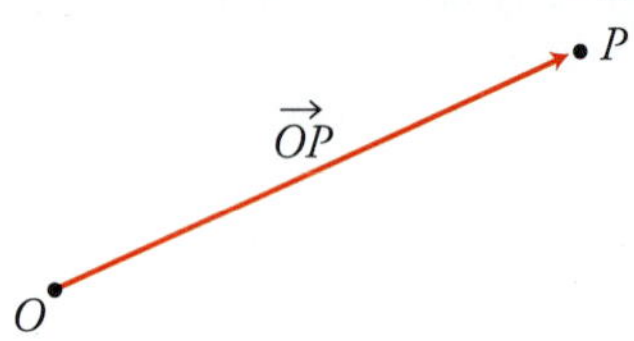

Vector posición

Como acabamos de ver, a cada punto P del plano le corresponde un único vector fijo, $\overrightarrow{OP}$, siendo O el origen del sistema de referencia.

$\overrightarrow{OP}$ es el **vector posición** del punto P.

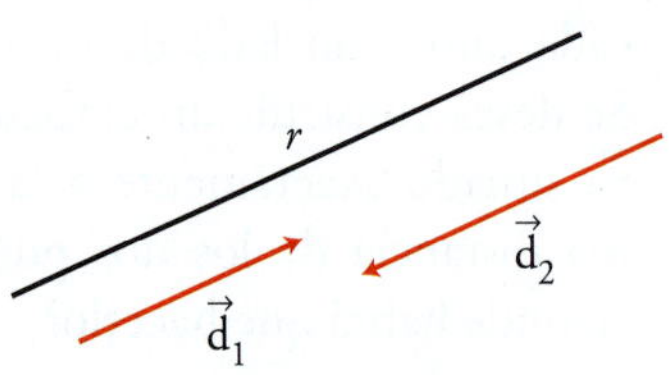

$\vec{d}_1$ y $\vec{d}_2$ son **vectores dirección** de r.

Vector dirección

Los vectores sirven también para marcar las direcciones de las rectas.

Un vector paralelo a una recta se dice que es un **vector dirección** de ella. Cada recta tiene infinitos vectores dirección.

Ejemplo

Cada punto de una recta tiene su vector posición:

$A \rightarrow \overrightarrow{OA}$

$B \rightarrow \overrightarrow{OB}$

Un par de puntos de la recta s determinan un vector dirección:

$\overrightarrow{AB}$ es vector dirección de s

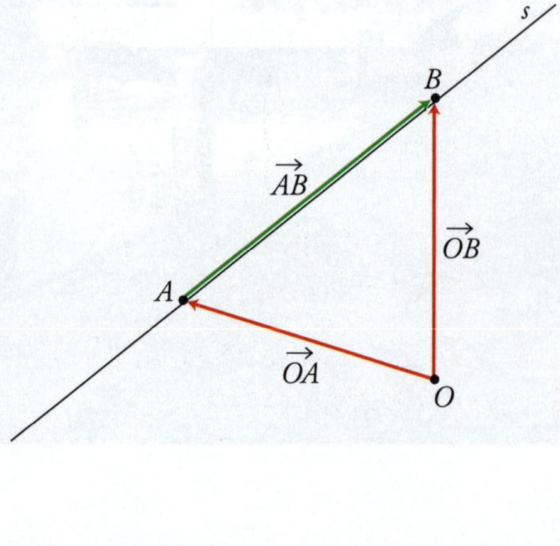

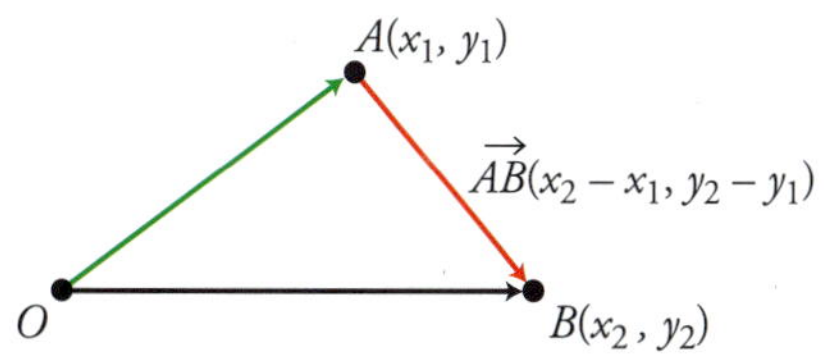

Coordenadas del vector que une dos puntos

$$\vec{OA} + \vec{AB} = \vec{OB}$$

Por tanto, $\vec{AB} = \vec{OB} - \vec{OA}$.

$$\vec{AB} = (x_2, y_2) - (x_1, y_1) = (x_2 - x_1, y_2 - y_1)$$

Las coordenadas del vector $\vec{AB}$ se obtienen restándole a las coordenadas de B las de A:

$$A(x_1, y_1),\ B(x_2, y_2) \rightarrow \vec{AB} = (x_2 - x_1, y_2 - y_1)$$

Por ejemplo, si $P(-5, 3)$ y $Q(7, 1)$, las coordenadas de $\vec{PQ}$ y de $\vec{QP}$ son:

$$\vec{PQ} = (7, 1) - (-5, 3) = (7 + 5, 1 - 3) = (12, -2)$$
$$\vec{QP} = (-5, 3) - (7, 1) = (-5 - 7, 3 - 1) = (-12, 2)$$

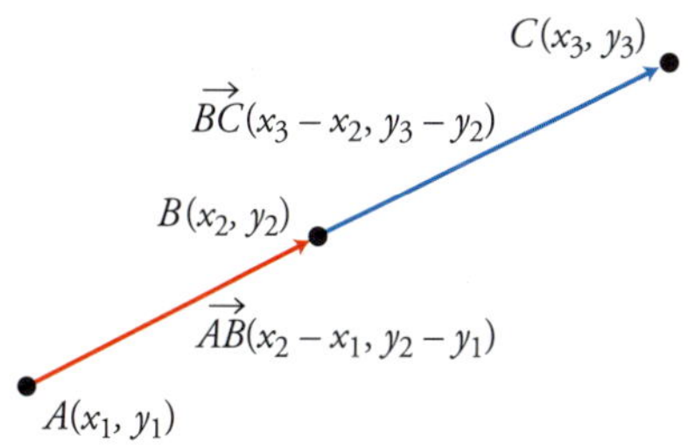

Condición para que tres puntos estén alineados

Los puntos $A(x_1, y_1)$, $B(x_2, y_2)$, $C(x_3, y_3)$ están alineados siempre que los vectores $\vec{AB}$ y $\vec{BC}$ tengan la misma dirección. Esto ocurre cuando sus coordenadas son proporcionales:

$$\frac{x_2 - x_1}{x_3 - x_2} = \frac{y_2 - y_1}{y_3 - y_2}$$

Por ejemplo, para comprobar si los puntos $A(2, -1)$, $B(6, 1)$ y $C(8, 2)$ están alineados, hemos de ver si las coordenadas de los vectores $\vec{AB}$ y $\vec{BC}$ son proporcionales.

$$\left.\begin{array}{l}\vec{AB} = (4, 2)\\ \vec{BC} = (2, 1)\end{array}\right\}$$ Evidentemente son proporcionales: $\frac{4}{2} = \frac{2}{1}$. Por tanto, los puntos A, B y C están alineados.

Ejercicio resuelto

1 *Averiguar el valor de m para que $P(1, 4)$, $Q(5, -2)$ y $R(6, m)$ estén alineados.*

Para que R esté alineado con P y Q, los vectores $\vec{PQ}$ y $\vec{QR}$ han de ser paralelos y, por tanto, sus coordenadas proporcionales.

Hallamos las coordenadas de $\vec{PQ}$ y de $\vec{QR}$:

$$\vec{PQ} = (5, -2) - (1, 4) = (4, -6)$$
$$\vec{QR} = (6, m) - (5, -2) = (1, m + 2)$$

Imponemos la condición de que las coordenadas sean proporcionales:

$$\frac{4}{1} = \frac{-6}{m + 2} \rightarrow m + 2 = \frac{-6}{4} = -1{,}5 \rightarrow m = -3{,}5$$

Hazlo tú. Averigua m para que $P(1, 4)$, $Q(5, -2)$ y $R(m, 0)$ estén alineados.

Ejercicios propuestos

1 Halla las coordenadas de $\vec{MN}$ y $\vec{NM}$, siendo $M(7, -5)$ y $N(-2, -11)$.

2 Averigua si están alineados los puntos $P(7, 11)$, $Q(4, -3)$ y $R(10, 25)$.

3 Calcula el valor de k para que los siguientes puntos de coordenadas

$A(1, 7)$ $B(-3, 4)$ $C(k, 5)$

estén alineados.

Punto medio de un segmento

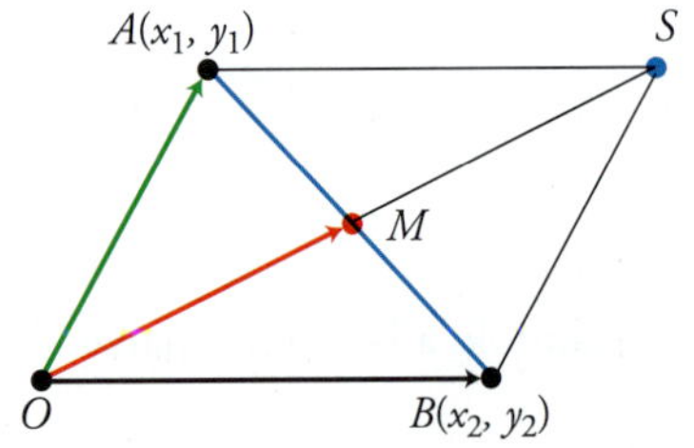

$\overrightarrow{OA} + \overrightarrow{OB} = \overrightarrow{OS}$ es la diagonal del paralelogramo $OASB$.

Las diagonales se cortan en sus puntos medios. Por tanto:

$$\overrightarrow{OM} = \frac{1}{2}\overrightarrow{OS} = \frac{1}{2}(\overrightarrow{OA} + \overrightarrow{OB}) = \left(\frac{x_1 + x_2}{2}, \frac{y_1 + y_2}{2}\right)$$

Las coordenadas del **punto medio,** M, de un segmento de extremos $A(x_1, y_1)$ y $B(x_2, y_2)$ son:

$$M\left(\frac{x_1 + x_2}{2}, \frac{y_1 + y_2}{2}\right)$$

Por ejemplo, las coordenadas del punto medio del segmento de extremos $A(-5, 2)$ y $B(7, -4)$ son $M\left(\frac{-5+7}{2}, \frac{2-4}{2}\right) = (1, -1)$.

Simétrico de un punto respecto de otro

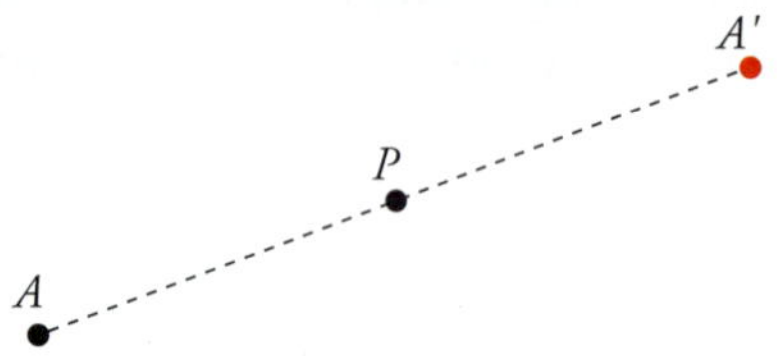

Si A' es el simétrico de A respecto de P, entonces P es el punto medio del segmento AA'. Así, si $A(x, y)$, $P(\alpha, \beta)$, $A'(x', y')$, entonces:

$$\left.\begin{array}{l} \alpha = \dfrac{x + x'}{2} \\ \beta = \dfrac{y + y'}{2} \end{array}\right\}$$ Despejando x' e y' se obtienen las coordenadas de A' en función de las de A y las de P.

Ejercicios resueltos

1 *Hallar el simétrico, A', del punto $A(7, 4)$ respecto de $P(3, -11)$.*

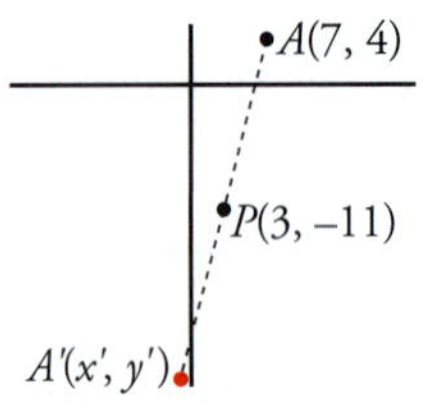

Llamamos (x', y') a las coordenadas de A'. Se cumple que:

$$\left.\begin{array}{l} \dfrac{7 + x'}{2} = 3 \rightarrow x' = -1 \\ \dfrac{4 + y'}{2} = -11 \rightarrow y' = -26 \end{array}\right\} A' = (-1, -26)$$

2 *Dados los puntos $M(7, 4)$ y $N(-2, 1)$, hallar un punto P en el segmento MN tal que la distancia de M a P sea la mitad de la distancia de P a N.*

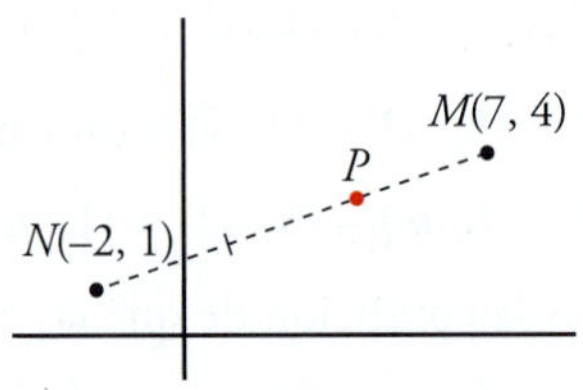

Hallamos las coordenadas de $\overrightarrow{MN}$:

$$\overrightarrow{MN} = (-2, 1) - (7, 4) = (-9, -3)$$

Expresamos $\overrightarrow{MP}$ en función de $\overrightarrow{MN}$:

$$\overrightarrow{MP} = \frac{1}{3}\overrightarrow{MN} = \frac{1}{3}(-9, -3) = (-3, -1)$$

Hallamos las coordenadas del vector $\overrightarrow{OP}$ y, por tanto, del punto P.

$$\overrightarrow{OP} = \overrightarrow{OM} + \overrightarrow{MP} = (7, 4) + (-3, -1) = (4, 3)$$

Las coordenadas del punto P son las del vector $\overrightarrow{OP}$: $(4, 3)$.

Ejercicio propuesto

4 Dados los puntos $P(3, 9)$ y $Q(8, -1)$:

a) Halla el punto medio de PQ.

b) Halla el simétrico de P respecto de Q.

c) Halla el simétrico de Q respecto de P.

d) Obtén un punto A de PQ tal que $\overrightarrow{PA}/\overrightarrow{AQ} = 2/3$.

e) Obtén un punto B de PQ tal que $\overrightarrow{PB}/\overrightarrow{PQ} = 1/5$.

2 Ecuaciones de una recta

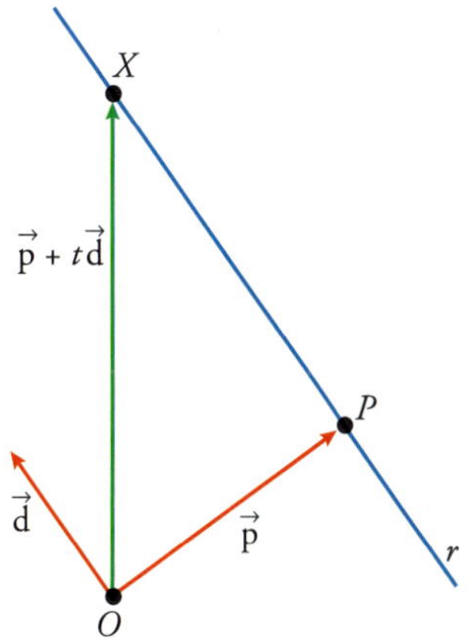

Cualquiera que sea t, el vector $\vec{p} + t\vec{d}$ tiene su extremo sobre la recta r si su origen es O.

Ecuación vectorial

Una recta r queda determinada vectorialmente del siguiente modo:

- Dando un punto P de la recta, lo cual supone dar el vector $\overrightarrow{OP} = \vec{p}$ (**vector posición**).
- Y dando un vector $\vec{d}$ paralelo a la recta (**vector dirección**).

Si se sitúan los vectores $\vec{p}$, $\vec{p} + \vec{d}$, $\vec{p} + 2\vec{d}$, $\vec{p} - \vec{d}$, …, con su origen en O, todos ellos tienen un extremo sobre la recta. En general, $\vec{p} + t\vec{d}$ es un vector que, si se sitúa con su origen en O, tiene su extremo, X, sobre la recta y se desliza sobre ella al variar t.

Ecuación vectorial de la recta:

$\overrightarrow{OX} = \vec{p} + t\vec{d}$
- O es el origen de coordenadas.
- X es un punto variable de la recta.
- $\vec{p}$ es un vector posición que nos sitúa sobre la recta.
- $\vec{d}$ es un vector dirección, paralelo a la recta.
- t es un parámetro. Al variar t, varía X sobre la recta.

Ecuaciones paramétricas

Si en la ecuación vectorial se sustituyen los vectores por sus coordenadas, quedaría así:

$$(x, y) = (p_1, p_2) + t(d_1, d_2)$$

Expresando por separado cada variable, se obtienen dos ecuaciones:

Ecuaciones paramétricas de la recta:

$$\begin{cases} x = p_1 + td_1 \\ y = p_2 + td_2 \end{cases}$$

- (x, y) son las coordenadas de un punto genérico de la recta.
- (p_1, p_2) son las coordenadas de un punto concreto de la recta.
- (d_1, d_2) son las coordenadas de un vector paralelo a la recta.
- t es un parámetro. Para cada valor de t, se obtiene un punto (x, y) de r.

Ten en cuenta

Además de llamar t al parámetro, se le suele llamar s; y también se recurre a las letras griegas λ (lambda) y μ (mu).

Por ejemplo, obtengamos la ecuación vectorial y las ecuaciones paramétricas de la recta r dibujada al lado.

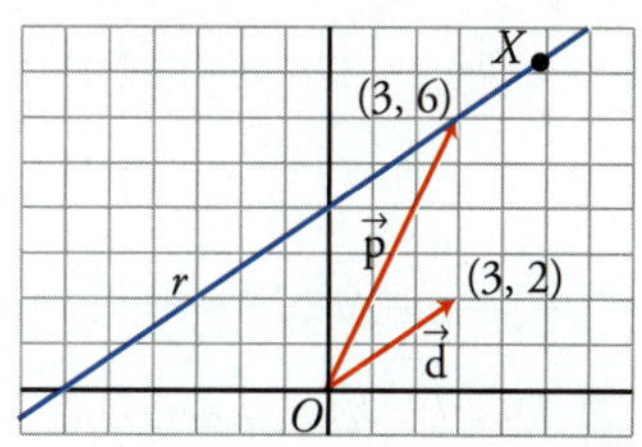

$P(3, 6)$ es un punto de la recta. Por tanto, vector posición $\overrightarrow{OP} = \vec{p}(3, 6)$.

$\vec{d}(3, 2)$ es un vector paralelo a la recta. Por tanto, vector dirección $\vec{d}(3, 2)$.

Ecuación vectorial de r: $\overrightarrow{OX} = \vec{p} + t\vec{d}$

Sustituyendo cada vector por sus coordenadas: $(x, y) = (3, 6) + t(3, 2)$

Expresando por separado cada coordenada se obtienen las **ecuaciones paramétricas:**

$$\begin{cases} x = 3 + 3t \\ y = 6 + 2t \end{cases}$$

En la web

Actividad interactiva para obtener las ecuaciones vectorial y paramétricas de una recta.

Ecuación continua de la recta

Si despejamos el parámetro en cada una de las ecuaciones paramétricas:

$$x = p_1 + td_1 \rightarrow t = \frac{x - p_1}{d_1}; \; y = p_2 + td_2 \rightarrow t = \frac{y - p_2}{d_2}$$

e igualamos, obtenemos la siguiente ecuación:

Ecuación de la recta en **forma continua:**

$$\frac{x - p_1}{d_1} = \frac{y - p_2}{d_2}$$

(p_1, p_2) es el **vector posición.** (d_1, d_2) es el **vector dirección.**

Por ejemplo, para poner en forma continua la recta $\begin{cases} x = 5 - 2t \\ y = -7 + 3t \end{cases}$, despejamos el parámetro t en cada una de las dos ecuaciones e igualamos:

$$\left.\begin{array}{l} x = 5 - 2t \rightarrow t = \dfrac{x-5}{-2} \\ y = -7 + 3t \rightarrow t = \dfrac{y+7}{3} \end{array}\right\} \frac{x-5}{-2} = \frac{y+7}{3}$$

Observa que si una de las coordenadas del vector dirección es 0, por ejemplo, $\vec{p}(4, -2)$, $\vec{d}(5, 0)$, la ecuación en forma continua quedaría así:

$$\frac{x-4}{5} = \frac{y+2}{0}$$

El 0 en el denominador es matemáticamente incorrecto, pues no se puede dividir por 0. Sin embargo, se puede admitir esta igualdad como expresión simbólica.

¡Atención!

Una expresión como esta:

$$\frac{x-4}{5} = \frac{y+2}{0}$$

es una gran incorrección matemática. Sin embargo, en este contexto se admite como expresión simbólica: significa que un vector dirección de la recta es $\vec{d}(5, 0)$.

Ejercicios resueltos

1 *Obtener las ecuaciones paramétricas de la recta que pasa por $P(-2, 5)$ y $Q(1, 7)$. Dar, también, su ecuación en forma continua.*

Vector posición: un punto de la recta, $\vec{p}(-2, 5)$

Vector dirección: une dos puntos de la recta, $\vec{d} = \overrightarrow{PQ} = (1, 7) - (-2, 5) = (3, 2)$

EC. PARAMÉTRICAS	EC. EN FORMA CONTINUA
$\begin{cases} x = -2 + 3\lambda \\ y = 5 + 2\lambda \end{cases}$	$\dfrac{x+2}{3} = \dfrac{y-5}{2}$

Hazlo tú. Obtén las ecuaciones paramétricas y la ecuación continua de la recta que pasa por los puntos $P(7, -4)$ y $Q(3, 2)$.

2 *Dar las ecuaciones paramétricas de la recta r dada su forma continua:*

$$r: \frac{x}{2} = \frac{y+3}{0}$$

Los numeradores ayudan a obtener un vector posición, $\vec{p}(0, -3)$.

Los denominadores son las coordenadas de un vector dirección, $\vec{d}(2, 0)$.

ECUACIONES PARAMÉTRICAS

$$\begin{cases} x = 0 + 2\lambda \\ y = -3 + 0\lambda \end{cases} \text{ o bien } \begin{cases} x = 2\lambda \\ y = -3 \end{cases}$$

Hazlo tú. Obtén las ecuaciones paramétricas de la recta $\dfrac{x-5}{0} = \dfrac{y}{-7}$.

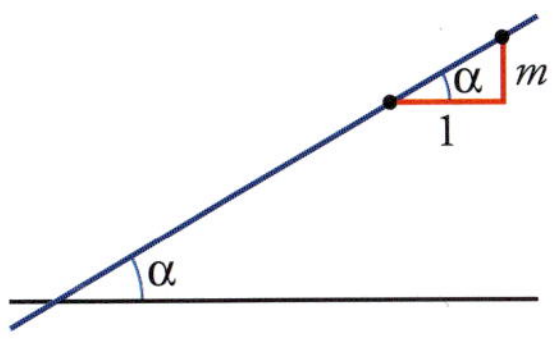

Si m es la pendiente de r, entonces el vector $(1, m)$ es paralelo a r, y recíprocamente.

Ecuación explícita de la recta. Pendiente

En las ecuaciones en forma continua de todas las rectas, salvo en las paralelas al eje Y, se puede despejar la y obteniéndose una ecuación de la siguiente forma:

Ecuación explícita de la recta:

$$y = mx + n \quad \begin{cases} m \text{ es la } \textit{pendiente} \text{ de la recta} \\ n \text{ es la ordenada en el origen} \end{cases}$$

La pendiente de una recta es el incremento de la ordenada cuando la abscisa aumenta una unidad. Así, si m es la pendiente de una recta, $(1, m)$ es un vector dirección.

Ejemplo 1. Hallar la ecuación explícita de la recta: $\begin{cases} x = 2 - 3t \\ y = 1 + t \end{cases}$

Ponemos la recta en forma continua y despejamos la y:

$$\frac{x-2}{-3} = \frac{y-1}{1} \rightarrow x - 2 = -3(y - 1) \rightarrow -3y + 3 = x - 2 \rightarrow y = -\frac{1}{3}x + \frac{5}{3}$$

Ejemplo 2. Dar las ecuaciones paramétricas de $r: y = 2x - 7$.

Su pendiente es 2. Por tanto, $(1, 2)$ es un vector dirección.

Hallamos un punto cualquiera: $x = 0 \rightarrow y = -7$. Un punto de r: $P(0, -7)$.

Ecuaciones paramétricas $r: \begin{cases} x = 0 + t \\ y = -7 + 2t \end{cases}$

Recuerda

La pendiente de una recta que pasa por $A(x_1, y_1)$ y $B(x_2, y_2)$ es:

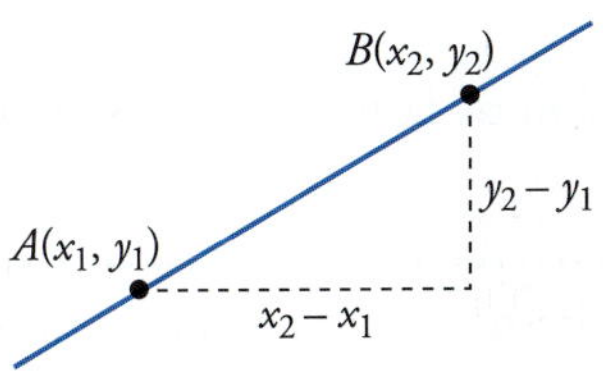

$$m = \frac{y_2 - y_1}{x_2 - x_1}$$

Ecuación de la recta en **forma punto-pendiente:**

$$y = m(x - x_0) + y_0 \quad \begin{cases} m \text{ es la } \textit{pendiente} \text{ de la recta} \\ P(x_0, y_0) \text{ es un punto de la recta} \end{cases}$$

Por ejemplo, la ecuación punto-pendiente de la recta que pasa por $A(5, -1)$ y $B(7, 4)$ será:

$$m = \frac{4-(-1)}{7-5} = \frac{5}{2} \rightarrow \text{Ecuación: } y = \frac{5}{2}(x - 5) - 1$$

Ecuación implícita de la recta

La expresión $Ax + By + C = 0$ es la **ecuación general** o **ecuación implícita** de una recta.

El vector de coordenadas (A, B) es perpendicular a la recta. Se denomina **vector normal** a la recta.

Conociendo un vector normal a r, (A, B), y un punto de r, (x_0, y_0), hallamos su ecuación así: $A(x - x_0) + B(y - y_0) = 0$

Ejemplo 1. Para poner de forma implícita $\frac{x-2}{-3} = \frac{y-1}{5}$ no hay más que operar:

$$5(x - 2) = -3(y - 1) \rightarrow 5x - 10 = -3y + 3 \rightarrow 5x + 3y - 13 = 0$$

El vector $(5, 3)$ es perpendicular a la recta.

Ejemplo 2. De una recta conocemos un punto $P(2, 1)$ y un vector normal $(5, 3)$. Su forma implícita es: $5(x - 2) + 3(y - 1) = 0 \rightarrow 5x + 3y - 13 = 0$

En la web

Demostración de que el vector (A, B) es perpendicular a la recta $r: Ax + By + C = 0$.

En la web

Actividad interactiva para obtener las ecuaciones continua y general de una recta.

Ejercicios resueltos

1 *Expresar de todas las formas posibles la ecuación de la recta que pasa por A(–2,1) y B(5, 4).*

Con el vector posición, $\overrightarrow{OA}$, y el vector dirección, $\overrightarrow{AB}$, se ponen, directamente, las ecuaciones paramétricas y en forma continua.

Vector dirección: $\overrightarrow{AB} = (5, 4) - (-2, 1) = (7, 3)$

- **Ecuaciones paramétricas:** $\begin{cases} x = -2 + 7t \\ y = 1 + 3t \end{cases}$

- **Ecuación en forma continua:** $\dfrac{x+2}{7} = \dfrac{y-1}{3}$

- **Ecuación implícita**

  A partir de la ecuación en forma continua, operando, se obtiene la ecuación implícita:

  $3(x + 2) = 7(y - 1) \rightarrow 3x - 7y + 13 = 0$

- **Ecuación explícita**

  La ecuación explícita se obtiene de la implícita, despejando la y:

  $y = \dfrac{3}{7}x + \dfrac{13}{7}$

- **Ecuación punto-pendiente**

  Esta es otra forma de la ecuación explícita. La pendiente de la recta se halla a partir de las coordenadas de los puntos A y B:

  Pendiente de la recta que pasa por A y $B \rightarrow m = \dfrac{4-1}{5-(-2)} = \dfrac{3}{7}$

  $y = \dfrac{3}{7}(x + 2) + 1$

Hazlo tú. Obtén todas las formas posibles de la ecuación de la recta que pasa por $A(-2, 5)$ y $B(3, -5)$.

2 *Obtener la ecuación implícita de la siguiente recta:*

$$r: \begin{cases} x = 3 + 2t \\ y = 4 - 3t \end{cases}$$

Los vectores posición, $\vec{p}(3, 4)$, y dirección, $\vec{d}(2, -3)$ permiten poner la ecuación continua inmediatamente.

A partir de ella, operando, se obtiene la ecuación implícita:

$$\frac{x-3}{2} = \frac{y-4}{-3} \rightarrow -3(x-3) = 2(y-4) \rightarrow -3x + 9 = 2y - 8 \rightarrow 3x + 2y - 17 = 0$$

Observamos que el vector $(3, 2)$ es normal (perpendicular) a r.

Otra forma de resolverlo

Recordamos que si conocemos un vector normal a una recta y un punto de ella, $(A, B) \perp r$ y $P(x_0, y_0) \in r$, entonces, la ecuación de la recta se obtiene así:

$$A(x - x_0) + B(y - y_0) = 0$$

El vector $(2, -3)$ es paralelo a r. Por tanto, $(3, 2)$ es normal a r.

Puesto que $(3, 4)$ es un punto de r, la ecuación implícita será:

$$3(x - 3) + 2(y - 4) = 0 \rightarrow 3x + 2y - 17 = 0$$

Hazlo tú. Obtén la ecuación implícita de $r: \begin{cases} x = 5t \\ y = 4 - t \end{cases}$.

Ejercicios resueltos

3 *Obtener las ecuaciones paramétricas de la recta $r: y = 5x - 4$.*

Para obtener las ecuaciones paramétricas hemos de hallar un punto (vector posición) y un vector dirección.

Para hallar un punto cualquiera de la recta damos, por ejemplo, el valor 1 a la x:

$$x = 1 \rightarrow y = 5 \cdot 1 - 4 = 1$$

El punto (1, 1) es de r.

Por otro lado, si la pendiente es 5, el vector $(1, 5)$ es paralelo a r. El vector $(1, 5)$ es el vector dirección.

Por tanto, las ecuaciones paramétricas son $r: \begin{cases} x = 1 + t \\ y = 1 + 5t \end{cases}$.

Otra forma de resolverlo

Le damos a x el valor del parámetro $\rightarrow x = t$

Por tanto, $y = 5t - 4$

Las ecuaciones paramétricas así obtenidas son $r: \begin{cases} x = t \\ y = -4 + 5t \end{cases}$.

¿Coinciden ambas soluciones?

En las dos el vector dirección es el mismo. Y ambas pasan por el punto (1, 1). En la de arriba se obtiene haciendo $t = 0$ y en la de abajo haciendo $t = 1$. Por tanto, coinciden las rectas obtenidas por ambos procedimientos.

Hazlo tú. Da las ecuaciones paramétricas de la recta $y = -2x + 7$.

4 *Hallar las ecuaciones paramétricas y la ecuación implícita de esta recta:*

$$\frac{x}{3} = \frac{y}{0}$$

Para las ecuaciones paramétricas necesitamos los vectores posición (un punto de la recta) y dirección (un vector paralelo a la recta).

En la ecuación en forma continua ambos vectores se aprecian a simple vista:

Vector posición: $\vec{p}(0, 0)$. Vector dirección: $\vec{d}(3, 0)$

Las ecuaciones paramétricas son $\begin{cases} x = 3t \\ y = 0 \end{cases}$.

La ecuación implícita se obtiene directamente de las ecuaciones paramétricas eliminando el parámetro. En este caso, en la segunda ecuación ya está eliminado el parámetro. Luego esa es la ecuación implícita: $y = 0$

También se puede obtener operando sobre la ecuación continua:

$$0 \cdot x = 3y \rightarrow 3y = 0 \rightarrow y = 0$$

Hazlo tú. Halla las ecuaciones paramétricas e implícita de la recta $\dfrac{x-5}{0} = \dfrac{y+1}{2}$.

Ejercicios propuestos

1 Halla las ecuaciones paramétricas, continua, implícita y explícita de la recta que pasa por A y B, en cada caso:

a) $A(-1, -1)$, $B(3, 3)$ b) $A(0, 4)$, $B(6, 0)$

c) $A(3, 5)$, $B(-1, 5)$ d) $A(3, 5)$, $B(3, 2)$

2 Obtén las ecuaciones implícita, paramétricas y continua de la recta $y = 2x + 3$.

3 a) Encuentra dos puntos, P y Q, pertenecientes a la recta $r: 2x - 3y + 6 = 0$.

b) Comprueba que $\overrightarrow{PQ}$ es perpendicular a $(2, -3)$.

c) Escribe las ecuaciones paramétricas de r.

d) Escribe su ecuación explícita y comprueba que el vector $(1, m)$ es paralelo a $\overrightarrow{PQ}$ (m es la pendiente de r).

En la web Ejercicios para reforzar las ecuaciones de la recta.

3 Haz de rectas

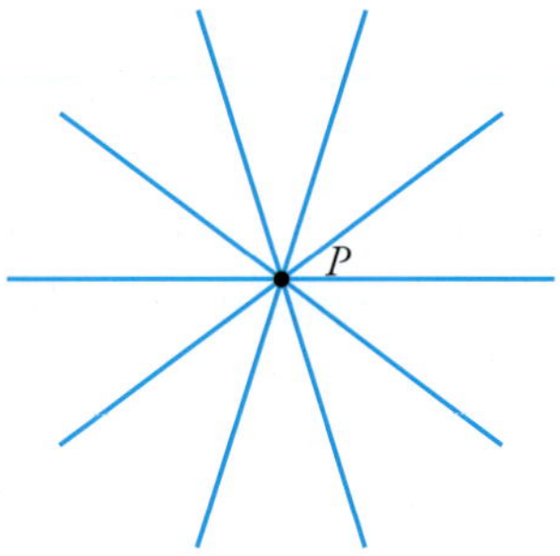

Al conjunto de todas las rectas que pasan por un punto P se le llama **haz de rectas de centro P.**

La expresión analítica del haz de rectas de centro $P(x_0, y_0)$ es:

$$k(x - x_0) + k'(y - y_0) = 0$$

A partir de esta expresión, dando valores a los parámetros k y k', se obtienen las distintas rectas del haz. Por ejemplo:

Para $k = 0$ y $k' = 1 \rightarrow y - y_0 = 0 \rightarrow y = y_0$ (paralela al eje X).

Para $k = 1$ y $k' = 0 \rightarrow x - x_0 = 0 \rightarrow x = x_0$ (paralela al eje Y).

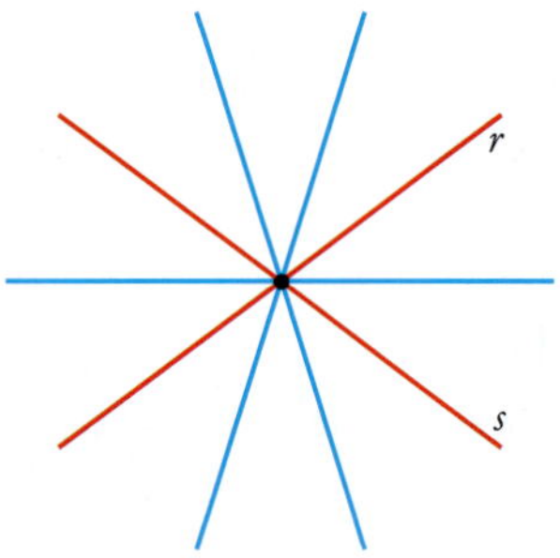

No podemos dar los valores $k = 0$, $k' = 0$.

El haz de rectas de centro $P(x_0, y_0)$ también puede expresarse en función de una pendiente m variable:

$$y = y_0 + m(x - x_0)$$

En esta expresión falta la recta $x = x_0$ que hay que añadir.

Finalmente, si lo que conocemos son dos rectas pertenecientes al haz, $r: ax + by + c = 0$ y $s: a'x + b'y + c' = 0$, el haz puede ponerse así:

$$k(ax + by + c) + k'(a'x + b'y + c') = 0$$

Ejercicio resuelto

1 *a) Determinar la expresión del haz de rectas de centro $P(5, -1)$.*

b) ¿Para qué valores de los parámetros del haz anterior se obtiene la recta que pasa por $Q(7, 4)$? ¿Cuál es la ecuación de esta recta?

a) La expresión analítica del haz de centro $P(5, -1)$ es: $k(x - 5) + k'(y + 1) = 0$

b) ¿Cuál de las rectas anteriores pasa por $Q(7, 4)$?

$$k(7 - 5) + k'(4 + 1) = 0 \rightarrow 2k + 5k' = 0$$

Una solución de la ecuación $2k + 5k' = 0$ es $k = 5$, $k' = -2$. Sustituyéndola en la ecuación inicial, obtenemos: $5(x - 5) - 2(y + 1) = 0 \rightarrow 5x - 2y - 27 = 0$

La recta $5x - 2y - 27 = 0$ es la buscada.

¿Qué pasaría si tomásemos *otra solución* de la ecuación $2k + 5k' = 0$? Por ejemplo, $k' = 1$, $k = -5/2$. Como es natural, la recta obtenida es la misma (compruébalo).

Observación: Si nos pidieran directamente cuál de las rectas del haz de centro P pasa por Q, hallaríamos, simplemente, la ecuación de la recta que pasa por los puntos P y Q:

Su pendiente es: $\dfrac{4-(-1)}{7-5} = \dfrac{5}{2}$. La ecuación de la recta pedida sería:

$$y = -1 + \frac{5}{2}(x - 5)$$

que, obviamente, coincide con la anterior.

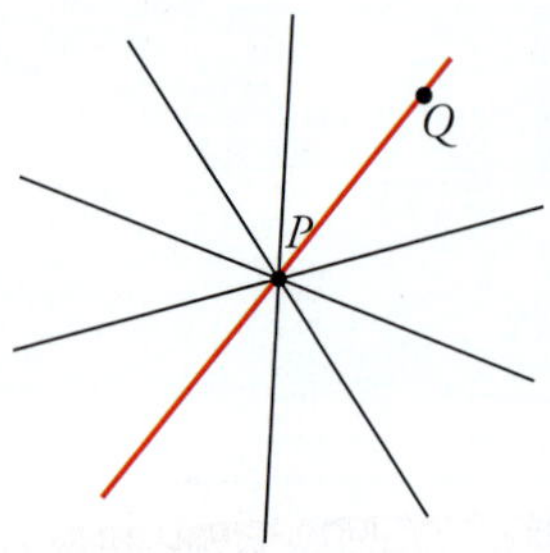

Ejercicios propuestos

1 Halla la recta del haz de centro $P(-3, 5)$ que pasa por $(8, 4)$.

2 Los haces de rectas cuyos centros son $P(4, 0)$ y $Q(-6, 4)$ tienen una recta en común. ¿Cuál es?

3 Las siguientes rectas:

$$r: 3x - 5y - 7 = 0 \qquad s: x + y + 4 = 0$$

forman parte de un mismo haz. ¿Cuál de las rectas de ese haz tiene pendiente 4?

4 Reflexiones sobre ecuaciones con y sin "parámetros"

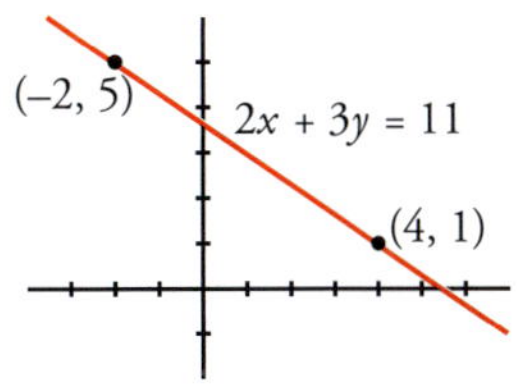

Ecuaciones sin parámetros

Una ecuación es una restricción

La ecuación $2x + 3y = 11$ significa "el conjunto de todos los puntos del plano, de coordenadas (x, y), que cumplen la condición de que $2x + 3y$ es igual a 11". Sabemos que todos esos puntos están sobre una recta. Por eso decimos que $2x + 3y = 11$ es la *ecuación* de esa recta.

Una ecuación es, pues, una restricción, un mandato que damos a las coordenadas (x, y). De todos los puntos del plano (x, y) seleccionamos solo aquellos que están sometidos a esa restricción.

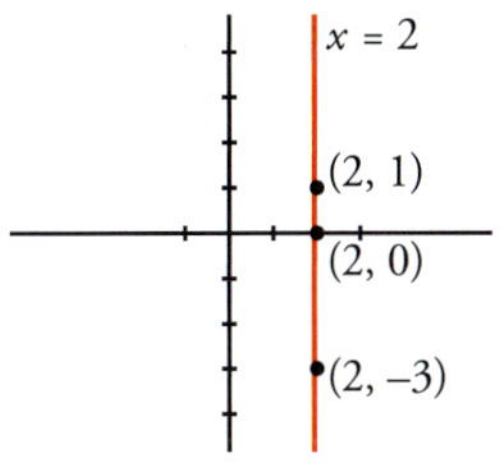

Si en una ecuación no aparece una de las variables

¿Qué ocurre cuando una de las variables no aparece en la ecuación? Pues, sencillamente, que esa variable no está sometida a ninguna restricción, que se mueve libremente. En cambio, la otra está completamente fijada:

$$3x + 5 = 11 \;\rightarrow\; 3x = 6 \;\rightarrow\; x = 2$$

La y se mueve libremente mientras que la x solo puede valer 2.

Ecuaciones paramétricas

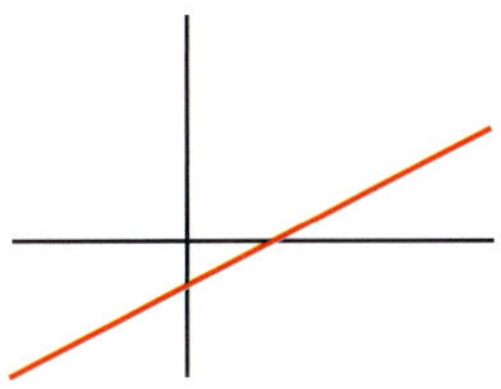

- En las ecuaciones paramétricas estamos obligados a dar cuenta de las dos variables por separado. ¿Cómo se relaciona una con otra? Mediante un parámetro, t, que tienen que compartir. Por ejemplo:

  $\begin{cases} x = 4 + 2t \\ y = 1 + t \end{cases}$ Para cada valor de t obtenemos un punto (x, y): $t = 4 \rightarrow (12, 5)$
  Para cada x obtenemos un y: $x = 10 \rightarrow t = 3 \rightarrow y = 4$

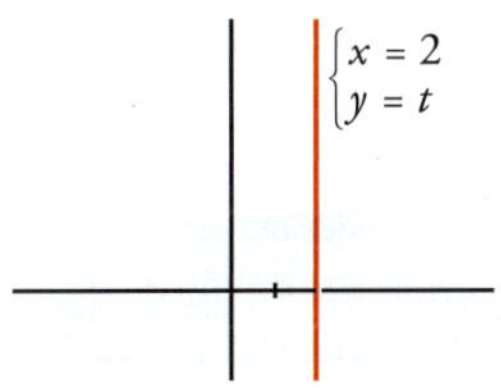

- ¿Y si quisiéramos darle total libertad a una de las dos variables? Pues le daríamos el parámetro para ella sola. Entonces, la otra se queda sin parámetro y, por tanto, toma un valor fijo. Por ejemplo:

  $\begin{cases} x = 2 \\ y = t \end{cases}$ Es la misma recta que hemos visto arriba, con ecuación implícita $x = 2$.

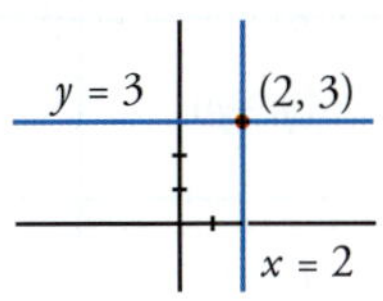

- ¿Qué ocurriría si suprimiéramos el parámetro de ambas ecuaciones? Por ejemplo:

  $\begin{cases} x = 2 \\ y = 3 \end{cases}$ Fijadas las dos coordenadas, lo que se obtiene es el punto (2, 3). (En estas ecuaciones paramétricas sin parámetro, cada ecuación da cuenta del valor de una variable).

  Si el par de igualdades anterior se interpretara como dos ecuaciones implícitas, la primera significaría la recta antes descrita, y la segunda, otra recta perpendicular a ella. Se cortan en el punto (2, 3), que es la solución del sistema de ecuaciones formado por ambas.

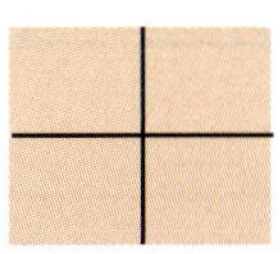

- Por último, ¿qué ocurre si le damos un parámetro a cada variable?

  $\begin{cases} x = s \\ y = t \end{cases}$ Pues que cada una de ellas se mueve con total libertad, sin tener en cuenta a la otra. Se obtiene, así, cualquier punto del plano.

Ejercicio propuesto

1 Representa.

a) $x = 5$ b) $\begin{cases} x = 5 \\ y = \lambda \end{cases}$ c) $\begin{cases} x = 5 \\ y = 2 \end{cases}$ d) $y = 2$ e) $\begin{cases} x = \lambda \\ y = \lambda \end{cases}$ f) $\begin{cases} x = \lambda \\ y = \mu \end{cases}$

5 Paralelismo y perpendicularidad

Vector dirección y vector normal

Dos rectas son paralelas o perpendiculares si lo son sus *vectores dirección*. También se puede detectar su paralelismo o su perpendicularidad a partir de los vectores normales a las rectas.

Veamos cómo se obtiene un vector paralelo a una recta o un vector normal a ella según la forma en que la recta nos venga dada:

- Si la recta viene dada en **paramétricas** o en **forma continua.**

  Paramétricas: $\begin{cases} x = x_0 + pt \\ y = y_0 + qt \end{cases}$ Forma continua: $\dfrac{x - x_0}{p} = \dfrac{y - y_0}{q}$

  Vector dirección: $\vec{d}(p, q) \rightarrow$ Vector normal: $\vec{n}(q, -p)$

  Por ejemplo, en la recta $r: \begin{cases} x = 5 - 3t \\ y = 1 + 2t \end{cases}$, o bien $r: \dfrac{x-5}{-3} = \dfrac{y-1}{2}$, obtenemos:

  Vector dirección: $(-3, 2) \parallel r \rightarrow$ Vector normal: $(2, 3) \perp r$

- Si la recta viene dada en **forma implícita,** $Ax + By + C = 0$, entonces el vector $\vec{n}(A, B)$ es perpendicular a la recta y el vector $\vec{d}(B, -A)$, paralelo a ella.

  Por ejemplo, en la recta $r: 2x + 3y - 13 = 0$:

  Vector normal: $(2, 3) \perp r \rightarrow$ Vector dirección: $(3, -2) \parallel r$

- Si la recta está en **forma explícita,** $y = mx + n$, el vector $\vec{d}(1, m)$ es paralelo a ella y, por tanto, $\vec{n}(m, -1)$ es perpendicular.

  Es decir, si m es la pendiente de r, $-\dfrac{1}{m}$ es la pendiente de las rectas perpendiculares a r.

  Por ejemplo, $r: y = 3x + 5$. La pendiente es $m = 3$.

  Vector dirección: $(1, 3) \parallel r \rightarrow$ Vector normal: $(3, -1) \perp r$

  Por tanto, $-\dfrac{1}{3}$ es la pendiente de las rectas perpendiculares a r.

En resumen:

TIPO DE ECUACIÓN	EXPRESIÓN ANALÍTICA	VECTOR DIRECCIÓN	VECTOR NORMAL	PENDIENTE
Paramétricas	$\begin{cases} x = x_0 + pt \\ y = y_0 + qt \end{cases}$	(p, q)	$(q, -p)$	$\dfrac{q}{p}$
Forma continua	$\dfrac{x - x_0}{p} = \dfrac{y - y_0}{q}$	(p, q)	$(q, -p)$	$\dfrac{q}{p}$
Implícita	$Ax + By + C = 0$	$(B, -A)$	(A, B)	$-\dfrac{A}{B}$
Explícita	$y = mx + n$	$(1, m)$	$(m, -1)$	m

Ten en cuenta

Si m es la pendiente de r, $-\dfrac{1}{m}$ es la pendiente de las rectas perpendiculares a r.

Dicho de otra forma; si m_1 es la pendiente de r_1 y m_2 es la pendiente de r_2, entonces:

$$r_1 \perp r_2 \leftrightarrow m_1 \cdot m_2 = -1$$

Recuerda

Si $\vec{u}$ es el vector dirección de una recta r_1 y $\vec{v}$ el de una recta r_2:

$$r_1 \perp r_2 \Leftrightarrow \vec{u} \cdot \vec{v} = 0$$

En la web

Ejercicios para reforzar el estudio del paralelismo y de la perpendicularidad entre rectas.

Ejercicios propuestos

1 ¿Verdadero o falso? Cada una de las siguientes rectas es paralela a $\dfrac{x-2}{5} = \dfrac{y-1}{2}$:

a) $2x + 5y - 4 = 0$ b) $5x + 2y = 0$ c) $2x - 5y + 1 = 0$

d) $y = \dfrac{5}{2}x + 4$ e) $y = \dfrac{-5}{2}x + 1$ f) $y = \dfrac{2}{5}x - 3$

2 ¿Verdadero o falso? Cada una de las siguientes rectas es perpendicular a $x - 2y + 4 = 0$:

a) $\begin{cases} x = y + t \\ y = 1 - 2t \end{cases}$ b) $\begin{cases} x = 1 - 2t \\ y = 3 + t \end{cases}$ c) $\begin{cases} x = t \\ y = 2t \end{cases}$

d) $y = 2x + 1$ e) $y = -2x + 3$ f) $y = \dfrac{x}{2}$

Ejercicios resueltos

1 *Dada la recta* $r: \begin{cases} x = 3 + 5t \\ y = 7 - 2t \end{cases}$, *hallar:*

a) Una recta r_1 *paralela a* r *que pase por* $P(6, 4)$.

b) Una recta r_2 *perpendicular a* r *que pase por* $P(6, 4)$.

a) Un vector dirección de r es $(5, -2) \to (5, -2) \parallel r$.

Por tanto, $(5, -2) \parallel r_1 \to r_1: \begin{cases} x = 6 + 5t \\ y = 4 - 2t \end{cases}$

b) $(-2, -5) \perp r \to (-2, -5) \parallel r_2 \to r_2: \begin{cases} x = 6 - 2t \\ y = 4 - 5t \end{cases}$

Hazlo tú. Halla una paralela y una perpendicular a $r: \frac{x+5}{3} = \frac{y-1}{-2}$ que pasen por $(7, -5)$.

2 *Dada la recta* $r: 3x - 7y + 10 = 0$, *hallar:*

a) Las ecuaciones paramétricas de r_1 *perpendicular a* r *que pase por* $P(2, -4)$.

b) La ecuación explícita de r_2 *paralela a* r *que pase por* $(0, 0)$.

a) $(3, -7) \perp r$ pues es su vector normal $\to (3, -7) \parallel r_1 \to r_1: \begin{cases} x = 2 + 3t \\ y = -4 - 7t \end{cases}$

b) Pendiente de $r = \frac{-3}{-7} = \frac{3}{7} \to$ Pendiente de $r_2 = \frac{3}{7}$

r_2 pasa por $(0, 0)$. Por tanto, $r_2: y = \frac{3}{7}x$

Hazlo tú. Halla la recta $r_1 \parallel r: 5x - y + 4 = 0$ que pase por $(3, -5)$; y la recta $r_2 \perp r$ que pase por $(0, 0)$.

3 *Dada* $r: \begin{cases} x = 2 + 5t \\ y = -1 - 2t \end{cases}$, *hallar:*

a) La ecuación continua de una recta r_1 *perpendicular a* r *que pase por* $P(3, -2)$.

b) La ecuación implícita de r_2 *paralela a* r *que pase por* $Q(7, 4)$.

c) La ecuación explícita de r_3 *paralela a* r *que pase por* $S(7, 4)$.

a) Un vector dirección de r es $(5, -2) \to (2, 5) \perp r$.

Por tanto, $(2, 5) \parallel r_1 \to r_1: \frac{x-3}{2} = \frac{y+2}{5}$

b) Para la ecuación implícita necesitamos el vector normal: $(2, 5) \perp r \to (2, 5) \perp r_2$

$r_2: 2(x - 7) + 5(y - 4) = 0 \to r_2: 2x + 5y - 34 = 0$

c) $(5, -2) \parallel r \to (5, -2) \parallel r_3 \to$ La pendiente de r_3 es $-\frac{2}{5}$.

Por tanto, $r_3: y = -\frac{2}{5}(x - 7) + 4 \to y = -\frac{2}{5}x + \frac{34}{5}$

Hazlo tú. Dada la recta $r: \frac{x+5}{2} = \frac{y}{-5}$, halla: a) Las ecuaciones paramétricas de $r_1 \perp r$ que pase por $(-2, 0)$; b) La ecuación implícita de $r_2 \parallel r$ que pase por $(0, -3)$; c) La ecuación explícita de $r_3 \parallel r$ que pase por $(-3, 5)$.

Ejercicios propuestos

3 Escribe las ecuaciones paramétricas de dos rectas que pasen por $P(4, -3)$ y sean paralela y perpendicular, respectivamente, a $r: \begin{cases} x = 2 - 5t \\ y = 4 + 2t \end{cases}$.

4 Dada la recta $r: y = -2x + 5$, halla:

a) Las ecuaciones paramétricas de una recta r_1 paralela a r que pase por $(0, -2)$.

b) La ecuación explícita de una recta r_2 paralela a r y de otra r_3, perpendicular a r y que ambas pasen por $(0, 1)$.

c) La ecuación implícita de una recta r_4, perpendicular a r y que pase por $(-2, 5)$.

5 Dada $s: \begin{cases} x = 5 - t \\ y = 3t \end{cases}$, halla:

a) La ecuación continua de una recta r_1 perpendicular a s que pase por $P_1(5, -3)$.

b) La ecuación implícita de r_2 paralela a s que pase por $P_2(0, 4)$.

c) La ecuación explícita de r_3 perpendicular a s que pase por $P_3(-3, 0)$.

6 Determina las ecuaciones implícitas de dos rectas que pasen por $P(-3, 4)$ y sean paralela y perpendicular, respectivamente, a $r: 5x - 2y + 3 = 0$.

En la web Ejercicios interactivos de paralelismo y perpendicularidad.

6 Posiciones relativas de dos rectas

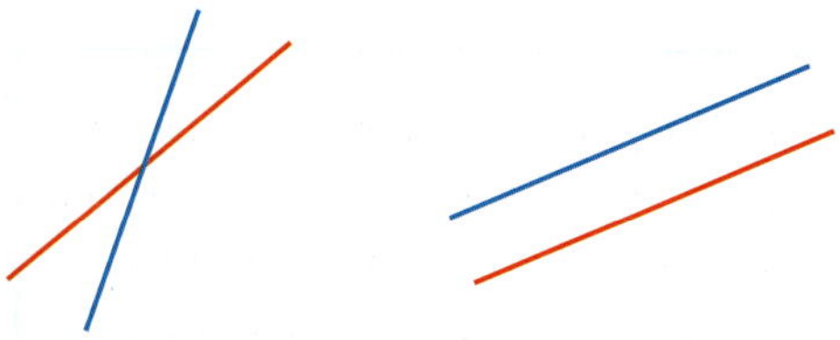

Dos rectas del plano dadas por sus ecuaciones pueden cortarse, ser paralelas o coincidir. ¿Cómo averiguar cuál es su posición relativa?

Sus vectores dirección nos dicen si son paralelas (o coincidentes) o bien si se cortan. En este caso habrá que hallar su punto de corte resolviendo el sistema formado por sus ecuaciones.

Veamos, con unos ejemplos, los distintos casos que pueden darse.

Ejercicios resueltos

1 *Determinar la posición relativa y el punto de corte, si existe, de estas rectas:*

$$r_1: \begin{cases} x = 5 - t \\ y = 3t \end{cases}$$

$$r_2: \begin{cases} x = -1 + 2t \\ y = 6 - 3t \end{cases}$$

Sus vectores dirección son (–1, 3) y (2, –3). Evidentemente no son paralelos. Por tanto, las rectas se cortan.

Para averiguar el punto de corte, resolvemos el sistema que forman. Para ello, igualamos las x de ambas rectas (una ecuación) y las y (otra ecuación).

Pero, **¡muy importante!,** en una de ellas cambiamos el parámetro ya que **cuando se manejan simultáneamente dos rectas dadas en paramétricas, sus parámetros han de ser distintos.**

$$\left.\begin{array}{r} 5 - t = -1 + 2s \\ 3t = 6 - 3s \end{array}\right\} \quad \left.\begin{array}{r} t + 2s = 6 \\ 3t + 3s = 6 \end{array}\right\} \quad \left.\begin{array}{r} t + 2s = 6 \\ t + s = 2 \end{array}\right\} \quad \begin{array}{l} s = 4 \\ t = -2 \end{array}$$

Sustituyendo $t = -2$ en las ecuaciones de r_1, se obtiene el punto de corte.

$$\begin{cases} x_0 = 5 - (-2) = 7 \\ y_0 = 3(-2) = -6 \end{cases}$$ Las rectas se cortan en el punto (7, –6).

Lo mismo habríamos obtenido sustituyendo $s = 4$ en r_2.

Hazlo tú. Determina la posición relativa y el punto de corte, si existe, de las rectas

$$r_1: \begin{cases} x = 1 + 2t \\ y = -5 - 5t \end{cases} \text{ y } r_2: \begin{cases} x = -4 + t \\ y = 6 - t \end{cases}.$$

2 *Hallar la posición relativa de las siguientes rectas:*

$$r_1: \begin{cases} x = 2 + t \\ y = 5 - 3t \end{cases}$$

$$r_2: \begin{cases} x = 2t \\ y = 3 - 6t \end{cases}$$

Sus vectores dirección son (1, –3) y (2, –6), paralelos. Por tanto, las rectas son paralelas o coincidentes. Para averiguarlo, tomamos un punto de r_1 y comprobamos si pertenece a r_2:

$$(2, 5) \text{ es de } r_1 \rightarrow \left.\begin{cases} 2 = 2t \rightarrow t = 1 \\ 5 = 3 - 6t \rightarrow t = -1/3 \end{cases}\right\} \text{ No hay solución.}$$

El punto de r_1 no pertenece a r_2. Por tanto, r_1 y r_2 son paralelas.

Hazlo tú. Halla la posición relativa de las rectas $r_1: \begin{cases} x = 2t \\ y = 1 + 5t \end{cases}$ y $r_2: \begin{cases} x = 8 + 4t \\ y = 3 + 10t \end{cases}$.

3 *Determinar la posición relativa de estas rectas:*

$$r_1: \begin{cases} x = 2 + t \\ y = 5 - 3t \end{cases}$$

$$r_2: \begin{cases} x = 2t \\ y = 11 - 6t \end{cases}$$

Observando los vectores dirección se deduce que r_1 y r_2 son paralelas o coincidentes. Tomamos un punto de r_1 y analizamos si pertenece a r_2:

$$(2, 5) \text{ es de } r_1 \rightarrow \begin{cases} 2 = 2t \rightarrow t = 1 \\ 5 = 11 - 6t \rightarrow t = 1 \end{cases}$$

Para $t = 1$ se obtiene el punto (2, 5) en r_2. Por tanto, r_1 y r_2 tienen la misma dirección y un punto común. Luego son la misma recta.

Hazlo tú. Determina la posición relativa de $r_1: \begin{cases} x = 2t \\ y = 1 + 5t \end{cases}$ y $r_2: \begin{cases} x = 8 + 4t \\ y = 21 + 10t \end{cases}$.

Ejercicios resueltos

4 *Hallar la posición relativa de los siguientes pares de rectas y determinar el punto de corte en caso de que exista.*

a) $r_1: 3x + 4y - 5 = 0$
$r_2: x - 3y - 6 = 0$

b) $r_1: x - 2y + 4 = 0$
$r_2: -2x + 4y + 4 = 0$

c) $r_1: x - 2y + 4 = 0$
$r_2: -2x + 4y - 8 = 0$

Los tres casos podrían afrontarse resolviendo el sistema de ecuaciones. No obstante, vamos a enfocar su resolución atendiendo a las direcciones de las rectas. Como todas ellas vienen dadas en forma implícita, son evidentes sus vectores normales.

a) Los vectores normales de r_1 y r_2, (3, 4) y (1, –3), tienen distinta dirección. Por tanto, las dos rectas se cortan. Veamos en qué punto:

$$\begin{rcases} 3x + 4y - 5 = 0 \\ x - 3y - 6 = 0 \end{rcases} \begin{array}{l} \text{Despejamos } x \text{ en la segunda ecuación: } x = 3y + 6 \\ 3(3y+6) + 4y - 5 = 0 \to 13y + 13 = 0 \to y = -1,\ x = 3 \end{array}$$

Las rectas de r_1 y r_2 se cortan en el punto (3, –1).

b) Los vectores normales de r_1 y r_2, (1, –2) y (–2, 4), son paralelos.

El punto (0, 2) pertenece a r_1: $0 - 2 \cdot 2 + 4 = 0$

Pero (0, 2) no pertenece a r_2: $-2 \cdot 0 + 4 \cdot 2 + 4 = 12 \neq 0$

Por tanto, las rectas son paralelas.

c) Los vectores normales de r_1 y r_2, (1, –2) y (–2, 4), son paralelos.

El punto (0, 2) pertenece a las dos rectas.

Por tanto, es la misma recta.

5 *Dadas las rectas*

$r: 2x - 5y - 12 = 0$

$s_1: \begin{cases} x = -11 + 3t \\ y = 2 - t \end{cases}$

$s_2: \begin{cases} x = 6 + 5t \\ y = 2t \end{cases}$

$s_3: \begin{cases} x = 4 + 5t \\ y = 7 + 2t \end{cases}$

averiguar la posición relativa de:

a) r *y* s_1

b) r *y* s_2

c) r *y* s_3

a) El vector normal a r es (2, –5). Un vector dirección de s_1 es (3, –1).

Para que las rectas r y s_1 tengan la misma dirección tendría que cumplirse que $(2, -5) \perp (3, -1)$. Comprobémoslo:

$$(2, -5) \cdot (3, -1) = 6 + 5 = 11 \neq 0$$

No son perpendiculares. Entonces, r y s_1 se cortan.

Averigüemos el punto de corte. Para ello, sustituimos la expresión de x e y de s_1 en la ecuación de r:

$$2(-11 + 3t) - 5(2 - t) - 12 = 0 \to 11t - 44 = 0 \to t = 4$$

Sustituyendo $t = 4$ en s_1 obtenemos el punto de corte: (1, –2).

b) El vector normal a r y el vector dirección de s_2 son perpendiculares:

$$(2, -5) \cdot (5, 2) = 10 - 10 = 0$$

Por tanto, las rectas r y s_2 tienen la misma dirección. ¿Son paralelas o coinciden?

Un punto de s_2 es (6, 0). Sustituimos en r: $2 \cdot 6 - 5 \cdot 0 - 12 = 0$. Sí cumple la ecuación. Por tanto, r y s_2 son la misma recta.

c) Al igual que en b), se prueba que r y s_3 tienen la misma dirección.

El punto (4, 7) de s_3 no pertenece a r. Por tanto, $r \parallel s_3$.

Ejercicio propuesto

1 Averigua la posición relativa de estos pares de rectas:

a) $r: 3x + 5y - 8 = 0$
$s: 6x + 10y + 4 = 0$

b) $r: 2x + y - 6 = 0$
$s: x - y = 0$

c) $r: \begin{cases} x = 7 + 5t \\ y = -2 - 3t \end{cases}$, $s: \begin{cases} x = 2 + t \\ y = 1 - 2t \end{cases}$

d) $r: 3x - 5y = 0$, $s: \begin{cases} x = 2 + 5t \\ y = 1 + 3t \end{cases}$

7 Ángulo de dos rectas

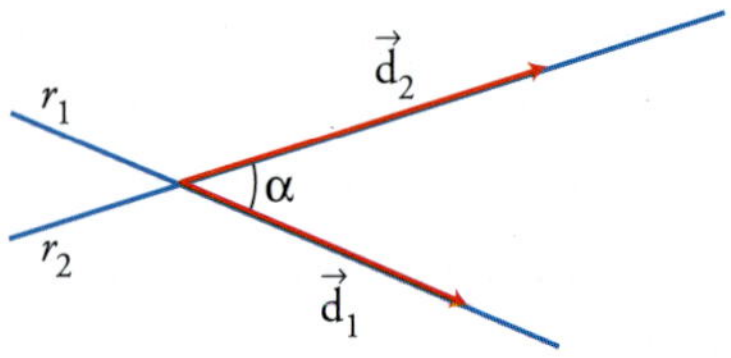

Se llama ángulo de dos rectas al menor de los ángulos que forman.

Si **se conocen los vectores dirección,** $\vec{d}_1$ y $\vec{d}_2$, de dos rectas, el ángulo que forman ambas se calcula así:

$$\cos\alpha = \frac{|\vec{d}_1 \cdot \vec{d}_2|}{|\vec{d}_1||\vec{d}_2|}$$

Observa que, al tomar el valor absoluto del producto escalar, el resultado es positivo y, por tanto, el ángulo α es agudo (o cero, si $\vec{d}_1 \,//\, \vec{d}_2$).

Por ejemplo, calculamos el ángulo que forman las rectas:

$$r_1: \begin{cases} x = 3 - 2t \\ y = 1 + t \end{cases} \quad \text{y} \quad r_2: \begin{cases} x = 1 + 2t \\ y = -3t \end{cases}$$

Sus vectores dirección son, respectivamente, $(-2, 1)$ y $(2, -3)$.

$$\cos\alpha = \frac{|(-2,1)\cdot(2,-3)|}{|(-2,1)||(2,-3)|} = \frac{|-7|}{\sqrt{5}\sqrt{13}} = 0{,}868 \rightarrow \alpha = 29°\ 44'\ 42''$$

Por tanto, r_1 y r_2 forman un ángulo de 29° 44' 42".

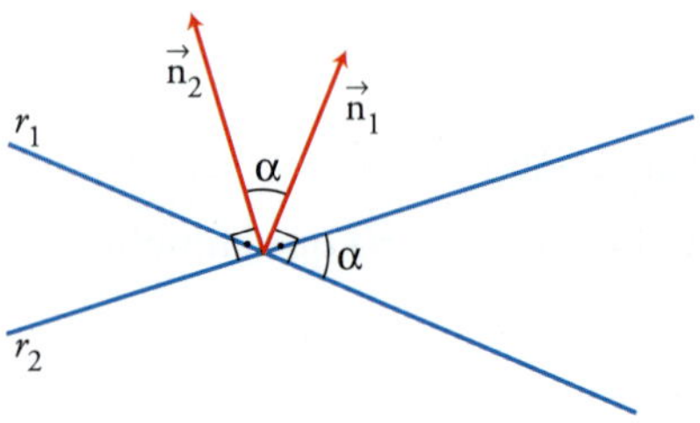

Si **se conocen los vectores normales,** $\vec{n}_1$ y $\vec{n}_2$, de dos rectas, el ángulo que forman estas se calcula así:

$$\cos\alpha = \frac{|\vec{n}_1 \cdot \vec{n}_2|}{|\vec{n}_1||\vec{n}_2|}$$

pues el ángulo de dos rectas es el mismo que el que forman sus vectores normales.

Por ejemplo, calculamos el ángulo que forman las rectas $r_1: 5x - y + 4 = 0$ y $r_2: y = 7$.

Sus vectores normales son, respectivamente, $(5, -1)$ y $(0, 1)$.

$$\cos\alpha = \frac{|(5,-1)\cdot(0,1)|}{|(5,-1)||(0,1)|} = \frac{|5\cdot 0 + (-1)\cdot 1|}{\sqrt{26}\sqrt{1}} = \frac{1}{\sqrt{26}} = 0{,}1961 \rightarrow \alpha = 78°\ 41'\ 24''$$

Si **se conocen las pendientes,** m_1 y m_2, de dos rectas, para averiguar el ángulo que forman se tiene en cuenta que $(1, m_1)$ y $(1, m_2)$ son sus vectores dirección.

También puede aplicarse la siguiente fórmula:

$$tg\,\alpha = \left|\frac{m_2 - m_1}{1 + m_2 m_1}\right|$$

En la web

Demostración de la fórmula de la derecha.

Por ejemplo, el ángulo que forman las rectas $r_1: y = 3x + 5$ y $r_2: y = -2x + 1$ se halla a partir de sus pendientes, $m_1 = 3$ y $m_2 = -2$:

$$tg\,\alpha = \left|\frac{(-2) - 3}{1 + (-2)\cdot 3}\right| = \left|\frac{-5}{-5}\right| = 1 \rightarrow \alpha = 45°$$

Ejercicio propuesto

1 Halla el ángulo que forman los siguientes pares de rectas:

a) $r_1: \begin{cases} x = 3 - 2t \\ y = 7 + t \end{cases}$, $r_2: \begin{cases} x = 1 - 4t \\ y = 4 + 3t \end{cases}$

b) $r_1: x + 2y - 17 = 0$
$r_2: 3x - 5y + 4 = 0$

c) $r_1: y = 5x - 1$
$r_2: y = 4x + 3$

d) $r_1: \begin{cases} x = 3 - 2t \\ y = 7 + t \end{cases}$
$r_2: 3x - 5y + 4 = 0$

8 Cálculo de distancias

Distancia entre dos puntos

La **distancia entre dos puntos** $P(x_1, y_1)$, $Q(x_2, y_2)$ es el módulo del vector $\overrightarrow{PQ}$:

$$dist\,(P, Q) = |\overrightarrow{PQ}| = \sqrt{(x_2 - x_1)^2 + (y_2 - y_1)^2}$$

Por ejemplo, la distancia entre los puntos $(-5, 8)$ y $(4, 11)$ es:

$$dist\,[(-5, 8),\ (4, 11)] = \sqrt{[4-(-5)]^2 + (11-8)^2} = \sqrt{81+9} = \sqrt{90} \approx 9{,}49 \text{ u}$$

Distancia de un punto a una recta

En la web Demostración de la fórmula de la derecha.

La **distancia del punto** $P(a, b)$ **a la recta** $r\colon Ax + By + C = 0$ es:

$$dist\,(P, r) = \frac{|Aa + Bb + C|}{\sqrt{A^2 + B^2}}$$

Por ejemplo, la distancia del punto $P(7, -3)$ a la recta $r\colon 5x - 8y + 4 = 0$ es:

$$dist\,(P, r) = \frac{|5 \cdot 7 - 8 \cdot (-3) + 4|}{\sqrt{5^2 + 8^2}} = \frac{63}{\sqrt{89}} \approx 6{,}68 \text{ u}$$

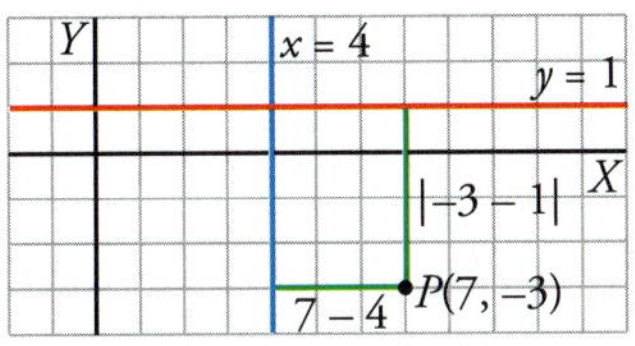

Si la recta es paralela a uno de los ejes, también puede aplicarse la fórmula, pero es mucho más sencillo y razonable hallar la distancia mediante una diferencia de abscisas o de ordenadas. Por ejemplo, las distancias de $P(7, -3)$ a las rectas $r_1\colon x = 4$ y $r_2\colon y = 1$ son:

$$dist\,(P, r_1) = 7 - 4 = 3 \text{ u}, \quad dist\,(P, r_2) = |-3 - 1| = |-4| = 4 \text{ u}$$

Ejercicio resuelto

1 *Hallar el área del triángulo de vértices $A(0, 0)$, $B(6, 5)$, $C(2, 5)$.*

Tomamos como base AB. La altura será la distancia de C a la recta AB.

Base: $c = \overline{AB} = \sqrt{(6-0)^2 + (5-0)^2} = \sqrt{36+25} = \sqrt{61}$ u

La recta AB tiene pendiente $\frac{5}{6}$ y pasa por $(0, 0)$. Por tanto, su ecuación es:

$$y = \frac{5}{6}x \rightarrow 5x - 6y = 0$$

La altura es:

$$h_c = dist\,[C, AB] = \frac{|5 \cdot 2 - 6 \cdot 5|}{\sqrt{5^2 + 6^2}} = \frac{20}{\sqrt{61}} \text{ u}$$

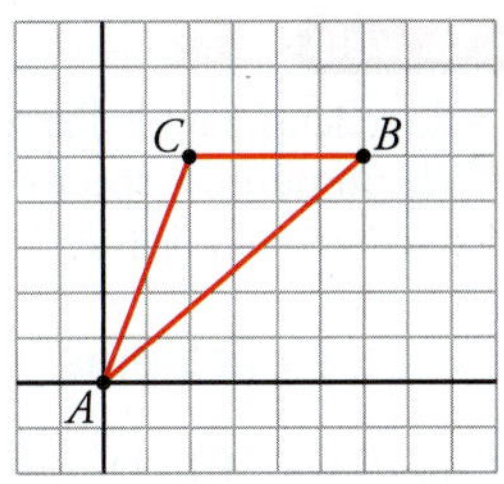

Por tanto:

$$\text{Área} = \frac{c \cdot h_c}{2} = \frac{\sqrt{61} \cdot (20/\sqrt{61})}{2} = 10 \text{ u}^2$$

Hazlo tú. Halla el área de este mismo triángulo tomando como base BC y como altura la distancia de A a la recta BC.

Ejercicios propuestos

1 $P(-6, -3)$, $Q(9, 5)$

$r\colon 3x - 4y + 9 = 0$, $s\colon 5x + 15 = 0$

Halla la distancia entre los dos puntos.

Halla también las distancias de cada uno de los puntos a cada recta.

2 a) Halla el área del triángulo de vértices $A(-3, 8)$, $B(-3, 2)$, $C(5, 2)$ con la fórmula de Herón.

b) Hállala, también, mediante la aplicación de la fórmula habitual $S = \frac{b \cdot h_b}{2}$, siendo b la medida del lado AC.

¿Hay otra forma más sencilla?

En la web Ejercicios para hallar la distancia de un punto a una recta.

Ejercicios y problemas resueltos

1. Puntos y vectores en el plano

Los vértices consecutivos de un cuadrilátero son $A(0, 3)$, $B(3, 6)$, $C(5, 6)$ y $D(x, y)$.

Determinar las coordenadas de D para que se trate de un trapecio isósceles.

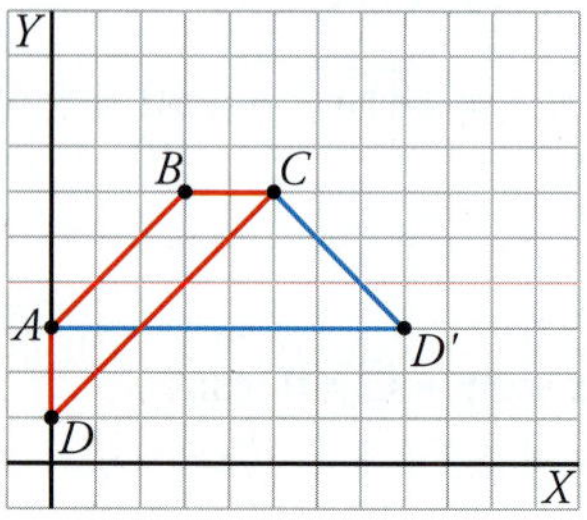

Análisis del problema. *Un trapecio isósceles tiene dos lados opuestos paralelos y otros dos lados no paralelos y de la misma medida. Dependiendo de qué par de lados consideremos paralelos, podemos encontrar dos soluciones.*

Imponemos estas condiciones: $\overrightarrow{AB} \parallel \overrightarrow{DC}$ y $|\overrightarrow{AD}| = |\overrightarrow{BC}|$

$$\overrightarrow{AB} \parallel \overrightarrow{DC} \rightarrow (3, 3) \parallel (5-x, 6-y) \rightarrow \frac{5-x}{3} = \frac{6-y}{3} \rightarrow x = y - 1 \quad (1)$$

$$|\overrightarrow{AD}| = |\overrightarrow{BC}| \rightarrow \sqrt{x^2+(y-3)^2} = \sqrt{4} \rightarrow x^2 + y^2 - 6y + 9 = 4 \quad (2)$$

Resolvemos el sistema formado por las ecuaciones (1) y (2):

$$(y-1)^2 + y^2 - 6y + 9 = 4 \rightarrow y^2 - 4y + 3 = 0 < \begin{array}{l} y_1 = 3 \rightarrow D_1(2, 3) \\ y_2 = 1 \rightarrow D_2(0, 1) \end{array}$$

El polígono debe ser un trapecio isósceles y no un paralelogramo, es decir, $\overrightarrow{AD} \nparallel \overrightarrow{BC}$. Descartamos la solución que hace que los lados AD y BC sean paralelos.

$\overrightarrow{AD_1}(2, 0) \parallel \overrightarrow{BC}(2, 0) \rightarrow$ Obtendríamos un paralelogramo. D_1 no es solución.

$\overrightarrow{AD_2}(0, -2) \nparallel \overrightarrow{BC}(2, 0) \rightarrow D_2(0, 1)$ es la solución buscada.

Si imponemos $\overrightarrow{BC} \parallel \overrightarrow{AD}$, $|\overrightarrow{AB}| = |\overrightarrow{CD}|$ y $\overrightarrow{AB} \nparallel \overrightarrow{CD}$, la solución es $D'(8, 3)$.

Hazlo tú. Haz los cálculos para llegar a la solución $D'(8, 3)$ de este problema.

2. Simétrico de un punto respecto de una recta

Hallar el punto simétrico de $A(6, 3)$ respecto de la recta $r: x + 2y - 2 = 0$.

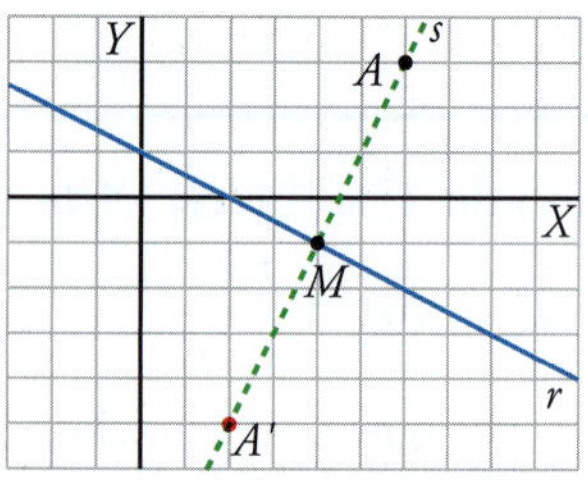

En la web

Ejercicios para hallar el simétrico de un punto respecto de una recta.

Análisis del problema. *El simétrico de A respecto a r es el simétrico de A respecto a un punto M, punto de corte de r y la perpendicular a esta que pasa por A.*

Hallamos la recta s tal que: $s \perp r$ y $A(6, 3) \in s$. El vector dirección de s es el vector normal de r, $\vec{n}(1, 2)$.

$$s: \frac{x-6}{1} = \frac{y-3}{2} \rightarrow s: 2x - y - 9 = 0$$

Calculamos el punto M, intersección de r y s: $\left.\begin{array}{l} x + 2y - 2 = 0 \\ 2x - y - 9 = 0 \end{array}\right\} \rightarrow M(4, -1)$

El simétrico de A respecto de M, $A'(x, y)$, es el punto buscado. Lo calculamos:

$$\left(\frac{6+x}{2}, \frac{3+y}{2}\right) = (4, -1) \rightarrow \text{Igualando coordenadas y despejando, } A'(2, -5).$$

Hazlo tú. Halla el punto simétrico de $A(2, 2)$ respecto de la recta $r: y = 6 - x$.

3. Rectas paralelas y perpendiculares a una dada

Del cuadrado $ABCD$ conocemos la ecuación del lado AD, $y = \frac{1}{3}x + \frac{7}{3}$, y el vértice $B(3, 0)$.

Hallar la ecuación de los lados BC y AB.

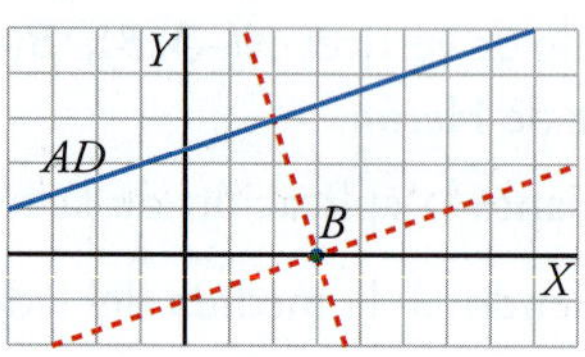

Los lados opuestos de un cuadrado son paralelos; y los consecutivos, perpendiculares.

Los lados BC y AD son paralelos (no tienen ningún vértice común). El lado BC pasa por $B(3, 0)$ y tiene pendiente $m = 1/3$, la misma que la de AD.

$$BC: y = \frac{1}{3}(x-3) \rightarrow BC: x - 3y - 3 = 0$$

Los lados AB y AD son perpendiculares (comparten el vértice A). El lado AB pasa por $B(3, 0)$ y tiene pendiente $m' = -1/m = -3$:

$$AB: y = -3\,(x-3) \rightarrow AB: 3x + y - 9 = 0$$

Hazlo tú. Del cuadrado $ABCD$ conocemos el vértice $B(5, -1)$ y la ecuación del lado AD, $y = -4x + 2$. Halla la ecuación de los lados BC y AB.

4. Rectas notables en un triángulo

En el triángulo de vértices $A(2, 1)$, $B(4, -2)$ y $C(6, 3)$ calcular las ecuaciones de las siguientes rectas:

a) Mediatriz relativa al lado AC.

b) Altura que pasa por A.

c) Mediana relativa al lado BC.

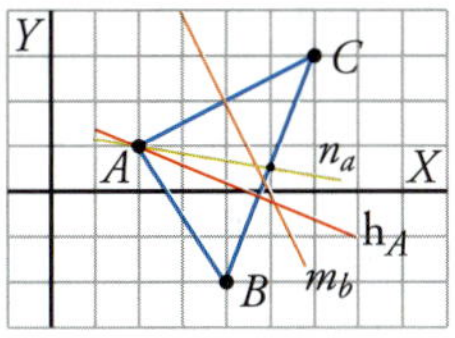

a) La mediatriz relativa al lado AC, m_b, es la recta perpendicular a $\overrightarrow{AC}$ que pasa por su punto medio, M_{AC}.

$$\left.\begin{array}{l}\overrightarrow{AC} = (6-2, 3-1) = (4, 2) \parallel (2, 1) \perp m_b \\ M_{AC} = \left(\dfrac{6+2}{2}, \dfrac{1+3}{2}\right) = (4, 2)\end{array}\right\} \begin{array}{l} m_b\text{: } 2(x-4) + 1(y-2) = 0 \rightarrow \\ \rightarrow m_b\text{: } 2x + y - 10 = 0\end{array}$$

b) La altura que parte de A, h_A, pasa por $A(2, 1)$ y es perpendicular a $\overrightarrow{BC}$.

$\overrightarrow{BC} = (6-4, 3+2) = (2, 5)$ es el vector normal de h_A.

$h_A\text{: } 2(x-2) + 5(y-1) = 0 \rightarrow h_A\text{: } 2x + 5y - 9 = 0$

c) La mediana relativa a BC, n_a, pasa por $A(2, 1)$ y por el punto medio de BC, M_{BC}.

$$\left.\begin{array}{l} M_{BC} = \left(\dfrac{4+6}{2}, \dfrac{-2+3}{2}\right) = \left(5, \dfrac{1}{2}\right) \\ \text{Vector dirección de } n_a\text{: } \overrightarrow{AM_{BC}} = \left(3, -\dfrac{1}{2}\right) \parallel (6, -1)\end{array}\right\} \begin{array}{l} n_a\text{: } \dfrac{x-2}{6} = \dfrac{y-1}{-1} \rightarrow \\ \rightarrow n_a\text{: } x + 6y - 8 = 0\end{array}$$

Hazlo tú. En el triángulo de vértices $A(4, 1)$, $B(2, -2)$ y $C(-2, 2)$ calcula la mediatriz relativa al lado BC, la altura que parte de C y la mediana relativa al lado AC.

5. Rectas paralelas a una dada a una distancia determinada

Obtener la ecuación de las rectas paralelas a $r: 5x - 12y + 12 = 0$ que disten de ella una unidad.

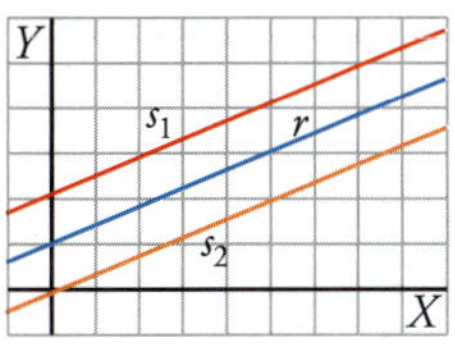

Análisis del problema. *Las rectas paralelas a r son de la forma $s_k: 5x - 12y + k = 0$, $k \in \mathbb{R}$. La distancia de dos rectas paralelas coincide con la distancia de un punto cualquiera de una de ellas a la otra.*

Tomamos un punto de r, por ejemplo, $P(0, 1)$. Y determinamos k imponiendo que $dist\,(P, s_k) = 1$.

$$dist\,(P, s_k) = 1 \rightarrow \frac{|5 \cdot 0 - 12 \cdot 1 + k|}{\sqrt{5^2 + 12^2}} = 1 \rightarrow |-12 + k| = 13 \rightarrow \begin{cases} -12 + k = 13 \rightarrow k = 25 \\ -12 + k = -13 \rightarrow k = -1 \end{cases}$$

Las rectas buscadas son $s_1: 5x - 12y + 25 = 0$ y $s_2: 5x - 12y - 1 = 0$.

Hazlo tú. Halla las ecuaciones de las rectas que distan $\sqrt{10}$ unidades de $r: y = 3x - 2$.

En la web Como ampliación, puedes ver cómo resolver un problema similar a este con ayuda de los vectores.

6. Distancias y área en un triángulo

De un triángulo isósceles ABC conocemos los vértices $B(5, 1)$ y $C(2, 1)$ y la recta que contiene al lado desigual:

$$r: x - y - 4 = 0$$

a) Determinar el vértice A.

b) Calcular el área del triángulo.

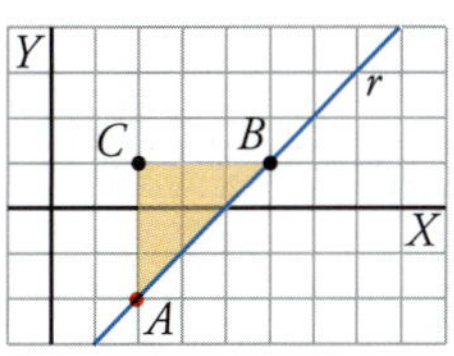

a) Sustituimos las coordenadas de los vértices B y C en la ecuación de r para saber si pertenecen a esta recta. Obtenemos que $B \in r$ y $C \notin r$.

Por tanto, el lado desigual es AB: $dist\,(A, C) = dist\,(B, C) \neq dist\,(A, B)$

Como $A \in r$, sus coordenadas deben cumplir su ecuación, es decir, $A(x, x-4)$.

Por tanto: $dist\,(A, C) = dist\,(B, C) \rightarrow \sqrt{(2-x)^2 + (5-x)^2} = 3 \rightarrow x_1 = 2,\ x_2 = 5$

Obtenemos dos soluciones: $A(2, -2)$ y $A'(5, 1)$; pero $A' = B$ no es válida.

b) Tomando como base AB, Área $= \dfrac{1}{2} \cdot \text{base} \cdot \text{altura} = \dfrac{1}{2} \cdot dist\,(A, B) \cdot dist\,(C, r)$

$$dist\,(A, B) = \sqrt{(5-2)^2 + (1+2)^2} = \sqrt{18} = 3\sqrt{2}\ \text{u}; \qquad dist\,(C, r) = \frac{|2-1-4|}{\sqrt{1^2+1^2}} = \frac{3}{\sqrt{2}}\ \text{u}$$

Y sustituyendo: Área $= \dfrac{1}{2} \cdot 3\sqrt{2} \cdot \dfrac{3}{\sqrt{2}} = \dfrac{9}{2} = 4{,}5\ \text{u}^2$

Hazlo tú. Resuelve este mismo ejercicio para $r: x - 3y + 3 = 0$, $B(6, 3)$ y $C(4, 4)$.

Ejercicios y problemas resueltos

7. Posición relativa de dos rectas

Estudiar la posición relativa de los siguientes pares de rectas. En el caso en que sean secantes, hallar el punto de corte.

a) $r: 2x + 3y - 1 = 0$

$s: 6x + 9y - 1 = 0$

b) $r: y = 2x - 1$

$s: y = -\frac{1}{2}x$

c) $r: x + y - 3 = 0$

$s: \frac{-x+11}{3} = \frac{y+5}{2}$

a) Al darnos las ecuaciones de las rectas en forma implícita, lo más fácil es obtener sus vectores normales y compararlos. Recuerda que las coordenadas del vector normal coinciden con los coeficientes de x e y en la ecuación implícita.

Vemos que son proporcionales, $\frac{2}{6} = \frac{3}{9}$, lo que significa que los vectores normales son paralelos y, por tanto, las rectas también.

Estudiamos ahora si son paralelas o coincidentes. Si fuesen coincidentes, las dos ecuaciones serían proporcionales, pero no lo son: $\frac{2}{6} = \frac{3}{9} \neq \frac{-1}{-1}$. Luego r y s son paralelas.

b) Las pendientes de las rectas no coinciden: $m_r = 2$ y $m_s = \frac{-1}{2}$. Son secantes.

Además $m_r \cdot m_s = -1$, por lo que r y s son perpendiculares.

Hallamos el punto de corte resolviendo el sistema formado por sus ecuaciones:

$$\left.\begin{array}{l} y = 2x - 1 \\ y = -\frac{1}{2}x \end{array}\right\} \rightarrow -\frac{1}{2}x = 2x - 1 \rightarrow \left\{\begin{array}{l} x = 2/5 \\ y = -1/5 \end{array}\right. \rightarrow r \cap s = P\left(\frac{2}{5}, -\frac{1}{5}\right)$$

c) Determinamos los vectores dirección de ambas rectas:

- El vector normal de r es $\vec{n}(1, 1)$. Tomamos como vector dirección uno perpendicular a él: $\vec{d}_r(-1, 1)$.
- $s: \frac{-x+11}{3} = \frac{y+5}{2} \rightarrow s: \frac{x-11}{-3} = \frac{y+5}{2} \rightarrow \vec{d}_s(-3, 2)$

Como $\frac{-1}{-3} \neq \frac{1}{2}$, entonces $\vec{d}_r \nparallel \vec{d}_s$. Por tanto, las rectas son secantes.

Calculamos el punto de corte:

$$\left\{\begin{array}{l} x + y - 3 = 0 \\ \frac{-x+11}{3} = \frac{y+5}{2} \end{array}\right. \rightarrow \left\{\begin{array}{l} x + y = 3 \\ -2x - 3y = -7 \end{array}\right. \rightarrow \left\{\begin{array}{l} x = 2 \\ y = 1 \end{array}\right. \rightarrow r \cap s = P(2, 1)$$

8. Recta que pasa por un punto y forma un ángulo determinado con otra recta dada

Hallar la ecuación de una recta s, que pase por el punto $A(2, -3)$ y forme un ángulo $\alpha = 45°$ con la recta $r: 3x - y + 3 = 0$.

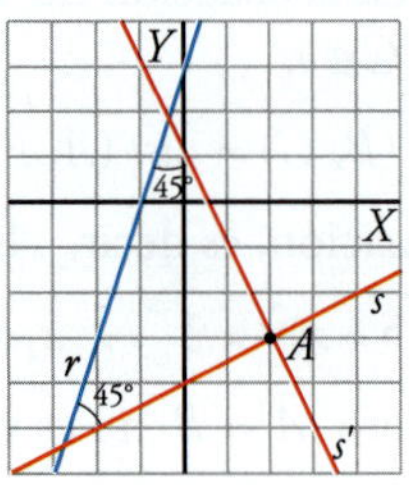

Análisis del problema. *Conocido el punto A, bastará determinar la pendiente de s para obtener su ecuación. El ángulo que forman dos rectas de las que se conocen sus pendientes viene dado por* $tg\,\alpha = \left|\frac{m_r - m_s}{1 + m_r \cdot m_s}\right|$.

Como la pendiente de r es $m_r = 3$, sustituyendo en la fórmula anterior, obtenemos:

$$tg\,45° = \left|\frac{m_r - m_s}{1 + m_r \cdot m_s}\right| \rightarrow 1 = \left|\frac{3 - m_s}{1 + 3m_s}\right| \rightarrow \left\{\begin{array}{l} \frac{3 - m_s}{1 + 3m_s} = 1 \rightarrow m_s = \frac{1}{2} \\ \frac{3 - m_s}{1 + 3m_s} = -1 \rightarrow m_s = -2 \end{array}\right.$$

Cada valor de la pendiente de s nos da una solución:

Si $m_s = \frac{1}{2}$, $s: y = \frac{1}{2}(x - 2) - 3 \rightarrow s: x - 2y - 8 = 0$

Si $m_s = -2$, $s': y = -2(x - 2) - 3 \rightarrow s': 2x + y - 1 = 0$

Hazlo tú. Halla la ecuación de una recta que pase por el origen de coordenadas y forme un ángulo de 60° con la recta $r: y = x + 3$.

9. Recta simétrica a otra respecto a una tercera recta dada

Hallar la recta, s, simétrica a la recta $r: y = x + 2$ respecto a la recta $t: y = 2x$.

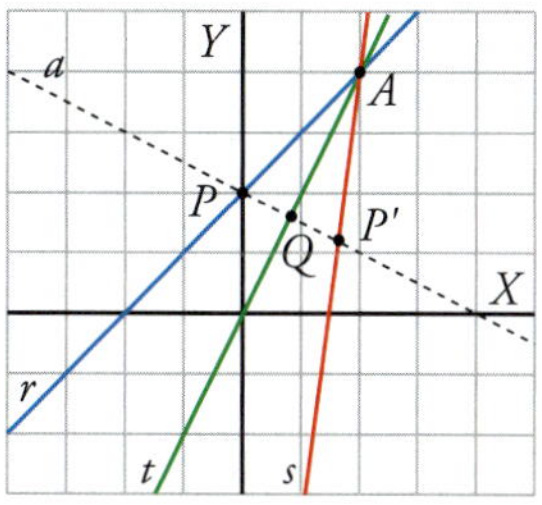

Análisis del problema. *Cada punto $P' \in s$ debe ser el simétrico de un punto $P \in r$ respecto a la recta t. Además, como r y t no son paralelas, el punto de intersección de ambas, A, también pertenece a s. Determinaremos la recta s hallando A y otro punto P'.*

- Calculamos A, el punto de intersección de r y t: $\left.\begin{array}{l} y = x+2 \\ y = 2x \end{array}\right\} A = (2, 4)$
- Ahora tomamos un punto P de r; por ejemplo, $P(0, 2)$. Y hallamos su simétrico P' respecto a t:
  - Calculamos la recta a perpendicular a t que pasa por $P(0, 2)$:

    Como $m_t = 2$, entonces $m_a = -\frac{1}{2}$. Por tanto, $a: y = \frac{-1}{2}x + 2$.
  - Determinamos Q, punto de corte de a y t: $\left.\begin{array}{l} y = \frac{-1}{2}x + 2 \\ y = 2x \end{array}\right\} \rightarrow Q = \left(\frac{4}{5}, \frac{8}{5}\right)$
  - Calculamos $P'(x, y)$, simétrico de P respecto a Q.

    $\left(\frac{4}{5}, \frac{8}{5}\right) = \left(\frac{x+0}{2}, \frac{y+2}{2}\right) \rightarrow x = \frac{8}{5};\ y = \frac{6}{5}$. Por tanto, $P' = \left(\frac{8}{5}, \frac{6}{5}\right)$.
- Finalmente, hallamos s como la recta que pasa por los puntos $A(2, 4)$ y $P'\left(\frac{8}{5}, \frac{6}{5}\right)$.

$$\overrightarrow{AP'} = \left(\frac{8}{5} - 2, \frac{6}{5} - 4\right) = \left(-\frac{2}{5}, -\frac{14}{5}\right) \,//\, (1, 7)$$

$$s: \frac{x-2}{1} = \frac{y-4}{7} \rightarrow s: 7x - y - 10 = 0$$

Hazlo tú. Halla la recta t, simétrica de la recta $r: -2x + 3y + 2 = 0$ respecto de la recta $s: -5x + y + 18 = 0$.

10. Cálculo del circuncentro de un triángulo

Hallar el circuncentro del triángulo de vértices $A(-2, 1)$, $B(0, 5)$ y $C(4, -3)$.

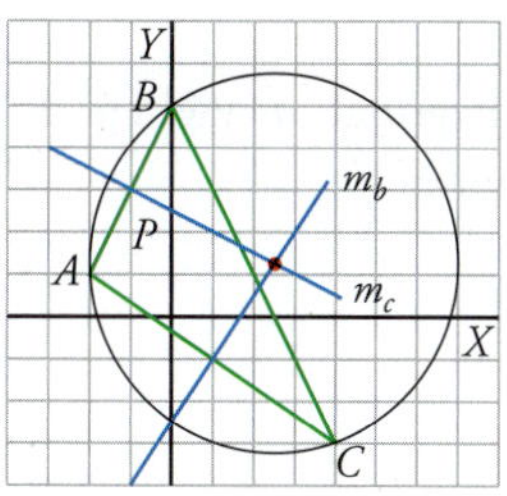

Análisis del problema. *El circuncentro de un triángulo es el punto de corte de sus tres mediatrices, siendo la mediatriz relativa a un lado la recta perpendicular a dicho lado que pasa por su punto medio. Bastará con calcular dos de las mediatrices y hallar su punto de corte.*

- Calculamos la mediatriz m_c del lado AB como la recta perpendicular al vector $\overrightarrow{AB}(2, 4)$ que pasa por el punto medio de AB, M_{AB}.

$$\left.\begin{array}{l} \overrightarrow{AB}(2,4) \perp (4,-2) \,//\, (2,-1) \\ M_{AB} = \left(\frac{-2+0}{2}, \frac{1+5}{2}\right) = (-1, 3) \end{array}\right\} m_c: \frac{x+1}{2} = \frac{y-3}{-1} \rightarrow m_c: x + 2y - 5 = 0$$

- Análogamente, calculamos m_b, la mediatriz del lado AC, como la recta perpendicular al vector $\overrightarrow{AC}(6, -4)$ que pasa por el punto medio de AC, M_{AC}.

$$\left.\begin{array}{l} \overrightarrow{AC}(6,-4) \perp (4,6) \,//\, (2,3) \\ M_{AC} = \left(\frac{-2+4}{2}, \frac{1-3}{2}\right) = (1, -1) \end{array}\right\} m_b: \frac{x-1}{2} = \frac{y+1}{3} \rightarrow m_b: 3x - 2y - 5 = 0$$

- Hallamos el circuncentro calculando el punto de corte de m_c y m_b:

$$\left.\begin{array}{l} x + 2y - 5 = 0 \\ 3x - 2y - 5 = 0 \end{array}\right\} \begin{array}{l} x = 5 - 2y \\ 3(5-2y) - 2y - 5 = 0 \rightarrow -8y + 10 = 0 \rightarrow y = 5/4;\ x = 5/2 \end{array}$$

El circuncentro es el punto $(5/2, 5/4)$.

Hazlo tú. Halla el circuncentro del triángulo de vértices $A(3, 1)$, $B(4, 2)$ y $C(9, -3)$.

En la web Ejercicios interactivos de cálculo del circuncentro.

Ejercicios y problemas guiados

1. Cálculo del ortocentro de un triángulo

Hallar el ortocentro del triángulo de vértices $A(-1, 2)$, $B(2, 4)$ y $C(1, 0)$.

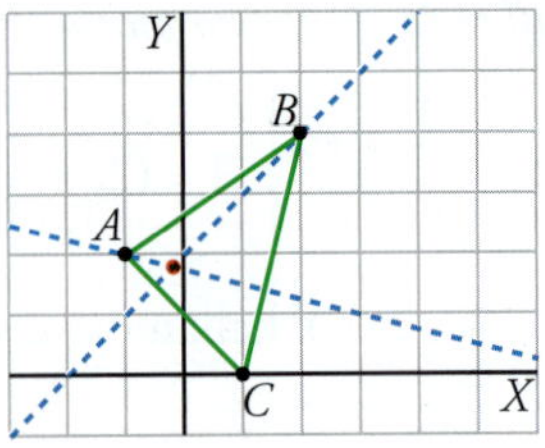

En la web

Ejercicios interactivos de cálculo del ortocentro.

Recuerda que el ortocentro es el punto de corte de las tres alturas, siendo las alturas en un triángulo las rectas que pasan por un vértice y son perpendiculares al lado opuesto (será suficiente calcular dos de ellas y hallar su punto de corte).

- Halla h_A, altura relativa al vértice A, como la recta que pasa por A y es perpendicular al vector $\overrightarrow{BC}$.
- Determina h_B, altura relativa al vértice B, como la recta que pasa por B y es perpendicular a $\overrightarrow{AC}$.
- El ortocentro es el punto de corte de h_A y h_B.

Solución:

$h_A: x + 4y - 7 = 0$; $h_B: x - y + 2 = 0$; Ortocentro: $\left(-\frac{1}{5}, \frac{9}{5}\right)$

2. Determinación de un punto que equidista de dos rectas

Determinar un punto P del eje de ordenadas que equidiste de estas rectas:

$$r: 6x - 8y + 1 = 0$$
$$s: 4x + 3y - 3 = 0$$

- Sustituye las coordenadas de un punto genérico del eje de ordenadas, $P(0, y)$, en la fórmula para calcular la distancia de un punto a una recta. Hazlo para ambas rectas, r y s.
- Iguala las dos expresiones para imponer que el punto esté a la misma distancia de ambas rectas, $dist\,(P, r) = dist\,(P, s)$, y resuelve la ecuación resultante.

  Ten en cuenta que obtendrás una ecuación con valores absolutos y tendrás que distinguir dos posibilidades de signo.

Solución:

Hay dos puntos que cumplen la condición: $P\left(0, \frac{1}{2}\right)$ y $P'\left(0, -\frac{5}{2}\right)$.

3. Vértices de un rombo

Un rombo $ABCD$ tiene el vértice A en el eje de abscisas. Otros dos vértices opuestos son $B(6, 0)$ y $D(2, -2)$. Hallar A y C.

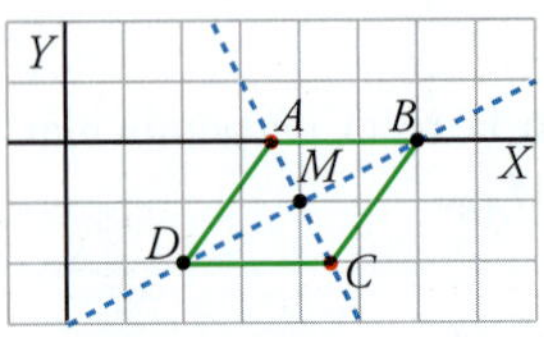

Recuerda que las diagonales de un rombo se cortan en sus puntos medios.

- Calcula la ecuación de la diagonal AC, d, como la recta perpendicular al vector $\overrightarrow{BD}$ que pasa por el punto medio de BD, M_{BD}.
- Halla el vértice A como el punto de corte de la diagonal d y el eje de abscisas. Para ello, resuelve el sistema que forman sus ecuaciones.
- Obtén C como el simétrico de A respecto a M_{BD}.

Solución: $A(7/2, 0)$ y $C(9/2, -2)$.

4. Vértices de un triángulo conocidas algunas rectas notables

En un triángulo ABC conocemos el vértice $A(3, 5)$, la ecuación de la mediatriz relativa al lado AB, $m_c: x - 2y + 2 = 0$ y la altura que pasa por B, $h_B: 3x - y - 14 = 0$.

Además, sabemos que BC está sobre la altura h_B.

Calcular los vértices B y C.

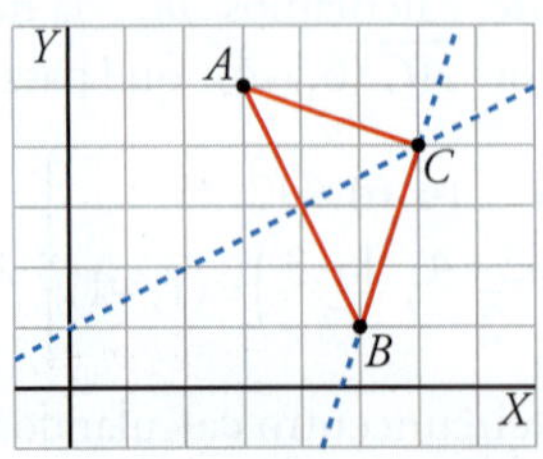

- Observa que el lado AC es perpendicular a BC, puesto que BC coincide con la altura h_B. Halla la ecuación de AC teniendo en cuenta que pasa por A.
- Calcula C como la intersección de los lados AC y BC. Resuelve para ello el sistema formado por sus ecuaciones.
- Determina la ecuación del lado AB como la recta perpendicular a m_c que pasa por A.
- Obtén B como la intersección de los lados AB y BC.

Solución: $B(5, 1)$ y $C(6, 4)$.

Ejercicios y problemas propuestos

Para practicar

Coordenadas de puntos

1 Halla las coordenadas de $\overrightarrow{AB}$ y $\overrightarrow{BA}$, siendo:

a) $A(0, 0)$, $B(-1, 2)$ b) $A(2, 3)$, $B(-2, 5)$

2 Determina si los puntos $A(5, -2)$, $B(3, -2)$ y $C(-5, -2)$ están alineados.

3 Determina k para que los puntos $A(-3, 5)$, $B(2, 1)$ y $C(6, k)$ estén alineados.

4 Sean $A(8, -2)$ y $B(-4, 2)$ dos puntos. Calcula:

a) M, punto medio de A y B.

b) S, simétrico de A respecto a B.

c) P, tal que A sea el punto medio del segmento BP.

5 Da las coordenadas del punto P que divide al segmento de extremos $A(3, 4)$ y $B(0, -2)$ en dos partes tales que $\overrightarrow{BP} = 2\overrightarrow{PA}$.

6 Determina los puntos que dividen al segmento AB en tres partes iguales, siendo $A(-2, 1)$ y $B(5, 4)$.

7 Halla las coordenadas del vértice D del paralelogramo $ABCD$, sabiendo que $A(1, 2)$, $B(5, -1)$ y $C(6, 3)$.

8 Conocemos tres vértices de un rombo $ABCD$, $A(3, 5)$, $B(2, -2)$ y $C(7, 3)$. Determina el vértice D.

* *Las diagonales de un rombo se cortan en sus puntos medios y son perpendiculares.*

Ecuaciones de rectas

9 Escribe las ecuaciones vectorial y paramétricas de la recta que pasa por A y tiene dirección paralela al vector $\vec{d}$.

a) $A(-3, 7)$, $\vec{d}(4, -1)$ b) $A(-1, 0)$, $\vec{d}(0, 2)$

Obtén 2 puntos más para cada recta.

10 Escribe la ecuación de la recta que pasa por P y Q de todas las formas posibles.

a) $P(6, -2)$ y $Q(0, 5)$ b) $P(3, 2)$ y $Q(3, 6)$

c) $P(0, 0)$ y $Q(8, 0)$ d) $P(0, 0)$ y $Q(0, -2)$

11 Escribe las ecuaciones paramétricas e implícitas de los ejes de coordenadas.

12 Determina un vector normal y la ecuación implícita de cada una de las siguientes rectas:

a) $r: \dfrac{x+1}{-2} = y - 1$ b) $s: \begin{cases} x = -t + 1 \\ y = 5t - 2 \end{cases}$

13 Obtén, para cada una de las siguientes rectas, un vector dirección, un vector normal y su pendiente:

a) $r_1: \begin{cases} x = 2t - 1 \\ y = 5t \end{cases}$ b) $r_2: \dfrac{x+3}{2} = \dfrac{1-y}{4}$

c) $r_3: x + 3 = 0$ d) $r_4: y = \dfrac{1}{3}x + \dfrac{2}{3}$

14 Determina un punto y un vector dirección de cada recta. Utilízalos para dar sus ecuaciones continuas y paramétricas.

a) $3x - 2y + 1 = 0$ b) $y = 2(x - 1) + 7$

c) $x - 3 = 0$ d) $y = \dfrac{2}{3}x + 1$

15 Comprueba si el punto $P(5, -7)$ pertenece a alguna de las siguientes rectas:

a) $r: \begin{cases} x = 5 \\ y = 13 - 2t \end{cases}$ b) $s: \dfrac{x-1}{2} = \dfrac{y-3}{5}$

16 Halla el valor de k para que la recta $x + ky - 7 = 0$ contenga al punto $A(5, -2)$.

Haz de rectas

17 Consideramos el haz de rectas de centro $(3, -2)$.

a) Escribe la ecuación de este haz de rectas.

b) ¿Qué recta de este haz pasa por el punto $(-1, 5)$?

c) ¿Cuál de las rectas del haz es paralela a $2x + y = 0$?

d) Halla la recta del haz cuya distancia al origen es igual a 3.

18 Determina el centro del haz de rectas de ecuación $3kx + 2y - 3k + 4 = 0$.

19 Las rectas $r: y = 3$ y $s: y = 2x - 1$ forman parte del mismo haz de rectas. ¿Qué recta de dicho haz tiene pendiente -2?

Paralelismo y perpendicularidad

20 El vector dirección de r es $\vec{d}(2, -5)$. Halla, en cada caso, el vector dirección y la pendiente de:

a) Una recta paralela a r.

b) Una recta perpendicular a r.

21 Dada la recta $r: \begin{cases} x = 1 - 5t \\ y = 2 + t \end{cases}$, obtén en forma explícita las siguientes rectas:

a) Paralela a r que pasa por $A(-1, -3)$.

b) Perpendicular a r que pasa por $B(-2, 5)$.

22 De una cierta recta r conocemos su pendiente $m = \dfrac{2}{3}$. Halla la recta s en cada caso:

a) s es paralela a r y pasa por $(0, 0)$.

b) s es perpendicular a r y pasa por $(1, 2)$.

23 Halla una recta que pase por el punto $P(0, 1)$ y sea perpendicular a la recta $\frac{x-1}{4} = \frac{1-y}{3}$.

24 Halla, en cada caso, la ecuación de la recta que pasa por el punto $P(1, -3)$ y es:

a) Paralela a la recta $2x - 3y + 5 = 0$.

b) Perpendicular a la recta $x + y - 3 = 0$.

c) Paralela a la recta $2y - 3 = 0$.

d) Perpendicular a la recta $x + 5 = 0$.

25 El vector normal de la recta r es $\vec{n}(2, -3)$. Obtén, en cada caso, la ecuación de la recta s.

a) s es paralela a r y contiene al punto $P(2, -3)$.

b) s es perpendicular a r y pasa por $Q(0, 1)$.

26 Escribe las ecuaciones de las siguientes rectas:

a) r_1, paralela al eje de abscisas que pasa por $A(-1, -2)$.

b) r_2, perpendicular al eje OX que contiene a $B(1, 0)$.

c) r_3, paralela al eje de ordenadas que pasa por $C(3, 5)$.

d) r_4, perpendicular al eje OY que contiene a $D(-1, 7)$.

27 Halla la ecuación de la paralela a $2x - 3y = 0$ cuya ordenada en el origen es -2.

28 Dados los puntos $A(0, 1)$ y $B(4, -3)$ halla la ecuación implícita de la recta perpendicular al segmento AB que pasa por su punto medio.

29 Dada la recta $4x + 3y - 6 = 0$, escribe la ecuación de la recta perpendicular a ella en el punto de corte con el eje de ordenadas.

30 Determina, en cada caso, una recta que pase por el punto $P(-2, -3)$ y sea:

a) Paralela a la bisectriz del primer cuadrante.

b) Perpendicular a la bisectriz del segundo cuadrante.

31 De un triángulo conocemos el vértice $A(1, 3)$ y la recta $r: 2x - 3y + 6 = 0$ que contiene al lado BC. Halla la altura relativa al vértice A.

32 Calcula las ecuaciones de las mediatrices del triángulo de vértices $A(-1, -2)$, $B(3, 2)$ y $C(3, 4)$.

33 Halla, en cada caso, el valor de k para que la recta $r: y = kx + 1$ sea:

a) Paralela al eje OX.

b) Perpendicular a la recta $2x + 3y + 7 = 0$.

34 Halla el punto simétrico de $P(1, 1)$ respecto a la recta $x - 2y - 4 = 0$.

* *Mira el problema resuelto número 2.*

Posición relativa de dos rectas

35 Estudia la posición relativa de los siguientes pares de rectas. Calcula el punto de corte cuando sean secantes.

a) $r: 5x + y + 7 = 0$; $s: \begin{cases} x = 2t + 1 \\ y = -10t - 3 \end{cases}$

b) $r: 3x + 5y + 10 = 0$; $s: -3x + 5y + 10 = 0$

c) $r: \begin{cases} x = 3t - 1 \\ y = t + 3 \end{cases}$; $s: \begin{cases} x = t \\ y = 2t \end{cases}$

d) $r: y = 2x + 1$; $s: y = \frac{-1}{2}x + 1$

36 Calcula el valor de los parámetros k y t para que las siguientes rectas se corten en el punto $A(1, 2)$:

$r: kx - ty - 4 = 0$ $\quad$ $s: 2tx + ky - 2 = 0$

37 Determina k para que las rectas r y s sean paralelas.

$r: \frac{x-2}{3} = \frac{y}{-2}$ $\quad$ $s: \frac{x+5}{-6} = \frac{y-1}{k}$

38 Halla el valor de k para que estas rectas sean coincidentes:

$r: 2x + 3y + 5 = 0$ $\quad$ $s: \begin{cases} x = -6t + k \\ y = 4t + 2 \end{cases}$

39 Calcula k para que r y s sean perpendiculares.

$r: y = 2x + 1$ $\quad$ $s: 3x + ky + 3 = 0$

Ángulos

40 Halla el ángulo que forman los siguientes pares de rectas:

a) $r: y = 2x + 5$; $s: y = -3x + 1$

b) $r: 3x - 5y + 7 = 0$; $s: 10x + 6y - 3 = 0$

c) $r: \begin{cases} x = 3 - t \\ y = 2t \end{cases}$; $s: \begin{cases} x = -1 - 3t \\ y = 4 + t \end{cases}$

d) $r: 2x - y = 0$; $s: 2y + 3 = 0$

41 ¿Qué ángulo forma $3x - 2y + 6 = 0$ con el eje de abscisas?

* *La pendiente de la recta es la tangente del ángulo que forma con el eje de abscisas. Halla el ángulo con la pendiente de la recta.*

42 ¿Qué ángulo forma la recta $2x - y + 5 = 0$ con el eje de ordenadas?

43 Calcula n de modo que la recta $3x + ny - 2 = 0$ forme un ángulo de 60° con el eje OX.

44 Calcula m y n en estas rectas sabiendo que r pasa por el punto $P(1, 4)$ y que r y s forman un ángulo de 45°:

$r: mx - 2y + 5 = 0$ $\quad$ $s: nx + 6y - 8 = 0$

45 Las rectas $r: 3x - 2y + 6 = 0$, $s: 2x + y - 6 = 0$ y $t: 2x - 5y - 4 = 0$ son los lados de un triángulo. Represéntalo y halla sus ángulos.

Distancias y áreas

46 Calcula k de modo que la distancia entre los puntos $A(5, k)$ y $B(3, -2)$ sea igual a 2.

47 Determina, en cada caso, si el triángulo ABC es equilátero, isósceles o escaleno.

a) $A(-1, 0)$, $B(1, 0)$, $C(0, \sqrt{3})$

b) $A(1, 3)$, $B(3, 5)$, $C(-1, 7)$

c) $A(2, 3)$, $B(-1, 2)$, $C(-2, -3)$

48 Halla la longitud del segmento que determina la recta $x - 2y + 5 = 0$ al cortar a los ejes de coordenadas.

49 Halla las distancias de $O(0, 0)$ y $P(-1, 2)$ a estas rectas:

a) $3x - 4y + 5 = 0$

b) $2x + 5 = 0$

c) $\begin{cases} x = 6t \\ y = 8t \end{cases}$

d) $(x, y) = \left(\frac{-1}{2}, 1\right) + (2, 1)k$

50 Determina c para que la distancia de $r: x - 3y + c = 0$ al punto $(6, 2)$ sea de $\sqrt{10}$ unidades (hay dos soluciones).

51 Halla la distancia entre los siguientes pares de rectas:

a) $r: 3x + 5 = 0;\ r': \begin{cases} x = 0 \\ y = 3 + 4k \end{cases}$

b) $r: y = \frac{-2}{3}x + 1;\ r': \frac{1-x}{3} = \frac{y+1}{2}$

52 Comprueba que el triángulo de vértices $A(-3, 1)$, $B(0, 5)$ y $C(4, 2)$ es rectángulo y halla su área.

53 En el triángulo de vértices $A(-1, -1)$, $B(2, 4)$ y $C(4, 1)$, halla las longitudes de la mediana y de la altura que parten de B.

54 Dado el triángulo de vértices $A(0, 0)$, $B(4, 3)$ y $C(6, 8)$, calcula su área.

Para resolver

55 Los puntos medios de los lados de cualquier cuadrilátero forman un paralelogramo. Compruébalo con el cuadrilátero de vértices $A(3, 8)$, $B(5, 2)$, $C(1, 0)$ y $D(-1, 6)$.

56 En un triángulo equilátero conocemos dos vértices, $A(\sqrt{3}/2, 0)$ y $B(-\sqrt{3}/2, 0)$. Halla el tercer vértice.

57 Halla las ecuaciones de las rectas a, b, c, d, e y f.

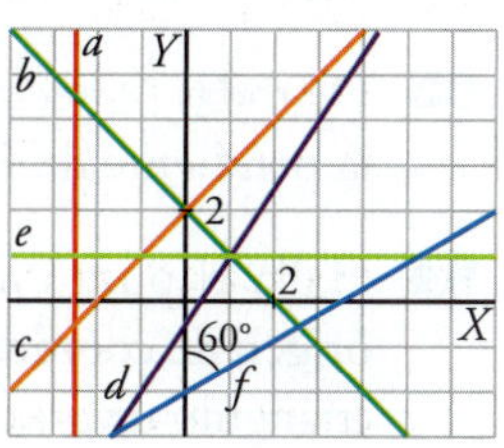

58 Calcula las ecuaciones de las alturas del triángulo de vértices $A(-2, 1)$, $B(4, 7)$ y $C(6, -3)$. Halla el ortocentro.

59 Da las ecuaciones de las mediatrices del triángulo de vértices $A(-4, -2)$, $B(4, -2)$ y $C(2, 4)$. Halla el circuncentro.

60 En el triángulo de vértices $A(0, 0)$, $B(9, 2)$ y $C(3, 7)$, determina las ecuaciones de las medianas y calcula el baricentro.

61 En un triángulo de vértices $A(-2, 0)$, $B(1, 3)$ y $C(2, 0)$ trazamos desde cada vértice una recta paralela al lado opuesto. Halla los vértices del triángulo que determinan los puntos de corte de estas rectas y comprueba que es semejante a ABC.

* *Para comprobar que dos triángulos son semejantes, basta ver que sus ángulos son iguales.*

62 La recta $2x + 3y - 6 = 0$ determina, al cortar a los ejes de coordenadas, el segmento AB.

Halla la ecuación de la mediatriz de AB.

63 Halla el pie de la perpendicular trazada desde $P(1, -2)$ a la recta $r: x - 2y + 4 = 0$.

* *Escribe la perpendicular a r desde P y halla el punto de corte con r.*

64 De un rombo $ABCD$ sabemos que los vértices B y D están en la recta $r: y = 2x + 2$ y que $A(4, 0)$. Halla las coordenadas de C.

65 Calcula el área del triángulo cuyos lados están sobre las rectas $r: x = 3$; $s: 2x + 3y - 6 = 0$ y $t: x - y - 7 = 0$.

66 Halla el área del cuadrilátero de vértices $A(-4, 3)$, $B(0, 5)$, $C(4, -2)$ y $D(-3, -2)$.

67 El lado desigual del triángulo isósceles ABC, tiene por extremos $A(1, -2)$ y $B(4, 3)$. El vértice C está en la recta $3x - y + 8 = 0$. Halla las coordenadas de C y el área del triángulo.

68 Calcula c para que la distancia entre las rectas de ecuaciones $4x + 3y - 6 = 0$ y $4x + 3y + c = 0$ sea igual a 3.

69 Encuentra un punto en la recta $x - 2y - 6 = 0$ que equidiste de los ejes de coordenadas.

70 Determina, en cada caso, un punto P de la recta $r: y = -x + 1$ tal que:

a) La distancia de P a $s: 3x - 4y + 2 = 0$ sea 1.

b) P diste 3 unidades del eje OX.

c) La distancia de P al eje OY sea 4 unidades.

d) P equidiste de las rectas $x - y + 5 = 0$ y $x + y + 1 = 0$.

71 Halla un punto del eje de abscisas que equidiste de las rectas $4x + 3y + 6 = 0$ y $3x + 4y - 9 = 0$.

72 Halla la ecuación de la recta que pasa por el punto de intersección de las rectas r y s y forma un ángulo de 45° con la recta $x + 5y - 6 = 0$.

$r: 3x - y - 9 = 0$ $\qquad$ $s: x - 3 = 0$

73 Dadas $r: 2x - y - 17 = 0$ y $s: 3x - ky - 8 = 0$, calcula k para que r y s se corten formando un ángulo de 60°.

74 Halla los ángulos del triángulo cuyos vértices son $A(-3, 2)$, $B(8, -1)$ y $C(3, -4)$.

75 Halla la ecuación de la recta que pasa por $(0, 2)$ y forma un ángulo de 30° con $x = 3$.

76 La recta $2x + y = 0$ es la bisectriz de un ángulo recto cuyo vértice es $\left(-\frac{1}{2}, 1\right)$.

Halla las ecuaciones de los lados del ángulo.

77 Halla las ecuaciones de las rectas que pasan por $A(-2, 2)$ y forman un ángulo de 60° con $x = y$.

78 Dada la recta $r: 2x - 3y + 5 = 0$, halla la ecuación de la recta simétrica de r respecto al eje de abscisas.

79 Halla la recta, t, simétrica a $r: -3x + 4y + 9 = 0$ respecto de la recta $s: 2x - y - 6 = 0$.

80 La recta $b: y = -x + 4$ es la bisectriz del ángulo formado por las rectas $r: 3x + y - 8 = 0$ y s. Halla la ecuación de s.

81 Sean A, B, C y D los puntos de corte de las rectas $x - 2y + 2 = 0$ y $2x - y - 2 = 0$ con los ejes de coordenadas. Prueba que el cuadrilátero $ABCD$ es un trapecio isósceles y halla su área.

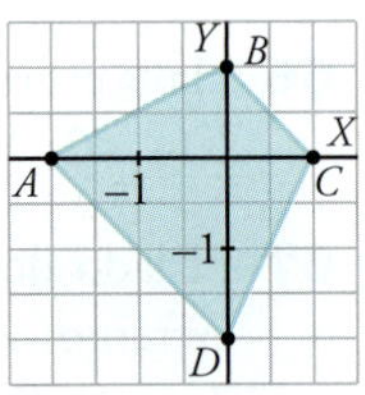

82 De un cuadrado conocemos la ecuación de una de sus diagonales, $d: x + 2y - 5 = 0$, y un vértice, $A(2, -1)$. Calcula el resto de vértices y su área.

83 La recta $x + y - 2 = 0$ y una recta paralela a ella que pasa por el punto $(0, 5)$ determinan, junto con los ejes de coordenadas, un trapecio isósceles. Halla su área.

84 La recta $2x + y - 4 = 0$ es la mediatriz de un segmento que tiene un extremo en el punto $(0, 0)$. Halla las coordenadas del otro extremo.

85 Los puntos $P(-2, 4)$ y $Q(6, 0)$ son vértices consecutivos de un paralelogramo $PQRS$ con centro en el punto $(0, 0)$. Halla los vértices R y S y los ángulos del paralelogramo.

86 Dos de los lados de un paralelogramo están sobre las rectas $x + y - 2 = 0$ y $x - 2y + 4 = 0$ y uno de sus vértices es el punto $(6, 0)$. Halla los otros vértices.

87 En un triángulo, baricentro, ortocentro y circuncentro están alineados. La recta que los contiene se llama recta de Euler. Compruébalo en el triángulo de vértices $A(-3, 2)$, $B(6, 2)$ y $C(6, 5)$.

88 De un triángulo conocemos dos vértices, $A(0, 0)$ y $B(5, 0)$ y la longitud del lado AC, 3. Además, la tangente del ángulo formado por los lados AB y AC es $\frac{4}{3}$.

a) Calcula la ecuación del lado AC.

b) Determina el vértice C.

c) Halla la longitud de la altura relativa a C.

d) Obtén el área del triángulo.

* *Puedes calcular la altura utilizando razones trigonométricas.*

89 Los puntos $A(-\sqrt{3}, -3)$, $B(\sqrt{3}, -3)$, $C(2\sqrt{3}, 0)$, $D(\sqrt{3}, 3)$, $E(-\sqrt{3}, 3)$ y $F(-2\sqrt{3}, 0)$ son los vértices de un hexágono regular $ABCDEF$. Calcula:

a) El centro del hexágono como la intersección de las mediatrices de dos lados consecutivos.

b) La longitud de la apotema.

c) El área del polígono.

90 Dado el triángulo de vértices $A(-4, -2)$, $B(-1, 5)$ y $C(5, 1)$, halla las ecuaciones de las rectas r y s que parten de B y cortan a AC, dividiendo al triángulo en tres triángulos de igual área.

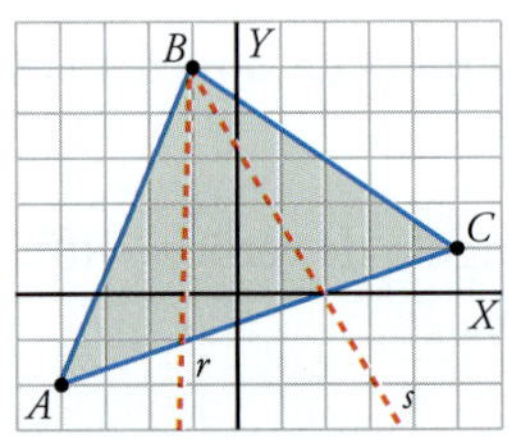

91 Un rombo $ABCD$ tiene un vértice en el eje de ordenadas; otros dos vértices opuestos son $B(-1, -1)$ y $D(-5, 3)$. Halla las coordenadas de los vértices A y C y el área del rombo.

92 Un punto P, que es equidistante de los puntos $A(3, 4)$ y $B(-5, 6)$, dista el doble del eje de abscisas que del eje de ordenadas. ¿Cuáles son las coordenadas de P?

93 De todas las rectas que pasan por el punto $A(1, 2)$, halla la pendiente de aquella cuya distancia al origen es 1.

94 Halla el punto de la recta $2x - 4y - 1 = 0$ que con el origen de coordenadas y el punto $P(-4, 0)$ determina un triángulo de área 6.

Cuestiones teóricas

95 Prueba que si las rectas $ax + by + c = 0$ y $a'x + b'y + c' = 0$ son perpendiculares, se verifica que $aa' + bb' = 0$.

96 Dada la recta de ecuación $ax + by + c = 0$, prueba que el vector $\vec{v} = (a, b)$ es ortogonal a cualquier vector determinado por dos puntos de la recta.

* *Llama $A(x_1, y_1)$ y $B(x_2, y_2)$ a dos puntos genéricos de la recta y haz $\vec{v} \cdot \overrightarrow{AB}$.*

97 a) ¿Qué se puede decir de una recta si en su ecuación general falta el término independiente?

b) ¿Y si falta el término en x?

c) ¿Y si falta el término en y?

98 Demuestra que las coordenadas del baricentro del triángulo de vértices $A(x_1, y_1)$, $B(x_2, y_2)$ y $C(x_3, y_3)$ son:

$$G\left(\frac{x_1 + x_2 + x_3}{3}, \frac{y_1 + y_2 + y_3}{3}\right)$$

* *Utiliza que $2\overrightarrow{GM} = \overrightarrow{BG}$ donde M es el punto medio de AC.*

99 Demuestra que si una recta corta a los ejes de coordenadas en los puntos $(a, 0)$ y $(0, b)$, con $a, b \neq 0$, entonces su ecuación se puede expresar en la **forma canónica** o segmentaria:

$$\frac{x}{a} + \frac{y}{b} = 1$$

Para profundizar

100 Las rectas $x + y - 2 = 0$ y $9x - 3y - 4 = 0$ son dos alturas del triángulo ABC de vértice $A(2, 2)$. Halla las ecuaciones de los lados del triángulo.

101 Dos vértices contiguos de un cuadrado son $A(3, 1)$ y $B(4, 5)$. Calcula los otros vértices. ¿Cuántas soluciones hay?

102 La diagonal menor de un rombo mide lo mismo que su lado y sus extremos son los puntos $A(-3, -2)$ y $C(1, 2)$. Halla los vértices B y D y el perímetro del rombo.

103 En un triángulo isósceles ABC con lado desigual BC, la ecuación del lado AB es $3x + y + 2 = 0$ y la mediatriz del lado BC es $x + y - 2 = 0$.

a) Calcula la ecuación del lado AC.

b) Halla sus vértices si su área es 4 u^2.

104 $A(1, 1)$ y $B(5, 1)$ son dos vértices de un trapecio rectángulo y uno de sus lados está sobre la recta $y = x + 1$. Calcula los otros dos vértices (hay dos soluciones).

105 Toda recta se puede expresar como $x \cos\theta + y \operatorname{sen}\theta = d$, donde θ es el ángulo que forma la recta con el eje de ordenadas y d es su distancia al origen de coordenadas (se conoce como **ecuación de Hesse**). Escribe en esa forma la recta $4x + 3y - 12 = 0$.

Autoevaluación

En la web Resoluciones de estos ejercicios.

1 Se consideran los puntos $A(0, 1)$, $B(4, 9)$ y $C(-4, k)$.

a) Calcula las coordenadas de un punto P que divide al segmento AB en dos partes tales que $\overrightarrow{AP} = \frac{1}{3}\overrightarrow{PB}$.

b) Determina k para que el punto C sea el simétrico de B respecto de A.

2 Calcula la ecuación de estas rectas:

a) Pasa por $A(3, 2)$ y por $B(-2, 1)$, en forma paramétrica e implícita.

b) Pasa por $(0, 0)$ y tiene pendiente $m = -\frac{1}{3}$, en forma continua y explícita.

3 Halla las ecuaciones de las siguientes rectas:

a) Pasa por $P(2, -3)$ y es perpendicular a $y = \frac{-2}{5}x + 1$.

b) Es paralela a $2x + 3y + 1 = 0$ y su ordenada en el origen es 2.

4 Escribe la ecuación del haz de rectas que pasa por $(5, 1)$ y halla la recta de dicho haz que pasa por $(0, 1)$.

5 Estudia la posición relativa de las rectas r y s y de las rectas r y t, donde:

$r: 3x + 5y - 34 = 0$ $\quad s: y = \frac{5}{3}x$ $\quad t: \begin{cases} x = k \\ y = 2 \end{cases}$

6 Calcula k para que las rectas $r: y = 3$ y $s: y = kx + 1$ formen un ángulo de 60°.

7 Considera los puntos $A(0, k)$ y $B(8, 5)$ y la recta $r: 3x + 4y + 1 = 0$. Determina el valor de k para que:

a) La distancia entre A y B sea igual a 10.

b) La distancia entre A y r sea 1.

8 En el triángulo de vértices $A(-3, 2)$, $B(1, 3)$ y $C(4, 1)$, halla el ortocentro y el circuncentro.

En la web Otra autoevaluación.

9 Lugares geométricos. Cónicas

Qué son las cónicas

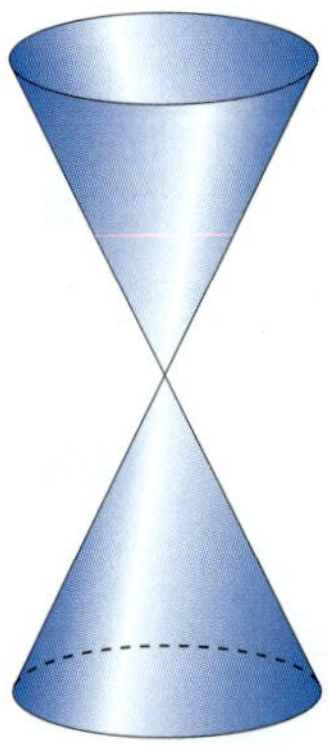

Una **superficie cónica,** tal y como se muestra en la ilustración de la derecha, es una figura formada por dos conos infinitos opuestos por el vértice.

Si una superficie cónica se corta por un plano, se puede obtener una circunferencia, una elipse, una parábola o una hipérbola, dependiendo del ángulo que forme dicho plano con el eje de la superficie cónica. Por eso, a estas curvas se las llama **cónicas.**

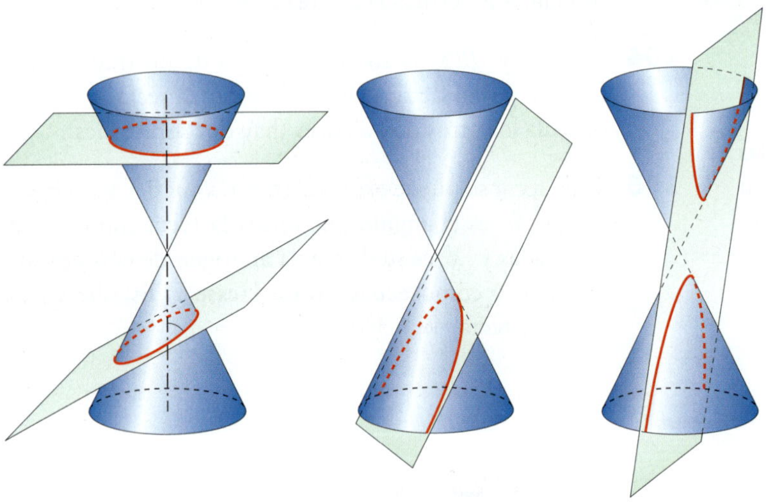

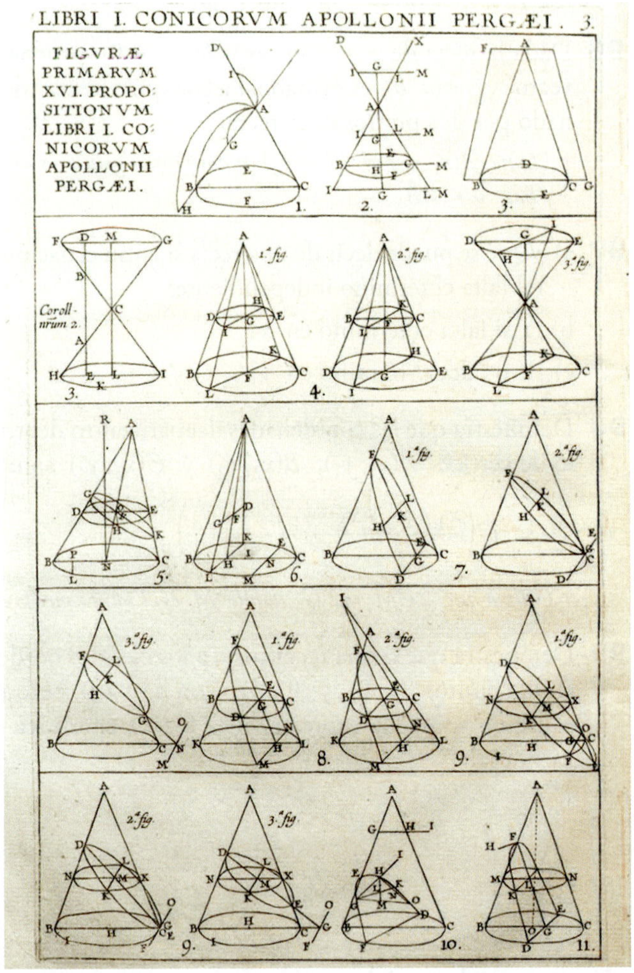

Página del libro "Las cónicas" de Apolonio de Perga.

Las cónicas en la historia

En el siglo III a. C., el gran geómetra griego **Apolonio de Perga** escribió un libro dedicado a las cónicas. Con un estilo pulido y sistemático, estudió estas curvas de forma exhaustiva. Siguiendo el espíritu de los griegos, este tratado fue eminentemente especulativo, sin buscar aplicaciones prácticas.

Cuando Apolonio describió las elipses, parábolas e hipérbolas como cónicas, estaba muy lejos de imaginar que dichas curvas se ajustaban a los movimientos de los cuerpos celestes. Durante muchos siglos se consideró que las órbitas de los planetas eran circulares. Fue a comienzos del siglo XVII cuando **Kepler** enunció sus importantes leyes, una de las cuales asigna órbitas elípticas a dichos cuerpos. Solo un siglo antes, **Copérnico** había dado al traste con la concepción geocéntrica del universo, haciendo ver que era la Tierra la que giraba alrededor del Sol.

Planisferio del siglo XVII con el sistema copernicano.

En la web Biografía de Apolonio.

Las cónicas en la actualidad

Las cónicas son referentes habituales en la tecnología actual. Veamos algunos ejemplos:

Antenas parabólicas

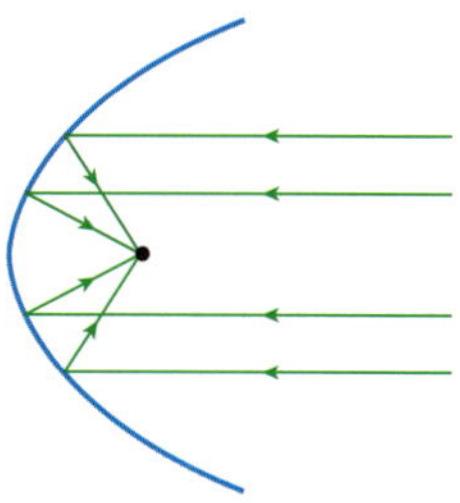

La parábola tiene la propiedad de que todas las rectas paralelas a su eje, al "rebotar" en la curva se reflejan pasando por el foco.

Las antenas parabólicas sirven para recoger un haz de "rayos" procedentes del satélite artificial al que apuntan y concentrarlos en el foco, donde está el detector que recoge la información.

Lámparas elípticas para dentistas

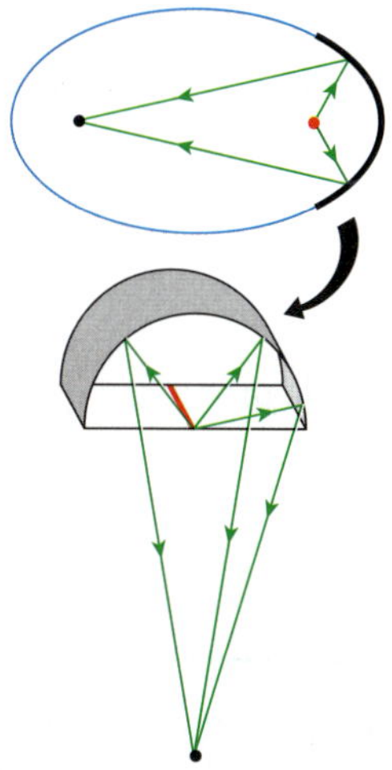

En una elipse, si un rayo sale de un foco, al reflejarse en la curva, pasa por el otro foco.

Esta propiedad se aplica para construir lámparas cuyos rayos se concentren todos en un punto. Por ejemplo, en las lámparas de los dentistas, el punto de luz se sitúa en uno de los focos de la elipse (en rojo en la figura), los rayos luminosos (en verde) se reflejan en la pantalla elíptica y se encuentran en el otro foco, donde se coloca el objeto que se quiere iluminar (la boca del paciente).

Resuelve

¿Dónde se situará el depósito?

Se quiere instalar un gran depósito de propano para abastecer a una factoría industrial y a dos urbanizaciones.

Han de cumplirse las siguientes condiciones: conviene que el depósito esté lo más cerca de la factoría, pero por razones de seguridad, no puede estar a menos de 500 m de un horno que hay en ella. Por tanto habrá de situarse, exactamente, a 500 m del horno, H. Además, se desea que esté a la misma distancia de A que de B.

Para resolverlo, llevamos los datos a unos ejes cartesianos (1 cuad = 100 m) y suponemos que los puntos H, A y B se sitúan donde se indica en la gráfica de la derecha.

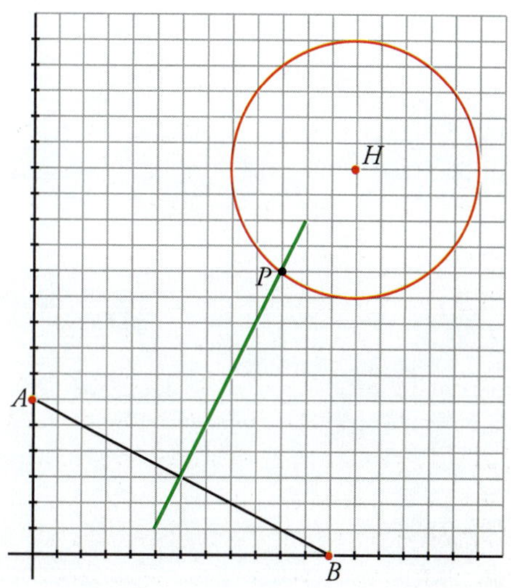

- La circunferencia roja es el conjunto de puntos que están a 500 m del horno. Analíticamente, son puntos (x, y) cuya distancia a $H(13, 15)$ es 5. Exprésalo mediante una ecuación.
- La recta verde es el conjunto de puntos que equidistan de A y de B. Analíticamente, es una recta que pasa por $(6, 3)$ y tiene pendiente 2. Escribe su ecuación.
- El punto P donde hemos de situar el depósito de propano se obtiene hallando la intersección de las dos líneas que acabamos de describir. Resuelve el sistema que forman sus ecuaciones para hallar las coordenadas de P.

1 Lugares geométricos

Se llama **lugar geométrico** a un conjunto de puntos que cumplen una cierta propiedad.

Atención

Es muy importante que interpretes cada una de estas líneas descritas en los ejemplos como un conjunto de puntos que cumplen una propiedad:

a) Si X es un punto de la mediatriz, su distancia a A es igual que su distancia a B.

b) Si X es un punto de la bisectriz, …

c) Si X es un punto de la circunferencia, …

Por ejemplo:

a) La **mediatriz de un segmento** AB es el lugar geométrico de los puntos, X, que equidistan de sus extremos:

$$dist(X, A) = dist(X, B)$$

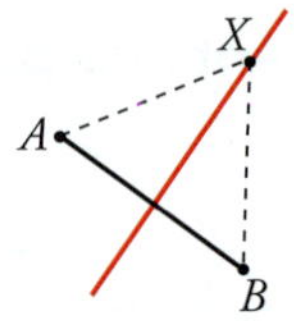

b) La **bisectriz de un ángulo** de lados r_1 y r_2 es el lugar geométrico de los puntos, X, que equidistan de r_1 y de r_2:

$$dist(X, r_1) = dist(X, r_2)$$

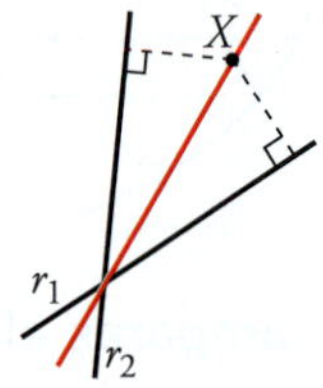

c) **Circunferencia** de centro O y radio r es el lugar geométrico de los puntos, X, cuya distancia a O es r:

$$dist(X, O) = r$$

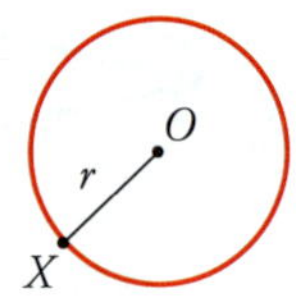

Llamando $X(x, y)$ al punto genérico y aplicando analíticamente la propiedad que debe cumplir, se obtiene la ecuación de la figura geométrica.

Ejercicios resueltos

1 *Hallar la ecuación de la mediatriz del segmento de extremos $A(-3, 4)$ y $B(1, 0)$.*

Cada punto de la mediatriz, $X(x, y)$, equidista de los extremos del segmento AB. Por tanto, han de cumplir la condición $dist(X, A) = dist(X, B)$.

$$\left.\begin{array}{l} dist\,(X, A) = \sqrt{(x+3)^2 + (y-4)^2} \\ dist\,(X, B) = \sqrt{(x-1)^2 + y^2} \end{array}\right\} \rightarrow \sqrt{(x+3)^2 + (y-4)^2} = \sqrt{(x-1)^2 + y^2}$$

Elevamos al cuadrado los dos miembros, desarrollamos los cuadrados indicados y simplificamos:

$$x^2 + 6x + 9 + y^2 - 8y + 16 = x^2 - 2x + 1 + y^2 \rightarrow 8x - 8y + 24 = 0 \rightarrow$$

$\rightarrow x - y + 3 = 0 \rightarrow y = x + 3$. Es, efectivamente, una recta.

Comprobamos que la recta obtenida es perpendicular al segmento AB en su punto medio:

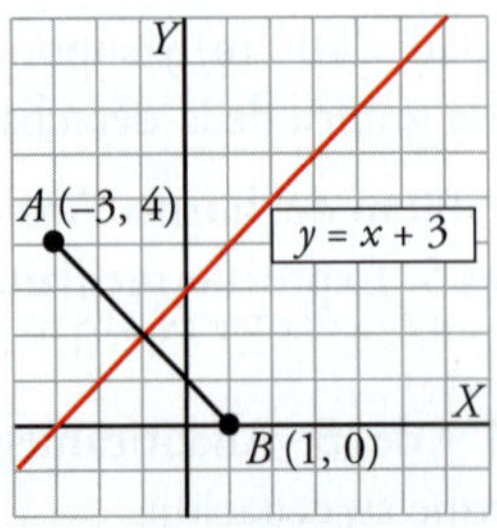

- Pasa por $(-1, 2)$, que es el punto medio del segmento.
- Su pendiente, 1, y la pendiente del segmento, -1, cumplen que $1 \cdot (-1) = -1$. Luego son perpendiculares.

Por tanto, efectivamente, $y = x + 3$ es la mediatriz de AB.

Hazlo tú. Halla la ecuación de la mediatriz del segmento cuyos extremos son $A(0, 0)$ y $B(6, 4)$.

Ejercicios resueltos

2 *Hallar la ecuación de la bisectriz del ángulo formado por*

r_1: $4x + 3y - 5 = 0$

r_2: $3x + 4y - 2 = 0$

Cada punto $X(x, y)$ de la bisectriz equidista de las rectas que forman el ángulo. Por tanto, deben cumplir que $dist(X, r_1) = dist(X, r_2)$:

$$\left.\begin{array}{l} dist(X, r_1) = \dfrac{|4x+3y-5|}{\sqrt{4^2+3^2}} = \dfrac{|4x+3y-5|}{5} \\ dist(X, r_2) = \dfrac{|3x+4y-2|}{\sqrt{3^2+4^2}} = \dfrac{|3x+4y-2|}{5} \end{array}\right\} \rightarrow \dfrac{|4x+3y-5|}{5} = \dfrac{|3x+4y-2|}{5}$$

Para interpretar esta ecuación, debemos eliminar los valores absolutos. Al hacerlo, aparece un doble signo, pues

$$|A| = |B| \Rightarrow A = B \text{ o bien } A = -B$$

$$A = B \rightarrow 4x + 3y - 5 = 3x + 4y - 2 \rightarrow x - y - 3 = 0 \quad (L_1)$$

$$A = -B \rightarrow 4x + 3y - 5 = -(3x + 4y - 2) \rightarrow x + y - 1 = 0 \quad (L_2)$$

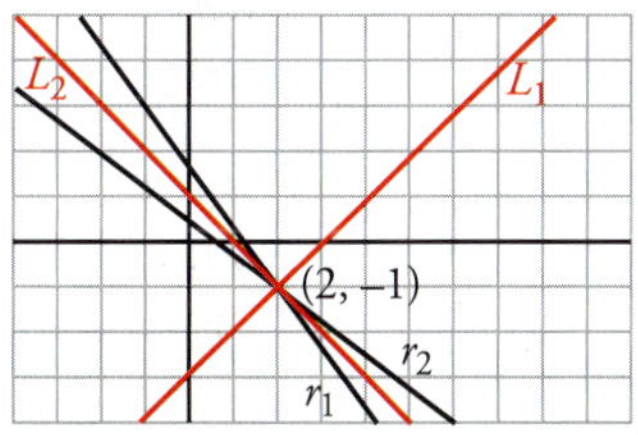

El lugar geométrico buscado está compuesto por las dos rectas, (L_1) y (L_2), perpendiculares entre sí y que se cortan en $(2, -1)$, el mismo punto en que se cortan r_1 y r_2.

Son las bisectrices de los ángulos formados por las dos rectas dadas.

Hazlo tú. Halla la ecuación de la bisectriz del ángulo formado por r_1: $5x - 12y = 0$ y r_2: $12x + 5y = 0$.

3 *Hallar el lugar geométrico de los puntos cuya diferencia de cuadrados de distancias a $P(4, 2)$ y a $Q(-2, 5)$ es 15:*

$[dist(X, P)]^2 - [dist(X, Q)]^2 = 15$

Expresamos analíticamente la condición:

$$\left(\sqrt{(x-4)^2+(y-2)^2}\right)^2 - \left(\sqrt{(x+2)^2+(y-5)^2}\right)^2 = 15$$

Operamos y simplificamos:

$$(x^2 - 8x + 16 + y^2 - 4y + 4) - (x^2 + 4x + 4 + y^2 - 10y + 25) = 15 \rightarrow$$

$$\rightarrow -12x + 6y - 9 = 15 \rightarrow -2x + y = 4 \rightarrow y = 2x + 4$$

Es una recta de pendiente 2. La pendiente del segmento PQ es $\dfrac{5-2}{-2-4} = \dfrac{3}{-6} = -\dfrac{1}{2}$.

Luego la recta es perpendicular al segmento, ya que $2 \cdot \left(-\dfrac{1}{2}\right) = -1$.

Conclusión: El L.G. buscado es una recta perpendicular al segmento PQ.

Hazlo tú. Halla el lugar geométrico de los puntos cuya diferencia de cuadrados de distancias a $P(2, 5)$ y a $Q(4, -1)$ es 40, es decir, $\overline{XP}^2 - \overline{XQ}^2 = 40$.

Ejercicio propuesto

1 Halla las ecuaciones de los siguientes lugares geométricos:

a) Mediatriz del segmento de extremos $A(-5, -3)$, $B(7, 1)$. Comprueba que es una recta perpendicular al segmento en su punto medio.

b) Circunferencia de centro $O(-3, 4)$ y radio 5. Comprueba que pasa por el origen de coordenadas.

c) Bisectrices de los ángulos formados por las rectas:

r_1: $5x + y + 3 = 0$

r_2: $x - 2y + 16 = 0$

Comprueba que las bisectrices son dos rectas perpendiculares que se cortan en el mismo punto en que se cortan las rectas r_1 y r_2.

2 Estudio de la circunferencia

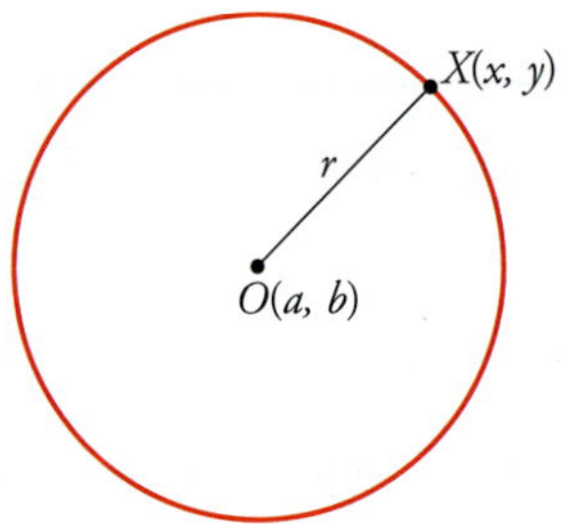

$\sqrt{(x-a)^2+(y-b)^2}=r$

La ecuación de una circunferencia de centro $O(a, b)$ y radio r es:

$$dist(X, O) = r \rightarrow \sqrt{(x-a)^2+(y-b)^2}=r$$

Para simplificar la expresión, elevamos al cuadrado los dos miembros y reordenamos los términos:

$$(x-a)^2 + (y-b)^2 = r^2$$
$$x^2 - 2ax + a^2 + y^2 - 2by + b^2 = r^2$$
$$x^2 + y^2 - 2ax - 2by + a^2 + b^2 - r^2 = 0$$

Observamos que se trata de un polinomio de segundo grado en x e y, tal que los coeficientes de x^2 e y^2 son "1" y que no tiene término en xy:

$$x^2 + y^2 + Ax + By + C = 0$$

¿Qué relaciones hay entre los coeficientes de este polinomio y los elementos de la circunferencia (centro y radio)? Para verlas, comparemos esta ecuación con la anterior e igualemos los términos correspondientes:

$$-2a = A \rightarrow a = -\frac{A}{2}$$
$$-2b = B \rightarrow b = -\frac{B}{2}$$
$$a^2 + b^2 - r^2 = C \rightarrow \left(\frac{A}{2}\right)^2 + \left(\frac{B}{2}\right)^2 - r^2 = C \rightarrow r^2 = \left(\frac{A}{2}\right)^2 + \left(\frac{B}{2}\right)^2 - C$$

Conclusiones:

- Si de una circunferencia conocemos el centro $O(a, b)$ y el radio r, su ecuación será:

  $$(x-a)^2 + (y-b)^2 = r^2$$

  Ahora podemos desarrollar y simplificar esta expresión o no hacerlo, según convenga.

- Si tenemos una expresión de segundo grado en x e y del tipo

  $$x^2 + y^2 + Ax + By + C = 0$$

  y queremos saber si es una circunferencia y, en caso afirmativo, obtener su centro y su radio:

  I. Observamos que los coeficientes de x^2 e y^2 son 1. Si tuvieran ambos un mismo coeficiente distinto de 1, dividiríamos por él todos los términos.

  II. Observamos que no tiene término en xy.

  III. Comprobamos que $\left(\frac{A}{2}\right)^2 + \left(\frac{B}{2}\right)^2 - C > 0$.

  En tal caso, es una circunferencia.

  Su centro es: $\left(-\frac{A}{2}, -\frac{B}{2}\right)$; y su radio es: $\sqrt{\left(\frac{A}{2}\right)^2 + \left(\frac{B}{2}\right)^2 - C}$.

Ejemplos

- Ecuación de la circunferencia de centro $O(5, -3)$ y radio $r = 7$:

  $$(x-5)^2 + (y+3)^2 = 49$$

- ¿Corresponde a una circunferencia la ecuación $5x^2 + 5y^2 - 50x + 30y - 75 = 0$?

  I. Los términos x^2 e y^2 tienen el mismo coeficiente, 5. Dividimos por él:

  $$x^2 + y^2 - 10x + 6y - 15 = 0$$

  II. No tiene término en xy.

  III. $\left(-\frac{10}{2}\right)^2 + \left(\frac{6}{2}\right)^2 - (-15) = 49 > 0$

  Es una circunferencia.

  Centro: $(5, -3)$; radio $= \sqrt{49} = 7$.

  También podríamos haber procedido completando cuadrados como ves a continuación:

  $x^2 + y^2 - 10x + 6y - 15 = 0 \rightarrow$

  $\rightarrow x^2 - 10x + \mathbf{25} + y^2 + 6y + \mathbf{9} =$

  $= 15 + \mathbf{25} + \mathbf{9} \rightarrow (x-5)^2 + (y+3)^2 = 7^2$

  Vemos de nuevo que su centro es $(5, -3)$ y su radio 7.

Ejercicios resueltos

1 *Escribir la ecuación de la circunferencia de centro (3, –2) y radio 4.*

$(x-3)^2 + (y+2)^2 = 16$. Esta ya es la ecuación.

Podríamos simplificarla si fuera necesario para nuestros fines:

$$x^2 - 6x + 9 + y^2 + 4y + 4 = 16 \rightarrow x^2 + y^2 - 6x + 4y - 3 = 0$$

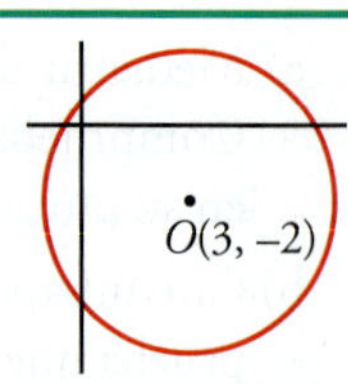

Hazlo tú. Escribe la ecuación de la circunferencia de centro (–5, 2) y radio 3.

Ejercicios resueltos

2 *Indicar cuáles de las siguientes ecuaciones corresponden a circunferencias y, en ellas, identificar el centro y el radio:*

a) $x^2 + y^2 - 4x + 6 = 0$

b) $3x^2 + 3y^2 - 12x + 6y - 12 = 0$

c) $x^2 + y^2 + 4x - 6y + 13 = 0$

a) Los coeficientes de x^2 e y^2 son 1. No hay término en xy. (Hasta aquí todo va bien).

Pero $\left(\frac{4}{2}\right)^2 - 6 = -2 < 0$. Por tanto, **no es circunferencia.**

(Observemos que la expresión $x^2 + y^2 - 4x + 6 = 0$ puede ponerse así: $(x-2)^2 + y^2 = -2$. Pero es imposible que la suma de dos cuadrados sea –2. No hay ningún punto que cumpla esta ecuación.)

b) Empezamos dividiendo entre 3: $x^2 + y^2 - 4x + 2y - 4 = 0$

Ahora los coeficientes de x^2 e y^2 son 1 y no hay término en xy.

$$\left(\frac{4}{2}\right)^2 + \left(\frac{2}{2}\right)^2 - (-4) = 9 > 0$$

Por tanto, **sí es circunferencia.**

Su radio es $\sqrt{9} = 3$.

Su centro es $\left(\frac{4}{2}, -\frac{2}{2}\right)$, es decir, $(2, -1)$.

c) Los coeficientes de x^2 e y^2 son 1. No hay término en xy.

$\left(\frac{4}{2}\right)^2 + \left(\frac{6}{2}\right)^2 - 13 = 4 + 9 - 13 = 0$. Por tanto, **no es circunferencia.**

La ecuación equivale a $(x+2)^2 + (y-3)^2 = 0$. Solo el punto $(-2, 3)$ cumple esa condición.

Hazlo tú. ¿Qué ecuaciones corresponden a circunferencias? Da su centro y su radio.

a) $2x^2 + 2y^2 - 8x = 0$

b) $x^2 - y^2 + 7x - 2 = 0$

c) $x^2 + y^2 - 3x + 4xy - 16 = 0$

d) $x^2 + y^2 + 10x - 2y + 40 = 0$

3 *Hallar el lugar geométrico de los puntos P tales que la razón de distancias a dos puntos dados, A(0, 0) y B(6, 3), sea igual a 2.*

Es decir, $\frac{dist(A, P)}{dist(B, P)} = 2$.

Expresamos analíticamente la condición:

$$\frac{dist(A, P)}{dist(B, P)} = 2 \rightarrow \frac{\sqrt{x^2 + y^2}}{\sqrt{(x-6)^2 + (y-3)^2}} = 2$$

Operamos y simplificamos:

$$x^2 + y^2 = 4(x^2 - 12x + 36 + y^2 - 6y + 9) \rightarrow$$

$$\rightarrow 3x^2 + 3y^2 - 48x - 24y + 180 = 0 \rightarrow x^2 + y^2 - 16x - 8y + 60 = 0$$

La ecuación resultante es una circunferencia de centro $(8, 4)$ y radio $\sqrt{64 + 16 - 60} = \sqrt{20}$.

Hazlo tú. ¿Cuál es el lugar geométrico de los puntos P del plano cuyo cociente de distancias a los puntos $M(6, 0)$ y $N(-2, 0)$ es 3 (es decir, $\overline{PM}/\overline{PN} = 3$)?

Ejercicios propuestos

1 Halla la ecuación de la circunferencia de centro $(-5, 12)$ y radio 13.
Comprueba que pasa por el punto $(0, 0)$.

2 Halla el lugar geométrico de los puntos del plano cuya suma de cuadrados de distancias a los extremos del segmento AB, $A(-3, 0)$ y $B(5, 0)$, es 50.

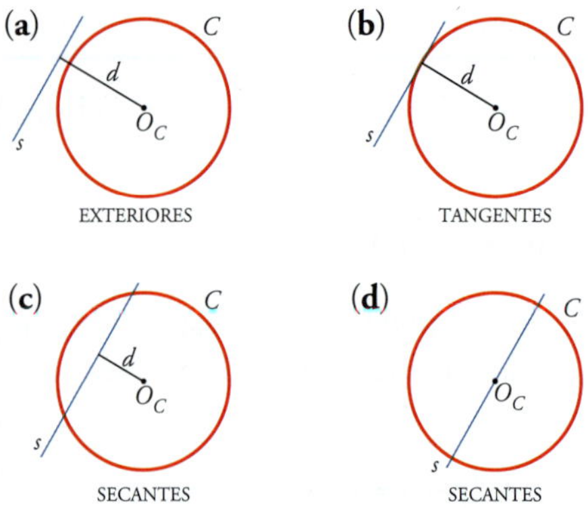

Posiciones relativas de una recta y de una circunferencia

Una recta, s, y una circunferencia, C, pueden ser exteriores (**a**), tangentes (**b**) o secantes (**c** y **d**). Analíticamente puede identificarse su posición de dos maneras:

I. Resolviendo el sistema formado por las dos ecuaciones, que tendrá dos soluciones (se cortan), una (son tangentes) o ninguna (son exteriores).

II. Comparando la distancia, d, de O_C a s con el radio, r, de la circunferencia:

- Si $d > r$, son exteriores.
- Si $d = r$, son tangentes.
- Si $d < r$, son secantes, y si $d = 0$, la recta pasa por el centro.

Ejercicio resuelto

1 *Hallar la posición relativa de la recta $y = x$ y la circunferencia siguiente:*

$$x^2 + y^2 - 8x + 2y + 1 = 0$$

- Resolviendo el sistema formado por las ecuaciones de la recta y la circunferencia, se obtienen los puntos de corte. (Si el sistema no tuviera solución, la recta sería exterior a la circunferencia):

$$\left.\begin{array}{l} x^2 + y^2 - 8x + 2y + 1 = 0 \\ y = x \end{array}\right\} \; x^2 + x^2 - 8x + 2x + 1 = 0 \;\rightarrow$$

$$\rightarrow 2x^2 - 6x + 1 = 0 \;\rightarrow\; x = \frac{6 \pm \sqrt{36-8}}{4} \begin{cases} \dfrac{3+\sqrt{7}}{2} \approx 2,82 \\[2mm] \dfrac{3-\sqrt{7}}{2} \approx 0,18 \end{cases}$$

La recta y la circunferencia se cortan en los puntos (0,18; 0,18) y (2,82; 2,82).

- Si solo nos importa la posición relativa, esta podría averiguarse comparando el radio, r, de la circunferencia con la distancia, d, de su centro a la recta s:

Centro: $O_C(4, -1)$

Radio: $r = \sqrt{4^2 + 1^2 - 1} = 4$

$dist(O_C, s)$: $d = \dfrac{4+1}{\sqrt{1+1}} = \dfrac{5}{\sqrt{2}} \approx 3,5$

Puesto que $r > d$, la recta corta a la circunferencia en dos puntos.

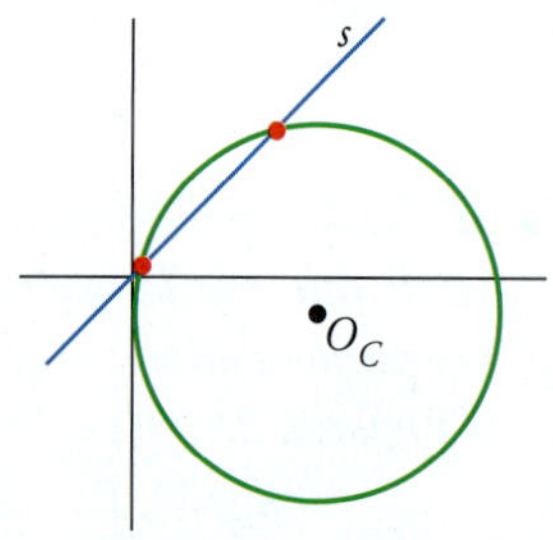

Hazlo tú. Halla la posición relativa de las rectas

r_1: $y = x - 1$ $\quad$ r_2: $y = x + 1$ $\quad$ r_3: $y = 3$

respecto de la circunferencia $x^2 + y^2 - 8x + 2y + 1 = 0$.

Ejercicios propuestos

3 Estudia la posición relativa de la circunferencia

$$C: x^2 + y^2 - 6x - 4y - 12 = 0$$

respecto de las rectas:

s_1: $3x - 4y - 26 = 0$ $\quad$ s_2: $5x - 8y + 60 = 0$

s_3: $3x - 4y - 1 = 0$ $\quad$ s_4: $x = 5$

Halla los puntos de corte y de tangencia, si los hubiera.

4 ¿Para qué valores de b la recta $y = x + b$ es tangente a la circunferencia $x^2 + y^2 = 9$?

5 Halla la posición relativa de $C: x^2 + y^2 - 6x + 8y = 0$ respecto de las rectas:

r_1: $x + y = 10$ $\quad$ r_2: $4x + 3y + 20 = 0$

r_3: $3x - 4y = 0$ $\quad$ r_4: $y = -2$

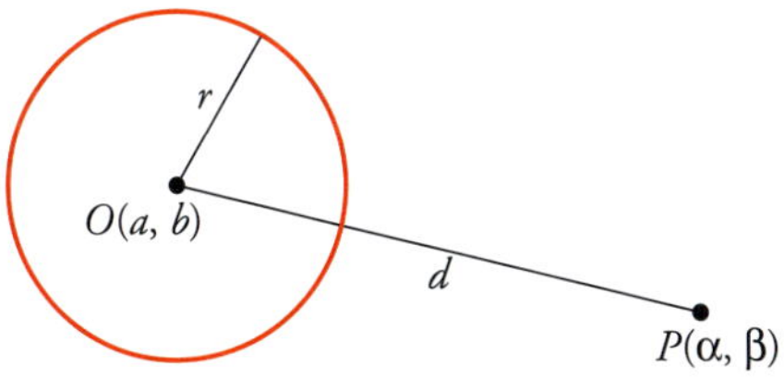

Potencia de un punto a una circunferencia

Dados un punto $P(\alpha, \beta)$ y una circunferencia C de centro $O(a, b)$ y radio r, llamamos d a la distancia de P a O: $d = dist(O, P)$.

Se llama **potencia** $\mathcal{P}$ del punto P a la circunferencia C a $d^2 - r^2$.

$$\mathcal{P} = d^2 - r^2 = (\alpha - a)^2 + (\beta - b)^2 - r^2$$

- Si el punto es exterior a la circunferencia $(d > r) \rightarrow \mathcal{P} > 0$
- Si el punto es de la circunferencia $(d = r) \rightarrow \mathcal{P} = 0$
- Si el punto es interior a la circunferencia $(d < r) \rightarrow \mathcal{P} < 0$

Observando la ecuación de la circunferencia C, $(x - a)^2 + (y - b)^2 - r^2 = 0$, advertimos que $\mathcal{P}$ es el resultado de sustituir las coordenadas del punto $P(\alpha, \beta)$ por las x e y en dicha ecuación.

Ejemplos:

- La potencia de $P(7, -4)$ a la circunferencia de centro $O(1, 4)$ y radio 12 es:

  $\mathcal{P} = d^2 - r^2 = \overline{OP}^2 - r^2 = \left(\sqrt{(7-1)^2 + (-4-4)^2}\right)^2 - 12^2 = 100 - 144 = -44 < 0$

  Como $\mathcal{P} < 0$, el punto es interior a la circunferencia.

- La potencia de $P(7, -4)$ a la circunferencia $x^2 + y^2 - 8x + 3y + 12 = 0$ es:

  $\mathcal{P} = 7^2 + (-4)^2 - 8 \cdot 7 + 3 \cdot (-4) + 12 = 9 > 0$

  Como $\mathcal{P} > 0$, el punto es exterior a la circunferencia.

Eje radical de dos circunferencias

Se llama **eje radical** de dos circunferencias al lugar geométrico de los puntos del plano que tienen la misma potencia respecto a ambas.

El eje radical de dos circunferencias es una recta perpendicular a la línea de los centros.

Ejercicio resuelto

1 *Hallar el eje radical de las circunferencias:*

$C_1: x^2 + y^2 - 6x + 4y - 11 = 0$

$C_2: x^2 + y^2 + 8x - 2y - 1 = 0$

Expresamos analíticamente las potencias de un punto genérico $X(x, y)$ a ambas circunferencias y las igualamos:

$$\left.\begin{array}{l}\mathcal{P}(X \text{ a } C_1) = x^2 + y^2 - 6x + 4y - 11 \\ \mathcal{P}(X \text{ a } C_2) = x^2 + y^2 + 8x - 2y - 1\end{array}\right\}$$

Los puntos que tienen la misma potencia respecto a C_1 y C_2 se obtienen igualando las dos expresiones.

$$x^2 + y^2 - 6x + 4y - 11 = x^2 + y^2 + 8x - 2y - 1 \xrightarrow{\text{simplificando}} 7x - 3y + 5 = 0$$

Es, evidentemente, una recta. Se puede comprobar que es perpendicular a la recta que une los centros de C_1 y C_2 (su pendiente es –3/7).

Ejercicios propuestos

6 Halla la potencia de $P(-3, 8)$ a las siguientes circunferencias:

$C_1: x^2 + y^2 - 14x + 20 = 0$

$C_2: O(4, -3),\ r = 20$

Di si P es interior o exterior a C_1 y a C_2.

7 Halla el eje radical de estas circunferencias:

$C_1: x^2 + y^2 - 4x + 12y - 11 = 0$

$C_2: x^2 + y^2 - 6y = 0$

Comprueba que es una recta perpendicular a la línea de sus centros.

3 Las cónicas como lugares geométricos

Cómo se dibuja una elipse

Los jardineros se valen del siguiente método para trazar un parterre de forma elíptica: se clavan en el suelo dos estacas, se ata entre ambas una cuerda suficientemente amplia y se procede como en la fotografía. Mientras se traza la curva, la cuerda debe estar siempre tensa.

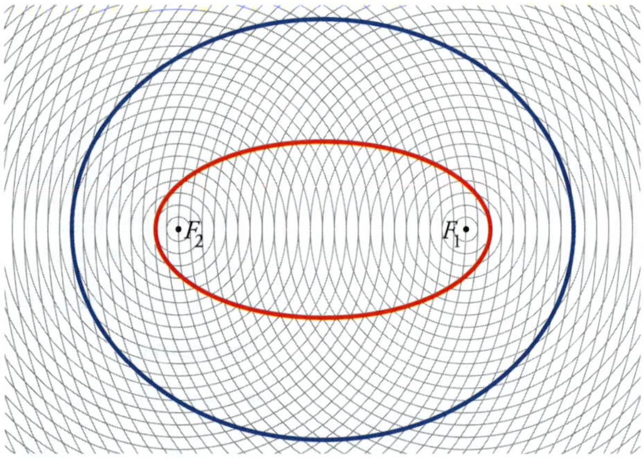

Observa cómo nos hemos valido de esta trama formada por dos familias de circunferencias concéntricas para representar algunas elipses. Por ejemplo, la roja: si sumas la distancia de uno de sus puntos a F_1 y a F_2 obtienes 28 unidades. Comprueba que esta suma no varía al cambiar de punto.

En ambas construcciones se observa que *la suma de distancias de cada punto de la elipse a los dos puntos fijos es siempre la misma.*

Cómo se dibuja una hipérbola

La misma trama anterior nos sirve para representar hipérbolas.

Observa, por ejemplo, la roja: Toma un punto de ella. Resta sus distancias a F_1 y a F_2. Comprueba con otro punto que la diferencia es la misma (18). Es decir, *la diferencia de distancias de cada punto de la hipérbola a los dos puntos fijos es siempre la misma.*

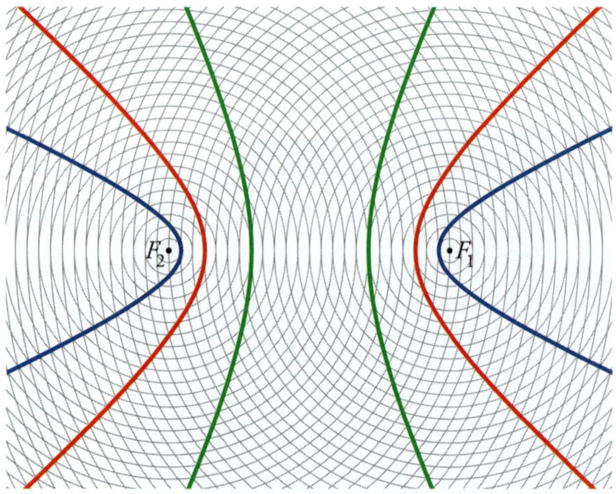

Cómo se dibuja una parábola

Esta otra trama nos va a servir para representar parábolas.

Observa la roja. Toma un punto de ella y mide sus distancias a F y a d. Compáralas. Haz lo mismo con otros puntos de la misma curva.

Los puntos de la parábola equidistan de un punto fijo, F, y de una recta fija, d.

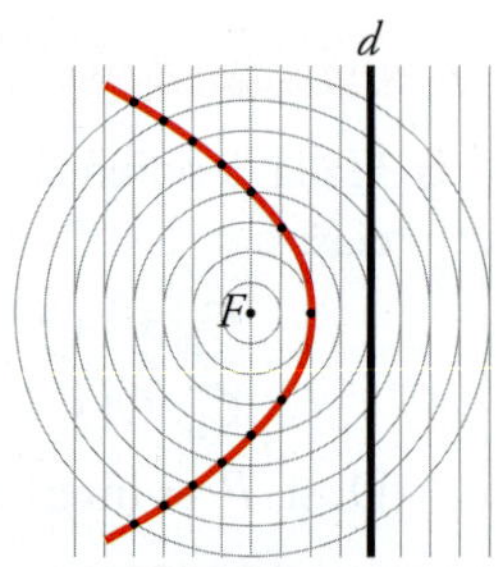

Otra parábola

Observa esta otra parábola con la directriz más alejada del foco.

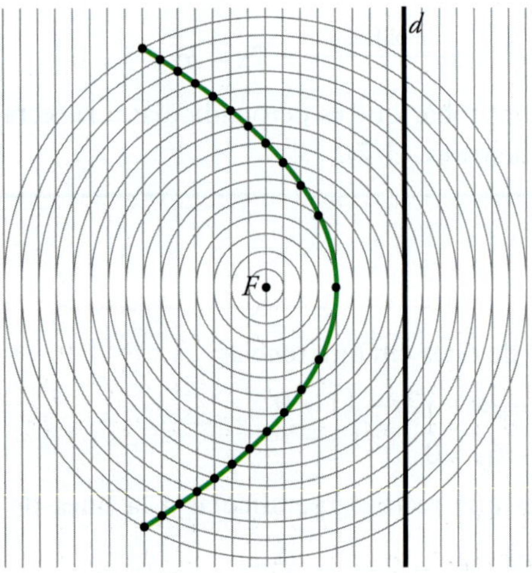

Definiciones

Ejemplos

Las dos **elipses** dibujadas en la página anterior tienen la misma distancia focal:

$dist(F_1, F_2) = 24$.

- En la roja, $k = 28$.
- En la azul, $k = 42$.

Las tres **hipérbolas** dibujadas en la página anterior tienen la misma distancia focal:

$dist(F_1, F_2) = 24$.

- En la azul, $k = 22$.
- En la roja, $k = 18$.
- En la verde, $k = 10$.

Dados dos puntos, F_1 y F_2, llamados focos, y una distancia k, llamada "constante de la elipse" $[k > dist(F_1, F_2)]$, se llama **elipse** al lugar geométrico de los puntos P cuya suma de distancias a F_1 y a F_2 es igual a k:

$$dist(P, F_1) + dist(P, F_2) = k$$

Dados dos puntos, F_1 y F_2, llamados focos, y una distancia k, llamada "constante de la hipérbola" $[k < dist(F_1, F_2)]$, se llama **hipérbola** al lugar geométrico de los puntos P cuya diferencia de distancias a F_1 y a F_2 es, en valor absoluto, igual a k:

$$|dist(P, F_1) - dist(P, F_2)| = k$$

Dados un punto F, llamado foco, y una recta, d, llamada directriz, se llama **parábola** al lugar geométrico de los puntos, P, que equidistan de F y de d:

$$dist(P, F) = dist(P, d)$$

Mediante estas definiciones se pueden obtener, con toda sencillez, las ecuaciones de estas figuras.

Sin embargo, dada una ecuación, es menos fácil aprender a reconocer cuál es la figura a la que corresponde. Para ello, las estudiaremos con más detalle en los próximos apartados.

Ejercicio resuelto

1 *Dados los puntos $F_1(-2, 5)$, $F_2(7, -3)$ y la recta $r: x - y - 1 = 0$, obtener las ecuaciones de:*

a) La elipse de focos F_1 y F_2 y cuya constante es 17.

b) La hipérbola de focos F_1 y F_2 y cuya constante es 6.

c) La parábola cuyo foco es F_1 y cuya directriz es r.

a) $dist(P, F_1) + dist(P, F_2) = 17 \rightarrow \sqrt{(x+2)^2+(y-5)^2} + \sqrt{(x-7)^2+(y+3)^2} = 17$

b) $|dist(P, F_1) - dist(P, F_2)| = 6 \rightarrow \left|\sqrt{(x+2)^2+(y-5)^2} - \sqrt{(x-7)^2+(y+3)^2}\right| = 6$

c) $dist(P, F_1) = dist(P, r) \rightarrow \sqrt{(x+2)^2+(y-5)^2} = \dfrac{|x-y-1|}{\sqrt{1+1}}$

Hazlo tú. Dados los puntos $F_1(-3, 0)$ y $F_2(1, -2)$ y la recta $r: x + 2y - 5 = 0$, obtén las ecuaciones de:

a) La elipse de focos F_1 y F_2 y constante 20.

b) La hipérbola de focos F_1 y F_2 y constante 2.

c) La parábola cuyo foco es F_1 y cuya directriz es r.

Ejercicios propuestos

1 Halla la ecuación de la elipse de focos $F_1(4, 0)$ y $F_2(-4, 0)$ y cuya constante es 10.

Una vez puesta la ecuación inicial, pasa una raíz al segundo miembro, eleva al cuadrado (¡atención con el doble producto!), simplifica, aísla la raíz, vuelve a elevar al cuadrado y simplifica hasta llegar a la ecuación $9x^2 + 25y^2 = 225$.

2 Halla la ecuación de la hipérbola de focos $F_1(5, 0)$ y $F_2(-5, 0)$ y cuya constante es 6. Simplifica como en el ejercicio anterior hasta llegar a la expresión $16x^2 - 9y^2 = 144$.

3 Halla la ecuación de la parábola de foco $F(-1, 0)$ y directriz $r: x = 1$. Simplifica hasta llegar a la expresión $y^2 = -4x$.

4 Estudio de la elipse

Elementos característicos

Tenemos una elipse de focos F y F'. Trazamos sus dos ejes de simetría.

Sus elementos característicos se designan así:

O	centro de la elipse
$a = \overline{OA} = \overline{OA'}$	semieje mayor
$b = \overline{OB} = \overline{OB'}$	semieje menor
$c = \overline{OF} = \overline{OF'}$	semidistancia focal

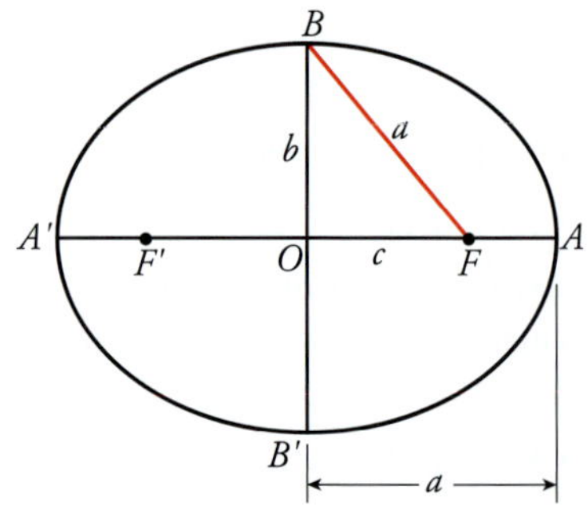

La constante, k, de la elipse es $2a$, pues:

$$k = \overline{AF} + \overline{AF'} = \overline{AF} + \overline{A'F} = 2a$$

Además, como B es un punto de la elipse:

$$\overline{BF} + \overline{BF'} = 2a \Rightarrow \overline{BF} = \overline{BF'} = a$$

Observando el triángulo rectángulo BOF, se tiene que $a^2 = b^2 + c^2$.

Resumiendo:

- Constante de la elipse: $k = 2a$
- $\overline{BF} = \overline{BF'} = a$
- $\overline{OF} = \overline{OF'} = c < a$
- $a^2 = b^2 + c^2$

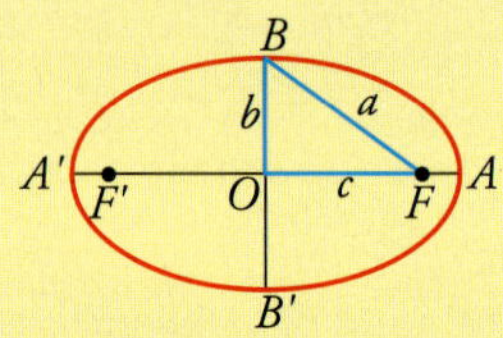

Vértices de la elipse

A los puntos A, A', B y B' se les suele llamar vértices de la elipse.

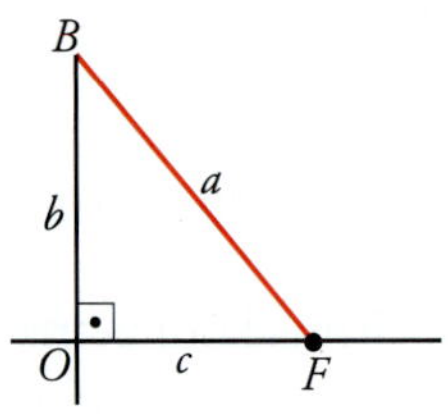

Excentricidad

Para un mismo valor de a, cuanto mayor sea c más alargada será la elipse, y cuanto menor sea c más se parecerá a una circunferencia. Para medir hasta qué punto se diferencia la forma de una elipse de la de una circunferencia, se define la excentricidad de una elipse.

Se llama **excentricidad de una elipse** al cociente entre la distancia focal y el eje mayor:

$$exc = \frac{c}{a}$$

La excentricidad de una elipse es un número mayor que 0 y menor que 1.

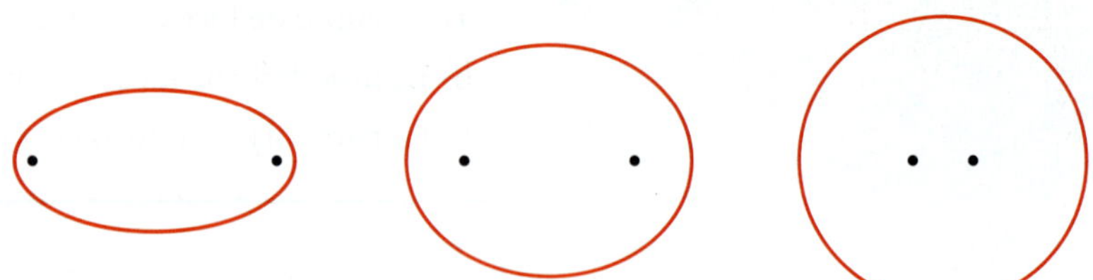

Estas tres elipses tienen el mismo eje mayor, $2a$.

Cuanto más distan los focos $(2c)$, mayor es su excentricidad $\frac{2c}{2a} = \frac{c}{a}$.

Órbitas

Los planetas giran alrededor del Sol describiendo órbitas elípticas en uno de cuyos focos está el Sol (**Primera Ley de Kepler**). Estas órbitas son muy poco excéntricas. Por ejemplo, la excentricidad de la órbita de la Tierra es tan pequeña que si la dibujamos a escala en una hoja de papel, parece una circunferencia.

Los cometas también describen órbitas elípticas, pero mucho más excéntricas.

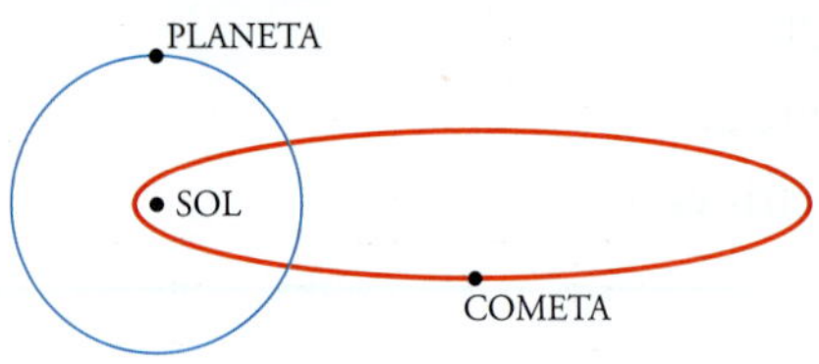

Ejercicio propuesto

1 ¿Verdadero o falso? Si varias elipses tienen la misma distancia focal, cuanto más grande sea la constante $k = 2a$, mayor es la excentricidad.

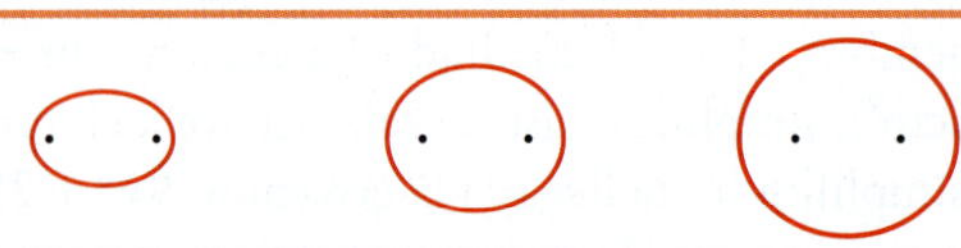

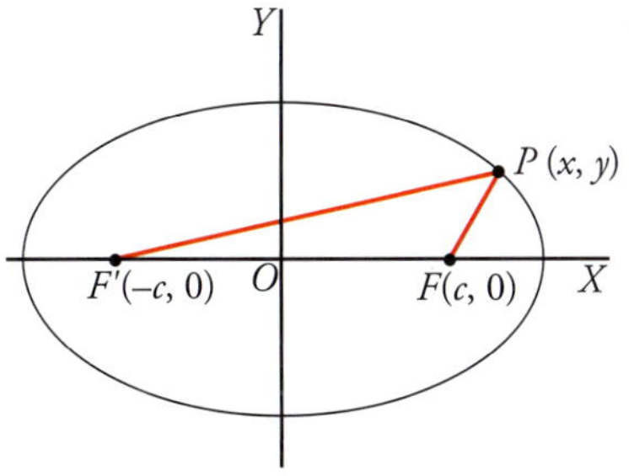

$\overline{PF} + \overline{PF'} = 2a$

Ecuación reducida de la elipse

Para simplificar la ecuación de la elipse, escogemos los ejes coordenados convenientemente: tomamos el centro de la elipse como centro de coordenadas y los ejes de la elipse como ejes de coordenadas. Las coordenadas de los focos son $F'(-c, 0)$ y $F(c, 0)$.

Cualquier punto $P(x, y)$ de la elipse cumple la condición:

$$dist(P, F) + dist(P, F') = 2a$$

Esta igualdad, expresada analíticamente, da lugar a la siguiente ecuación:

$$\sqrt{(x-c)^2 + y^2} + \sqrt{(x+c)^2 + y^2} = 2a$$

Se pasa una raíz al segundo miembro:

$$\sqrt{(x-c)^2 + y^2} = 2a - \sqrt{(x+c)^2 + y^2}$$

Se elevan al cuadrado los dos miembros:

$$x^2 - 2cx + c^2 + y^2 = 4a^2 + x^2 + 2cx + c^2 + y^2 - 4a\sqrt{(x+c)^2 + y^2} \rightarrow$$

$$\rightarrow -4cx - 4a^2 = -4a\sqrt{(x+c)^2 + y^2} \rightarrow cx + a^2 = a\sqrt{(x+c)^2 + y^2}$$

Se elevan al cuadrado los dos miembros:

$$c^2x^2 + a^4 + 2ca^2x = a^2(x^2 + 2cx + c^2 + y^2)$$

Se cambian los dos miembros y se agrupan términos:

$$(a^2 - c^2)x^2 + a^2y^2 = a^2(a^2 - c^2)$$

Se tiene en cuenta que $a^2 - c^2 = b^2$:

$$b^2x^2 + a^2y^2 = a^2b^2$$

Dividiendo por a^2b^2 se obtiene, finalmente:

$$\frac{x^2}{a^2} + \frac{y^2}{b^2} = 1 \quad \text{ECUACIÓN REDUCIDA DE LA ELIPSE}$$

Ejercicio resuelto

1 *Hallar los elementos característicos y la ecuación reducida de la elipse de focos $F_1(4, 0)$ y $F_2(-4, 0)$ y constante $k = 10$.*

Semieje mayor:

$k = 10 \rightarrow 2a = 10 \rightarrow a = 5$

Semidistancia focal:

$\overline{F_1F_2} = 8 \rightarrow 2c = 8 \rightarrow c = 4$

Semieje menor:

$b^2 = a^2 - c^2 = 25 - 16 \rightarrow b = 3$

Excentricidad:

$c/a = 4/5 = 0,8 \rightarrow exc = 0,8$

Ecuación reducida:

$$\frac{x^2}{25} + \frac{y^2}{9} = 1$$

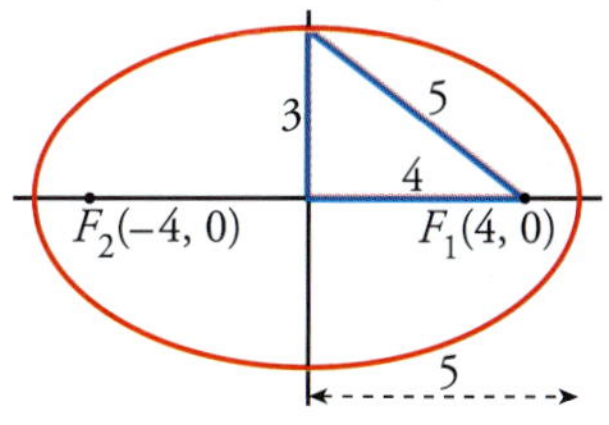

Ejercicio propuesto

2 Una elipse tiene sus focos en los puntos $F(5, 0)$ y $F'(-5, 0)$ y su constante es $k = 26$.
Halla sus elementos característicos y su ecuación reducida. Represéntala.

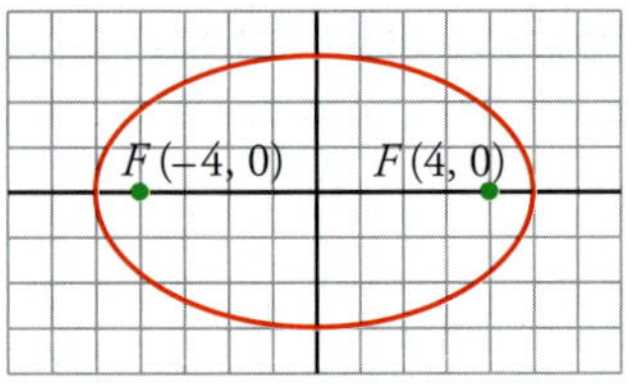

$$\frac{x^2}{5^2}+\frac{y^2}{3^2}=1$$

Elipse con los focos en el eje Y

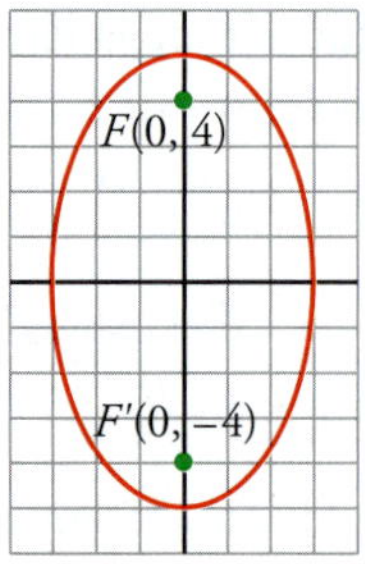

Esta elipse es idéntica a la del margen, pero con los ejes cambiados. Sus focos están sobre el eje Y.

Su ecuación es:

$$\frac{x^2}{3^2}+\frac{y^2}{5^2}=1$$

Para poder seguir usando la nomenclatura habitual:

eje mayor = $2a$ eje menor = $2b$

excentricidad = c/a

en estos casos en que el denominador de x^2 es menor que el de y^2, pondremos la ecuación de la elipse así:

$$\frac{x^2}{b^2}+\frac{y^2}{a^2}=1$$

Elipses con centro en (5, 3)

En rojo: $\frac{(x-5)^2}{4^2}+\frac{(y-3)^2}{2^2}=1$

En azul: $\frac{(x-5)^2}{2^2}+\frac{(y-3)^2}{4^2}=1$

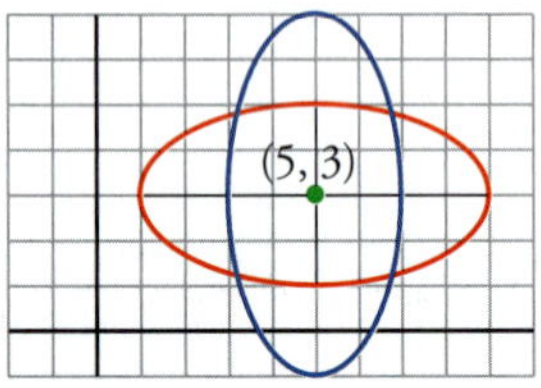

Elipse con centro distinto del (0, 0)

La ecuación de una elipse de semiejes a y b $(a > b)$, con su centro en (α, β) y ejes paralelos a los ejes coordenados es:

$$\frac{(x-\alpha)^2}{a^2}+\frac{(y-\beta)^2}{b^2}=1 \quad \text{o bien} \quad \frac{(x-\alpha)^2}{b^2}+\frac{(y-\beta)^2}{a^2}=1$$

Ejercicio resuelto

1 *Representar las siguientes elipses y decir su excentricidad:*

I. $\frac{x^2}{16}+\frac{y^2}{36}=1$

II. $\frac{(x-3)^2}{25}+y^2=1$

III. $\frac{(x+2)^2}{16}+\frac{(y-1)^2}{25}=1$

IV. $x^2+4y^2=4$

I

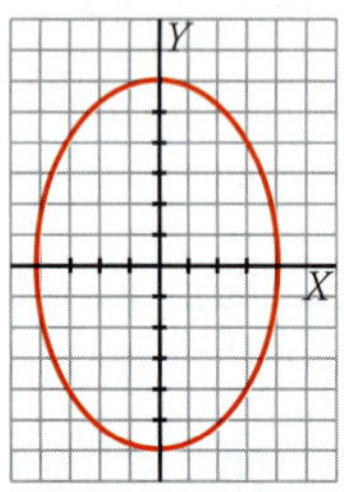

$c=\sqrt{6^2-4^2}=$

$=\sqrt{20}$

$exc=\frac{\sqrt{20}}{6}=0,75$

II

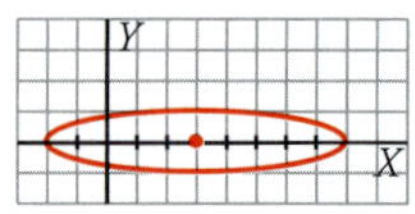

$c=\sqrt{5^2-1^2}=\sqrt{24}$

$exc=\frac{\sqrt{24}}{1}=0,98$

III

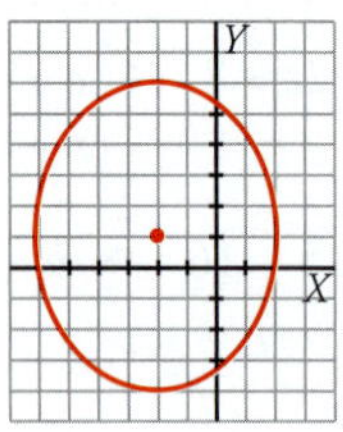

$c=\sqrt{5^2-4^2}=3$

$exc=\frac{3}{5}=0,6$

IV $\frac{x^2}{4}+y^2=1$

$c=\sqrt{2^2-1^2}=\sqrt{3}$

$exc=\frac{\sqrt{3}}{2}=0,87$

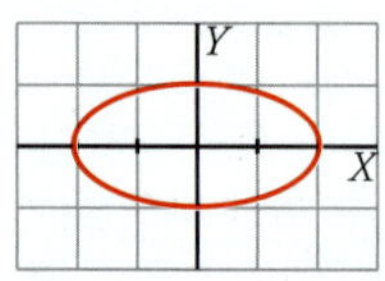

Ejercicio propuesto

3 Representa y di su excentricidad.

a) $\frac{(x+5)^2}{16}+\frac{(y-2)^2}{4}=1$ b) $9x^2+16y^2=144$ c) $\frac{(x-3)^2}{16}+\frac{(y-7)^2}{64}=1$ d) $x^2+4(y-3)^2=4$

5 Estudio de la hipérbola

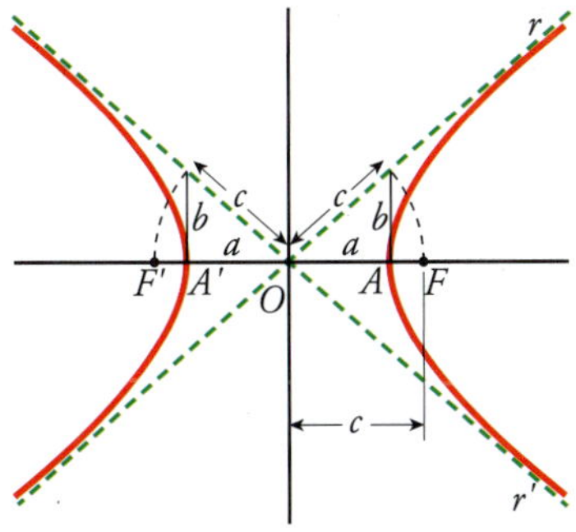

Ten en cuenta

Si quieres dibujar una hipérbola, empieza trazando sus asíntotas. Después, dibuja la curva ciñéndose a ellas.

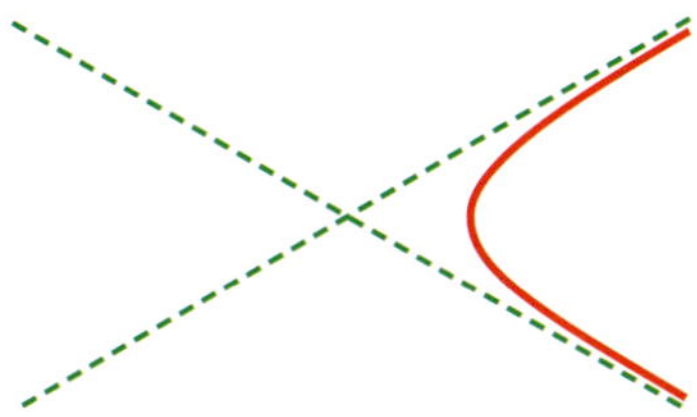

Cometas "expulsados"

Los libros de astronomía nos cuentan que, a veces, un cometa es *expulsado del sistema solar por un empujón de Júpiter.*

El cometa llevaba una trayectoria elíptica y, al pasar cerca de Júpiter, este gran planeta desvía su trayectoria convirtiéndola en hiperbólica. En tal caso, ya no podrá volver.

Una elipse muy excéntrica (*exc* poco menor que 1) es muy parecida, en un cierto tramo, a una hipérbola muy poco excéntrica (*exc* poco mayor que 1).

Elementos característicos

Tenemos una hipérbola de focos F y F'. Trazamos sus dos ejes de simetría.

Llamamos:

O	centro de la hipérbola
$c = \overline{OF} = \overline{OF'}$	semidistancia focal
$a = \overline{OA} = \overline{OA'}$	semieje
r y r'	asíntotas

La constante de la hipérbola es $2a$, pues:

$$k = \overline{AF'} - \overline{AF} = \overline{AF'} - \overline{A'F'} = \overline{AA'} = 2a$$

En el caso de la hipérbola, el segmento b se representa como se hace en la figura del margen. Se cumple la relación:

$c^2 = a^2 + b^2$ (Atención, ahora es $c > a$)

Observamos que las pendientes de las asíntotas son: $\frac{b}{a}$ y $-\frac{b}{a}$.

Para un mismo valor de a, al variar c, varía la forma de la hipérbola:

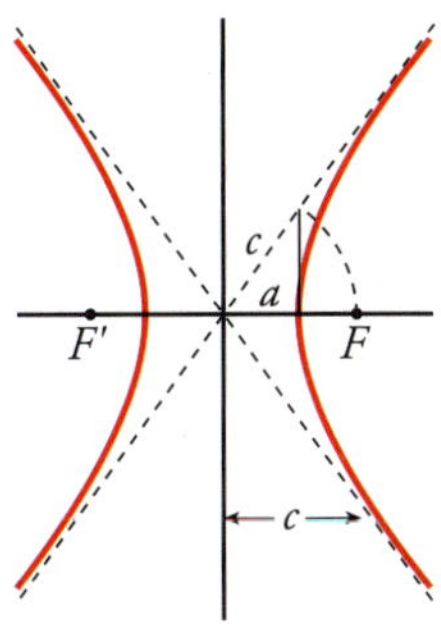

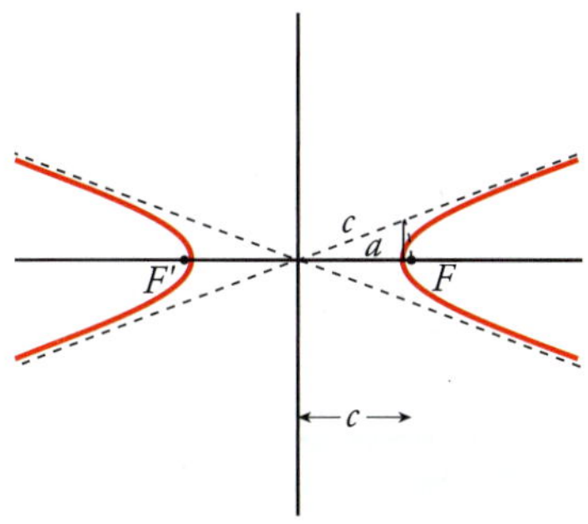

Al igual que en la elipse, la relación entre c y a se llama **excentricidad:**

$$\text{excentricidad} = \frac{c}{a}$$

Pero, así como en la elipse la excentricidad es menor que 1, en la hipérbola la excentricidad es mayor que 1.

Resumiendo:

- Constante de la hipérbola: $k = 2a$
- $\overline{OF} = \overline{OF'} = c > a$
- $c^2 = a^2 + b^2$
- Pendientes de las asíntotas: $\frac{b}{a}$ y $-\frac{b}{a}$
- $exc = \frac{c}{a} > 1$

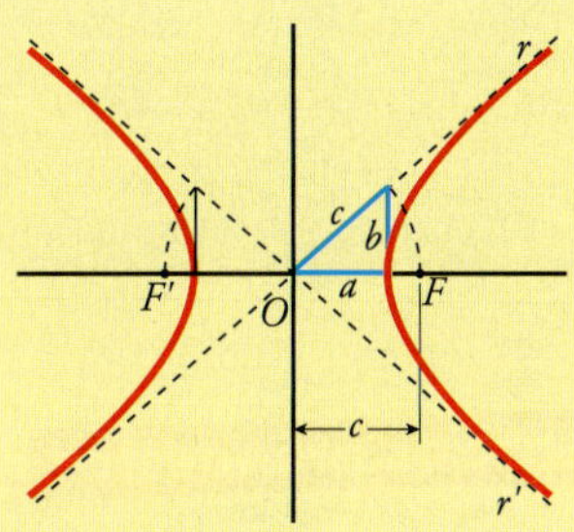

En la igualdad $c^2 = a^2 + b^2$ dividimos los dos miembros por a^2:

$$\frac{c^2}{a^2} = \frac{a^2}{a^2} + \frac{b^2}{a^2} \rightarrow \left(\frac{c}{a}\right)^2 = 1 + \left(\frac{b}{a}\right)^2 \rightarrow exc^2 = 1 + (\text{pendiente})^2$$

Conclusión: Cuanto mayor sea la pendiente (b/a) de la asíntota, mayor será la excentricidad (c/a) de la hipérbola.

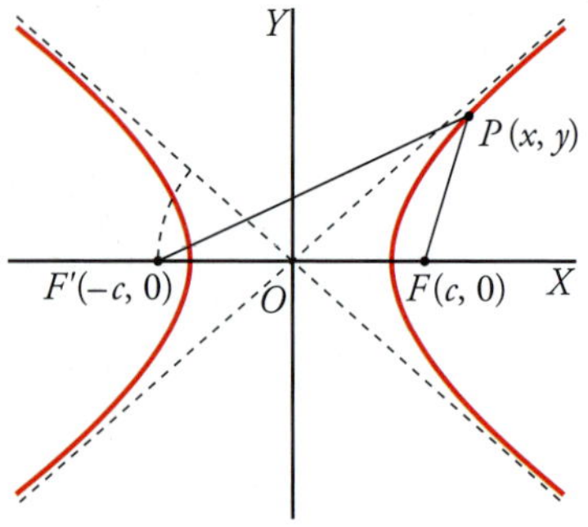

Ecuación reducida de la hipérbola

Para encontrar una ecuación de la hipérbola razonablemente simplificada, al igual que hacíamos con la elipse, escogeremos convenientemente los ejes coordenados tal como se indica en la figura del margen. De ese modo, los focos son: $F(c, 0)$ y $F'(-c, 0)$.

Un punto $P(x, y)$ de la hipérbola cumple la condición siguiente:

$$|dist(P, F) - dist(P, F')| = 2a$$

Al suprimir el valor absoluto, hay que contemplar la posibilidad del doble signo:

$$\sqrt{(x-c)^2+y^2} - \sqrt{(x+c)^2+y^2} = \pm 2a$$

Al pasar una raíz al otro miembro, elevar al cuadrado, simplificar, agrupar, elevar de nuevo al cuadrado, etc., se procede igual que con la elipse y se llega a una expresión idéntica a aquella:

$$c^2x^2 + a^4 = a^2x^2 + a^2y^2 + a^2c^2$$

Pero, ahora, es $b^2 = c^2 - a^2$.

Por tanto, agrupando y sustituyendo:

$$(c^2 - a^2)x^2 - a^2y^2 = a^2(c^2 - a^2) \rightarrow b^2x^2 - a^2y^2 = a^2b^2$$

Dividiendo ambos miembros por a^2b^2 se obtiene, finalmente, la ecuación reducida.

$$\frac{x^2}{a^2} - \frac{y^2}{b^2} = 1$$ ECUACIÓN REDUCIDA DE LA HIPÉRBOLA

Ejercicio resuelto

1 *Hallar los elementos característicos y la ecuación reducida de la hipérbola de focos $F_1(5, 0)$ y $F_2(-5, 0)$ y constante $k = 8$.*

Semieje: $k = 2a = 8 \rightarrow a = 4$

Semidistancia focal: $\overline{F_1F_2} = 10 \rightarrow c = 5$

Cálculo de b:

$$c^2 = a^2 + b^2 \rightarrow b = \sqrt{25-16} = 3$$

Excentricidad: $exc = \frac{c}{a} = \frac{5}{4} = 1{,}25$

Asíntotas: $y = \frac{3}{4}x$, $y = -\frac{3}{4}x$

Ecuación reducida: $\frac{x^2}{16} - \frac{y^2}{9} = 1$

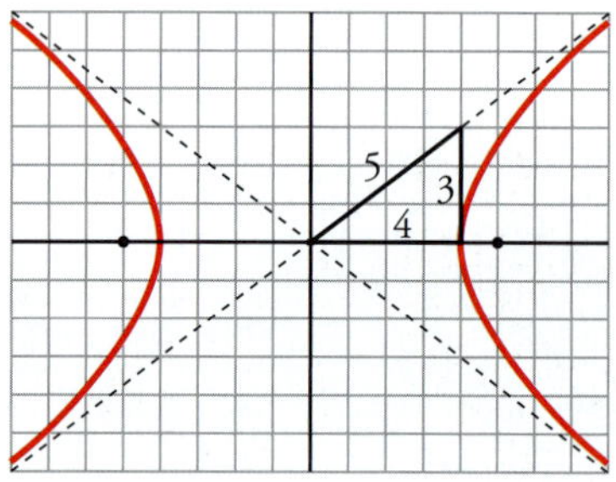

Ejercicios propuestos

1 ¿Verdadero o falso?

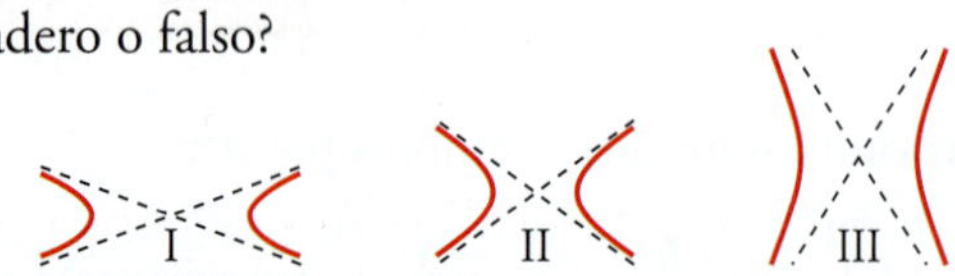

a) La hipérbola III es la más excéntrica.

b) La hipérbola I es la menos excéntrica.

2 Una hipérbola tiene sus focos en los puntos:

$F_1(5, 0)$ y $F_2(-5, 0)$

y su constante es $k = 6$.

Halla sus elementos característicos y su ecuación reducida.

Represéntala.

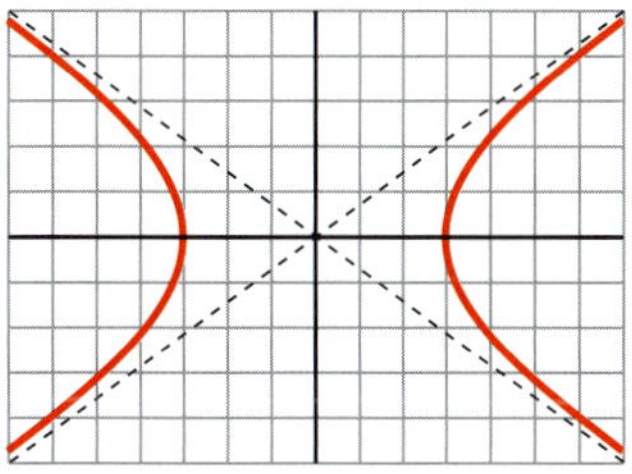

$$\frac{x^2}{3^2} - \frac{y^2}{2^2} = 1$$

Hipérbola con los focos en el eje Y

La hipérbola de la derecha es idéntica a la del margen, pero con los ejes cambiados. Sus focos están sobre el eje *Y*. Su ecuación es:

$$\frac{y^2}{3^2} - \frac{x^2}{2^2} = 1$$

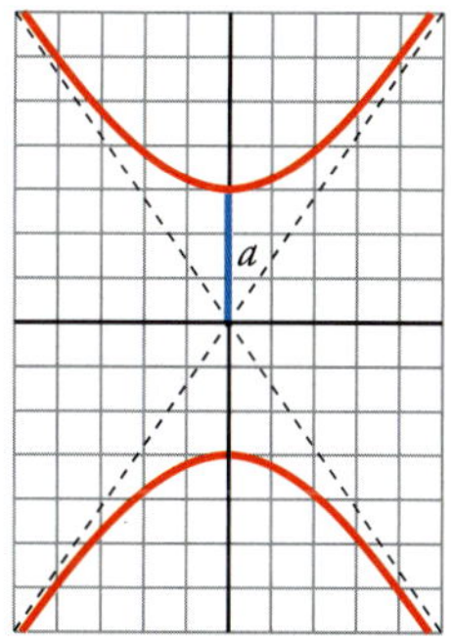

> En general, la ecuación $\frac{y^2}{a^2} - \frac{x^2}{b^2} = 1$ corresponde a una hipérbola cuyos focos son $F(0, c)$ y $F'(0, -c)$, siendo $c = \sqrt{a^2 + b^2}$. Sus asíntotas son $y = \pm\frac{a}{b}x$.

Hipérbola con centro distinto del (0, 0)

La ecuación de una hipérbola de semiejes a y b con su centro en (α, β) y ejes paralelos a los ejes coordenados es una de las siguientes:

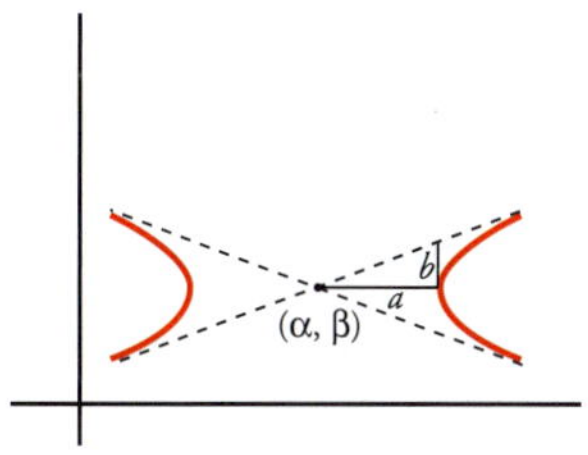

$$\frac{(x-\alpha)^2}{a^2} - \frac{(y-\beta)^2}{b^2} = 1$$

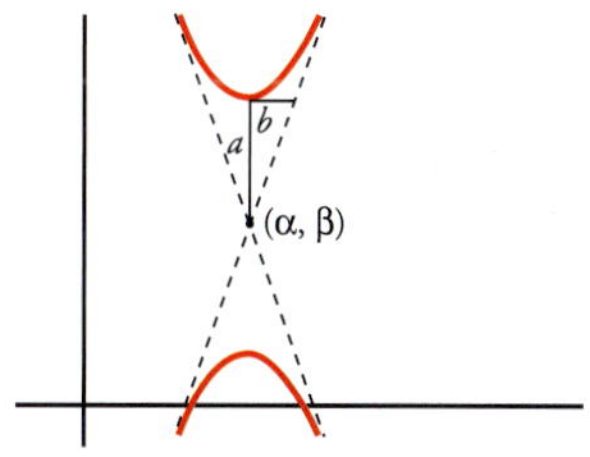

$$\frac{(y-\beta)^2}{a^2} - \frac{(x-\alpha)^2}{b^2} = 1$$

Ejercicio resuelto

1 *Representar las siguientes hipérbolas:*

I. $\frac{x^2}{16} - \frac{y^2}{36} = 1$

II. $\frac{(x-3)^2}{25} - y^2 = 1$

III. $\frac{(y-2)^2}{16} - \frac{(x-1)^2}{25} = 1$

IV. $4y^2 - x^2 = 4$

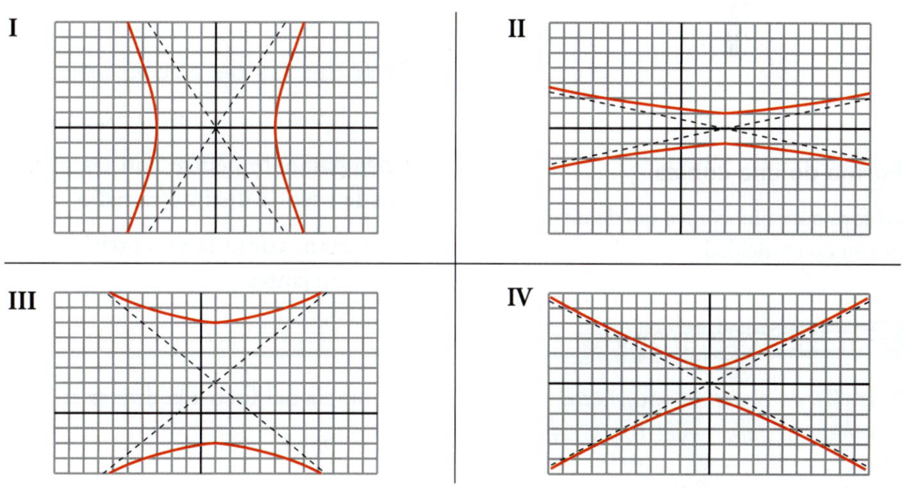

Ejercicio propuesto

3 Representa.

a) $\frac{(x+5)^2}{16} - \frac{(y-2)^2}{4} = 1$ b) $9x^2 - 16y^2 = 144$ c) $\frac{(y-7)^2}{64} - \frac{(x-3)^2}{16} = 1$ d) $x^2 - 4(y-3)^2 = 4$

6 Estudio de la parábola

Elementos característicos

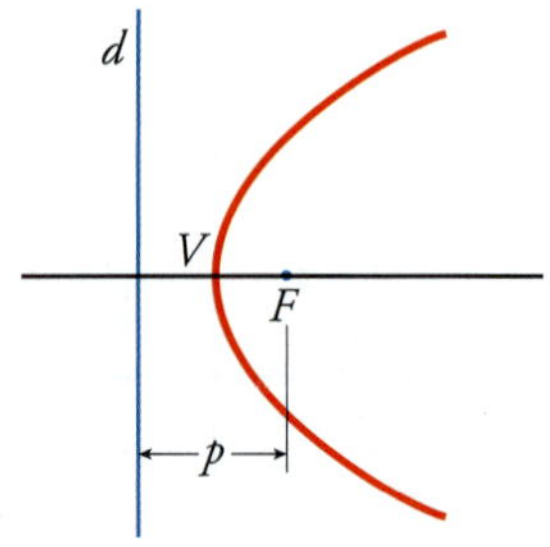

Llamamos V: vértice de la parábola

p: distancia del foco a la directriz

Además de los elementos ya conocidos:

F: foco

d: directriz

La **excentricidad** de una parábola es siempre 1.

Ecuación reducida

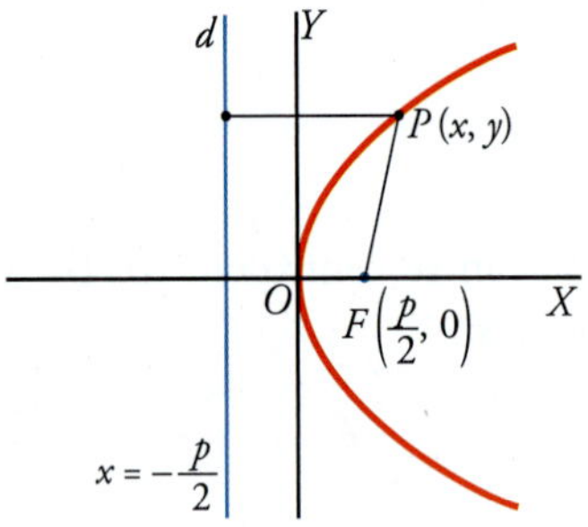

Tenemos una parábola de foco F y directriz d.

Tomamos como eje X la recta que pasa por F y es perpendicular a d. El centro de coordenadas lo situamos en el punto medio entre F y d.

Según esto, y teniendo en cuenta que llamamos p a la distancia entre F y d, tenemos que:

$$F\left(\frac{p}{2}, 0\right) \text{ y } d\text{: } x = -\frac{p}{2}$$

Un punto $P(x, y)$ de la parábola cumple la condición:

$$dist(P, F) = dist(P, d)$$

Esta igualdad, expresada analíticamente, da lugar a la ecuación:

$$\sqrt{\left(x - \frac{p}{2}\right)^2 + y^2} = x + \frac{p}{2} \rightarrow x^2 + \frac{p^2}{4} - px + y^2 = x^2 + \frac{p^2}{4} + px$$

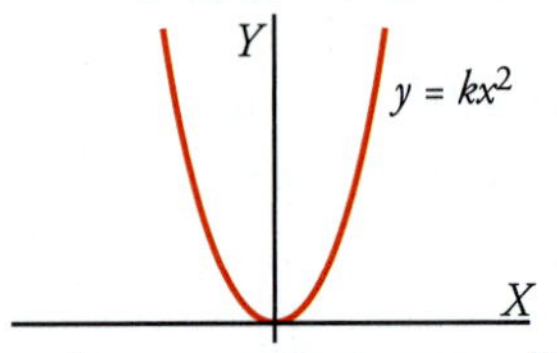

PARÁBOLA DE EJE PARALELO A Y

$y^2 = 2px$	ECUACIÓN REDUCIDA DE LA PARÁBOLA

La parábola no tiene asíntotas.

Todas las parábolas son semejantes

Dos elipses con la misma excentricidad son semejantes, tienen la misma forma.

Análogamente ocurre con las hipérbolas: dos de ellas con la misma excentricidad pueden ser de distinto tamaño, pero tienen la misma forma, son semejantes.

Pues bien, como la excentricidad de todas las parábolas es la misma, 1, todas ellas son semejantes.

Forma de una cónica

La forma de una cónica queda determinada por su excentricidad.

Ejercicio resuelto

1 *Hallar la ecuación reducida de la parábola de foco F(2, 0) y directriz x = –2.*

Distancia del foco a la directriz:

$$p = 4$$

Ecuación reducida:

$$y^2 = 8x$$

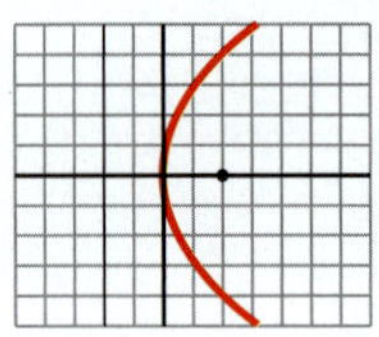

Ejercicios propuestos

1 Halla la ecuación reducida de la parábola de foco $F(1{,}5; 0)$ y directriz $x = -1{,}5$.

2 Halla la ecuación reducida de la parábola de foco $F(0, 2)$ y directriz $y = -2$.

7 Tangentes a las cónicas mediante papiroflexia

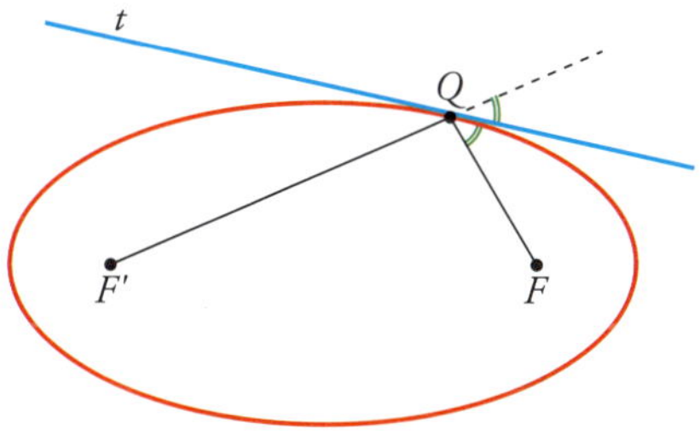

La tangente en cada punto, Q, es la bisectriz exterior de los segmentos QF y QF'.

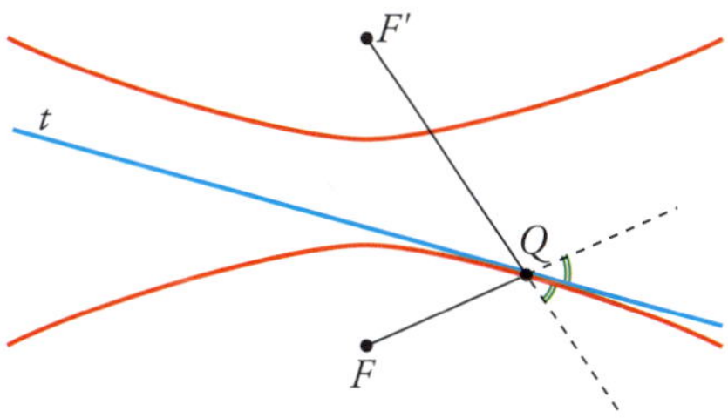

La tangente a una hipérbola en un punto es la bisectriz interior de los radios vectores que parten de ese punto.

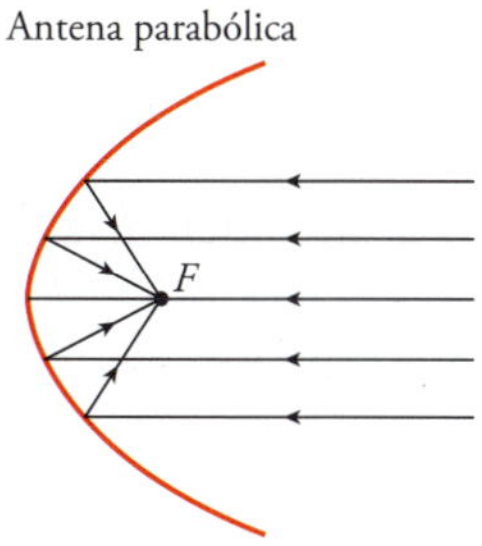

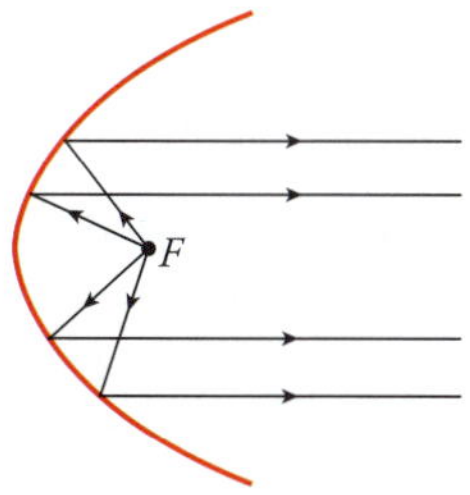

■ Tangente a una elipse

La siguiente actividad es muy interesante.

Dibuja una circunferencia de centro C y radio r y, en su interior, un punto P distinto del centro. Dobla el papel de modo que se haga pasar la circunferencia por el punto P. Vuelve a hacerlo más de doce veces. Si, como en la ilustración, vas recorriendo todas las partes de la circunferencia, verás que las líneas de los pliegues envuelven una hermosa elipse cuyos focos son P y C.

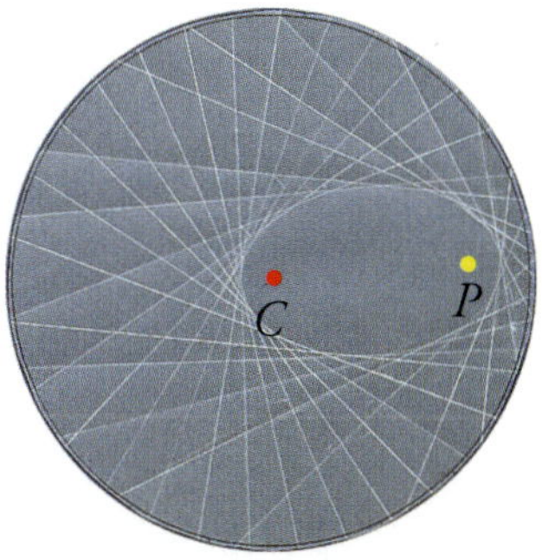

Cada uno de los dobleces es una tangente a la elipse, y la constante de la elipse (suma de las distancias de cada punto a los focos) es el radio, r, de la circunferencia.

■ Tangente a una hipérbola

Si se repite la actividad descrita más arriba poniendo el punto P exterior a la circunferencia, se obtiene una hipérbola como curva tangente a los dobleces.

También aquí el radio de la circunferencia es la constante de la hipérbola: diferencia de distancias a los focos (P y C).

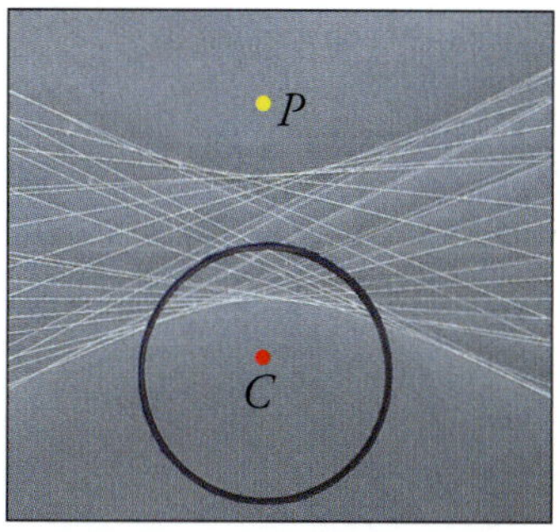

■ Tangente a una parábola

Si sobre un papel trazas una recta d y un punto F, y doblas el papel haciendo coincidir el punto F con un punto de la recta, los dobleces r son tangentes a una parábola de foco F y directriz d.

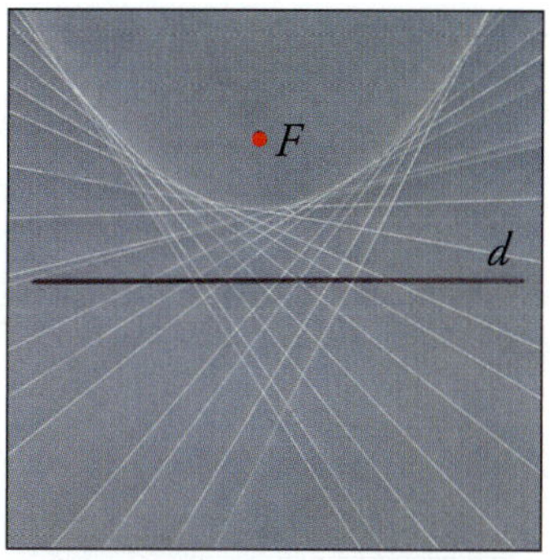

Observa ahora los dibujos del margen. Las rectas paralelas al eje (perpendiculares a d) se "reflejan" en la parábola y pasan por el punto F. Y viceversa, una recta que sale de F, se "refleja" en la parábola y sale paralela al eje.

Esta propiedad se utiliza muchísimo: faros de coches, hornos parabólicos, antenas parabólicas…

Ejercicios y problemas resueltos

1. Determinación de una circunferencia conocidos tres puntos por los que pasa

Obtener el centro, el radio y la ecuación de la circunferencia que pasa por los puntos $P(0, 0)$, $Q(10, 0)$ y $R(18, 12)$.

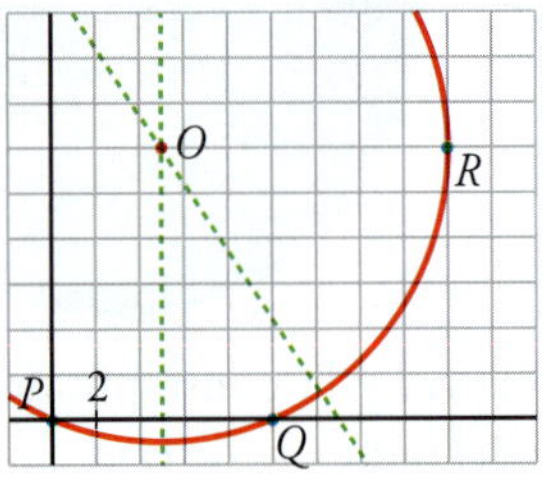

Análisis del problema. *La mediatriz de un segmento es el lugar geométrico de los puntos que equidistan de sus extremos. Los tres puntos dados equidistan del centro. Por tanto, el centro, O, pertenece a las mediatrices de los segmentos PQ y PR y puede ser hallado como la intersección de dichas mediatrices.*

- Hallamos las mediatrices de PQ y PR, respectivamente m_{PQ} y m_{PR}.

  La recta m_{PQ} pasa por el punto medio de PQ, $M_{PQ} = (5, 0)$, y es perpendicular a $\overrightarrow{PQ} = (10, 0)$, es decir, paralela al eje Y. Por tanto, m_{PQ}: $x = 5$.

  La recta m_{PR} pasa por el punto medio de PR, $M_{PR} = (9, 6)$, y es perpendicular a $\overrightarrow{PR} = (18, 12) \,//\, (3, 2)$. Por tanto,

  $$m_{PR}: 3(x-9) + 2(y-6) = 0 \rightarrow m_{PR}: 3x + 2y - 39 = 0$$

  Calculamos el centro O como la intersección de estas mediatrices:

  $$\left.\begin{array}{l} x = 5 \\ 3x + 2y - 39 = 0 \end{array}\right\} x = 5;\ y = 12 \rightarrow O(5, 12)$$

- Obtenemos el radio como la distancia de O a cualquiera de los puntos dados:

  $$r = d(O, P) = \sqrt{(5-0)^2 + (12-0)^2} = \sqrt{169} = 13$$

- La ecuación de la circunferencia es: $(x-5)^2 + (y-12)^2 = 169$

Otro método de resolución

La ecuación reducida de una circunferencia es: $x^2 + y^2 + Ax + By + C = 0$.

Como P, Q y R pertenecen a la circunferencia, cumplen su ecuación. Sustituimos sus coordenadas y resolvemos el sistema de ecuaciones que obtenemos:

$$\left.\begin{array}{r} 0^2 + 0^2 + 0 \cdot A + 0 \cdot B + C = 0 \\ 10^2 + 0^2 + 10A + 0 \cdot B + C = 0 \\ 18^2 + 12^2 + 18A + 12B + C = 0 \end{array}\right\} \rightarrow \left\{\begin{array}{l} C = 0 \\ 10^2 + 10A = 0 \rightarrow A = -10 \\ 18^2 + 12^2 + 18A + 12B = 0 \rightarrow B = -24 \end{array}\right.$$

La ecuación de la circunferencia es: $x^2 + y^2 - 10x - 24y = 0$.

Centro: $O\left(\frac{-A}{2}, \frac{-B}{2}\right) = (5, 12)$. Radio: $r = \sqrt{\left(\frac{A}{2}\right)^2 + \left(\frac{B}{2}\right)^2 - C} = \sqrt{5^2 + 12^2} = 13$

Hazlo tú. Obtén el centro, el radio y la ecuación de la circunferencia que pasa por $P(-1, -3)$, $Q(2, -2)$ y $R(3, 0)$.

2. Identificación de un lugar geométrico

Hallar analíticamente la expresión del lugar geométrico de los puntos que son centros de circunferencias que pasan por el punto $A(1, 0)$ y son tangentes a la recta $r: x = -1$.

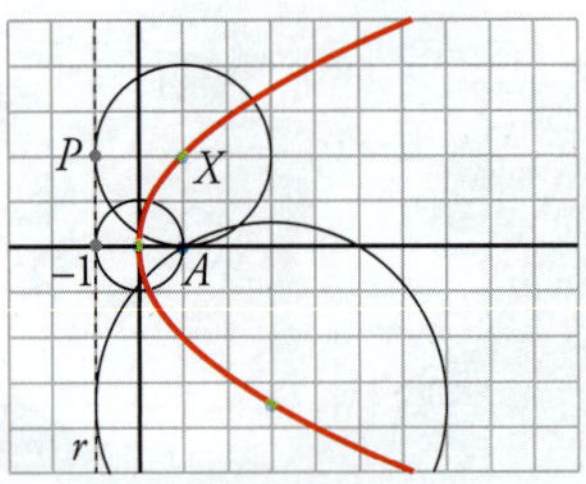

Sea $X(x, y)$ un punto genérico del lugar geométrico buscado. Sea $P(-1, y_0)$ el punto de r en el que la circunferencia es tangente. Debido a esta tangencia, se tiene que el vector $\overrightarrow{PX}(x+1, y-y_0)$ ha de ser perpendicular a la recta r; es decir, paralelo al eje X, o lo que es lo mismo, su segunda coordenada ha de valer 0. Por tanto, $y = y_0$.

Por otra parte, al ser X el centro de la circunferencia, debe equidistar de A y de P:

$$dist(X, A) = dist(X, P) \rightarrow \sqrt{(1-x)^2 + (-y)^2} = \sqrt{(-1-x)^2} \rightarrow$$
$$\rightarrow 1 - 2x + x^2 + y^2 = 1 + 2x + x^2 \rightarrow y^2 = 4x$$

La ecuación buscada es: $y^2 = 4x$

Observa que se trata de una parábola cuyo foco es $A(1, 0)$ y cuya directriz es $r: x = -1$.

Hazlo tú. Resuelve este mismo ejercicio siendo $A(0, 2)$ y $r: y = -2$.

3. Descripción de una cónica a partir de su ecuación

Describir las siguientes cónicas, obtener sus elementos y dibujarlas:

a) $x^2 + y^2 - 2x + 4y + 2 = 0$

b) $x^2 + 4y^2 - 8y = 0$

c) $y^2 - 2y - x^2 = 0$

d) $y^2 - 2y - 4x - 11 = 0$

a) Se trata de una circunferencia porque los coeficientes de x^2 e y^2 son 1.

Operamos en la ecuación hasta obtenerla en la forma $(x - x_0)^2 + (y - y_0)^2 = r^2$.

Completamos cuadrados:

$$(x^2 - 2x + 1) + (y^2 + 4y + 4) + 2 - 5 = 0 \rightarrow$$

$$\rightarrow (x - 1)^2 + (y + 2)^2 = 3$$

Circunferencia de centro $O(1, -2)$ y radio $r = \sqrt{3}$.

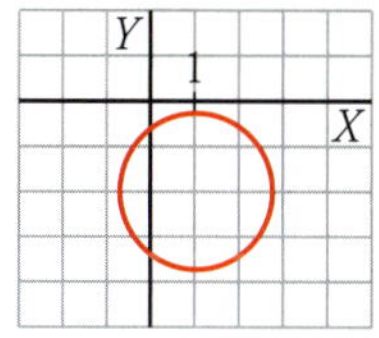

b) Los coeficientes de x^2 e y^2 son distintos, pero del mismo signo; es una elipse.

Operamos en la ecuación hasta obtenerla en la forma $\dfrac{(x - x_0)^2}{a^2} + \dfrac{(y - y_0)^2}{b^2} = 1$.

Completamos cuadrados:

$$x^2 + (4y^2 - 8y + 4) - 4 = 0 \rightarrow x^2 + (4y^2 - 8y + 4) = 4 \rightarrow$$

$$\rightarrow \frac{x^2}{4} + \frac{(4y^2 - 8y + 4)}{4} = \frac{4}{4} \rightarrow \frac{x^2}{4} + (y - 1)^2 = 1$$

Es una elipse de centro $O(0, 1)$ y eje mayor paralelo al eje X.

Semiejes: $a = 2$, $b = 1$

Semidistancia focal: $c^2 = a^2 - b^2 = 4 - 1 = 3 \rightarrow c = \sqrt{3}$

Excentricidad: $e = \dfrac{c}{a} = \dfrac{\sqrt{3}}{2}$

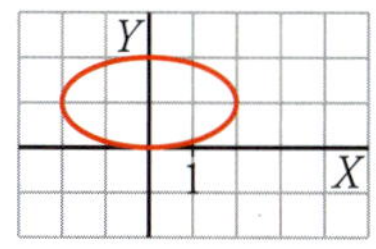

c) Es una hipérbola porque los coeficientes de x^2 e y^2 tienen distinto signo.

Operamos en la ecuación hasta obtenerla en la forma $\dfrac{(y - y_0)^2}{a^2} - \dfrac{(x - x_0)^2}{b^2} = 1$.

Completamos cuadrados:

$$y^2 - 2y - x^2 = 0 \rightarrow (y^2 - 2y + 1) - x^2 - 1 = 0 \rightarrow (y - 1)^2 - x^2 = 1$$

Se trata de una hipérbola equilátera (es decir, $a = b$) de centro $O(x_0, y_0) = (0, 1)$ y focos en el eje Y.

Semiejes: $a = 1$, $b = 1$

Semidistancia focal: $c^2 = a^2 + b^2 = 1^2 + 1^2 = 2 \rightarrow c = \sqrt{2}$

Asíntotas: $y = \pm\dfrac{a}{b}(x - x_0) + y_0 \rightarrow y = x + 1$ e $y = -x + 1$

Excentricidad: $e = \dfrac{c}{a} = \dfrac{\sqrt{2}}{1} = \sqrt{2}$

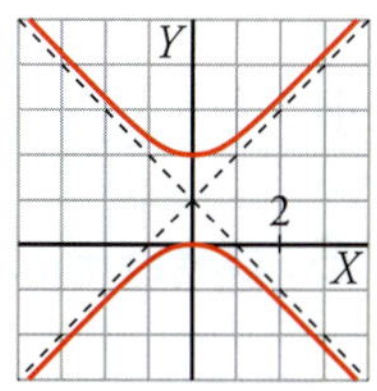

d) Al tener término en y^2 y no en x^2 es una parábola con eje horizontal. Además, $O(0, 0)$ no cumple la ecuación de la parábola; por tanto, el vértice de la parábola, $V(x_0, y_0)$, no está situado en el origen de coordenadas. La ecuación de una parábola de este tipo es $(y - y_0)^2 = 2p(x - x_0)$, siendo el foco $F\left(x_0 + \dfrac{p}{2}, y_0\right)$ y la directriz $x = x_0 - \dfrac{p}{2}$. Operamos hasta tener la ecuación inicial de esta forma.

Completamos cuadrados:

$$(y^2 - 2y + 1) - 4x - 11 - 1 = 0 \rightarrow (y - 1)^2 = 4x + 12 \rightarrow$$

$$\rightarrow (y - 1)^2 = 2 \cdot 2(x + 3)$$

Vértice: $V(x_0, y_0) = (-3, 1)$ Foco: $F\left(x_0 + \dfrac{p}{2}, y_0\right) = (-2, 1)$

Directriz: $x = x_0 - \dfrac{p}{2} \rightarrow x = -4$

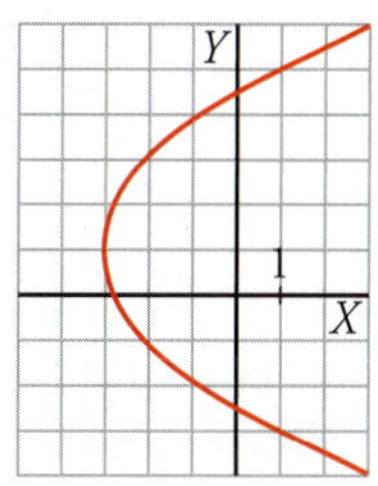

Hazlo tú. Describe las siguientes cónicas, obtén sus elementos y dibújalas:

a) $x^2 - 2y + 2 = 0$

b) $x^2 - 4y^2 - 2x - 3 = 0$

c) $x^2 + 9y^2 - 2x - 8 = 0$

d) $x^2 + y^2 + 4x + 6y + 9 = 0$

4. Determinación de la ecuación de una elipse no centrada en el origen

Obtener la ecuación de la elipse de focos $F'(-1, 1)$ y $F(5, 1)$ y cuya excentricidad es $e = \frac{3}{5}$.

Hallamos el centro de la elipse como el punto medio de los focos:

$O = M_{F'F} = \left(\frac{-1+5}{2}, \frac{1+1}{2}\right) = (2, 1)$. La elipse no está centrada en (0, 0).

La ecuación de la elipse ha de tener la forma: $\frac{(x-2)^2}{a^2} + \frac{(y-1)^2}{b^2} = 1$

Para determinar los semiejes utilizaremos la distancia focal y la excentricidad:

$dist(F', F) = 6 = 2c \rightarrow c = 3;\ e = \frac{c}{a} \rightarrow \frac{3}{5} = \frac{3}{a} \rightarrow a = 5$

$b^2 = a^2 - c^2 \rightarrow b = \sqrt{a^2 - c^2} = \sqrt{25-9} = \sqrt{16} = 4$

La ecuación requerida es: $\frac{(x-2)^2}{25} + \frac{(y-1)^2}{16} = 1$

Hazlo tú. Obtén la ecuación de la elipse de focos $F'(3, -2)$ y $F(3, 6)$ y cuya excentricidad es $e = \frac{4}{5}$.

5. Determinación de la ecuación de una hipérbola no centrada en el origen

Calcular la ecuación de la hipérbola cuyas asíntotas son: $y = \pm\frac{3}{4}(x-4)+2$ sabiendo que $|a-b| = 1$.

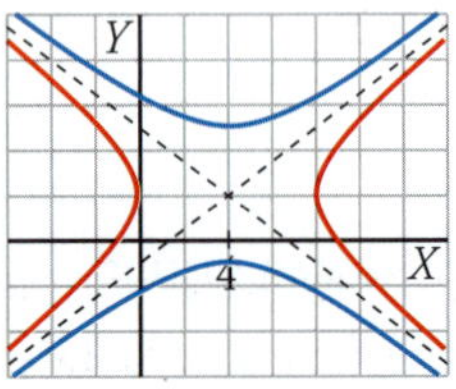

El centro es el punto de intersección de ambas asíntotas. Centro (4, 2).

Tenemos dos posibles formas para la ecuación de la hipérbola:

- Si la línea de los focos es paralela al eje X, es de la forma $\frac{(x-4)^2}{a^2} - \frac{(y-2)^2}{b^2} = 1$.

  Las pendientes de las asíntotas son $\pm\frac{b}{a}$, luego $\frac{b}{a} = \frac{3}{4} \rightarrow 3a - 4b = 0$ (1)

  Además, $|a-b| = 1$ (2)

  Resolvemos el sistema formado por (1) y (2) distinguiendo las dos posibilidades de signo que el valor absoluto presenta en (2). Obtenemos dos posibles soluciones:

  $a = 4,\ b = 3$. La ecuación buscada es: $\frac{(x-4)^2}{16} - \frac{(y-2)^2}{9} = 1$

  $a = -4,\ b = -3$. Solución no válida; las distancias no pueden ser negativas.

- Si la línea de los focos es paralela al eje Y, es de la forma $\frac{(y-2)^2}{a^2} - \frac{(x-4)^2}{b^2} = 1$.

  Teniendo en cuenta que las pendientes de las asíntotas son $\pm a/b$, procedemos como en el caso anterior hasta obtener: $\frac{(y-2)^2}{9} - \frac{(x-4)^2}{16} = 1$.

Hazlo tú. Resuelve este mismo ejercicio si las asíntotas son $y = \pm 2(x-1)$ y $|a-b| = 1/2$.

6. Determinación de la ecuación de una parábola no centrada en el origen

Hallar la ecuación de una parábola de vértice $V(-2, 1)$ y foco $F(1, 1)$.

V y F pertenecen a la recta $y = 1$, por lo que la directriz tiene la forma d: $x = k$.

V es un punto de la parábola y, por tanto, debe equidistar del foco y de la directriz.

$$dist(V, F) = dist(V, d) \rightarrow \sqrt{(1+2)^2} = |k+2| \rightarrow \begin{cases} 3 = k+2 \rightarrow k = 1 \\ 3 = -k-2 \rightarrow k = -5 \end{cases}$$

Descartamos la solución $k = 1$, ya que $F \notin d$. Por tanto, la directriz es d: $x = -5$.

La parábola es el lugar geométrico de los puntos del plano $P(x, y)$ tales que:

$dist(P, F) = dist(P, d) \rightarrow \sqrt{(x-1)^2 + (y-1)^2} = |x+5|$ Elevamos al cuadrado:

$x^2 - 2x + 1 + (y-1)^2 = x^2 + 10x + 25 \rightarrow (y-1)^2 = 12x + 24 \rightarrow (y-1)^2 = 12(x+2)$

Otro método para calcular la ecuación de la parábola

Al ser una parábola de eje paralelo al eje X y vértice $V(-2, 1)$, su ecuación debe ser de la forma $(y-1)^2 = 2p(x+2)$, donde p es la distancia del foco a la directriz.

Obtenemos $p = dist(F, d) = 6$. La ecuación buscada es: $(y-1)^2 = 12(x+2)$.

Hazlo tú. Halla la ecuación de una parábola de vértice $V(1, 1)$ y foco $F(1, 4)$.

7. Cálculo de la recta tangente a una elipse desde un punto exterior a la misma

Hallar las rectas que pasan por el punto $P(3, 4)$ y son tangentes a la elipse $\frac{x^2}{9}+\frac{y^2}{4}=1$.

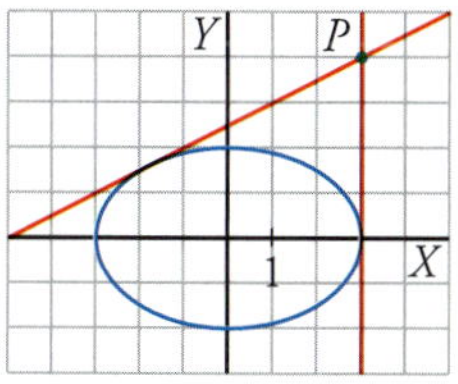

<u>Análisis del problema</u>. *Las rectas que buscamos deben pasar por P y, al ser tangentes a la elipse, deben tener un único punto en común con ella. Esto es equivalente a decir que el sistema formado por las ecuaciones de la recta y de la elipse debe tener solución única.*

Consideramos el haz de rectas que pasan por P:

$y = m(x-3)+4$, $m \in \mathbb{R}$, más la recta vertical $x = 3$.

Queremos determinar la pendiente, m, de las rectas de este haz que hacen que el siguiente sistema de ecuaciones tenga solución única:

$$\left.\begin{array}{l} y=m(x-3)+4 \\ \frac{x^2}{9}+\frac{y^2}{4}=1 \end{array}\right\} \rightarrow \left.\begin{array}{l} y=m(x-3)+4 \\ 4x^2+9y^2=36 \end{array}\right\}$$ Resolvemos por sustitución.

$$4x^2+9[m(x-3)+4]^2=36 \rightarrow 4x^2+9[m^2(x^2-6x+9)+8m(x-3)+16]=36 \rightarrow$$
$$\rightarrow 4x^2+9m^2x^2-54m^2x+81m^2+72mx-216m+144-36=0 \rightarrow$$
$$\rightarrow (4+9m^2)x^2+(-54m^2+72m)x+(81m^2-216m+108)=0$$

Para que esta ecuación de 2.º grado tenga solución única su discriminante debe ser 0.

$$(-54m^2+72m)^2-4(4+9m^2)(81m^2-216m+108)=0 \rightarrow$$
$$\rightarrow 2916m^4+5184m^2-7776m^3-1296m^2+3456m-1728-2916m^4+$$
$$+7776m^3-3888m^2=0 \rightarrow 3456m=1728 \rightarrow m=1/2$$

La recta tangente es $y=(1/2)(x-3)+4$.

Siendo P exterior a la elipse, deberíamos obtener dos rectas tangentes. Observamos que el punto P tiene su abscisa igual a la de uno de los vértices de la elipse, $(3, 0)$, lo que hace que la recta tangente sea la recta del haz que faltaba por considerar, $x = 3$.

Hazlo tú. Halla las rectas que pasan por $P(0, 5)$ y son tangentes a la elipse $\frac{x^2}{25}+\frac{y^2}{16}=1$.

8. Cálculo de la recta tangente a una parábola en un punto

Hallar la recta tangente a la parábola $y^2 = 8x$ en el punto $A(8, 8)$.

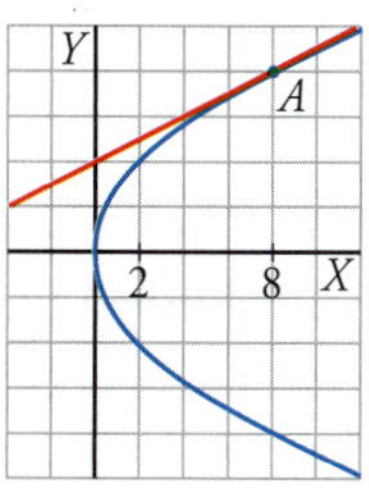

<u>Análisis del problema</u>. *Como la recta tangente no es paralela al eje Y y pasa por $A(8, 8)$, tiene que ser de la forma $y = m(x-8)+8$. Para hallar la pendiente, utilizaremos el hecho de que una recta tangente a la parábola tiene que tener un único punto en común con ella, A. Es decir, el sistema que forman sus ecuaciones debe tener solución única.*

$$\left.\begin{array}{l} y=m(x-8)+8 \\ y^2=8x \end{array}\right\} \rightarrow [m(x-8)+8]^2=8x$$

Desarrollando y operando, obtenemos:

$$m^2x^2+(-16m^2+16m-8)x+64m^2-128m+64=0$$

Para que esta ecuación de 2.º grado tenga solución única, su discriminante debe ser 0.

$$(-16m^2+16m-8)^2-4m^2(64m^2-128m+64)=0 \rightarrow$$
$$\rightarrow 256m^4-512m^3+512m^2-256m+64-256m^4+512m^3-256m^2=0 \rightarrow$$
$$\rightarrow 256m^2-256m+64=0 \rightarrow 4m^2-4m+1=0 \rightarrow (2m-1)^2=0 \rightarrow m=1/2$$

La recta tangente buscada es $r: y=\frac{1}{2}(x-8)+8 \rightarrow r: x-2y+8=0$

Hazlo tú. Resuelve este ejercicio para la parábola $y^2=-4x$ y el punto $A(-4, 4)$.

1. Comprobación de que $y = 1/x$ es una hipérbola

Comprobar que la curva $y = \frac{1}{x}$, *conocida de cursos anteriores, es una hipérbola de constante* $k = 2\sqrt{2}$ *y focos* $F(\sqrt{2}, \sqrt{2})$ *y* $F'(-\sqrt{2}, -\sqrt{2})$.

- Aplica la definición de hipérbola como lugar geométrico de los puntos P cuya diferencia de distancias a $F(\sqrt{2}, \sqrt{2})$ y $F'(-\sqrt{2}, -\sqrt{2})$ es igual a $k = 2\sqrt{2}$.

$$|dist(P, F') - dist(P, F)| = 2\sqrt{2}$$

- Expresa con coordenadas esta ecuación y simplifícala. Ten en cuenta que el valor absoluto dará lugar a dos ecuaciones, aunque ambas te llevarán a la misma ecuación simplificada. Serán ecuaciones con dos radicales y coeficientes irracionales que se irán simplificando al resolverlas.

2. Circunferencia inscrita en un triángulo

Hallar la ecuación de la circunferencia inscrita en el triángulo de lados a, b y c, siendo:

$a: y = 0$

$b: 3x - 4y = 0$

$c: 4x + 3y - 50 = 0$

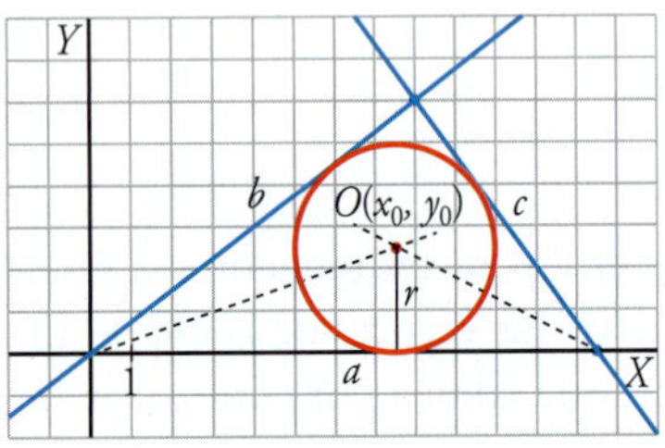

Análisis del problema. *Una circunferencia queda determinada por su centro y su radio. El centro de la circunferencia inscrita en un triángulo es el incentro; es decir, el punto de corte de las bisectrices de los ángulos interiores de ese triángulo. El radio, al ser la circunferencia tangente a los lados del triángulo, puede ser calculado como la distancia del centro a cualquiera de estos lados.*

- Halla la bisectriz del ángulo que definen a y b. Obtenla como el lugar geométrico de los puntos $P(x, y)$ que equidistan de ambos lados: $dist(P, a) = dist(P, b)$. Expresa en coordenadas esta condición y resuelve la ecuación resultante. Los valores absolutos darán lugar a dos ecuaciones distintas, correspondientes a las dos bisectrices de estas rectas. Ayúdate de una representación gráfica para distinguir cuál es la que corresponde al ángulo interior de triángulo.
- De forma análoga, calcula la bisectriz correspondiente a los lados a y c.
- Calcula el incentro $O(x_0, y_0)$ como el punto de corte de ambas bisectrices, resolviendo el sistema que forman sus ecuaciones.
- Obtén el radio de la circunferencia como la distancia de O a cualquiera de los lados del triángulo. Observa que si calculas la distancia al lado a, los cálculos son más simples: $r = dist(O, a)$.
- La ecuación de la circunferencia es: $(x - x_0)^2 + (y - y_0)^2 = r^2$. Al aparecer denominadores en las coordenadas del centro y en el radio, puede ser conveniente desarrollar la expresión obtenida para simplificarla.

Solución: $4x^2 + 4y^2 - 60x - 20y + 225 = 0$

3. Rectas tangente y normal a una circunferencia en un punto

Sean r y s, respectivamente, las rectas tangente y normal a una circunferencia en un punto P.

$r: x + y - 7 = 0 \qquad s: x - y - 9 = 0$

Calcular la ecuación de la circunferencia sabiendo que su radio es $r = 2\sqrt{2}$.

- El punto de la circunferencia, P, donde r es tangente se puede hallar como el punto de intersección de r y s resolviendo el sistema que forman sus ecuaciones.
- Para hallar el centro de la circunferencia $O(x_0, y_0)$, ten en cuenta que debe cumplir estas dos condiciones: $O \in s$ y $dist(P, O) = 2\sqrt{2}$. Expresa analíticamente estas condiciones y resuelve el sistema que forman ambas ecuaciones. Obtendrás dos soluciones, O y O'.
- Halla las expresiones de las circunferencias solución mediante la ecuación: $(x - x_0)^2 + (y - y_0)^2 = r^2$

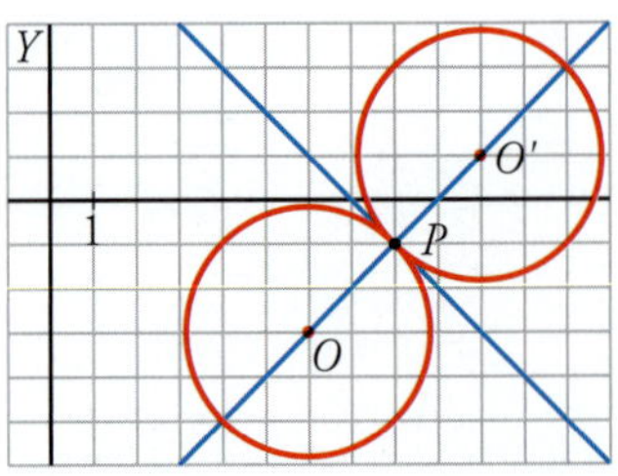

Solución:

$(x - 6)^2 + (y + 3)^2 = 8; \; (x - 10)^2 + (y - 1)^2 = 8$

Ejercicios y problemas propuestos

Para practicar

Lugares geométricos

1 Halla, en cada caso, la mediatriz del segmento AB.

a) $A(5, -1)$ $B(-3, 1)$ b) $A(3, 6)$ $B(-1, 6)$

Comprueba que es una recta perpendicular a AB.

2 Halla el lugar geométrico de los puntos $P(x, y)$ cuya diferencia de cuadrados de distancias a los puntos $A(0, 0)$ y $B(6, 3)$ es 15. ¿Qué figura obtienes?

3 Halla el lugar geométrico de los puntos cuya distancia a la recta $4x - 3y + 11 = 0$ es 6.

4 Halla el lugar geométrico de los puntos que equidistan de las rectas r y s. Interpreta el resultado.

$r: 3x - 5y + 11 = 0$ $s: 3x - 5y + 3 = 0$

5 Halla las ecuaciones de las bisectrices de los ángulos que forman las rectas r y s:

$r: 4x - 3y + 8 = 0$ $s: 12x + 5y - 7 = 0$

Circunferencias

6 Halla, en cada caso, el lugar geométrico de los puntos del plano cuya distancia al punto A es d.

a) $A(0, 5)$ y $d = 2$ b) $A(0, 0)$ y $d = 1$

c) $A(-2, 0)$ y $d = \frac{1}{2}$ d) $A(-1, -5)$ y $d = \frac{3}{5}$

7 Halla el lugar geométrico de los puntos cuyo cociente de distancias a los puntos $A(0, 6)$ y $B(0, 3)$ es 2, es decir:

$$\frac{dist(P, A)}{dist(P, B)} = 2$$

8 Da, en cada caso, la ecuación de la circunferencia que tiene centro C y radio r.

a) $C(0, 0)$ y $r = 1$ b) $C(2, -3)$ y $r = 2$

c) $C(-1, 0)$ y $r = \frac{2}{3}$ d) $C(0, 3)$ y $r = \frac{5}{4}$

9 Averigua cuáles de las siguientes expresiones corresponden a circunferencias y, en ellas, halla su centro y su radio:

a) $x^2 + y^2 - 8x + 2y + 10 = 0$

b) $x^2 - y^2 + 2x + 3y - 5 = 0$

c) $x^2 + y^2 + xy - x + 4y - 8 = 0$

d) $2x^2 + 2y^2 - 16x + 24 = 0$

10 Escribe la ecuación de la circunferencia que pasa por $\left(0, -\frac{1}{3}\right)$ y tiene centro en $\left(\frac{1}{2}, -\frac{1}{3}\right)$.

11 Halla la ecuación de la circunferencia que tiene su centro en el punto $C(0, -5)$ y cuyo diámetro es igual a 10.

12 Escribe la ecuación de la circunferencia que pasa por $A(1, -2)$ y por $B(2, -1)$ y tiene radio 1.

13 Uno de los diámetros de una circunferencia tiene por extremos $A(3, -2)$ y $B(7, 0)$. Halla la ecuación de la circunferencia.

14 Determina la ecuación de la circunferencia que pasa por $A(2, -4)$, $B(8, -10)$ y $C(4, -8)$.

* *Mira el ejercicio resuelto 1.*

15 Da la ecuación de la circunferencia que tiene por centro el punto $(2, -5)$ y es tangente al eje de abscisas.

16 Obtén la ecuación de la circunferencia cuyo centro está en el punto $(3, -4)$ y que es tangente al eje de ordenadas.

17 Determina la ecuación de la circunferencia que tiene su centro en el origen de coordenadas y es tangente a la recta $x + y - 3 = 0$.

18 Determina las rectas tangente y normal a la circunferencia $(x + 4)^2 + (y + 2)^2 = 13$ en el punto $A(-2, 1)$.

Posiciones relativas de rectas y circunferencias

19 Calcula la distancia del centro de la circunferencia $x^2 + y^2 - 2y - 1 = 0$ a la recta $r: 2x - y + 3 = 0$. ¿Cuál es la posición de r respecto a la circunferencia?

20 Estudia la posición relativa de la circunferencia de ecuación $x^2 + y^2 - 6x - 4y + 9 = 0$ respecto de cada una de las siguientes rectas:

$r_1: x + y - 1 = 0$ $r_2: 3x - 4y + 9 = 0$

21 Estudia la posición relativa de la circunferencia de ecuación $(x + 1)^2 + (y - 2)^2 = 4$ respecto a cada una de las siguientes rectas:

$r_1: x - 2 = 0$ $r_2: y = 0$ $r_3: y = 2x + 1$

Utiliza, en cada caso, los dos métodos siguientes:

a) Resolviendo los sistemas de ecuaciones formados por la circunferencia y cada recta.

b) Comparando la medida del radio con la distancia de cada recta al centro de la circunferencia.

22 Estudia la posición relativa de la recta $y = x + b$ y la circunferencia $x^2 + y^2 = 1$ en función del parámetro b.

23 Determina la posición relativa de la recta $y = 2x - 3$ y la circunferencia $x^2 + y^2 = a$ en función del valor del parámetro a.

Potencia de un punto a una circunferencia

24 Calcula la potencia de los puntos $P(5, 2)$, $Q(2, 1)$ y $R(-1, 0)$ a la circunferencia:

$$C: x^2 + y^2 - 6x - 4y + 9 = 0$$

Utilízalo para estudiar la posición relativa de P, Q y R respecto de C.

25 Halla y representa el eje radical de los siguientes pares de circunferencias:

a) $x^2 + y^2 = 4$ y $x^2 + (y - 1)^2 = 9$

b) $(x - 3)^2 + y^2 = 5$ y $(x - 7)^2 + y^2 = 9$

c) $x^2 + (y - 3)^2 = 2$ y $(x - 5)^2 + y^2 = 1$

26 Considera las circunferencias C_1: $(x - 1)^2 + (y + 1)^2 = 2$ y C_2: $(x - 3)^2 + (y + 3)^2 = 10$.

a) Comprueba que ambas circunferencias son secantes y calcula sus puntos de corte, A y B.

b) Halla las potencias de los puntos A y B a las circunferencias C_1 y C_2.

c) A la vista del resultado obtenido en el apartado anterior, ¿qué podrías decir del eje radical de ambas circunferencias?

d) ¿Puedes generalizar este resultado para un par cualquiera de circunferencias secantes?

Elipses

27 Halla la ecuación del lugar geométrico de los puntos cuya suma de distancias a $P(-4, 0)$ y $Q(4, 0)$ es 10.

28 De una elipse conocemos sus focos $F(0, 1)$ y $F'(0, -1)$ y su constante $k = 4$. Determina su ecuación.

29 Halla la ecuación de la elipse de focos $(-2, 0)$ y $(2, 0)$ sabiendo que la longitud de su eje mayor es 10.

30 Escribe la ecuación de la elipse cuyos focos son $F(-3, 0)$ y $F'(3, 0)$ y cuya excentricidad es igual a 0,5.

31 Da la ecuación de la elipse que pasa por $(3, 1)$ y tiene por focos $(4, 0)$ y $(-4, 0)$.

32 De una elipse, centrada en $(0, 0)$, se sabe que su eje mayor, que es igual a 10, está sobre el eje X. Además, pasa por el punto $(3, 3)$. Obtén su ecuación.

33 Determina, en cada caso, la ecuación de la elipse, centrada en $(0, 0)$, que tiene estas características:

a) Su excentricidad es 1/2 y su eje mayor está sobre el eje Y y es igual a 2.

b) Sus vértices son: $(-2, 0)$, $(2, 0)$, $(0, -4)$ y $(0, 4)$.

34 Halla los vértices, los focos y la excentricidad de las siguientes elipses dadas por sus ecuaciones. Represéntalas:

a) $\dfrac{x^2}{100} + \dfrac{y^2}{36} = 1$ b) $\dfrac{x^2}{64} + \dfrac{y^2}{100} = 1$

c) $9x^2 + 25y^2 = 25$ d) $9x^2 + 4y^2 = 3$

35 Halla los vértices, los focos y la excentricidad de las siguientes elipses no centradas en el origen de coordenadas. Represéntalas:

a) $\dfrac{x^2}{25} + \dfrac{(y+3)^2}{9} = 1$ b) $\dfrac{(x-1)^2}{9} + \dfrac{(y+2)^2}{16} = 1$

Hipérbolas

36 Halla el lugar geométrico de los puntos cuya diferencia de distancias a $F'(-4, 0)$ y $F(4, 0)$ es 6.

37 Halla la ecuación de la hipérbola de focos $(-4, 0)$ y $(4, 0)$ y distancia entre vértices, 4.

38 Obtén la ecuación de la hipérbola cuyas asíntotas son $y = \pm\dfrac{1}{5}x$ y uno de sus vértices es $(2, 0)$.

39 Determina la hipérbola que pasa por el punto $(2, 1)$ y tiene por asíntotas $y = \pm 3x$.

40 Halla la ecuación de la hipérbola de focos $(-3, 0)$ y $(3, 0)$ que tiene excentricidad igual a 3.

41 De una hipérbola sabemos que pasa por el punto $\left(8, 5\sqrt{3}\right)$ y sus focos son $(-3, 0)$ y $(3, 0)$. Calcula su ecuación.

42 Halla la ecuación de la hipérbola de focos $(-3, 0)$ y $(3, 0)$ y asíntotas $y = \pm\dfrac{2\sqrt{5}}{5}x$.

43 Halla los vértices, los focos, las excentricidades y las asíntotas de las hipérbolas dadas por las siguientes ecuaciones. Dibújalas:

a) $\dfrac{x^2}{100} - \dfrac{y^2}{36} = 1$ b) $\dfrac{9x^2}{16} - y^2 = 1$

c) $x^2 - 4y^2 = 1$ d) $x^2 - 4y^2 = 4$

e) $\dfrac{y^2}{4} - \dfrac{x^2}{36} = 1$ f) $y^2 - 16x^2 = 16$

g) $9x^2 - 4y^2 = 36$ h) $4x^2 - y^2 + 16 = 0$

44 Halla los vértices, los focos, las excentricidades y las asíntotas de las siguientes hipérbolas no centradas en el origen de coordenadas. Dibújalas:

a) $\dfrac{x^2}{36} - \dfrac{(y-1)^2}{64} = 1$

b) $\dfrac{(y-1)^2}{16} - \dfrac{(x-1)^2}{9} = 1$

Parábolas

45 Halla el lugar geométrico de los puntos que equidistan del punto (3, 0) y de la recta $y = -3$.

46 Halla, en cada caso, la ecuación de la parábola de foco F y directriz d.

a) $F(5, 0)$; d: $x = -5$ b) $F(-3, 0)$; d: $x = 3$

c) $F(0; 2{,}5)$; d: $y = -2{,}5$ d) $F(0, -4)$; d: $y = 4$

47 Determina la ecuación de la parábola que tiene su vértice en el origen de coordenadas y cuya directriz es $y = 3$.

48 Halla las ecuaciones de las parábolas que pasando por el punto (2, 3) tienen su vértice en el origen de coordenadas.

49 Halla los vértices, los focos y las directrices de las siguientes parábolas. Represéntalas:

a) $y^2 = 6x$ b) $y^2 = -6x$

c) $y = x^2$ d) $y = \dfrac{x^2}{4}$

Para resolver

50 Identifica las siguientes cónicas, calcula sus elementos característicos y dibújalas:

a) $4x^2 + 9y^2 = 36$ b) $16x^2 - 9y^2 = 144$

c) $9x^2 + 9y^2 = 25$ d) $x^2 - 4y^2 = 16$

e) $y^2 = 14x$ f) $25x^2 + 144y^2 = 900$

51 Describe las siguientes cónicas no centradas en el origen. Obtén sus elementos y dibújalas.

a) $\dfrac{(x-1)^2}{9} + \dfrac{(y-4)^2}{25} = 1$ b) $\dfrac{(x-1)^2}{16} - \dfrac{(y+1)^2}{9} = 1$

c) $(x + 2)^2 = 4(y + 5)$ d) $x^2 + y^2 - 2x + 4y = -4$

52 a) Halla la ecuación de la circunferencia cuyo centro es $C(-1, 1)$ y es tangente a la recta $3x - 4y - 3 = 0$.

b) De todas las rectas paralelas a la bisectriz del primer cuadrante, encuentra las que sean tangentes a la circunferencia hallada en el apartado anterior.

53 Halla la ecuación de la circunferencia que pasa por (–3, 2) y (4, 1) y es tangente al eje X.

54 De la circunferencia C se sabe que tiene su centro en la recta $x - 3y = 0$ y pasa por los puntos (–1, 4) y (3, 6). Obtén la ecuación de C.

55 Determina la ecuación de la circunferencia de radio 10 que, en el punto (7, 2), es tangente a la recta $3x - 4y - 13 = 0$.

56 Halla la ecuación de la circunferencia inscrita en el triángulo de vértices $A(3, 2)$, $B\left(1-\sqrt{2}, -\sqrt{2}\right)$ y $C\left(5+\sqrt{2}, -\sqrt{2}\right)$.

57 Halla la ecuación de la circunferencia circunscrita al triángulo determinado por la recta $y = -x + 4$ y los ejes de coordenadas. Calcula la ecuación de la recta tangente a esta circunferencia en (0, 0).

58 Halla la ecuación de la circunferencia inscrita en el cuadrado de vértices $A(-3, 3)$, $B(-1, 3)$, $C(-1, 1)$ y $D(-3, 1)$.

59 Estudia la posición relativa del punto $P(0, 3)$ respecto a la circunferencia $(x - m)^2 + y^2 = 25$ en función de los valores del parámetro m.

60 Estudia en función de k la posición relativa de la recta s: $4x + 3y + k = 0$ respecto a la circunferencia de ecuación $x^2 + y^2 - 2x - 6y + 6 = 0$.

61 Dos circunferencias se cortan en los puntos (0, 0) y (0, 8). ¿Cuál es su eje radical? Justifica tu respuesta.

62 Halla los puntos de intersección de cada pareja de circunferencias y di cuál es su posición relativa:

a) $\begin{cases} x^2 + y^2 - 6x - 16 = 0 \\ x^2 + y^2 = 4 \end{cases}$ b) $\begin{cases} x^2 + y^2 - 6x - 4y + 9 = 0 \\ x^2 + y^2 - 6x + 2y + 9 = 0 \end{cases}$

63 Escribe la ecuación de una elipse con centro en el origen de coordenadas y focos en el eje de abscisas, sabiendo que pasa por el punto $P(8, -3)$ y que su eje mayor es igual al doble del menor.

64 La parábola $y^2 - 4y - 6x - 5 = 0$ tiene por foco el punto (0, 2). Encuentra su directriz.

65 Halla la ecuación de la parábola de vértice en el punto (2, 3) y que pasa por el punto (4, 5).

* *Mira el ejercicio resuelto 6.*

66 Halla las ecuaciones de las siguientes parábolas:

a) Foco (0, 0); directriz $y = -2$.

b) Foco (2, 0); directriz $x = -1$.

c) Foco (2, 1); directriz $y + 3 = 0$.

d) Foco (1, 1); vértice $\left(1, \dfrac{1}{2}\right)$.

67 Halla los vértices, los focos y las directrices de las siguientes parábolas de vértices distintos al origen de coordenadas. Represéntalas:

a) $y^2 = 4(x - 1)$ b) $(y - 2)^2 = 8x$

c) $(x - 1)^2 = -8(y + 1)$ d) $(y + 2)^2 = -4(x - 1)$

68 Halla la ecuación de la hipérbola centrada en (4, 5), cuyos focos son $F(2, 5)$ y $F'(6, 5)$ y cuyo semieje menor es $b = 1$.

69 Halla la ecuación de la siguiente hipérbola:

- Tiene el centro en el origen de coordenadas.
- Tiene los focos en el eje de abscisas.
- Pasa por el punto $P\left(\sqrt{5/2}, 1\right)$.
- Una de sus asíntotas es la recta $y = 2x$.

70 Se llama hipérbola equilátera a aquella en la que $a = b$. Halla la ecuación de la hipérbola equilátera cuyos focos son (5, 0) y (–5, 0).

71 Halla la ecuación del lugar geométrico de todos los puntos del plano tales que su distancia al punto (4, 0) es el doble de su distancia a la recta $x = 1$.

Comprueba que es una cónica y halla sus focos.

72 Halla la ecuación del lugar geométrico de los puntos cuya distancia al punto (4, 0) es igual a la mitad de la distancia a la recta $r: x - 16 = 0$. Representa la curva que obtienes.

73 Halla el lugar geométrico de los puntos $P(x, y)$ tales que el producto de las pendientes de las rectas trazadas desde P a los puntos $A(-2, 1)$ y $B(2, -1)$ sea igual a 1.

¿Qué figura obtienes? Represéntala.

74 Halla las rectas tangentes a la elipse $\frac{x^2}{9} + \frac{y^2}{4} = 1$ que pasan por $A(5, 0)$.

75 Halla la ecuación de la tangente a la elipse $3x^2 + 4y^2 = 48$ en el punto $P(2, 3)$. Usa que la tangente es la bisectriz exterior de los segmentos PF y PF', donde F y F' son los focos.

76 Halla la ecuación de la tangente a la hipérbola $\frac{x^2}{16} - \frac{y^2}{9} = 1$ en el punto P, de abscisa $x = 5$. Utiliza el hecho de que la tangente es la bisectriz de los segmentos PF y PF', donde F y F' son los focos de la hipérbola (elige la bisectriz adecuada).

77 Halla la tangente a la parábola $y^2 = 12x$ en el punto $P(3, 6)$. Usa el hecho de que la tangente es la bisectriz del ángulo formado por PF, donde F es el foco, y la recta perpendicular por P a la directriz.

78 El cometa Halley describe una órbita elíptica, estando el Sol en uno de sus focos, de excentricidad 0,96657. Si su distancia mínima al Sol (perihelio) es de 0,6 UA, calcula cuál es la máxima (afelio). Recuerda que 1 UA (unidad astronómica) es la distancia media entre la Tierra y el Sol.

79 La Tierra describe una órbita elíptica, estando el Sol en uno de sus focos. En esta trayectoria, la distancia mínima Tierra-Sol es de 147 095 248 km, y la máxima es de 152 100 492 km. Calcula la excentricidad de la órbita e interpreta el resultado obtenido.

80 Asocia cada una de las siguientes ecuaciones a una de las gráficas que están a continuación:

a) $x^2 + 4y^2 = 4$ b) $x^2 + y^2 = 9$

c) $y^2 - 9x^2 = 9$ d) $2xy = 1$

e) $\frac{x^2}{9} + \frac{y^2}{16} = 1$ f) $\frac{x^2}{9} - y = 0$

g) $\frac{x^2}{4} - y^2 = 1$ h) $y^2 = 2(x - 1)$

i) $\frac{x^2}{25} + \frac{y^2}{9} = 0$ j) $\frac{(x-1)^2}{4} + (y-1)^2 = 1$

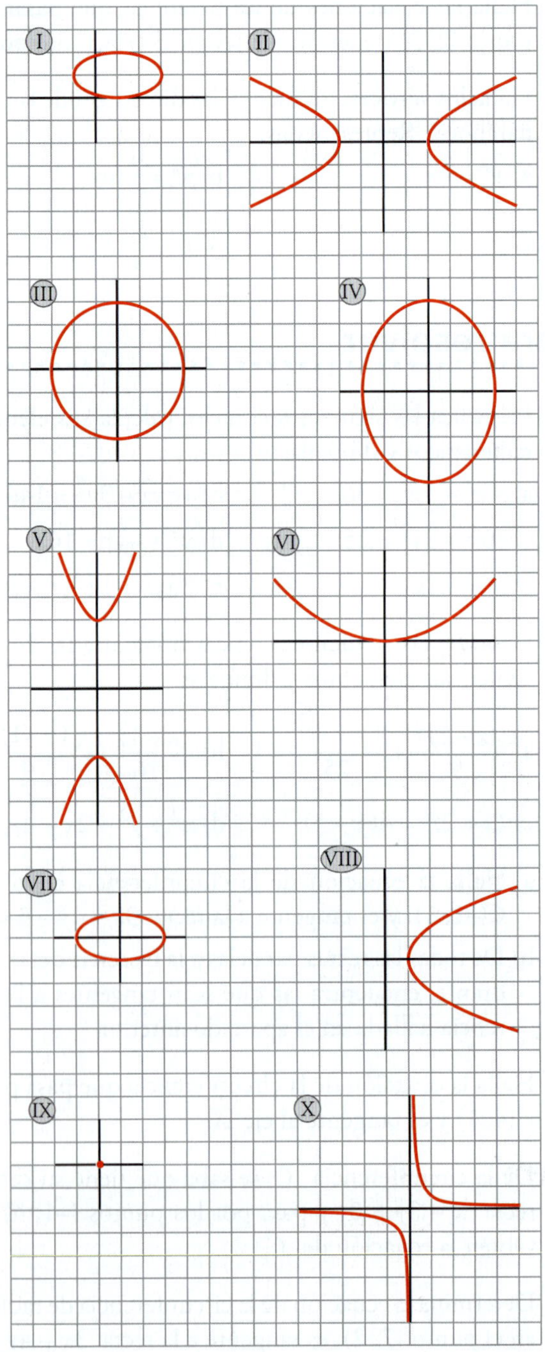

Cuestiones teóricas

81 ¿Qué tienen en común todas estas circunferencias?:

$(x-1)^2 + (y-1)^2 = 1$ $\quad$ $(x+3)^2 + (y-3)^2 = 9$

$(x-2)^2 + (y+2)^2 = 4$ $\quad$ $(x+5)^2 + (y+5)^2 = 25$

82 Determina si las siguientes ecuaciones corresponden a cónicas. Si es así, indica qué cónica es:

a) $-\dfrac{x^2}{4} = \dfrac{y^2}{9} + 1$ $\quad$ b) $\dfrac{x^2}{4} = \dfrac{y^2}{9} - 1$

c) $x^2 + y^2 + x + y + 1 = 0$ $\quad$ d) $y^2 + 2y = x$

83 Las siguientes parábolas tienen su vértice en el origen de coordenadas. ¿En qué cuadrantes tienen sus ramas?:

a) $y^2 = -2x$ $\quad$ b) $y^2 = 2x$ $\quad$ c) $x^2 = -2y$ $\quad$ d) $x^2 = 2y$

84 Sabemos que en esta hipérbola $|\overline{PF} - \overline{PF'}| = 4$.

¿Qué rama corresponde a $\overline{PF} - \overline{PF'} = 4$ y cuál corresponde a $\overline{PF'} - \overline{PF} = 4$?

85 Teniendo en cuenta la definición de elipse y tomando sobre el dibujo algunas medidas, di cuáles de estas elipses con sus focos están mal dibujadas:

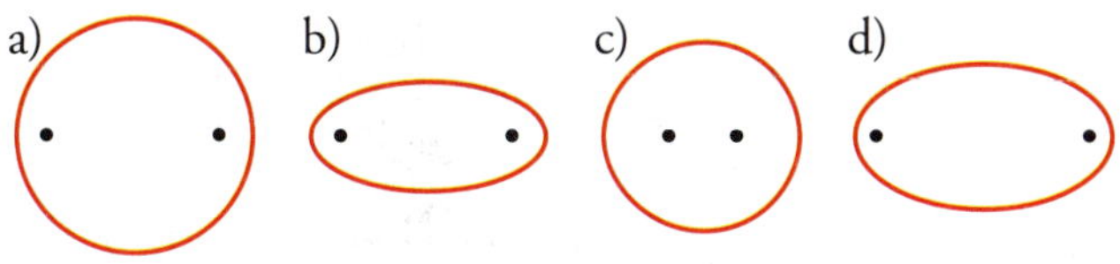

Para profundizar

86 a) Halla el lugar geométrico de los puntos $P(x, y)$ cuya suma de cuadrados de distancias a los puntos $A(-3, 0)$ y $B(3, 0)$ es 68. Puedes comprobar que se trata de una circunferencia de centro $O(0, 0)$. ¿Cuál es su radio?

b) Generaliza: Halla el lugar geométrico de los puntos cuya suma de cuadrados de distancias a $A(-a, 0)$ y $B(a, 0)$ es k (constante), y comprueba que se trata de una circunferencia de centro $O(0, 0)$. Di el valor de su radio en función de a y de k. ¿Qué relación deben cumplir a y k para que realmente sea una circunferencia?

87 a) Considera la circunferencia $C: (x-1)^2 + y^2 = 25$ y el punto $P(9, 6)$. Sea r la recta que une P con el centro de la circunferencia. Halla A y B, puntos de corte de r y C. Comprueba que la potencia de P respecto a C coincide con $d(P, A) \cdot d(P, B)$.

b) Demuestra que el apartado anterior es cierto si sustituimos r por cualquier recta secante a C que pase por P.

* *Haz un dibujo y llama A' y B' a los puntos de corte de C y la nueva recta. Aplica semejanza a los triángulos $AB'P$ y $A'PB$.*

88 Demuestra que el lugar geométrico de los puntos P cuyo cociente de distancias a un punto fijo F y a una recta fija d es igual a k, es una cónica de excentricidad k.

* *Toma $F(c, 0)$, d: $x = a^2/c$ y $k = c/a$ y estudia los casos $k < 1$, $k > 1$ y $k = 1$. ¿Qué cónica se obtiene en cada caso?*

Autoevaluación

En la web Resoluciones de estos ejercicios.

1 Halla la ecuación de la bisectriz de los ángulos formados por las siguientes rectas:

r_1: $x = 3$

r_2: $3x - 4y + 1 = 0$

2 Escribe la ecuación de la circunferencia cuyo centro es el punto $C(1, -3)$ y pasa por el punto $A(5, 0)$.

3 Consideramos la circunferencia $x^2 + y^2 - 2x = 0$ y la recta $r: 3x - 4y + k = 0$. Calcula los valores que debe tomar k para que r sea interior, tangente o exterior a la circunferencia.

4 Dados los puntos $F(3, 2)$ y $F'(1, -2)$ y la recta $r: x + y - 1 = 0$, obtén las ecuaciones de:

a) La elipse de focos F y F' cuya constante es 6.

b) La hipérbola de focos F y F' cuya constante es 2.

c) La parábola de foco F y directriz r.

No es necesario que simplifiques la expresión de las ecuaciones.

5 Describe las siguientes cónicas. Obtén sus elementos y dibújalas:

a) $\dfrac{x^2}{9} - \dfrac{y^2}{16} = 1$ $\quad$ b) $\dfrac{(x-5)^2}{9} - \dfrac{(y+1)^2}{16} = 1$

6 Obtén la ecuación de la elipse de focos $F(-4, 0)$ y $F'(4, 0)$ y excentricidad 0,8.

7 Halla los focos, la excentricidad y las asíntotas de la hipérbola que tiene por ecuación: $9y^2 - 16x^2 = 144$.

Dibújala.

8 Escribe la ecuación de la parábola que tiene por directriz la recta $x = 3$, y como vértice, el origen de coordenadas.

9 Halla el eje radical de estas circunferencias:

C_1: $x^2 + y^2 - 4x - 2y + 1 = 0$

C_2: $x^2 + y^2 - 4x - 18y + 21 = 0$

Representa las circunferencias y su eje radical.

En la web Otra autoevaluación.

Autoevaluación. Bloque III: Geometría

1 Dados los vectores $\vec{u}\left(\frac{1}{2}, -1\right)$ y $\vec{v}(0, -2)$, calcula:

a) $|\vec{u}|$ b) $-2\vec{u} + 3\vec{v}$ c) $2\vec{u} \cdot (-2\vec{v})$

2 Determina el valor de k para que los vectores $\vec{a}(1, 3)$ y $\vec{b}(6, k)$ sean ortogonales.

3 Dados los vectores $\vec{u}(-1, 0)$ y $\vec{v}(1, 2)$:

a) Calcula $proy_{\vec{u}}\, \vec{v}$.

b) Calcula el ángulo que forman $\vec{u}$ y $\vec{v}$.

c) Da las coordenadas del vector $\vec{w}(4, 6)$ en la base $B(\vec{u}, \vec{v})$.

4 Determina el valor de y para que los puntos $A(0, 1)$, $B(-1, 4)$ y $C(3, y)$ estén alineados.

5 Halla las coordenadas del vértice D del paralelogramo $ABCD$, donde $A(2, 2)$, $B(3, 1)$ y $C(4, 2)$.

6 Halla en las formas paramétrica e implícita la ecuación de la recta que pasa por $P(0, 3)$ y es perpendicular a la recta $s: \frac{x+1}{2} = 1 - y$.

7 Se consideran las rectas $r: 2x + y - 1 = 0$ y $s: kx - y + 5 = 0$. Determina k en cada uno de los siguientes casos:

a) r y s son paralelas.

b) r y s se cortan en el punto $P(2, -3)$.

c) r y s son perpendiculares.

8 Halla la distancia entre las rectas r y s.

$r: y = x + 2$ $s: \begin{cases} x = t \\ y = t - 2 \end{cases}$

9 Obtén la expresión analítica del haz de rectas al que pertenecen $r: 2x + y - 3 = 0$ y $s: x + y - 2 = 0$. Halla la recta de ese haz que pasa por $P(2, 3)$.

10 Solo una de estas ecuaciones corresponde a una circunferencia. Justifica cuál es y determina su centro y su radio:

$C_1: x^2 + y^2 - 2x + 6y + 6 = 0$

$C_2: x^2 + y^2 - 2xy + 6y + 6 = 0$

$C_3: x^2 + y^2 - 3x + 5x + 18 = 0$

11 Escribe la ecuación de una elipse de centro (0, 0) y focos en el eje de abscisas, sabiendo que su excentricidad es igual a 4/5 y que uno de sus focos es $F(8, 0)$.

12 Sin resolver el sistema formado por sus ecuaciones, estudia la posición relativa de la circunferencia de ecuación $C: (x-1)^2 + (y+2)^2 = 4$ y la recta $r: 3x - 4y - 1 = 0$.

13 Determina las coordenadas de un vector unitario $\vec{a}(x, y)$ sabiendo que forma un ángulo de 60° con el vector $\vec{u}(2, 0)$.

14 Sean $\vec{a}(-5, 5)$ y $\vec{b}(-1, 3)$. Expresa $\vec{a}$ como suma de dos vectores, uno con la misma dirección que $\vec{b}$ y otro perpendicular a $\vec{b}$.

15 Halla el simétrico del punto $A(0, 0)$ respecto a la recta $r: x + y - 2 = 0$.

16 Halla la ecuación de la recta que pasa por el punto de intersección de las rectas $r: 2x - y + 1 = 0$ y $s: \frac{x+1}{2} = \frac{y-5}{2}$ y forma un ángulo de 45° con la recta r.

17 Halla los puntos de la recta $y = 0$ que distan 3 unidades de la recta $3x - 4y = 0$.

18 En el triángulo ABC de la figura, calcula:

a) El ortocentro.

b) El área del triángulo.

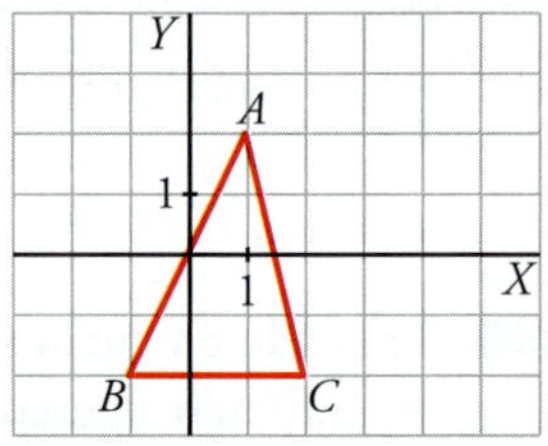

19 Considera el triángulo formado por la bisectriz del primer cuadrante, b, el eje de abscisas y la recta $r: y = -x + 4$. Obtén:

a) La mediatriz del lado contenido en la recta r.

b) La bisectriz del ángulo que forman r y el eje OX.

c) La mediana relativa al lado contenido en b.

20 Identifica las siguientes cónicas, calcula sus elementos característicos y dibújalas:

a) $2y^2 - 12x = 0$ b) $4x^2 + 4y^2 = 16$

c) $25x^2 + 4y^2 = 100$ d) $\frac{(x-1)^2}{16} - \frac{(y+1)^2}{9} = 1$

21 Halla la ecuación de la parábola de vértice $V(-1, -1)$ y directriz $r: x = -3$.

22 Dado un segmento AB de longitud 4, halla la ecuación del lugar geométrico de los puntos P del plano que verifican:

$$2\overline{AP}^2 + \overline{BP}^2 = 18$$

* *Toma como eje X la recta que contiene al segmento, y como eje Y la mediatriz de AB.*

En la web Resoluciones de estos ejercicios.

IV Análisis

Notas históricas. Análisis

El análisis es la rama de las matemáticas que proporciona conceptos y métodos para el estudio cuantitativo de los distintos procesos de dependencia y de cambio de una magnitud respecto a otras. Surge en un periodo en el que el desarrollo de la mecánica y de la astronomía había proporcionado ya un cúmulo considerable de observaciones, medidas e hipótesis y estaba impulsando a la ciencia hacia la investigación cuantitativa de las formas más sencillas de movimiento.

El emperador Quin Shi Huang manda tallar los Guerreros de Xian

Guerra de los "cien años"

300

Surgen el epicureísmo y el estoicismo

1 Arquímedes

Segunda guerra púnica

200

J. C.

1300

2 Nicolás de Oresme

Devastadora peste negra en Europa

1900

Se construye el primer avión de la historia

Invención de la luz eléctrica

Freud

Unificación italiana

Se inventa el plástico

1850

Invención de la anestesia

Invención de la fotografía

Alzamientos revolucionarios en Europa

Primera computadora

Cauchy **7**

1 **Arquímedes** es el primero en estudiar el área bajo una curva a través del sumatorio de una serie infinita. En el siglo XVII se utilizará su método exhaustivo para dar solución a este problema.

2 **Nicolás de Oresme** (1323-1382) es el primero que utiliza diagramas para representar magnitudes en el plano. Con él comienza una interacción fructífera entre la geometría, el cálculo y el álgebra.

3 Nace el concepto de **función**, básico para el desarrollo del análisis, para estudiar las variaciones de ciertas magnitudes respecto de otras. Newton, Leibnitz y Bernoulli, utilizando el sistema gráfico de Descartes, hicieron un uso creativo y fecundo de este concepto.

4 **Newton** (1643-1727) y **Leibnitz** (1646-1716) inventan, casi de manera simultánea, el concepto de derivada generalizando las técnicas que Arquímedes empleó en el cálculo de áreas y volúmenes y con el apoyo gráfico de los diagramas cartesianos.

...extiende ...so de las ...s de fuego

1400

1600

Invención del telescopio

El Mayflower llega al nuevo mundo

Se termina San Pedro del Vaticano

3 Descartes

Pascal construye una de las primeras calculadoras

1650

Descubrimiento de los anillos de Saturno

3 4 Leibnitz

3 4 Newton

Se finaliza la construcción del palacio de Versalles

1700

Johann Bernoulli 3

Se funda la RAE

Nace el cálculo infinitesimal 5

Celsius inventa la escala que lleva su nombre

Aleksei Chirikov, ruso, explora Alaska

1750

Euler 6

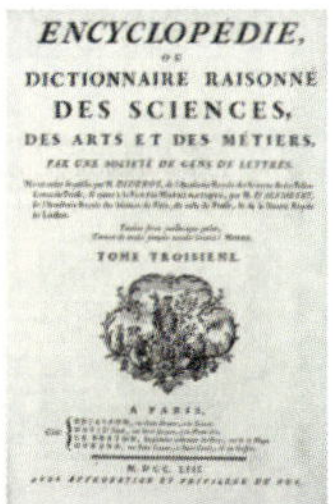

Primera enciclopedia: Diderot y D'Alambert

Watt inventa la máquina de vapor

Primer asentamiento europeo en Australia

Revolución francesa

1800

5 El **cálculo infinitesimal** (límites, derivadas, integrales) fue creado para resolver los principales problemas científicos del siglo XVII, algunos planteados ya siglos atrás: obtener longitudes de curvas, calcular áreas y volúmenes de cuerpos geométricos y determinar la tangente a una curva en un punto.

6 **Euler** (1707-1783) formaliza el concepto de función dotándolo de entidad matemática y de una nomenclatura precisa.

7 **Cauchy** (1789-1857) formaliza el concepto de derivada relacionándolo de forma explícita con el de límite.

En la web

- Ampliación de las notas históricas correspondientes a este bloque.
- Lectura sobre el crecimiento de una población.

10 Funciones elementales

Primera idea de función. Fórmulas

Las distintas ciencias conocen, desde hace muchos siglos, leyes que describen relaciones entre magnitudes, de tal manera que conociendo el valor de alguna de ellas se obtiene, inequívocamente, el valor de la otra. **Oresme** (matemático francés del siglo XIV) afirmó en 1350 que las leyes de la naturaleza son relaciones de dependencia entre "dos cantidades". Fueron este tipo de relaciones las que sirvieron de origen al concepto de función.

La primera idea de función es, pues, la de una fórmula que relaciona algebraicamente varias magnitudes.

Nicolás Oresme (1323-1382).

Experimentación como fuente de información

Galileo, a finales del siglo XVI, utiliza por primera vez la experimentación cuantitativa (diseña, experimenta, mide, anota, extrae consecuencias) para establecer relaciones numéricas que describan fenómenos naturales.

La representación gráfica mediante diagramas cartesianos (siglo XVII) permitió la visualización de las funciones. De este modo, se admite como función cualquier relación numérica que responda a una gráfica situada sobre unos ejes coordenados.

Leibnitz, en 1673, adopta la palabra *función* para designar estas relaciones.

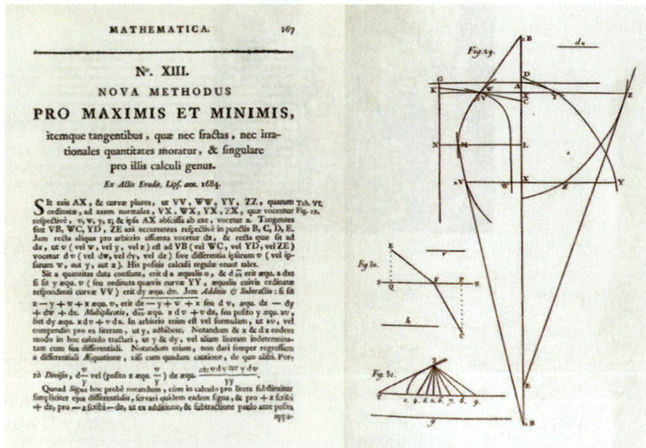

MATHEMATICA. 167

N°. XIII.

NOVA METHODUS

PRO MAXIMIS ET MINIMIS,

itemque tangentibus, quæ nec fractas, nec irrationales quantitates moratur, & singulare pro illis calculi genus.

Ex Actis Erud. Lips. an. 1684.

Páginas del libro "Opera Omnia" de Gottfried Leibnitz.

El concepto de función se generaliza

Euler, entre 1748 y 1755, fue perfilando el concepto, al que dio precisión y generalidad, admitiendo, finalmente, que una relación entre dos variables puede ser función aunque no haya una expresión analítica que la describa. El propio Euler fue quien aportó la nomenclatura $f(x)$ para indicar el valor de la función f asociado al número x. Se puede decir que con Euler se asienta el concepto de función.

Después de Euler aún siguió, entre los matemáticos, la discusión sobre qué requisitos eran imprescindibles para definir una función y cuáles no. En 1923 se llegó a la siguiente definición, muy parecida a la que se usa actualmente:

> "Se dice que y es función de x si a cada valor de x le corresponde un valor de y. Esta correspondencia se indica mediante la ecuación $y = f(x)$."

Leonhard Euler (1707-1783).

Utilidad de las funciones

Las funciones se utilizan para modelizar y estudiar multitud de fenómenos sociales, naturales, científicos… Aunque algunas tienen expresiones muy complejas, es sorprendente ver la simplicidad de muchas otras.

¿Cómo se determina la cantidad de oxígeno en sangre? Entre otras, se utiliza una función cuya curva tiene forma de ese (se dice que es de forma *sigmoidea*).

¿Interviene alguna función en la determinación de la edad de los fósiles? Sí, una logarítmica.

Muy recientemente, un equipo de científicos ha desarrollado un complejo modelo matemático destinado a predecir los eclipses de Fobos (satélite de Marte) para poder observarlos con el vehículo de la NASA Curiosity desde la superficie de Marte. Entre otros datos, la predicción de dichos eclipses requiere conocer, para cualquier instante de tiempo, las coordenadas de Fobos y del Sol desde Marte. Este modelo dictamina en qué instantes la cámara situada en el mástil del Curiosity debía enfocar al Sol.

Robot Curiosity

Resuelve

Familias de funciones

Ya conoces muchas familias de funciones: sus nombres, cómo son sus expresiones analíticas y qué forma tienen sus gráficas.

Asocia cada nombre de familia con su representación gráfica y con su expresión analítica general.

1. F. cuadrática **2.** F. raíz **3.** F. de proporcionalidad inversa **4.** F. exponencial **5.** F. logarítmica

Ⓐ
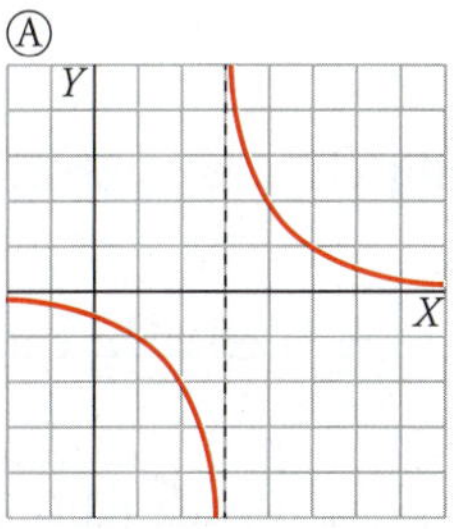

Ⓑ
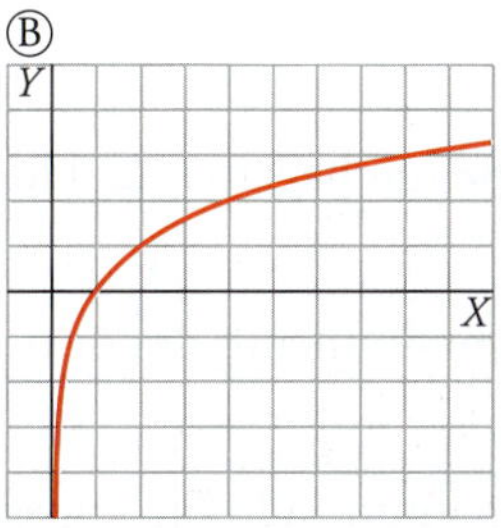

Ⓒ
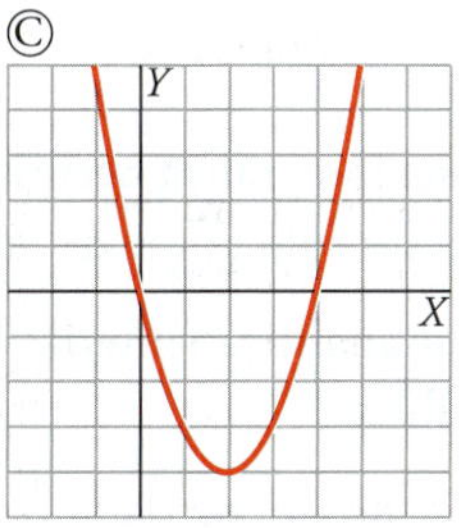

Ⓓ
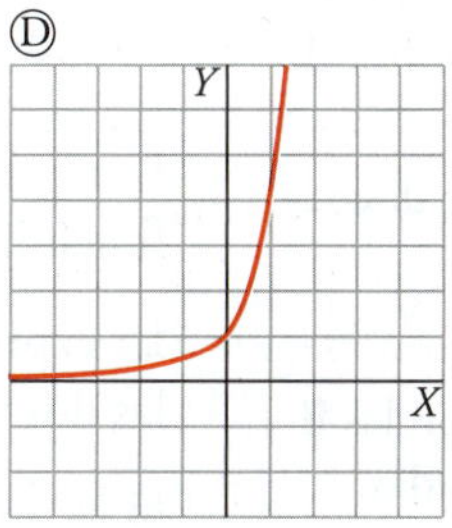

Ⓔ
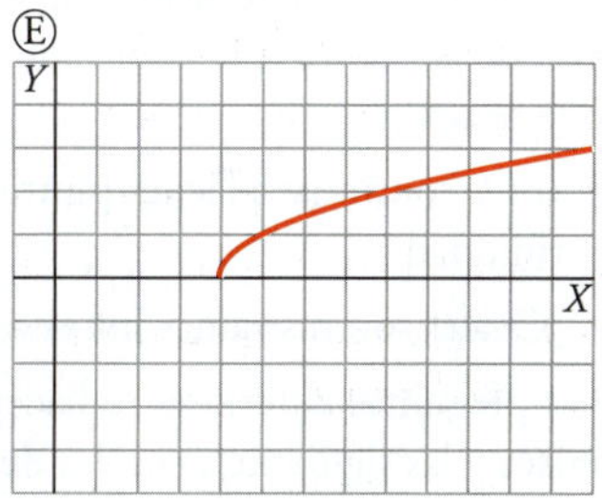

I. $y = \sqrt{x-4}$ **II.** $y = 4^x$ **III.** $y = x^2 - 4x$ **IV.** $y = log_2\, x$ **V.** $y = \dfrac{2}{x-3}$

1 Las funciones y su estudio

Concepto de función

En la ciencia, en la técnica, en la naturaleza, podemos identificar infinidad de funciones:

- La *velocidad* que lleva una partícula depende del *tiempo*, es función del *tiempo*.
- La *presión* del agua del mar es función de la *profundidad*.
- El *tamaño* con que se ve un objeto a través de una lupa es función de la *distancia* a la que se coloque la lupa.
- La *sensación* con la que se percibe un estímulo es función de la *intensidad* de este.

En todas ellas se relacionan dos variables. Tanto en estas como en las demás funciones que manejamos habitualmente, las dos variables que se relacionan toman valores reales (es decir, se mueven en el conjunto $\mathbb{R}$ de los números reales).

f es una **función de $\mathbb{R}$ en $\mathbb{R}$** si a cada número real, $x \in Dom$, le hace corresponder otro número real, $f(x)$:

$$Dom \subset \mathbb{R} \qquad \begin{aligned} Dom &\longrightarrow \mathbb{R} \\ x &\longrightarrow f(x) \end{aligned}$$

El conjunto Dom de los valores que puede tomar la variable independiente, x, se llama **dominio de definición de la función.**

El conjunto de los valores que toma la función se llama **recorrido.**

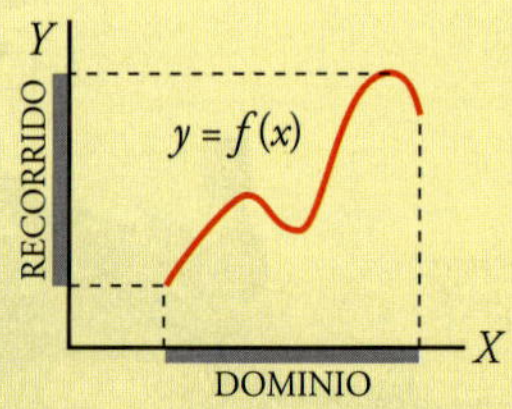

Destaquemos que para que $f(x)$ sea función, cada valor de $x \in Dom$ debe tener asignado un único valor $f(x)$:

$$\boldsymbol{f(x)} \text{ es único para cada } \boldsymbol{x \in Dom}$$

Puesto que tanto la variable x como la función $f(x)$ toman valores reales, estas funciones se llaman **funciones reales de variable real.**

En la web

Animación interactiva para visualizar el dominio y el recorrido de varios tipos de funciones.

Cómo vienen dadas las funciones

Las funciones nos llegan en diversos formatos:

- Mediante su gráfica.
- Por su expresión analítica (fórmula).
- Mediante un enunciado.

La representación gráfica permite que nos hagamos una idea muy clara de cómo es la función con un solo golpe de vista.

La expresión analítica sintetiza algebraicamente de forma perfecta la relación entre las dos variables.

Si la función nos viene dada por un enunciado (acompañado o no de una tabla de valores), deberemos traducirlo a una gráfica o, mejor, a una expresión analítica si fuera posible.

Preguntar a la expresión analítica

En las próximas unidades aprenderemos a *hacerle preguntas* a la expresión analítica de una función.

- ¿Eres continua? ¿Tienes puntos de discontinuidad?
- ¿Cuáles son tus ramas infinitas?

Las preguntas anteriores se hacen con los **límites** y las siguientes, con las **derivadas.**

- ¿Dónde creces? ¿Dónde decreces? ¿Cuáles son tus máximos y mínimos?

Por qué se restringe el dominio de definición

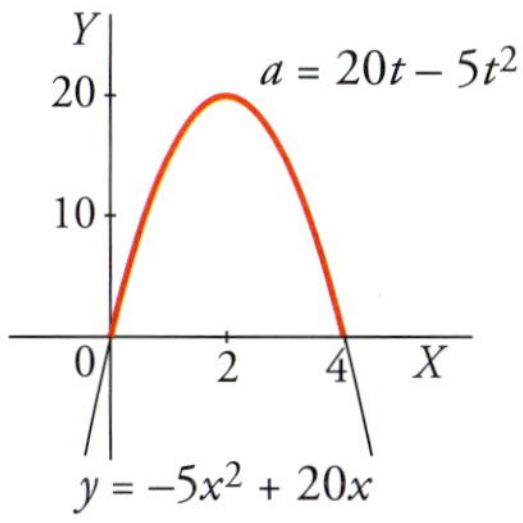

- La función $y = -5x^2 + 20x$ corresponde a una parábola. A cada valor real de la x le corresponde un valor de y. Su dominio de definición es todo $\mathbb{R}$.
- La función $a = 20t - 5t^2$ corresponde a la altura a la que se encuentra una piedra que lanzamos hacia arriba con una velocidad de 20 m/s. Es la misma parábola descrita en el párrafo anterior, pero ahora la función solo está definida para valores de t que hagan $a \geq 0$ (la piedra se para al llegar al suelo). El dominio de definición de esta función es $[0, 4]$.
- La función cuya expresión analítica es $y = \sqrt{x-7}$ no está definida en $x = 1$, pues $\sqrt{1-7} = \sqrt{-6}$ no es un número real. Solo está definida si x vale 7 o más. Su dominio de definición es $[7, +\infty)$.

El dominio de definición de una función queda restringido por alguno de los siguientes motivos:

- El contexto real del que se ha extraído la función.
- La imposibilidad de realizar alguna operación con ciertos valores de x. Por ejemplo:
  - — Si se anulase el denominador en una fracción algebraica.
  - — Si apareciese un número negativo dentro de una raíz cuadrada.
  - — …
- Por voluntad de quien propone la función.

Observación

Si no se dice otra cosa, el dominio de definición de una función es tan amplio como permita su expresión analítica.

Ejercicio resuelto

1 *Hallar el dominio de definición de:*

a) $y = \dfrac{1}{x^2 - 5x}$

b) $y = \sqrt{5x - x^2}$

c) $y = x^3 - x^2,\ x \in [0, 8]$

a) El denominador no puede ser cero.

$x^2 - 5x = 0 \Rightarrow x = 0$ o $x = 5$. Por tanto, $Dom = \mathbb{R} - \{0, 5\}$.

b) El radicando no puede ser negativo.

$5x - x^2 = 0 \Rightarrow x = 0$ o $x = 5$

$5x - x^2$ es mayor o igual que 0 si x está comprendido entre 0 y 5.

Por tanto, $Dom = [0, 5]$.

c) $Dom = [0, 8]$, tal como está propuesto en el enunciado.

Ejercicios propuestos

1 ¿Verdadero o falso?

a) El dominio de definición de una función nunca puede ser $\mathbb{R}$.

b) El dominio de definición de $y = -\sqrt{x}$ es $[0, +\infty)$.

c) El dominio de definición de $y = \sqrt{-x}$ es $(-\infty, 0]$.

2 Halla el dominio de definición de las siguientes funciones:

a) $y = \sqrt{x^2 - 1}$

b) $y = \sqrt{x - 1}$

c) $y = \sqrt{1 - x}$

d) $y = \sqrt{4 - x^2}$

e) $y = \sqrt[3]{x^2 - 4}$

f) $y = 1/\sqrt{x^2 - 1}$

g) $y = \dfrac{1}{\sqrt{x-1}}$

h) $y = \dfrac{1}{\sqrt{1-x}}$

i) $y = \dfrac{1}{\sqrt[3]{4-x^2}}$

j) $y = \dfrac{1}{\sqrt{x^2-4}}$

k) $y = x^3 - 2x + 3$

l) $y = \dfrac{1}{x}$

m) $y = \dfrac{1}{x^2}$

n) $y = \dfrac{1}{x^2 - 4}$

ñ) $y = \dfrac{1}{x^2 + 4}$

o) $y = \dfrac{1}{x^3 + 1}$

p) El área de un círculo de radio variable, r, es $A = \pi r^2$.

2 Familias de funciones elementales

Las funciones describen fenómenos cotidianos, psicológicos, económicos, científicos, técnicos... Tales funciones habitualmente se obtienen de forma experimental y, con frecuencia, responden a alguna de las grandes familias que ya conocemos de cursos anteriores.

Recordemos estas familias y algunas funciones obtenidas experimentalmente que corresponden a ellas.

Funciones lineales

Las **funciones lineales** se describen con ecuaciones de primer grado

$$y = ax + b$$

y se representan mediante rectas.

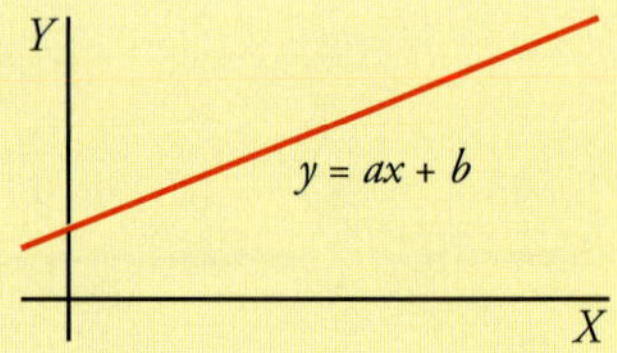

Ejemplos:

- La *longitud* l (en cm) de un cierto muelle del que se cuelgan pesas de *masa* M (en g) viene dada por la ecuación:

$$l = 2 + 0{,}29M, \quad 0 \le M \le 50$$

- La *presión* P (en atmósferas) en el mar y la *profundidad* h (en m) se relacionan con la ecuación:

$$P = 1 + \frac{h}{10}, \quad h > 0$$

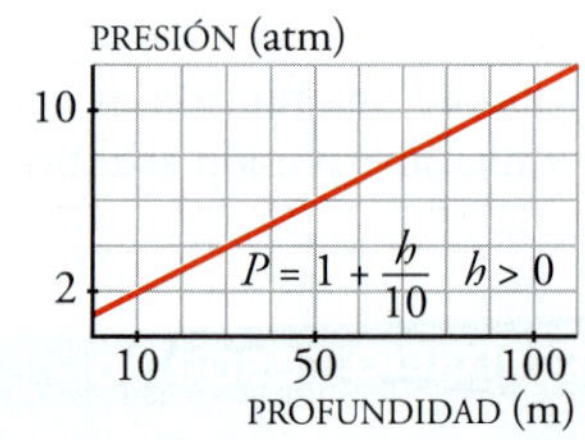

Funciones cuadráticas

Las **funciones cuadráticas** se describen con ecuaciones de segundo grado

$$y = ax^2 + bx + c, \quad a \ne 0$$

y se representan mediante parábolas.

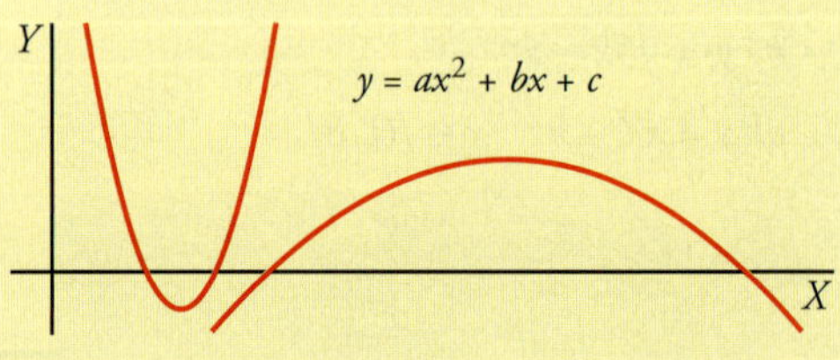

Ejemplos:

- La *altura* a (en m) a la que se encuentra un objeto que se lanza verticalmente hacia arriba con una velocidad de 50 m/s, en función del *tiempo* t (en s), es la siguiente:

$$a = 50t - 5t^2, \quad 0 \le t \le 10$$

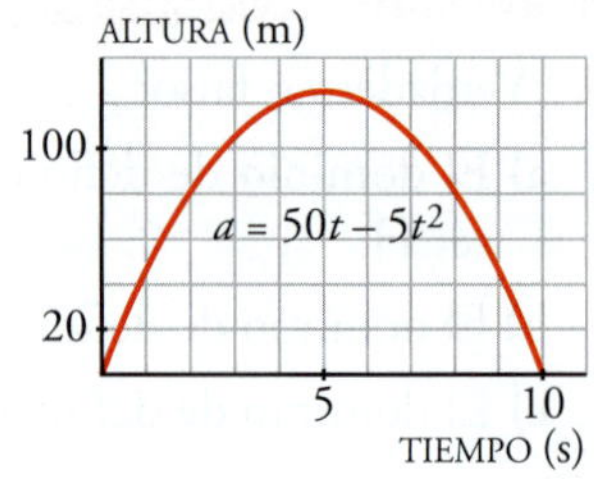

- La *distancia* d (en m) recorrida por un coche desde que el conductor ve el peligro hasta que el coche para por completo en función de la *velocidad* v (en km/h) que lleva el coche en ese instante, viene dada por esta expresión analítica:

$$d = 0{,}0074v^2 + 0{,}21v, \quad 0 \le v \le 100$$

Funciones de oferta y demanda

En el proceso de compra-venta de cualquier producto se pueden considerar dos funciones:

- Función oferta, $o(x)$: cuanto mayor sea el precio del producto, mayor será la cantidad de unidades que la empresa esté dispuesta a producir y, por tanto, mayor será la oferta. $o(x)$ es creciente.
- Función demanda, $d(x)$: cuanto mayor sea el precio del producto, menor será el número de personas dispuestas a comprar y, por tanto, menor será la demanda. $d(x)$ es decreciente.

Con frecuencia las funciones de oferta y demanda son lineales: se representan mediante trozos de rectas.

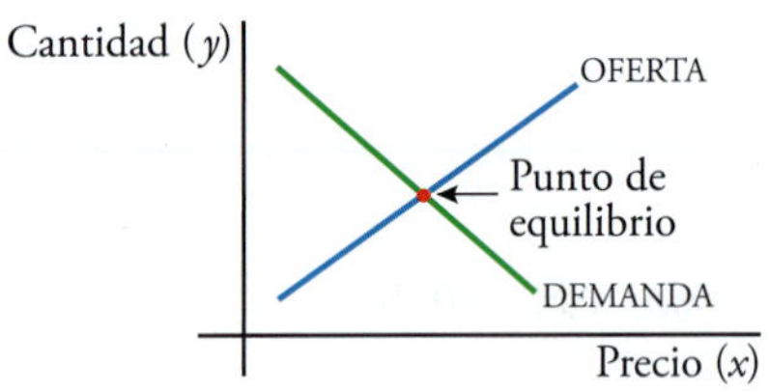

El punto de corte es un punto de equilibrio: para ese precio, lo que se oferta es igual a lo que se demanda y ni sobra ni falta mercancía.

NOTA: En economía, estas funciones se describen tomando *la cantidad* como variable independiente y *el precio* como variable dependiente. Pero en este nivel creemos que son más sencillas de entender presentándolas como lo hacemos aquí.

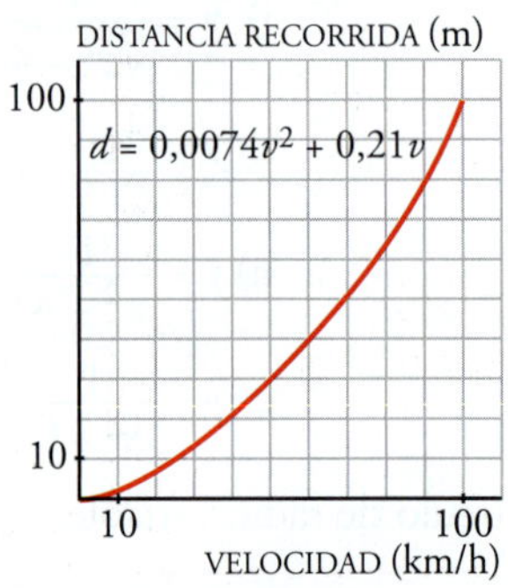

Funciones raíz

Las funciones de ecuación

$$y = \sqrt{kx}, \quad k > 0$$

se representan mediante medias parábolas con el eje paralelo al eje X.

Las raíces de índices distintos de 2 se representan (para $x \geq 0$) de forma similar.

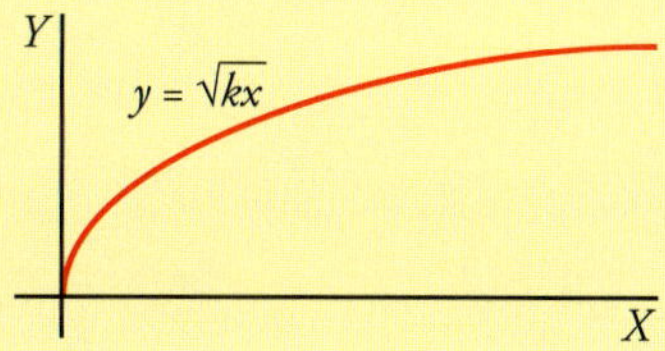

Ejemplos:

- El *periodo* T de un péndulo (tiempo que tarda en realizar una oscilación completa) es función de su *longitud* l (en m). Su ecuación es:

$$T = 2\sqrt{l}$$

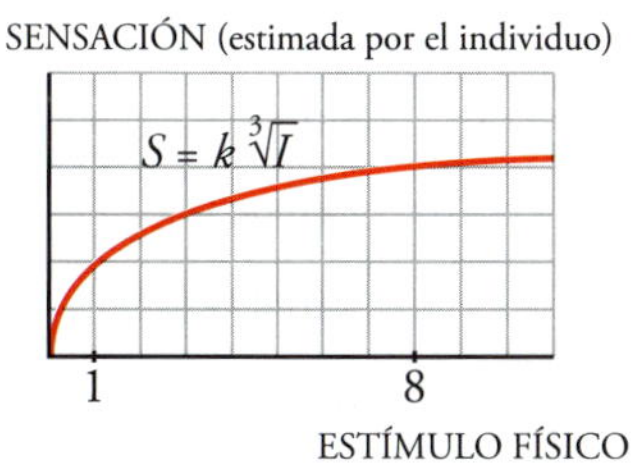

- En psicología tiene gran importancia el estudio de percepciones. Percibimos luz, olores, sonidos… La percepción (sensación) depende (es función) de los estímulos físicos que llegan por medio de los sentidos.

  La fórmula que relaciona la *sensación* S con la *intensidad* I del estímulo es:

$$S = k\sqrt[3]{I}$$

  Esta relación entre estímulos (físicos) y sensaciones (psicológicas) se llama Ley psicofísica.

Funciones de proporcionalidad inversa

Su expresión analítica es

$$y = \frac{k}{x}, \quad k \neq 0$$

y se representan mediante hipérbolas.

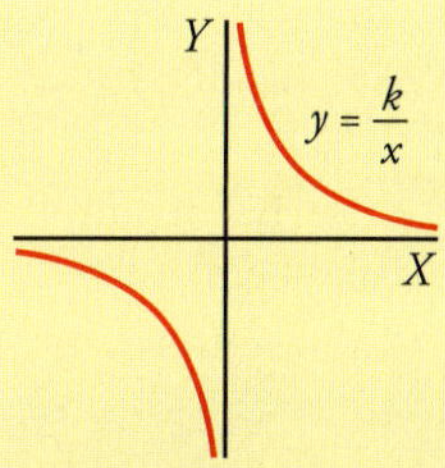

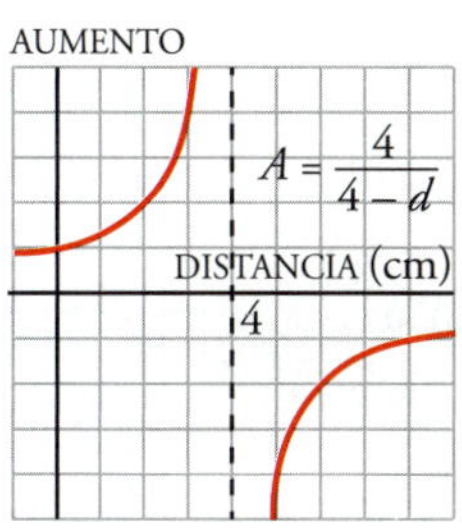

Ejemplos:

- El *aumento* A producido por una cierta lupa viene dado por la ecuación:

$$A = \frac{4}{4-d}$$

  donde d es la distancia (en cm) a la que se sitúa el objeto.

- A una jeringa de 8 cm de longitud le tapamos el orificio de salida. Al apretar el émbolo, el aire se comprime.

  La relación entre la *presión* P (en atmósferas), y la *longitud* l (en cm) de la columna de aire responde a la ecuación:

$$l = \frac{8}{P+1}, \quad P \geq 0$$

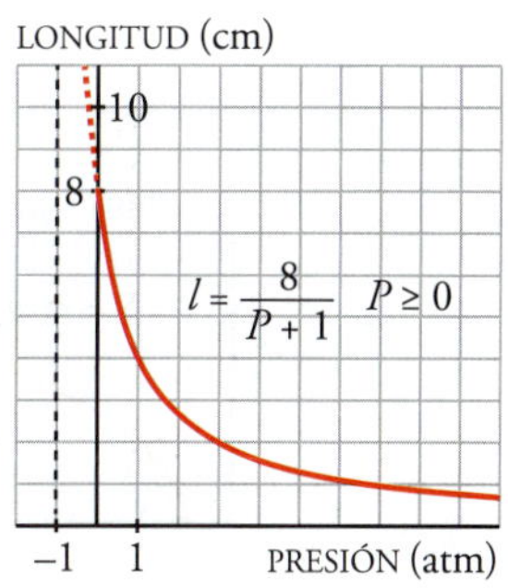

En la web

Animación interactiva para ver cómo varía una función del tipo $\frac{1}{x-a}$ al variar el parámetro.

Funciones exponenciales

Se llaman **funciones exponenciales** las que tienen por ecuación

$$y = a^x, \quad a > 0, \ a \neq 1$$

- Si $a > 1$, la función es creciente y crece tanto más rápidamente cuanto mayor sea a. El crecimiento de cualquiera de ellas llega a ser muy rápido, superando incluso a cualquier función potencia. Por eso la expresión crecimiento exponencial es sinónima de crecimiento muy rápido.
- Si $0 < a < 1$, es decreciente.

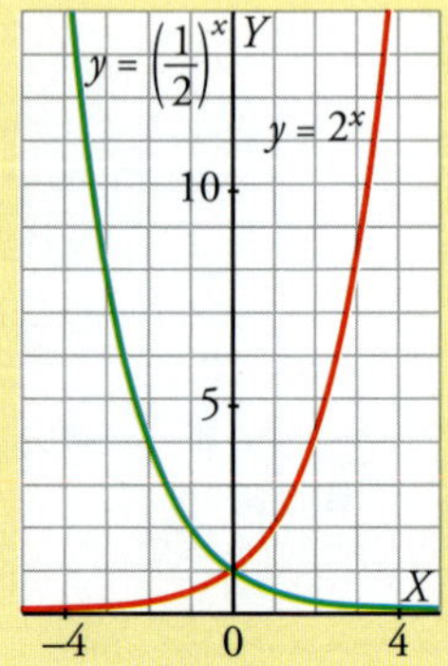

Ejemplos:

- Un capital de 50 000 € depositado al 6 % anual se transforma en t años en un capital C siguiendo esta ecuación:

$$C = 50\,000 \cdot 1{,}06^t$$

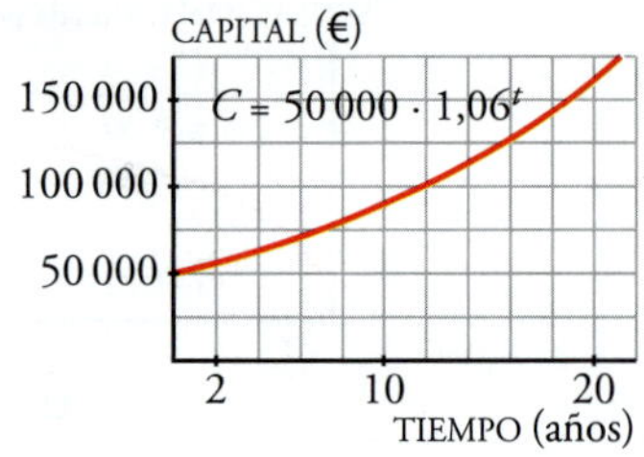

- Las sustancias radiactivas se desintegran con el paso del tiempo y su masa disminuye en forma exponencial. En unas, la desintegración es rapidísima, en otras muy lenta. Por ejemplo, 5 g de una cierta sustancia se desintegran según esta ecuación:

$$M = 5 \cdot 0{,}76^t$$

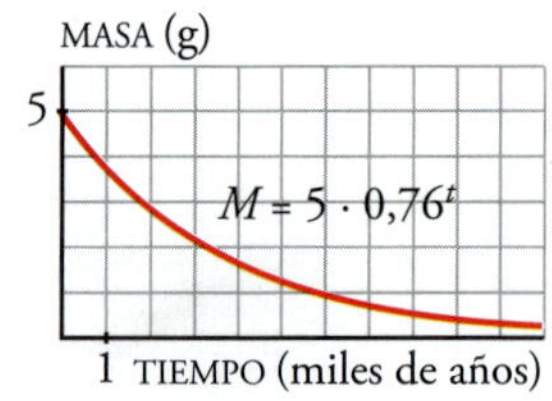

t: miles de años; M: cantidad, en g, de sustancia radiactiva al cabo de t años.

Funciones logarítmicas

Las **funciones logarítmicas** responden a la ecuación

$$y = log_a x, \ a > 1$$

Son crecientes de modo tal que superan a cualquier número por grande que sea.

Su crecimiento es muy lento, tanto más cuanto mayor sea a.

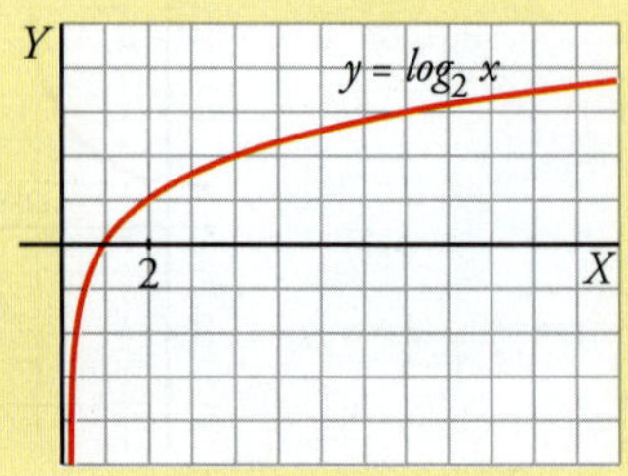

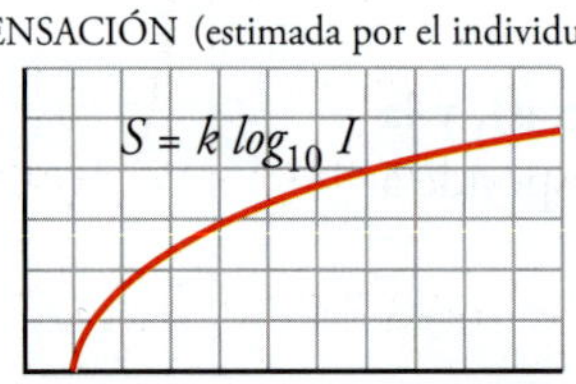

Ejemplo:

- La Ley psicofísica, de la que hemos hablado en la página anterior, y que se describía mediante una función raíz cúbica, en otros casos se enuncia siguiendo el modelo logarítmico (Ley de Weber-Fechner):

$$S = k \, log_{10} I$$

En la web — Animación y ejercicios interactivos para visualizar cómo cambia una recta o una parábola al variar sus parámetros.

Ejercicios propuestos

1 Asocia a cada una de las siguientes gráficas una ecuación.

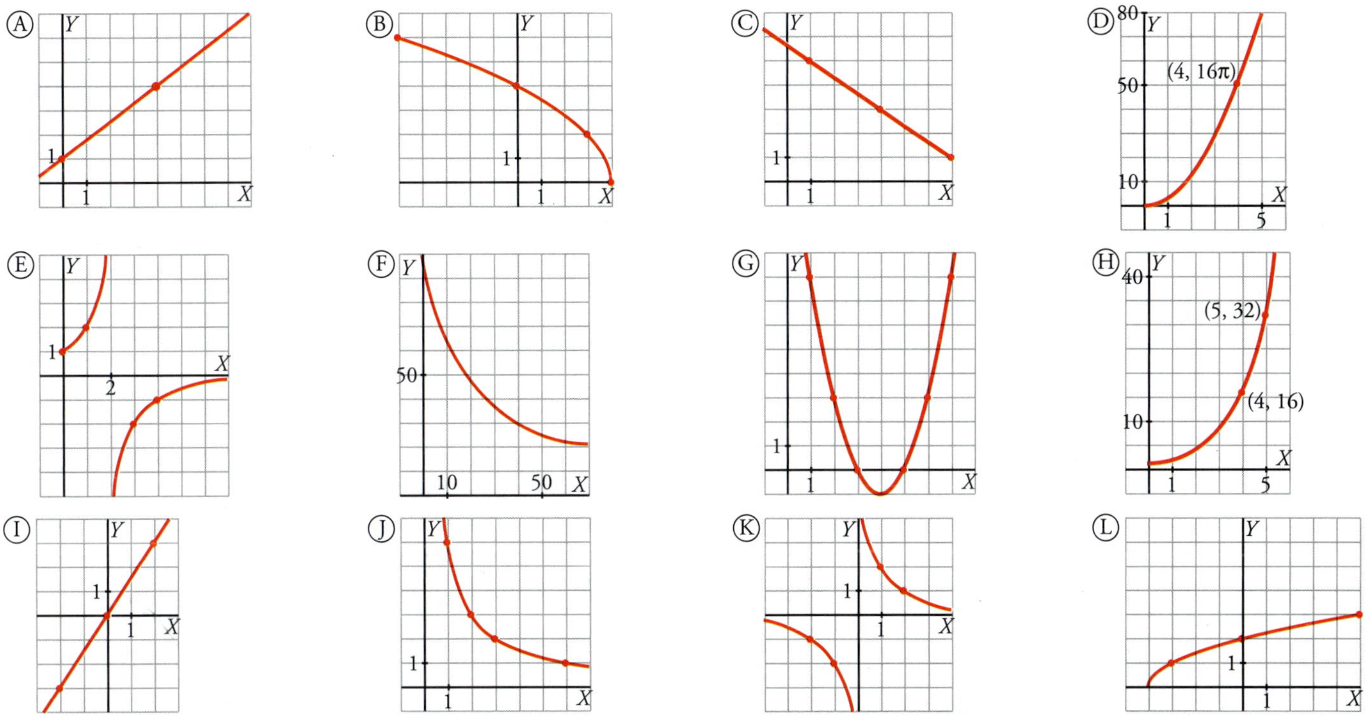

LINEALES	CUADRÁTICAS	PROPORCIONALIDAD INVERSA	RADICALES	EXPONENCIALES
L_1 $y = \frac{3}{2}x$	C_1 $y = x^2 - 8x + 15$	PI_1 $y = \frac{1}{x}$	R_1 $y = \sqrt{2x+4}$	E_1 $y = 2^x$
L_2 $y = -\frac{2}{3}(x-1)+5$	C_2 $y = (x+3)(x+5)$	PI_2 $y = \frac{2}{2-x}$	R_2 $y = \sqrt{x+4}$	E_2 $y = 0{,}5^x$
L_3 $3x + 2y = 0$	C_3 $y = x^2,\ x > 0$	PI_3 $y = \frac{2}{x}$	R_3 $y = 2\sqrt{4-x}$	E_3 $y = 20 + 80 \cdot 0{,}95^x$
L_4 $y = \frac{3}{4}x + 1$	C_4 $y = \pi x^2,\ x > 0$	PI_4 $y = \frac{6}{x},\ x > 0$	R_4 $y = -\sqrt{4+x}$	E_4 $y = 3^x$

2 Cada uno de los siguientes enunciados se corresponde con una gráfica de entre las del ejercicio anterior. Identifícala.

1. Superficie, en centímetros cuadrados, de un círculo. Radio, en centímetros.
2. Aumento de una lupa. Distancia al objeto, en centímetros.
3. Temperatura de un cazo de agua que se deja enfriar desde 100 °C. Tiempo, en minutos.
4. Número de amebas que se duplican cada hora. Se empieza con una.
5. Longitud de un muelle, en decímetros. Mide 1 dm y se alarga 75 mm por cada kilo que se le cuelga.
6. Dimensiones (largo y ancho, en centímetros) de rectángulos cuya superficie es de 6 cm^2.

3 ¿Verdadero o falso?

a) En una función cuadrática $y = ax^2 + bx + c$, cuanto mayor es a, más ancha es la parábola que la representa.

b) Las gráficas de $y = 5x^2 + bx + c$ son idénticas, aunque pueden estar situadas en posiciones distintas.

c) Todas las parábolas de ecuación $y = ax^2 + c$ tienen su vértice en el punto de abscisa $x = 0$.

4 ¿Verdadero o falso?

a) Las funciones $y = -\sqrt{kx}$ se representan mediante medias parábolas con el eje paralelo al eje Y.

b) El dominio de definición de $y = -a\sqrt{x+b}$ es $[-b, +\infty)$.

c) Los ejes X e Y son asíntotas de las funciones $y = \frac{k}{x}$.

d) El dominio de definición de $y = \frac{k}{a+x}$ es $\mathbb{R} - \{k\}$.

3 Funciones definidas "a trozos"

Las expresiones analíticas de las siguientes funciones son muy peculiares:

$$y = \begin{cases} x & \text{si } x \le 2 \\ 1 & \text{si } x > 2 \end{cases} \qquad y = \begin{cases} x^2 + 2x + 1 & \text{si } x \le 0 \\ 1 & \text{si } 0 < x < 4 \\ x - 3 & \text{si } x \ge 4 \end{cases}$$

Requieren de varias "fórmulas", cada una de las cuales rige el comportamiento de la función en un cierto tramo.

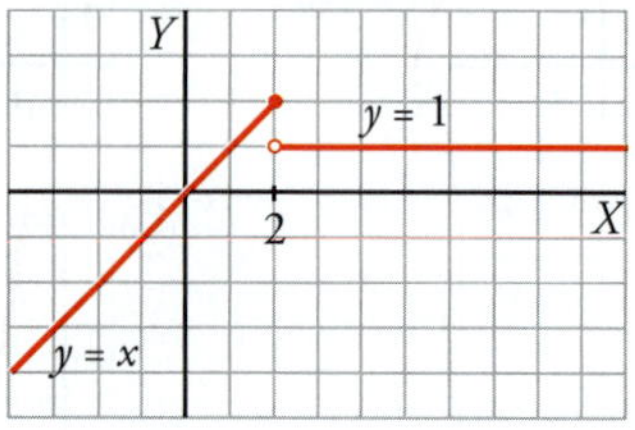

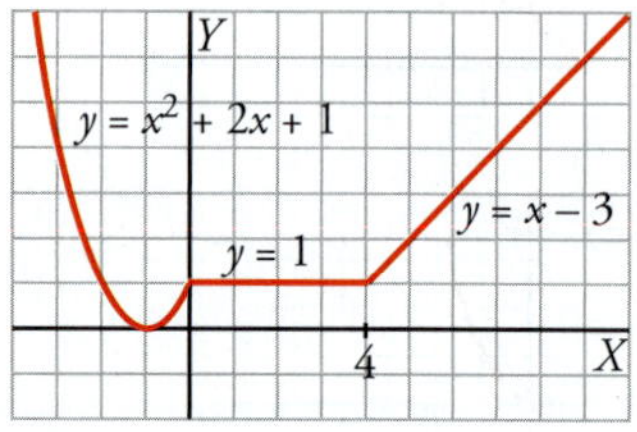

Sus representaciones gráficas son fáciles si sabemos representar cada uno de los tramos y se presta atención a su comportamiento en los puntos de empalme.

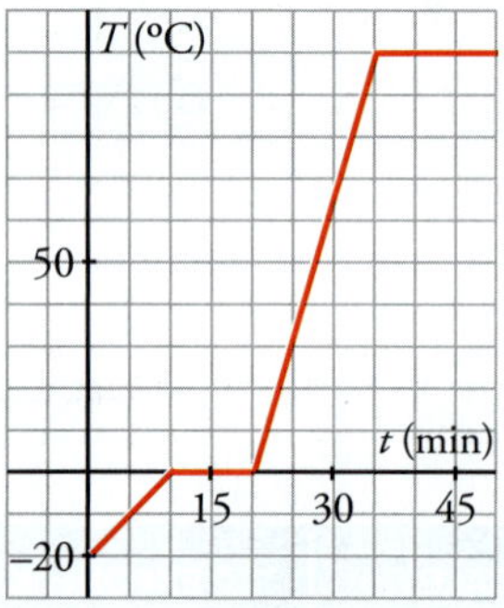

También es sencillo, a partir de una gráfica formada por trozos de rectas, obtener la expresión analítica. Por ejemplo, la gráfica del margen describe la *temperatura* T del agua que, siendo hielo, se echa en una cazuela, se pone al fuego y se mantiene hasta que lleva un rato hirviendo. Vamos a obtener su expresión analítica en función del *tiempo* t.

- Primer tramo: pertenece a una recta que pasa por (0, –20) y (10, 0).

  Su pendiente es: $\dfrac{0-(-20)}{10-0} = \dfrac{20}{10} = 2$ (El hielo aumenta su temperatura de –20° a 0°.)

  Ecuación: $y = 2(x-0) - 20 \rightarrow y = 2x - 20$

- Segundo tramo: $y = 0$ (El hielo se descongela.)

- Tercer tramo: pertenece a una recta que pasa por (20, 0) y (35, 100).

  Ecuación: $y = \dfrac{100}{15}(x-20) \rightarrow y = \dfrac{20}{3}x - \dfrac{400}{3}$ (El agua sube su temperatura de 0° a 100°.)

- Cuarto tramo: $y = 100$ (El agua hirviendo se mantiene a 100°.)

Si en lugar de x e y ponemos t (tiempo) y T (temperatura), su expresión analítica es:

$$T = f(t) = \begin{cases} 2t - 20 & 0 \le t \le 10 \\ 0 & 10 < t < 20 \\ \dfrac{20}{3}t - \dfrac{400}{3} & 20 \le t \le 35 \\ 100 & 35 < t \le 50 \end{cases}$$

Ejercicios propuestos

1 Representa esta función:

$$f(x) = \begin{cases} x + 1 & x \in [-3, 0) \\ x^2 - 2x + 1 & x \in [0, 3] \\ 4 & x \in (3, 7) \end{cases}$$

2 Haz la representación gráfica de la siguiente función:

$$g(x) = \begin{cases} 2x + 1 & \text{si } x < 1 \\ x^2 - 1 & \text{si } x \ge 1 \end{cases}$$

3 Escribe la expresión analítica que corresponde a la siguiente gráfica:

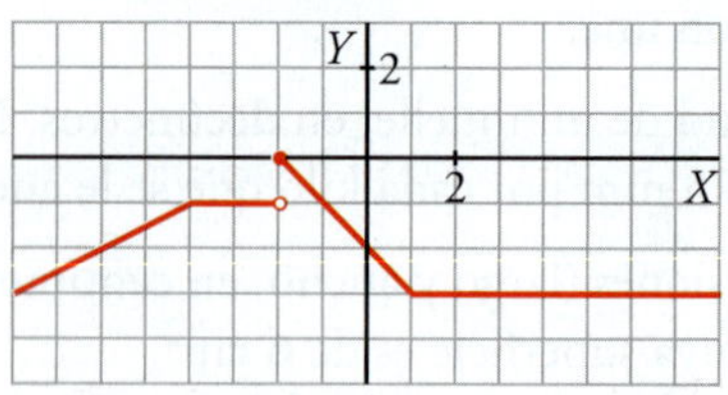

Función "parte entera"

Se llama **parte entera** de un número x al mayor número entero menor o igual a x. A partir de esto, definimos la **función parte entera de x,** $Ent(x)$, que hace corresponder a cada número x su parte entera.

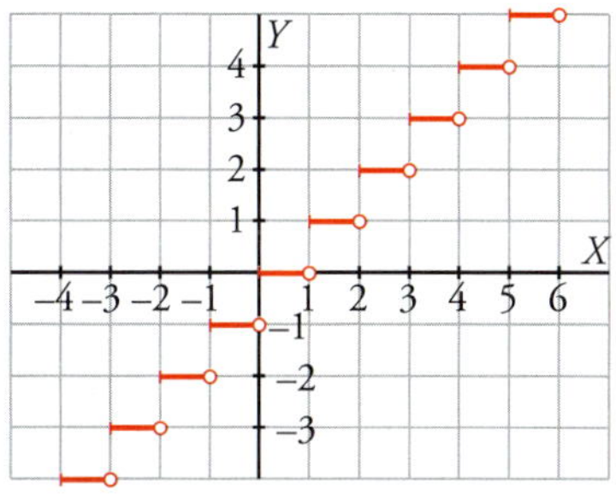

Practica

$Ent(7,5) = 7$

$Ent(-4) = -4$

$Ent(-5,3) = -6$ ¡atención!

Continúa:

$Ent(6,48)$ $Ent(7)$

$Ent(-3,9)$ $Ent(-11,3)$

$Ent(-8)$

Función "parte decimal"

La **parte decimal** o **mantisa** de un número x es $Mant(x) = x - Ent(x)$. Por ejemplo:

$$Mant(7,54) = 7,54 - 7 = 0,54 \qquad Mant(-7,54) = -7,54 - (-8) = 0,46$$

A partir de esto, definimos la **función parte decimal de x,** $Mant(x)$, que hace corresponder a cada número x su parte decimal.

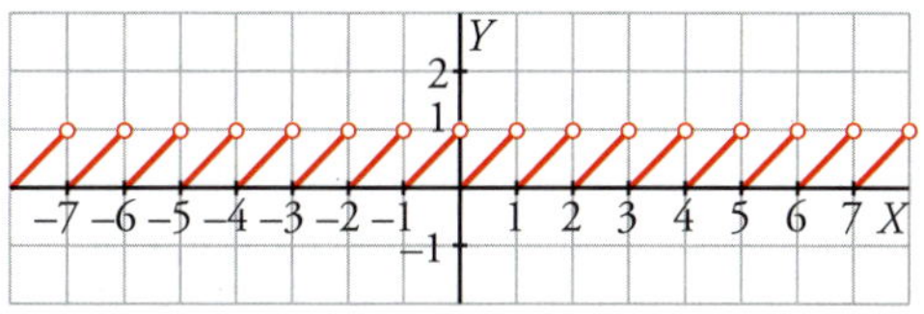

Practica

$Mant(7,68) = 0,68$

$Mant(-8) = 0$

$Mant(-7,68) = 0,32$

Continúa:

$Mant(3,791)$ $Mant(-6,94)$

$Mant(2)$ $Mant(-4,804)$

Función "valor absoluto"

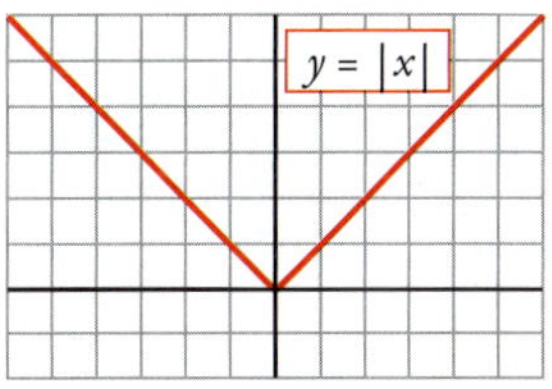

Recordemos que el valor absoluto de un número a coincide con a si es positivo o nulo, o con su opuesto, si es negativo:

$$|a| = \begin{cases} a & \text{si } a \geq 0 \\ -a & \text{si } a < 0 \end{cases}$$

La función $y = |x|$ se define, en consecuencia, así:

$$y = |x| = \begin{cases} -x & \text{si } x < 0 \\ x & \text{si } x \geq 0 \end{cases}$$

Ejercicios propuestos

4 ¿Verdadero o falso?

a) La gráfica roja corresponde a la función $y = Ent\left(\frac{x}{4}\right)$.

b) La gráfica verde corresponde a la función $y = 5 + Ent\left(\frac{x}{4}\right)$.

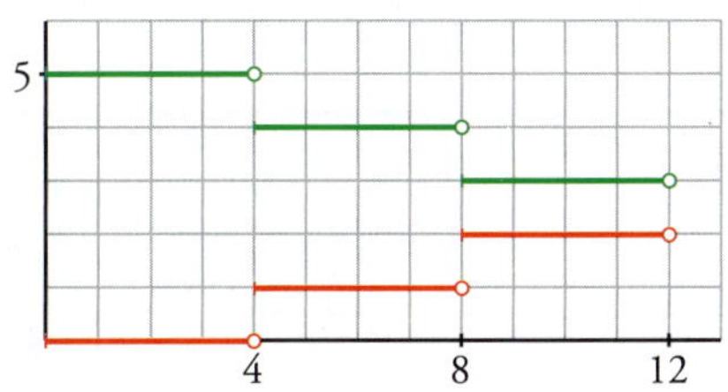

5 Representa:

a) $y = Ent(x) + 2$ b) $y = Ent(x + 0,5)$

6 ¿Verdadero o falso?

a) La gráfica roja corresponde a $y = 3Mant\left(\frac{x}{4}\right)$.

b) La gráfica roja corresponde a $y = 3Mant(4x)$.

c) La gráfica verde corresponde a $y = 5 - Mant\left(\frac{x}{4}\right)$.

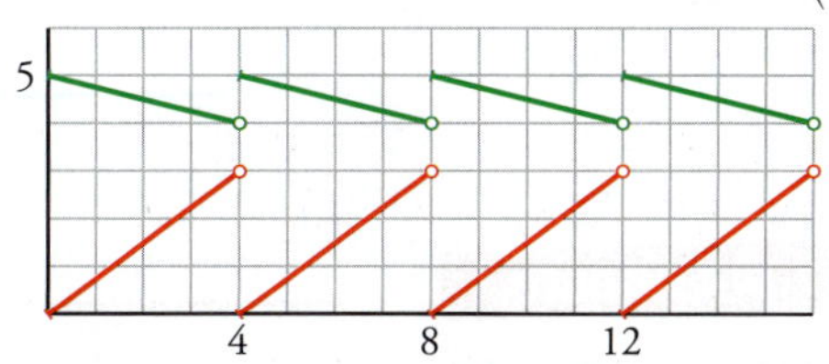

7 Representa:

a) $y = Mant(x) - 0,5$ b) $y = |Mant(x) - 0,5|$

4 Transformaciones elementales de funciones

Vamos a ver cómo se transforma la gráfica de $y = f(x)$ cuando sometemos a la función a ciertas transformaciones muy sencillas.

Traslaciones

Si k es un número positivo, entonces:

La gráfica de	se obtiene trasladando la gráfica de $y = f(x)$
$y = f(x) + k$	k unidades hacia arriba
$y = f(x) - k$	k unidades hacia abajo
$y = f(x + k)$	k unidades hacia la izquierda
$y = f(x - k)$	k unidades hacia la derecha

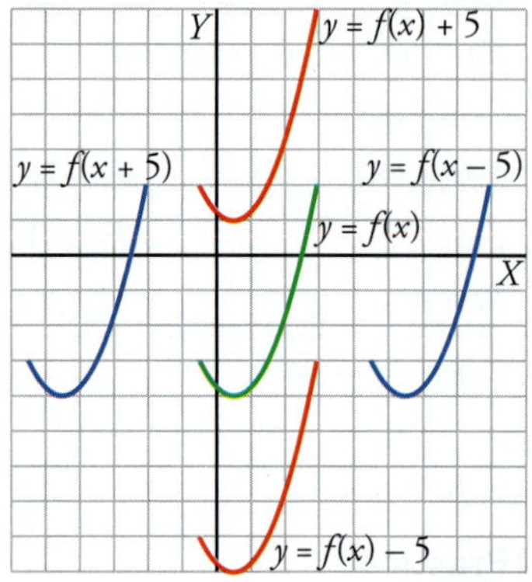

Simetrías

La gráfica de	es la simétrica de la gráfica de $y = f(x)$
$y = -f(x)$	respecto del eje X
$y = f(-x)$	respecto del eje Y

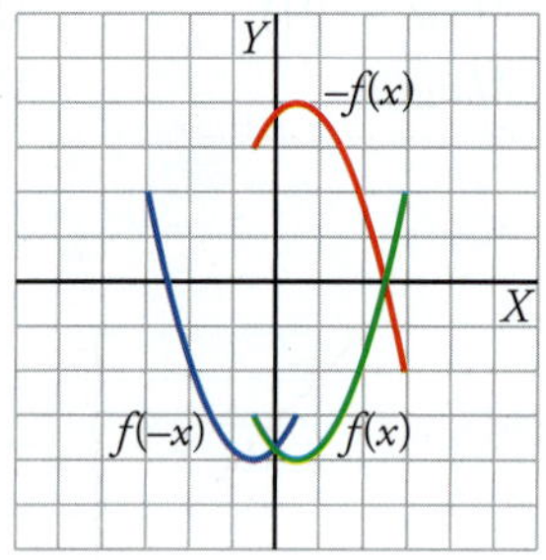

Ejercicio resuelto

1 *Relacionar las siguientes gráficas mediante sus ecuaciones:*

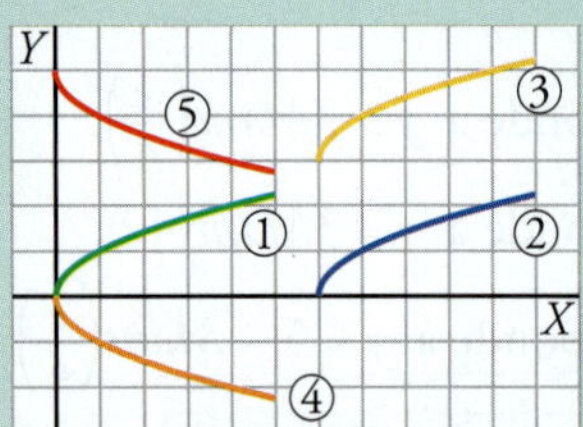

① Es la gráfica de la función $\sqrt{x}$.

② Se obtiene trasladando ① 6 unidades a la derecha $\rightarrow y = \sqrt{x-6}$.

③ Se obtiene trasladando ② 3 unidades hacia arriba $\rightarrow y = \sqrt{x-6} + 3$.

④ Es la simétrica respecto al eje X de ① $\rightarrow y = -\sqrt{x}$.

⑤ Se obtiene trasladando ④ 5 unidades hacia arriba $\rightarrow y = -\sqrt{x} + 5$.

Ejercicio propuesto

1 Representa sucesivamente:

a) $y = \dfrac{1}{x}$ b) $y = \dfrac{1}{x+3}$ c) $y = -\dfrac{1}{x+3}$ d) $y = -\dfrac{1}{x+3} + 8$

Estiramientos y contracciones

Si k es un número positivo, entonces:

La gráfica de	se obtiene a partir de la gráfica de $y = f(x)$
$y = kf(x)$	estirándola en sentido vertical multiplicando por k
$y = \frac{1}{k}f(x)$	contrayéndola en sentido vertical dividiendo entre k

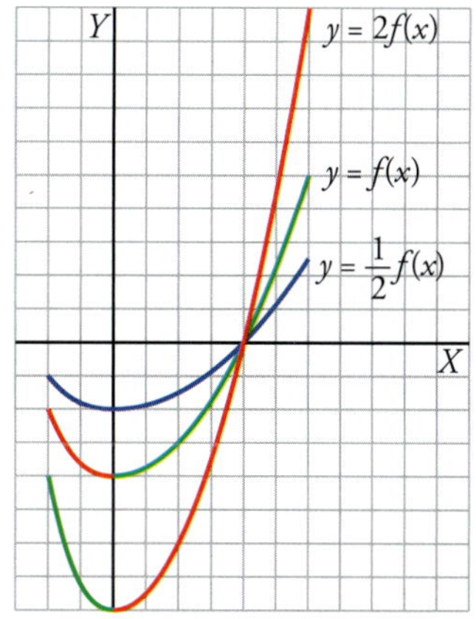

Ejercicios resueltos

1 *Representar sucesivamente las siguientes funciones:*

① $y = \frac{6}{x}$

② $y = \frac{6}{x-5}$

③ $y = -\frac{6}{x-5}$

para llegar, finalmente, a la representación de:

④ $y = -\frac{6}{x-5} + 4$

② se obtiene desplazando ① 5 unidades a la derecha.

③ es la simétrica de ② respecto del eje X.

④ se obtiene subiendo ③ 4 unidades.

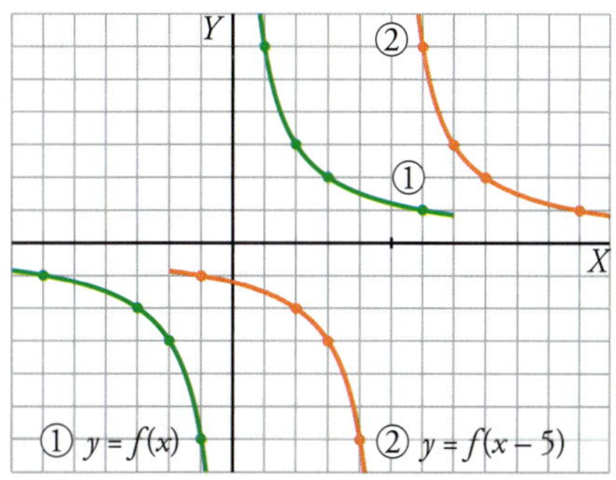

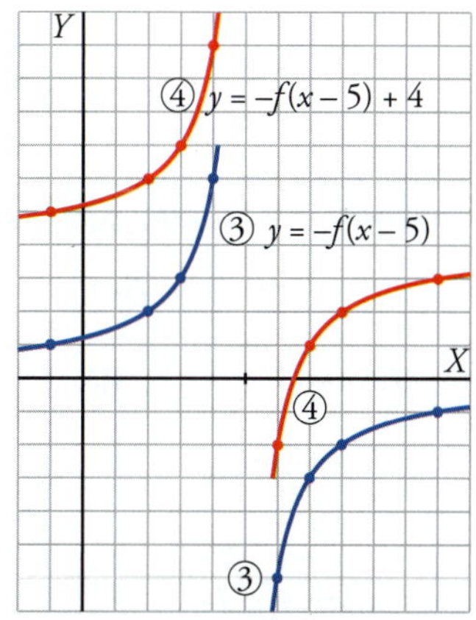

2 *Representar sucesivamente:*

① $y = \sqrt{x}$

② $y = 2\sqrt{x}$

③ $y = -2\sqrt{x}$

④ $y = -2\sqrt{-x}$

para llegar, finalmente, a la representación de:

⑤ $y = -2\sqrt{-(x+6)}$

② se obtiene estirando ① en sentido vertical multiplicando por 2.

③ es la simétrica de ② respecto del eje X.

④ es la simétrica de ③ respecto del eje Y.

⑤ se obtiene desplazando ④ 6 unidades a la izquierda.

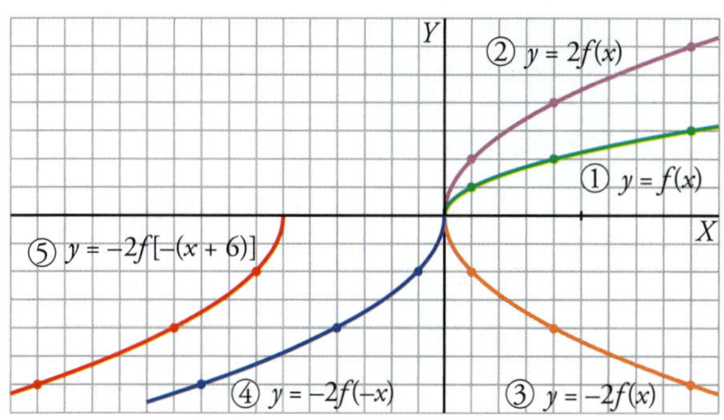

Ejercicios propuestos

2 Si $y = f(x)$ pasa por (3, 8), di un punto de:

$y = f(x) - 6$, $y = f(x+4)$, $y = \frac{1}{2}f(x)$, $y = 2f(x)$,

$y = -f(x)$, $y = f(-x)$, $y = -2f(-x) + 3$

3 Representa:

a) $y = -\frac{4}{x+8} - 3$

b) $y = 3\sqrt{-x+10}$

5 Composición de funciones

La función $\sqrt{x^2+5x}$ tiene que ver con las funciones:

- $f(x) = x^2 + 5x$
- $g(x) = \sqrt{x}$

Veamos cómo: $\sqrt{x^2+5x} = \sqrt{f(x)} = g[f(x)]$

La función $g[f(x)]$ se llama función compuesta de f y g.

Dadas dos funciones, f y g, se llama **función compuesta** de f y g, y se designa por $g \circ f$, a la función que transforma x en $g[f(x)]$:

$$x \xrightarrow{g \circ f} g[f(x)] \qquad x \xrightarrow{f} f(x) \xrightarrow{g} g[f(x)]$$

La expresión $g \circ f(x)$ se lee f compuesta con g. Se nombra en primer lugar la función de la derecha porque es la primera en actuar sobre la x.

En general, la función $f[g(x)]$ es distinta de $g[f(x)]$.

Ejercicio resuelto

1 *Considerar las funciones:*

$$f(x) = x^2 - x \text{ y } g(x) = \frac{4}{x+1}$$

a) Obtener la expresión analítica de:

$f \circ g \quad g \circ f \quad f \circ f \quad g \circ g$

b) Hallar $f[g(1)]$ y $g[f(1)]$.

a) • $f[g(x)] = f\left[\frac{4}{x+1}\right] = \left(\frac{4}{x+1}\right)^2 - \frac{4}{x+1} = \frac{16}{(x+1)^2} - \frac{4(x+1)}{(x+1)^2} = \frac{12-4x}{(x+1)^2} \Rightarrow$

$\Rightarrow f \circ g(x) = \frac{12-4x}{(x+1)^2}$

• $g[f(x)] = g[x^2 - x] = \frac{4}{(x^2-x)+1} = \frac{4}{x^2-x+1} \Rightarrow g \circ f(x) = \frac{4}{x^2-x+1}$

• $f[f(x)] = f(x^2 - x) = (x^2-x)^2 - (x^2-x) = x^4 - 2x^3 + x^2 - x^2 + x \Rightarrow$

$\Rightarrow f \circ f(x) = x^4 - 2x^3 + x$

• $g[g(x)] = g\left[\frac{4}{x+1}\right] = \frac{4}{\frac{4}{x+1}+1} = \frac{4}{\frac{4+x+1}{x+1}} = \frac{4(x+1)}{4+x+1} = \frac{4x+4}{x+5} \Rightarrow$

$\Rightarrow g \circ g(x) = \frac{4x+4}{x+5}$

b) • $f[g(1)] = \frac{12-4 \cdot 1}{(1+1)^2} = \frac{8}{4} = 2$; o bien, $1 \xrightarrow{g} \frac{4}{1+1} = 2 \xrightarrow{f} 2^2 - 2 = 2$

• $g[f(1)] = \frac{4}{1^2-1+1} = 4$; o bien, $1 \xrightarrow{f} 1^2 - 1 = 0 \xrightarrow{g} \frac{4}{0+1} = 4$

Ejercicios propuestos

1 Si $f(x) = x^2 - 5x + 3$ y $g(x) = x^2$, obtén las expresiones de $f[g(x)]$ y $g[f(x)]$.

Halla $f[g(4)]$ y $g[f(4)]$.

2 Si $f(x) = sen\, x$ y $g(x) = x + \frac{\pi}{2}$, obtén las expresiones de $f \circ g$, $g \circ f$, $f \circ f$ y $g \circ g$.

Halla el valor de estas funciones en $x = 0$ y $x = \pi/4$.

6 Función inversa o recíproca de otra

Vamos a componer las funciones $f(x) = x^3 - 6$ y $f^{-1}(x) = \sqrt[3]{x+6}$:

$$x \xrightarrow{f} x^3 - 6 \xrightarrow{f^{-1}} \sqrt[3]{(x^3-6)+6} = \sqrt[3]{x^3} = x \qquad f^{-1}[f(x)] = x$$

$$x \xrightarrow{f^{-1}} \sqrt[3]{x+6} \xrightarrow{f} \left(\sqrt[3]{x+6}\right)^3 - 6 = (x+6) - 6 = x \qquad f[f^{-1}(x)] = x$$

Vemos que f y f^{-1} tienen la peculiaridad de que al actuar sucesivamente sobre un número x, el número se mantiene, es decir, cada una de esas funciones deshace lo que hace la otra. Por eso se dice que f^{-1} es la **inversa** de f, o que cada una de ellas es inversa de la otra.

Observa la simetría de los puntos de una y otra función respecto a $y = x$:

PUNTOS DE $f(x)$: $y = x^3 - 6$	(–1, –7)	(0, –6)	(2, 2)	…	(a, b)
PUNTOS DE $f^{-1}(x)$: $y = \sqrt[3]{x+6}$	(–7, –1)	(–6, 0)	(2, 2)	…	(b, a)

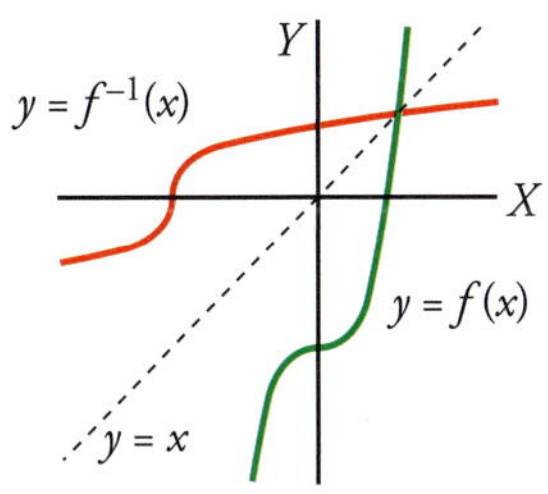

Gráficas de funciones inversas

Se llama **función inversa** o **recíproca** de f a otra función (se designa por f^{-1}) que cumple la siguiente condición:

$$\text{Si } f(a) = b, \text{ entonces } f^{-1}(b) = a.$$

Como consecuencia, se dan las relaciones siguientes:

$$x \xrightarrow{f} f(x) \xrightarrow{f^{-1}} x; \text{ es decir, } f^{-1}[f(x)] = x$$

$$x \xrightarrow{f^{-1}} f^{-1}(x) \xrightarrow{f} x; \text{ es decir, } f[f^{-1}(x)] = x$$

La función inversa de f^{-1} es, a su vez, f. Por eso se dice, simplemente, que las funciones f y f^{-1} son inversas o recíprocas.

Las gráficas de dos funciones inversas son simétricas respecto de la recta $y = x$.

Para que una función tenga inversa ha de ser **inyectiva,** es decir, cada valor de y ha de corresponder a un único valor de x. Si no es así, ha de descomponerse en tramos en que sea inyectiva, cada uno de los cuales tendrá su función inversa.

Por ejemplo, como $y = x^2$ no es inyectiva, para hallar su inversa procedemos así:

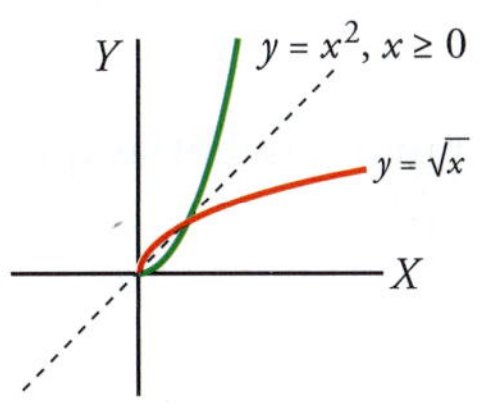

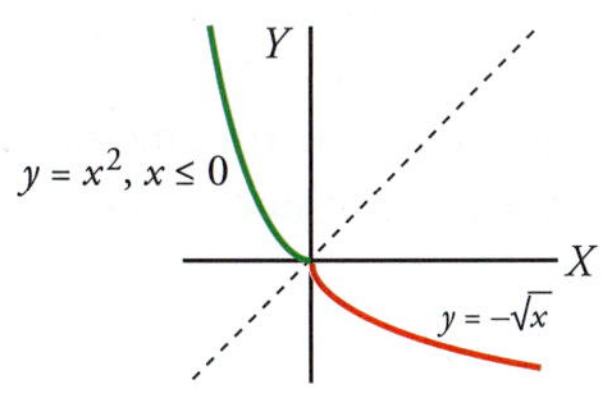

$$y = f(x) = x^2 \begin{cases} y = f_1(x) = x^2,\ x \geq 0 \rightarrow f_1^{-1}(x) = \sqrt{x} \\ y = f_2(x) = x^2,\ x \leq 0 \rightarrow f_2^{-1}(x) = -\sqrt{x} \end{cases}$$

Ejercicios propuestos

1 ¿Verdadero o falso?

a) La función recíproca de $y = x$ es $y = \dfrac{1}{x}$.

b) Cada una de las funciones $y = x$, $y = \dfrac{1}{x}$ es recíproca de sí misma.

c) La inversa de $y = \dfrac{9}{x}$, $x \in [3, 9]$ es $y = \dfrac{9}{x}$, $x \in [1, 3]$.

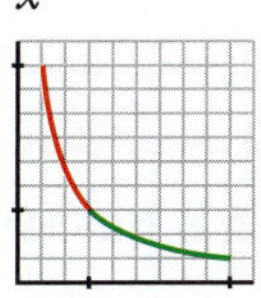

d) Si una función es creciente, su recíproca es decreciente.

2 Representa $y = 2x$, $y = \dfrac{x}{2}$ y comprueba que son inversas.

3 Comprueba que hay que descomponer $y = x^2 - 1$ en dos ramas para hallar sus inversas.

Averigua cuáles son.

4 Comprueba que la función recíproca de $y = 2x + 4$ es $y = \dfrac{1}{2}x - 2$.

Expresión analítica de la función inversa de otra

Para hallar la inversa de $y = f(x)$, se intercambian las dos incógnitas, $x = f(y)$. Ahora, si se puede, se despeja la y.

Por ejemplo, $f(x) = 2x - 3$:

$$y = 2x - 3 \rightarrow x = 2y - 3 \rightarrow y = \frac{x+3}{2}$$

Por tanto, $f^{-1}(x) = \frac{x+3}{2}$

Veamos cómo procederíamos si $f(x)$ tuviese el dominio de definición limitado:

$$f(x) = 2x - 3, \; x \in [-1, 4]$$

Para hallar su inversa, hallamos los valores que toma la función en los extremos del intervalo: $f(-1) = -5$, $f(4) = 5$.

Por tanto, $f^{-1}(x) = \frac{x+3}{2}$, $x \in [-5, 5]$

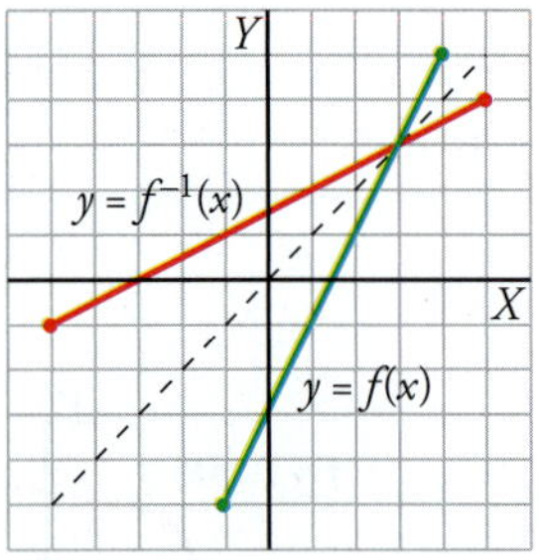

Exponenciales y logarítmicas son recíprocas

Partimos de una función exponencial, $y = 2^x$.

Para hallar su recíproca cambiamos las variables: $x = 2^y$.

Para despejar la y, tomamos logaritmos en base 2: $log_2 x = y \, log_2 2 = y$.

Por tanto, $y = log_2 x$.

Hemos obtenido, pues, que la función recíproca de $y = 2^x$ es $y = log_2 x$.

En general, la recíproca de $y = a^x$ es $y = log_a x$.

Observa que:

- $\begin{cases} y = a^x \text{ pasa por los puntos } (0,1) \text{ y } (1, a) \\ y = log_a x \text{ pasa por los puntos } (1,0) \text{ y } (a,1) \end{cases}$
- Si $a > 1$, $y = a^x$ tiene un crecimiento muy rápido, mientras que $y = log_a x$ tiene un crecimiento muy lento.

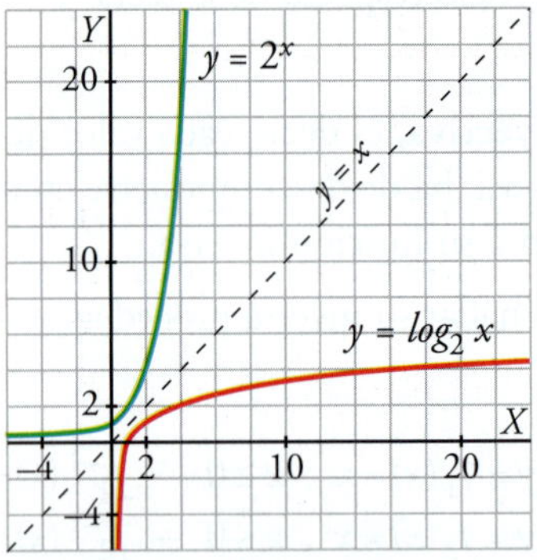

Ejercicio resuelto

1 *Hallar la función recíproca de $y = 10^x$, $x \in [-2, 4]$.*

$10^{-2} = \frac{1}{100} = 0{,}01$; $10^4 = 10\,000$

La función $y = 10^x$ pasa por $(-2; 0{,}01)$ y por $(4, 10\,000)$. Por tanto, su recíproca pasa por $(0{,}01; -2)$ y por $(10\,000, 4)$.

Conclusión: la recíproca de $y = 10^x$, $x \in [-2, 4]$ es $y = log_{10} x$, $x \in [0{,}01; 10\,000]$.

Ejercicios propuestos

5 ¿Verdadero o falso?

La función recíproca de $y = 2^x$, $x > 0$ es $y = log_2 x$, $x > 1$.

6 Halla la función recíproca de:

$y = log_2 x$, $x \in [8, 32]$

7 Funciones arco

Vamos a definir las inversas de las funciones trigonométricas $y = sen\ x$, $y = cos\ x$, $y = tg\ x$, que se estudiaron en la unidad 5.

La función arco seno

¿Cuál es el ángulo cuyo seno vale 1/2?

La respuesta puede ser 30° o bien $\frac{\pi}{6}$ rad. Esto se expresa así:

$$arc\ sen\ \frac{1}{2} = \frac{\pi}{6}\ \left(\text{el arco cuyo seno es } \frac{1}{2} \text{ mide } \frac{\pi}{6} \text{ rad}\right)$$

Vamos a estudiar las características de la función *arc sen* (arco seno).

La función *arc sen* es la inversa (recíproca) de la función *sen*.

Observa

La función $y = sen\ x$ no es inyectiva.

Nos quedamos con un tramo que sí lo es:

$$\left[-\frac{\pi}{2}, \frac{\pi}{2}\right] \xrightarrow{sen} [-1, 1]$$

Su inversa es la función $y = arc\ sen\ x$:

$$[-1, 1] \xrightarrow{arc\ sen} \left[-\frac{\pi}{2}, \frac{\pi}{2}\right]$$

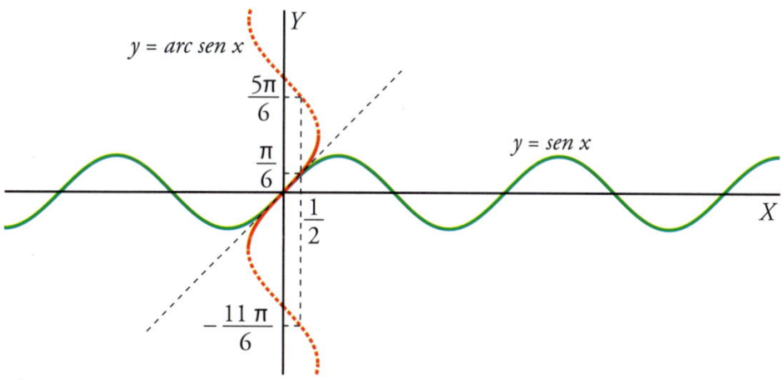

Su gráfica, que es la que está en rojo, es la simétrica de la gráfica de $y = sen\ x$ respecto de la recta $y = x$. Sin embargo, dicha gráfica no corresponde a una función, pues a cada valor de x le corresponden muchos (infinitos) valores de y.

Por ejemplo, para $x = \frac{1}{2}$, puede valer: $\frac{\pi}{6}, \frac{5\pi}{6}, \frac{13\pi}{6}, \ldots, -\frac{11\pi}{6}, \ldots$

Para que *arc sen* sea una función, hemos de quedarnos con un trozo de gráfica que sea unívoca, es decir, que a cada valor de x le corresponda un único valor de y. Cualquiera de los infinitos tramos podría servir, pero se acostumbra a seleccionar el que aparece dibujado en trazo continuo en la gráfica anterior. Estos son los valores con los que trabaja la calculadora cuando utilizamos la función *arc sen* (SHIFT sin^{-1}).

En definitiva, definimos la función *arc sen* del siguiente modo:

arc sen es una función definida en [–1, 1] y que toma valores en $\left[-\frac{\pi}{2}, \frac{\pi}{2}\right]$, tal que:

$$arc\ sen\ a = b \Leftrightarrow sen\ b = a$$

Es una función creciente. Verifica que:

$$sen(arc\ sen\ x) = x \qquad arc\ sen(sen\ x) = x$$

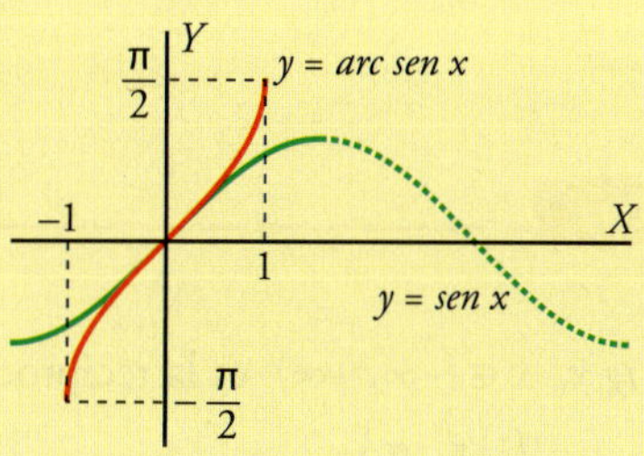

La función arco coseno

De forma análoga a como se hacía con *arc sen*, la función *arc cos* (arco coseno) se define como función recíproca de la función coseno.

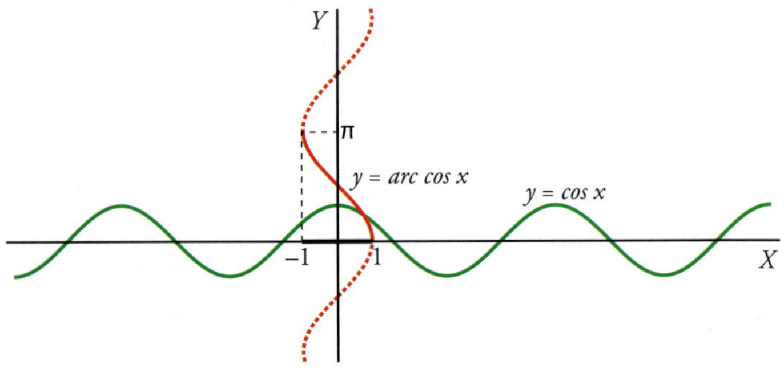

Observa

La función $y = cos\ x$ no es inyectiva.

Nos quedamos con un tramo que sí lo es:

$$[0, \pi] \xrightarrow{cos} [-1, 1]$$

Su inversa es la función $y = arc\ cos\ x$:

$$[-1, 1] \xrightarrow{arc\ cos} [0, \pi]$$

Hemos de quedarnos con uno de los tramos para que sea una función. Se suele elegir el que en la gráfica aparece en trazo continuo. Sus valores son los que da la calculadora cuando utilizamos la función *arc cos* (SHIFT cos^{-1}).

Se define, pues, *arc cos* del siguiente modo:

arc cos es una función definida en $[-1, 1]$ y que toma valores en $[0, \pi]$, tal que:

$$arc\ cos\ a = b \Leftrightarrow cos\ b = a$$

Es una función decreciente. Verifica que:

$cos(arc\ cos\ x) = x$ $\qquad$ $arc\ cos(cos\ x) = x$

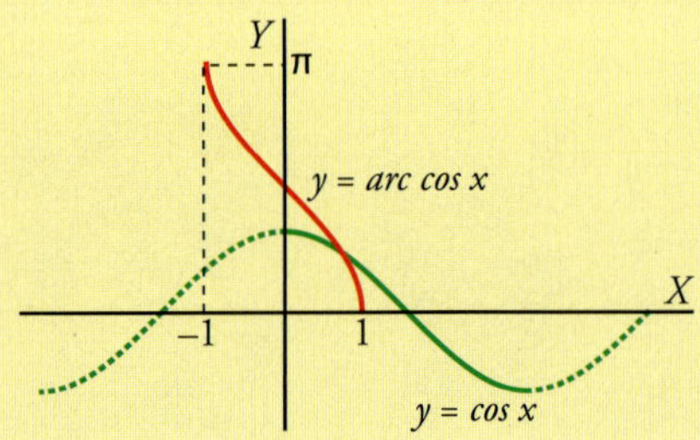

La función arco tangente

La función *arc tg* (arco tangente) se define análogamente:

arc tg es una función definida en $(-\infty, +\infty)$ que toma valores en $\left(-\frac{\pi}{2}, \frac{\pi}{2}\right)$, tal que:

$$arc\ tg\ a = b \Leftrightarrow tg\ b = a$$

Es una función creciente. Verifica que:

$tg(arc\ tg\ x) = x$ $\qquad$ $arc\ tg(tg\ x) = x$

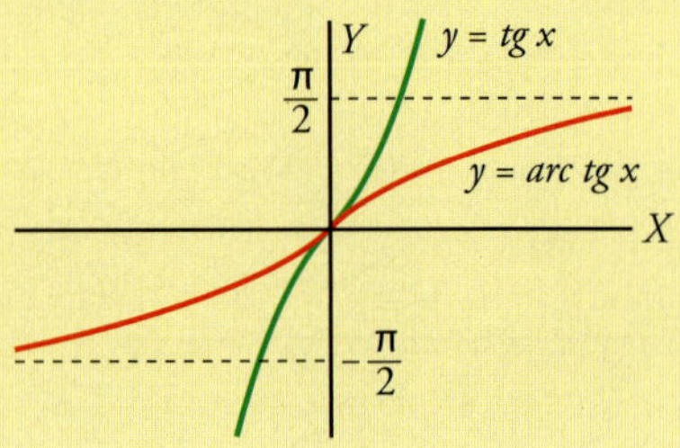

Ejercicio propuesto

1 ¿Verdadero o falso?

a) La función $y = arc\ tg\ x$, $x \in (-\infty, +\infty)$ es la recíproca de la función $y = tg\ x$, $x \in \left(-\frac{\pi}{2}, \frac{\pi}{2}\right)$.

b) En las calculadoras científicas (tienen que estar puestas en modo **RAD**), las funciones $\boldsymbol{sin^{-1}}$, $\boldsymbol{cos^{-1}}$, $\boldsymbol{tan^{-1}}$ responden exactamente (coinciden) con las funciones *arc sen*, *arc cos* y *arc tg*.

Ejercicios y problemas resueltos

1. Ecuación y representación de una parábola

a) Escribir la ecuación de una parábola que tiene el vértice en el punto (1, 9) y corta al eje Y en (0, 8).

b) Representarla.

c) Determinar el dominio de definición y el recorrido.

a) Una parábola tiene por ecuación $y = ax^2 + bx + c$. Tenemos que hallar a, b y c.

Con la abscisa del vértice, $\frac{-b}{2a}$, relacionamos las incógnitas a y b:

$$1 = \frac{-b}{2a} \rightarrow -b = 2a$$

La parábola pasa por (1, 9) y (0, 8). Sustituimos estos puntos en su ecuación y obtenemos otras dos ecuaciones con a, b y c como incógnitas:

$$(1, 9) \rightarrow 9 = a \cdot 1^2 + b \cdot 1 + c \qquad (0, 8) \rightarrow 8 = a \cdot 0 + b \cdot 0 + c$$

Resolvemos el sistema:

$$\left.\begin{array}{l} -b = 2a \\ 9 = a + b + c \\ 8 = c \end{array}\right\} \; a = -1;\; b = 2;\; c = 8$$

La ecuación de la parábola es $y = -x^2 + 2x + 8$.

Otra forma de resolverlo: Puesto que la abscisa del vértice es 1, una forma más rápida de obtener la parábola es escribirla en la forma $y = a(x-1)^2 + k$ y sustituir en ella los puntos (1, 9) y (0, 8).

b) Cortes con el eje X: $0 = -x^2 + 2x + 8 \rightarrow x = -2,\; x = 4$

Corta al eje X en (–2, 0) y (4, 0).

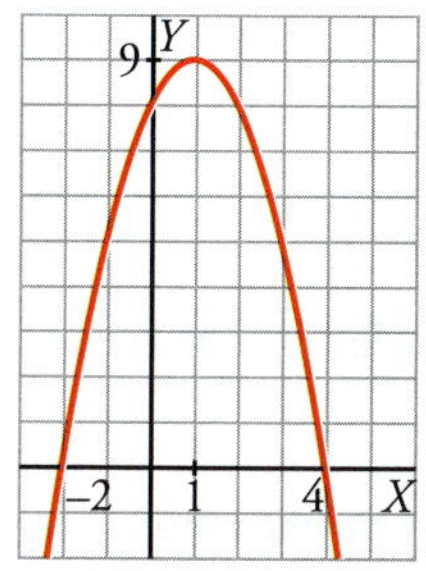

c) Como en todas las funciones polinómicas, su dominio es todo $\mathbb{R}$. Para determinar el recorrido, observamos que el mayor valor que alcanza la función es $y = 9$. Por tanto, su recorrido es $(-\infty, 9]$.

Hazlo tú. Escribe la ecuación de la parábola que tiene el vértice en (2, –4) y pasa por el punto (3, –3).

2. Función definida "a trozos"

El salario neto mensual es el que se obtiene al restar los impuestos obligatorios al salario bruto. En cierto país se aplican estos impuestos:

- *20 % de la parte del salario bruto comprendida entre 500 €, que es el salario mínimo, y 2 000 €.*
- *40 % de la parte del salario bruto superior a 2 000 €.*

a) ¿Qué salario neto corresponde a 1 200 € de salario bruto? ¿Y a 2 500 €?

b) Escribir la función que da los impuestos según el salario bruto x, y representarla.

c) ¿Cuál debe ser, como mínimo, el salario bruto para que el neto sea superior a 2 500 €?

a) Tenemos en cuenta que los primeros 500 € no tienen impuestos.

El salario neto para 1 200 € es $1\,200 - 0{,}2 \cdot (1\,200 - 500) = 1\,060$ €

El salario neto para 2 500 € es $2\,500 - 0{,}2 \cdot 1\,500 - 0{,}4 \cdot 500 = 2\,000$ €

b) Calculamos la función que nos da los impuestos $I(x)$ en los casos en que $500 < x \le 2\,000$ y $x > 2\,000$.

- Si $500 < x \le 2\,000$:

$$I(x) = 0{,}2(x - 500) = 0{,}2x - 100$$

- Si $x > 2\,000$:

$$I(x) = 0{,}2 \cdot 1\,500 + 0{,}4(x - 2\,000) = 0{,}4x - 500$$

Por tanto:

$$I(x) = \begin{cases} 0{,}2x - 100 & \text{si } 500 < x \le 2000 \\ 0{,}4x - 500 & \text{si } x > 2000 \end{cases}$$

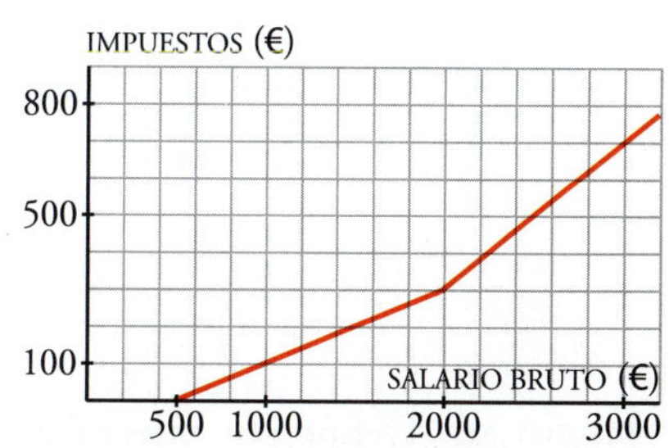

c) Resolvemos la inecuación $x - I(x) > 2\,500$:

$$x - (0{,}4x - 500) > 2\,500 \rightarrow 0{,}6x > 2\,000 \rightarrow x > 3\,333{,}33$$

El salario bruto debe ser superior a 3 333,33 €.

Ejercicios y problemas resueltos

3. Función "parte entera"

Una tienda de ropa ofrece a sus clientes la tarjeta "2MÁS" en la que ingresará 2 € para futuras compras, por cada 10 € de gasto que se haga allí.

a) Representar la función que nos da la cantidad ingresada en la tarjeta según el gasto realizado.

b) Escribir su expresión analítica.

a) Por una compra inferior a 10 € no ingresan nada. Si gastamos más de 10 € y menos de 20 €, ingresan 2 €; entre 20 y 30 € nos corresponden 4 €; …

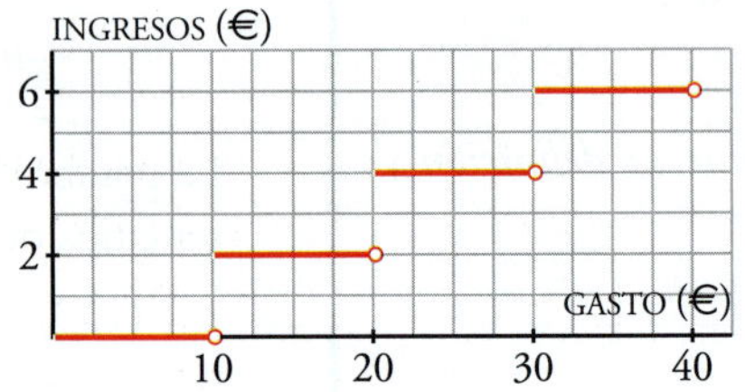

b) Es una función definida "a trozos":

$$f(x)=\begin{cases}0 & \text{si } x\in[0,10)\\ 2 & \text{si } x\in[10,20)\\ 4 & \text{si } x\in[20,30)\\ 6 & \text{si } x\in[30,40)\\ \dots\end{cases}$$

También podemos definirla utilizando la función "parte entera": $f(x) = 2\,Ent\left(\dfrac{x}{10}\right)$

Hazlo tú. Representa la función $f(x) = Ent\,(2x)$.

4. Valor absoluto de una función

Definir como funciones "a trozos" las siguientes funciones y representarlas gráficamente.

a) $f(x) = |x^2 - x - 6|$

b) $f(x) = 4|x| - x^2$

c) $f(x) = \sqrt{|x-1|}$

a) La parábola $y = x^2 - x - 6$ tiene el vértice en (0,5; –6,25) y corta al eje X en los puntos (–2, 0) y (3, 0).

Para valores de x comprendidos entre –2 y 3, $f(x) < 0$; por tanto, su valor absoluto será $-f(x)$:

$$f(x)=\begin{cases}x^2-x-6 & \text{si } x\le -2\\ -x^2+x+6 & \text{si } -2<x<3\\ x^2-x-6 & \text{si } x\ge 3\end{cases}$$

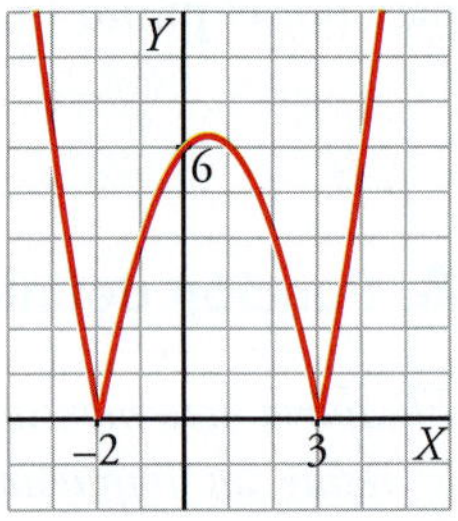

b) Recordamos que la función $y = |x|$ se define así: $y=\begin{cases}-x & \text{si } x<0\\ x & \text{si } x\ge 0\end{cases}$. Por tanto:

$$f(x)=\begin{cases}4(-x)-x^2 & \text{si } x<0\\ 4x-x^2 & \text{si } x\ge 0\end{cases}=\begin{cases}-4x-x^2 & \text{si } x<0\\ 4x-x^2 & \text{si } x\ge 0\end{cases}$$

Buscamos los vértices y los puntos de corte con los ejes de cada parábola:

PARÁBOLA	VÉRTICE	CORTES CON EJE X
$y=-4x-x^2$	(–2, 4)	(0, 0) y (–4, 0)
$y=4x-x^2$	(2, 4)	(0, 0) y (4, 0)

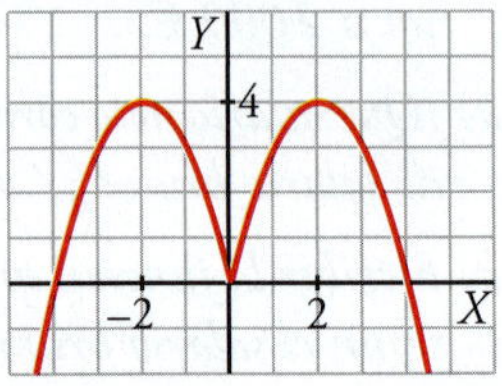

c) $f(x)=\begin{cases}\sqrt{-x+1} & \text{si } x<1\\ \sqrt{x-1} & \text{si } x\ge 1\end{cases}$

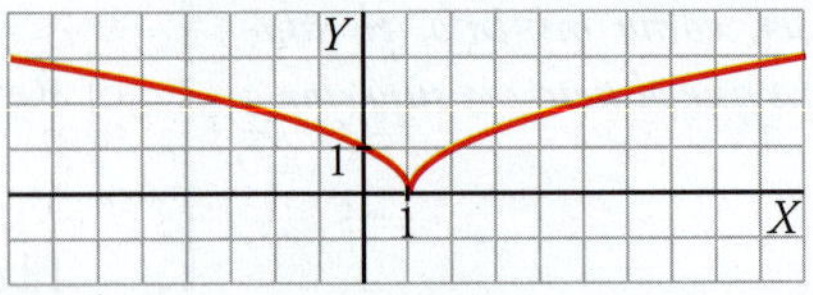

Hazlo tú. Define por intervalos y representa:

a) $f(x) = |x^2 - 4x - 5|$

b) $f(x) = x - |x|$

5. Composición y función inversa

Considerar las funciones $f(x) = 2^{x+1}$, $g(x) = \sqrt{x+1}$, $h(x) = x^2 - 1$. *Hallar:*

a) $g \circ f$ *b)* $h \circ f$

c) $g \circ h$ *d)* $h \circ g \circ f$

e) f^{-1}

Observamos que $f(\square) = 2^{\square+1}$; $g(\square) = \sqrt{\square+1}$; $h(\square) = \square^2 - 1$.

a) $(g \circ f)(x) = g[f(x)] = g(2^{x+1}) = \sqrt{2^{x+1}+1}$

b) $(h \circ f)(x) = h[f(x)] = h(2^{x+1}) = (2^{x+1})^2 - 1 = 2^{2x+2} - 1$

c) $(g \circ h)(x) = g(x^2 - 1) = \sqrt{x^2-1+1} = x$

Las funciones g y h son inversas porque verifican $(g \circ h)(x) = i(x) = x$.

d) $(h \circ g \circ f)(x) = h\left(g(2^{x+1})\right) = h\left(\sqrt{2^{x+1}+1}\right) = \left(\sqrt{2^{x+1}+1}\right)^2 - 1 = 2^{x+1}$

e) Para calcular la inversa de f, cambiamos las variables, $x = 2^{y+1}$, y tomamos logaritmos de base 2 para despejar y:

$$log_2\, x = log_2\, 2^{y+1} \rightarrow log_2\, x = y + 1 \rightarrow y = -1 + log_2\, x$$

Hazlo tú. Halla $g \circ f$ y $f \circ g$, siendo $f(x) = 3\,x^2 - 5$ y $g(x) = \sqrt{2^{x-1}}$.

6. Representación de hipérbolas

Representar las hipérbolas siguientes:

a) $y = \dfrac{3x-5}{x-2}$

b) $y = \dfrac{2x+1}{x+1}$

En la web

Animación interactiva para ver cómo varía la representación de una hipérbola.

Utilizando la relación $\dfrac{\text{Dividendo}}{\text{divisor}} = \text{cociente} + \dfrac{\text{resto}}{\text{divisor}}$, podemos representar este tipo de funciones a partir de la hipérbola $y = 1/x$ mediante transformaciones elementales.

a) Dividimos:

$$\begin{array}{r|l} 3x-5 & x-2 \\ \hline -3x+6 & 3 \\ 1 & \end{array} \rightarrow \frac{3x-5}{x-2} = 3 + \frac{1}{x-2}$$

Por tanto, la gráfica pedida es como la de $y = \dfrac{1}{x}$ desplazada 2 unidades a la derecha y 3 arriba.

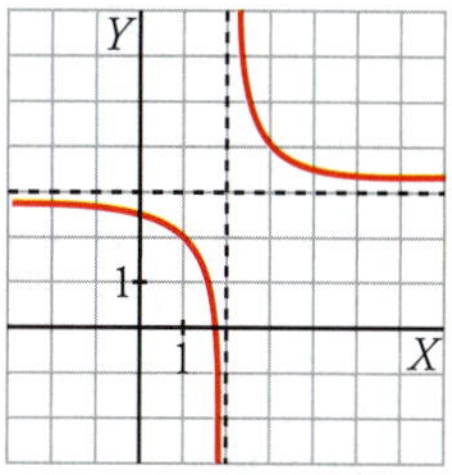

b) Dividimos:

$$\begin{array}{r|l} 2x+1 & x+1 \\ \hline -2x-2 & 2 \\ -1 & \end{array} \rightarrow \frac{2x+1}{x+1} = 2 + \frac{-1}{x+1}$$

Por tanto, la gráfica pedida es la simétrica de $\dfrac{1}{x}$ respecto al eje X, desplazada 2 unidades hacia arriba y 1 hacia la izquierda.

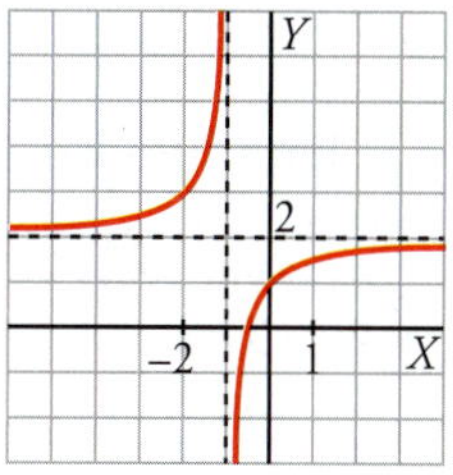

Hazlo tú. Representa la función $y = \dfrac{-2x+7}{x-3}$.

7. Función exponencial

El proceso de cicatrización de una herida sigue una ley exponencial. La superficie S *de la herida al cabo de* t *días se puede calcular mediante la fórmula* $S = S_0 e^{kt}$, *donde* S_0 *es la superficie inicial y* k *una constante.*

a) Si una herida tenía una superficie inicial de 50 cm^2 *y al cabo de dos días mide 24,83* cm^2, *¿cuál es el valor de* k*?*

b) Calcular la superficie de la herida después de 8 días.

c) Representar la función.

a) Conocemos $S_0 = 50$ y un punto (2; 24,83). Sustituyendo estos valores en la fórmula $S = S_0 e^{kt}$ podemos obtener k.

$$S = 50e^{kt} \xrightarrow{t=2} 24{,}83 = 50e^{2k} \rightarrow e^{2k} = 0{,}4966 \rightarrow 2k = ln\, 0{,}4966 \rightarrow k = -0{,}35$$

b) $S = 50e^{-0{,}35t} \xrightarrow{t=8} S = 50e^{-0{,}35 \cdot 8} = 3\ \text{cm}^2$

c)

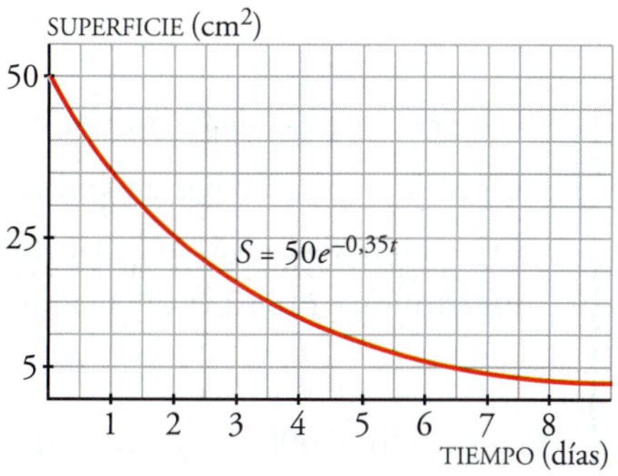

1. Interpolación lineal

El porcentaje de hogares españoles que tenían teléfono móvil era, en 2006, del 80,5 y en 2009, del 88,2. Estimar el porcentaje que había en 2008.

Análisis del problema. *Si conocemos dos puntos A y B de una función y podemos suponer que es lineal en un intervalo, podemos estimar su valor para cualquier x de ese intervalo sin más que utilizar la ecuación de la recta que pasa por A y por B.*

En este caso, los puntos conocidos son $A(2006; 80{,}5)$ y $B(2009; 88{,}2)$.

- Escribe la ecuación de la recta que pasa por los puntos A y B.
- Calcula la ordenada de esa recta para $x = 2008$.

Solución:

El porcentaje en 2008 era del 85,6.

2. Una función cuadrática

Los costes de producción de un cierto producto (en euros) de una empresa, vienen dados por:

$$C = 40\,000 + 20q + q^2$$

siendo q el número de unidades producidas. El precio de venta de cada unidad es de 520 euros.

a) Expresar en función de q el beneficio de la empresa y representarlo gráficamente.

b) ¿Cuántas unidades hay que producir para que el beneficio sea máximo?

a) • La función *beneficio*, B, la obtendrás restando del precio de venta de q unidades, $520q$, el coste para producir esas q unidades.

• Obtendrás una función cuadrática. Represéntala.

b) Observando la representación gráfica de la función *beneficio*, apreciarás en qué punto alcanza su valor máximo (en el vértice, ya que es una parábola con las ramas hacia abajo).

Solución:

a) $B(q) = -40\,000 + 500q - q^2$.

b) El beneficio máximo de 22 500 euros se obtiene produciendo 250 unidades.

3. Una función polinómica

Considerar todos los conos cuya generatriz mide 15 cm.

a) Escribir la función que nos da el volumen del cono según lo que mide su altura, x.

b) ¿Cuál es su dominio de definición?

a) • Recuerda cómo se calcula el volumen de un cono en función del radio de la base y de la altura.

• Deberás expresar el radio del cono en función de la altura x (observa en el gráfico el triángulo de lados x, R y 15 cm).

b) ¿Entre qué valores puede variar la altura x?

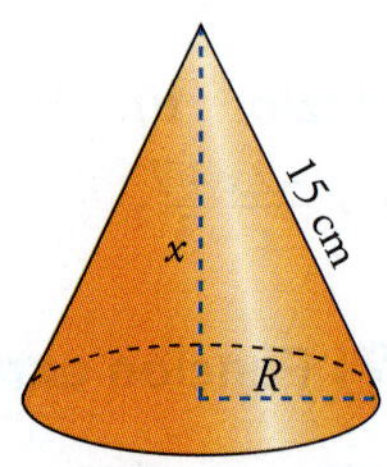

Solución:

a) $V(x) = \dfrac{\pi(225x - x^3)}{3}$

b) $Dom\ V(x) = (0, 15)$

4. Función logística

La función

$$f(x) = \frac{12\,000}{1 + 499(1{,}09^{-x})}$$

da las ventas totales de un videojuego x días después de su lanzamiento. ¿En qué día se llegó a 6 000 juegos vendidos?

- Observa que has de encontrar el valor de x para el que $f(x) = 6\,000$.
- Opera la expresión hasta eliminar denominadores y hacerla lo más sencilla posible.
- Obtendrás una expresión del tipo $\dfrac{A}{B} = C^{-x}$. Para obtener el valor de x, toma logaritmos y utiliza la calculadora.

Solución:

Se llegó a los 6 000 juegos vendidos 72 días después de su lanzamiento.

Ejercicios y problemas propuestos

Para practicar

Dominio de definición

1 Halla el dominio de definición de estas funciones:

a) $y = \dfrac{2}{(x+5)^2}$ b) $y = \dfrac{3x+2}{x^3+x}$

c) $y = \dfrac{x}{x^2-x+2}$ d) $y = \dfrac{1}{x} + \dfrac{1}{x+2}$

2 Estudia el dominio de definición de estas funciones:

a) $y = \sqrt{2x+5}$ b) $y = \sqrt{7-x}$

c) $y = \sqrt{x^2+3x+4}$ d) $y = \sqrt{x-1} + \sqrt{x-2}$

3 Di cuál es el dominio de definición de:

a) $y = 3 + 2^{1-x}$ b) $y = log_2\,(x+3)$

c) $y = ln\,(2-x)$ d) $y = \sqrt{2^x}$

4 Observa las gráficas de estas funciones e indica cuál es su dominio de definición y su recorrido:

a) 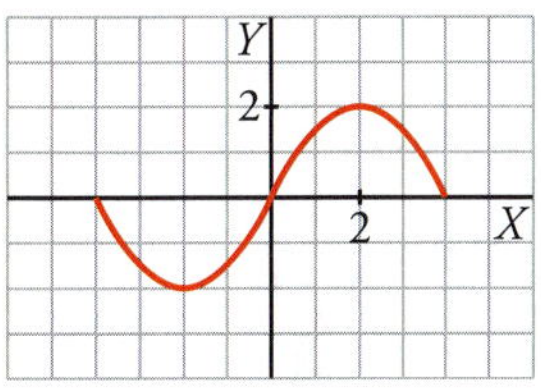

b) 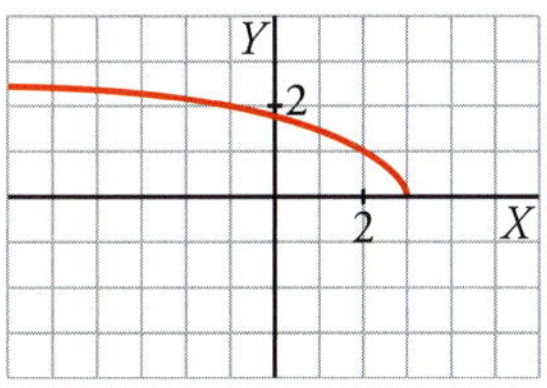

c) 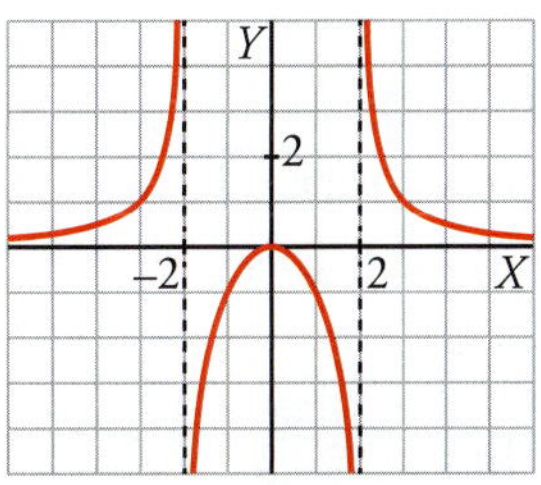

d) 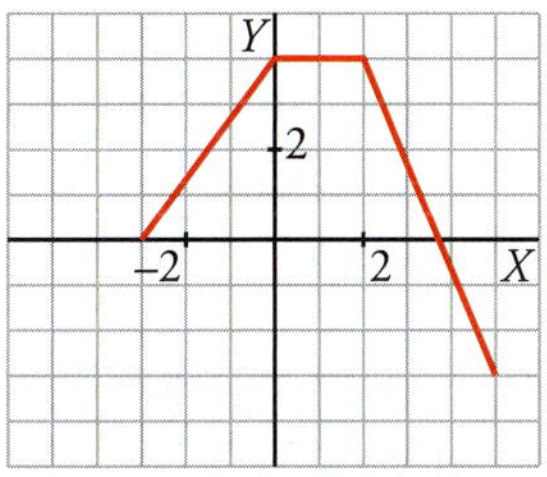

5 La función $h(t) = 80 + 64t - 16t^2$ nos da la altura a la que está una pelota lanzada hacia arriba en el instante t, hasta que vuelve al suelo. ¿Cuál es su dominio de definición?

6 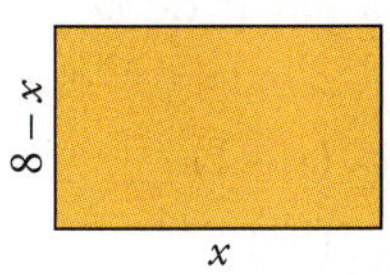

Escribe el área de este rectángulo de perímetro 16 cm en función de su base x.

¿Cuál es el dominio de definición de esa función? ¿Y su recorrido?

7 La temperatura de un paciente, desde que comienza su enfermedad hasta que vuelve a tener 37 °C ha evolucionado según la función $T = -0{,}1t^2 + 1{,}2t + 37$, siendo t el número de días transcurridos desde el inicio de la enfermedad. ¿Cuál es su dominio de definición? ¿Y su recorrido?

Funciones elementales

8 Asocia a cada gráfica su expresión analítica.

a) $y = 1{,}5^x$ b) $y = \sqrt{x+2}$ c) $y = \dfrac{x^2}{3} - 1$

d) $y = \dfrac{1}{x-4}$ e) $y = 3x^2 + 5x - 1$ f) $y = 0{,}75^x$

g) $y = log_2\,x$ h) $y = -\sqrt{-x}$

(I) 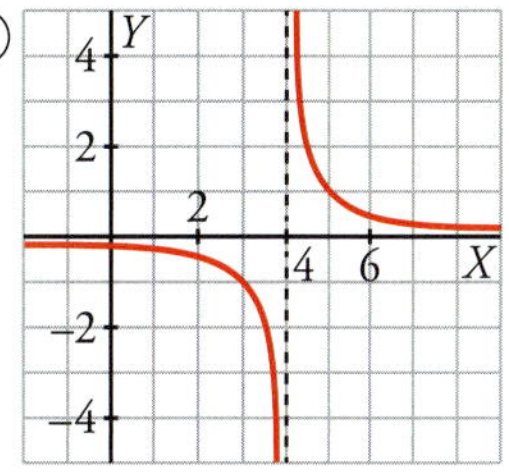

(II) 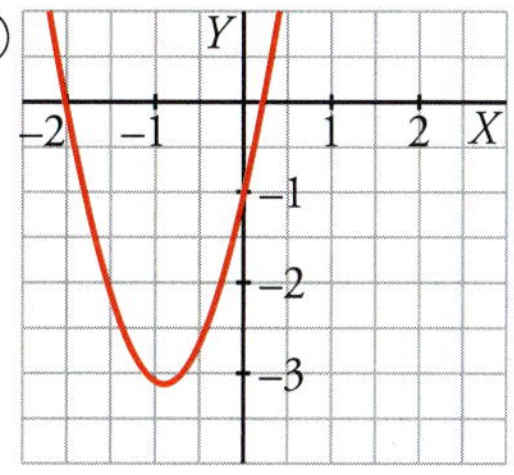

(III) 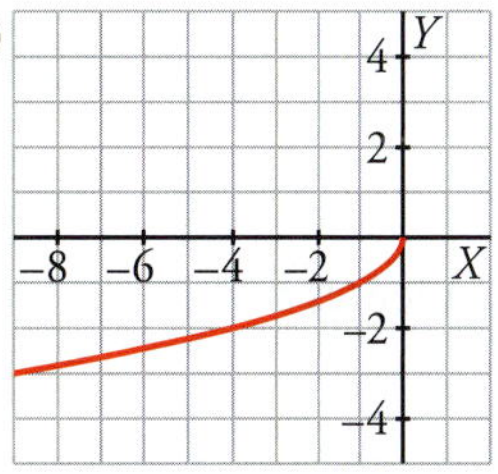

(IV) 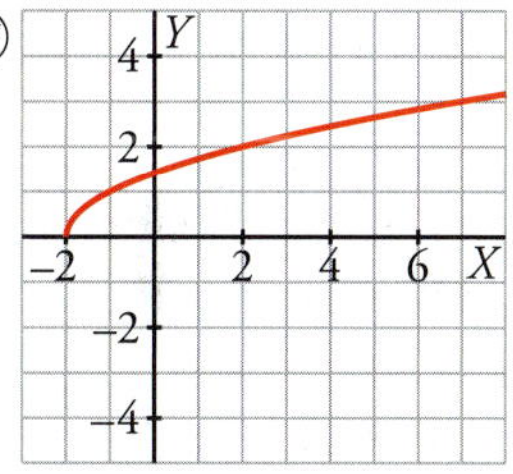

(V) 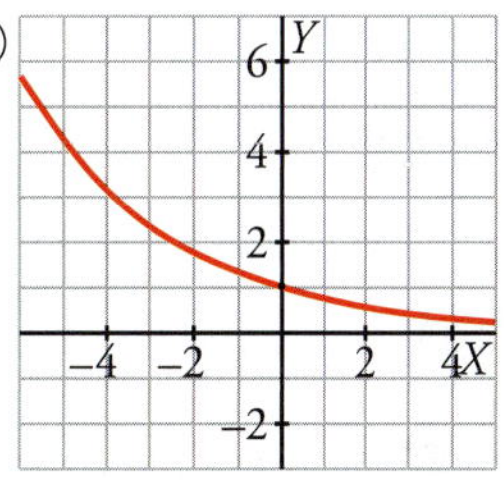

(VI) 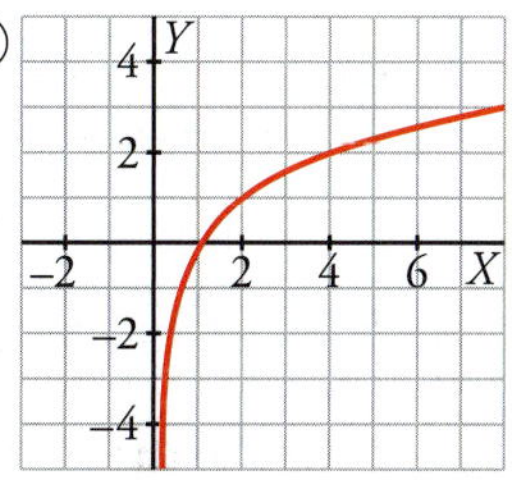

(VII) 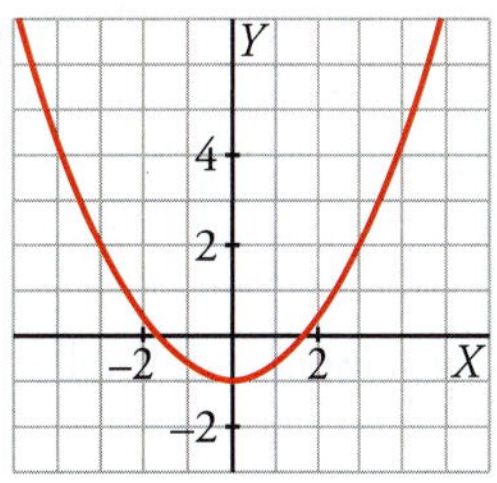

(VIII) 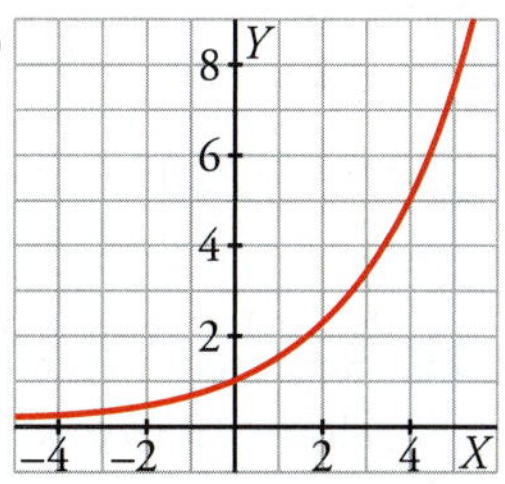

9 Representa las siguientes parábolas hallando el vértice, los puntos de corte con los ejes de coordenadas y algún punto próximo al vértice:

a) $y = x^2 + 2x + 1$ b) $y = 0{,}5x^2 - 2x + 1$

c) $y = -x^2 + 3x - 5$ d) $y = -1{,}5x^2 - 3x - 2$

10 Representa estas funciones en el intervalo indicado:

a) $y = 2x^2 - 4,\ [0, 2]$ b) $y = -\dfrac{3x^2}{2},\ x \geq -1$

c) $y = \dfrac{1}{x},\ x < 0$ d) $y = 0{,}6^x,\ [-3, 3]$

e) $y = log_2\,x,\ (0, 7]$ f) $y = \sqrt{x},\ [0, 1]$

Funciones definidas "a trozos"

11 Representa gráficamente las siguientes funciones:

a) $y = \begin{cases} -2 & \text{si } x < 0 \\ x-2 & \text{si } 0 \le x < 4 \\ 2 & \text{si } x \ge 4 \end{cases}$

b) $y = \begin{cases} -2x-1 & \text{si } x \le 1 \\ x+1 & \text{si } x > 1 \end{cases}$

c) $y = \begin{cases} x^2-2x & \text{si } x < 2 \\ 2x-4 & \text{si } x \ge 2 \end{cases}$

12 Representa.

a) $y = \begin{cases} 1/x & \text{si } x < 0 \\ \sqrt{x} & \text{si } x \ge 0 \end{cases}$

b) $y = \begin{cases} 2^x & \text{si } x < 2 \\ -x+6 & \text{si } 2 \le x < 7 \\ 3 & \text{si } x \ge 7 \end{cases}$

13 Dibuja la gráfica de las siguientes funciones:

a) $y = \begin{cases} x^2-2x & \text{si } x \le 2 \\ 3 & \text{si } x > 2 \end{cases}$

b) $y = \begin{cases} -x^2-4x-2 & \text{si } x < -1 \\ x^2 & \text{si } x \ge -1 \end{cases}$

c) $y = \begin{cases} -x-1 & \text{si } x \le -1 \\ 2x^2-2 & \text{si } -1 < x < 1 \\ x-1 & \text{si } x \ge 1 \end{cases}$

14 Representa la función $y = |x-5|$ y comprueba que su expresión analítica en intervalos es:

$$y = \begin{cases} -x+5 & \text{si } x < 5 \\ x-5 & \text{si } x \ge 5 \end{cases}$$

15 Representa las siguientes funciones y defínelas como funciones "a trozos":

a) $y = |4-x|$ b) $y = |3x+6|$

c) $y = \left|\frac{x-3}{2}\right|$ d) $y = |-x-1|$

16 Representa estas funciones:

a) $y = |x^2-1|$ b) $y = |x^2-4x|$

c) $y = |x^2+2x-3|$ d) $y = |x^2-2x+1|$

17 Representa.

a) $y = \left|\frac{1}{x}\right|$ b) $y = |log_2 x|$

c) $y = \frac{|x|}{x}$ d) $y = 2|x| + x$

Transformaciones de una función

18 Representa $f(x) = 4 - x^2$ y, a partir de ella, representa:

a) $g(x) = f(x) - 3$ b) $h(x) = f(x+2)$

19 Esta es la gráfica de la función $y = f(x)$:

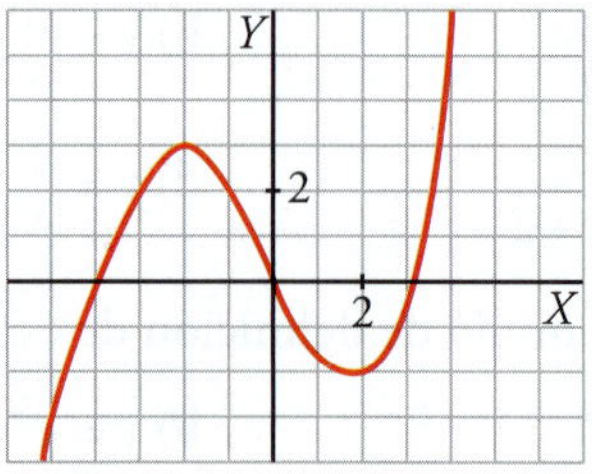

Representa, a partir de ella, las funciones:

a) $y = f(x-1)$ b) $y = f(x) + 2$

20 A partir de la gráfica de $f(x) = 1/x$, representa:

a) $g(x) = f(x) - 2$ b) $h(x) = f(x-3)$

c) $i(x) = -f(x)$ d) $j(x) = |f(x)|$

21 Representa la función $f(x) = \sqrt{x}$ y dibuja a partir de ella:

a) $g(x) = f(x+1)$ b) $h(x) = f(x) - 3$

22 Representa las siguientes funciones:

a) $y = \frac{1}{x+1}$ b) $y = \frac{1}{x-1}$

c) $y = \frac{-1}{x}$ d) $y = \frac{-1}{x-3}$

23 Representa las siguientes funciones:

a) $y = \sqrt{x-1}$ b) $y = -\sqrt{x+3}$

c) $y = 2 + \sqrt{x}$ d) $y = 1 - \sqrt{x}$

24 Representa estas funciones:

a) $y = 2^x + 1$ b) $y = 2^x - 3$

c) $y = 2^{x-1}$ d) $y = \left(\frac{1}{2}\right)^{x+3}$

e) $y = 1 - 2^x$ f) $y = 2^{-x}$

25 Representa las siguientes funciones a partir de la gráfica de $y = log_2 x$:

a) $y = 1 + log_2 x$ b) $y = log_2 (x-1)$

c) $y = -log_2 x$ d) $y = log_2 (-x)$

26 La expresión analítica de esta función es del tipo $y = \frac{1}{x-a} + b$.

Observa la gráfica y di el valor de a y b.

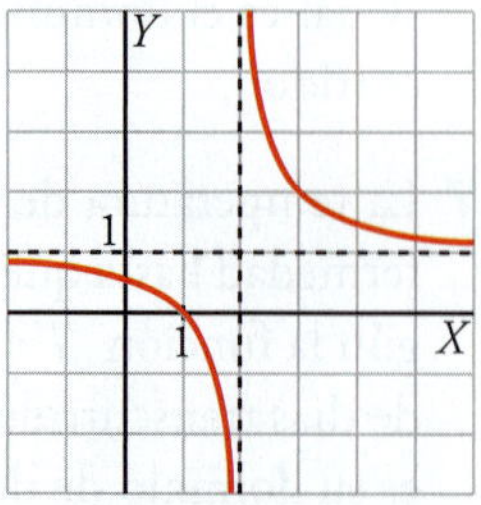

En la web: Ejercicios para relacionar la representación gráfica de una función con su expresión analítica.

Composición y función inversa

27 Dadas las funciones

$$f(x) = x^2 + 1 \qquad g(x) = \frac{3}{x-2} \qquad h(x) = \sqrt{x-3}$$

obtén las expresiones de:

a) $f \circ g$ b) $g \circ f$ c) $f \circ h$

d) $g \circ h$ e) $h \circ f$ f) $h \circ g$

Halla, si es posible, el valor de las funciones obtenidas en $x = 5$ y en $x = 0$.

28 Explica cómo a partir de las funciones

$$f(x) = 2^{x-1} \qquad g(x) = \sqrt{x} + 2 \qquad h(x) = \frac{1}{x-3}$$

se pueden obtener estas otras:

a) $m(x) = 2^{\sqrt{x}+1}$ b) $n(x) = \sqrt{2^{x-1}} + 2$

c) $p(x) = \sqrt{\frac{1}{x-3}} + 2$ d) $q(x) = 2^{\frac{4-x}{x-3}}$

e) $r(x) = \frac{1}{\sqrt{x}-1}$ f) $s(x) = \frac{1}{\sqrt{2^{x-1}}-1}$

29 Halla la función inversa de las siguientes funciones:

a) $y = 3x - 2$ b) $y = \frac{x+3}{2}$

c) $y = \sqrt{2x+1}$ d) $y = 1 + 2^x$

e) $y = 2 + \log_3 x$ f) $y = 4 - x^2,\ x \geq 0$

30 Representa gráficamente la función inversa en cada caso:

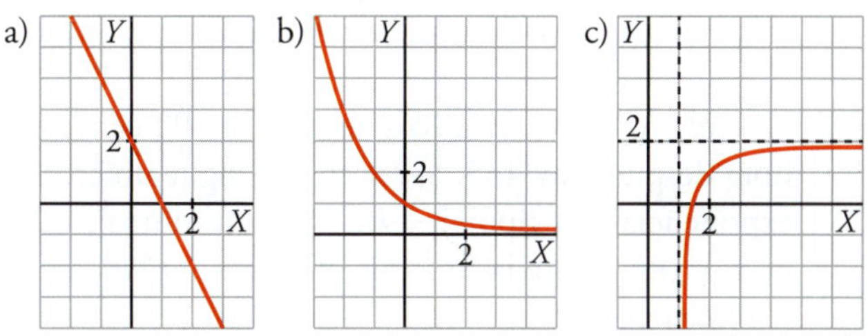

31 Comprueba si cada par de funciones son una inversa de la otra. Para ello calcula $f \circ f^{-1}$ o bien $f^{-1} \circ f$:

a) $f(x) = \frac{1}{x+2};\ f^{-1}(x) = \frac{1}{x} - 2$

b) $f(x) = \sqrt{2x+3};\ f^{-1}(x) = \frac{x^2+2}{3}$

c) $f(x) = 1 + \log_2 \frac{x}{3};\ f^{-1}(x) = 3 \cdot 2^{x-1}$

32 Considera la función $y = \sqrt{x+2},\ x \in [-2, 7]$.

a) ¿Cuál es su recorrido?

b) Obtén su función inversa, y determina el dominio de definición y el recorrido de esta.

Para resolver

33 Obtén la expresión analítica de las siguientes funciones:

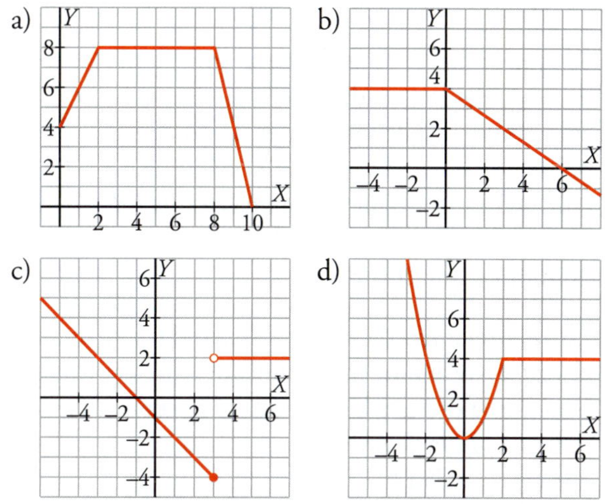

34 Representa las siguientes funciones partiendo de una más sencilla y realizando transformaciones sobre ella:

a) $y = \frac{3x}{x-1}$ b) $y = \frac{x-2}{x-4}$

c) $y = \frac{3x+2}{x+1}$ d) $y = \frac{x+1}{x-1}$

35 La gráfica de una función exponencial del tipo $y = ka^x$ pasa por los puntos (0; 0,5) y (1; 1,7).

a) Calcula k y a. b) Representa la función.

36 Determina, en cada caso, la ecuación de la parábola de la que conocemos el vértice y otro punto.

a) $V(1, -4),\ P(-1, 0)$ b) $V(-2, 3),\ P(0, 6)$

37 Utiliza la calculadora en radianes para obtener el valor de y en cada una de estas expresiones:

a) $y = \text{arc sen } 0{,}8$ b) $y = \text{arc sen } (-0{,}9)$

c) $y = \text{arc cos } 0{,}36$ d) $y = \text{arc cos } (-0{,}75)$

e) $y = \text{arc tg } 3{,}5$ f) $y = \text{arc tg } (-7)$

38 Obtén el valor de y en grados, sin usar la calculadora:

a) $y = \text{arc sen } \frac{\sqrt{3}}{2}$ b) $y = \text{arc cos } \frac{1}{2}$

c) $y = \text{arc tg } 1$ d) $y = \text{arc sen } (-1)$

e) $y = \text{arc cos } \left(-\frac{1}{2}\right)$ f) $y = \text{arc tg } \sqrt{3}$

39 Calcula en radianes.

a) $\text{arc sen } \left(\text{sen } \frac{\pi}{4}\right)$ b) $\text{arc cos } (\cos \pi)$

c) $\text{arc tg } \left(\text{tg } \frac{\pi}{5}\right)$ d) $\text{tg } (\text{arc tg } 1)$

e) $\text{sen } (\text{arc cos } (-1))$ f) $\text{arc cos } (\text{tg } \pi)$

40 En un triángulo equilátero de 10 cm de lado, se cortan en las esquinas triángulos equiláteros de lado x. Escribe el área del hexágono que resulta en función de x. ¿Cuál es el dominio de definición de esa función? ¿Y su recorrido?

41 Se quiere hacer una ventana con forma de rectángulo añadiéndole un semicírculo sobre el lado menor, en la parte superior. Si el perímetro del rectángulo es 8 m, escribe el área de la ventana en función del lado menor del rectángulo. Di cuál es su dominio y su recorrido.

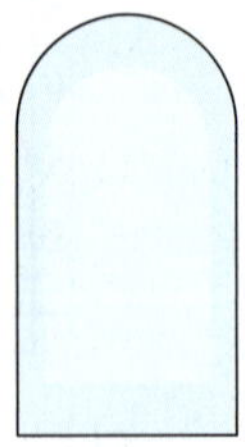

42 En las funciones de oferta y demanda, se llama *cantidad de equilibrio* al número de unidades que hay que producir para que la oferta y la demanda se igualen, $o(x) = d(x)$; y se llama *precio de equilibrio* al precio con el cual se consigue esa igualdad.

a) Halla el precio y la cantidad de equilibrio de un producto cuyas funciones de oferta y demanda son $o(x) = 2{,}5x - 100$ y $d(x) = 300 - 1{,}5x$ (x en euros, d y o en miles de unidades del producto).

b) Si el precio del producto es de 80 €, ¿habrá escasez o exceso del mismo? ¿Y si el precio fuese de 120 €?

c) ¿Cuál sería el precio y la cantidad de equilibrio si las funciones de oferta y demanda fuesen $o(x) = 0{,}25x^2 - 100$ y $d(x) = 185 - 2x$?

43 La dosis de un fármaco comienza con 10 mg y cada día debe aumentar 2 mg hasta llegar a 20 mg. Se debe seguir 15 días con esa cantidad y a partir de entonces ir disminuyendo 4 mg cada día.

a) Representa la función que describe este enunciado y determina su expresión analítica.

b) Di cuál es su dominio y su recorrido.

44 En un cilindro de radio 8 cm, depositamos una bola esférica de radio x y echamos agua hasta que cubra la bola. Escribe la función que da la cantidad de agua que hay que echar según la medida del radio de la bola.

¿Cuál es su dominio de definición?

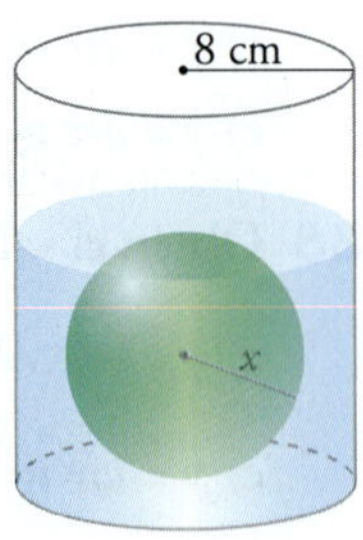

45 En una pared de dimensiones 6 m × 3 m se quieren abrir dos ventanas cuadradas de lado x.

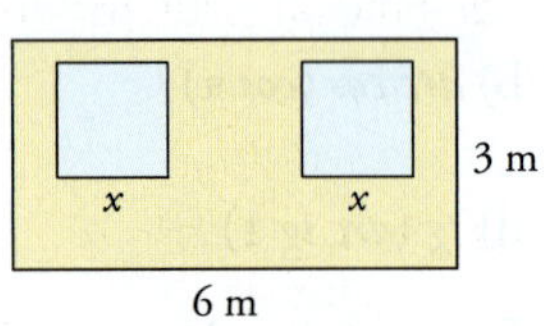

a) Expresa el área que queda de pared, una vez hechas las ventanas, en función de x.

b) ¿Cuál es su dominio de definición?

46 Una feria ganadera está abierta al público entre las 10 y las 20 horas. El número de visitantes viene dado por la función $N(t) = -20t^2 + Bt + C$, donde t es la hora de visita. Sabiendo que a las 17 h se alcanza el máximo de 1 500 visitantes, halla B y C y representa la función.

47 El coste de producción de x unidades de un producto es igual a $(1/4)x^2 + 35x + 25$ euros y el precio de venta de una unidad es $50 - (x/4)$ euros.

a) Escribe la función que nos da el beneficio total si se venden las x unidades producidas, y represéntala.

b) Halla el número de unidades que deben venderse para que el beneficio sea máximo.

48 Un fabricante vende mensualmente 100 electrodomésticos a 400 euros cada uno y sabe que por cada 10 euros de subida venderá 2 electrodomésticos menos.

a) ¿Cuáles serán los ingresos si sube los precios 50 euros?

b) Escribe la función que relaciona la subida de precio con los ingresos mensuales.

c) ¿Cuál debe ser la subida para que los ingresos sean máximos?

49

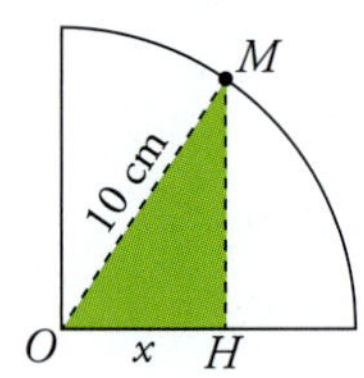

En un cuarto de circunferencia de 10 cm de radio tomamos un punto M y construimos el triángulo rectángulo OMH.

Expresa el área de ese triángulo según la medida del cateto x. ¿Cuál es su dominio de definición?

50 Un cultivo de bacterias comienza con 100 células. Media hora después hay 435. Si ese cultivo sigue un crecimiento exponencial del tipo $y = ka^t$ (t en minutos), calcula k y a y representa la función. ¿Cuánto tardará en llegar a 5 000 bacterias?

51 Un negocio en el que invertimos 10 000 €, pierde un 4 % mensual. Escribe la función que nos da el capital que tendremos según los meses transcurridos, y represéntala. ¿Cuánto tiempo tardará el capital inicial en reducirse a la mitad?

52 Una taza de café recién hecho está a 75 °C. Después de 3 minutos en una habitación a 21 °C, la temperatura del café ha descendido a 64 °C. Si la temperatura, T, del café en cada instante t viene dada por la expresión $T = A\,e^{kt} + 21$, calcula A y k y representa la función.

¿Cuánto tendremos que esperar para que la temperatura del café sea de 45 °C?

Cuestiones teóricas

53 Dada la función $y = a^x$, contesta:

a) ¿Puede ser negativa la y? ¿Y la x?

b) ¿Para qué valores de a es decreciente?

c) ¿Cuál es el punto por el que pasan todas las funciones del tipo $y = log_a x$?

d) ¿Para qué valores de x se verifica $0 < a^x < 1$ siendo $a > 1$?

54 ¿Puede ser simétrica una función respecto del eje OX? Justifica tu respuesta.

55 Demuestra que $y = log_b(x - a)$ e $y = log_c(x - a)$ cortan al eje OX en el mismo punto.

56 ¿Cuántas soluciones puede tener cada uno de estos sistemas?

a) $\begin{cases} y = x^2 \\ y = ax + b \end{cases}$ b) $\begin{cases} y = \sqrt{x} \\ y = ax + b \end{cases}$ c) $\begin{cases} y = 1/x \\ y = ax + b \end{cases}$

Justifícalo gráficamente y pon ejemplos.

57 Calcula x en las siguientes expresiones:

a) $arc\ sen\ x = 45°$ b) $arc\ cos\ x = 30°$

c) $arc\ tg\ x = -72°$ d) $arc\ sen\ x = 75°$

e) $arc\ cos\ x = \frac{\pi}{3}$ rad f) $arc\ tg\ x = 1{,}5$ rad

58 ¿Alguna de estas funciones verifica $f(a + b) = f(a) + f(b)$?

a) $f(x) = x + 1$ b) $f(x) = 2x$ c) $f(x) = x^2$

Para profundizar

59 ¿Qué transformación hemos hecho en cada una de estas funciones para obtenerlas a partir de $y = x^2$?

a) $y = x^2 - 6x + 5$ b) $y = 3x^2 - 6x + 5$

60 Define por intervalos y representa.

a) $y = |x - 4| - |x|$

b) $y = |x + 1| + |x - 3|$

c) $y = |2x - 4| - |x - 1|$

61 Las tarifas de una empresa de transporte son:

- 40 euros por tonelada de carga si esta es menor o igual a 20 t.
- Si la carga es mayor que 20 t, se restará, de los 40 euros, tantos euros como toneladas sobrepasen las 20.

a) Dibuja la función *ingresos de la empresa según la carga que transporte* (carga máxima: 30 t).

b) Obtén la expresión analítica.

62 Halla el dominio de definición de estas funciones:

a) $y = \sqrt{\dfrac{x+3}{x-2}}$ b) $y = \sqrt{\dfrac{x-9}{x}}$

63 ¿Cuántas soluciones tienen estas ecuaciones?

a) $e^x = 4 - x^2$ b) $ln\ x = \dfrac{1}{x}$

Busca, por tanteo, una solución en cada caso.

Autoevaluación

En la web Resoluciones de estos ejercicios.

1 Halla el dominio de definición de las siguientes funciones:

a) $y = \sqrt{x^2 - 2x}$ b) $y = \dfrac{2}{x^3 - x^2}$

2 Representa gráficamente las siguientes funciones:

a) $y = |2x + 3|$ b) $y = \begin{cases} -x^2 + 4 & \text{si } x < 1 \\ 4 - x & \text{si } x \geq 1 \end{cases}$

3 Representa $y = \dfrac{1}{x}$. A partir de ella, dibuja la gráfica de $y = \dfrac{-2x+5}{x-2}$.

4 Ponemos al fuego un cazo con agua a 10 °C. En 5 minutos alcanza 100 °C y se mantiene así durante media hora, hasta que el agua se evapora totalmente.

a) Representa la función que describe este fenómeno y halla su expresión analítica.

b) Di cuál es su dominio y su recorrido.

5 El precio de venta de un artículo viene dado por la expresión $p = 12 - 0{,}01x$ (x = número de artículos fabricados; p = precio, en cientos de euros).

a) Si se fabrican y se venden 500 artículos, ¿cuáles serán los ingresos obtenidos?

b) Representa la función *número de artículos-ingresos.*

c) ¿Cuántos artículos se deben fabricar para que los ingresos sean máximos?

6 Depositamos en un banco 2 000 € al 6% anual.

a) Escribe la función que nos dice cómo evoluciona el capital a lo largo del tiempo. ¿Qué tipo de función es? Represéntala.

b) ¿En cuánto tiempo se duplicará el capital?

7 Dadas $f(x) = \sqrt{x+1}$, $g(x) = \dfrac{1}{x-3}$, halla:

a) $f[g(2)]$ b) $g[f(15)]$ c) $f \circ g$ d) $g^{-1}(x)$

11 Límites de funciones. Continuidad y ramas infinitas

Cómo se llega al concepto de límite

El estado de reposo (inmovilidad) es desconocido en la naturaleza. Todo se mueve, todo cambia. El **límite de funciones** estudia, precisamente, los procesos de cambio. La idea de su tratamiento matemático es la siguiente: en ciertas situaciones no es posible obtener directamente el valor exacto de una magnitud; entonces, se obtienen sucesivas aproximaciones de ella. Esta cadena de aproximaciones, cada vez más precisas, permite determinar inequívocamente el valor buscado. Es el estudio del proceso de aproximación el que nos proporciona, mediante su límite, el valor exacto.

La humanidad llega a la idea de **continuidad** mediante la observación de procesos físicos. El concepto se va perfilando y se hace matemáticamente relevante al estudiar funciones que no son continuas en algunos de sus puntos. La descripción de función continua requiere del proceso de paso al límite.

Los conceptos de límite y de continuidad recibieron una formulación precisa al comienzo del siglo XIX (**Cauchy**) y están estrechamente ligados al de número real.

En la web Biografía de Cauchy.

Agustin Louis Cauchy (1789-1857).

Antecedentes

Zenón fue un filósofo griego del siglo IV a. C. ¿Conoces sus paradojas? Es muy famosa la de Aquiles y la tortuga: Aquiles (A), héroe griego famoso, entre otras cosas, por su velocidad, emprende una carrera con una tortuga (T) a la que deja una buena ventaja. Se "demuestra" que A *nunca* alcanza a T, pues cuando A llega al lugar de donde partió T, T ya ha avanzado un cierto tramo. Cuando A recorre ese tramo, T ha avanzado algo más. Y así sucesivamente: *siempre* que A llega a donde estaba T en el *instante* anterior, T ha avanzado algo. Por lo tanto, Aquiles *nunca* alcanza a la tortuga.

Esta paradoja se desmonta con la actual idea de límite: la suma de todos los infinitos tiempos que emplea Aquiles en llegar a la posición anterior de la tortuga no es un tiempo infinito sino finito.

Eudoxo, astrónomo y matemático griego del siglo IV a. C., utilizó el **método de exhausción** que consiste en calcular la superficie de una figura curvilínea como aproximación de sucesivas figuras rectilíneas cada vez más próximas a la primera. **Arquímedes** (siglo III a. C.) utilizó este mismo método de manera admirable para calcular áreas y volúmenes de figuras espaciales.

En la web Biografía de Arquímedes.

Zenón de Elea (ca. 490 a. C.-ca. 430 a. C.).

Para qué sirve la continuidad

Las funciones que se refieren a fenómenos reales relacionan, frecuentemente, causas con efectos. Por ejemplo, en una función $P = f(T)$ que relacione la temperatura en un autoclave con la presión dentro de este, la temperatura es la causa y la presión, el efecto. Que f sea continua significa que a pequeñas variaciones en la causa corresponden pequeñas variaciones en el efecto.

Puesto que toda medida que tomemos en una magnitud real es aproximada (nunca exacta), la continuidad permite aproximarnos tanto como deseemos al valor del efecto (presión) sin más que controlar, tanto como sea necesario, el valor de la causa (temperatura). Una discontinuidad en la función traería como consecuencia que los efectos fueran imprevisibles, puesto que la causa siempre estará sometida a la imprecisión de la medida.

Autoclave.

Resuelve

A través de una lupa

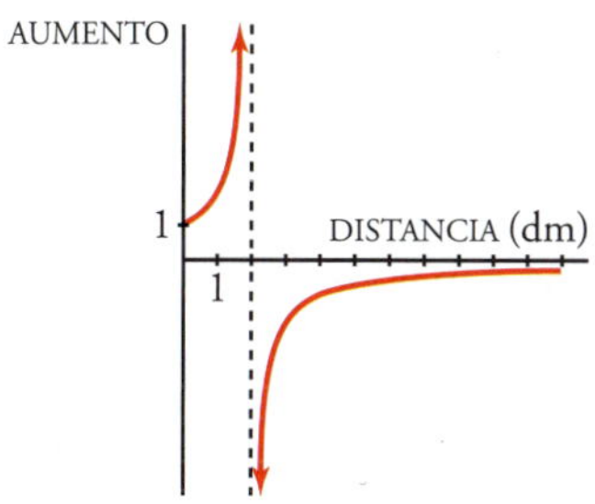

El *aumento* A producido por cierta lupa viene dado por la siguiente ecuación:

$$A = \frac{2}{2 - d}$$

donde d es la *distancia* (en decímetros) entre el objeto que queremos observar y la lupa.

Si acercamos el objeto a la lupa hasta tocarla $(d = 0)$, su tamaño se mantiene igual. Esto, en términos de límites, se escribe así:

$$\lim_{d \to 0} A = 1$$

¿Cómo se escribiría lo siguiente en términos de límites?

a) Si acercamos el objeto a 2 dm, aproximadamente, se hace más y más grande. Además, el objeto se verá al derecho si $d < 2$, o invertido, si $d > 2$.

$$\lim_{d \to 2^-} A = \ldots \qquad \lim_{d \to 2^+} A = \ldots$$

b) Si alejamos la lupa del objeto, este se ve cada vez más pequeño.

$$\lim_{d \to +\infty} A = \ldots$$

Ruido y silencio

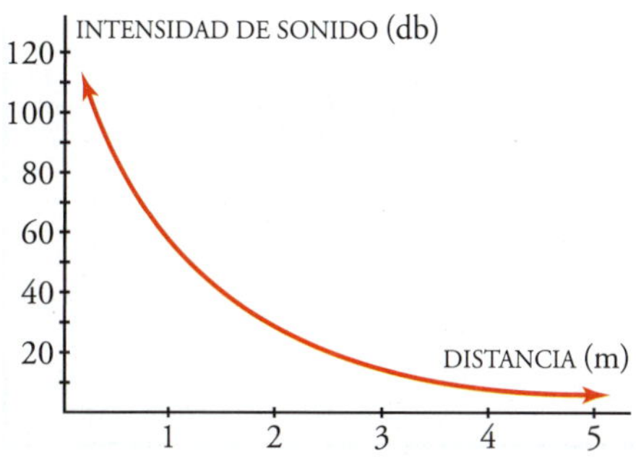

Si acercamos la oreja a un foco de sonido, este se hace insoportable. Si la alejamos mucho, deja de oírse. Traduce estos hechos a límites, llamando I a la *intensidad del sonido* (en decibelios) y d a la *distancia* (en metros) a la que nos colocamos del foco emisor:

$$\lim_{d \to 0} I = \ldots \qquad \lim_{d \to +\infty} I = \ldots$$

1 Visión intuitiva de la continuidad. Tipos de discontinuidades

La idea de función continua es la de que "puede ser construida con un solo trazo". En este epígrafe obtendremos algunos criterios mediante los cuales podamos saber si una función, dada por su expresión analítica, es o no continua. Pero antes, analizaremos las razones por las que una función deja de ser continua en un punto.

Discontinuidades

Observemos distintos tipos de discontinuidad en un punto a.

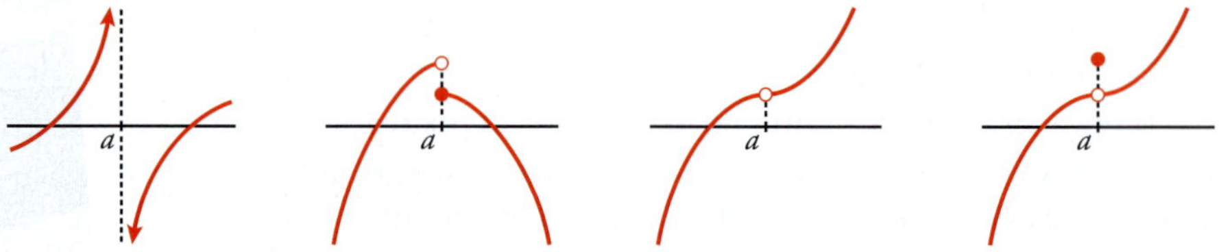

I. Salto infinito — II. Salto finito — III. Falta el punto — IV. Punto desplazado

Las de los tipos III y IV se llaman discontinuidades "evitables".

Ejercicio resuelto

1 *Señalar qué tipo de discontinuidad presenta cada una de las siguientes funciones:*

a)

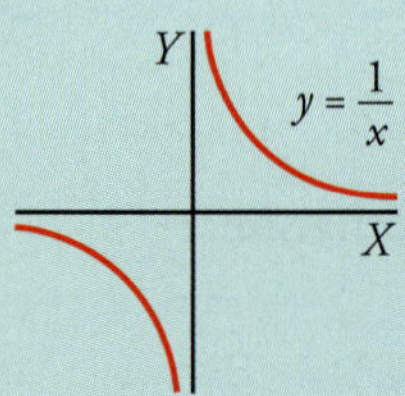

a) Tiene una asíntota vertical en el punto $x = 0$.

Es una discontinuidad del tipo I.

b)

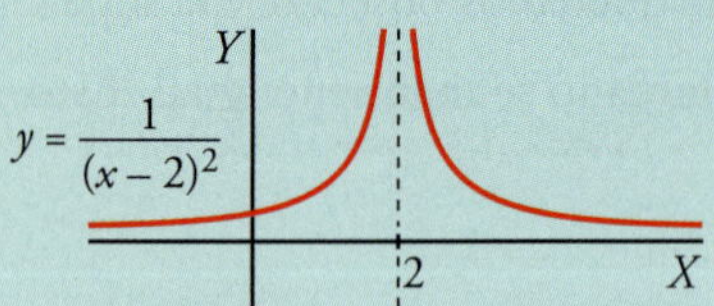

b) Tiene una asíntota vertical en $x = 2$. Aunque las dos ramas de las curvas van hacia arriba, se trata de un salto infinito.

Es, también, una discontinuidad del tipo I.

c)

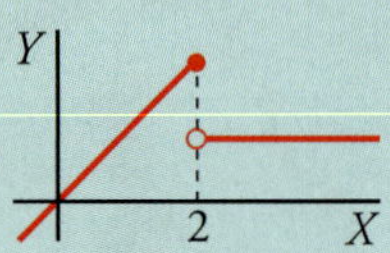

$$y = \begin{cases} x & \text{si } x \le 2 \\ 1 & \text{si } x > 2 \end{cases}$$

c) En el punto $x = 2$ hay un salto finito.

Es una discontinuidad del tipo II.

d)

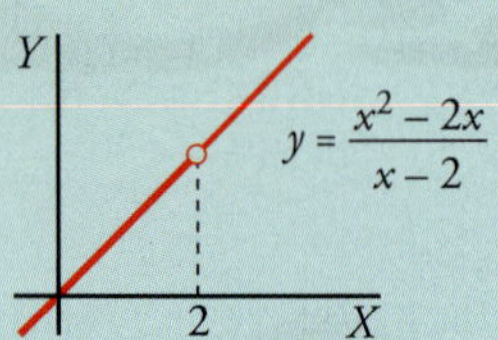

d) Simplificamos la fracción: $\frac{x^2 - 2x}{x - 2} = \frac{(x - 2)x}{x - 2} = x$ si $x \neq 2$.

Pero la expresión inicial carece de sentido para $x = 2$. Por tanto, la función coincide con la recta $y = x$ salvo que le falta un punto.

Es una discontinuidad del tipo III.

e)

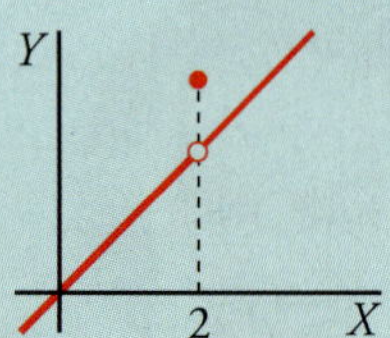

$$y = \begin{cases} x & \text{si } x \neq 2 \\ 3 & \text{si } x = 2 \end{cases}$$

e) La función sí está definida en $x = 2$. Pero su valor está desplazado.

Es una discontinuidad del tipo IV.

En los ejemplos anteriores (ejercicio resuelto) hemos visto diversas funciones discontinuas en un punto, pero continuas en todos los demás puntos de su dominio de definición. Veamos otro caso.

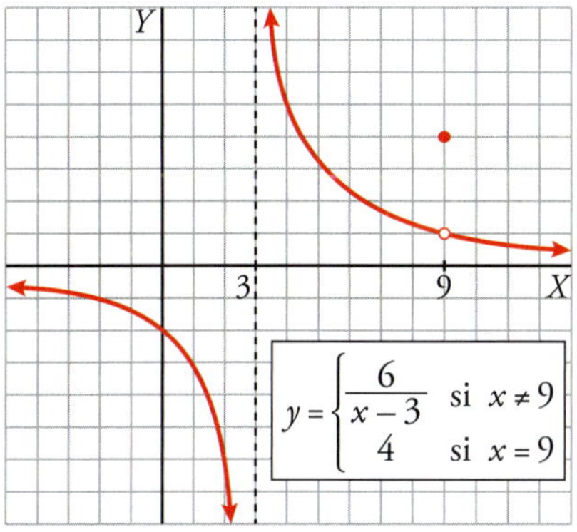

Esta función tiene dos puntos de discontinuidad:

En $x = 3$ presenta un salto infinito (Tipo I).

En $x = 9$ tiene el punto desplazado (Tipo IV).

Es continua en el resto.

Observamos que la discontinuidad en $x = 3$ no ha habido que anunciarla, se desprende "de forma natural" de la expresión analítica, mientras que la del punto $x = 9$ se ha explicitado mediante el recurso artificioso de la definición "a trozos".

Es importante señalar que las funciones con discontinuidades de tipos I y III, que son las únicas que se han podido definir "de forma natural", no están definidas en el punto en que son discontinuas. Esto es general, y nos va a permitir dar un criterio, tan eficaz como sencillo, para identificar la continuidad de una función dada analíticamente.

Cómo detectar la continuidad en la expresión analítica

Las funciones dadas por expresiones analíticas elementales (es decir, todas las que conocemos hasta ahora) son continuas en todos los puntos en los que están definidas.

Por ejemplo:

$f(x) = x^3 - 3x + 5$ está definida en todo $\mathbb{R}$ y es continua en todos los puntos de $\mathbb{R}$.

$g(x) = \dfrac{x+5}{x+3}$ es continua en todos los puntos, salvo en $x = -3$, donde no está definida.

$h(x) = \sqrt{x-4}$ es continua en $[4, +\infty)$, que es donde está definida.

Ten en cuenta

Funciones como las siguientes,

$$y = \frac{1}{x}; \quad y = \frac{1}{(x-2)^2}; \quad y = \frac{x^2-2x}{x-2}$$

que están definidas "de forma natural" (sin el artificio de la definición "a trozos"), solo son discontinuas en los puntos donde no están definidas.

Ejercicios propuestos

1 ¿Verdadero o falso?

Cada una de las siguientes funciones es continua en todos los puntos en los que está definida:

a) $y = x^2 - 1$

b) $y = \sqrt{x+2}$

c) $y = sen\ x$

d) $y = tg\ x$

e) $y = Ent\ (x)$

f) $y = Mant\ (x)$

g) $y = \dfrac{1}{x^2-1}$

h) $y = \dfrac{1}{\sqrt{x+2}}$

i) $y = \begin{cases} x^2 & \text{si } x < 0 \\ x & \text{si } 0 \le x < 3 \\ 1 & \text{si } x > 3 \end{cases}$

j) $y = \begin{cases} 5x-3 & \text{si } x \le 1 \\ x+2 & \text{si } x > 1 \end{cases}$

2 Cada una de las siguientes funciones tiene uno o más puntos donde no es continua. Indica cuáles son esos puntos y qué tipo de discontinuidad presenta:

a) $y = \dfrac{x+2}{x-3}$

b) $y = \dfrac{x^2-3x}{x}$

c) $y = \dfrac{x^2-3}{x}$

d) $y = \begin{cases} 3 & \text{si } x \neq 4 \\ 1 & \text{si } x = 4 \end{cases}$

3 Explica por qué son continuas las siguientes funciones y determina el intervalo en el que están definidas:

a) $y = x^2 - 5$

b) $y = \sqrt{5-x}$

c) $y = \begin{cases} 3x-4 & \text{si } x < 3 \\ x+2 & \text{si } x \ge 3 \end{cases}$

d) $y = \begin{cases} x & \text{si } 0 \le x < 2 \\ 2 & \text{si } 2 \le x < 5 \end{cases}$

2 Límite de una función en un punto. Continuidad

En las páginas anteriores hemos visto la idea intuitiva de continuidad. Pero para dar una definición rigurosa de ella se necesita el **concepto de límite.** A partir de este concepto se extraerán métodos para el cálculo de límites, básicos también para la obtención de ramas infinitas.

Significado de *lím f(x)* cuando $x \to c^-$ (límite lateral)

La expresión $x \to c^-$ se lee "x tiende a c por la izquierda" y significa que x toma valores cada vez más próximos a c, tan próximos a c como se quiera, pero menores que c.

Si $x \to c^-$, entonces a x le damos valores variables. Como consecuencia, $f(x)$ también toma valores variables. El comportamiento de $f(x)$ cuando $x \to c^-$, se expresa así:

$$\lim_{x \to c^-} f(x) \quad (\textit{límite de } f(x) \textit{ cuando } x \textit{ tiende a } c \textit{ por la izquierda})$$

y puede ser de una de las siguientes formas:

(I) $\lim_{x \to c^-} f(x) = +\infty$

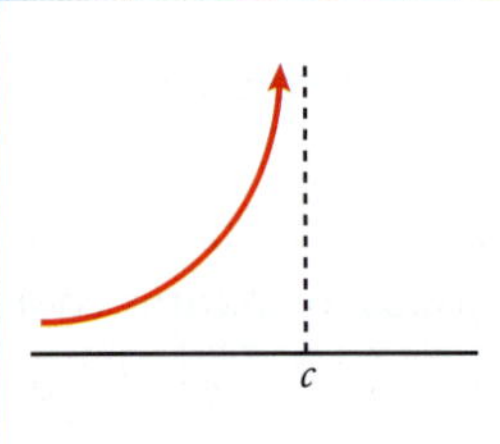

(II) $\lim_{x \to c^-} f(x) = -\infty$

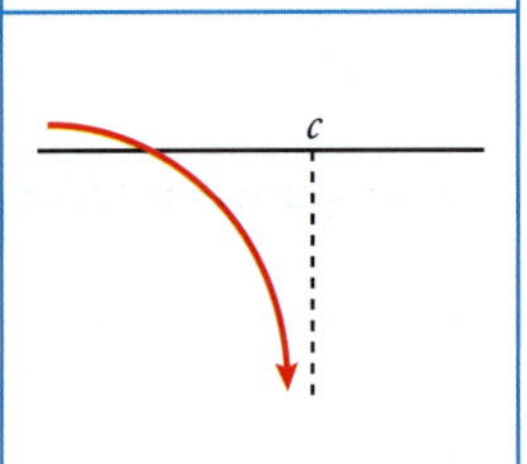

(III) $\lim_{x \to c^-} f(x) = l$

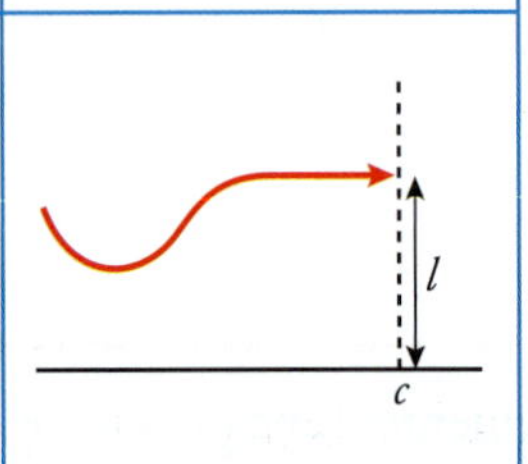

(I) $\boxed{\lim_{x \to c^-} f(x) = +\infty}$ Cuando $x \to c^-$, $f(x)$ toma valores cada vez más grandes, llegando a superar a cualquier valor, por grande que sea.

Ejemplo: $f(x) = \dfrac{1}{(x-1)^2}$

x	0	0,9	0,99	…
f(x)	1	100	10 000	…

$\lim_{x \to 1^-} f(x) = +\infty$

(II) $\boxed{\lim_{x \to c^-} f(x) = -\infty}$ Cuando $x \to c^-$, $f(x)$ toma valores cada vez "más negativos" (negativos y cada vez más grandes en valor absoluto).

Ejemplo: $f(x) = \dfrac{1}{x-1}$

x	0	0,9	0,99	…
f(x)	–1	–10	–100	…

$\lim_{x \to 1^-} f(x) = -\infty$

(III) $\boxed{\lim_{x \to c^-} f(x) = l}$ Cuando $x \to c^-$, $f(x)$ toma valores cada vez más próximos al número l.

Ejemplo: $f(x) = x^2 + 5$

x	0	0,9	0,99	…
f(x)	5	5,81	5,9801	…

$\lim_{x \to 1^-} f(x) = 6$

Las funciones que nosotros conocemos hasta ahora tienen uno de estos tres comportamientos cuando $x \to c^-$.

Ejercicio propuesto

1 Para cada una de las funciones siguientes $f_1(x) = \dfrac{-5}{(x-3)^2}$, $f_2(x) = \dfrac{4}{3-x}$, $f_3(x) = 2^x$, completa en tu cuaderno la tabla adjunta, con ayuda de la calculadora, y estima el valor de $\lim_{x \to 3^-} f(x)$.

x	2	2,5	2,9	2,99	2,999
f(x)					

Significado de *lím f(x)* cuando $x \to c^+$ (límite lateral)

La expresión $x \to c^+$ (x tiende a c por la derecha) significa que x toma valores cada vez más próximos a c, y mayores que c.

El significado de $\lim\limits_{x \to c^+} f(x)$ (*límite de* $f(x)$ *cuando* x *tiende a* c *por la derecha*) es similar al del $\lim\limits_{x \to c^-} f(x)$. Veamos gráficamente los tres comportamientos que pueden darse, idénticos a los vistos para $x \to c^-$.

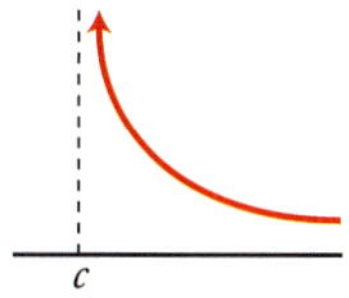

$\lim\limits_{x \to c^+} f(x) = +\infty$

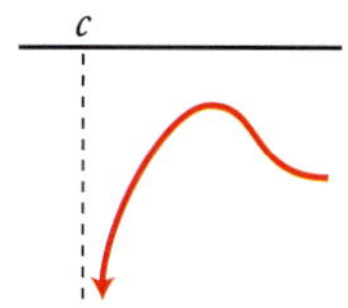

$\lim\limits_{x \to c^+} f(x) = -\infty$

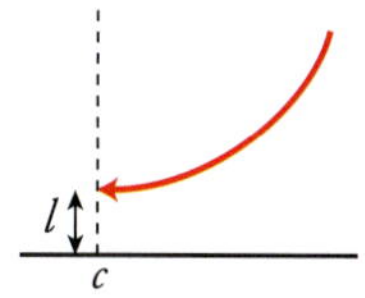

$\lim\limits_{x \to c^+} f(x) = l$

Con calculadora

Comprueba que

$\lim\limits_{x \to 1^+} \dfrac{1}{(x-1)^2} = +\infty$

$\lim\limits_{x \to 1^+} \dfrac{1}{x-1} = +\infty$

$\lim\limits_{x \to 1^+} (x^2+5) = 6$

dando a x los valores

2; 1,5; 1,1; 1,01; 1,001; 1,0001; …

Significado de *lím f(x)* cuando $x \to c$

$x \to c$ significa que x toma valores cada vez más próximos a c, tan próximos como se quiera, tanto a su izquierda como a su derecha.

$\lim\limits_{x \to c} f(x)$ (*límite de* $f(x)$ *cuando* x *tiende a* c), es el comportamiento de la función cuando x se aproxima a c tanto por la derecha como por la izquierda.

Si $\lim\limits_{x \to c^-} f(x) = \lim\limits_{x \to c^+} f(x) = l$, decimos que $\lim\limits_{x \to c} f(x) = l$.

Análogamente, cuando los dos límites laterales son $+\infty$ o $-\infty$.

Si los dos límites laterales no coinciden, se dice que **no existe** el $\lim\limits_{x \to c} f(x)$.

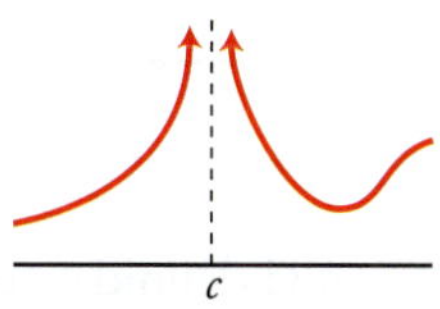

$\lim\limits_{x \to c} f(x) = +\infty$

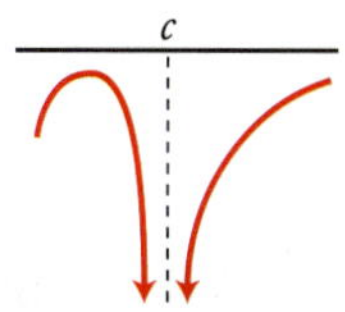

$\lim\limits_{x \to c} f(x) = -\infty$

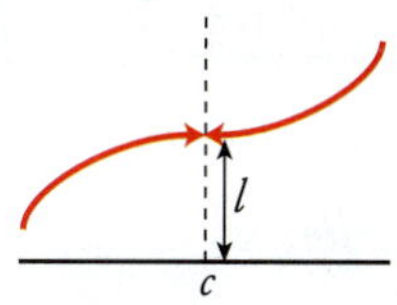

$\lim\limits_{x \to c} f(x) = l$

Si la función no está definida a la izquierda de c, entonces $\lim\limits_{x \to c} f(x) = \lim\limits_{x \to c^+} f(x)$. Análogamente si no está definida a la derecha de c.

Ejemplos

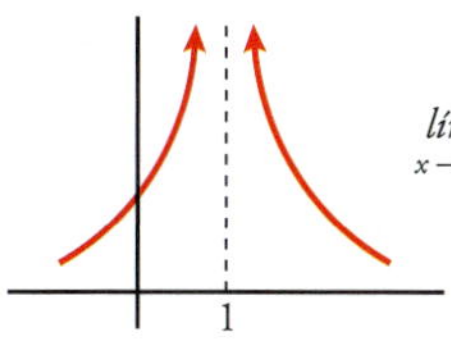

$\lim\limits_{x \to 1} \dfrac{1}{(x-1)^2} = +\infty$

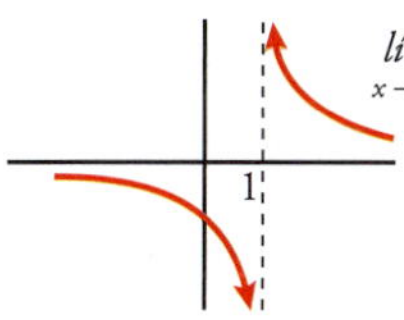

$\lim\limits_{x \to 1} \dfrac{1}{x-1}$ no existe

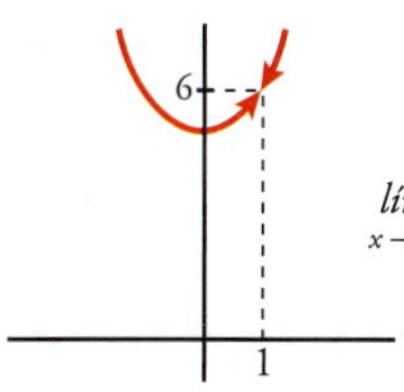

$\lim\limits_{x \to 1} (x^2+5) = 6$

Relación de la continuidad en c con el límite cuando $x \to c$

Las funciones continuas se caracterizan del siguiente modo:

f es continua en $x = c$ si se cumple: $\lim\limits_{x \to c} f(x) = f(c)$

Observa que en esta definición se resumen las tres condiciones siguientes:

- f tiene límite finito cuando $x \to c$.
- f está definida en $x = c$.
- El límite en c coincide con el valor de la función.

En la web

Animación interactiva para visualizar las condiciones de continuidad en un punto.

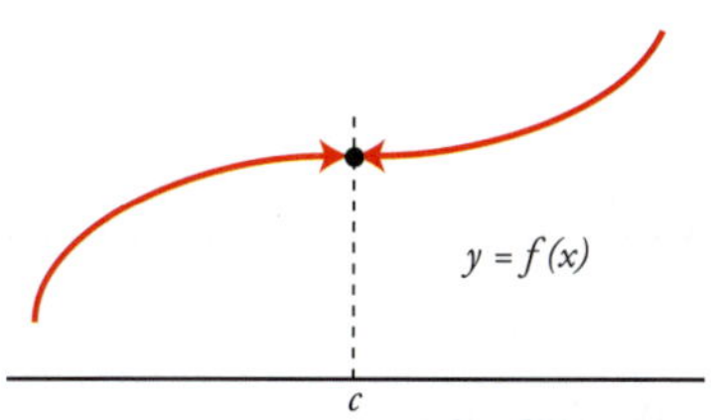

$y = f(x)$ es continua en c $\Leftrightarrow$ $\lim\limits_{x \to c} f(x) = f(c)$

3 Cálculo de límites en un punto

El cálculo de límites de funciones en puntos concretos puede ser muy fácil o difícil, según los casos. Vamos a analizar distintas situaciones que nos permitirán reconocer qué proceso conviene seguir en cada caso.

Límite en un punto en el que la función es continua

¿Cuál es el límite de $sen\, x$ cuando $x \rightarrow \frac{\pi}{3}$? $\left(\lim\limits_{x \to \pi/3} sen\, x \right)$

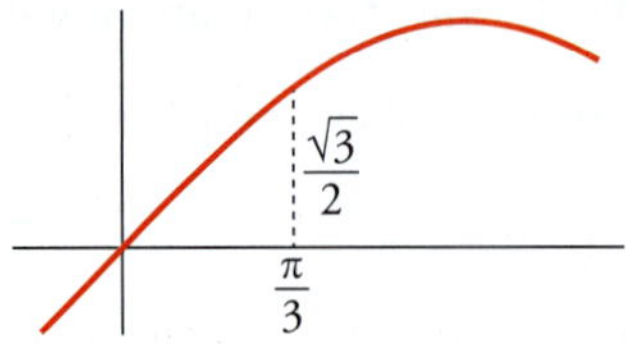

Parece evidente que tal límite es $\frac{\sqrt{3}}{2}$; es decir, el valor de $sen\, x$ en ese punto.

Vamos a razonar por qué esto es así.

Y lo haremos de forma general, basándonos en dos resultados obtenidos en la página anterior:

- Si f es continua en c, entonces $\lim\limits_{x \to c} f(x) = f(c)$.
- Las funciones que utilizamos habitualmente mediante su expresión analítica son continuas en todos los puntos en los que están definidas.

Como consecuencia podemos afirmar lo siguiente:

> Si $f(x)$ es una función habitual dada por su expresión analítica y está definida en el punto $x = c$, entonces:
>
> para hallar $\lim\limits_{x \to c} f(x)$ calcularemos, sencillamente, $f(c)$

Aplicando esta regla al cálculo del $\lim\limits_{x \to \pi/3} sen\, x$:

$y = sen\, x$ es continua en todo $\mathbb{R}$ y, en concreto, en $x = \frac{\pi}{3}$. Por tanto:

$$\lim_{x \to \pi/3} sen\, x = sen\, \frac{\pi}{3} = \frac{\sqrt{3}}{2}$$

Ejercicio resuelto

1 *Hallar los siguientes límites:*

a) $\lim\limits_{x \to 3} x^2$

b) $\lim\limits_{x \to 2} \frac{5x}{x-5}$

c) $\lim\limits_{x \to 7} \sqrt{3x+4}$

d) $\lim\limits_{x \to \frac{\pi}{4}} (sen\, x + 3)$

a) $f(x) = x^2$ está definida y es continua en $x = 3$. Por tanto, $\lim\limits_{x \to 3} x^2 = 3^2 = 9$.

b) $f(x) = \frac{5x}{x-5}$ está definida y es continua en $x = 2$.

Por tanto, $\lim\limits_{x \to 2} \frac{5x}{x-5} = \frac{5 \cdot 2}{2-5} = \frac{10}{-3} = -\frac{10}{3}$.

c) $f(x) = \sqrt{3x+4}$ está definida y es continua en $x = 7$.

Por tanto, $\lim\limits_{x \to 7} \sqrt{3x+4} = \sqrt{3 \cdot 7 + 4} = \sqrt{25} = 5$.

d) $f(x) = sen\, x + 3$ está definida y es continua en $x = \frac{\pi}{4}$.

Por tanto, $\lim\limits_{x \to \frac{\pi}{4}} (sen\, x + 3) = sen\, \frac{\pi}{4} + 3 = \frac{\sqrt{2}}{2} + 3$

Ejercicio propuesto

1 Calcula razonadamente el valor de los siguientes límites:

a) $\lim\limits_{x \to 0} \frac{3}{x-2}$ b) $\lim\limits_{x \to 0} (cos\, x - 1)$ c) $\lim\limits_{x \to 2} \sqrt{x^2 - 3x + 5}$ d) $\lim\limits_{x \to 0,1} log_{10}\, x$

Límites de funciones definidas "a trozos"

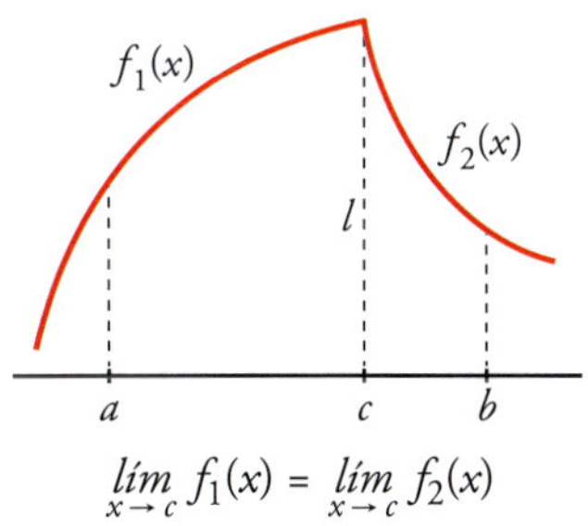

Analicemos $f(x) = \begin{cases} f_1(x), & x \le c \\ f_2(x), & x > c \end{cases}$ en donde $f_1(x)$ y $f_2(x)$ son funciones continuas.

- **Cálculo de $\lim f(x)$ en el punto de ruptura**

  Como f_1 y f_2 son continuas, $\lim_{x\to c^-} f(x) = f_1(c)$ y $\lim_{x\to c^+} f(x) = f_2(c)$. Por tanto:

  - Si $f_1(c) = f_2(c) = l$, entonces $\lim_{x\to c} f(x) = l$.
  - Si $f_1(c) \ne f_2(c)$, entonces el límite no existe.

- **Cálculo de $\lim f(x)$ en otro punto cualquiera del dominio**

  Para hallar el límite, procederemos así:

  Si $a < c$, $\lim_{x\to a} f(x) = f_1(a)$ Si $b > c$, $\lim_{x\to b} f(x) = f_2(b)$

Ejercicios resueltos

1 *La función*

$$f(x) = \begin{cases} f_1(x) = 2x - 5, & x < 3 \\ f_2(x) = -x + 2, & x \ge 3 \end{cases}$$

¿es continua en $x = 3$?

Hallar su límite en 1 y en 7.

- **Continuidad en $x = 3$.** Veamos si coinciden los límites laterales.

$$\left.\begin{array}{l} \lim_{x\to 3^-} f(x) = f_1(3) = 2\cdot 3 - 5 = 1 \\ \lim_{x\to 3^+} f(x) = f_2(3) = -3 + 2 = -1 \end{array}\right\}$$ No coinciden. No existe $\lim_{x\to 3} f(x)$.

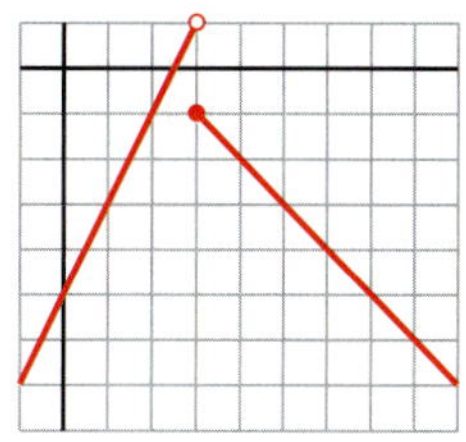

Como consecuencia, $f(x)$ no es continua en $x = 3$.

- **Límite en $x = 1$.** Como $1 < 3$, es la función f_1 la que rige en este punto.

$$\lim_{x\to 1} f(x) = \lim_{x\to 1} f_1(x) = \lim_{x\to 1} (2x - 5) = 2\cdot 1 - 5 = -3$$

- **Límite en $x = 7$.** Como $7 > 3$, es la función f_2 la que rige en este punto.

$$\lim_{x\to 7} f(x) = \lim_{x\to 7} f_2(x) = \lim_{x\to 7} (-x + 2) = -7 + 2 = -5$$

Hazlo tú. $g(x) = \begin{cases} x^3 - 5x + 3, & x \ne -2 \\ 5, & x = -2 \end{cases}$ ¿Es continua en $x = -2$?

Halla su límite en 0 y en 4.

2 *Calcular el valor de n para que la función*

$$f(x) = \begin{cases} x^2 - 5x + 1, & x \le 4 \\ 2x + n, & x > 4 \end{cases}$$

sea continua en todo $\mathbb{R}$.

Cualquiera que sea n, $f(x)$ es continua en los puntos distintos de 4.

Hemos de analizar la continuidad en $x = 4$. Para ello, obligamos a que el límite por la izquierda coincida con el límite por la derecha.

Puesto que $f(4) = 4^2 - 5\cdot 4 + 1 = -3$, ha de ser $\lim_{x\to 4} f(x) = -3$.

$$\left.\begin{array}{l} \lim_{x\to 4^-} f(x) = 4^2 - 5\cdot 4 + 1 = -3 \\ \lim_{x\to 4^+} f(x) = 2\cdot 4 + n = 8 + n \end{array}\right\} \; 8 + n = -3 \Rightarrow n = -11$$

Para $n = -11$, f tiene límite en $x = 4$, que coincide con $f(4)$. Por tanto, es continua en $x = 4$. Conclusión: para $n = -11$, f es continua en todo $\mathbb{R}$.

Hazlo tú. Calcula k para que $f(x) = \begin{cases} x^3 - 2x + k, & x \ne 3 \\ 7, & x = 3 \end{cases}$ sea continua en $\mathbb{R}$.

Límite de expresiones en las que se anula el denominador

Observemos estos límites:

a) $\lim\limits_{x \to 2} \dfrac{x+1}{x-2}$ b) $\lim\limits_{x \to 0} \dfrac{x^3+3x^2}{x^4}$ c) $\lim\limits_{x \to 0} \dfrac{2x}{sen\ x}$

En todos ellos se ha de hallar el límite en un punto en el que la función no está definida, pues se anula el denominador.

Los dos primeros (cociente de polinomios) aprenderemos a continuación a obtenerlos de forma sistemática. Para la tercera, mientras no tengamos otro instrumento matemático, nos valdremos de la calculadora.

Indeterminación (0/0)

En los límites b) y c) de la derecha, tanto el numerador como el denominador tienden a cero cuando $x \to c$. Decimos en estos casos que se trata de una *indeterminación "cero partido por cero"*, $\left(\frac{0}{0}\right)$. Para averiguar el límite tenemos que *deshacer* esa indeterminación.

Ejercicio resuelto

1 *Calcular* $\lim\limits_{x \to 0} \dfrac{2x}{sen\ x}$ *con ayuda de la calculadora.*

Damos a x valores próximos a 0, acercándonos cada vez más.

$$\left.\begin{array}{ll} x = 0,01 & \to\ 2 \cdot 0,01/sen\,0,01 = 2,00003 \\ x = 0,001 & \to\ 2 \cdot 0,001/sen\,0,001 = 2,0000003 \\ x = -0,001 & \to\ 2 \cdot (-0,001)/sen\,(-0,001) = 2,0000003 \end{array}\right\}$$

Parece claro que $\lim\limits_{x \to 0} \dfrac{2x}{sen\ x} = 2$.

Límite del cociente de dos polinomios, *P*(*x*)/*Q*(*x*)

- Si **el denominador no se anula,** $Q(c) \neq 0$, la función es continua en c y, por tanto, el límite en c es el valor de la función en c.

$$\text{Si } Q(c) \neq 0,\ \lim_{x \to c} \frac{P(x)}{Q(x)} = \frac{P(c)}{Q(c)}$$

- Si **el denominador se anula y el numerador no se anula,** el límite es infinito.

$$\text{Si } P(c) \neq 0 \text{ y } Q(c) = 0, \text{ entonces } \lim_{x \to c} \frac{P(x)}{Q(x)} = \pm\infty$$

En estos casos hay que estudiar los dos límites laterales. Este estudio puede hacerse con ayuda de la calculadora hallando el signo de $P(x)/Q(x)$ en puntos muy próximos a c, a ambos lados de él. Por ejemplo, en $c - 0,01$ y en $c + 0,01$.

- Si **tanto el numerador como el denominador se anulan,** se trata de una indeterminación $\left(\frac{0}{0}\right)$. Para resolverla ha de simplificarse la expresión.

Si $P(c) = 0$, $Q(c) = 0$, entonces el cociente puede simplificarse dividiendo numerador y denominador por $(x - c)$:

$$P(x) = (x-c) \cdot P_1(x) \qquad Q(x) = (x-c) \cdot Q_1(x)$$

$$\lim_{x \to c} \frac{P(x)}{Q(x)} = \lim_{x \to c} \frac{(x-c) \cdot P_1(x)}{(x-c) \cdot Q_1(x)} = \lim_{x \to c} \frac{P_1(x)}{Q_1(x)}$$

Para hallar este nuevo límite, analizaremos en cuál de los tres casos se encuentra.

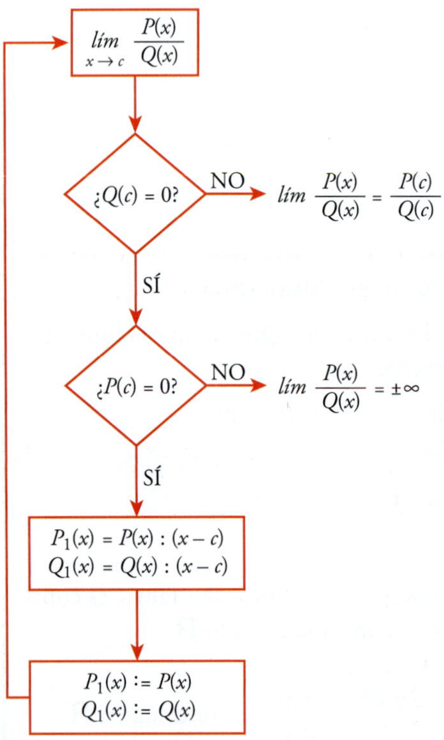

La expresión **:=** *significa "se pone en lugar de".*

Ejercicios resueltos

1 *Calcular*

$$\lim_{x \to 2} \frac{x+1}{x-2}$$

y representar el resultado.

- El denominador se anula en $x = 2$, pero no el numerador. Por tanto, el límite es infinito, con signo más o menos.
- Ahora estudiamos el signo de la función para valores próximos a 2, a uno y otro lado de él:

IZDA.: $x = 1{,}99 \to \frac{1{,}99+1}{1{,}99-2} = -299 < 0$; $\lim_{x \to 2^-} f(x) = -\infty$

DCHA.: $x = 2{,}01 \to \frac{2{,}01+1}{2{,}01-2} = 301 > 0$; $\lim_{x \to 2^+} f(x) = +\infty$

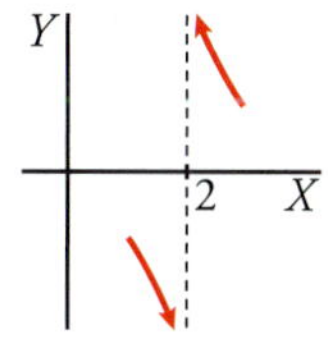

Hazlo tú. Calcula a) $\lim_{x \to 0} \frac{x-3}{x}$; b) $\lim_{x \to 0} \frac{x-3}{x^2}$; c) $\lim_{x \to 1} \frac{x^3}{(x-1)^2}$ y representa los resultados.

2 *Hallar*

$$\lim_{x \to 2} \frac{x^2-5x+6}{x^2+3x-10}$$

y representar el resultado.

- ¿Se anula el denominador en $x = 2$? ¿Se anula también el numerador?

  En $x = 2$ se anulan ambos. Simplificamos la fracción dividiendo por $(x-2)$:

$$\frac{x^2-5x+6}{x^2+3x-10} = \frac{(x-3)(x-2)}{(x+5)(x-2)} = \frac{x-3}{x+5}$$

- Comprobamos que en la fracción simplificada el denominador ya no se anula en $x = 2$. Podemos obtener el límite sustituyendo:

$$\lim_{x \to 2} \frac{x^2-5x+6}{x^2+3x-10} = \lim_{x \to 2} \frac{x-3}{x+5} = -\frac{1}{7}$$

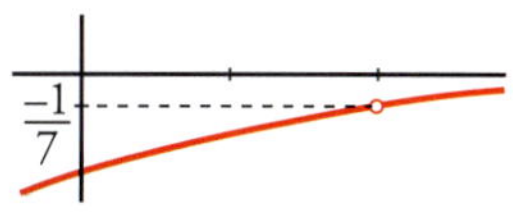

Hazlo tú. Calcula a) $\lim_{x \to 5} \frac{x^2-4x-5}{x^2-8x+15}$; b) $\lim_{x \to 0} \frac{2x^3-5x^2}{x^2}$ y representa los resultados.

3 *Calcular*

$$\lim_{x \to 2} \frac{x^3-5x^2+6x}{x^3-7x^2+16x-12}$$

y representar el resultado.

- Para $x = 2$ se anula el denominador y también el numerador. Por tanto, simplificamos dividiendo arriba y abajo por $x - 2$:

$$\lim_{x \to 2} f(x) = \lim_{x \to 2} \frac{(x-2)(x^2-3x)}{(x-2)(x^2-5x+6)} = \lim_{x \to 2} \frac{x^2-3x}{x^2-5x+6}$$

- Ahora, para $x = 2$, observamos que se anula el denominador pero no el numerador. Por tanto, los límites laterales son $\pm\infty$. Estudiamos el signo de la función a uno y otro lado de 2:

IZDA.: $x = 1{,}99$

$$\frac{1{,}99^2-3\cdot 1{,}99}{1{,}99^2-5\cdot 1{,}99+6} = \frac{-}{+} = -$$

$\lim_{x \to 2^-} f(x) = -\infty$

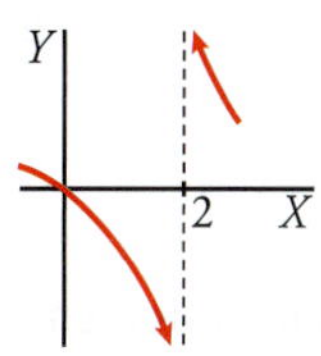

DCHA.: $x = 2{,}01$

$$\frac{2{,}01^2-3\cdot 2{,}01}{2{,}01^2-5\cdot 2{,}01+6} = \frac{-}{-} = +$$

$\lim_{x \to 2^+} f(x) = +\infty$

Puesto que los límites laterales no coinciden, no existe $\lim_{x \to 2} f(x)$.

Hazlo tú. Halla estos límites y representa los resultados:

a) $\lim_{x \to 1} \frac{x^2+4x-5}{x^3-2x^2+x}$ b) $\lim_{x \to 0} \frac{x^3+3x^2}{x^4}$

4 Límite de una función cuando $x \to +\infty$

Para expresar que damos a x valores tan grandes como se quiera, ponemos $x \to +\infty$ (x tiende a "más infinito"). Por ejemplo, si damos a x los valores 10, 100, 1 000, 10 000, …, decimos que $x \to +\infty$.

Veamos posibles comportamientos de $f(x)$ cuando $x \to +\infty$:

$\lim\limits_{x \to +\infty} f(x) = +\infty$

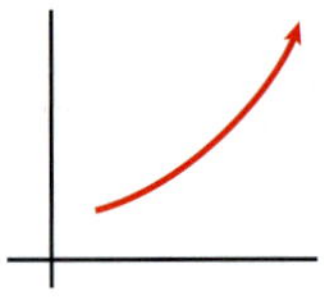

$\lim\limits_{x \to +\infty} f(x) = +\infty$ Cuando $x \to +\infty$, los valores de $f(x)$ crecen tanto como se quiera.

Por ejemplo, son de este tipo las siguientes familias de funciones:

potencias, $y = x^n$ exponenciales, $y = a^x$, $a > 1$

raíces, $y = \sqrt[n]{x}$ logaritmos, $y = log_a x$, $a > 1$

$\lim\limits_{x \to +\infty} f(x) = -\infty$

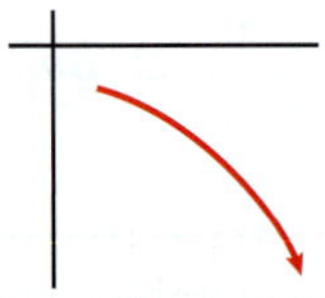

$\lim\limits_{x \to +\infty} f(x) = -\infty$ Cuando $x \to +\infty$, los valores de $f(x)$ son cada vez "más negativos".

Como ejemplo, podríamos poner las mismas funciones del ejemplo anterior precedidas del signo menos:

$$y = -x^n,\ y = -a^x,\ y = -\sqrt[n]{x},\ y = -log_a x$$

$\lim\limits_{x \to +\infty} f(x) = l$

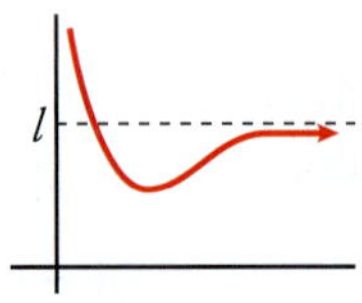

$\lim\limits_{x \to +\infty} f(x) = l$ Cuando $x \to +\infty$, los valores de $f(x)$ son tan próximos a l como se quiera. En tal caso, se dice que la recta $y = l$ es una **asíntota horizontal** de la curva.

Por ejemplo, dada la función $f(x) = \dfrac{2x^2 - 3}{x^2 + 5}$, se tiene que $\lim\limits_{x \to +\infty} f(x) = 2$. Veámoslo con ayuda de la calculadora:

x	10	100	1 000	10 000	…
$\mathbf{\dfrac{2x^2 - 3}{x^2 + 5}}$	1,876	1,9987	1,999987	1,99999987	…

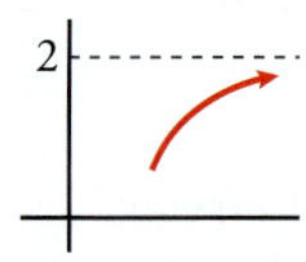

$\lim\limits_{x \to +\infty} f(x)$ no existe

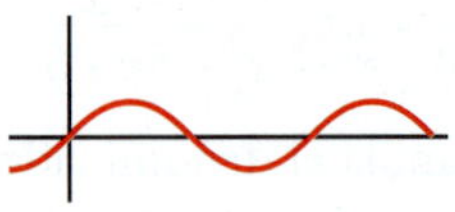

$\lim\limits_{x \to +\infty} f(x)$ no existe Cuando $x \to +\infty$, los valores de $f(x)$ ni crecen ni decrecen indefinidamente, ni se acercan cada vez más a ningún número.

Por ejemplo, las funciones trigonométricas presentan este comportamiento, pues oscilan indefinidamente.

Ejercicio propuesto

1 Di el límite cuando $x \to +\infty$ de las siguientes funciones dadas por sus gráficas:

a)

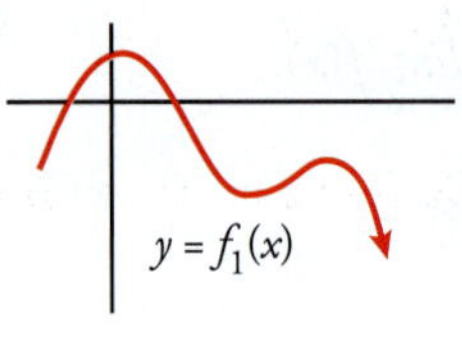

b)

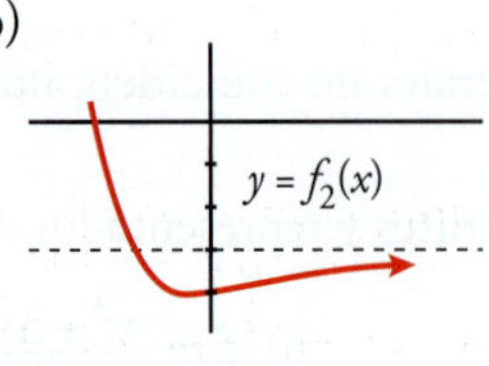

c)

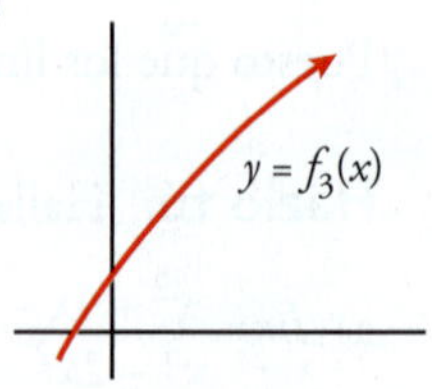

d)

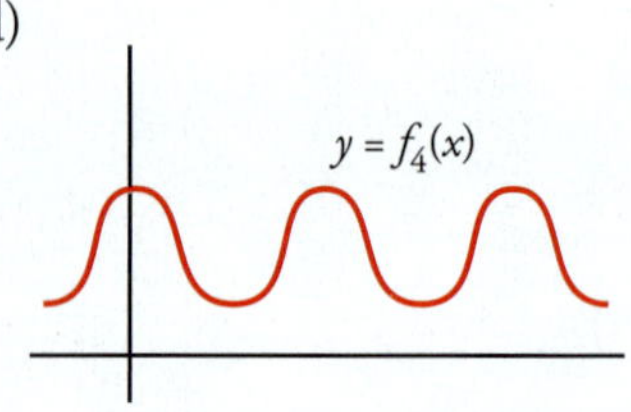

5 Cálculo de límites cuando $x \to +\infty$

Al igual que en los límites en un punto, el cálculo de límites cuando $x \to +\infty$ presenta una variada casuística, que depende del tipo de funciones que se presenten. Veamos las más importantes para este nivel.

Límites de funciones polinómicas

Las siguientes funciones, evidentemente, tienden a $+\infty$ cuando $x \to +\infty$:

$f(x) = x^2$ $\qquad$ $f(x) = x^4 + 17$

$f(x) = x - 3$ $\qquad$ $f(x) = x^3 - x^2$

Acaso resulte menos evidente pero, reflexionando, también es claro que tienden a $+\infty$ las siguientes funciones:

$f(x) = 2x^2 - 40x$

$f(x) = 3x^4 - 1\,000\,000$

$f(x) = x^3 - 1\,000x^2$

Se puede comprobar dando a x valores suficientemente grandes.

Si a las funciones anteriores les cambiamos el signo, tienden a $-\infty$:

$$\lim_{x \to +\infty} (-3x^4 + 1\,000\,000) = -\infty \qquad \lim_{x \to +\infty} (-x^3 + 1\,000x^2) = -\infty$$

En general, podemos afirmar que:

El límite cuando $x \to +\infty$ de una función polinómica es $+\infty$ o $-\infty$, según que el coeficiente del término de mayor grado sea positivo o negativo.

Por ejemplo:

$$\lim_{x \to +\infty} (3x^4 - 5x^3) = +\infty$$

$$\lim_{x \to +\infty} (-5x^3 + 7x^2 + 9) = -\infty$$

Reflexión importante

Cuando $x \to +\infty$, el protagonismo de una función polinómica lo desempeña su término de mayor grado, pues, para valores grandes de x, el valor de las potencias de grado inferior es insignificante comparado con el suyo. Por ejemplo:

$$x^3 - 20x^2$$

Para $x = 100$:

x^3	$= 1\,000\,000$
$-20x^2$	$= -200\,000$
$x^3 - 20x^2$	$800\,000$

Límites de funciones inversas de polinómicas

Si $\lim_{x \to +\infty} f(x) = \pm\infty$, entonces $\lim_{x \to +\infty} \frac{1}{f(x)} = 0$, pues al dividir 1 por un número cada vez más grande, el cociente es cada vez más próximo a cero.

Si $P(x)$ es una función polinómica, entonces $\lim_{x \to +\infty} \frac{1}{P(x)} = 0$.

Por ejemplo, $\lim_{x \to +\infty} \frac{1}{2x^3 - 5x^2 + 3} = 0$.

Ejercicios propuestos

1 Di el valor del límite cuando $x \to +\infty$ de las siguientes funciones:

a) $f(x) = -x^2 + 3x + 5$ $\qquad$ b) $f(x) = 5x^3 + 7x$

c) $f(x) = x - 3x^4$ $\qquad$ d) $f(x) = \frac{1}{3x}$

e) $f(x) = -\frac{1}{x^2}$ $\qquad$ f) $f(x) = \frac{x^3 - 1}{-5}$

2 Como $\lim_{x \to +\infty} (x^3 - 200x^2) = +\infty$, halla un valor de x para el cual sea $x^3 - 200x^2 > 1\,000\,000$.

3 Como $\lim_{x \to +\infty} \frac{1}{x^2 - 10x} = 0$, halla un valor de x para el cual sea $\frac{1}{x^2 - 10x} < 0{,}0001$.

Ejemplo

$$\lim_{x \to +\infty} \frac{5x^4 - 300x^2 - 40}{3x^3 + 500x} =$$

$$= \lim_{x \to +\infty} \frac{5x^4}{3x^3} = \lim_{x \to +\infty} \frac{5x}{3} = +\infty$$

Límites de funciones racionales: $P(x)/Q(x)$

Hemos visto que, cuando $x \longrightarrow +\infty$, el protagonismo de una función polinómica lo desempeña el término de mayor grado.

De igual modo, en el límite cuando $x \longrightarrow +\infty$ de un cociente de polinomios, solo importarán los términos de mayor grado del numerador y del denominador. Por tanto, podemos dar la siguiente regla para hallar límites cuando $x \longrightarrow +\infty$ de funciones racionales:

En una función racional $f(x) = \frac{P(x)}{Q(x)} = \frac{a\,x^m + \dots}{b\,x^n + \dots}$

- Si *grado de P > grado de Q* (es decir, $m > n$), entonces $\lim_{x \to +\infty} f(x) = \pm\infty$.

  El signo del resultado es el de $\frac{a}{b}$.
- Si *grado de P < grado de Q* ($m < n$), entonces $\lim_{x \to +\infty} f(x) = 0$.
- Si *grado de P = grado de Q* ($m = n$), entonces $\lim_{x \to +\infty} f(x) = \frac{a}{b}$.

Ejercicio resuelto

1 *Hallar el límite cuando* $x \longrightarrow +\infty$ *de las siguientes funciones:*

a) $f(x) = \frac{x^2 - 5x + 3}{3x - 5}$

b) $f(x) = \frac{x^2 + 3}{x^3}$

c) $f(x) = \frac{3x^2 - 5x + 1}{2x^2 - 6}$

d) $f(x) = \frac{x^2 + 3}{-x^3}$

a) $\lim_{x \to +\infty} \frac{x^2 - 5x + 3}{3x - 5} = \lim_{x \to +\infty} \frac{x^2}{3x} = \lim_{x \to +\infty} \frac{x}{3} = +\infty$

Como el grado del numerador es mayor que el del denominador y, además, los coeficientes de los términos de mayor grado son ambos positivos, el límite es $+\infty$.

b) $\lim_{x \to +\infty} \frac{x^2 + 3}{x^3} = \lim_{x \to +\infty} \frac{x^2}{x^3} = \lim_{x \to +\infty} \frac{1}{x} = 0$

El límite es 0, pues *grado de* $P(x)$ < *grado de* $Q(x)$.

c) $\lim_{x \to +\infty} \frac{3x^2 - 5x + 1}{2x^2 - 6} = \lim_{x \to +\infty} \frac{3x^2}{2x^2} = \frac{3}{2}$

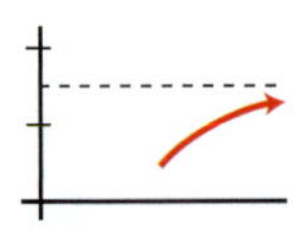

d) $\lim_{x \to +\infty} \frac{x^2 + 3}{-x^3} = \lim_{x \to +\infty} \frac{x^2}{-x^3} = \lim_{x \to +\infty} \frac{1}{-x} = 0$

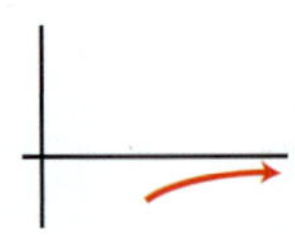

Ejercicios propuestos

4 Calcula $\lim_{x \to +\infty} f(x)$ y representa sus ramas:

a) $f(x) = \frac{1}{3x}$

b) $f(x) = \frac{3}{x}$

c) $f(x) = -\frac{1}{x^2}$

d) $f(x) = 3x - 5$

5 Calcula $\lim_{x \to +\infty} f(x)$ y representa sus ramas:

a) $f(x) = \frac{x^3 - 1}{-5}$

b) $f(x) = \frac{x^2 - 3}{x^3}$

c) $f(x) = \frac{x^3}{x^2 - 3}$

d) $f(x) = \frac{1 - x^3}{1 + x^3}$

6 Límite de una función cuando $x \to -\infty$

Se dice que $x \to -\infty$ cuando los valores que le damos se alejan hacia la parte negativa del eje de las X. Por ejemplo, $-10, -1\,000, -10\,000, \dots$

Las definiciones, razonamientos y procedimientos sobre los límites cuando $x \to -\infty$ son similares a los que se han hecho para límites cuando $x \to +\infty$. Vamos a resumir los fundamentales.

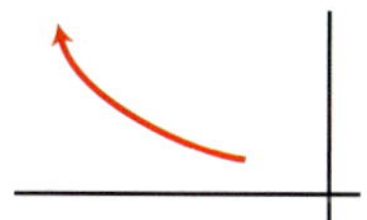

$\lim\limits_{x \to -\infty} f(x) = +\infty$

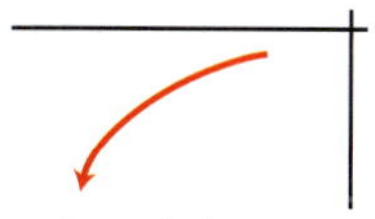

$\lim\limits_{x \to -\infty} f(x) = -\infty$

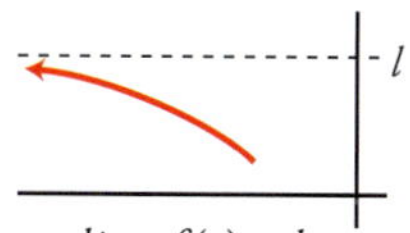

$\lim\limits_{x \to -\infty} f(x) = l$

Ejemplo

$\lim\limits_{x \to -\infty} x^2 = +\infty$

$\lim\limits_{x \to -\infty} x^3 = -\infty$

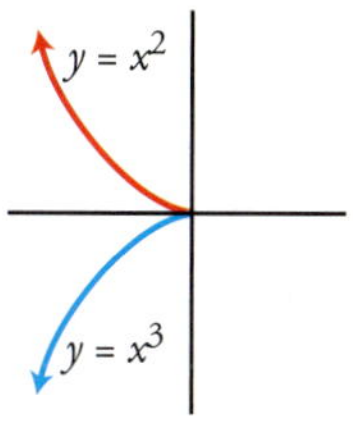

Para el cálculo de límites de funciones polinómicas y racionales, basta razonar sobre las potencias de números negativos:

> Si n es par, $\lim\limits_{x \to -\infty} x^n = +\infty$, y si n es impar, $\lim\limits_{x \to -\infty} x^n = -\infty$.

Teniendo esto en cuenta y manejando correctamente la regla de los signos, los procedimientos para el cálculo de límites de funciones polinómicas y racionales son idénticos a los ya vistos para el caso de $x \to +\infty$.

Ejercicio resuelto

1 *Hallar el límite cuando $x \to -\infty$ de las siguientes funciones:*

a) $f(x) = 3x^3 - 5x^2 + 7$

b) $f(x) = \dfrac{3}{-5x^2 + 7x + 2}$

c) $f(x) = \dfrac{-x^3 + 2x^2 + 7}{x^2 - 2x + 3}$

d) $f(x) = \dfrac{7x^3 + 2x^2 - 1}{-2x^3 + 11}$

e) $f(x) = \sqrt{2x + 6}$

f) $f(x) = 2^x$

a) $\lim\limits_{x \to -\infty} (3x^3 - 5x^2 + 7) = \lim\limits_{x \to -\infty} 3x^3 = -\infty$

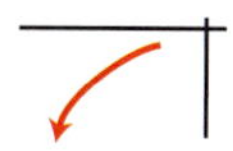

b) $\lim\limits_{x \to -\infty} \dfrac{3}{-5x^2 + 7x + 2} = \lim\limits_{x \to -\infty} \dfrac{3}{-5x^2} = 0$

c) $\lim\limits_{x \to -\infty} \dfrac{-x^3 + 2x^2 + 7}{x^2 - 2x + 3} = \lim\limits_{x \to -\infty} \dfrac{-x^3}{x^2} = \lim\limits_{x \to -\infty} (-x) = +\infty$

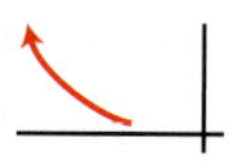

d) $\lim\limits_{x \to -\infty} \dfrac{7x^3 + 2x^2 - 1}{-2x^3 + 11} = \lim\limits_{x \to -\infty} \dfrac{7x^3}{-2x^3} = \dfrac{7}{-2} = -\dfrac{7}{2}$

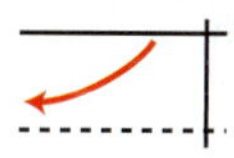

e) La función no está definida a la izquierda de -3. Por tanto, no es posible hallar su límite cuando $x \to -\infty$.

f) Para $x = -10$, $2^{-10} = \dfrac{1}{2^{10}} = \dfrac{1}{1024} = 0{,}00098\dots$

Para $x = -20$, $2^{-20} = \dfrac{1}{2^{20}} = \dfrac{1}{1048576} = 0{,}00000095\dots$

Es claro que $\lim\limits_{x \to -\infty} 2^x = 0$.

Ejercicios propuestos

1 Halla los límites cuando $x \to -\infty$ y cuando $x \to +\infty$ de las funciones siguientes:

a) $f(x) = -2x^3 + 7x^2$

b) $f(x) = 3x^4 - 7x$

c) $f(x) = 10^x$

d) $f(x) = \sqrt{5x - 8}$

e) $f(x) = \sqrt{-2x^2 + 1}$

f) $f(x) = -5^x$

2 Halla los límites cuando $x \to -\infty$ y cuando $x \to +\infty$ de las funciones siguientes:

a) $f(x) = \sqrt{3 - x}$

b) $f(x) = \dfrac{x^2 + 3}{-x^3}$

c) $f(x) = \dfrac{-x^3}{x^2 + 3}$

d) $f(x) = \dfrac{5x^3 - 10}{3x^3 + 10x^2}$

7 Ramas infinitas. Asíntotas

Etimología

Asíntota deriva del griego *asumptotos*, que significa *sin encontrarse*.

Pues la asíntota se acerca a la curva "sin encontrarla", sin juntarse a ella.

Ramas infinitas son tramos de curva que se alejan indefinidamente. Para que haya una rama infinita es necesario que una de las variables, x o y, o ambas, tiendan a infinito.

Cuando una rama infinita se ciñe (se aproxima) a una recta, a esta se le llama **asíntota** de la curva.

Vamos a estudiar con detalle los distintos tipos de ramas infinitas.

Ramas infinitas en $x = c$. Asíntotas verticales

Si $\lim\limits_{x \to c} f(x) = \pm\infty$, entonces la recta $x = c$ es una **asíntota vertical.**

Si la función está definida a ambos lados de la asíntota, puede ocurrir uno de estos cuatro casos:

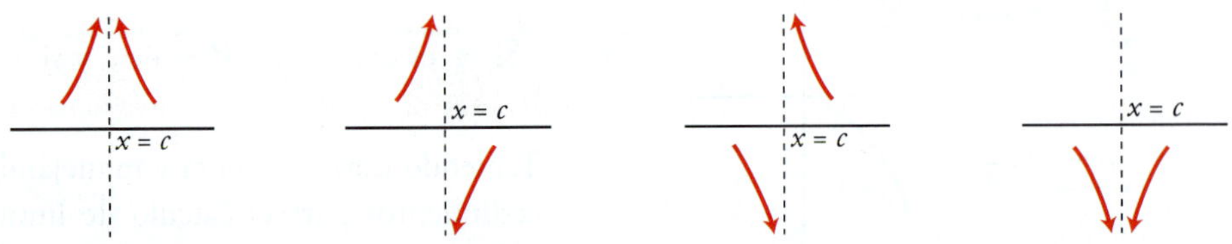

Para dilucidar cuál de ellos es, hay que estudiar los límites laterales:

$$\lim_{x \to c^-} f(x) \quad \text{y} \quad \lim_{x \to c^+} f(x)$$

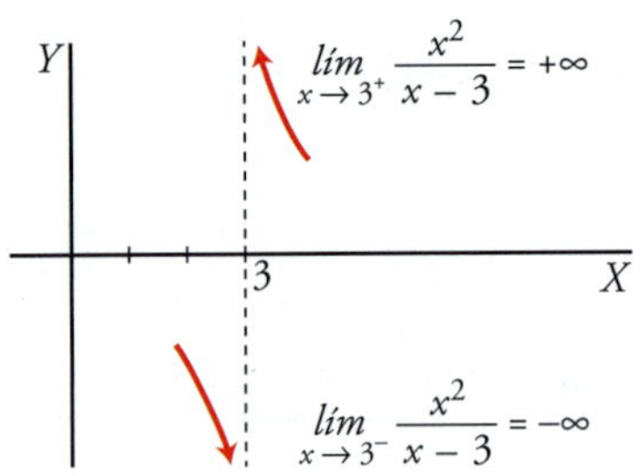

Por ejemplo, $y = \dfrac{x^2}{x-3}$ tiene una asíntota vertical en $x = 3$, pues el límite en $x = 3$ es infinito.

Para hallar el signo de $f(x)$ en las cercanías de 3, daremos a x valores próximos a 3 ("algo menores" y "algo mayores").

IZDA.: $x = 2{,}99 \longrightarrow f(x) = \dfrac{2{,}99^2}{(2{,}99-3)} = -894$ (negativo) $\longrightarrow \lim\limits_{x \to 3^-} f(x) = -\infty$

DCHA.: $x = 3{,}01 \longrightarrow f(x) = \dfrac{3{,}01^2}{(3{,}01-3)} = 906$ (positivo) $\longrightarrow \lim\limits_{x \to 3^+} f(x) = +\infty$

Otro ejemplo: $y = \dfrac{1}{\sqrt{x-2}}$ tiene una asíntota vertical en $x = 2$. Pero la función solo está definida a la derecha de la asíntota. Y es evidente que si $x > 2$, el signo de la función es positivo. Por tanto, $\lim\limits_{x \to 2^+} \dfrac{1}{\sqrt{x-2}} = +\infty$.

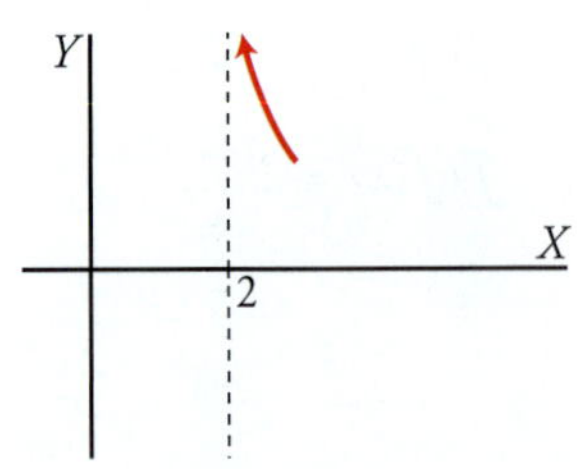

Ramas infinitas en $x \to +\infty$ (o $x \to -\infty$)

Hay varios tipos de ramas infinitas cuando $x \to +\infty$. Veamos las más importantes:

Análogamente, para $x \to -\infty$.

Veamos a continuación en qué casos aparece cada una de estas ramas.

Nota

Toda la casuística que se describe para $x \to +\infty$ es similar para $x \to -\infty$.

■ **Asíntota horizontal**

Si $\lim\limits_{x \to \infty} f(x) = l$, entonces la recta $y = l$ es **asíntota horizontal.**

Es importante conocer la posición de la curva respecto de la asíntota. Se consigue estudiando el signo de $f(x) - l$ para valores "grandes" de x.

Por ejemplo, $y = \dfrac{1}{\sqrt{x-2}}$ tiene una asíntota en $y = 0$ (eje X), pues $\lim\limits_{x \to +\infty} f(x) = +\infty$.

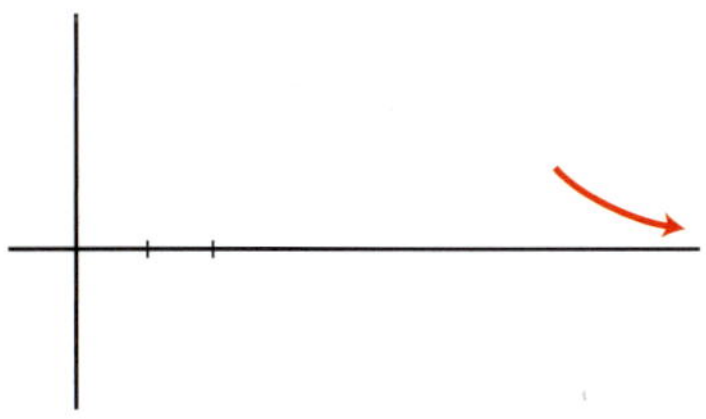

Como $f(x) > 0$, la curva queda por encima de la recta $y = 0$.

Esta asíntota horizontal solo rige para $x \to +\infty$, pues la función no está definida a la izquierda de 2.

■ **Asíntota oblicua**

Si $\lim\limits_{x \to +\infty} f(x) = \pm\infty$, $\lim\limits_{x \to +\infty} \dfrac{f(x)}{x} = a \neq 0$ y $\lim\limits_{x \to +\infty} (f(x) - ax) = b$, entonces la recta $y = ax + b$ es **asíntota oblicua.**

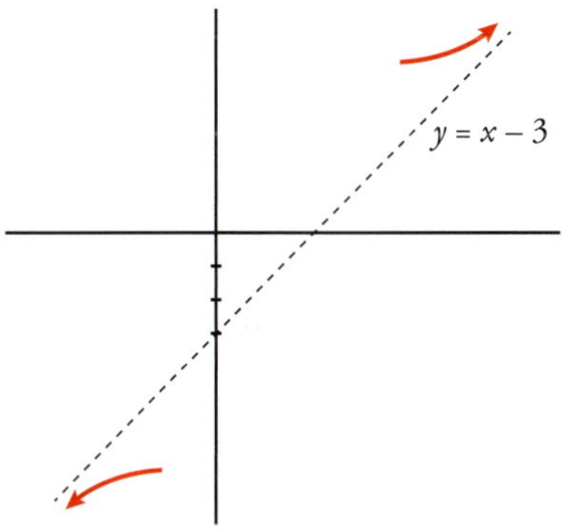

Cuando $x \to -\infty$, $\dfrac{x^2 - 3x + 5}{x} < x - 3$

Cuando $x \to +\infty$, $\dfrac{x^2 - 3x + 5}{x} > x - 3$

Sin embargo, en todas las funciones racionales, y en algunos otros casos, es posible determinar la asíntota oblicua de forma mucho más sencilla.

Por ejemplo, $y = \dfrac{x^2 - 3x + 5}{x}$. Simplificamos: $y = x - 3 + \dfrac{5}{x}$

Ahora es evidente que la recta $y = x - 3$ es asíntota, pues la diferencia entre curva y recta es $\dfrac{5}{x}$, que tiende a 0 cuando $x \to \pm\infty$.

Como $\dfrac{5}{x}$ toma valores positivos cuando $x \to +\infty$ y negativos si $x \to -\infty$, la curva queda por encima de la asíntota a la derecha, y por debajo, a la izquierda.

■ **Rama parabólica**

Si $\lim\limits_{x \to +\infty} f(x) = \pm\infty$ y la curva no tiene asíntota oblicua, entonces presenta una **rama parabólica.**

Hay dos tipos de ramas parabólicas:

TIPO 1. Crecimiento cada vez más rápido

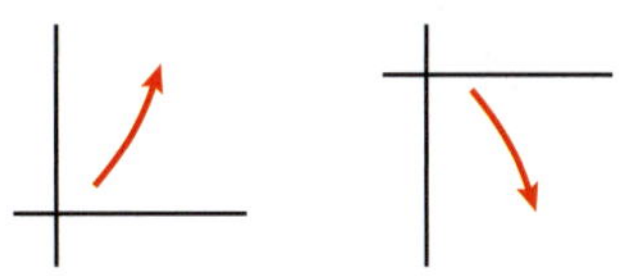

La curva crece, o decrece, cada vez más deprisa. De este tipo son las ramas parabólicas de las funciones **polinómicas** y de las **exponenciales.**

TIPO 2. Crecimiento cada vez más lento

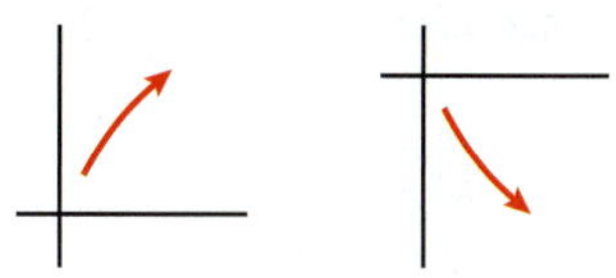

La curva crece, o decrece, cada vez más despacio. De este tipo son las funciones **radicales** y las **logarítmicas.**

Ejercicio propuesto

1 Determina las asíntotas y la posición de la curva respecto a ellas:

a) $y = \dfrac{3x+1}{x-2}$ b) $y = \dfrac{3x^2-7}{x-2}$ c) $y = \dfrac{1}{x}$ d) $y = -\dfrac{1}{x^2}$ e) $y = \dfrac{1}{\sqrt{x^2-9}}$

8 Ramas infinitas en las funciones racionales

Para hacer este estudio suponemos que la función $y = \frac{P(x)}{Q(x)}$ está simplificada, es decir, que $P(x)$ y $Q(x)$ no tienen raíces comunes.

Asíntotas verticales

Si c es raíz de $Q(x)$, $x = c$ es una asíntota.

Ramas en el infinito

- Si *grado de* $P(x) \le$ *grado de* $Q(x)$, entonces $\lim_{x \to \pm\infty} \frac{P(x)}{Q(x)} = l$.

  La recta $y = l$ es asíntota horizontal para $x \to +\infty$ y $x \to -\infty$.

  Por ejemplo, $y = \frac{2x}{x^2+1}$ tiene la asíntota $y = 0$

  $y = \frac{2x^2+5}{x^2+1}$ tiene la asíntota $y = 2$

- Si *grado de* $P(x)$ – *grado de* $Q(x) = 1$, efectuamos el cociente indicado:

  $$\begin{array}{l|l} P(x) & Q(x) \\ \hline R(x) & ax+b \end{array} \qquad \frac{P(x)}{Q(x)} = ax + b + \frac{R(x)}{Q(x)}$$

  La recta $y = ax + b$ es asíntota para $x \to +\infty$ y $x \to -\infty$.

  Por ejemplo, $y = \frac{x^2}{x-1} = x + 1 + \frac{1}{x-1}$. La recta $y = x + 1$ es asíntota.

- Si *grado de* $P(x)$ – *grado de* $Q(x) \ge 2$, entonces la función tiene una rama parabólica cuando $x \to +\infty$ y otra cuando $x \to -\infty$.

  Por ejemplo, $y = \frac{x^4}{x+2}$ tiene una rama parabólica hacia arriba ↗ cuando $x \to +\infty$ y otra hacia abajo ↙ cuando $x \to -\infty$, pues $\lim_{x \to -\infty} f(x) = -\infty$, $\lim_{x \to +\infty} f(x) = +\infty$.

  Atención. En las funciones racionales, una vez obtenidas todas las ramas infinitas, casi siempre nos encontramos con la agradable sorpresa de que, con solo esta información, podemos conocer la forma de la curva con notable claridad.

Ramas infinitas en las funciones racionales $P(x)/Q(x)$

- **Asíntotas verticales**

  Las raíces del denominador de $Q(x)$ son asíntotas verticales.

- **Asíntota horizontal**

  Existe si *grado* $P(x) \le$ *grado* $Q(x)$.

  Se obtiene hallando $\lim_{x \to \pm\infty} \frac{P(x)}{Q(x)} = l$, y es la recta $y = l$, tanto en $+\infty$ como en $-\infty$.

- **Asíntota oblicua**

  Existe si *grado* $P(x)$ – *grado* $Q(x) = 1$.

  Para hallarlas se efectúa el cociente y se obtiene este resultado:

  $$\frac{P(x)}{Q(x)} = ax + b + \frac{R(x)}{Q(x)}$$

  La recta $y = ax + b$ es asíntota oblicua, tanto en $+\infty$ como en $-\infty$.

- **Ramas parabólicas**

  Existen si *grado* $P(x)$ – *grado* $Q(x) \ge 2$.

  Hay una para $x \to -\infty$ y otra para $x \to +\infty$.

En la web

Animación interactiva para ver cómo varían las asíntotas vertical y oblicua de una función racional.

Ejercicios resueltos

1 *Localizar todas las ramas infinitas de esta función:*

$$y = \frac{x^2+1}{x^2-2x}$$

Asíntotas verticales. Obtenemos las raíces del denominador:

$x^2 - 2x = 0 \to x = 0$, $x = 2$ son asíntotas

Se estudia la posición de la curva respecto a cada una de las asíntotas.

	PROXIM. $x = 0$		PROXIM. $x = 2$	
x	–0,01	0,01	1,99	2,01
$\frac{x^2+1}{x^2-2x}$	+	–	–	+

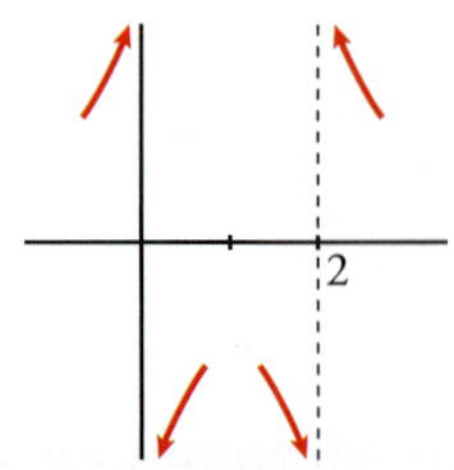

Ramas en el infinito. Puesto que *grado de* $P(x)$ = *grado de* $Q(x)$, la función tiene una asíntota horizontal.

$\lim_{x \to +\infty} f(x) = \lim_{x \to -\infty} f(x) = 1$. Asíntota: $y = 1$

Ejercicios resueltos

Para ver la posición de la curva respecto a la asíntota, estudiamos su diferencia de ordenadas:

$$f(x) - 1 = \frac{x^2+1}{x^2-2x} - 1 = \frac{2x+1}{x^2-2x} \begin{cases} + \text{ si } x \to +\infty \\ - \text{ si } x \to -\infty \end{cases}$$

La línea punteada une de forma natural las ramas infinitas. ¿No es cierto que la curva está prácticamente construida?

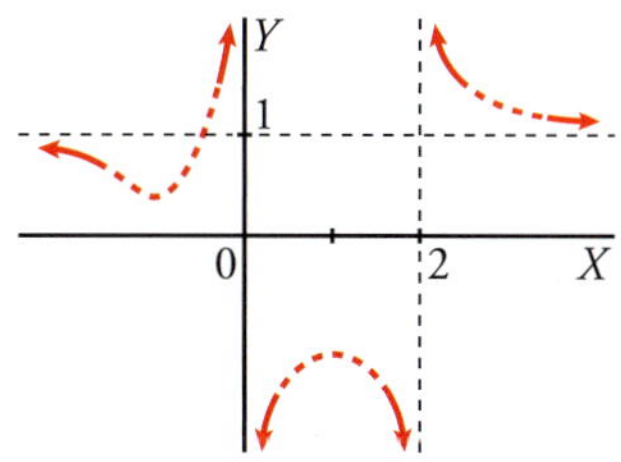

2 *Hallar las ramas infinitas de esta función:*

$$y = \frac{x^2 - 5x + 7}{x - 2}$$

Asíntota vertical, $x = 2$.

Vemos la posición de la curva respecto a ella:

IZDA.: $f(1{,}99) = -101$ negativo

DCHA.: $f(2{,}01) = 99$ positivo

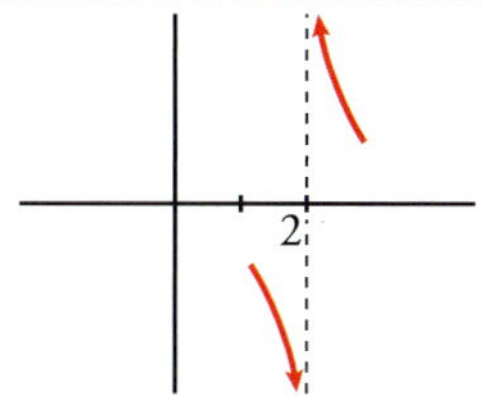

Ramas en el infinito. Como *grado de* $P(x)$ – *grado de* $Q(x) = 1$, hay asíntota oblicua. Dividimos y llegamos al siguiente resultado:

$$\frac{x^2+5x+7}{x-2} = x - 3 + \frac{1}{x-2}$$

$y = x - 3$ es asíntota oblicua.

Vemos la posición de la curva respecto de la asíntota mirando el signo de $[f(x) - (x-3)]$:

$$f(x) - (x-3) = \frac{1}{x-2} \begin{cases} + \text{ si } x \to +\infty \\ - \text{ si } x \to -\infty \end{cases}$$

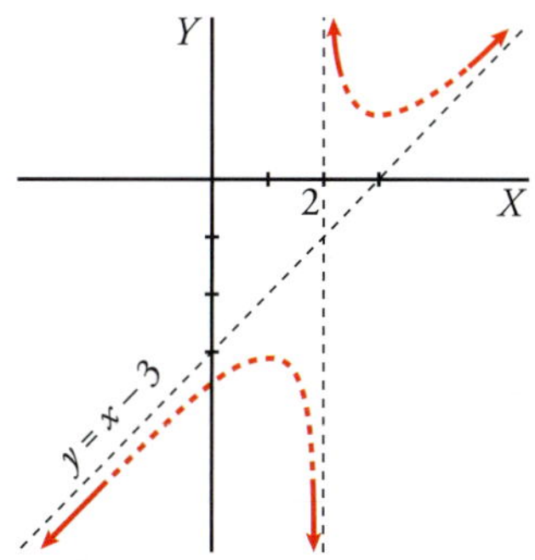

3 *Determinar las ramas infinitas de la siguiente función:*

$$y = \frac{x^3 - 5x^2}{-x + 3}$$

Asíntota vertical, $x = 3$.

Posición de la curva respecto a ella:

IZDA.: $f(2{,}99) = -1\,797$ negativo

DCHA.: $f(3{,}01) = 1\,803$ positivo

Ramas en el infinito.

Como *grado de* $P(x)$ – *grado de* $Q(x) = 2$, hay ramas parabólicas en $+\infty$ y en $-\infty$.

$$\lim_{x \to +\infty} \frac{x^3 - 5x^2}{-x+3} = -\infty, \qquad \lim_{x \to -\infty} \frac{x^3 - 5x^2}{-x+3} = -\infty$$

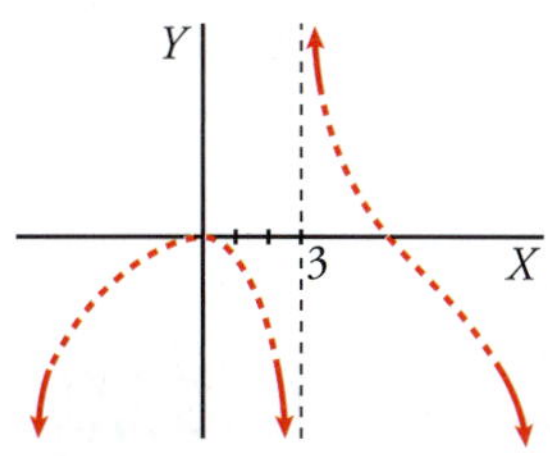

Ejercicio propuesto

1 Halla las ramas infinitas de las siguientes funciones y, a partir de ellas, perfila la forma de la curva:

a) $y = \dfrac{1}{x^2+1}$ b) $y = \dfrac{x}{1+x^2}$ c) $y = \dfrac{x^4}{x^2+1}$ d) $y = \dfrac{x^2+2}{x^2-2x}$

e) $y = \dfrac{x^2}{1+x^2}$ f) $y = \dfrac{x^3}{1+x^2}$ g) $y = \dfrac{x^2+3x}{x+1}$ h) $y = \dfrac{2x^3-3x^2}{x}$

En la web Ejercicios de cálculo de asíntotas en funciones racionales.

9 Ramas infinitas en las funciones trigonométricas, exponenciales y logarítmicas

Recuerda

Las rectas $x = \frac{\pi}{2} + k$, donde k es un número entero, son asíntotas de la función $y = tg\,x$.

Funciones trigonométricas

Las **funciones trigonométricas,** $y = sen\,x$, $y = cos\,x$, $y = tg\,x$, por ser periódicas, no tienen límite (ni finito ni infinito) cuando $x \longrightarrow +\infty$ ni cuando $x \longrightarrow -\infty$. Por tanto, carecen de ramas infinitas en $+\infty$ y en $-\infty$. Sin embargo, la función $y = tg\,x$ sí tiene infinitas asíntotas verticales:

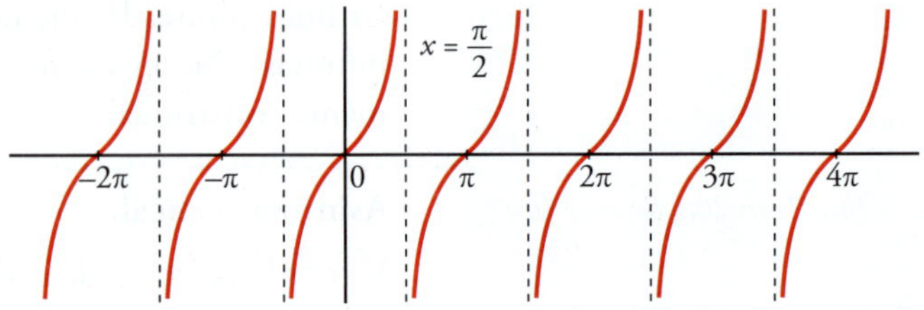

Funciones exponenciales

Las **funciones exponenciales** tienen una asíntota horizontal y una rama parabólica "de crecimiento cada vez más rápido".

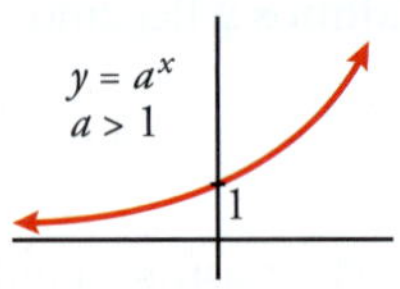

El eje X es asíntota horizontal cuando $x \longrightarrow -\infty$, pues $\lim\limits_{x \to -\infty} a^x = 0$

Tiene una rama parabólica cuando $x \longrightarrow +\infty$, ya que $\lim\limits_{x \to +\infty} a^x = +\infty$

No tiene asíntotas verticales, pues es continua en todo $\mathbb{R}$.

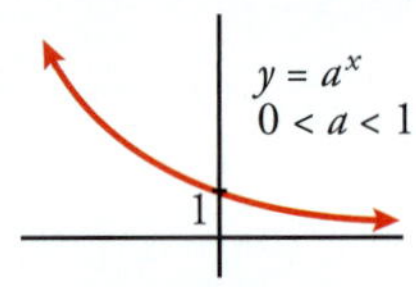

El eje X es asíntota horizontal cuando $x \longrightarrow +\infty$, pues $\lim\limits_{x \to +\infty} a^x = 0$

Tiene una rama parabólica cuando $x \longrightarrow -\infty$, ya que $\lim\limits_{x \to -\infty} a^x = +\infty$

No tiene asíntotas verticales, pues es continua en todo $\mathbb{R}$.

Funciones logarítmicas

Las **funciones logarítmicas,** $y = log_a\,x$, $a > 1$, solo están definidas en $(0, +\infty)$.

El eje Y es una asíntota vertical a la que la curva se aproxima por la derecha, pues $\lim\limits_{x \to 0^+} log_a\,x = -\infty$.

Cuando $x \longrightarrow +\infty$ tiene una rama parabólica "de crecimiento cada vez más lento".

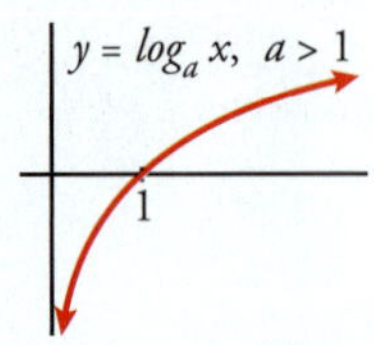

Ejercicio propuesto

1 ¿Verdadero o falso?

a) La función $y = |log_2\,x|$ se representa así:

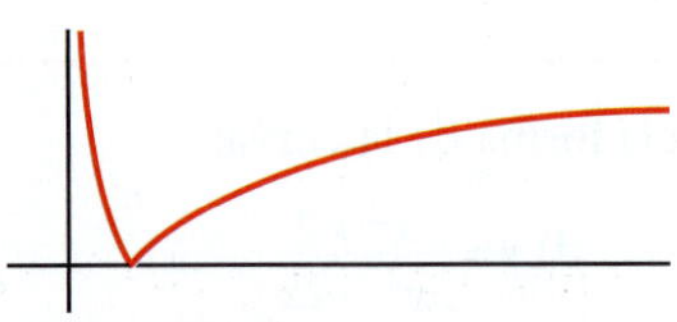

Tiene dos ramas infinitas: una asíntota vertical en $y = 0$ y una rama parabólica cuando $x \longrightarrow +\infty$.

b) La función $y = log_2\,|x|$ se representa así:

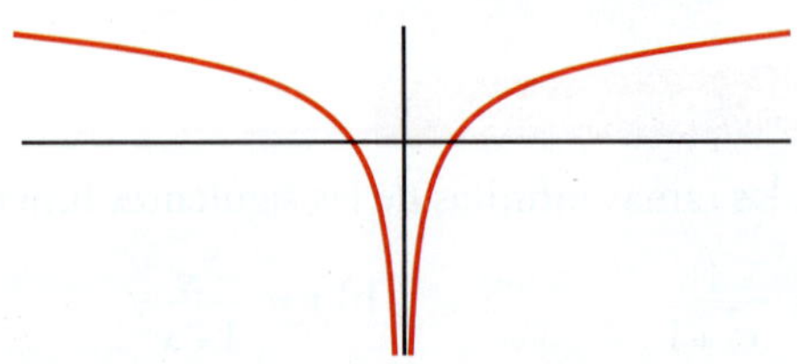

Tiene una asíntota vertical en $x = 0$ y sendas ramas parabólicas en $-\infty$ y en $+\infty$.

Ejercicios y problemas resueltos

1. Cálculo del límite en un punto sobre la gráfica de una función

Calcular, sobre la gráfica de $f(x)$, los siguientes límites:

a) $\lim_{x \to 0} f(x)$ *b)* $\lim_{x \to 5} f(x)$

c) $\lim_{x \to 8} f(x)$

¿Es f continua en esos puntos?

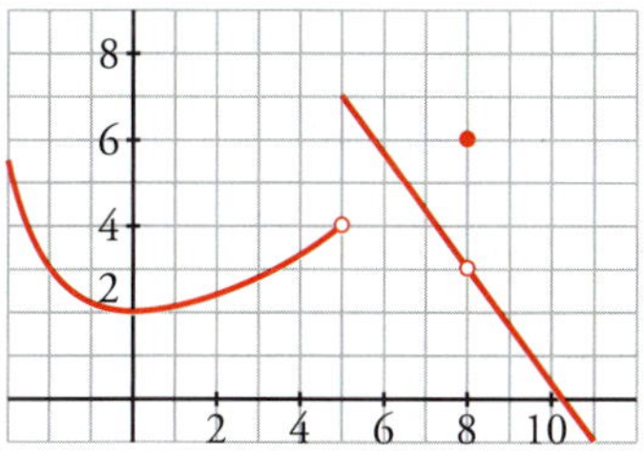

a) $\lim_{x \to 0} f(x) = 2$. Además, $\lim_{x \to 0} f(x) = f(0) = 2 \to f$ es continua en $x = 0$.

b) Observamos que la función se aproxima a números distintos si damos a x valores menores o mayores que 5.

$$\left.\begin{array}{l} \lim_{x \to 5^-} f(x) = 4 \\ \lim_{x \to 5^+} f(x) = 7 \end{array}\right\} \text{ No existe } \lim_{x \to 5} f(x) \text{ porque } \lim_{x \to 5^-} f(x) \neq \lim_{x \to 5^+} f(x)$$

f es discontinua en $x = 5$; tiene un salto finito.

c) La situación es similar al caso a) pero el límite no coincide con el valor de la función en el punto: $\lim_{x \to 8} f(x) = 3$ y $f(8) = 6$, luego $\lim_{x \to 8} f(x) \neq f(8)$.

f es discontinua en $x = 8$. Tiene un punto desplazado.

2. Límites y continuidad de una función definida "a trozos"

Considerar la función

$$f(x) = \begin{cases} 2x + 1 & si \ x < -2 \\ 2 & si \ -2 \le x < 1 \\ 3x - 1 & si \ x > 1 \end{cases}$$

a) Hallar el límite en $x = -2$; $x = 0$; $x = 1$.

b) Estudiar su continuidad.

Hazlo tú. Halla el límite de la función $f(x) = \begin{cases} 2x - 3, & \text{si } x < 3 \\ x - 2, & \text{si } x \ge 3 \end{cases}$ en $x = 0$ y en $x = 3$. Estudia su continuidad.

a) • $x = -2$ es un "punto de ruptura". Por ello hay que estudiar los límites laterales.

$$\lim_{x \to -2} f(x) = \begin{cases} \lim_{x \to -2^-} (2x+1) = -3 \\ \lim_{x \to -2^+} 2 = 2 \end{cases} \quad \text{No coinciden; por tanto, no existe } \lim_{x \to -2} f(x).$$

• En $x = 0$, como $-2 < 0 < 1$, $\lim_{x \to 0} f(x) = \lim_{x \to 0} 2 = 2$

• $x = 1$ es un "punto de ruptura". Calculamos los límites laterales.

$$\lim_{x \to 1} f(x) = \begin{cases} \lim_{x \to 1^-} f(x) = \lim_{x \to 1^-} 2 = 2 \\ \lim_{x \to 1^+} f(x) = \lim_{x \to 1^+} (3x-1) = 2 \end{cases} \quad \text{Coinciden. } \lim_{x \to 1} f(x) = 2.$$

b) f es discontinua en $x = -2$ porque no existe $\lim_{x \to -2} f(x)$; en ese punto la función tiene un salto finito.

También es discontinua en $x = 1$ porque no existe $f(1)$; le falta un punto, es una discontinuidad evitable.

3. Cálculo del límite en un punto

Calcular los límites siguientes:

a) $\lim_{x \to 0} e^{x+1}$

b) $\lim_{x \to 1} \dfrac{3x-2}{x^2-1}$

c) $\lim_{x \to 3} \dfrac{x^3-3x^2}{x^2-x-6}$

Hazlo tú. Calcula:

a) $\lim_{x \to 1} \dfrac{x^2-2x+1}{2x^2-2x}$ b) $\lim_{x \to -2} \dfrac{x}{(x+2)^2}$

a) $\lim_{x \to 0} e^{x+1} = e^{0+1} = e$

b) $\lim_{x \to 1} \dfrac{3x-2}{x^2-1} = \dfrac{1}{0} = \pm\infty$ Estudiamos el signo de f a la izquierda y a la derecha de 1.

$$\left.\begin{array}{l} x = 0,99;\ f(0,99) = \dfrac{3 \cdot 0,99 - 2}{0,99^2 - 1} < 0 \to \lim_{x \to 1^-} \dfrac{3x-2}{x^2-1} = -\infty \\ x = 1,01;\ f(1,01) = \dfrac{3 \cdot 1,01 - 2}{1,01^2 - 1} > 0 \to \lim_{x \to 1^+} \dfrac{3x-2}{x^2-1} = +\infty \end{array}\right\}$$

c) $\lim_{x \to 3} \dfrac{x^3-3x^2}{x^2-x-6} = \dfrac{0}{0}$ Es una indeterminación; para resolverla, hay que simplificar la fracción.

$$\frac{x^3-3x^2}{x^2-x-6} = \frac{x^2(x-3)}{(x-3)(x+2)} = \frac{x^2}{x+2};\ \lim_{x \to 3} \frac{x^3-3x^2}{x^2-x-6} = \lim_{x \to 3} \frac{x^2}{x+2} = \frac{9}{5}$$

4. Función continua en un punto

Hallar, en cada caso, el valor de k para que las funciones siguientes sean continuas en $\mathbb{R}$.

a) $f(x) = \begin{cases} \dfrac{3x^2+6x}{x+2} & si\ x \neq -2 \\ k & si\ x = -2 \end{cases}$

b) $g(x) = \begin{cases} 2^{x-2} & si\ x \leq 3 \\ \sqrt{x+k} & si\ x > 3 \end{cases}$

a) Para que f sea continua en $x = c$ debe ser $\lim\limits_{x \to c} f(x) = f(c)$.

Si $c \neq -2$, f es continua porque $\lim\limits_{x \to c} f(x) = \dfrac{3c^2+6c}{c+2} = f(c)$.

Si $c = -2$, $\lim\limits_{x \to -2} f(x) = \lim\limits_{x \to -2} \dfrac{3x^2+6x}{x+2} = \dfrac{0}{0} \to \lim\limits_{x \to -2} \dfrac{3x(x+2)}{x+2} = -6$

Como $f(-2) = k$, debe ser $k = -6$ para que f sea continua en $x = -2$. Por tanto, para $k = -6$ f es continua en $\mathbb{R}$. Su gráfica coincide con la de $y = 3x$.

b) Estudiamos la continuidad en el punto de ruptura $x = 3$. $f(3) = 2^{3-2} = 2$

$$\lim_{x \to 3} f(x) = \left\{ \begin{array}{l} \lim\limits_{x \to 3^-} 2^{x-2} = 2 \\ \lim\limits_{x \to 3^+} \sqrt{x+k} = \sqrt{3+k} \end{array} \right\}$$

Para que exista $\lim\limits_{x \to 3} f(x)$, debe ser $2 = \sqrt{3+k} \to k = 1$

Para $k = 1$, f es continua en $x = 3$. Además, f es continua en $\mathbb{R}$, porque lo son $g_1(x) = 2^{x-2}$ y $g_2(x) = \sqrt{x+1}$ en los intervalos en los que están definidas.

Hazlo tú. Halla el valor de k para que la función $f(x) = \begin{cases} 2x-5 & \text{si } x \leq 1 \\ x+k & \text{si } x > 1 \end{cases}$ sea continua en todo $\mathbb{R}$.

5. Cálculo de límites cuando $x \to +\infty$ y $x \to -\infty$

Hallar, en cada caso, el límite de $f(x)$ cuando $x \to +\infty$ y cuando $x \to -\infty$, e interpretar gráficamente los resultados.

a) $f(x) = \sqrt[3]{9x+10}$

b) $f(x) = \dfrac{3x+1}{2-x}$

c) $f(x) = \dfrac{2x+1}{x^2}$

a) Podemos conseguir que $f(x)$ sea tan grande como queramos dando a x valores muy grandes.

Por ejemplo, si queremos que $f(x) > 10^3$, debe ser $x > \dfrac{10^9-10}{9}$. Por tanto:

$$\begin{cases} \lim\limits_{x \to +\infty} \sqrt[3]{9x+10} = +\infty \\ \lim\limits_{x \to -\infty} \sqrt[3]{9x+10} = -\infty \end{cases}$$

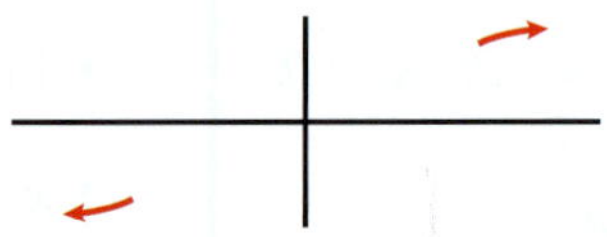

b) Como el grado del numerador es igual al del denominador, el límite es el cociente entre los coeficientes de los términos de mayor grado.

$$\left. \begin{array}{l} \lim\limits_{x \to +\infty} \dfrac{3x+1}{2-x} = \lim\limits_{x \to +\infty} \dfrac{3x}{-x} = -3 \\ \lim\limits_{x \to -\infty} \dfrac{3x+1}{2-x} = \lim\limits_{x \to -\infty} \dfrac{3x}{-x} = -3 \end{array} \right\} \quad y = -3 \text{ es una asíntota horizontal.}$$

Estudiamos la posición de la curva con respecto a la asíntota:

$x = 100$, $f(100) = -3{,}07 < -3$

$x = -100$, $f(-100) = -2{,}93 > -3$

La curva está bajo la asíntota cuando $x \to +\infty$ y sobre la asíntota cuando $x \to -\infty$.

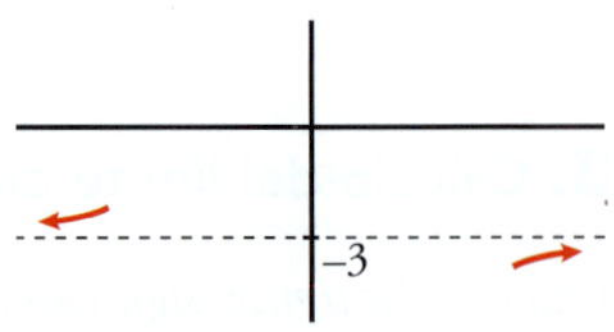

c) Como el grado del numerador es menor que el del denominador, el límite es 0.

$\lim\limits_{x \to +\infty} \dfrac{2x+1}{x^2} = 0$; $\lim\limits_{x \to -\infty} \dfrac{2x+1}{x^2} = 0$

La recta $y = 0$ es una asíntota horizontal. Estudiamos la posición de la curva respecto a la asíntota.

Si $x = 100$, $f(100) = \dfrac{201}{100^2} > 0$; si $x = -100$, $f(-100) = \dfrac{-199}{100^2} < 0$

Cuando $x \to +\infty$, la curva está sobre la asíntota y cuando $x \to -\infty$, la curva está bajo ella.

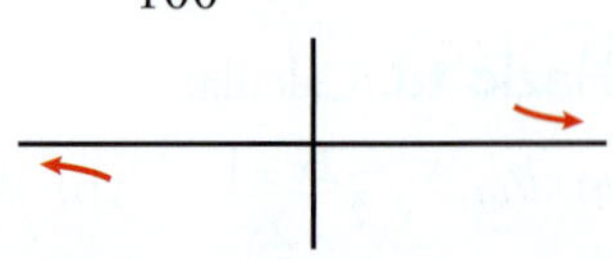

Hazlo tú. Calcula $\lim\limits_{x \to +\infty} f(x)$ y $\lim\limits_{x \to -\infty} f(x)$ en los siguientes casos:

a) $f(x) = \sqrt[3]{x^2-1}$

b) $f(x) = \dfrac{4x^2-1}{3-2x^2}$

c) $f(x) = \dfrac{x^2}{x-5}$

d) $f(x) = \dfrac{5x+3}{x^2-2}$

6. Ramas infinitas y asíntotas

Hallar las ramas infinitas de las funciones siguientes. Si hay asíntotas, estudia la posición de la curva respecto a ellas.

a) $f(x) = \dfrac{x^2-1}{x^2+4}$

b) $f(x) = \dfrac{x}{(x-1)^2}$

c) $f(x) = \dfrac{2x^2}{x-3}$

a) • **Asíntotas verticales.** Buscamos las raíces del denominador.

En este caso no hay asíntotas verticales porque no hay ningún valor que anule el denominador $(x^2 + 4 \neq 0)$.

• **Asíntotas horizontales.** Hallamos los límites en el infinito.

$\lim\limits_{x \to +\infty} \dfrac{x^2-1}{x^2+4} = 1; \quad \lim\limits_{x \to -\infty} \dfrac{x^2-1}{x^2+4} = 1 \ \rightarrow \ y = 1$ es asíntota horizontal.

Para ver la posición de la curva respecto a esta asíntota estudiamos el signo de la diferencia entre la curva y la asíntota.

$d = f(x) - 1 = \dfrac{x^2-1}{x^2+4} - 1 = \dfrac{-5}{x^2+4}$; $d < 0$ para cualquier valor de x.

Por tanto, $f(x) < 1$ tanto si $x \to +\infty$, como si $x \to -\infty$; la curva se aproxima a la asíntota por debajo.

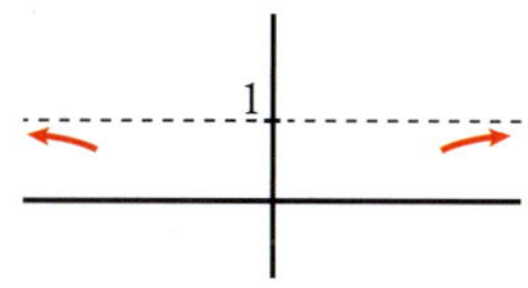

• No puede tener **asíntotas oblicuas** porque los grados del numerador y del denominador son iguales.

b) • **Asíntotas verticales**

$(x-1)^2 = 0 \ \rightarrow \ x = 1; \quad \lim\limits_{x \to 1} \dfrac{x}{(x-1)^2} = \infty; \ x = 1$ es asíntota vertical.

Si $x \to 1^-$, $\left(f(x) = \dfrac{+}{+} > 0 \right)$ $f(x) \to +\infty$

Si $x \to 1^+$, $\left(f(x) = \dfrac{+}{+} > 0 \right)$ $f(x) \to +\infty$

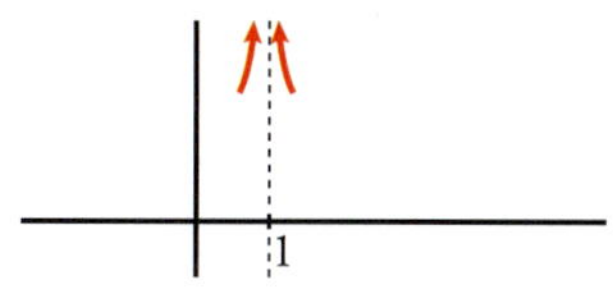

• **Asíntotas horizontales**

$\lim\limits_{x \to \pm\infty} \dfrac{x}{(x-1)^2} = 0; \ y = 0$ es asíntota horizontal.

Si $x \to +\infty$, $f(x) > 0$. La curva está sobre la asíntota.

Si $x \to -\infty$, $f(x) < 0$. La curva está bajo la asíntota.

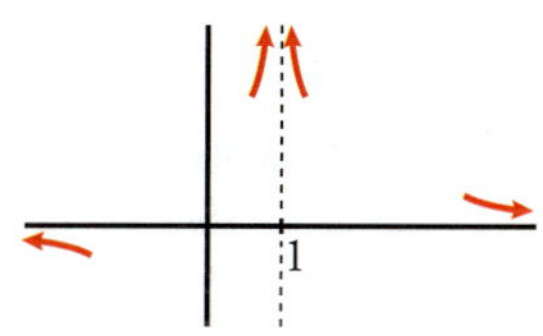

• No hay **asíntota oblicua.**

c) • **Asíntotas verticales**

$x - 3 = 0 \ \rightarrow \ x = 3; \quad \lim\limits_{x \to 3} \dfrac{2x^2}{x-3} = \pm\infty; \ x = 3$ es asíntota vertical.

Posición:

Si $x \to 3^-$, $\left(f(x) = \dfrac{+}{-} < 0 \right)$ $f(x) \to -\infty$

Si $x \to 3^+$, $\left(f(x) = \dfrac{+}{+} > 0 \right)$ $f(x) \to +\infty$

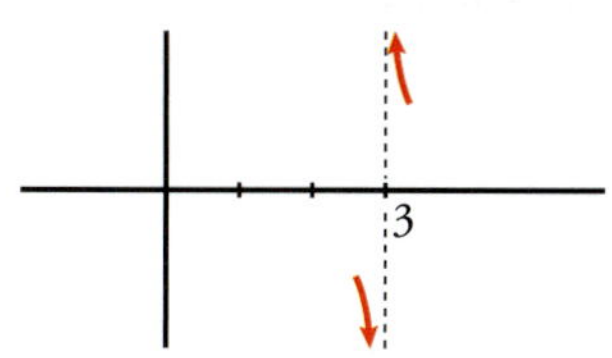

• **Asíntotas horizontal u oblicua**

Como el grado del numerador es una unidad mayor que el del denominador, hay asíntota oblicua. Para hallarla, dividimos y expresamos la función como:

$\dfrac{\text{Dividendo}}{\text{divisor}} = \text{cociente} + \dfrac{\text{resto}}{\text{divisor}} \ \rightarrow \ \dfrac{2x^2}{x-3} = 2x + 6 + \dfrac{18}{x-3}$

$y = 2x + 6$ es asíntota oblicua.

Estudiamos el signo de la diferencia para ver la posición.

$d = f(x) - y = \dfrac{18}{x-3} \begin{cases} \text{Si } x \to +\infty \ (d > 0) \ f(x) > y \\ \text{Si } x \to -\infty \ (d < 0) \ f(x) < y \end{cases}$

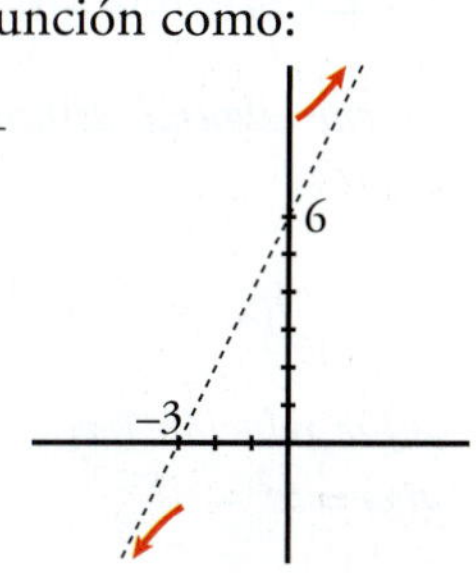

Hazlo tú. Estudia las asíntotas de las siguientes funciones:

a) $f(x) = \dfrac{3x-1}{x-2}$

b) $f(x) = \dfrac{x^3}{x^2+2}$

Ejercicios y problemas guiados

1. Límites de una función definida "a trozos"

Dada la función

$$f(x) = \begin{cases} \dfrac{1}{x} & si\ x < 0 \\ 3x - 5 & si\ 0 \le x < 4 \\ 9x - x^2 & si\ x \ge 4 \end{cases}$$

hallar $\lim\limits_{x \to +\infty} f(x)$, $\lim\limits_{x \to -\infty} f(x)$ *y* $\lim\limits_{x \to 0} f(x)$.

- Sabemos que $x \to +\infty$ significa que damos a x valores tan grandes como queramos (100, 1 000, ...). Ten en cuenta en qué "trozo" de la función se calculan esos valores y halla el límite en esa expresión.
- Razona de modo análogo en el caso $x \to -\infty$.
- En el caso de $x = 0$ hay que estudiar los límites laterales.

Solución: $\lim\limits_{x \to +\infty} f(x) = -\infty$; $\lim\limits_{x \to -\infty} f(x) = 0$; $\lim\limits_{x \to 0^-} f(x) = -\infty$; $\lim\limits_{x \to 0^+} f(x) = -5$

2. Límites en el infinito

Calcular los siguientes límites:

a) $\lim\limits_{x \to +\infty} \dfrac{5x}{\sqrt{4x^2+1}}$ *b)* $\lim\limits_{x \to +\infty} \dfrac{\sqrt{3x}}{x+1}$

c) $\lim\limits_{x \to +\infty} \sqrt{\dfrac{x^2+3}{x-2}}$

Análisis del problema. *Estamos ante cocientes de expresiones irracionales. Como en el caso de cocientes de polinomios, al calcular límites en el infinito solo importa el término de mayor grado del numerador y del denominador y sus coeficientes.*

Estudia, en cada caso, el grado del numerador y del denominador y aplica la misma regla que en el cociente de polinomios. Ten en cuenta que *grado* $\sqrt[n]{x^p} = p/n$.

Solución: a) 5/2 b) 0 c) $+\infty$

3. Asíntota oblicua

Hallar a, b y c en $f(x) = \dfrac{ax^2 + bx}{x - c}$ *para que tenga como asíntotas* $x = 2$ *e* $y = 2x - 1$.

- Halla c utilizando la asíntota vertical.
- Obtén la ecuación de la asíntota oblicua en función de a y de b e iguala los coeficientes que obtengas a los de la recta $y = 2x - 1$.

Solución: $c = 2$; $a = 2$; $b = -5$

4. Ramas infinitas

Estudiar y representar las ramas infinitas de las funciones siguientes:

a) $f(x) = 1{,}5^x$

b) $f(x) = 0{,}4^x$

c) $f(x) = \ln(2x - 4)$

a) y b) Recuerda que las funciones exponenciales son continuas en $\mathbb{R}$. Para hallar su límite cuando $x \to +\infty$ y cuando $x \to -\infty$, utiliza la calculadora dando a x valores "grandes" positivos y negativos y analiza los resultados que obtengas.

c) Recuerda cómo es la gráfica de la función logarítmica. Determina el dominio de definición de f: $(a, +\infty)$. Estudia el valor de $f(x)$ en las proximidades de a y para valores grandes de x.

Solución:

a) 

b) 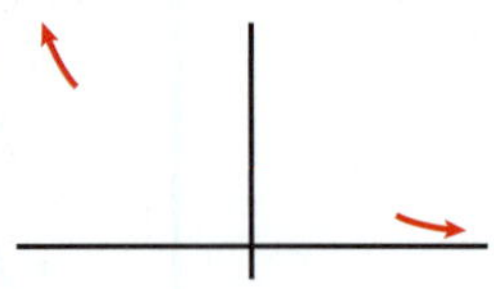

c) 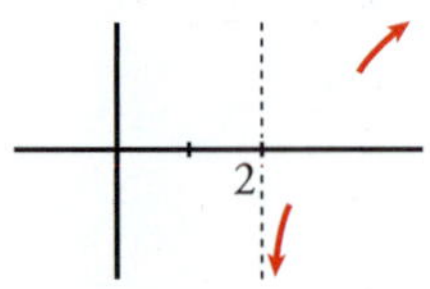

5. Existencia de asíntotas

¿Tiene alguna asíntota la siguiente función?:

$$f(x) = \frac{x^3 - 3x^2 - 4x + 12}{x - 3}$$

¿Qué relación hay entre su gráfica y la de $g(x) = x^2 - 4$*?*

- Justifica por qué no tiene asíntota horizontal ni oblicua.
- Calcula el límite de f en el punto que anula el denominador y deduce si tiene asíntota vertical.
- Simplifica f y representa f y g. ¿Cuál es el dominio de cada una?

Solución: No tiene asíntotas. La gráfica de f es idéntica a la de g salvo en el punto (3, 5). $Dom\ f = \mathbb{R} - \{3\}$; $Dom\ g = \mathbb{R}$.

Ejercicios y problemas propuestos

Para practicar

Continuidad y límite en un punto

1 ¿Cuál de estas funciones es continua en $x = 3$? Señala, en cada una de las otras, la razón de su discontinuidad:

a)
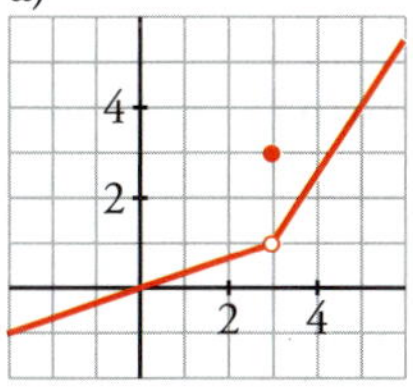

b)
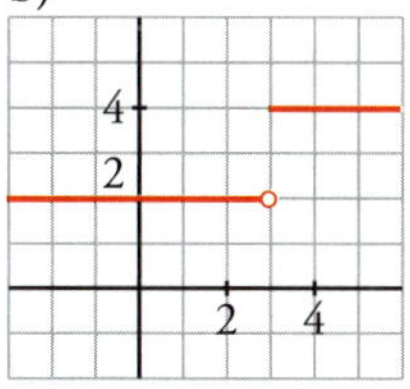

c)
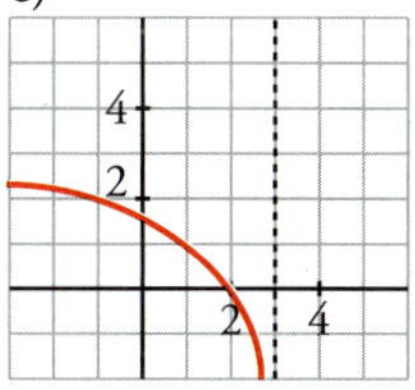

d)
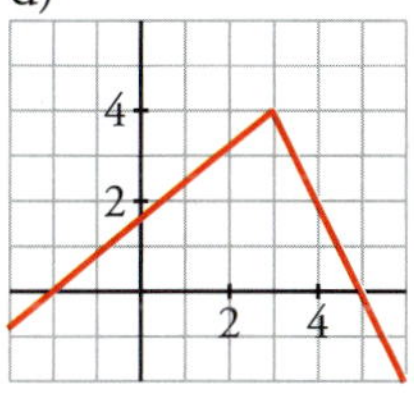

e)
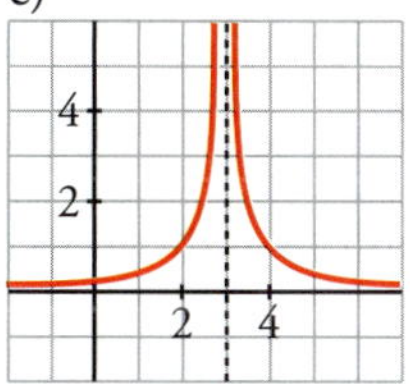

f)
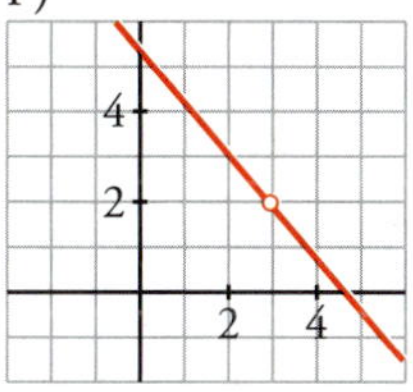

2 Cada una de las siguientes funciones tiene uno o más puntos donde no es continua. Indica cuáles son esos puntos y el tipo de discontinuidad:

a)
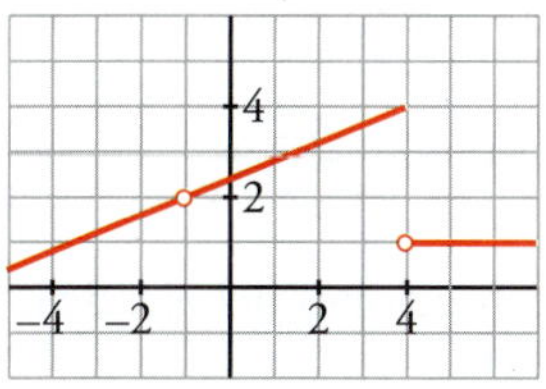

b)
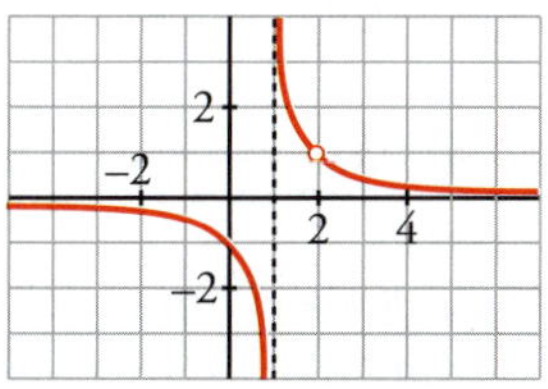

c)
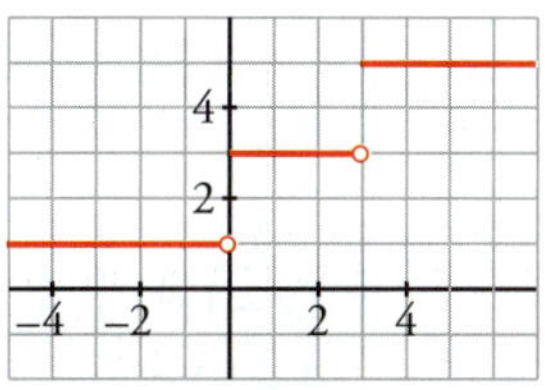

d)
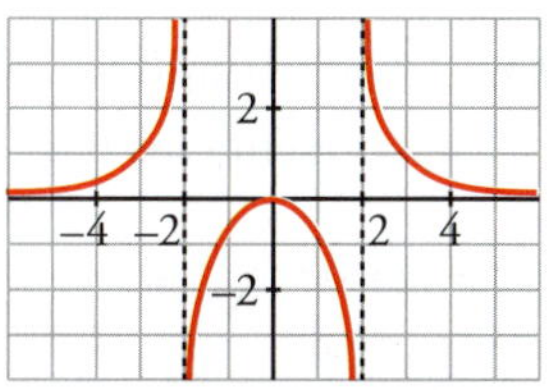

3 Comprueba que solo una de las siguientes funciones es continua en $x = 1$. Explica la razón de la discontinuidad en las demás:

a) $f(x) = \begin{cases} x+2 & \text{si } x<1 \\ 3 & \text{si } x>1 \end{cases}$

b) $f(x) = \begin{cases} 2x & \text{si } x \neq 1 \\ -1 & \text{si } x=1 \end{cases}$

c) $f(x) = \begin{cases} -2 & \text{si } x<1 \\ x-3 & \text{si } x \geq 1 \end{cases}$

d) $f(x) = \dfrac{1}{x-1}$

4 Indica para qué valores de $\mathbb{R}$ son continuas las siguientes funciones:

a) $y = \sqrt{x^2+2}$

b) $y = \dfrac{2}{x^4+3x^3}$

c) $y = \sqrt{5-2x}$

d) $y = ln\,(x+4)$

e) $y = 2^{3-x}$

f) $y = |x-5|$

5 Sobre la gráfica de la siguiente función $f(x)$, halla:

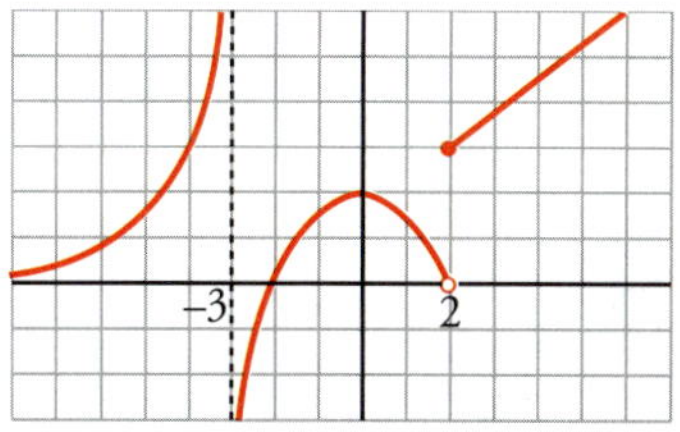

a) $\lim\limits_{x \to -3^-} f(x)$ b) $\lim\limits_{x \to -3^+} f(x)$ c) $\lim\limits_{x \to 0} f(x)$

d) $\lim\limits_{x \to 2^-} f(x)$ e) $\lim\limits_{x \to 2^+} f(x)$ f) $\lim\limits_{x \to -2} f(x)$

6 Relaciona cada una de estas expresiones con su gráfica correspondiente:

a) $\lim\limits_{x \to 3} f(x) = 2$ b) $\lim\limits_{x \to 3} f(x) = 4$ c) $\lim\limits_{x \to 3} f(x)$ no existe

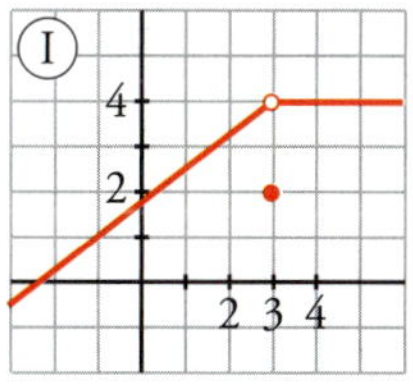

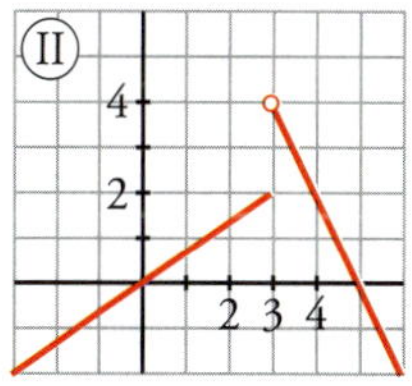

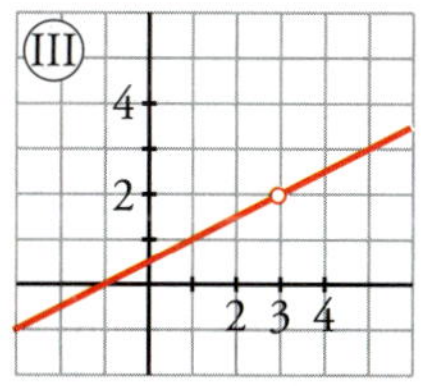

¿Alguna de ellas es continua en $x = 3$?

7 Calcula los siguientes límites:

a) $\lim\limits_{x \to 0} \left(5 - \dfrac{x}{2}\right)$

b) $\lim\limits_{x \to -1} (x^3 - x)$

c) $\lim\limits_{x \to 3} \dfrac{1-x}{x-2}$

d) $\lim\limits_{x \to 0,5} 2^x$

e) $\lim\limits_{x \to -2} \sqrt{10+x-x^2}$

f) $\lim\limits_{x \to 4} log_2\, x$

g) $\lim\limits_{x \to 0} cos\, x$

h) $\lim\limits_{x \to 2} e^x$

8 Dada la función $f(x) = \begin{cases} x^2+1 & \text{si } x<0 \\ x+1 & \text{si } x \geq 0 \end{cases}$, halla:

a) $\lim\limits_{x \to -2} f(x)$ b) $\lim\limits_{x \to 3} f(x)$ c) $\lim\limits_{x \to 0} f(x)$

9 Comprueba si las siguientes funciones son continuas en los puntos que se indican:

a) $f(x) = \begin{cases} 3-x & \text{si } x<-1 \\ x^2+3 & \text{si } x \geq -1 \end{cases}$ en $x = -1$

b) $f(x) = \begin{cases} 1 & \text{si } x<1 \\ 2^{x-1} & \text{si } x>1 \end{cases}$ en $x = 1$

c) $f(x) = \begin{cases} \sqrt{4-x} & \text{si } x<0 \\ x-2 & \text{si } x \geq 0 \end{cases}$ en $x = 0$

d) $f(x) = \begin{cases} 2-x^2 & \text{si } x<2 \\ 2x-6 & \text{si } x \geq 2 \end{cases}$ en $x = 2$

e) $f(x) = \begin{cases} 5-x & \text{si } x<3 \\ \dfrac{2}{x-2} & \text{si } x \geq 3 \end{cases}$ en $x = 3$

10 Estas funciones, ¿son discontinuas en algún punto?:

a) $f(x) = \begin{cases} 1 - x^2 & \text{si } x < 1 \\ x - 1 & \text{si } x \geq 1 \end{cases}$ b) $f(x) = \begin{cases} x^2 & \text{si } x \neq -1 \\ -1 & \text{si } x = -1 \end{cases}$

c) $f(x) = \begin{cases} \dfrac{4}{x} & \text{si } x < 2 \\ x & \text{si } x \geq 2 \end{cases}$ d) $f(x) = \begin{cases} 2^{x-3} & \text{si } x < 3 \\ \sqrt{x-3} & \text{si } x > 3 \end{cases}$

11 Dada la función $f(x) = \begin{cases} 2x & \text{si } x \leq 3 \\ \dfrac{x^2 - 9}{x^2 - 3x} & \text{si } x > 3 \end{cases}$ calcula:

a) $\lim\limits_{x \to 0} f(x)$ b) $\lim\limits_{x \to 3} f(x)$ c) $\lim\limits_{x \to 5} f(x)$

12 En la función $f(x) = \begin{cases} x^2 - 2 & \text{si } x < -1 \\ 3x - 1 & \text{si } -1 \leq x < 4 \\ 4\sqrt{x} + 3 & \text{si } x \geq 4 \end{cases}$ halla:

a) $\lim\limits_{x \to -1} f(x)$ b) $\lim\limits_{x \to 4} f(x)$ c) $\lim\limits_{x \to 9} f(x)$

13 Calcula los siguientes límites:

a) $\lim\limits_{x \to 0} \dfrac{4x}{x^2 - 2x}$ b) $\lim\limits_{x \to 0} \dfrac{2x^2 + 3x}{x}$

c) $\lim\limits_{x \to 1} \dfrac{x^2 - 1}{x - 1}$ d) $\lim\limits_{x \to -1} \dfrac{x^3 + 1}{x^2 + x}$

e) $\lim\limits_{x \to -2} \dfrac{x + 2}{x^2 - 4}$ f) $\lim\limits_{x \to 2} \dfrac{x^2 - x - 2}{x - 2}$

g) $\lim\limits_{x \to -3} \dfrac{x + 3}{x^2 + 4x + 3}$ h) $\lim\limits_{x \to 1} \dfrac{x^4 - 1}{x^2 - 1}$

14 Resuelve los siguientes límites y representa los resultados que obtengas:

a) $\lim\limits_{x \to 1} \dfrac{x^2}{x - 1}$ b) $\lim\limits_{x \to 0} \dfrac{x^2 + x}{x^2}$

c) $\lim\limits_{x \to -2} \dfrac{x^2}{x^2 + 2x}$ d) $\lim\limits_{x \to 0} \dfrac{x^3}{x^4 - 10x^2}$

15 Calcula los siguientes límites y representa los resultados que obtengas:

a) $\lim\limits_{x \to 3} \dfrac{x^2 - x - 6}{x^2 - 3x}$ b) $\lim\limits_{x \to 1} \dfrac{x^2 - 3x + 2}{x^2 - 2x + 1}$

c) $\lim\limits_{x \to 0} \dfrac{x^2 - 2x}{x^3 + x^2}$ d) $\lim\limits_{x \to -1} \dfrac{x^3 + x^2}{x^2 + 2x + 1}$

e) $\lim\limits_{x \to 1} \dfrac{x^4 - 1}{x - 1}$ f) $\lim\limits_{x \to 2} \dfrac{2x^2 - 8}{x^2 - 4x + 4}$

16 Calcula.

a) $\lim\limits_{x \to 1} \left(\dfrac{7 - 5x}{x^2 + 1}\right)^{2 - 5x}$ b) $\lim\limits_{x \to 2} \log_2 \left(\dfrac{3x + 4}{x^2 + 1}\right)^5$

c) $\lim\limits_{x \to \pi/2} \dfrac{e^{\operatorname{sen} x}}{1 + \cos x}$ d) $\lim\limits_{x \to 10} \log\,(2\sqrt{3x - 5})^3$

Límite cuando $x \to +\infty$ y $x \to -\infty$

17 Determina cuál es el límite cuando $x \to +\infty$ y cuando $x \to -\infty$ en las siguientes gráficas:

a) 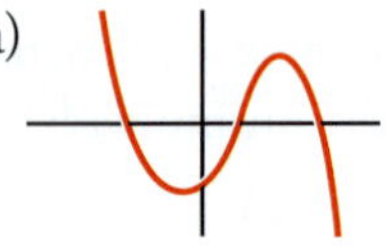 b) 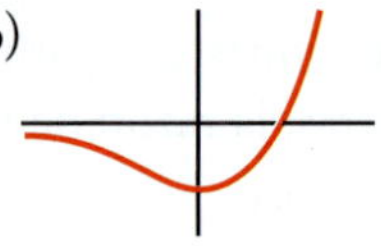 c) 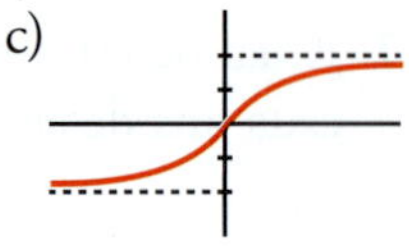

18 Calcula el límite cuando $x \to +\infty$ y cuando $x \to -\infty$ de cada una de las siguientes funciones. Representa los resultados que obtengas.

a) $f(x) = x^3 - 10x$ b) $f(x) = \sqrt{x^2 - 4}$

c) $f(x) = 7 - 3x$ d) $f(x) = -x^2 + 8x + 9$

e) $f(x) = 1 - (x - 2)^2$ f) $f(x) = 7x^2 - x^3$

g) $f(x) = (5 - x)^2$ h) $f(x) = (x + 1)^3 - 2x^2$

19 Calcula estos límites y representa las ramas que obtengas:

a) $\lim\limits_{x \to +\infty} \dfrac{3}{(x - 1)^2}$ b) $\lim\limits_{x \to +\infty} \dfrac{-2x^2}{3 - x}$

c) $\lim\limits_{x \to +\infty} \dfrac{-1}{x^2 - 1}$ d) $\lim\limits_{x \to +\infty} \dfrac{1}{(2 - x)^3}$

e) $\lim\limits_{x \to +\infty} \dfrac{2x - 1}{x + 2}$ f) $\lim\limits_{x \to +\infty} \dfrac{x^2 + 5}{1 - x}$

g) $\lim\limits_{x \to +\infty} \dfrac{2 - 3x}{x + 3}$ h) $\lim\limits_{x \to +\infty} \dfrac{3 - 2x}{5 - 2x}$

20 Calcula el límite de todas las funciones del ejercicio anterior cuando $x \to -\infty$.

21 Calcula el límite cuando $x \to +\infty$ y cuando $x \to -\infty$ y representa los resultados.

a) $f(x) = \dfrac{x^2}{x - 1}$ b) $f(x) = \dfrac{3x^2}{(x - 1)^2}$

c) $f(x) = \dfrac{1}{x^2 - 10}$ d) $f(x) = \dfrac{1 - 12x^2}{3x^2}$

e) $f(x) = \dfrac{5 - 2x}{x^2 + 1}$ f) $f(x) = \dfrac{1 - x}{(2x + 1)^2}$

g) $f(x) = \dfrac{x^3 - x^2}{7 - x^2}$ h) $f(x) = \dfrac{3x^2 - 7x + 2}{2x^2 + 4x - 9}$

22 Di cuál es el límite de las siguientes funciones cuando $x \to +\infty$ y cuando $x \to -\infty$:

a) $f(x) = \begin{cases} 2 & \text{si } x < 3 \\ 5 - x & \text{si } x \geq 3 \end{cases}$ b) $f(x) = \begin{cases} 3 - x & \text{si } x < 0 \\ \dfrac{2}{x + 1} & \text{si } x \geq 0 \end{cases}$

23 Di cuál es el límite de estas funciones cuando $x \to +\infty$:

a) $f(x) = \dfrac{1}{x - 2}$ b) $f(x) = \dfrac{-3}{x^2 + 2x - 4}$

c) $f(x) = \dfrac{2}{\sqrt{x}}$ d) $f(x) = 3 - \dfrac{1}{x^2}$

Asíntotas

24 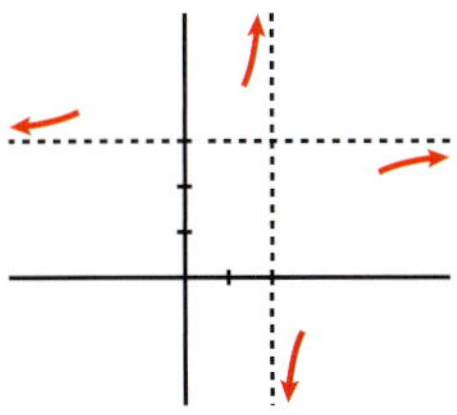

Esta gráfica muestra la posición de la curva $y = f(x)$ respecto de sus asíntotas.

Di cuáles son estas y describe su posición.

25 De una función $y = f(x)$ conocemos sus asíntotas y la posición de la curva respecto a ellas.

$$x = -1 \begin{cases} \text{si } x \to -1^-, & f(x) \to +\infty \\ \text{si } x \to -1^+, & f(x) \to +\infty \end{cases}$$

$$y = -2 \begin{cases} \text{si } x \to +\infty, & f(x) > -2 \\ \text{si } x \to -\infty, & f(x) < -2 \end{cases}$$

Representa esta información.

26 Halla las asíntotas de las siguientes funciones y sitúa la curva respecto a cada una de ellas:

a) $y = \dfrac{2x}{x-3}$ b) $y = \dfrac{x-1}{x+3}$

c) $y = \dfrac{2x+3}{4-x}$ d) $y = \dfrac{2}{1-x}$

e) $y = \dfrac{1}{2-x}$ f) $y = \dfrac{4x+1}{2x-3}$

27 Halla las asíntotas de las siguientes funciones y sitúa la curva respecto a ellas:

a) $y = \dfrac{x^2}{x^2+4}$ b) $y = \dfrac{3}{x^2+1}$

c) $y = \dfrac{2x^2-1}{x^2}$ d) $y = \dfrac{x^4}{x-1}$

e) $y = \dfrac{-1}{(x+2)^2}$ f) $y = \dfrac{3x}{x^2-1}$

28 Cada una de las siguientes funciones tiene una asíntota oblicua. Hállala y estudia la posición de la curva respecto a ella:

a) $f(x) = \dfrac{3x^2}{x+1}$ b) $f(x) = \dfrac{3+x-x^2}{x}$

c) $f(x) = \dfrac{4x^2-3}{2x}$ d) $f(x) = \dfrac{x^2+x-2}{x-3}$

e) $f(x) = \dfrac{2x^3-3}{x^2-2}$ f) $f(x) = \dfrac{-2x^2+3}{2x-2}$

29 Halla las asíntotas de las siguientes funciones y sitúa la curva respecto a cada una de ellas:

a) $y = \dfrac{(3-x)^2}{2x+2}$ b) $y = \dfrac{x^2}{x^2+x+1}$

c) $y = \dfrac{x^3}{x^2-4}$ d) $y = \dfrac{3x^2}{x+2}$

Para resolver

30 Calcula, en cada caso, el valor de k para que la función $f(x)$ sea continua en todo $\mathbb{R}$.

a) $f(x) = \begin{cases} x^2-4 & \text{si } x \le 3 \\ x+k & \text{si } x > 3 \end{cases}$

b) $f(x) = \begin{cases} 6-(x/2) & \text{si } x < 2 \\ x^2+kx & \text{si } x \ge 2 \end{cases}$

c) $f(x) = \begin{cases} (x^2+x)/x & \text{si } x \ne 0 \\ k & \text{si } x = 0 \end{cases}$

31 Calcula k para que las siguientes funciones sean continuas en el punto donde cambia su definición. Estudia después su continuidad:

a) $f(x) = \begin{cases} \dfrac{x^2-25}{x^2-5x} & \text{si } x \ne 5 \\ k & \text{si } x = 5 \end{cases}$

b) $f(x) = \begin{cases} \dfrac{x^2-x}{x^2+x-2} & \text{si } x \ne 1 \\ k & \text{si } x = 1 \end{cases}$

32 Estudia la continuidad de las siguientes funciones. Represéntalas:

a) $f(x) = \begin{cases} \dfrac{1}{x-1} & \text{si } x < 3 \\ \sqrt{x+1} & \text{si } x \ge 3 \end{cases}$

b) $f(x) = \begin{cases} e^{2-\sqrt{x}} & \text{si } x < 4 \\ \log_2 (x-2) & \text{si } x \ge 4 \end{cases}$

33 Determina a y b para que esta función sea continua:

$$f(x) = \begin{cases} 3x+b & \text{si } x < -2 \\ 4 & \text{si } -2 \le x \le 3 \\ ax-2 & \text{si } x > 3 \end{cases}$$

34 Calcula los siguientes límites:

a) $\lim\limits_{x \to +\infty} \dfrac{\sqrt{x+3}}{x}$ b) $\lim\limits_{x \to +\infty} \dfrac{3x-5}{\sqrt{x^2+1}}$

c) $\lim\limits_{x \to -\infty} \dfrac{100x}{\sqrt[3]{x^2}}$ d) $\lim\limits_{x \to -\infty} \dfrac{3x}{\sqrt{4-x^3}}$

e) $\lim\limits_{x \to +\infty} \dfrac{\sqrt[3]{x^6-7x}}{4x-2}$ f) $\lim\limits_{x \to +\infty} \dfrac{\sqrt{2x^2+1}}{x-2}$

35 Halla las ramas infinitas de las siguientes funciones exponenciales y logarítmicas:

a) $y = 2^{x+3}$ b) $y = 1{,}5^x - 1$

c) $y = 2 + e^x$ d) $y = e^{-x} + 1$

e) $y = \log (x-3)$ f) $y = 1 - \ln x$

g) $y = \ln (2x+4)$ h) $y = \ln (x^2+1)$

36 Halla el límite de las siguientes funciones en los puntos que anulan su denominador:

a) $f(x) = \dfrac{2x^3 - 13x^2 + 24x - 9}{x^3 - 6x^2 + 9x}$

b) $g(x) = \dfrac{4x^3 + 3x^2 - 16x - 12}{x^3 - 2x^2 - 4x + 8}$

c) $h(x) = \dfrac{x^3 + 6x^2 - 32}{x^4 + 2x^3 - 8x^2}$

¿Cuáles son las asíntotas de f, de g y de h?

37 Halla las asíntotas de las siguientes funciones y estudia la posición de la curva respecto a ellas:

a) $f(x) = \dfrac{x^4 + 6x^2 - 7}{x(x^2 + 6)}$　　b) $f(x) = \dfrac{x^3 - 2x^2 + 3x - 6}{2(x-2)^2}$

c) $f(x) = \dfrac{2x^3 + x^2 - 8x - 1}{x^2 - 4}$　　d) $f(x) = \dfrac{x^3 - 4x^2 + 8x - 12}{x - 3}$

38 Calcula el límite de la función $f(x) = \dfrac{\sqrt{x^2+3}}{x}$ cuando $x \to 0$, $x \to +\infty$ y $x \to -\infty$. Di cuáles son sus asíntotas y sitúa la curva respecto a ellas.

39 En una empresa se hacen montajes en cadena. El número de montajes realizados por un trabajador sin experiencia depende de los días de entrenamiento según la función $M(t) = \dfrac{30t}{t+4}$ (t en días).

a) ¿Cuántos montajes realiza el primer día? ¿Y el décimo?

b) Representa la función sabiendo que el periodo de entrenamiento es de un mes.

c) ¿Qué ocurriría con el número de montajes si el entrenamiento fuera mucho más largo?

40 El número de peces de una piscifactoría evoluciona según la función $f(t) = 50 + \dfrac{100t^2}{t^2+1}$ (t en días).

a) Comprueba que la población aumenta la primera semana.

b) Averigua si el crecimiento será indefinido o tiende a estabilizarse.

41 Determina el valor de a y de b de modo que las rectas $x = 3$ e $y = \dfrac{3}{2}$ sean asíntotas de la función $f(x) = \dfrac{ax+3}{bx-4}$.

¿Puede tener asíntota oblicua?

42 Dada la función $f(x) = \begin{cases} 2x^2 + ax + b & \text{si } x \le 2 \\ ln(x-1) & \text{si } x > 2 \end{cases}$, calcula el valor de a y de b para que f sea continua y su gráfica pase por el origen de coordenadas.

43 Observa la gráfica de las siguientes funciones y describe sus ramas infinitas, sus asíntotas y la posición de la curva respecto de ellas:

a) 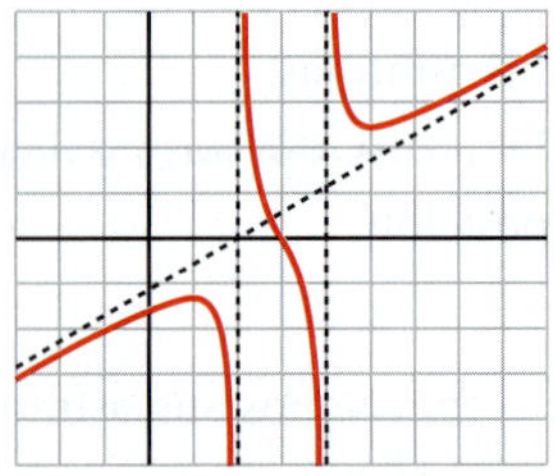

b) 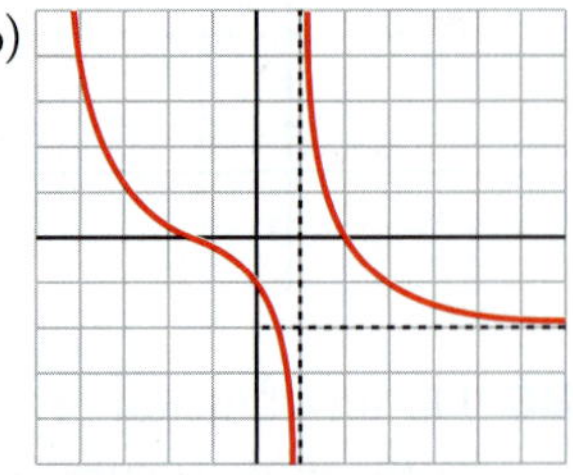

44 Representa, en cada caso, una función que cumpla las condiciones dadas.

a) $\lim_{x\to -2^-} f(x) = -\infty$; $\lim_{x\to -2^+} f(x) = +\infty$

$\lim_{x\to -\infty} f(x) = 3$, $f(x) < 3$; $\lim_{x\to +\infty} f(x) = +\infty$

b) $\lim_{x\to 0^+} f(x) = -\infty$; $\lim_{x\to 0^-} f(x) = -\infty$

$\lim_{x\to +\infty} f(x) = 1$, $f(x) < 1$; $\lim_{x\to -\infty} f(x) = -1$, $f(x) > -1$

c) Asíntota vertical: $x = 1$

$\lim_{x\to 1^-} f(x) = \lim_{x\to 1^+} f(x) = -\infty$

Asíntota oblicua: $y = x + 2$

diferencia $[f(x) - y] < 0$ si $x \to \pm\infty$

d) $\lim_{x\to -1^+} f(x) = -\infty$; $\lim_{x\to -1^-} f(x) = +\infty$

$\lim_{x\to +\infty} f(x) = 2$, $f(x) > 2$; $\lim_{x\to -\infty} f(x) = 2$, $f(x) < 2$

45 Considera las funciones $y = sen\, x$ e $y = cos\, x$ definidas en el intervalo $[0, 2\pi]$. Halla las asíntotas de las funciones $f(x) = \dfrac{1}{sen\, x}$; $g(x) = \dfrac{1}{cos\, x}$; $h(x) = \dfrac{1}{1 - 2\, cos\, x}$ y sitúa la curva respecto a ellas.

46 Calcula el valor de a para que $\lim_{x\to +\infty} \dfrac{3x^2 - 5x}{x+1} - ax$ sea un número real.

47 Halla los siguientes límites (utiliza la calculadora).

a) $\lim_{x\to +\infty} \dfrac{x^3}{e^x}$　　b) $\lim_{x\to +\infty} \dfrac{x}{ln\, x}$

c) $\lim_{x\to +\infty} \dfrac{e^x - 1}{x^5}$　　d) $\lim_{x\to +\infty} \dfrac{ln(2x+3)}{x^2}$

e) $\lim_{x\to +\infty} (2^x - x^4)$　　f) $\lim_{x\to -\infty} (0{,}75^x - x^2)$

48 La función $f(x) = \dfrac{x^3 + mx^2 + 9}{x^2 - 9}$ es discontinua en $x = 3$ y $x = -3$.

Estudia el tipo de discontinuidad que presenta en esos puntos según los valores de m.

Cuestiones teóricas

49 ¿Verdadero o falso? Justifica la respuesta y pon ejemplos.

a) Si no existe $f(2)$, no se puede calcular $\lim\limits_{x \to 2} f(x)$.

b) Si no existe $f(1)$, $f(x)$ no puede ser continua en $x = 1$.

c) Una función no puede tener más de dos asíntotas horizontales.

d) Una función puede tener cinco asíntotas verticales.

e) Si $g(a) = 0$ podemos afirmar que $y = \frac{f(x)}{g(x)}$ tiene asíntota vertical.

f) La función $y = 2^{-x}$ no tiene asíntotas.

50 ¿Cuáles son los puntos de discontinuidad de $y = E(x)$ e $y = Mant(x)$?

51 Justifica por qué no existe $\lim\limits_{x \to +\infty} sen\, x$.

52 ¿Cuál de estos límites no existe?:

a) $\lim\limits_{x \to 4^-} \sqrt{4 - x}$ b) $\lim\limits_{x \to 4^+} \sqrt{4 - x}$

53 Dada la función $f(x) = ax^n + bx^{n-1} + \ldots + h$, justifica si son verdaderas o falsas las siguientes afirmaciones:

a) Si $a > 0$ y n es par, entonces $\lim\limits_{x \to -\infty} f(x) = -\infty$.

b) Si $a > 0$ y n es impar, entonces $\lim\limits_{x \to -\infty} f(x) = +\infty$.

c) Si $a < 0$ y n es par, entonces $\lim\limits_{x \to +\infty} f(x) = -\infty$.

d) Si $a < 0$ y n es impar, entonces $\lim\limits_{x \to -\infty} f(x) = +\infty$.

Para profundizar

54 Calcula los siguientes límites:

a) $\lim\limits_{x \to \pm\infty} |2x + 1|$ b) $\lim\limits_{x \to \pm\infty} (|x| + x - 3)$

c) $\lim\limits_{x \to \pm\infty} (|x + 4| + |x|)$ d) $\lim\limits_{x \to \pm\infty} (|x + 2| - |x|)$

55 Halla las asíntotas de las funciones siguientes:

a) $y = \frac{|x|}{2 - x}$ b) $y = \frac{|2x + 1|}{x - 1}$

56 La función $y = 2^{1/x}$, ¿tiene límite cuando $x \to 0$?

57 Halla $\lim\limits_{x \to 1} \frac{x - 1}{\sqrt{x} - 1}$. Para ello, multiplica numerador y denominador por el binomio conjugado $(\sqrt{x} + 1)$ del denominador.

58 Halla los siguientes límites:

a) $\lim\limits_{x \to 2} \frac{x - \sqrt{2x}}{x - 2}$ b) $\lim\limits_{x \to 3} \frac{x - 3}{\sqrt{4 - x} - 1}$

c) $\lim\limits_{x \to 5} \frac{\sqrt{2x - 1} - 3}{x - 5}$ d) $\lim\limits_{x \to 7} \frac{x - 7}{\sqrt{3x + 4} - 5}$

e) $\lim\limits_{x \to 4} \frac{\sqrt{6x + 1} - 5}{\sqrt{2x + 1} - 3}$ f) $\lim\limits_{x \to 9} \frac{\sqrt{3x - 2} - 5}{\sqrt{2x + 7} - 5}$

59 Calcula las asíntotas verticales de $f(x) = \frac{x^2}{\sqrt{x^2 - 1}}$ y estudia la posición de la función respecto de ellas. ¿Tiene asíntota horizontal?

Autoevaluación

En la web Resoluciones de estos ejercicios.

1 Calcula el límite de $f(x) = \begin{cases} 2x - 5, & x \le 3 \\ x^2 - x - 7, & x > 3 \end{cases}$ en los puntos de abscisas 0, 3 y 5. Di si la función es continua en esos puntos.

2 Halla los siguientes límites:

a) $\lim\limits_{x \to 0} 2^{x-1}$ b) $\lim\limits_{x \to 5} \frac{1}{\sqrt{x + 4}}$ c) $\lim\limits_{x \to 4} \frac{x}{(x - 4)^2}$

3 a) 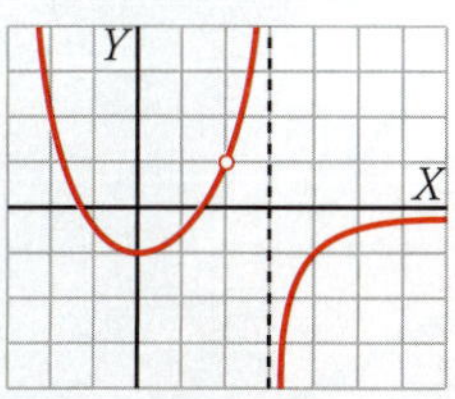

b) 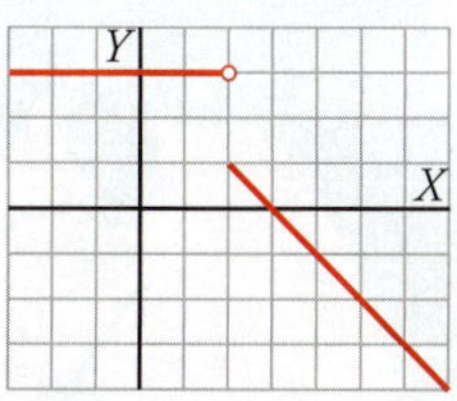

Sobre la gráfica de estas dos funciones, halla, en cada caso, los siguientes límites:

$\lim\limits_{x \to 3} f(x)$; $\lim\limits_{x \to 2} f(x)$; $\lim\limits_{x \to +\infty} f(x)$; $\lim\limits_{x \to -\infty} f(x)$

4 Halla las asíntotas de la función $f(x) = \frac{4x^2}{x^2 - 2x}$ y estudia la posición de la curva respecto a ellas.

5 Justifica qué valor debe tomar a para que la función $f(x) = \begin{cases} ax - 2 & \text{si } x \le 1 \\ 4x - 2a & \text{si } x > 1 \end{cases}$ sea continua en $\mathbb{R}$.

6 Halla el límite de $f(x) = \frac{x^3 - 3x^2}{x^2 - 5x + 6}$ cuando $x \to 3$; $x \to 2$; $x \to +\infty$; $x \to -\infty$ y representa la información que obtengas.

7 Representa una función que cumpla las siguientes condiciones:

a) $\lim\limits_{x \to -2^-} f(x) = -\infty$ b) $\lim\limits_{x \to -2^+} f(x) = +\infty$

c) $\lim\limits_{x \to +\infty} f(x) = 0$ d) $\lim\limits_{x \to -\infty} f(x) = 2$

8 Estudia las ramas infinitas de $f(x) = \frac{2x^3}{x^2 + 4}$ y sitúa la curva respecto a su asíntota.

12 Derivadas

El concepto de derivada

El concepto de **derivada** surgió como resultado de algunos siglos de esfuerzo dirigidos a resolver dos problemas: determinar la recta tangente a una curva en uno de sus puntos y encontrar velocidades instantáneas en movimientos no uniformes. Estos problemas interesaron a los matemáticos desde tiempos antiguos, pero hasta el siglo XVI, la resolución de cada problema particular se hacía mediante un método específico no generalizable a otros problemas similares.

En el siglo XVII, los conocimientos acumulados hasta entonces permitieron a **Newton** y **Leibnitz** dar una respuesta teórica y completa a todos estos tipos de problemas, mediante la invención de la derivada (cálculo diferencial).

Un siglo después, **Euler** contribuyó a mejorarla. No obstante, la base lógica y, por tanto, los conceptos formales desarrollados por estos matemáticos fueron insuficientes para que el cálculo de derivadas fuera un proceso claro y sistemático.

Sello suizo en honor de Leonhard Euler (1707-1783).

Fue **Cauchy,** a comienzos del siglo XIX, quien, al relacionar de forma clara el concepto de derivada con el de límite, consiguió un respaldo formal básico, gracias al cual el cálculo de derivadas se redujo a sencillas operaciones formales. Tanto es así que un estudiante actual de bachillerato maneja estos procedimientos con mayor soltura que los grandes matemáticos anteriores a Cauchy.

¿Por qué coincidieron Newton y Leibnitz?

Cuando a finales del siglo XVII Newton y Leibnitz presentaron, por separado, el descubrimiento del cálculo diferencial, sus respectivos partidarios se enzarzaron en una agria disputa sobre quién había copiado a quién. Con el tiempo, se demostró que ninguno plagió al otro. ¿Inmensa casualidad? No; el momento histórico lo propiciaba y ellos, los genios, estuvieron ahí.

En la web Biografía de Leibnitz.

Isaac Newton (1642-1727).

Gottfried Wilhelm Leibnitz (1646-1716).

El cálculo diferencial, fruto de su época

¿Qué tuvo el siglo XVII que propició el descubrimiento del cálculo diferencial?

Las matemáticas lo estaban pidiendo para resolver, además de problemas de tangentes en un punto y velocidades instantáneas, otras muchas situaciones, como los complicados problemas astronómicos que habían surgido con la invención del telescopio. Tengamos en cuenta, además, que las matemáticas, y las ciencias en general, no son más que una manifestación de su propia época. Y en el siglo XVII se rompe con las concepciones estáticas de épocas anteriores y se atiende al movimiento, al dinamismo. Como ejemplo, observa estos dos cuadros de los siglos XV y XVII:

Siglo XVII: "Dama bebiendo con un caballero" de Johannes Vermeer.

Siglo XV: "El matrimonio Arnolfini" de Jan Van Eyck.

Resuelve

Movimiento de una partícula

Un investigador, para estudiar el movimiento de una partícula, la ha iluminado con destellos de flash cada décima de segundo (0,1 s) durante cuatro segundos. Esta es la fotografía a tamaño real:

1. Aproxima la velocidad de la partícula en el instante $t = 2$ s hallando su velocidad media en los intervalos [2; 2,5] y [2; 2,1]. Para ello, toma medidas sobre la fotografía.

2. Calcula las velocidades medias anteriores tomando valores sobre la ecuación del movimiento de dicha partícula: $s = \frac{1}{2}(t^4 - 8t^3 + 18t^2)$

3. Halla ahora las velocidades medias en los intervalos [2; 2,001] y [2; 2,000001] tomando de nuevo valores sobre la ecuación del movimiento de la partícula. ¿Podemos considerar que esta última velocidad media es muy parecida a la velocidad instantánea en $t = 2$ s?

1 Medida del crecimiento de una función

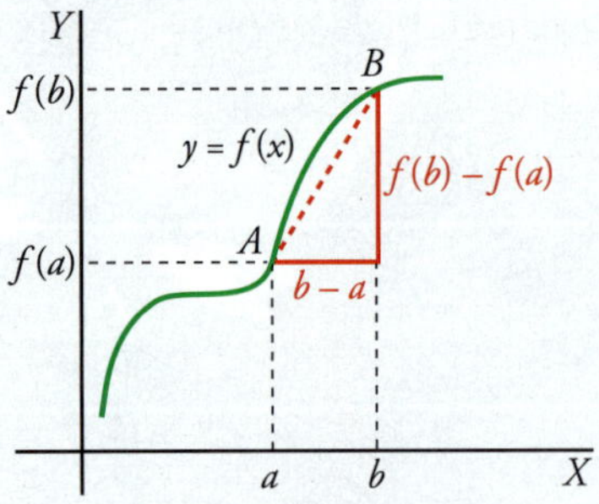

Crecimiento medio en un intervalo. Tasa de variación media

Se llama **tasa de variación media (T.V.M.)** de una función, $y = f(x)$, en un intervalo $[a, b]$ al crecimiento medio de la función en ese intervalo:

$$\text{T.V.M. } [a, b] = \frac{\text{variación de } f(x)}{\text{variación de } x} = \frac{f(b) - f(a)}{b - a}$$

La T.V.M. de $f(x)$ en $[a, b]$ es la pendiente del segmento que une los puntos $A(a, f(a))$ y $B(b, f(b))$.

Si una función es **creciente** en $[a, b]$, su tasa de variación media es positiva; y si es **decreciente,** negativa.

Con frecuencia, al intervalo se le designa mediante la expresión $[a, a + \text{h}]$, nombrando, así, a un extremo del intervalo, a, y a su longitud, h. En tal caso, la tasa de variación media se obtiene así:

$$\text{T.V.M. } [a, a + \text{h}] = \frac{f(a + \text{h}) - f(a)}{\text{h}}$$

Ejercicios resueltos

1 *Hallar la T.V.M. de la función*

$$f(x) = 5x - x^2$$

en los intervalos [1, 2], [1, 3], [1, 4] y [1, 5].

$$\text{T.V.M. } [1, 2] = \frac{f(2) - f(1)}{2 - 1} = \frac{6 - 4}{1} = 2$$

$$\text{T.V.M. } [1, 3] = \frac{f(3) - f(1)}{3 - 1} = \frac{6 - 4}{2} = 1$$

$$\text{T.V.M. } [1, 4] = \frac{f(4) - f(1)}{4 - 1} = \frac{4 - 4}{3} = 0$$

$$\text{T.V.M. } [1, 5] = \frac{f(5) - f(1)}{5 - 1} = \frac{0 - 4}{4} = -1$$

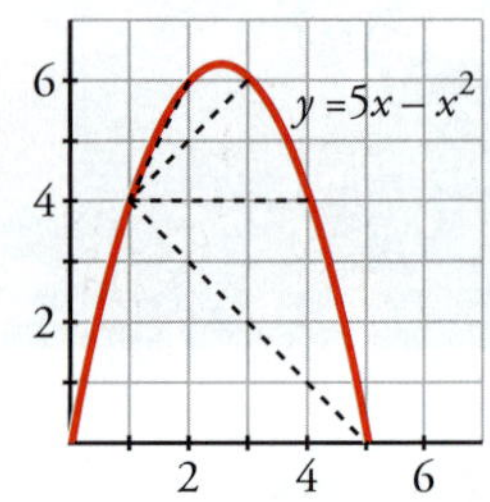

Hazlo tú. Halla la T.V.M. de $y = \sqrt{x - 1}$ en $[1, 2]$, $[1, 5]$ y $[1, 10]$.

2 *Hallar la T.V.M. de la función del ejercicio anterior en un intervalo con origen en el punto 1 y con longitud variable,* h. *Es decir, en el intervalo [1, 1 +* h*].*

$f(1 + \text{h}) = 5(1 + \text{h}) - (1 + \text{h})^2 = 5 + 5\text{h} - (1 + 2\text{h} + \text{h}^2) = 4 + 3\text{h} - \text{h}^2$

$f(1) = 5 \cdot 1 - 1^2 = 4$

$$\text{T.V.M. } [1, 1 + \text{h}] = \frac{f(1 + \text{h}) - f(1)}{\text{h}} = \frac{(4 + 3\text{h} - \text{h}^2) - 4}{\text{h}} = \frac{3\text{h} - \text{h}^2}{\text{h}} = 3 - \text{h}$$

Observa que, ahora, si damos a h los valores 1, 2, 3 y 4, respectivamente, obtenemos las T.V.M. obtenidas en los cuatro intervalos del ejercicio anterior.

Ejercicios propuestos

1 ¿Verdadero o falso?

a) La T.V.M. mide el crecimiento medio de una función en un intervalo.

b) Si f es creciente en $[a, b]$, su T.V.M. en ese intervalo es positiva, y si es decreciente, su T.V.M. es negativa.

c) Si la T.V.M. de f en $[a, b]$ es 0, significa que f es constante en $[a, b]$.

2 Halla la T.V.M. de la función $y = x^2 - 8x + 12$ en los siguientes intervalos:

$[1, 2]$, $[1, 3]$, $[1, 4]$, $[1, 5]$, $[1, 6]$, $[1, 7]$, $[1, 8]$

3 Halla la T.V.M. de $y = x^2 - 8x + 12$ en el intervalo variable $[1, 1 + \text{h}]$.

Comprueba que, dando a h los valores adecuados, se obtienen los resultados del ejercicio anterior.

Crecimiento en un punto. Derivada

El crecimiento de una función $y = f(x)$ en un intervalo $[a, b]$ en el que pasa del punto $A(a, f(a))$ al punto $B(b, f(b))$ se mide mediante la pendiente de la recta que corta a la curva en A y en B.

¿Cómo se mide el crecimiento en un punto? La forma más natural de hacerlo es mediante la pendiente de la recta tangente:

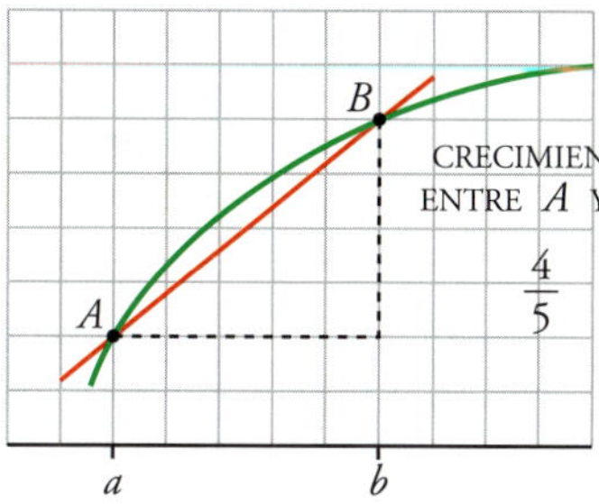

CRECIMIENTO DE f entre A y B es la pendiente de la recta que pasa por A y B (T.V.M. $[a, b]$).

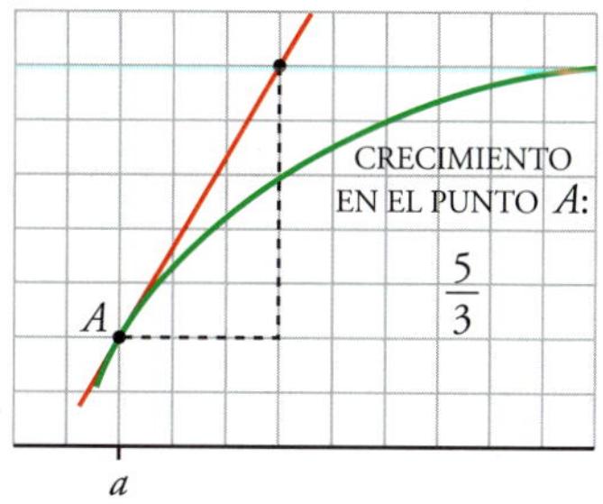

CRECIMIENTO DE f en A es la pendiente de la recta tangente en A.

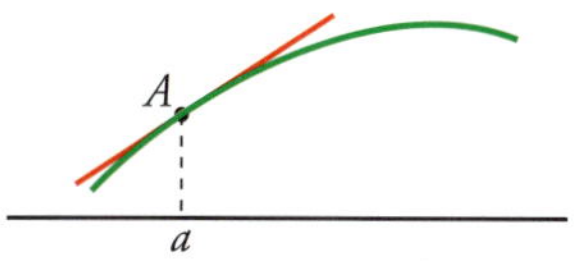

El crecimiento de una función en un punto se mide mediante la **pendiente de la recta tangente** a la curva en ese punto. Se llama **derivada** de f en a (siendo a la abscisa del punto) y se expresa $f'(a)$, que se lee *f prima de a*.

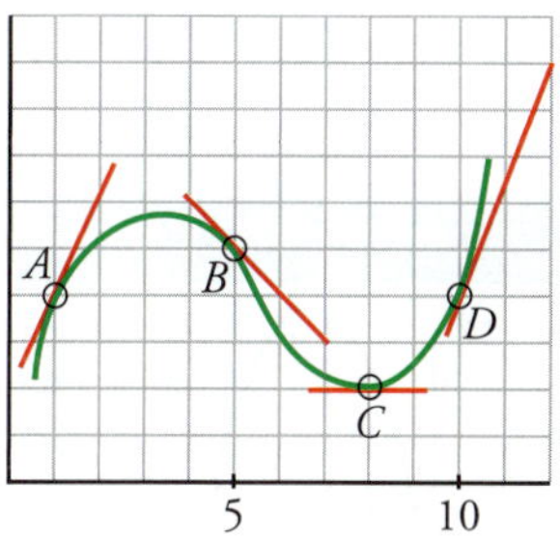

Por ejemplo, en la función representada al margen, aparecen las rectas tangentes en los puntos $A(1, 4)$, $B(5, 5)$, $C(8, 2)$ y $D(10, 4)$. Sus pendientes son, respectivamente, 2, –1, 0 y 2,5. Lo designamos así:

$$f'(1) = 2 \qquad f'(5) = -1 \qquad f'(8) = 0 \qquad f'(10) = 2{,}5$$

$f'(1) = 2$ se lee "*f* prima de 1 es igual a 2", o bien "la derivada de f en el punto de abscisa 1 es 2". Significa que la pendiente de la recta tangente a la curva en el punto de abscisa 1 es 2.

¡Atención! Observa que hemos valorado la derivada en un punto a partir de la representación gráfica: la función estaba representada y, sobre su gráfica, hemos trazado la recta tangente para medir su pendiente. Deberemos ser capaces de obtener este valor a partir de la expresión analítica de la función. Este reto lo afrontaremos en las páginas siguientes.

Ejercicio propuesto

4

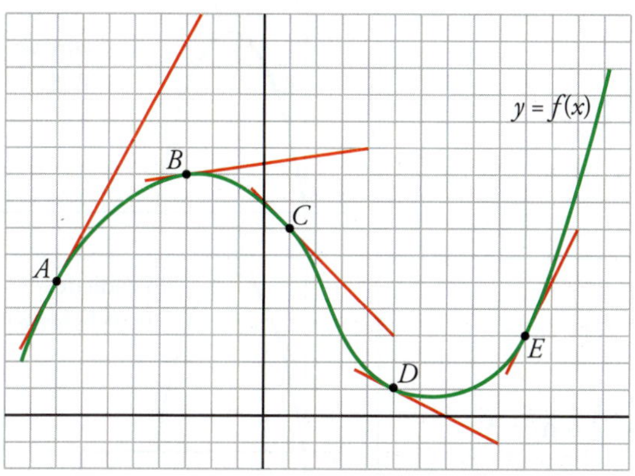

En la gráfica, en verde, de la función $y = f(x)$ adjunta, se han señalado cinco puntos: A, B, C, D y E.

En cada uno de ellos está trazada la recta tangente, cuya pendiente se puede calcular.

Expresa los resultados utilizando expresiones del tipo:

$$f'(a) = \ldots$$

Por ejemplo, para el punto B:

$$f'(-3) = \ldots$$

2 Obtención de la derivada a partir de la expresión analítica

Hemos definido $f'(a)$ como la pendiente de la recta tangente a la curva $y = f(x)$ en el punto de abscisa a. ¿Cómo hallamos la pendiente de la tangente sin necesidad de trazarla? Más aún, ¿cómo la hallamos sin siquiera representar la curva? Es decir, ¿cómo calculamos $f'(a)$ a partir de la expresión de $f(x)$?

En la web

Animación interactiva de la ilustración de la derecha.

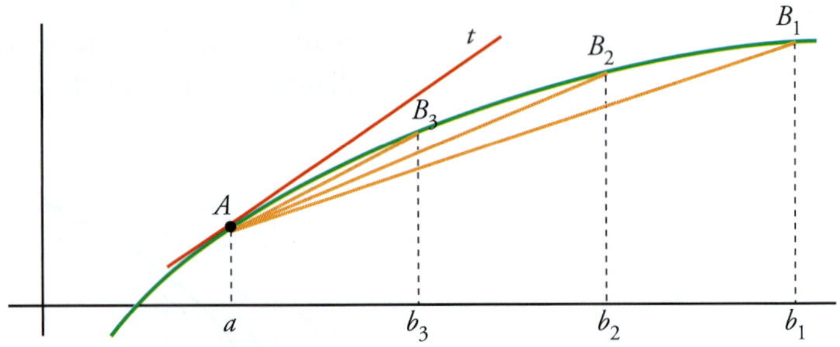

Las rectas secantes AB_1, AB_2, AB_3, … se aproximan a la tangente, t. Así, la pendiente de t, que es $f'(a)$, es el límite al que tienden las pendientes de las rectas secantes AB_i cuando $B_i \to A$. Por tanto:

Observa

$f'(a) = \lim\limits_{h \to 0} (\text{T.V.M. } [a, a + h])$

Por eso, la derivada de una función en un punto es llamada, también, **tasa de variación instantánea.**

La **derivada de *f* en *a*** (pendiente de la recta tangente) es el límite de las pendientes de las rectas secantes:

$$f'(a) = \lim_{x \to a} \frac{f(x) - f(a)}{x - a} = \lim_{h \to 0} \frac{f(a + h) - f(a)}{h}$$

Regla práctica para calcular f'(a)

Veamos una regla que nos permite calcular $f'(a)$ en cuatro pasos. La aplicamos al cálculo de $f'(1)$ para $y = f(x) = 5x - x^2$:

	PASOS	EJEMPLO	INTERPRETACIÓN GRÁFICA
I.	Se calcula la ordenada en el punto $a + h$. $f(a + h)$	$f(1 + h) = 5 \cdot (1 + h) - (1 + h)^2 =$ $= 5 + 5h - 1 - 2h - h^2 =$ $= 4 + 3h - h^2$	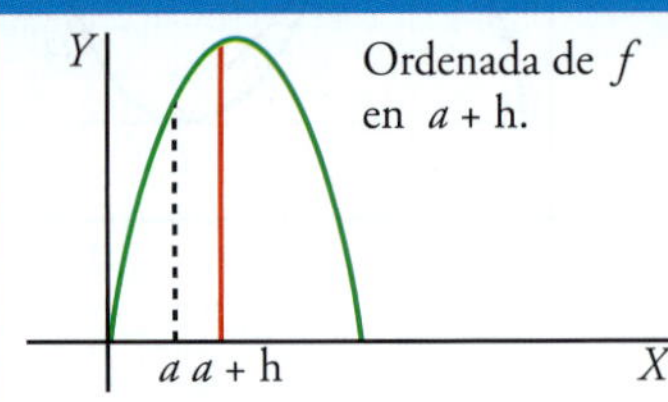
II.	Se obtiene el incremento de f en el intervalo $[a, a + h]$. $f(a + h) - f(a)$	$f(1 + h) - f(1) =$ $= (4 + 3h - h^2) - 4 = 3h - h^2$	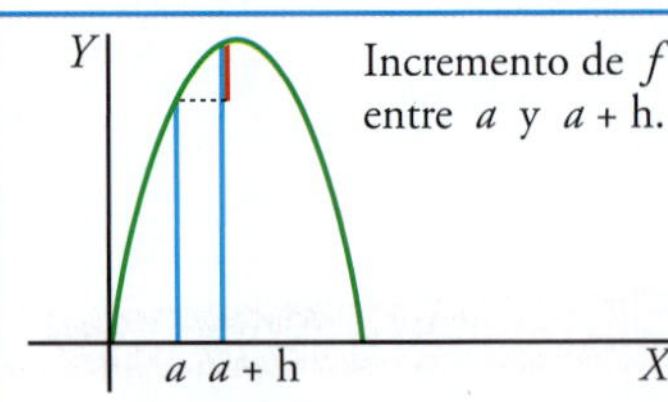
III.	Se halla la T.V.M. de f en $[a, a + h]$. $\frac{f(a + h) - f(a)}{h}$	$\frac{f(1 + h) - f(1)}{h} = \frac{3h - h^2}{h} =$ $= 3 - h$	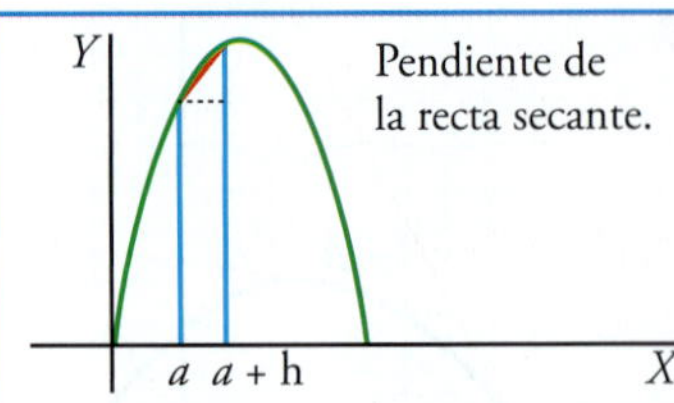
IV.	Se calcula el límite del cociente anterior. $\lim\limits_{h \to 0} \frac{f(a + h) - f(a)}{h} = f'(a)$ Este es el valor de la derivada.	$\lim\limits_{h \to 0} \frac{f(1 + h) - f(1)}{h} =$ $= \lim\limits_{h \to 0} (3 - h) = 3$	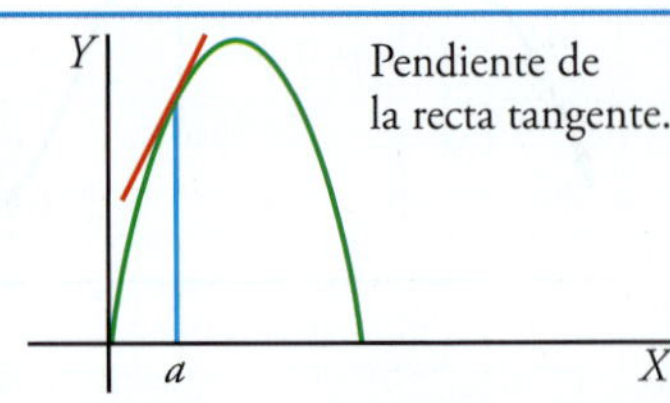

Ejercicios resueltos

1 *Hallar la derivada de la función* $y = \dfrac{3}{x-2}$ *en* $x = 4$.

Hemos de calcular:

$$f'(4) = \lim_{h \to 0} \frac{f(4+h) - f(4)}{h}$$

$$f(4+h) = \frac{3}{(4+h)-2} = \frac{3}{2+h}$$

$$f(4) = \frac{3}{4-2} = \frac{3}{2}$$

$$f(4+h) - f(4) = \frac{3}{2+h} - \frac{3}{2} = \frac{6-3(2+h)}{(2+h)\cdot 2} = \frac{-3h}{4+2h}$$

$$\frac{f(4+h)-f(4)}{h} = \frac{-3h}{4+2h} : h = \frac{-3}{4+2h}$$

$$f'(4) = \lim_{h \to 0} \frac{-3}{4+2h} = -\frac{3}{4}$$

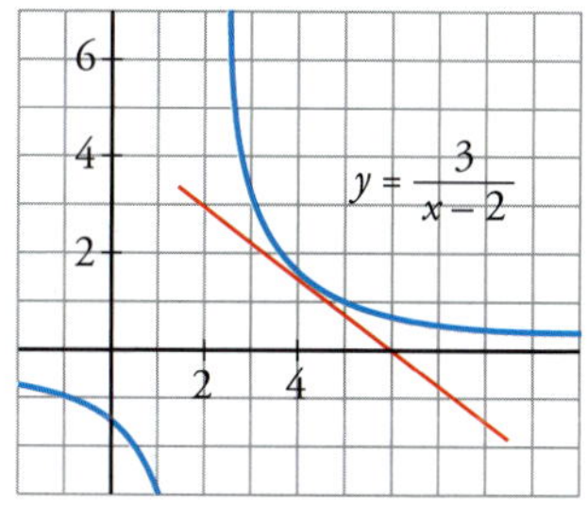

$f'(4) = -\dfrac{3}{4}$ es la pendiente de la recta tangente a la curva en el punto de abscisa 4.

Hazlo tú. Halla la derivada de $y = \dfrac{3}{x-2}$ en los puntos de abscisas 1, –1 y 5.

2 *Hallar la derivada de la función* $y = x^2 - 4x$ *en los puntos de abscisas –1, 0, 1, 2, 3, 4 y 5.*

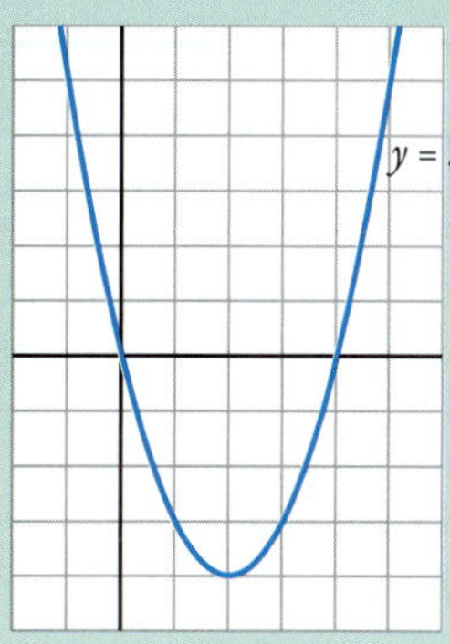

Puesto que hemos de calcular la derivada de una misma función en siete puntos, quizá sea preferible proceder primero de forma general en un *punto genérico* y, después, particularizar en cada punto pedido.

¿Cómo hacerlo de forma general? Pues como siempre, llamando x a ese *punto genérico*. Veámoslo:

$$f(x+h) = (x+h)^2 - 4(x+h) = x^2 + 2xh + h^2 - 4x - 4h$$

$$f(x+h) - f(x) = (x^2 + 2xh + h^2 - 4x - 4h) - (x^2 - 4x) = 2xh + h^2 - 4h$$

$$\frac{f(x+h)-f(x)}{h} = \frac{2xh + h^2 - 4h}{h} = 2x + h - 4$$

$$f'(x) = \lim_{h \to 0} \frac{f(x+h)-f(x)}{h} = \lim_{h \to 0} (2x + h - 4) = 2x - 4$$

¿Qué significa esto? Pues que la derivada de $y = x^2 - 4x$ en un punto de abscisa x se obtiene haciendo $2 \cdot x - 4$. Es decir:

$f'(-1) = 2 \cdot (-1) - 4 = -6$, $f'(0) = 2 \cdot 0 - 4 = -4$, y así sucesivamente.

Hazlo tú. Halla la derivada de $y = \dfrac{x^2}{2} + 7x$ en los puntos de abscisas 0, 1, 2, 3, 4 y 5.

Ejercicios propuestos

1 ¿Verdadero o falso?

a) La derivada de una función, $y = f(x)$, en $x = a$ es la pendiente de la recta tangente a la gráfica de la función en ese punto.

b) $f'(3) = 0$ significa que la tangente a la gráfica de $y = f(x)$ en $x = 3$ es paralela al eje X.

c) Si $f'(2) > 0$, entonces f es creciente en el punto de abscisa 2.

2 Halla la derivada de $y = \dfrac{1}{x}$ en el punto de abscisa –2.

3 Halla la derivada de $y = -2x + 4$ en los puntos de abscisas –3, 0, 4 y 7. Explica por qué obtienes en todos los casos el mismo resultado

4 Halla la derivada de $y = 3x^2 - 5x + 1$ en los puntos de abscisas –2, –1, 0, 1, 2, 3, 4, 5 y 6.

3 Función derivada de otra

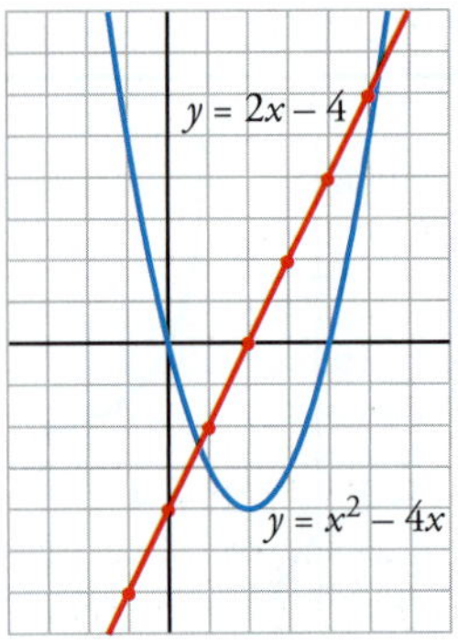

En la página anterior hemos visto que para calcular la derivada de la función:

$$f(x) = x^2 - 4x$$

en varios de sus puntos, resultaba eficaz obtener el valor de la derivada "en forma general" para, después, particularizarlo a cada uno de los puntos. Obtuvimos como expresión general de la derivada:

$$f'(x) = 2x - 4$$

Observa que se trata de una nueva función, f', que asocia a cada abscisa, x, el valor de la pendiente de la recta tangente a f en x.

$$x \to f'(x)$$

La función f' se llama **función derivada** de f [el nombre de *derivada* viene de aquí, pues la función f' *deriva* (proviene) de la función f].

Hemos obtenido, pues, que la función derivada de $f(x) = x^2 - 4x$ es $f'(x) = 2x - 4$.

En la web

Ejemplos interactivos de obtención y representación de funciones derivadas de otras.

Se llama **función derivada de f** (o simplemente **derivada de f**) a una función f' que asocia a cada abscisa, x, la derivada de f en ese punto, $f'(x)$, es decir, la pendiente de la recta tangente a la curva $y = f(x)$ en ese punto. A la derivada de f la llamaremos f' o bien Df.

$$Df(x) = f'(x) = \lim_{h \to 0} \frac{f(x+h) - f(x)}{h}$$

Ejercicio resuelto

1 *Hallar la función derivada de esta función:*

$$f(x) = \sqrt{x}$$

Hallar, a partir de ella, $f'(1)$ y $f'(4)$.

Como es una función sencilla de expresar, podemos partir, directamente, del cociente incremental:

$$\frac{f(x+h) - f(x)}{h} = \frac{\sqrt{x+h} - \sqrt{x}}{h} \overset{(*)}{=} \frac{\left(\sqrt{x+h} - \sqrt{x}\right)\left(\sqrt{x+h} + \sqrt{x}\right)}{h\left(\sqrt{x+h} + \sqrt{x}\right)} =$$

$$= \frac{\left(\sqrt{x+h}\right)^2 - \left(\sqrt{x}\right)^2}{h\left(\sqrt{x+h} + \sqrt{x}\right)} = \frac{x+h-x}{h\left(\sqrt{x+h} + \sqrt{x}\right)} = \frac{1}{\sqrt{x+h} + \sqrt{x}}$$

$$\lim_{h \to 0} \frac{f(x+h) - f(x)}{h} = \lim_{h \to 0} \frac{1}{\sqrt{x+h} + \sqrt{x}} = \frac{1}{\sqrt{x} + \sqrt{x}} = \frac{1}{2\sqrt{x}}$$

Hemos obtenido que $f'(x) = \frac{1}{2\sqrt{x}}$. Por tanto, $f'(1) = \frac{1}{2}$ y $f'(4) = \frac{1}{4}$.

(*) Multiplicamos y dividimos por el conjugado con el fin de suprimir la diferencia de raíces.

Ejercicios propuestos

1 ¿Verdadero o falso?

Las rectas tangentes en un punto cualquiera, x_0, a las gráficas de $y = f(x)$ e $y = f(x) + 5$ son paralelas.

Eso significa que las dos funciones tienen la misma función derivada.

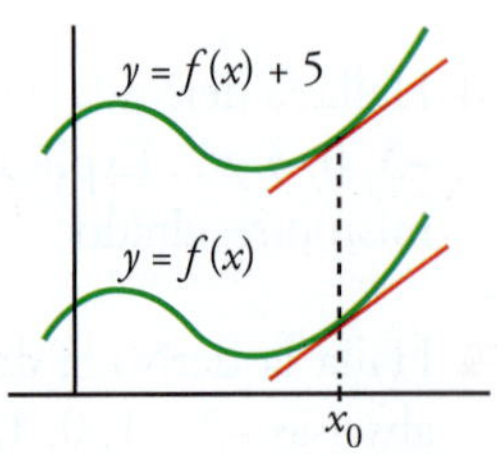

2 Halla la derivada de $f(x) = \frac{3}{x-2}$ y, a partir de ella, calcula $f'(4)$, $f'(-1)$, $f'(1)$ y $f'(5)$.

3 Halla la función derivada de $f(x) = \sqrt{x-3}$ y calcula las pendientes de las rectas tangentes a la curva en los puntos de abscisas $x = 4$ y $x = 7$.

4 Halla la función derivada de $f(x) = x^3 + x^2$.

Cómo nombramos las funciones y sus derivadas

Funciones y variables

Para nombrar una función, utilizamos una letra. Por ejemplo, f, g, h, … Una función liga dos variables. Por ejemplo, x e y. Ponemos $y = f(x)$.

Parámetros

Para designar el valor que toma una función f para un cierto valor de x, por ejemplo, 4, ponemos $f(4)$. Pero si no queremos concretar ese valor de x, entonces ponemos a o c u otra letra que no desempeñe, habitualmente, el papel de "variable": $f(a)$, $f(c)$, … Pero ¿acaso a o c no son variables? Sí, lo son porque *varían*, es decir, pueden tomar valores variados. Pero no son *la variable* de la función. A estas letras las llamamos *parámetros*.

Función derivada

Si f es una función derivable, su derivada es, obviamente, otra función. Sabes que se designa f' (f prima).

Prima significa *primera* (míralo en el diccionario). La función derivada de f', que se designaría $(f')'$ se llama *derivada segunda* de f y se denota simplemente así: f'' (f *segunda*). Análogamente, $(f'')' = f'''$ (la derivada de f'' es f *tercera*).

Estos símbolos fueron, en principio, otros: f^{I}, f^{II}, f^{III}. El uso fue desfigurando los números romanos, que acabaron transformándose en apóstrofos. Las derivadas posteriores se designan f^{IV}, f^{V}, f^{VI}, …

¿Se pone f' o Df?

f' es el nombre de una nueva función. Df es la orden de derivar la función f y el resultado es f', es decir, $Df = f'$. Según esto, podemos poner $D(x^3 - 3x + \cos x)$, pero no es correcto poner $(x^3 - 3x + \cos x)'$, aunque a veces se pone y no es demasiado grave.

¿Es correcto poner y'?

Cuando ponemos

$$y = x^2 - 5x + 3 \;\rightarrow\; y' = 2x - 5$$

estamos identificando la variable y con la función. Esto es válido y en matemática superior se usa con frecuencia. No obstante, creemos que en este nivel es preferible reservar la y como nombre de la variable dependiente en exclusiva. De este modo, cuando se desea derivar una función como la anterior, o bien le ponemos un nombre:

$$f(x) = x^2 - 5x + 3 \;\rightarrow\; f'(x) = 2x - 5$$

o bien utilizamos la orden D:

$$D(x^2 - 5x + 3) = 2x - 5$$

Ejercicio propuesto

5 En la fórmula que sirve para hallar la ecuación de la tangente a la curva $y = f(x)$ en un punto

$$y = f(a) + f'(a)(x - a)$$

di el papel que desempeña cada una de las letras que intervienen. La x es la variable independiente, ¿de qué función?

4 Reglas para obtener las derivadas de algunas funciones

En la página anterior hemos calculado la derivada de alguna función aplicando, paso a paso, la definición de derivada. El proceso es largo y pesado. Por fortuna existen unas sencillas reglas prácticas con las que se puede hallar, con facilidad y eficacia, la derivada de cualquier función elemental.

Todas las reglas que vamos a dar se pueden demostrar. Sin embargo, la mayoría de las demostraciones las dejaremos para el próximo curso. Ahora nos limitaremos a dar las reglas y a enseñar cómo se ponen en práctica.

Derivadas de algunas funciones muy sencillas

Función constante $y = k$

$D(k) = 0$, pues la pendiente de la recta $y = k$ es 0 en todos sus puntos.

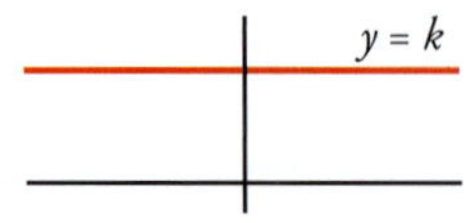

Función identidad $y = x$

$D(x) = 1$, pues la recta $y = x$ tiene pendiente 1 en todos sus puntos.

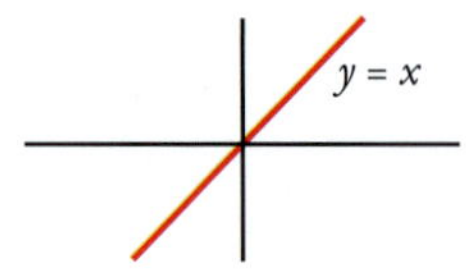

Funciones potencia $y = x^n$

$D(x^n) = n\,x^{n-1}$

Demostración. Calculemos, paso a paso, $\lim\limits_{h \to 0} \dfrac{(x+h)^n - x^n}{h}$

$$(x+h)^n = x^n + \binom{n}{1}x^{n-1}h + \binom{n}{2}x^{n-2}h^2 + \ldots =$$

$$= x^n + n\,x^{n-1}h + \frac{n(n-1)}{2}x^{n-2}h^2 + \ldots$$

$$(x+h)^n - x^n = n\,x^{n-1}h + \frac{n(n-1)}{2}x^{n-2}h^2 + \ldots$$

$$\frac{(x+h)^n - x^n}{h} = n\,x^{n-1} + \frac{n(n-1)}{2}x^{n-2}h + \ldots$$ (los sumandos restantes tienen todos el factor h)

$$D(x^n) = \lim_{h \to 0} \frac{(x+h)^n - x^n}{h} = n\,x^{n-1} + 0 + 0 + \ldots = n\,x^{n-1}$$

¡Atención! Esta demostración solo es válida para n entero y $n \geq 2$. Sin embargo, como se demostrará el año próximo, la regla es válida para cualquier valor real de n. Esto la hace mucho más útil de lo que parece a primera vista. Observa:

$$D(x^4) = 4\,x^3; \quad D\left(\frac{1}{x}\right) = D(x^{-1}) = (-1)x^{-1-1} = -x^{-2} = -\frac{1}{x^2}$$

$$D\left(\frac{1}{x^5}\right) = D(x^{-5}) = -5x^{-5-1} = -5x^{-6} = \frac{-5}{x^6}$$

$$D(\sqrt{x}) = D(x^{1/2}) = \frac{1}{2}x^{(1/2)-1} = \frac{1}{2}x^{-1/2} = \frac{1}{2\sqrt{x}}$$

$$D\left(\frac{x^2}{\sqrt[3]{x}}\right) = D(x^2 \cdot x^{-1/3}) = D(x^{5/3}) = \frac{5}{3}x^{(5/3)-1} = \frac{5}{3}x^{2/3} = \frac{5}{3}\sqrt[3]{x^2}$$

Resultados importantes

Intenta memorizar estos resultados; ¡son muy importantes porque aparecen con mucha frecuencia!

$$D\left(\frac{1}{x}\right) = -\frac{1}{x^2}$$

$$D(\sqrt{x}) = \frac{1}{2\sqrt{x}}$$

Ejercicio propuesto

1 Calcula: a) $D(x^5)$ b) $D\left(\dfrac{1}{x^2}\right)$ c) $D(\sqrt[3]{x})$ d) $D(\sqrt[3]{x^2})$ e) $D\left(\dfrac{\sqrt{x^3} \cdot \sqrt[3]{x^4}}{x^2}\right)$

Derivada de funciones trigonométricas, exponenciales y logarítmicas

Trigonométricas y sus recíprocas (funciones arco)

$D(sen\ x) = cos\ x$	$D(cos\ x) = -sen\ x$	$D(tg\ x) = 1 + tg^2\ x = \dfrac{1}{cos^2\ x}$
$D(arc\ sen\ x) = \dfrac{1}{\sqrt{1-x^2}}$	$D(arc\ cos\ x) = \dfrac{-1}{\sqrt{1-x^2}}$	$D(arc\ tg\ x) = \dfrac{1}{1+x^2}$

Funciones exponenciales y logarítmicas

$D(e^x) = e^x \qquad D(a^x) = a^x \cdot ln\ a$

Por ejemplo: $D(2^x) = 2^x \cdot ln\ 2$; $\quad D(10^x) = 10^x \cdot ln\ 10$

$D(ln\ x) = \dfrac{1}{x} \qquad D(log_a\ x) = \dfrac{1}{x} \cdot \dfrac{1}{ln\ a}$

Por ejemplo: $D(log_2\ x) = \dfrac{1}{x} \cdot \dfrac{1}{ln\ 2}$; $\quad D(log_{10}\ x) = \dfrac{1}{x} \cdot \dfrac{1}{ln\ 10}$

Derivada de resultados operativos

Producto de una función por una constante

$D[k\,f(x)] = k\,Df(x) = k\,f'(x)$

Por ejemplo: $D(7x^3) = 7\,D(x^3) = 7 \cdot 3x^2 = 21x^2$

Suma de funciones

$D[f(x) + g(x)] = f'(x) + g'(x)$

Y, en general: $D[f(x) + g(x) + \ldots + h(x)] = f'(x) + g'(x) + \ldots + h'(x)$

Por ejemplo: $D(2x^4 - 5x^3 + 7x^2 - 3) = 8x^3 - 15x^2 + 14x - 0$

Producto de funciones

$D[f(x) \cdot g(x)] = f'(x) \cdot g(x) + f(x) \cdot g'(x)$

Y, en general: $D[f \cdot g \cdot \ldots \cdot h] = f' \cdot g \cdot \ldots \cdot h + f \cdot g' \cdot \ldots \cdot h + \ldots + f \cdot g \cdot \ldots \cdot h'$

Por ejemplo: $D[x^2 \cdot sen\ x] = D(x^2) \cdot sen\ x + x^2 \cdot D(sen\ x) = 2x \cdot sen\ x + x^2 \cdot cos\ x$

$D[x^2 \cdot sen\ x \cdot 2^x] = 2x \cdot sen\ x \cdot 2^x + x^2 \cdot cos\ x \cdot 2^x + x^2 \cdot sen\ x \cdot 2^x\ ln\ 2$

Cociente de funciones

$$D\left[\frac{f(x)}{g(x)}\right] = \frac{f'(x) \cdot g(x) - f(x) \cdot g'(x)}{g(x)^2}$$

Por ejemplo: $D\left[\dfrac{sen\ x}{cos\ x}\right] = \dfrac{D(sen\ x) \cdot cos\ x - sen\ x \cdot D(cos\ x)}{(cos\ x)^2} =$

$= \dfrac{cos\ x \cdot cos\ x - sen\ x \cdot (-sen\ x)}{cos^2\ x} = \dfrac{cos^2\ x + sen^2\ x}{cos^2\ x} = \dfrac{1}{cos^2\ x}$

Número *e*

Recuerda que e es un número irracional:

$e = 2{,}718281\ldots$

Logaritmo neperiano

Recuerda que $ln\ x = log_e\ x$.

Diferencia de funciones

La diferencia es un caso particular de la suma.

$D[f(x) - g(x)] = f'(x) - g'(x)$

Derivada de *tg x*

Observa que en este ejemplo de derivada de un cociente de funciones hemos obtenido la derivada de $tg\,x$ poniéndola como cociente:

$tg\,x = \dfrac{sen\ x}{cos\ x}$

Ejercicios resueltos

1 *Hallar la función derivada de estas funciones:*

a) $f(x) = 2x^3 - 5x^2 + 3x - 2$

b) $g(x) = \sqrt{2x} + \sqrt[3]{5x^2}$

c) $h(x) = \dfrac{1}{x\sqrt{x}}$

a) $f'(x) = 2 \cdot 3x^2 - 5 \cdot 2x + 3 = 6x^2 - 10x + 3$

b) Sacamos los números fuera de las raíces y expresamos en forma de potencia:

$$g(x) = \sqrt{2} \cdot \sqrt{x} + \sqrt[3]{5} \cdot \sqrt[3]{x^2} = \sqrt{2}\,x^{1/2} + \sqrt[3]{5}\,x^{2/3}$$

$$g'(x) = \sqrt{2} \cdot \frac{1}{2}x^{-1/2} + \sqrt[3]{5} \cdot \frac{2}{3}x^{-1/3} = \frac{\sqrt{2}}{2\sqrt{x}} + \frac{2\sqrt[3]{5}}{3\sqrt[3]{x}}$$

c) Podríamos derivar como cociente:

$$h'(x) = \frac{0 \cdot x\sqrt{x} - 1\left(1 \cdot \sqrt{x} + x \cdot \dfrac{1}{2\sqrt{x}}\right)}{\left(x\sqrt{x}\right)^2} = \frac{-\sqrt{x} - \dfrac{1}{2}\sqrt{x}}{x^3} = -\frac{3}{2}\,\frac{\sqrt{x}}{x^3}$$

¡Pero es mucho más sencillo si expresamos $h(x)$ como potencia!

$$h(x) = \frac{1}{x \cdot x^{1/2}} = \frac{1}{x^{3/2}} = x^{-3/2}$$

$h'(x) = -\dfrac{3}{2}x^{-5/2}$ que coincide con la expresión de arriba, como es natural.

Hazlo tú. Halla la función derivada de las siguientes funciones:

a) $f(x) = 5x^4 - 2x^2 + 3x - 7$ b) $g(x) = \sqrt{5x} - \sqrt[3]{3x^4}$ c) $h(x) = \dfrac{3x}{x^2\sqrt[3]{x}}$

2 *Hallar la función derivada de estas funciones:*

a) $f(x) = 2^{3x}$

b) $g(x) = \dfrac{x^3}{x^2+1}$

c) $h(x) = \dfrac{x^4 - 5x^3 + 3x}{x^2}$

a) Transformamos la función para sacar el 3 del exponente:

$$f(x) = 2^{3x} = (2^3)^x = 8^x$$

$$f'(x) = D(8^x) = 8^x \ln 8$$

b) Derivamos como cociente:

$$g'(x) = \frac{3x^2 \cdot (x^2+1) - x^3 \cdot (2x)}{(x^2+1)^2} = \frac{3x^4 + 3x^2 - 2x^4}{x^4 + 2x^2 + 1} = \frac{x^4 + 3x^2}{x^4 + 2x^2 + 1}$$

c) Podríamos derivar como cociente, pero parece más cómodo efectuar la división y después derivar:

$$h(x) = x^2 - 5x + \frac{3}{x} = x^2 - 5x + 3x^{-1}$$

$$h'(x) = 2x - 5 - 3x^{-2} = 2x - 5 - \frac{3}{x^2}$$

Hazlo tú. Halla la función derivada de las siguientes funciones:

a) $f(x) = \dfrac{5^{4x}}{125}$ b) $g(x) = \dfrac{x^2 - 3x + 1}{x^2 + x - 3}$ c) $h(x) = \dfrac{x^3 - 5x^2 + 2x - 1}{x}$

Ejercicios propuestos

Halla la función derivada de las siguientes funciones:

2 $f(x) = 5x^2 + 7x - 2\sqrt{x}$

3 $f(x) = \sqrt{3x^3} \cdot e^x$

4 $f(x) = \dfrac{e^x \cdot \cos x}{2^{x+4}}$

5 $f(x) = x \cdot 3^x \cdot tg\, x$

6 $f(x) = \dfrac{\log_2 x}{x}$

7 $f(x) = \dfrac{2x^3 - 5x + 3}{x^2}$

8 $f(x) = \dfrac{x^2+1}{x^2-1}$

9 $f(x) = (arc\ sen\ x)(x + 3)$

10 $f(x) = \dfrac{arc\ sen\ x}{\cos x}$

11 $f(x) = \dfrac{x^2 \cdot 5^x}{x^3}$

Derivada de una función compuesta. Regla de la cadena

$$D\{g[f(x)]\} = g'[f(x)] \cdot f'(x) \Leftrightarrow D(g \circ f) = (g' \circ f) \cdot f'$$

Por ejemplo:

- $D(\sqrt{3x-1})\ \begin{cases} g \equiv \sqrt{\square} \rightarrow g' \equiv \dfrac{1}{2\sqrt{\square}} \\ f \equiv 3\square + 1 \rightarrow f' \equiv 3 \end{cases}$

  Por tanto: $D(\sqrt{3x-1}) = \dfrac{1}{2\sqrt{3x-1}} \cdot 3$

- $D(sen^2\, x)\ \begin{cases} g \equiv \square^2 \rightarrow g' \equiv 2\square \\ f \equiv sen \rightarrow f' \equiv cos \end{cases}$

  Por tanto: $D(sen^2\, x) = 2\, sen\, x \cdot cos\, x$

Para tres funciones encadenadas, la regla es:

$$D[h\{g[f(x)]\}] = h'\{g[f(x)]\} \cdot g'[f(x)] \cdot f'(x) \Leftrightarrow D(h \circ g \circ f) = (h' \circ g \circ f) \cdot (g' \circ f) \cdot f'$$

Por ejemplo:

$$D(sen^3 \sqrt{x})\ \begin{cases} h \equiv \square^3 \rightarrow h' \equiv 3\square^2 \\ g \equiv sen \rightarrow g' \equiv cos \\ f \equiv \sqrt{\square} \rightarrow f' \equiv \dfrac{1}{2\sqrt{\square}} \end{cases}$$

Por tanto: $D(sen^3 \sqrt{x}) = 3\, sen^2 \sqrt{x} \cdot cos\, \sqrt{x} \cdot \dfrac{1}{2\sqrt{x}}$

Nomenclatura

Hay funciones cuya expresión es de por sí un nombre. Por ejemplo, *sen*, *tg*, *log*.

Pero otras, necesitan de la variable para expresarse. Por ejemplo, las funciones polinómicas como $3\square^2 - 2\square + 5$, cuyo significado es obvio. En estos casos, utilizamos el signo $\equiv$ para asignarles nombres. Por ejemplo, si ponemos $3\square^2 - 2\square + 5 \equiv f$ queremos decir que $f(x) = 3x^2 - 2x + 5$.

Ejercicio resuelto

1 *Hallar las derivadas de las funciones siguientes:*

a) $arc\ tg\ \sqrt{x^2+1}$

b) $\dfrac{2^{x^2-2x}}{sen\, x^3}$

a) $h \equiv arc\ tg \rightarrow h' = \dfrac{1}{1+\square^2}$; $g \equiv \sqrt{\square} \rightarrow g' \equiv \dfrac{1}{2\sqrt{\square}}$; $f \equiv \square^2 + 1 \rightarrow f' \equiv 2\square$

Por tanto: $D(arc\ tg\sqrt{x^2+1}) = \dfrac{1}{1+\left(\sqrt{x^2+1}\right)^2} \cdot \dfrac{1}{2\sqrt{x^2+1}} \cdot 2x$

b) Es un cociente en el que el numerador y el denominador son funciones compuestas.

$$D\left(\frac{2^{x^2-2x}}{sen\, x^2}\right) = \frac{\left[2^{x^2-2x} \cdot ln\, 2 \cdot (2x-2)\right] sen\, x^2 - 2^{x^2-2x}[cos\, x^2 \cdot 2x]}{(sen\, x^2)^2}$$

Ejercicios propuestos

Halla la función derivada de las siguientes funciones:

12 $f(x) = sen\,(x^2 - 5x + 7)$

13 $f(x) = \sqrt[3]{(5x+3)^2} = (5x+3)^{2/3}$

14 $f(x) = sen^2\left(3x + \dfrac{\pi}{2}\right)$

15 $f(x) = \dfrac{log\, x^2}{x}$

16 $f(x) = cos\,(3x - \pi)$

17 $f(x) = \sqrt{1+2x}$

18 $f(x) = x\, e^{2x+1}$

19 $f(x) = \dfrac{sen\,(x^2+1)}{\sqrt{1-x^2}}$

5 Utilidad de la función derivada

Si tenemos una función, $y = f(x)$, dada por su expresión analítica, su derivada $f'(x)$ da la inclinación (la **pendiente**) de la curva en cada punto.

Esto le confiere múltiples aplicaciones muy interesantes. Veámoslas:

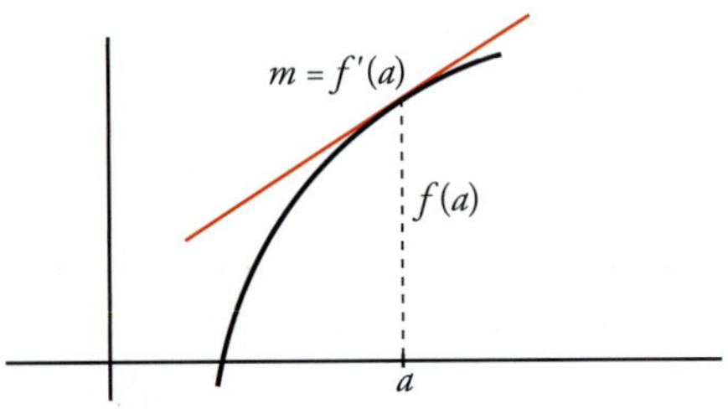

Obtención del valor de la derivada en un punto

Para hallar la derivada de $f(x)$ en el punto de abscisa a, $f'(a)$, se sustituye x por a en la expresión de $f'(x)$.

Por ejemplo, hallemos la derivada de $y = sen\ 3x$ en los puntos de abscisas 0 y $\frac{\pi}{6}$.

Empezamos obteniendo la función derivada:

$$f(x) = sen\ 3x,\quad f'(x) = 3\cos 3x$$

Sustituyendo, $f'(0) = 3\cos 0 = 3$, $f'\left(\frac{\pi}{6}\right) = 3 \cdot \cos\left(3\frac{\pi}{6}\right) = 3 \cdot \cos\frac{\pi}{2} = 0$.

Una importante aplicación de esto que acabamos de ver es la obtención de la recta tangente a una curva en un punto.

Ecuación de la recta tangente a $y = f(x)$ en el punto de abscisa a

La ordenada del punto de abscisa a es $f(a)$. La pendiente de la recta es $f'(a)$. Su ecuación es, por tanto: $y = f'(a)(x - a) + f(a)$

Por ejemplo, hallemos la recta tangente a $y = x^3 - 5x + 1$ en $x = 2$:

$$f(x) = x^3 - 5x + 1;\quad f(2) = -1$$

$$f'(x) = 3x^2 - 5;\quad f'(2) = 7$$

La recta tangente es $y = 7(x - 2) - 1$, es decir, $y = 7x - 15$.

Recuerda

La ecuación de la recta que pasa por el punto (x_0, y_0) y tiene pendiente m es:

$$y = m(x - x_0) + y_0$$

Recta normal a una curva

Se llama recta normal a una curva en un punto a la perpendicular a la recta tangente en ese punto. Según esto, la ecuación de la recta normal a $y = f(x)$ en el punto de abscisa a es:

$$y = -\frac{1}{f'(a)}(x - a) + f(a)$$

Obtención de los puntos en los que la derivada tiene un cierto valor

Para hallar los puntos en los que la derivada de una función, $f'(x)$, tiene un cierto valor, k, se resuelve la ecuación $f'(x) = k$. Sus raíces son las abscisas de los puntos buscados.

Ejercicio resuelto

1 *Hallar las rectas tangentes a la curva* $y = \frac{x^3 - 3x^2}{9}$ *que sean paralelas a la bisectriz del primer y tercer cuadrantes.*

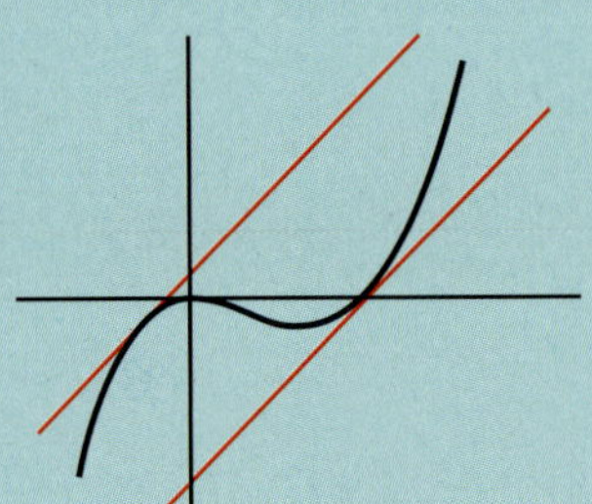

Buscamos rectas paralelas a $y = x$, es decir, de pendiente 1.

$f(x) = \frac{x^3 - 3x^2}{9}$, $f'(x) = \frac{3x^2 - 6x}{9} = \frac{x^2 - 2x}{3}$. La ecuación $\frac{x^2 - 2x}{3} = 1$ nos proporciona las abscisas de los puntos en los que la pendiente es 1. Las raíces de esta ecuación son –1 y 3 (compruébalo). Por tanto, las rectas tangentes a la curva en los puntos de abscisas –1 y 3 tienen pendiente 1. Hallemos sus ordenadas:

$x = -1 \to f(-1) = -\frac{4}{9}$. Recta tangente, $y = 1(x + 1) - \frac{4}{9} \to y = x + \frac{5}{9}$

$x = 3 \to f(3) = 0$. Recta tangente, $y = 1(x - 3) + 0 \to y = x - 3$

Hazlo tú. Halla las rectas tangentes a $y = x^3 - 2x^2$ paralelas a $y = -x$.

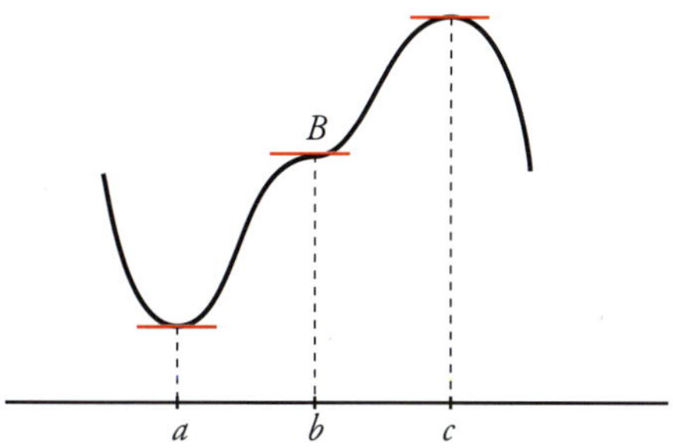

El punto B es singular, pero no es máximo ni mínimo relativo. A estos puntos se les llama "**puntos de inflexión**".

Obtención de los puntos singulares de una función

Esta es una aplicación directa del caso anterior: la obtención de los puntos de derivada cero.

Se llaman **puntos singulares** de una función a los puntos de tangente horizontal, es decir, a los puntos en los que **la derivada es cero.** Entre ellos están los máximos y mínimos relativos, pero puede haber otros.

Las abscisas de los puntos singulares son las soluciones de $f'(x) = 0$.

La identificación de los puntos singulares es crucial para la **representación de la gráfica de la función,** como veremos más adelante. Con ellos podemos, además, determinar los intervalos en los que la curva crece o decrece.

Ejercicio resuelto

1 *Hallar los puntos singulares de la función:*

$$y = x^3 - 6x^2 + 9x + 2$$

y determinar los intervalos donde crece o decrece.

Para hallar los puntos singulares, resolvemos la ecuación $f'(x) = 0$.

$f'(x) = 3x^2 - 12x + 9$

$f'(x) = 0 \Leftrightarrow 3x^2 - 12x + 9 = 0 \Leftrightarrow x^2 - 4x + 3 = 0$

$$x = \frac{4 \pm \sqrt{16-12}}{2} = \frac{4 \pm 2}{2} \rightarrow x_1 = 1,\ x_2 = 3$$

$f(1) = 6 \rightarrow (1, 6)$ es un punto singular

$f(3) = 2 \rightarrow (3, 2)$ es otro punto singular

Si, además de estos puntos singulares, tenemos en cuenta las dos ramas infinitas, señaladas en la gráfica, y sabiendo que la función es continua en todo $\mathbb{R}$, es evidente que es creciente en $(-\infty, 1)$ y en $(3, +\infty)$ y decreciente en $(1, 3)$.

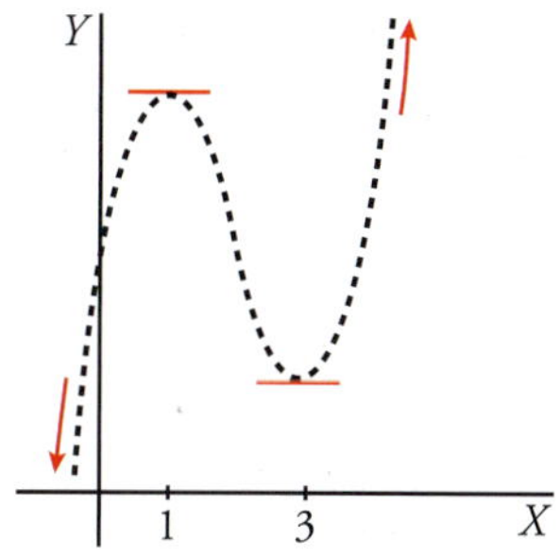

Hazlo tú. Halla los puntos singulares de $y = 2x^3 - 3x^2 - 12x + 3$ y determina los intervalos donde crece o decrece.

Optimización de funciones

Optimizar una función es averiguar cuál es su valor máximo (o mínimo) y determinar para qué valor de x se alcanza.

Si $f(x)$ está definida en $[a, b]$, su **valor máximo** se encuentra en uno de los extremos del intervalo o en un punto singular del interior del mismo. Otro tanto le ocurre al **valor mínimo.**

Por ejemplo, para hallar el máximo de $y = x^3 - 6x^2 + 9x + 2,\ x \in [0; 3{,}5]$, calculamos las abscisas de sus puntos singulares $[f'(x) = 0 \Leftrightarrow x_1 = 1,\ x_2 = 3]$. Ambos están en el intervalo en el que está definida la función, $[0; 3{,}5]$.

Ahora hallamos el valor de la función en 0, 1, 3 y 3,5:

$$f(0) = 2 \qquad f(1) = 6 \qquad f(3) = 2 \qquad f(3{,}5) = 2{,}875$$

Por tanto, el máximo se encuentra en $x = 1$ y vale 6.

Comprueba que si el dominio de definición fuera $[0, 5]$, el máximo se alcanzaría en el extremo, $x = 5$. ¿Qué valor tomaría?

Nota

El curso próximo trataremos con detenimiento el tema de la optimización de funciones extraídas de problemas geométricos, físicos, económicos, biológicos…

Ahora nos hemos referido a la optimización de forma meramente anecdótica.

La derivación aplicada al cálculo de límites. Regla de L'Hôpital

Muchas veces, al calcular un límite en un punto sustituimos en la expresión la abscisa de ese punto y obtenemos resultados como 0/0, ∞/∞, … que, en principio, no tienen sentido. Los llamamos "indeterminaciones" porque su resultado no está claro: tras operar o realizar algunos tanteos llegamos a resultados concretos (un número o +∞ o –∞). Es lo que hemos hecho hasta ahora, operar y tantear.

Hay una sorprendente aplicación de las derivadas, la regla de L'Hôpital, que se justificará y se le sacará mucho partido el curso próximo. Ahora la presentamos como curiosidad:

Regla de L'Hôpital

Si $\lim\limits_{x \to a} \frac{f(x)}{g(x)}$ es una indeterminación del tipo $\left(\frac{0}{0}\right)$ y $\lim\limits_{x \to a} \frac{f'(x)}{g'(x)} = l$, entonces $\lim\limits_{x \to a} \frac{f(x)}{g(x)} = l$.

Cálculo del límite simplificando

$$\frac{x^3 - 5x - 12}{x^2 + 3x - 18} = \frac{(x-3)(x^2+3x+4)}{(x-3)(x+6)} = \frac{x^2+3x+4}{x+6} \xrightarrow[x \to 3]{} \frac{22}{9}$$

Vamos a aplicar esta regla a algún límite que ya sabemos resolver por otros medios:

$$\lim_{x \to 3} \frac{x^3 - 5x - 12}{x^2 + 3x - 18} = \left(\frac{0}{0}\right) = \lim_{x \to 3} \frac{3x^2 - 5}{2x + 3} = \frac{22}{9}$$

Observa: puesto que tanto el numerador como el denominador se anulan para $x = 3$, hallamos sus derivadas y calculamos el límite de su cociente, que es inmediato.

Apliquemos la regla para hallar un límite que, hasta ahora, solo sabíamos calcular por tanteo (lo hicimos en la unidad 11).

$$\lim_{x \to 0} \frac{2x}{sen\, x} = \left(\frac{0}{0}\right) = \lim_{x \to 0} \frac{2}{cos\, x} = \frac{2}{1} = 2$$

La regla de L'Hôpital también es válida cuando se produce una indeterminación del tipo $\left(\frac{\infty}{\infty}\right)$ y para límites en el infinito $(x \to +\infty \text{ o } x \to -\infty)$.

Por ejemplo:

$$\lim_{x \to +\infty} \frac{x^3}{2^x} = \left(\frac{\infty}{\infty}\right) = \lim_{x \to +\infty} \frac{3x^2}{2^x\, ln\, 2} = \left(\frac{\infty}{\infty}\right) = \lim_{x \to +\infty} \frac{6x}{2^x (ln\, 2)^2} = \left(\frac{\infty}{\infty}\right) =$$

$$= \lim_{x \to +\infty} \frac{6}{2^x (ln\, 2)^3} = 0$$

Observa: al volver a obtener una indeterminación $\left(\frac{\infty}{\infty}\right)$, se vuelve a aplicar la regla de L'Hôpital; y así, hasta tres veces, hasta que, finalmente, desaparece la indeterminación.

Ejercicios propuestos

1 Halla las ecuaciones de las rectas tangentes a la gráfica de la función $y = x^4 - 2x - 3$ en los puntos de abscisa –1, 0 y 2.

2 Halla las ecuaciones de las rectas tangentes a la gráfica de la función $y = \frac{x^4}{4} - 2x^2 + 3x$ cuya pendiente sea 3.

3 Halla el valor máximo de la función $y = -x^3 + 12x + 3$ en el intervalo $[0, 3]$ y en el intervalo $[-5, 3]$. Halla el mínimo en cada uno de esos intervalos.

4 Halla los siguientes límites aplicando la regla de L'Hôpital:

a) $\lim\limits_{x \to 2} \frac{x^2 - 5x + 6}{x^2 + 3x - 10}$ b) $\lim\limits_{x \to 0} \frac{5x}{tg\, 3x}$ c) $\lim\limits_{x \to +\infty} \frac{log\, x}{x}$

6 Representación de funciones

En la unidad anterior aprendimos a averiguar cuál es el **dominio de definición** de una función, $y = f(x)$, dada por su expresión analítica, así como a obtener sus **ramas infinitas.** Ahora, el manejo de la derivación nos permite hallar sus **puntos singulares.** Con todo ello, poseemos herramientas suficientes para enfrentarnos con la representación gráfica de funciones.

Este curso nos limitaremos a las funciones polinómicas y a las racionales, dejando para el año próximo otras más complicadas.

Ten en cuenta

Las funciones lineales, $y = ax + b$, y las cuadráticas, $y = ax^2 + bx + c$, son polinómicas de 1.º y 2.º grados, respectivamente, y sabemos representarlas con sencillez.

Aquí nos ocuparemos de las de grado superior.

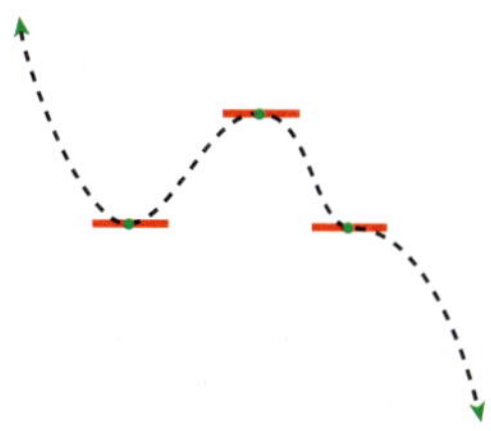

Con los puntos singulares y las ramas infinitas se aprecia claramente la forma de la curva.

Representación de funciones polinómicas

Las funciones polinómicas son de la forma $y = f(x) = P(x)$, donde $P(x)$ es un polinomio. Por ejemplo, $y = x^3 - 3x^2 + 2$ o $y = 3x^4 - 6x^3$.

Son funciones **definidas** y **continuas** en todo $\mathbb{R}$, con solo dos ramas infinitas en $-\infty$ y $+\infty$.

Pasos para representar una función polinómica, $f(x) = P(x)$

- Ramas infinitas. Se hallan calculando $\lim_{x \to -\infty} P(x)$ y $\lim_{x \to +\infty} P(x)$.
- Puntos singulares. Sus abscisas son las raíces de la ecuación $P'(x) = 0$. Conocidas las abscisas, se hallan las ordenadas sobre la función $P(x)$.
- Se unen entre sí los puntos obtenidos y las ramas infinitas, cuidando no dibujar otros puntos singulares distintos a los ya obtenidos. De este modo se averigua cuáles son los máximos y mínimos relativos.
- Si se puede, conviene obtener, también, los puntos de corte con los ejes y algún otro punto para conseguir mayor precisión en la representación.

Ejercicios resueltos

1 *Representar la siguiente función polinómica:*

$$y = x^3 - 3x^2 + 4$$

- Ramas infinitas:

$\lim_{x \to -\infty} (x^3 - 3x^2 + 4) = -\infty$

$\lim_{x \to +\infty} (x^3 - 3x^2 + 4) = +\infty$

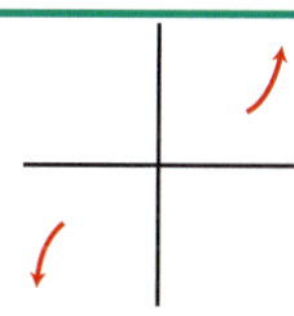

- Puntos singulares:

$f'(x) = 3x^2 - 6x$

$f'(x) = 0 \iff 3x^2 - 6x = 0 \iff (3x - 6)x = 0$. Soluciones: $x_1 = 0$, $x_2 = 2$

$\left.\begin{array}{l} x_1 = 0 \to f(0) = 0^3 - 3 \cdot 0^2 + 4 = 4 \\ x_2 = 2 \to f(2) = 2^3 - 3 \cdot 2^2 + 4 = 0 \end{array}\right\}$ Los puntos singulares son (0, 4) y (2, 0).

- Cortes con los ejes:

Con el eje X: $f(x) = 0 \iff x^3 - 3x^2 + 4 = 0$. Soluciones: 2 y –1

Corta al eje X en los puntos (–1, 0) y (2, 0).

Con el eje Y: Corta al eje Y en (0, 4).

- Representación:

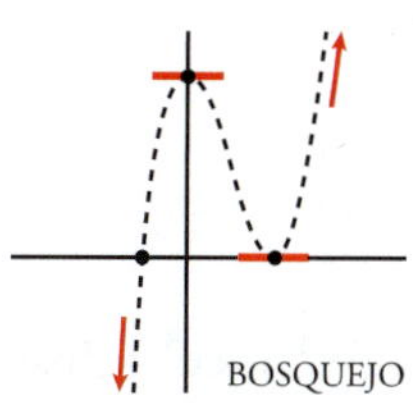

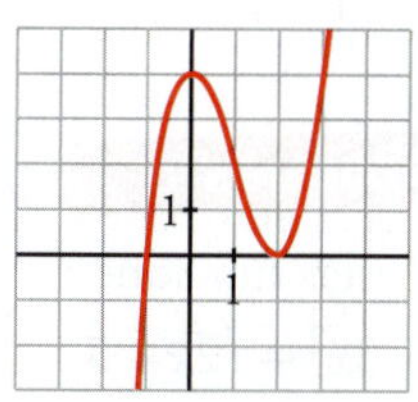

Ejercicios resueltos

2 *Representar la siguiente función:*

$$y = 3x^4 + 4x^3 - 36x^2 + 100$$

- Ramas infinitas:

$$\lim_{x \to -\infty} (3x^4 + 4x^3 - 36x^2 + 100) = +\infty$$

$$\lim_{x \to +\infty} (3x^4 + 4x^3 - 36x^2 + 100) = +\infty$$

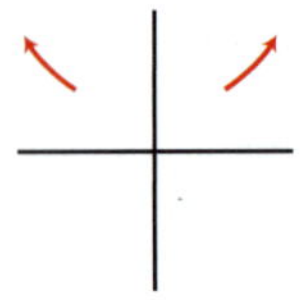

- Puntos singulares:

$$\left.\begin{array}{l} f'(x) = 12x^3 + 12x^2 - 72x \\ f'(x) = 0 \Leftrightarrow x_1 = 0,\ x_2 = 2,\ x_3 = -3 \\ f(-3) = -89,\ f(0) = 100,\ f(2) = 36 \end{array}\right\} \ (-3, -89),\ (0, 100),\ (2, 36)$$

- Representación:

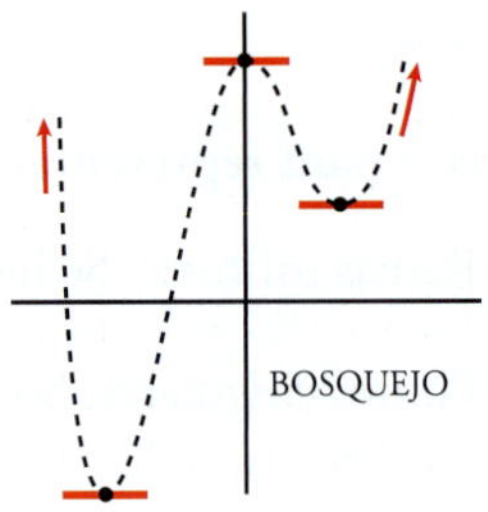

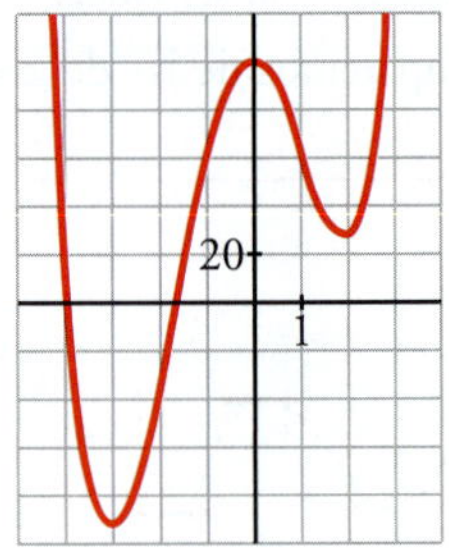

- Los cortes con el eje X no sabemos calcularlos. Si deseáramos dibujar la curva con más precisión, podríamos hallar otros puntos: (–4, 36), (–2, –28), (–1, 63), …

3 *Representar la siguiente función:*

$$y = -3x^4 + 4x^3$$

- Ramas infinitas:

$$\lim_{x \to -\infty} (-3x^4 + 4x^3) = -\infty$$

$$\lim_{x \to +\infty} (-3x^4 + 4x^3) = -\infty$$

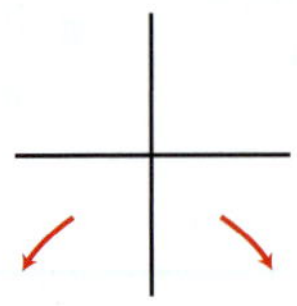

- Puntos singulares:

$$\left.\begin{array}{l} f'(x) = -12x^3 + 12x^2 \\ f'(x) = 0 \Leftrightarrow -12x^2(x-1) = 0 \Leftrightarrow x_1 = 0,\ x_2 = 1 \\ f(0) = 0,\ f(1) = 1 \end{array}\right\} \ (0, 0),\ (1, 1)$$

- Cortes con los ejes:

Con el eje X: $f(x) = 0 \Leftrightarrow x^3(-3x + 4) = 0$. Soluciones: 0 y 4/3

Corta al eje X en los puntos (0, 0) y (4/3, 0).

Con el eje Y: Corta al eje Y en (0, 0).

- Representación:

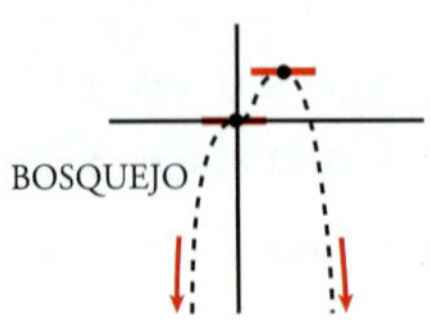

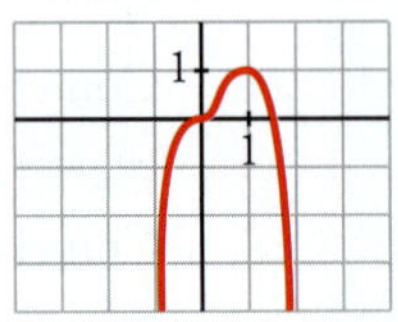

Baja muy rápidamente, pasa por (–2, –80) y (3, –135), pero no tiene asíntotas verticales.

Ejercicio propuesto

1 Representa estas funciones:

a) $y = 2x^3 - 3x^2 - 12x + 8$

b) $y = -3x^4 + 4x^3 + 36x^2 - 90$

c) $y = x^4 + 4x^3$

Ten en cuenta

Las funciones $y = \dfrac{ax+b}{cx+d}$ son también racionales, pero se trata de modelos sencillos que ya sabemos representar mediante hipérbolas equiláteras. Aquí aprenderemos a representar otras más complicadas.

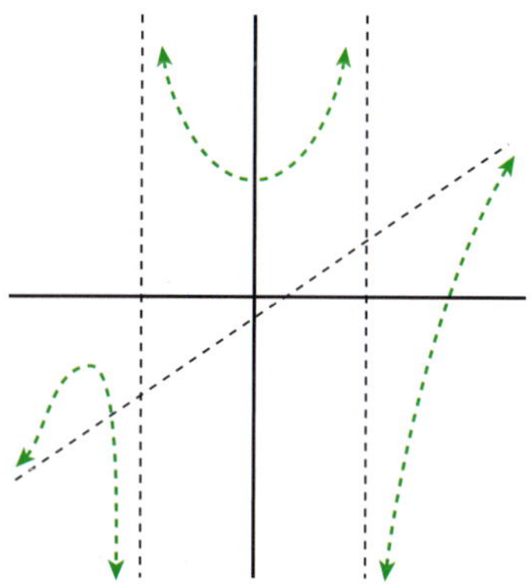

En las funciones racionales, conociendo las asíntotas y la posición de la curva respecto a ellas, podemos realizar un bosquejo en el que se aprecie claramente la forma de la curva.

Representación de funciones racionales

Las funciones racionales son de la forma $y = f(x) = \dfrac{P(x)}{Q(x)}$, donde $P(x)$ y $Q(x)$ son polinomios. Por ejemplo:

$$y = \frac{x^2 - 5x + 7}{x - 2} \qquad y = \frac{x^3}{x^2 + 1} \qquad y = \frac{1}{x^2 + 1}$$

Están definidas y son continuas en todo $\mathbb{R}$ salvo en los puntos en cuya abscisa se anula el denominador.

Las que vamos a tratar aquí son de un nivel de dificultad similar a las anteriores, con denominadores de grado uno o dos. Todas ellas tienen la curiosa peculiaridad de que *conociendo perfectamente todas sus ramas infinitas, podremos hacer un bosquejo muy aproximado de la curva.*

Pasos para representar una función racional simplificada, $f(x) = \dfrac{P(x)}{Q(x)}$

- Asíntotas verticales. Las raíces del denominador (soluciones de la ecuación $Q(x) = 0$) son las abscisas de las asíntotas verticales. En cada asíntota vertical hay que determinar la posición de la curva respecto a ella, a su izquierda y a su derecha.
- Asíntotas horizontales y oblicuas.
  - Si *grado de* $P(x) \le$ *grado de* $Q(x)$, hay asíntota horizontal.
  - Si *grado de* $P(x)$ – *grado de* $Q(x) = 1$, hay asíntota oblicua.

    En cualquiera de los casos anteriores, se halla la asíntota y la posición de la curva respecto a ella.
  - Si *grado de* $P(x)$ – *grado de* $Q(x) \ge 2$, no hay asíntota horizontal ni oblicua, pero sí ramas infinitas en $\pm\infty$. Se hallan.
- Puntos singulares. Sus abscisas son las soluciones de $f'(x) = 0$.
- Si se quiere más precisión, se pueden obtener los puntos de corte con los ejes y, a caso, otros puntos.

Ejercicios resueltos

1 *Representar la función*

$$y = \frac{x^2 - 5x + 7}{x - 2}$$

de la cual conocemos sus asíntotas y la posición de la curva respecto a ella:

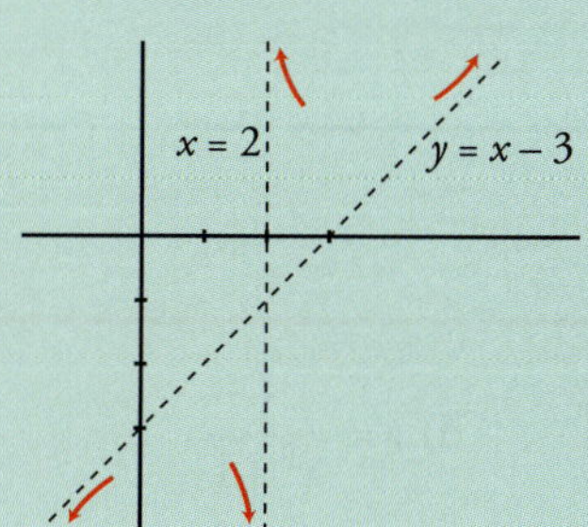

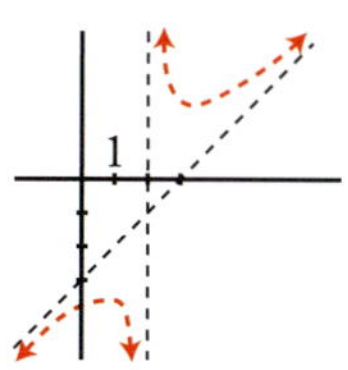

Observando el bosquejo, sabemos que hay un máximo relativo a la izquierda de $x = 2$ y un mínimo relativo a la derecha de $x = 2$. Obtengámoslos:

$$f'(x) = \frac{(2x-5)(x-2) - (x^2 - 5x + 7) \cdot 1}{(x-2)^2} = \frac{x^2 - 4x + 3}{(x-2)^2}$$

$f'(x) = 0 \Leftrightarrow x^2 - 4x + 3 = 0 \Leftrightarrow x_1 = 3,\ x_2 = 1$

$f(3) = 1,\ f(1) = -3$

Los puntos singulares son (3, 1) y (1, –3).

Al representar la curva con estos resultados, observamos que (3, 1) es mínimo relativo y (1, –3) es máximo relativo.

La curva no corta al eje X ya que $x^2 - 5x + 7 = 0$ no tiene soluciones.

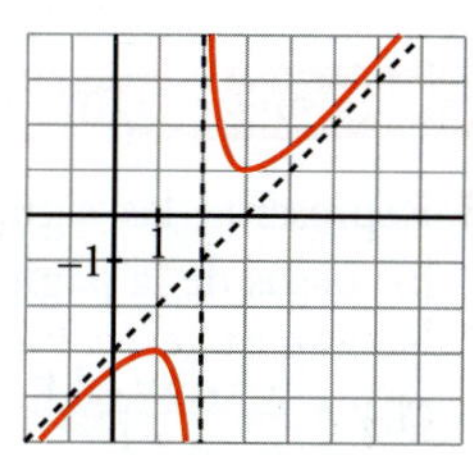

Ejercicios resueltos

2 *Representar la función*

$$y = \frac{x^3}{x^2+1}$$

de la cual sabemos que no tiene asíntotas verticales pero sí asíntota oblicua:

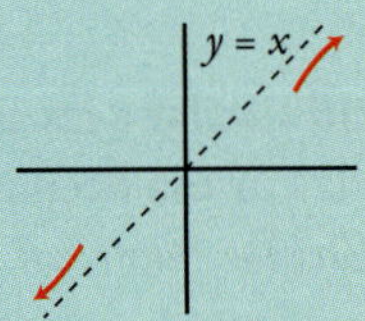

Como no tiene asíntotas verticales, conviene hallar sus puntos singulares antes de realizar un bosquejo de la curva.

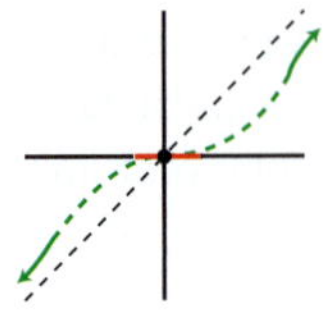

$$f'(x) = \frac{3x^2(x^2+1) - x^3 \cdot 2x}{(x^2+1)^2} = \frac{x^4+3x^2}{(x^2+1)^2} = \frac{x^2(x^2+3)}{(x^2+1)^2}$$

$f'(x) = 0 \Leftrightarrow x^2 = 0$ o $x^2 + 3 = 0 \Leftrightarrow x = 0$

$f(0) = 0$

Único punto singular: (0, 0). No es máximo ni mínimo, es un "punto de inflexión".

No corta a los ejes coordenados en ningún otro punto.

Obtenemos más puntos:

(1; 0,5), (2; 1,6), (3; 2,7), (–1; –0,5), (–2; –1,6), (–3; –2,7)

Ya podemos representarla con mucha precisión.

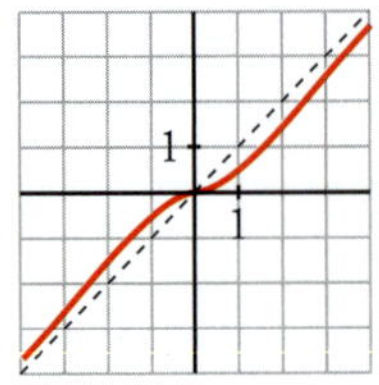

3 *Representar la función*

$$y = \frac{x^2+1}{x^2-2x}$$

de la cual conocemos las asíntotas verticales, la asíntota horizontal y la posición de la curva respecto a ellas:

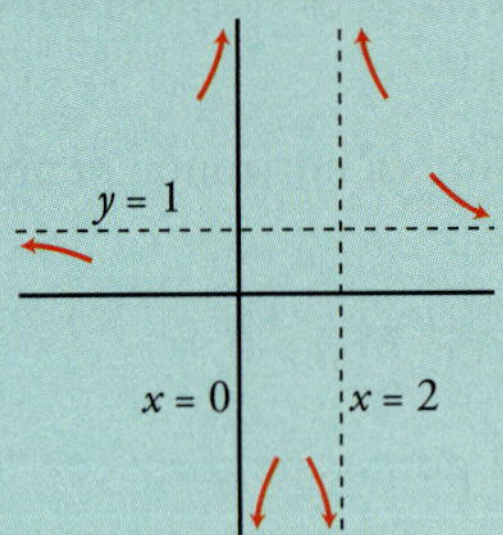

Con los datos anteriores, podemos realizar el siguiente bosquejo y, a partir de él, deducimos que la curva tendrá un mínimo a la izquierda de 0 y un máximo entre 0 y 2.

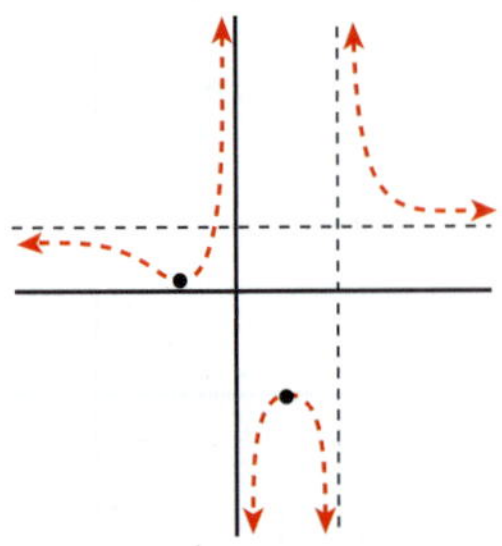

Veamos su localización, así como si hay otros puntos singulares además de estos.

$$f'(x) = \frac{2x(x^2-2x) - (x^2+1)(2x-2)}{(x^2-2x)^2} =$$

$$= \frac{2x^3 - 4x^2 - 2x^3 + 2x^2 - 2x + 2}{(x^2-2x)^2} = \frac{-2x^2-2x+2}{(x^2-2x)^2}$$

$f'(x) = 0 \Leftrightarrow -2x^2 - 2x + 2 = 0$

Soluciones: $x_1 = \dfrac{-1-\sqrt{5}}{2} \approx -1{,}62$; $x_2 = \dfrac{-1+\sqrt{5}}{2} \approx 0{,}62$

$f(-1{,}62) \approx 0{,}62$; $f(0{,}62) \approx -1{,}62$

Los únicos puntos singulares son (–1,62; 0,62) y (0,62; –1,62). Con ellos podemos completar la representación:

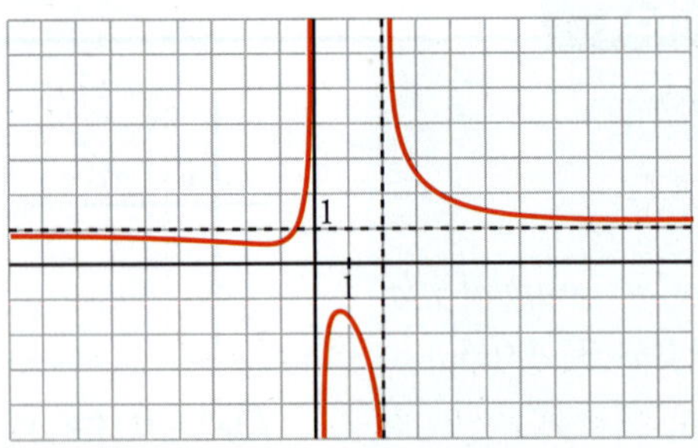

Ejercicio propuesto

2 Representa las siguientes funciones racionales, siguiendo los pasos de la página anterior:

a) $y = \dfrac{x^2+3x+11}{x+1}$

b) $y = \dfrac{x^2+3x}{x+1}$

c) $y = \dfrac{x^2}{x^2+1}$

d) $y = \dfrac{1}{x^2+1}$

e) $y = \dfrac{x^2+2}{x^2-2x}$

f) $y = \dfrac{x^2-1}{x^2}$

Ejercicios y problemas resueltos

1. Función derivada a partir de la definición

Demostrar que la función derivada de $f(x) = \dfrac{1}{x^2+1}$ *es* $f'(x) = \dfrac{-2x}{(x^2+1)^2}$.

Recordamos la definición de derivada:

$$f'(x) = \lim_{h \to 0} \frac{f(x+h) - f(x)}{h}$$

Calculamos paso a paso:

- $f(x+h) = \dfrac{1}{(x+h)^2+1} = \dfrac{1}{x^2+h^2+2xh+1}$
- $f(x+h) - f(x) = \dfrac{1}{x^2+h^2+2xh+1} - \dfrac{1}{x^2+1} = \dfrac{-h^2-2xh}{(x^2+h^2+2xh+1)(x^2+1)}$
- $\dfrac{f(x+h)-f(x)}{h} = \dfrac{-h^2-2xh}{h(x^2+h^2+2xh+1)(x^2+1)} = \dfrac{-h-2x}{(x^2+h^2+2xh+1)(x^2+1)}$
- $\lim_{h \to 0} \dfrac{-h-2x}{(x^2+h^2+2xh+1)(x^2+1)} = \dfrac{-2x}{(x^2+1)(x^2+1)}$

Por tanto: $f'(x) = \dfrac{-2x}{(x^2+1)^2}$

Hazlo tú. Dada $f(x) = \dfrac{x}{x+1}$, halla $f'(x)$ aplicando la definición.

2. Reglas de derivación

Hallar la función derivada de:

a) $f(x) = \sqrt[3]{\left(\dfrac{3x-7}{x+2}\right)^2}$

b) $f(x) = e^{\frac{-x}{2}} \cdot tg^2\, x$

c) $f(x) = ln\left(\dfrac{arc\ sen\ x}{3^x}\right)$

a) Expresamos la función como potencia y aplicamos la regla de derivación de las potencias.

$$f(x) = \left(\frac{3x-7}{x+2}\right)^{\frac{2}{3}}$$

$$f'(x) = \frac{2}{3}\left(\frac{3x-7}{x+2}\right)^{\frac{-1}{3}}\left(\frac{3(x+2)-(3x-7)1}{(x+2)^2}\right) = \frac{2}{3}\left(\frac{x+2}{3x-7}\right)^{\frac{1}{3}}\frac{13}{(x+2)^2} = \frac{26}{3(x+2)^2}\sqrt[3]{\frac{x+2}{3x-7}}$$

b) Aplicamos la regla de derivación del producto de funciones.

$$f'(x) = D\left(e^{\frac{-x}{2}}\right) \cdot tg^2\, x + e^{\frac{-x}{2}} \cdot D(tg^2\, x) = \frac{-1}{2}e^{\frac{-x}{2}} \cdot tg^2\, x + e^{\frac{-x}{2}} \cdot 2\, tg\, x\,(1 + tg^2\, x) =$$

$$= e^{\frac{-x}{2}}\left(\frac{-1}{2}tg^2\, x + 2\, tg\, x + 2\, tg^3\, x\right)$$

c) Aplicamos las propiedades del logaritmo de un cociente y de una potencia antes de derivar.

$$f(x) = ln\left(\frac{arc\ sen\ x}{3^x}\right) = ln\,(arc\ sen\ x) - x\ ln\ 3$$

$$f'(x) = \frac{D(arc\ sen\ x)}{arc\ sen\ x} - ln\ 3 = \frac{1}{\sqrt{1-x^2}\,arc\ sen\ x} - ln\ 3$$

Hazlo tú. Halla $f'(x)$ siendo:

$$f(x) = ln\left(\frac{x+1}{x}\right)^2$$

3. Ecuación de la recta tangente en un punto

Escribir la ecuación de la recta tangente a la curva $f(x) = log_2\,(sen\ x)$ *en el punto de abscisa* $\dfrac{\pi}{6}$.

Calculamos la ordenada:

$$f\left(\frac{\pi}{6}\right) = log_2\left(sen\,\frac{\pi}{6}\right) = -1$$

Hallamos la pendiente de la recta tangente, $m = f'\left(\dfrac{\pi}{6}\right)$:

$$f'(x) = \frac{cos\ x}{sen\ x}\,\frac{1}{ln\ 2} \rightarrow f'\left(\frac{\pi}{6}\right) = \frac{cos\,(\pi/6)}{sen\,(\pi/6)}\,\frac{1}{ln\ 2} = \frac{\sqrt{3}}{ln\ 2}$$

Con el punto $P\left(\dfrac{\pi}{6}, -1\right)$ y la pendiente $m = \dfrac{\sqrt{3}}{ln\ 2}$ escribimos la ecuación:

$$y = -1 + \frac{\sqrt{3}}{ln\ 2}\left(x - \frac{\pi}{6}\right)$$

Hazlo tú. Halla la ecuación de la recta tangente a $f(x) = tg\, x$ en $x = \dfrac{3\pi}{4}$.

4. Recta tangente paralela a una recta

Dada la parábola $y = x^2 - 2x - 2$, se traza la cuerda que une los puntos de la parábola de abscisas $x = 1$ y $x = 3$.

Hallar la ecuación de la recta tangente a la parábola que es paralela a esa cuerda.

La pendiente de la recta tangente, $f'(a)$, debe ser igual a la pendiente de la cuerda, m.

Hallamos los extremos de la cuerda: $\begin{cases} x_1 = 1 \rightarrow y_1 = -3;\ A(1, -3) \\ x_2 = 3 \rightarrow y_2 = 1;\ B(3, 1) \end{cases}$

Pendiente de la cuerda: $m = \dfrac{y_2 - y_1}{x_2 - x_1} = \dfrac{4}{2} = 2$

$$f'(a) = 2a - 2 = 2 \rightarrow a = 2,\ f(2) = -2$$

La tangente en el punto $(2, -2)$ es paralela a la cuerda que une los puntos A y B. Por tanto, su ecuación, en forma punto-pendiente, es:

$$y = -2 + 2(x - 2) \rightarrow y = 2x - 6$$

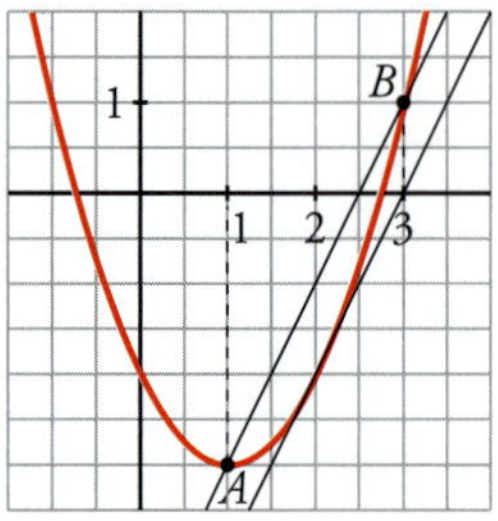

Hazlo tú. Halla la ecuación de la recta tangente a la curva $f(x) = 3x^2 - 4x$ que sea paralela a la recta $2x - y + 5 = 0$.

5. Puntos de tangente horizontal

Hallar los puntos de tangente horizontal de la función $f(x) = \dfrac{-x^3}{3} + 3x^2 - 8x + 16$.

Con ayuda de las ramas infinitas, decir si son máximos o mínimos.

- Hallamos las abscisas de los puntos singulares resolviendo la ecuación $f'(x) = 0$:

$$f'(x) = -x^2 + 6x - 8 \rightarrow -x^2 + 6x - 8 = 0 \rightarrow x_1 = 2,\ x_2 = 4$$

Calculamos las ordenadas de estos puntos:

$$f(2) = \frac{-8}{3} + 12 - 16 + 16 = \frac{28}{3} \qquad f(4) = \frac{-64}{3} + 48 - 32 + 16 = \frac{32}{3}$$

Los puntos pedidos son $P\left(2, \dfrac{28}{3}\right)$ y $Q\left(4, \dfrac{32}{3}\right)$.

- Ramas infinitas:

$$\lim_{x \to +\infty} f(x) = \lim_{x \to +\infty} \frac{-x^3}{3} + 3x^2 - 8x + 16 = -\infty$$

$$\lim_{x \to -\infty} f(x) = \lim_{x \to -\infty} \frac{-x^3}{3} + 3x^2 - 8x + 16 = +\infty$$

Por tanto $P\left(2, \dfrac{28}{3}\right)$ es un mínimo y $Q\left(4, \dfrac{32}{3}\right)$ es un máximo.

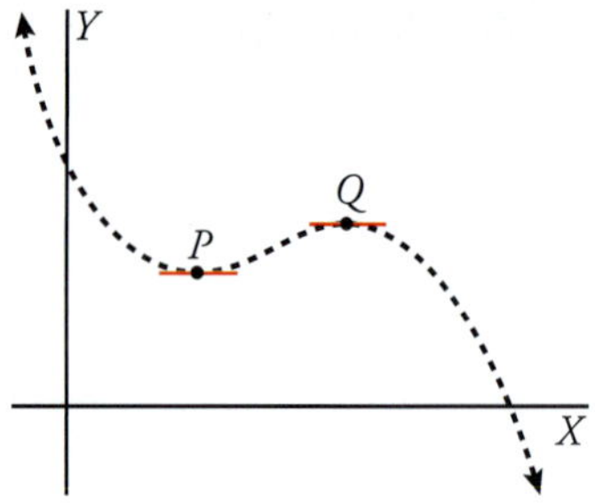

Hazlo tú. Halla los puntos singulares de la función $f(x) = x^3 - 6x^2$ y di si son máximos o mínimos.

6. Coeficientes de una función que tiene puntos singulares

Calcular los coeficientes a, b, c de la función $f(x) = ax^3 + bx + c$ para que pase por $(0, 5)$ y tenga un punto singular en $(2, -3)$.

Para hallar a, b, c tenemos que plantear, con las condiciones dadas, un sistema de tres ecuaciones cuyas incógnitas sean a, b, c.

- Si f pasa por $(0, 5)$, entonces $f(0) = 5$: $a \cdot 0^3 + b \cdot 0 + c = 5 \rightarrow c = 5$
- Si $(2, -3)$ es un punto singular, entonces $f'(2) = 0$:

  $f'(x) = 3ax^2 + b \rightarrow f'(2) = 3a2^2 + b \rightarrow 12a + b = 0$
- Como el punto $(2, -3)$ pertenece a f, entonces: $f(2) = a \cdot 2^3 + b \cdot 2 + c = -3$

Resolvemos el sistema resultante:

$$\left.\begin{array}{l} c = 5 \\ 12a + b = 0 \\ 8a + 2b + c = -3 \end{array}\right\} \rightarrow c = 5,\ b = -6,\ a = \frac{1}{2}$$

Por tanto, la función es $f(x) = \dfrac{1}{2}x^3 - 6x + 5$.

Hazlo tú. Halla b y c de modo que la función $f(x) = x^3 + bx^2 + c$ pase por $(1, 0)$ y $f'(1) = 5$.

7. Intervalos de crecimiento y de decrecimiento

Determinar los intervalos de crecimiento y de decrecimiento de estas funciones:

a) $f(x) = x^3 - 12x - 8$

b) $f(x) = \dfrac{x}{1 - x^2}$

Hazlo tú. Halla los intervalos de crecimiento y de decrecimiento de la función $f(x) = \dfrac{x^2}{2 - x}$.

Análisis del problema. *Si $f'(a) > 0$, f es creciente en $x = a$ y si $f'(a) < 0$, f es decreciente en $x = a$. Por tanto, tenemos que buscar los valores de x para los que $f'(x) > 0$ y aquellos para los que $f'(x) < 0$.*

a) Hallamos los puntos de tangente horizontal:

$$f'(x) = 0 \to f'(x) = 3x^2 - 12 = 0 \to x_1 = 2,\ x_2 = -2$$

Estudiamos el signo de f' en los intervalos cuyos extremos son las soluciones de $f'(x) = 0$:

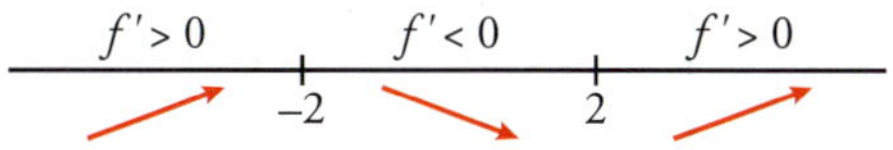

f crece en $(-\infty, -2) \cup (2, +\infty)$; f decrece en $(-2, 2)$.

b) Buscamos los puntos donde $f'(x) = 0$:

$$f'(x) = \frac{1 - x^2 + 2x^2}{(1 - x^2)^2} = \frac{1 + x^2}{(1 - x^2)^2} = 0. \text{ No tiene solución.}$$

Por tanto, f no tiene puntos de tangente horizontal.

Estudiamos el signo de f' en su dominio de definición, $Dom = \mathbb{R} - \{-1, 1\}$:

Para cualquier $x \in Dom$, el numerador y el denominador de $f'(x)$ son positivos. Por ello, $f'(x) > 0$ para todo $x \in Dom$. Luego f es creciente en todo su dominio.

8. Problema de optimización

De todos los conos cuya generatriz mide 10 cm, hallar la altura y el radio de aquel cuyo volumen es máximo.

Hazlo tú. De todos los rectángulos de 36 m de perímetro, halla las dimensiones del que tiene la mayor superficie.

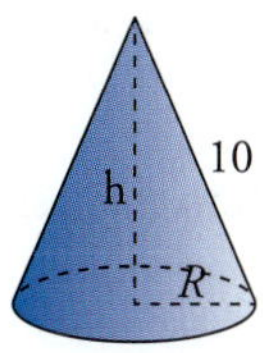

Análisis del problema. *El volumen del cono depende de dos variables, radio, R, y altura, h: $V = \frac{\pi}{3}R^2 h$.*

Para resolver el problema, debemos expresar V con una sola variable, teniendo en cuenta que conocemos la generatriz.

Observamos que R y h son los catetos de un triángulo rectángulo cuya hipotenusa es la generatriz, 10 cm. Por tanto:

$$R^2 + h^2 = 10^2 \to R^2 = 100 - h^2$$

Sustituimos R^2 en la fórmula que nos da V:

$$V = \frac{\pi}{3}(100 - h^2)h \to V = \frac{\pi}{3}(100h - h^3)$$

Hallamos los puntos singulares de V:

$$V' = 0 \to V' = \frac{\pi}{3}(100 - 3h^2) = 0 \to \begin{cases} h = \dfrac{10}{\sqrt{3}} \\ h = \dfrac{-10}{\sqrt{3}} \text{ Imposible} \end{cases}$$

Estudiamos el crecimiento de V a la derecha y a la izquierda de $h = \dfrac{10}{\sqrt{3}}$:

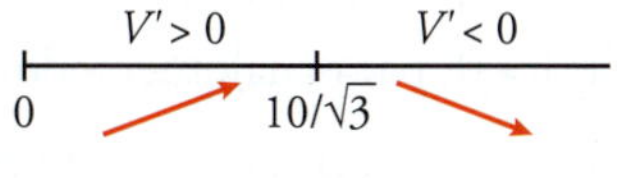

Por tanto, para $h = \dfrac{10}{\sqrt{3}}$ el volumen es máximo. Calculamos R:

$$R^2 = 100 - \left(\frac{10}{\sqrt{3}}\right)^2 \to R = 10\sqrt{\frac{2}{3}} \text{ cm}$$

9. Estudio y representación de una función polinómica

Estudiar y representar esta función:

$$f(x) = 3 - (2 + x)^3$$

- Por ser una función polinómica, su dominio es $\mathbb{R}$, es continua y no tiene asíntotas.
- Ramas infinitas:

$$\lim_{x \to +\infty} [3 - (2 + x)^3] = -\infty$$

$$\lim_{x \to -\infty} [3 - (2 + x)^3] = +\infty$$

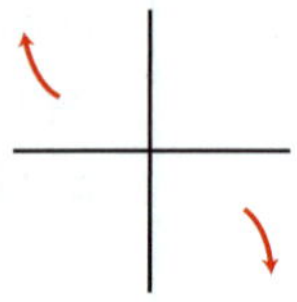

- Puntos singulares:

$f'(x) = 0 \rightarrow f'(x) = -3(2 + x)^2 = 0 \rightarrow x = -2$

Como $f(-2) = 3$, en el punto $(-2, 3)$ la tangente es horizontal.

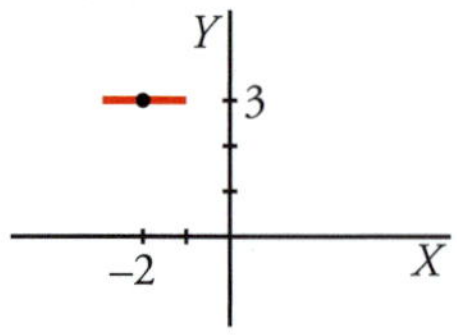

- Crecimiento y decrecimiento:

Estudiamos el signo de $f'(x)$.

$f'(x) = -3(2 + x)^2 < 0$ para cualquier valor de x.

Por tanto, f es decreciente en todo su dominio; y el punto $(-2, 3)$ no es máximo ni mínimo.

- Cortes con los ejes:

$x = 0 \rightarrow y = -5$

$y = 0 \rightarrow x = \sqrt[3]{3} - 2 \approx -0,6$

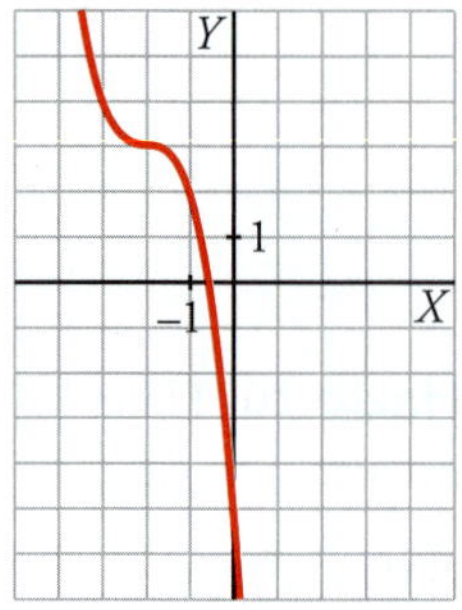

Hazlo tú. Estudia y representa esta función:

$$f(x) = 1 + (x - 3)^3$$

10. Estudio y representación de una función racional

Estudiar y representar esta función:

$$f(x) = \frac{x^2 - 4}{x}$$

- La función no está definida en $x = 0 \rightarrow Dom = \mathbb{R} - \{0\}$
- Asíntota vertical, $x = 0$.

Posición de la curva respecto a la asíntota:

Si $x \rightarrow 0^-$, $f(x) \rightarrow +\infty$

Si $x \rightarrow 0^+$, $f(x) \rightarrow -\infty$

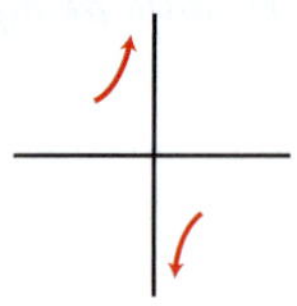

- Asíntotas horizontales y oblicuas:

Tiene asíntota oblicua porque el grado del numerador es una unidad mayor que el grado del denominador. Dividimos:

$f(x) = x - \dfrac{4}{x} \rightarrow$ La asíntota es $y = x$.

Posición:
- si $x = 100 \rightarrow f(x) - x = 99,96 - 100 < 0$. Curva bajo la asíntota.
- si $x = -100 \rightarrow f(x) - x = -99,96 + 100 > 0$. Curva sobre la asíntota.

- Puntos singulares:

$$f'(x) = 0 \rightarrow f'(x) = \frac{2x \cdot x - x^2 + 4}{x^2} = \frac{x^2 + 4}{x^2} = 0$$

No tiene solución. No tiene puntos singulares.

- Crecimiento y decrecimiento:

$f'(x) > 0$ para cualquier valor de $x \neq 0$.

Por tanto, $f(x)$ es creciente en todo su dominio.

- Cortes con los ejes:

$y = 0 \rightarrow x^2 - 4 = 0$:
- $x = 2 \rightarrow P(2, 0)$
- $x = -2 \rightarrow Q(-2, 0)$

No corta al eje Y.

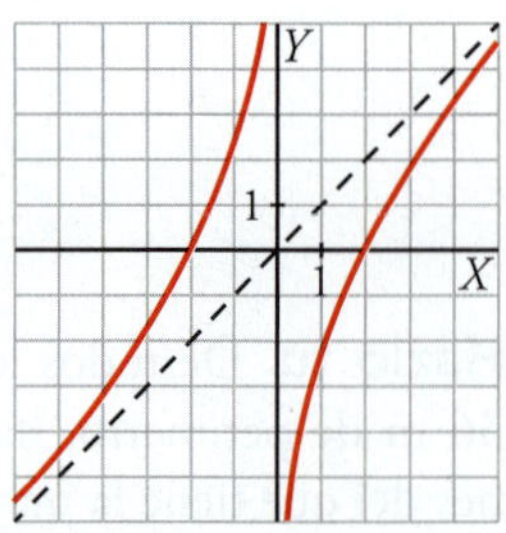

Hazlo tú. Estudia y representa esta función:

$$f(x) = \frac{2x^2 + 8}{x}$$

11. Función derivada de funciones definidas "a trozos"

Hallar la función derivada de cada una de las siguientes funciones:

a) $f(x) = \begin{cases} 4x - x^2 & \text{si } x \le 3 \\ x^2 - 6x + 12 & \text{si } x > 3 \end{cases}$

b) $g(x) = \begin{cases} -x^2 + 4 & \text{si } x < 1 \\ x^2 - 4x + 6 & \text{si } x \ge 1 \end{cases}$

Análisis del problema. *Debemos comprobar si cada función dada es continua. Si es discontinua en algún punto, no tendrá tangente en ese punto y, por ello, no tendrá derivada en él.*

Para obtener la derivada primera de estas funciones, tenemos que derivar cada una de las partes que las definen y, después, analizar lo que ocurre en los puntos de ruptura.

a) Llamamos $f_1(x) = 4x - x^2$ y $f_2(x) = x^2 - 6x + 12$.

- Tanto $f_1(x)$ como $f_2(x)$ son funciones continuas.

  Estudiamos la continuidad de $f(x)$ en $x = 3$:

  $$\left.\begin{array}{l} f_1(3) = 4 \cdot 3 - 3^2 = 3 \\ f_2(3) = 3^2 - 6 \cdot 3 + 12 = 3 \end{array}\right\} \text{ Como } f_1(3) = f_2(3), \text{ entonces } f(x) \text{ es continua en } x = 3.$$

- Derivamos $f_1(x)$ y $f_2(x)$ y calculamos $f_1'(3)$ y $f_2'(3)$:

  $$\left.\begin{array}{l} f_1'(x) = 4 - 2x \rightarrow f_1'(3) = 4 - 2 \cdot 3 = -2 \\ f_2'(x) = 2x - 6 \rightarrow f_2'(3) = 2 \cdot 3 - 6 = 0 \end{array}\right\} \text{ Observamos que } f_1'(3) \ne f_2'(3).$$

  En este caso la curva no tiene tangente en ese punto, por tanto $f(x)$ no es derivable en $x = 3$; la gráfica de f tiene ahí un "pico o punto anguloso".

  La función derivada de f es $f'(x) = \begin{cases} 4 - 2x & \text{si } x < 3 \\ 2x - 6 & \text{si } x > 3 \end{cases}$.

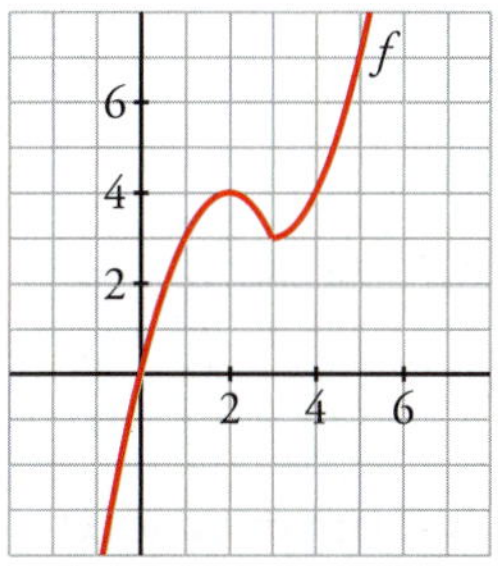

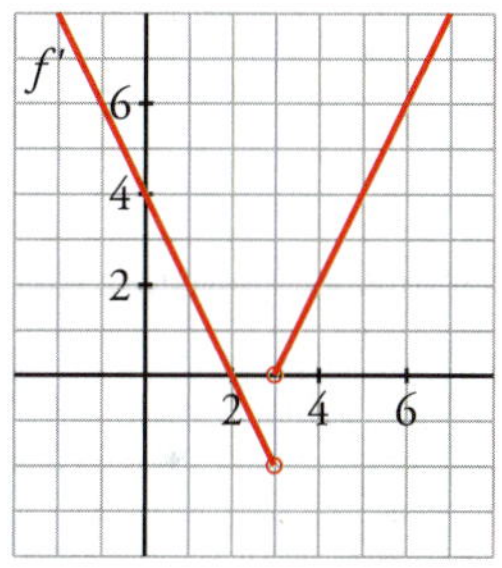

b) Llamamos $g_1(x) = -x^2 + 4$ y $g_2(x) = x^2 - 4x + 6$.

- Tanto $g_1(x)$ como $g_2(x)$ son funciones continuas.

  Estudiamos la continuidad de $g(x)$ en $x = 1$:

  $$\left.\begin{array}{l} g_1(1) = -1 + 4 = 3 \\ g_2(1) = 1 - 4 + 6 = 3 \end{array}\right\} \text{ Coinciden, luego } g(x) \text{ es continua en } x = 1.$$

- Derivamos:

  $$\left.\begin{array}{l} g_1'(x) = -2x \rightarrow g_1'(1) = -2 \\ g_2'(x) = 2x - 4 \rightarrow g_2'(1) = -2 \end{array}\right\} \text{ Como } g_1'(1) = g_2'(1), \text{ entonces } g(x) \text{ es derivable en } x = 1.$$

  La función derivada de g es $g'(x) = \begin{cases} -2x & \text{si } x < 1 \\ 2x - 4 & \text{si } x \ge 1 \end{cases}$.

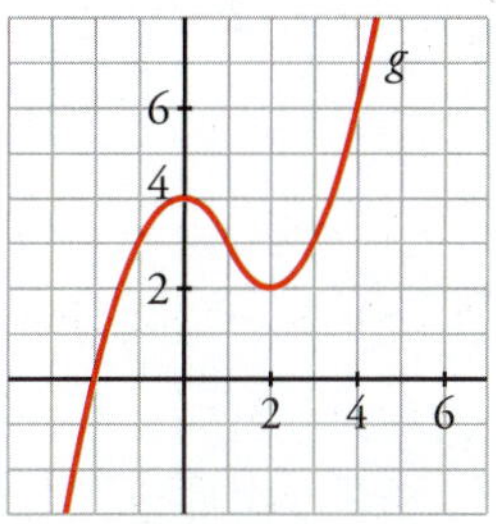

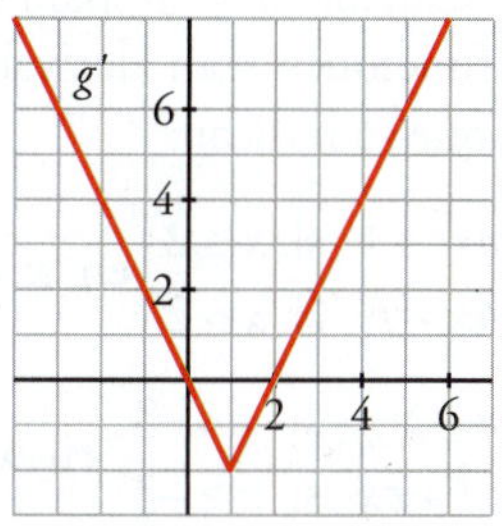

Hazlo tú. Halla la función derivada de las siguientes funciones:

a) $f(x) = \begin{cases} \dfrac{x^2}{4} - 1 & \text{si } x < 4 \\ 2x - 5 & \text{si } x \ge 4 \end{cases}$

b) $g(x) = \begin{cases} 3 - x & \text{si } x < -1 \\ x^2 + 3 & \text{si } x \ge -1 \end{cases}$

Ejercicios y problemas resueltos

12. Parámetros para que una función sea continua y derivable

Determinar los valores de a y b para que cada una de las siguientes funciones sea derivable en x = 1:

a) $f(x) = \begin{cases} 2x^2 - x & si\ x < 1 \\ ax + b & si\ x \geq 1 \end{cases}$

b) $g(x) = \begin{cases} ax^2 - 2x & si\ x < 1 \\ 2\sqrt{x} + b & si\ x \geq 1 \end{cases}$

Hazlo tú. Calcula a y b para que las siguientes funciones sean derivables en los puntos que se indican:

a) $f(x) = \begin{cases} ax^2 + 1 & \text{si } x \leq 2 \\ 4x - b & \text{si } x > 2 \end{cases}$ en $x = 2$.

b) $g(x) = \begin{cases} a - x & \text{si } x < -3 \\ x^2 + bx & \text{si } x \geq -3 \end{cases}$ en $x = -3$.

Análisis del problema. *Es necesario que las funciones sean continuas en el punto de abscisa x = 1 para que sean derivables en él. Además, como es el punto de ruptura de estas funciones definidas "a trozos", deben coincidir los valores de la derivada a la izquierda y a la derecha de x = 1.*

a) Llamamos $f_1(x) = 2x^2 - x$ y $f_2(x) = ax + b$.

- Tanto $f_1(x)$ como $f_2(x)$ son funciones continuas. Para que $f(x)$ sea continua en $x = 1$ se debe cumplir que $f_1(1) = f_2(1)$:

$$\left.\begin{array}{l} f_1(1) = 2 - 1 = 1 \\ f_2(1) = a + b \end{array}\right\} \text{ Por tanto: } a + b = 1$$

- Derivamos $f_1(x)$ y $f_2(x)$ y calculamos $f_1'(1)$ y $f_2'(1)$:

$$\left.\begin{array}{l} f_1'(x) = 4x - 1 \rightarrow f_1'(1) = 3 \\ f_2'(x) = a \rightarrow f_2'(1) = a \end{array}\right\} \text{ Para que } f_1'(1) = f_2'(1) \text{ debe cumplirse que } a = 3.$$

Resolvemos el sistema resultante: $\left.\begin{array}{l} a + b = 1 \\ a = 3 \end{array}\right\} \rightarrow a = 3$ y $b = -2$

Si $a = 3$ y $b = -2$, $f(x)$ es derivable en $x = 1$ con $f'(1) = 3$.

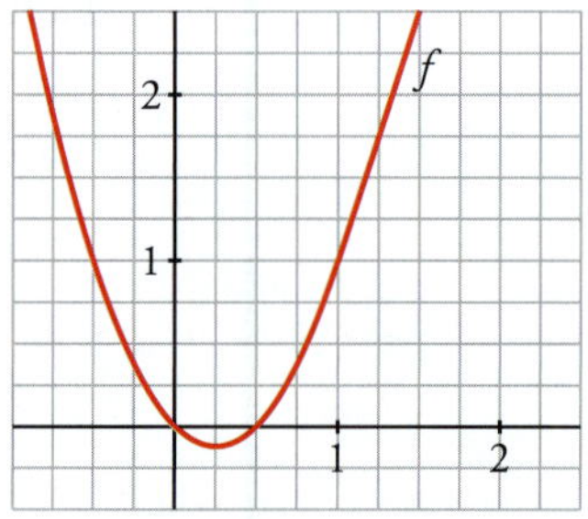

b) Llamamos $g_1(x) = ax^2 - 2x$ y $g_2(x) = 2\sqrt{x} + b$.

- Tanto $g_1(x)$ como $g_2(x)$ son continuas en su dominio de definición. Para que $g(x)$ sea continua en $x = 1$ se debe cumplir que $g_1(1) = g_2(1)$.

$$\left.\begin{array}{l} g_1(1) = a - 2 \\ g_2(1) = 2 + b \end{array}\right\} \text{ Por tanto: } a - 2 = 2 + b$$

- Derivamos en $x = 1$:

$$\left.\begin{array}{l} g_1'(x) = 2ax - 2 \rightarrow g_1'(1) = 2a - 2 \\ g_2'(x) = \dfrac{1}{\sqrt{x}} \rightarrow g_2'(1) = 1 \end{array}\right\} \text{ Para que } g_1'(1) = g_2'(1) \text{ debe cumplirse que } 2a - 2 = 1.$$

Resolvemos el sistema resultante: $\left.\begin{array}{l} a - 2 = 2 + b \\ 2a - 2 = 1 \end{array}\right\} \rightarrow a = \dfrac{3}{2}$ y $b = \dfrac{-5}{2}$

Si $a = \dfrac{3}{2}$ y $b = \dfrac{-5}{2}$, $g(x)$ es derivable en $x = 1$ con $g'(1) = 1$.

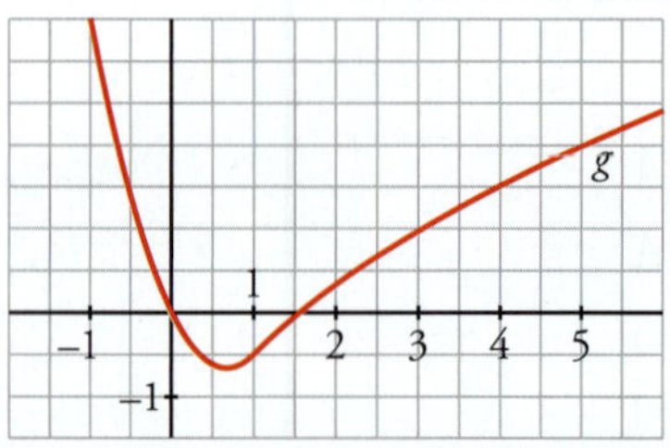

Ejercicios y problemas guiados

1. Derivadas sobre la gráfica

Observando la gráfica de esta función $y = f(x)$:

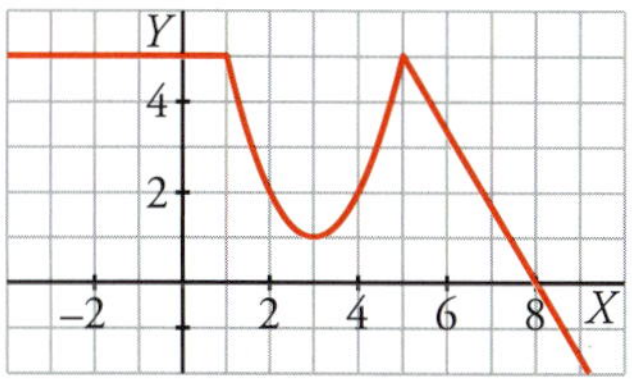

a) Hallar el valor de $f'(-2)$, $f'(3)$, $f'(6)$.

b) ¿Para qué valores de x es $f'(x) < 0$?

a) • Ten en cuenta que si $x < 1$, f es una función constante.

- Traza la recta tangente en $x = 3$ y observa su pendiente.
- Si $x > 5$, la gráfica es una recta y, por tanto, la derivada coincide con su pendiente. Toma dos puntos de esa recta y halla la pendiente.

b) Si $f'(x) < 0$, la función decrece. En la gráfica hay dos tramos decrecientes. Exprésalos como intervalos.

Solución:

a) $f'(-2) = 0$, $f'(3) = 0$, $f'(6) = \dfrac{-5}{3}$ b) $f'(x) < 0$ si $x \in (1, 3) \cup (5, +\infty)$

2. Función polinómica

Representar una función polinómica sabiendo que $\lim_{x \to \pm\infty} f(x) = -\infty$, que sus puntos de tangente horizontal son (0, –3) y (3, 2), y que corta al eje X solo en $x = 2$ y en $x = 5$.

- Justifica por qué no puede tener asíntotas.
- Representa la información de forma esquemática.
- Intenta trazar la curva desde $-\infty$ a $+\infty$ y razona si los puntos de tangente horizontal pueden ser máximos o mínimos.

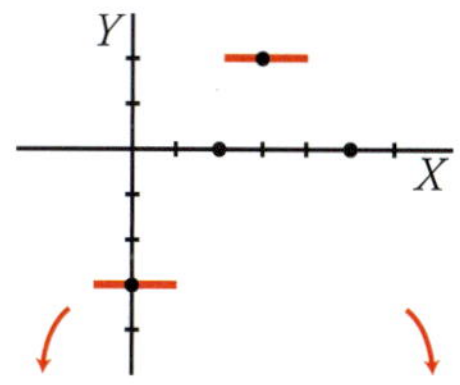

Solución:

(3, 2) es un máximo; (0, –3) no es máximo ni mínimo.

3. Triángulo rectángulo de área máxima

De todos los triángulos rectángulos cuyos catetos suman 12 m, hallar las dimensiones del que tiene el área máxima.

- Tienes que expresar el área del triángulo en función de solo uno de los catetos. Para ello, ten en cuenta que suman 12.
- Halla los puntos singulares de la función área y comprueba, con el signo de la derivada, si son máximos o mínimos.

Solución: Cada uno de los catetos debe medir 6 m y la hipotenusa, $6\sqrt{2}$ m.

4. Gráfica de la función derivada

Esta es la gráfica de f', función derivada de f.

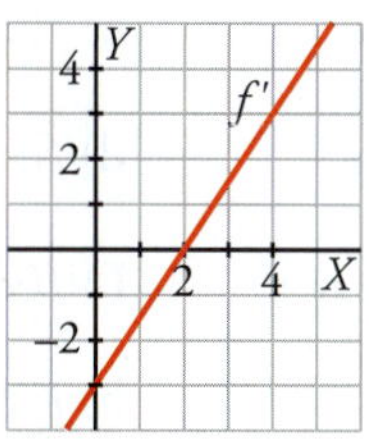

a) Obtener $f'(0)$, $f'(2)$ y $f'(4)$.

b) ¿Tiene f algún punto singular?

c) Estudiar el crecimiento y el decrecimiento de f.

a) Sobre la gráfica de f' busca el valor de la ordenada en $x = 0$, $x = 2$ y $x = 4$.

b) ¿Hay algún punto en el que $f'(x) = 0$?

c) Si $f'(x) > 0$, su gráfica estará sobre el eje X. Para esos valores de x, f es creciente. De modo análogo, busca el intervalo en el que f es decreciente.

Solución: a) $f'(0) = -3$, $f'(2) = 0$, $f'(4) = 3$

b) Sí, en $x = 2$.

c) Crece en $(2, +\infty)$. Decrece en $(-\infty, 2)$.

5. Regla de la cadena

Si $f(1) = 2$, $f'(1) = -1$, $g(2) = 3$, $g'(2) = 1$, ¿cuál es la ecuación de la tangente a $y = g[f(x)]$ en $x = 1$?

- Halla la ordenada del punto de tangencia $g[f(1)]$.
- Halla la pendiente de la tangente sabiendo que $D[g(f(x))] = g'[f(x)] \cdot f'(x)$ y calculando su valor en el punto de tangencia.
- Con el punto y la pendiente, escribe la ecuación.

Solución: $y = 3 - 1(x - 1)$

Ejercicios y problemas propuestos

Para practicar

Tasa de variación media

1 Halla la tasa de variación media de estas funciones en el intervalo [1, 3] e indica si dichas funciones crecen o decrecen en ese intervalo:

a) $f(x) = 1/x$ b) $f(x) = (2-x)^3$

c) $f(x) = x^2 - x + 1$ d) $f(x) = 2^x$

2 a) Halla la T.V.M. de las funciones $f(x) = -x^2 + 5x - 3$ y $g(x) = \frac{1}{x+1}$ en el intervalo [1, 1 + h].

b) Calcula la T.V.M. de esas funciones en el intervalo [1; 1,5] utilizando las expresiones obtenidas en el apartado anterior.

3 Compara la T.V.M. de las funciones $f(x) = x^3$ y $g(x) = 3^x$ en los intervalos [2, 3] y [3, 4], y di cuál de las dos crece más en cada intervalo.

4 Esta gráfica muestra la longitud de un feto durante el embarazo. Estudia el crecimiento medio en los intervalos [5, 15] y [20, 30] y di en qué periodo es mayor el crecimiento:

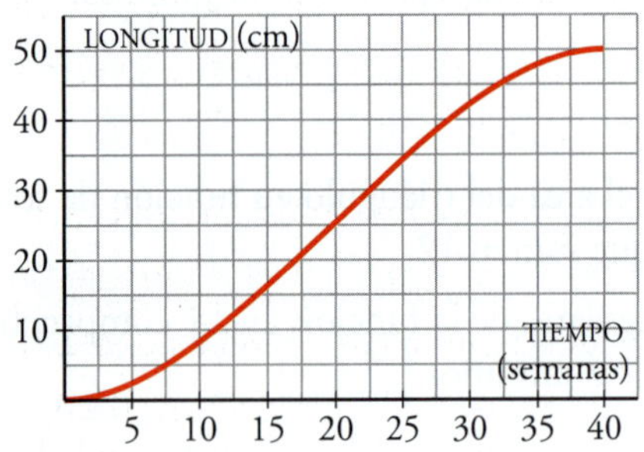

Definición de derivada

5 Halla la derivada de las siguientes funciones en $x = 1$, utilizando la definición de derivada:

a) $f(x) = 3x^2 - 1$ b) $f(x) = (2x+1)^2$

c) $f(x) = 3/x$ d) $f(x) = 1/(x+2)^2$

6 Aplica la definición de derivada para hallar la pendiente de la tangente en $x = 2$ de las curvas $f(x) = 4x - x^2$ y $g(x) = \frac{1}{3x-7}$.

7

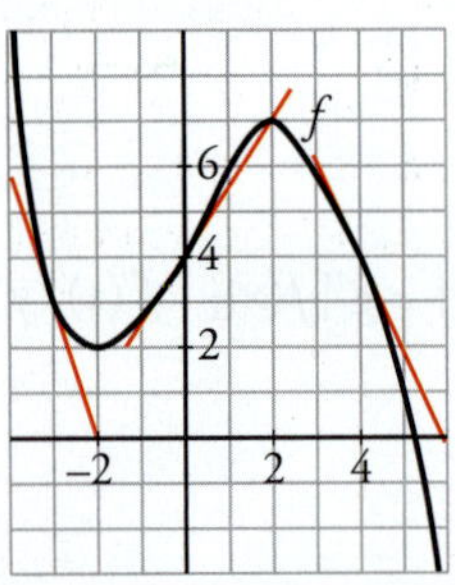

Observa la gráfica de f en la que se han trazado las tangentes en $x = -3$, $x = 0$ y $x = 4$ y responde.

a) ¿Cuál es el valor de $f'(-3)$, $f'(0)$ y $f'(4)$?

b) ¿En qué puntos es $f'(x) = 0$?

c) En $x = 1$, ¿la derivada es positiva o negativa? ¿Y en $x = 3$?

8 Halla la función derivada de las siguientes funciones, aplicando la definición:

a) $f(x) = \frac{(5x-3)}{2}$ b) $f(x) = x^2 + 7x - 1$

c) $f(x) = x^3 - 5x$ d) $f(x) = \frac{x-1}{x}$

Reglas de derivación

9 Halla la función derivada de las siguientes funciones:

a) $f(x) = \frac{x^3}{3} + 7x^2 - 4x$ b) $f(x) = 3\, cos\,(2x + \pi)$

c) $f(x) = \frac{1}{3x} + \sqrt{x}$ d) $f(x) = \frac{x^2}{x+1}$

e) $f(x) = \frac{1}{7x+1} + \frac{\sqrt{2x}}{3}$ f) $f(x) = x\, sen\, \frac{x}{2}$

g) $f(x) = \frac{1}{\sqrt{x-4}}$ h) $f(x) = ln\, 3x + e^{-x}$

i) $f(x) = \frac{tg\, x}{2}$ j) $f(x) = \sqrt{3}\; arc\, sen\, 2x$

10 Aplica las reglas de derivación y simplifica si es posible.

a) $f(x) = (5x-2)^3$ b) $f(x) = \left(\frac{1}{3x} + \frac{x}{3}\right)^4$

c) $f(x) = \sqrt[3]{(6-x)^2}$ d) $f(x) = \frac{e^x + e^{-x}}{e^x}$

e) $f(x) = \sqrt{\frac{x^3}{x^2-4}}$ f) $f(x) = \left(\frac{x}{2}\right)^3 \cdot e^{2x+1}$

g) $f(x) = x^3 \cos^2 3x$ h) $f(x) = tg^3\, x^2$

i) $f(x) = \sqrt{7 \cdot ln\, x}$ j) $f(x) = arc\, tg\, \frac{x^2}{3}$

11 Deriva las siguientes funciones:

a) $f(x) = \sqrt{arc\, cos\, e^x}$ b) $f(x) = log\,(sen\, x^2)$

c) $f(x) = sen^2\, x + e^{cos\, x}$ d) $f(x) = \frac{\sqrt[4]{2x}}{2^{x-1}}$

e) $f(x) = e^{sen\, x} \cdot ln\, tg\, x$ f) $f(x) = 3\, cos\,(ln\, x)$

g) $f(x) = \sqrt{x + \sqrt{x}}$ h) $f(x) = arc\, tg\, \frac{1-x}{1+x}$

i) $f(x) = 7^{\sqrt{x}} + \frac{cos\, x}{x^2}$ j) $f(x) = \frac{e^x - e^{-x}}{e^x + e^{-x}}$

12 Aplica las propiedades de los logaritmos antes de aplicar las reglas de derivación, para obtener la derivada de estas funciones:

a) $f(x) = ln\, \frac{x^2+1}{x^2-1}$ b) $f(x) = ln\, \sqrt{\frac{x}{x^2+1}}$

c) $f(x) = ln\,(x \cdot e^{-x})$ d) $f(x) = log\, \frac{(3x-5)^3}{x}$

e) $f(x) = log\,(tg\, x)^2$ f) $f(x) = log\, \frac{1}{\sqrt{e^x}}$

Recta tangente y recta normal

13 Halla la ecuación de la recta tangente y de la recta normal a la función f en el punto de abscisa indicado en cada caso.

a) $f(x) = x^2 - 5x + 6$ en $x = 2$

b) $f(x) = \sqrt{x+1}$ en $x = 3$

c) $f(x) = \dfrac{2-x}{x^3}$ en $x = -1$

d) $f(x) = ln\, x$ en $x = e^2$

e) $f(x) = sen\left(x + \dfrac{\pi}{2}\right)$ en $x = \dfrac{\pi}{3}$

14 Halla los puntos en los que la pendiente de la recta tangente a cada una de las siguientes funciones es igual a 2:

a) $y = x^2 - 2x$ b) $y = \dfrac{x}{x+2}$

c) $y = 4\sqrt{x+3}$ d) $y = ln\,(4x-1)$

15 Escribe, en cada caso, la ecuación de la recta tangente a f, que sea paralela a la recta dada.

a) $f(x) = x^2 + 4x + 1$ paralela a $2x + y + 1 = 0$

b) $f(x) = x^3 - 3x$ paralela a $y = 6x + 10$

c) $f(x) = \dfrac{x-3}{x+2}$ paralela a $5x - y = 0$

16 Escribe las ecuaciones de las rectas tangentes y de las rectas normales a la función $y = 4 - x^2$ en los puntos de corte con el eje de abscisas.

17 Obtén los puntos donde la recta tangente es horizontal y escribe su ecuación.

a) $y = 3x^2 - 2x + 5$ b) $y = 2x^3 - 3x^2 + 1$

c) $y = x^4 - 4x^3$ d) $y = x^3 - 12x$

e) $y = \dfrac{x^2+1}{x}$ f) $y = \dfrac{2x^2}{x^2+1}$

Puntos singulares. Crecimiento y decrecimiento

18 Halla, en cada caso, los puntos singulares de la función y determina los intervalos de crecimiento y de decrecimiento.

a) $f(x) = x^2 - 8x + 3$ b) $f(x) = 12x - 3x^2$

c) $f(x) = \dfrac{x^3}{3} - 3x^2$ d) $f(x) = x^3 + 6x^2 + 12x$

e) $f(x) = \dfrac{x^2}{x-1}$ f) $f(x) = \dfrac{x-1}{x+2}$

19 Comprueba que las siguientes funciones no tienen puntos singulares y determina los intervalos donde crecen o decrecen:

a) $y = x^3 + 3x$ b) $y = \dfrac{1}{x}$

c) $y = \sqrt{x}$ d) $y = ln\, x$

20 Halla los puntos singulares de las siguientes funciones y, con ayuda de las ramas infinitas, determina si son máximos o mínimos:

a) $y = x^3 - 2x^2 + x + 2$ b) $y = 3x^2 - x^3$

c) $y = x^4 - 8x^2 + 10$ d) $y = -3x^4 - 12x$

e) $y = \dfrac{3}{x^2+1}$ f) $y = \dfrac{x^3+4}{x}$

21 Indica en cada una de estas funciones los valores de x en los que f' es positiva y en los que f' es negativa:

a) 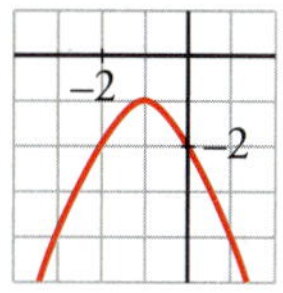

b) 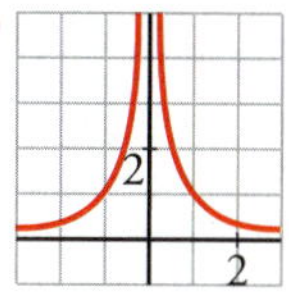

c) 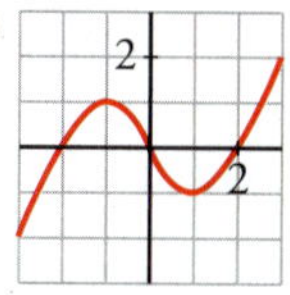

Gráficas de funciones polinómicas y racionales

22 Representa una función $y = f(x)$ de la que sabemos que:

- Es continua.
- $\lim\limits_{x \to -\infty} f(x) = +\infty$; $\lim\limits_{x \to +\infty} f(x) = -\infty$
- Sus puntos de tangente horizontal son (–3, 2) y (1, 5).

Indica si los puntos de tangente horizontal son máximos o mínimos.

23 De una función polinómica sabemos que:

- $\lim\limits_{x \to -\infty} f(x) = +\infty$; $\lim\limits_{x \to +\infty} f(x) = +\infty$
- Su derivada es igual a 0 solo en (–2, 2) y en (2, –1).
- Corta a los ejes solo en (0, 0) y en (4, 0).

Represéntala gráficamente.

24 Representa una función continua $y = f(x)$ de la que sabemos que:

- Sus puntos de tangente horizontal son (–1, –2) y (1, 2).
- Sus ramas infinitas son así: 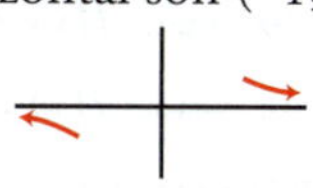

25 Comprueba que la función $y = (x-1)^3$ pasa por los puntos (0, –1), (1, 0) y (2, 1). Su derivada se anula en el punto (1, 0). ¿Puede ser un máximo o un mínimo ese punto?

26 Comprueba que la función $y = \dfrac{x^2+1}{x}$ tiene dos puntos de tangente horizontal, (–1, –2) y (1, 2); sus asíntotas son $x = 0$ e $y = x$ y la posición de la curva respecto de las asíntotas es la que se indica en la ilustración. Represéntala.

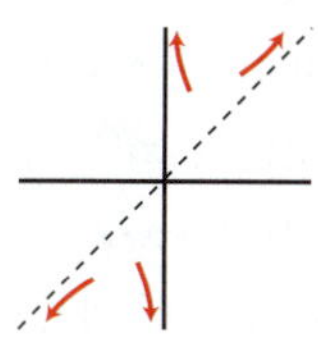

27 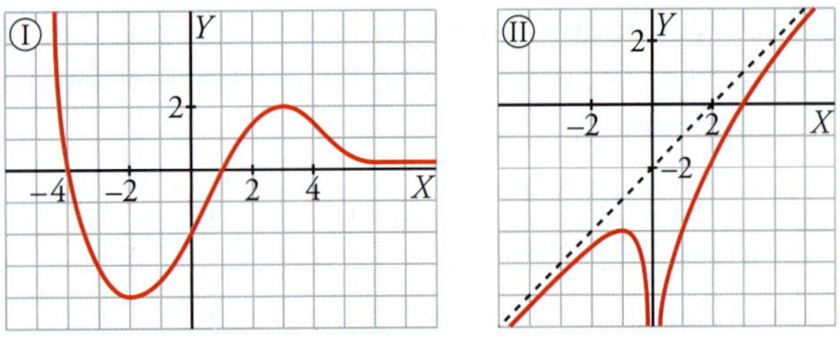

Observa estas gráficas y describe:

a) Sus ramas infinitas, asíntotas y posición de la curva con respecto a ellas.

b) Sus puntos singulares, crecimiento y decrecimiento.

28 Dada la función $y = \dfrac{2x^2}{x^2+1}$ comprueba que:

- Tiene derivada nula en (0, 0).
- La recta $y = 2$ es una asíntota horizontal.
- La posición de la curva respecto a la asíntota es:

  Si $x \to -\infty,\ y < 2$

  Si $x \to +\infty,\ y < 2$

Represéntala.

29 Completa la gráfica de una función de la que sabemos que tiene tres puntos singulares:

$$\left(-3, \frac{-5}{2}\right),\ (0, 0),\ \left(3, \frac{5}{2}\right)$$

y que sus ramas infinitas son las representadas a la derecha.

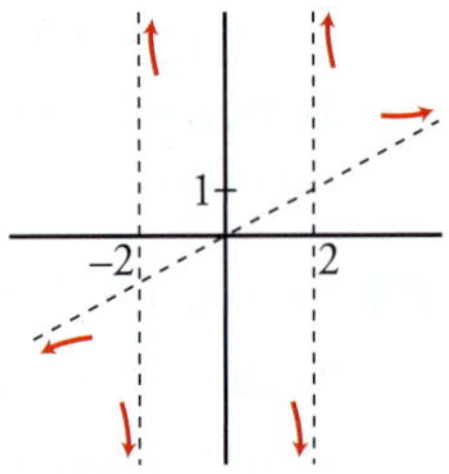

30 Representa una función $y = f(x)$ de la que conocemos:

- Dominio de definición: $\mathbb{R} - \{0\}$
- Corta al eje X en $x = 1$.
- Asíntota horizontal: $y = 0$

  Si $x \to +\infty,\ f(x) < 0$

  Si $x \to -\infty,\ f(x) < 0$
- Asíntota vertical: $x = 0$

  Si $x \to 0^+,\ f(x) \to +\infty$

  Si $x \to 0^-,\ f(x) \to -\infty$
- Mínimo en (2, –1).

31 Representa $y = f(x)$ de la que conocemos:

- Asíntota vertical: $x = 2$

  Si $x \to 2^+,\ f(x) \to -\infty$

  Si $x \to 2^-,\ f(x) \to +\infty$
- Asíntota oblicua: $y = x/2$

  Si $x \to +\infty,\ f(x) < x/2$

  Si $x \to -\infty,\ f(x) > x/2$
- Cortes con los ejes: (0, 1), (–2, 0), (3, 0)

Para resolver

32 a) Halla el vértice de la parábola $y = x^2 + 6x + 11$ teniendo en cuenta que en ese punto la tangente es horizontal.

b) Halla las coordenadas del vértice de una parábola cualquiera $y = ax^2 + bx + c$.

33 Determina la parábola $y = ax^2 + bx + c$ que es tangente a la recta $y = 2x - 3$ en el punto $A(2, 1)$ y que pasa por el punto $B(5, -2)$.

34 Halla el valor de x para el que las tangentes a las curvas $y = 3x^2 - 2x + 5$ e $y = x^2 + 6x$ sean paralelas y escribe las ecuaciones de esas tangentes.

35 Halla a, b y c en $f(x) = x^3 + ax^2 + bx + c$ de modo que la gráfica de f tenga tangente horizontal en $x = -4$ y en $x = 0$ y que pase por $(1, 1)$.

36 La ecuación de la recta tangente a una función $f(x)$ en el punto de abscisa $x = 2$ es $4x - 3y + 1 = 0$. ¿Cuál es el valor de $f'(2)$? ¿Y el de $f(2)$?

37 Halla una función de segundo grado sabiendo que pasa por (0, 1) y que la pendiente de la recta tangente en el punto (2, –1) vale 0.

38 Representa las siguientes funciones hallando los puntos singulares y las ramas infinitas:

a) $f(x) = x^3 - 3x^2 + 1$ b) $f(x) = x^4 + 4x^3$

c) $f(x) = 12x - x^3$ d) $f(x) = -x^4 + 4x^2$

39 Estudia y representa.

a) $y = x^3 - 3x + 2$

b) $y = x^3 - 9x^2 + 24x - 20$

c) $y = x^5 - 6x^3 - 8x - 1$

d) $y = x^4 - 8x^2 + 2$

40 Comprueba que estas funciones no tienen puntos de tangente horizontal. Represéntalas estudiando sus ramas infinitas y los puntos de corte con los ejes:

a) $y = \dfrac{x-3}{x+2}$ b) $y = \dfrac{x^2-1}{x}$

c) $y = \dfrac{x^3}{3} + 4x$ d) $y = \dfrac{1}{(x-2)^2}$

41 Estudia y representa las siguientes funciones:

a) $y = \dfrac{x}{x^2-16}$ b) $y = \dfrac{x}{1-x^2}$

c) $y = \dfrac{x+2}{x^2-6x+5}$ d) $y = \dfrac{(x-1)^2}{x+2}$

e) $y = \dfrac{x^2-1}{x+2}$ f) $y = \dfrac{x^2}{1-x^2}$

42 Halla las asíntotas, los intervalos de crecimiento y de decrecimiento, los máximos y los mínimos y representa las siguientes funciones:

a) $y = \dfrac{x^2}{x^2 - 4x + 3}$ b) $y = \dfrac{x^2}{(x-2)^2}$

c) $y = \dfrac{x^2 - x + 1}{x^2 + x + 1}$ d) $y = \dfrac{x^2 - 5}{2x - 4}$

43 Calcula el valor de a para que $f(x) = ln\left(\dfrac{x^2}{x + a}\right)$ verifique que $f'(2) = 0$.

44 Dada $f(x) = 2x^3 + 12x^2 + ax + b$, halla el valor de a y b para que la recta tangente a f en $x = -2$ sea $y = 2x - 3$.

45 Halla el valor de k para que la tangente a la gráfica de la función $y = x^2 - 5x + k$ en $x = 1$ pase por el origen de coordenadas.

46 Halla los puntos de la gráfica de $f(x) = x^3 - 3x^2 + x$ en los que la recta tangente forma un ángulo de 45° con el eje de abscisas.

47 Dada la parábola $y = 5 + 6x - 3x^2$, se traza la cuerda que une los puntos de abscisa $x = 0$ y $x = 3$. Halla la ecuación de la recta tangente a la parábola que es paralela a esa cuerda.

48 El coste total (en dólares) de fabricación de q unidades de cierto artículo es: $C(q) = 3q^2 + 5q + 75$

El coste medio por unidad es: $M(q) = \dfrac{C(q)}{q}$

a) ¿Cuántas unidades se deben fabricar para que el coste medio por unidad sea mínimo?

b) Calcula $C(q)$ y $M(q)$ para el valor de q que has hallado en el apartado a).

49 La función $f(x) = \dfrac{60x}{x^2 + 9}$ indica los beneficios obtenidos por una empresa desde que comenzó a funcionar ($f(x)$ en miles de euros, x en años).

a) Represéntala gráficamente.

b) ¿Al cabo de cuánto tiempo obtiene la empresa el beneficio máximo? ¿Cuál es ese beneficio?

c) ¿Perderá dinero la empresa en algún momento?

50 Aplica la regla de L'Hôpital para resolver los siguientes límites:

a) $\lim\limits_{x \to 0} \dfrac{e^x - 1}{sen\, x}$ b) $\lim\limits_{x \to 0} \dfrac{tg\, x}{5x}$

c) $\lim\limits_{x \to +\infty} \dfrac{ln\, x}{x^2 + 5x - 1}$ d) $\lim\limits_{x \to +\infty} \dfrac{e^x}{ln\,(2x + 1)}$

e) $\lim\limits_{x \to 0} \dfrac{x - sen\, x}{sen\, x}$ f) $\lim\limits_{x \to 0} \dfrac{sen\, x}{x + tg\, x}$

51 Halla los límites siguientes:

a) $\lim\limits_{x \to 0} \dfrac{1 - cos\, x}{(e^x - 1)^2}$ b) $\lim\limits_{x \to 0} \dfrac{4\,[x - ln\,(1 + x)]}{x\, ln\,(1 + x)}$

52 Dada la función $f(x) = ax^3 + bx$, halla a y b para que f pase por el punto (1, 3) y en ese punto la tangente sea paralela a la recta $y = 4x + 1$.

53 Determina, en cada caso, los valores máximo y mínimo de la función en el intervalo que se indica.

a) $y = x^2 - 6x - 4,\ \ x \in [0, 5]$

b) $y = x^3 - 6x^2 + 12x - 5,\ \ x \in [-1, 4]$

c) $y = x^3 - 3x^2,\ \ x \in [-2, 4]$

d) $y = \dfrac{x}{x^2 + 1},\ \ x \in [0, 2]$

54 Halla los máximos y los mínimos de las funciones $y = sen\, x$ e $y = cos\, x$ en el intervalo $[0, 2\pi]$.

55 Estudia el crecimiento de las siguientes funciones y di cuáles son sus máximos y sus mínimos:

a) $y = (x^2 - 3x + 1)e^x$ b) $y = \dfrac{x^2}{e^x}$

c) $y = ln\,(x^2 + 1)$ d) $y = x\, ln\, x$

56 Prueba que existe un punto de la curva $y = arc\, tg\, \dfrac{x - 1}{x + 1}$ en el que la recta tangente es paralela a la bisectriz del primer cuadrante.

57 Estudia la continuidad y la derivabilidad de estas funciones:

a) $f(x) = \begin{cases} x^2 - 2x + 1 & \text{si } x < 2 \\ -2x + 5 & \text{si } x \geq 2 \end{cases}$

b) $g(x) = \begin{cases} 2x - 5 & \text{si } x < 3 \\ \sqrt{x - 2} & \text{si } x \geq 3 \end{cases}$

c) $h(x) = \begin{cases} e^x + 2 & \text{si } x \leq 0 \\ x^2 + x + 3 & \text{si } x > 0 \end{cases}$

58 Calcula, en cada caso, los valores de m y n para que las funciones siguientes sean derivables en $\mathbb{R}$:

a) $f(x) = \begin{cases} x^2 - 5x + m & \text{si } x \leq 2 \\ -x^2 + nx & \text{si } x > 2 \end{cases}$

b) $g(x) = \begin{cases} mx^2 + nx - 3 & \text{si } x < 1 \\ 2nx - 4 & \text{si } x \geq 1 \end{cases}$

c) $h(x) = \begin{cases} (x - 1)^3 & \text{si } x \leq 0 \\ mx + n & \text{si } x > 0 \end{cases}$

d) $j(x) = \begin{cases} mx^2 + 3x & \text{si } x < -2 \\ x^2 - nx - 4 & \text{si } x \geq -2 \end{cases}$

Ejercicios y problemas propuestos

59 Dada las funciones $f(x) = x^4 - 5x^2 + 6x$ y $f(x) = e^{2x}$ halla, en cada caso, f', f'', f''', f^{IV}. ¿Cuál será la derivada enésima de cada una de las funciones dadas?

60 Halla dos números positivos cuya suma sea 100 y su producto sea máximo.

61 Calcula dos números cuya suma sea 50 y tales que la suma de sus cuadrados sea mínima.

62 Encuentra dos números positivos cuyo producto sea 100 y su suma sea mínima.

63 Halla la base y la altura del triángulo isósceles de perímetro 30 cm cuya área sea la mayor posible.

* *Llama x a la mitad de la base.*

64 Con 100 m de valla queremos delimitar una parcela rectangular aprovechando una pared, de modo que solo tengamos que vallar tres de sus lados. Calcula las dimensiones de la parcela de área máxima que podemos vallar.

65 Halla los lados del rectángulo de área máxima entre todos los que tienen la diagonal igual a 12 cm.

66 Se quiere construir un barril cilíndrico con una capacidad de 150 *l*. Halla el radio y la altura del cilindro para que la cantidad de chapa empleada en su construcción sea mínima.

67 De todos los ortoedros de base cuadrada y área total igual a 20 cm² halla las dimensiones del que tiene el mayor volumen.

68 En un semicírculo de radio 10 cm se inscribe un rectángulo. Calcula las dimensiones de dicho rectángulo para que su área sea máxima.

Cuestiones teóricas

69 Dibuja una función que tenga derivada nula en $x = 1$ y en $x = -1$, derivada negativa en el intervalo $[-1, 1]$ y positiva para cualquier otro valor de x.

70 Pon ejemplos de funciones f cuya derivada sea $f'(x) = 2x$. ¿Cuántas existen?

71 Esta es la gráfica de la función $y = x^3$.

a) ¿Tiene algún punto singular?

b) ¿Es creciente o decreciente en $x = 0$?

c) ¿Cuál es la ecuación de la recta tangente en $x = 0$?

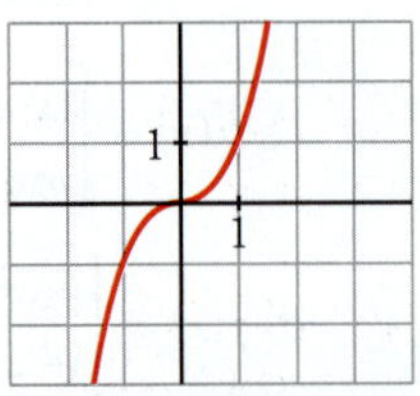

72 ¿Existe algún punto de la función $y = 4x - x^2$ en el que la tangente sea paralela a la recta r? En caso afirmativo, hállalo.

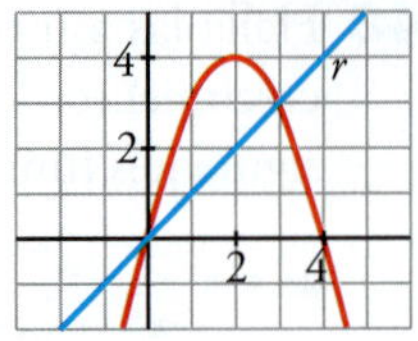

73 Demuestra, utilizando la derivada, que la abscisa del vértice de la parábola $y = ax^2 + bx + c$ es $x = \dfrac{-b}{2a}$.

74 Sabiendo que $f'(2) = 0$, ¿cuál de estas afirmaciones es correcta?

a) La función f tiene máximo o mínimo en $x = 2$.

b) La recta tangente en $x = 2$ es horizontal.

c) La función pasa por el punto (2, 0).

75

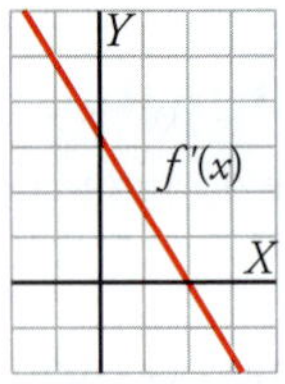

Esta es la gráfica de f', la función derivada de f.

a) ¿Tiene f algún punto de tangente horizontal?

b) ¿Es f creciente o decreciente?

76

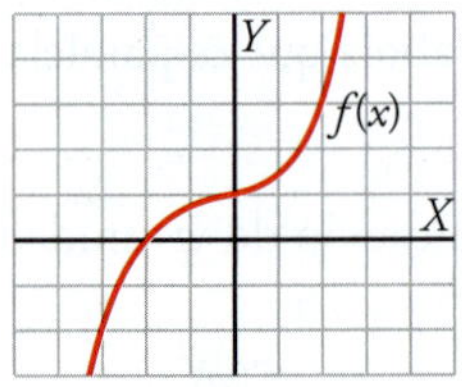

Observa la gráfica de la función $y = f(x)$.

¿Cuál será la gráfica de una función $y = g(x)$ tal que $g'(x) = f'(x)$ y $g(0) = -1$?

77 Sabemos que $f'(x) = \dfrac{1}{x-3}$ y $g(x) = x^2 + 1$. Halla, si es posible:

a) $Df[g(2)]$ b) $Df[g(x)]$ c) $Dg[f(2)]$

78 Sabemos que $f(0) = 0$ y $f'(0) = 1$ y $h(x) = e^{f(x)}$. ¿Cuál de estos tres valores corresponde a $h'(0)$?:

a) $\dfrac{1}{e}$ b) 0 c) 1

79 ¿Cuál de estas gráficas corresponde a la función derivada de una curva que tiene un máximo en $x = 1$? ¿Por qué?:

a)
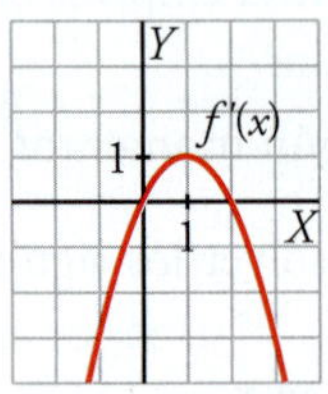

b)
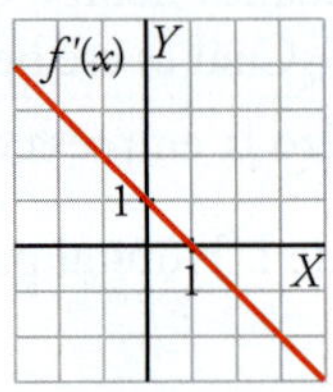

c)
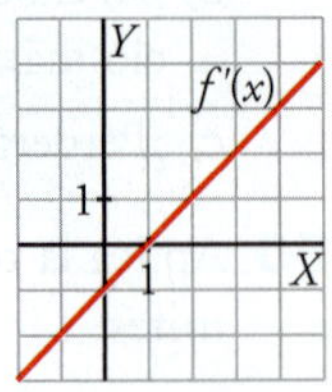

80 ¿Verdadero o falso? Justifica tu respuesta.

a) Si $f'(a) > 0$, entonces f es creciente en $x = a$.

b) Si $f'(a) = 0$, entonces f no crece ni decrece en $x = a$.

c) Si f es decreciente en $x = a$, entonces $f'(a) < 0$.

81 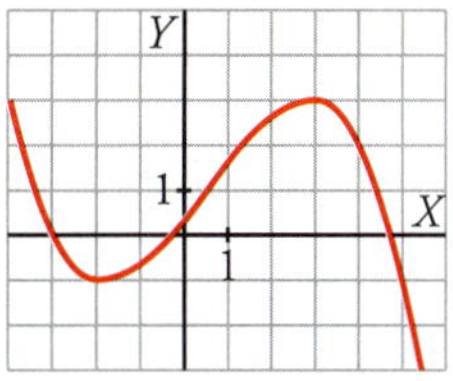

Esta es la gráfica de una función $y = f(x)$.

¿Cuál de las siguientes gráficas puede ser la de $f'(x)$? Justifícalo:

a) 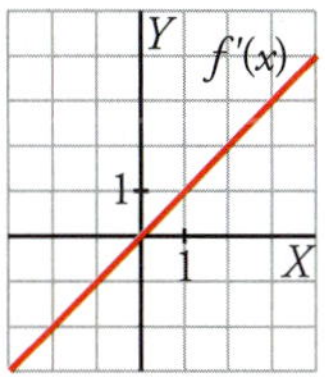

b) 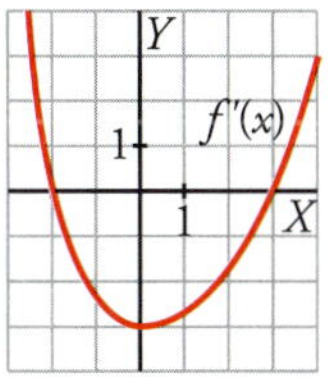

c) 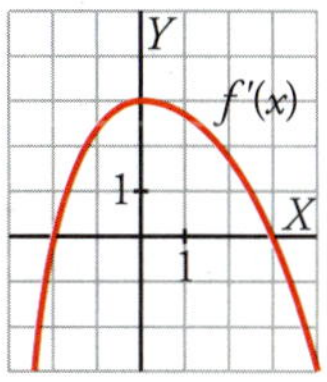

82 Asocia a cada una de las gráficas I, II, III la gráfica de su función derivada.

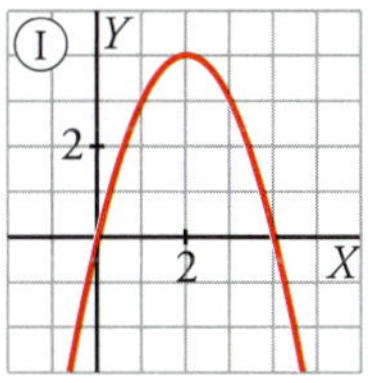

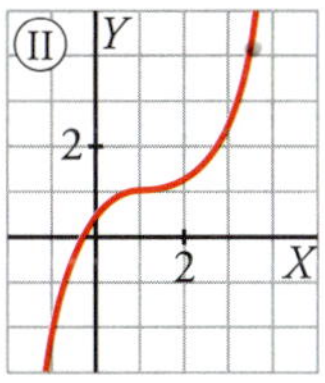

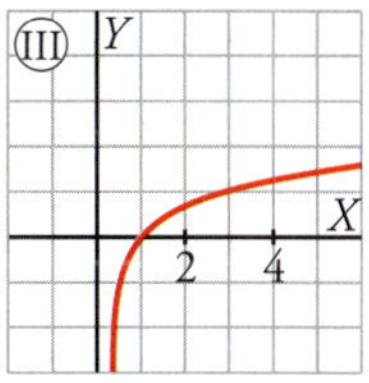

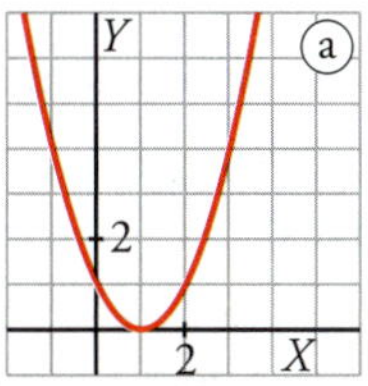

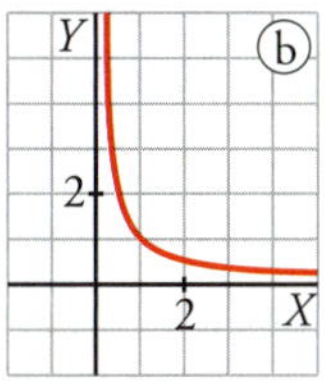

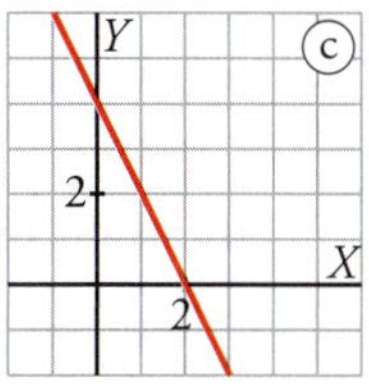

Para profundizar

83 Representa una función $y = f(x)$ de la que sabemos que $f(-1) = 2$, $f(2) = 3$ y que tiene por gráfica de su función derivada $f'(x)$ la siguiente:

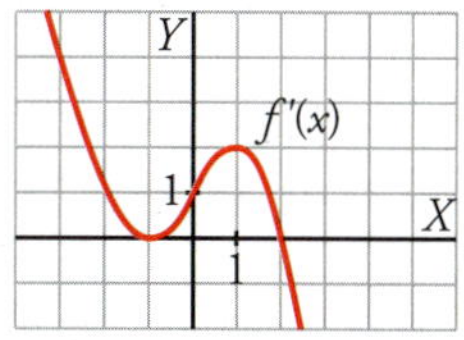

84 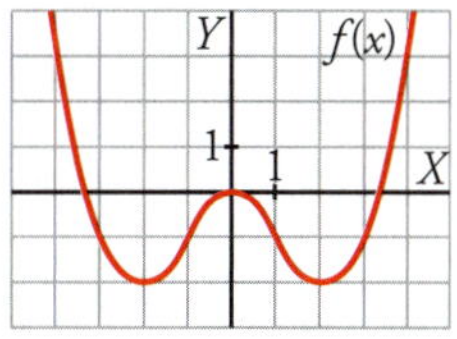

Observa la gráfica de la función $y = f(x)$ y representa de forma aproximada la función $y = f'(x)$.

85 Halla las asíntotas oblicuas de la función $f(x) = \sqrt{x^2+1}$ y estudia la posición de la curva con respecto a ellas. Calcula los puntos singulares y representa la función.

86 Prueba que la función $f(x) = \sqrt{x}$ no tiene derivada en $x = 0$.

87 Dada la función: $f(x) = \begin{cases} ax^2 + bx + c & \text{si } x \le 0 \\ ln(x+1) & \text{si } x > 0 \end{cases}$, determina los valores de a, b y c para que la función sea continua, tenga un máximo en $x = -1$ y la tangente en $x = -2$ sea paralela a la recta $y = 2x$.

Autoevaluación

En la web Resoluciones de estos ejercicios.

1 Observa la gráfica de la función $y = f(x)$ y responde.

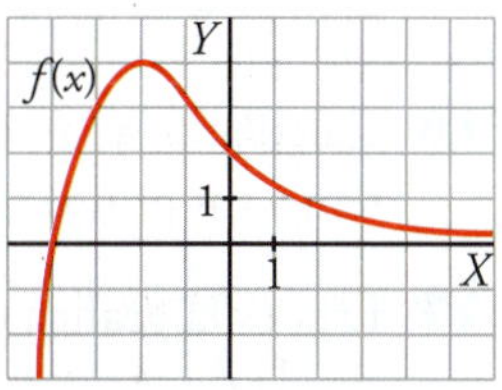

a) ¿Cuál es la T.V.M. en los intervalos [0, 3] y [–4, –2]?

b) ¿Tiene algún punto de tangente horizontal?

c) ¿Para qué valores de x es $f'(x) > 0$?

d) Sabemos que la tangente en el punto de abscisa $x = 0$ es paralela a la bisectriz del segundo cuadrante. ¿Cuánto vale $f'(0)$?

2 Dada $f(x) = x^2 - 3x$, prueba que $f'(-2) = -7$ aplicando la definición de derivada.

3 Halla la derivada de las siguientes funciones:

a) $y = \sqrt[3]{x} + \dfrac{2}{x^2}$

b) $y = ln\left(\dfrac{x}{3} \cdot e^{-x}\right)$

c) $y = cos^2 \pi x$

d) $y = \left(\dfrac{x^2}{x-2}\right)^3$

4 Escribe la ecuación de la tangente a la curva $y = ln\, x^2$ en el punto de abscisa $x = 1$.

5 Halla los puntos singulares de la función $y = 2 + (1 - x)^3$. ¿Tiene máximo o mínimo relativo esa función?

6 Dada la función: $f(x) = \dfrac{x^2 - 2x + 4}{2 - x}$

a) Estudia las asíntotas y la posición de la curva respecto a ellas.

b) Halla los máximos y los mínimos.

c) Represéntala.

7 Representa la función $f(x) = x^3 - 12x + 16$.

8 Estudia y representa $f(x) = \dfrac{x^2-1}{x^2}$.

9 Determina los intervalos de crecimiento y de decrecimiento de $f(x) = \dfrac{x^3}{3} - x^2 - 3x$.

10 Calcula el valor de b y c para que la función $y = x^3 + bx^2 + c$ tenga un punto singular en $P(2, -3)$.

11 Halla dos números cuya suma sea 34 y tales que su producto sea máximo.

Autoevaluación. Bloque IV: Análisis

1 Observa la gráfica de la función $y = f(x)$ y a partir de ella responde:

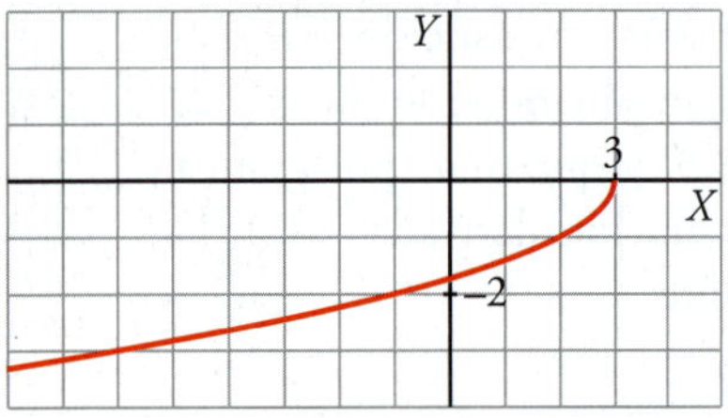

a) ¿Cuál es su dominio de definición? ¿Y su recorrido?

b) Representa gráficamente: $y = f(x+2)$; $y = f(x)+1$; $y = -f(x)$

c) Representa la función inversa de $f(x)$.

2 Representa las funciones:

a) $y = |x^2 + 2x - 3|$ b) $y = \log_2 (x+3)$

3 Un parque de atracciones está abierto al público entre las 10 y las 20 horas. El número de visitantes viene dado por la función $N(t) = -at^2 + 680t + c$, donde t es la hora de visita.

Sabiendo que a las 17 h se alcanza el máximo de 1 500 visitantes, halla a y c y representa la función.

4 Representa la función $y = 2^{1-x} - 3$ y halla su función inversa.

5 Una población de insectos crece según la función $y = 1 + 0{,}5 \cdot e^{0{,}4x}$ (x = tiempo, en días; y = número de insectos, en miles).

a) ¿Cuál es la población inicial?

b) Calcula cuánto tarda en llegar a 10 000 insectos.

6 A partir de las funciones $f(x) = e^x$; $g(x) = \text{sen}\, x$; $h(x) = \sqrt{x}$, hemos obtenido, por composición, las funciones:

$$p(x) = \text{sen}\, \sqrt{x};\quad q(x) = e^{\text{sen}\, x};\quad r(x) = \sqrt{e^x}$$

Explica el procedimiento seguido.

7 Calcula los límites siguientes:

a) $\lim\limits_{x \to -\infty} \dfrac{3x-5}{x^2+1}$ b) $\lim\limits_{x \to +\infty} e^{1-x}$ c) $\lim\limits_{x \to 1} \dfrac{x^2-2x+1}{x^2-3x+2}$

8 En la función:

$$f(x) = \begin{cases} 3x - b & \text{si } x < 2 \\ 3 & \text{si } x = 2 \\ -2x + 9 & \text{si } x > 2 \end{cases}$$

a) Calcula b para que tenga límite en $x = 2$.

b) Después de hallar b, explica si f es continua en $x = 2$.

9 Prueba, utilizando la definición, que la función derivada de $f(x) = \dfrac{3x-5}{2}$ es $f'(x) = \dfrac{3}{2}$.

10 Halla la recta tangente a la curva $y = -x^2 + 5x$ que es paralela a la recta $x + y + 3 = 0$.

11 Halla los puntos singulares de $f(x) = -x^4 + 8x^2 - 5$. Con ayuda de las ramas infinitas, di si son máximos o mínimos y representa la función.

12 Halla la función derivada de las siguientes funciones:

a) $f(x) = \sqrt{tg\, x}$ b) $f(x) = \dfrac{\ln x}{x}$

c) $f(x) = arc\, tg\, x^2$ d) $f(x) = e^{\pi}$

e) $f(x) = \dfrac{arc\, sen\, x}{2}$ f) $f(x) = \sqrt{x + \sqrt{x}}$

g) $f(x) = \ln \sqrt[3]{(x \cdot e)^2}$ h) $f(x) = \ln \dfrac{2x+3}{x^2}$

13 Determina los intervalos de crecimiento y de decrecimiento de las funciones siguientes:

a) $y = x^3 - 12x$ b) $y = \dfrac{x^2-4}{x}$

14 En la función $y = \dfrac{x^2}{x^2 - 4x + 3}$ estudia:

a) Las asíntotas y la posición de la curva con respecto a ellas.

b) Los máximos y los mínimos relativos.

c) Representa su gráfica.

15 ¿Cuál de estas funciones tiene asíntota oblicua?

a) $y = \dfrac{2x^2 - x^3}{x-1}$ b) $y = 1 + \dfrac{3}{x}$ c) $y = \dfrac{4 + 2x^2}{x}$

Hállala y sitúa la curva con respecto a ella.

16 Calcula a y b de modo que la función $y = x^3 + ax + b$ tenga un punto singular en (2, 1).

17 Esta es la gráfica de f', la función derivada de f.

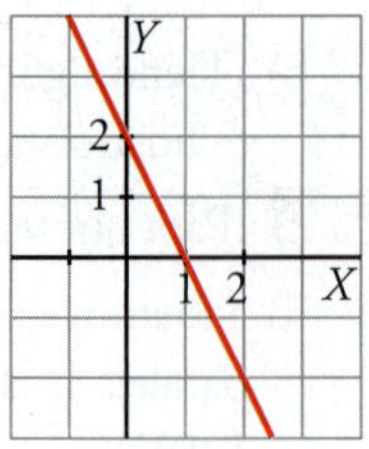

a) Di para qué valores de x es f creciente y para cuáles f es decreciente.

b) ¿Tiene f algún punto de tangente horizontal? Justifícalo.

18 Estudia la continuidad y la derivabilidad de esta función:

$$f(x) = \begin{cases} x^2 + 2x - 1 & \text{si } x \le 1 \\ x + 1 & \text{si } x > 1 \end{cases}$$

19 Calcula el siguiente límite:

$$\lim_{x \to 0} \frac{\ln(x+e) - e^x}{\text{sen}\, x}$$

20 De todos los rectángulos de 60 m² de área, ¿cuáles son las dimensiones del que tiene el menor perímetro?

En la web Resoluciones de estos ejercicios.

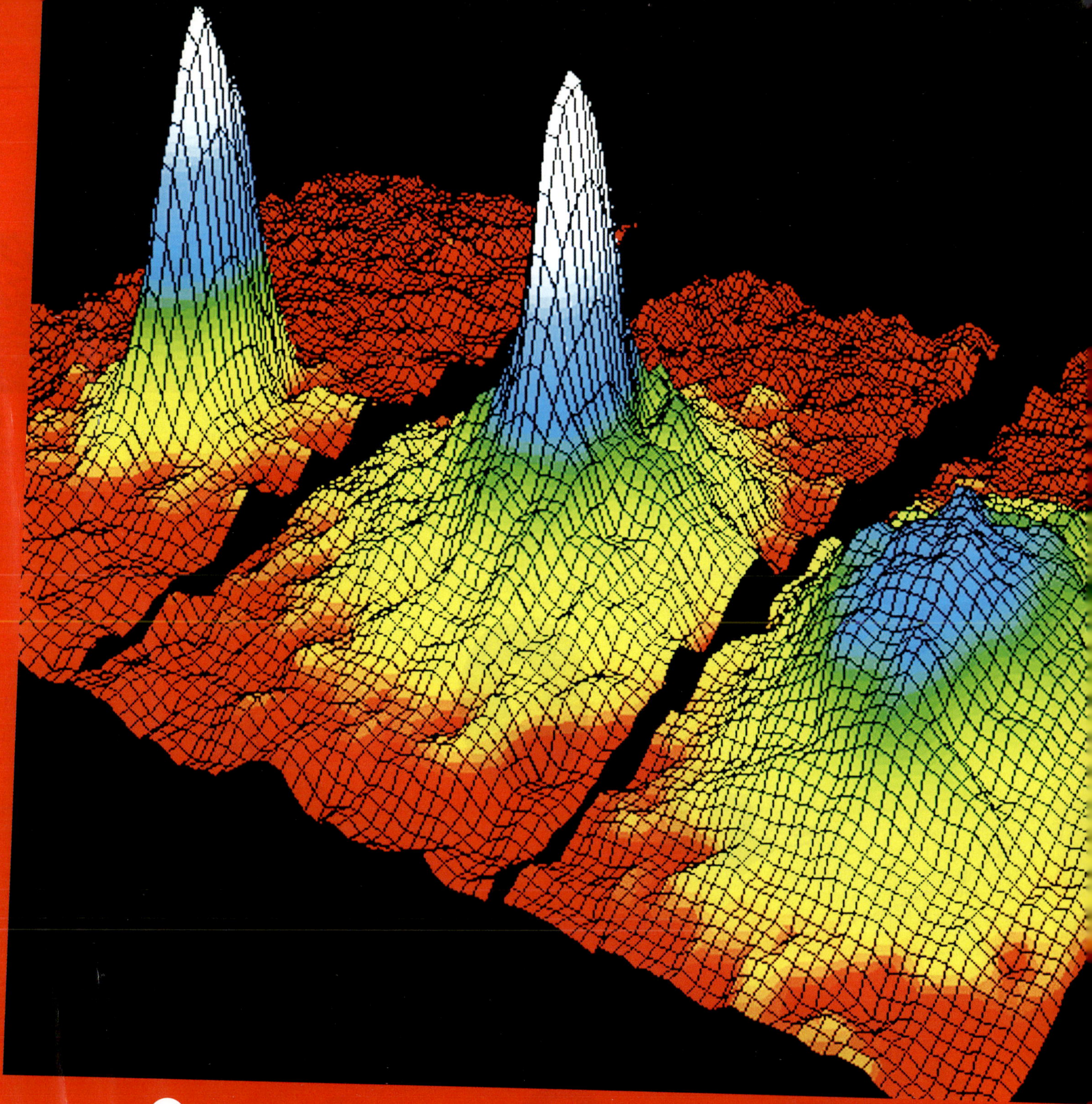

V Estadística

Notas históricas. Estadística

El origen de la estadística está estrechamente relacionado con los censos realizados a lo largo de la historia. Desde las culturas más antiguas (China, Roma…) hasta nuestros días, existe la preocupación por conocer el capital humano y la distribución de los recursos.

En principio, la teoría de la probabilidad estuvo relacionada con los juegos de azar. El tránsito del juego a la teoría se produjo, seguramente, al intentar encontrar regularidades en determinados juegos con el fin de conocerlos mejor.

Desde principios del siglo XX la teoría de la probabilidad y la de la estadística están íntimamente relacionadas.

1500

Se construye el primer reloj de bolsillo

Rafael

1 Luca Pacioli

Carlos I

Miguel Ángel

Revolución científica: Copérnico y Vesalio

1550

1 Tartaglia

Introducción del tabaco en Europa

Felipe II

1 Cardano

Batalla de Lepanto

Inven… de termón…

1900

Desastre del 98

Primeros automóviles

Invención del teléfono

Guerra civil norteamericana

Darwin: *El origen de las especies*

Quetelet 6

1850

Invención del telégrafo

Primera bicicleta a pedales

Batalla de Waterloo

Laplace 4

Iluminaci… a gas

Bat… Tr…

1 Los primeros acercamientos serios a lo que más tarde se llamaría la probabilidad fueron debidos a los esfuerzos de personajes como **Tartaglia, Luca Pacioli, Galileo** y **Cardano.** Este último escribe el primer tratado medianamente organizado sobre el azar: *Libro de los juegos de azar.*

2 Parece claro que las bases sobre las que se asienta la teoría matemática de la probabilidad parten de las investigaciones realizadas por **Pascal** (1623-1662) y **Fermat** (1601-1665) con motivo de la resolución de una serie de problemas sobre juegos de azar que les propuso el caballero De Méré.

3 En el año 1662 el inglés **John Graunt** publica un tratado con las observaciones políticas y naturales referidas a la ciudad de Londres. Puede considerarse el primer trabajo estadístico serio sobre la población. Nace así una nueva ciencia: la estadística.

00

Shakespeare

Siglo de Oro: Cervantes, Góngora, Quevedo, Lope, Calderón

1 Galileo

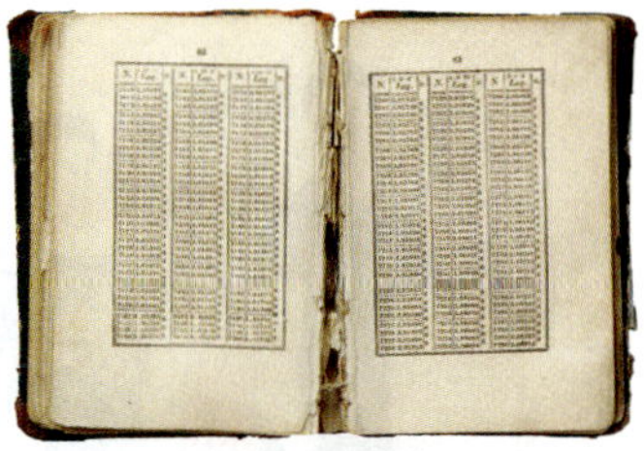

Publicación de la primera tabla de logaritmos

Paz de Westfalia

1650

2 Pascal Fermat

Invención del reloj de péndulo

Molière

3 John Graunt

Apogeo del estilo barroco

Ley de gravitación universal

1700

Primer termómetro de mercurio

Bernoulli 4

Los Borbones llegan a España

Vivaldi compone *Las cuatro estaciones*

Batalla de Cartagena de Indias

1750

G. Achenwall 5

Voltaire Rousseau

Revolución industrial

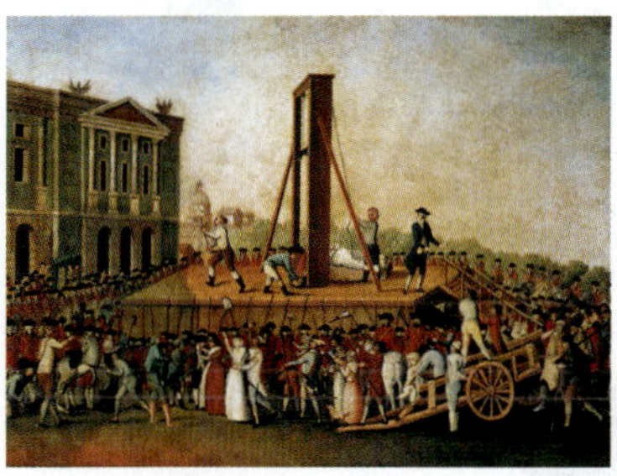

Revolución francesa

00

Napoleón

4 El suizo **J. Bernoulli** (1654-1705) con su *Arte de conjeturar* o el francés **Laplace** (1749-1827) con su *Teoría analítica de las probabilidades* profundizaron en la teoría de la probabilidad.

5 Hasta el siglo XVIII, el término *estadística* denotaba las características más notables de un estado. Con la escuela alemana de este siglo, el término *estadística* en su versión actual queda definitivamente acuñado. Su artífice fue **G. Achenwall** (1719-1772).

6 Adolphe Quetelet (1796-1874) asienta las bases del futuro trabajo estadístico mediante conceptos como desviación, valor medio, curva normal…

En la web

- Ampliación de las notas históricas correspondientes a este bloque.
- Lectura sobre coincidencias de cumpleaños.

13 Distribuciones bidimensionales

Qué es una distribución bidimensional

Si analizamos las estaturas de un grupo de personas, estamos ante una distribución estadística de una variable. También es una distribución estadística de una variable la de los pesos de esas mismas personas. Pero si consideramos conjuntamente la *estatura* y el *peso* de cada persona, estamos tratando con una distribución de dos variables o **distribución bidimensional.** En ellas solemos interesarnos por el grado de relación que hay entre ambas variables.

Distribuciones bidimensionales hoy día

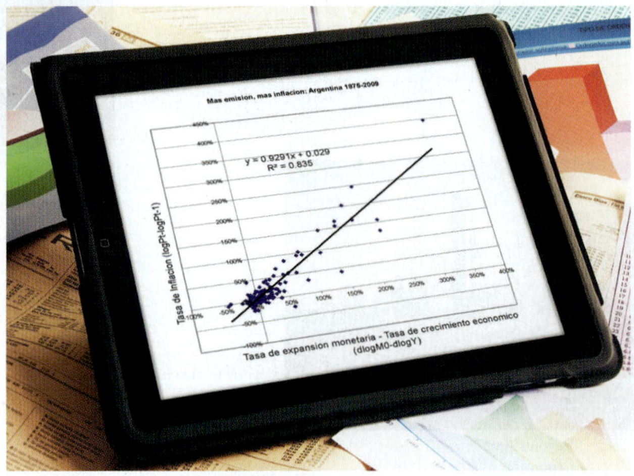

El estudio estadístico de las distribuciones bidimensionales se utiliza en la actualidad con mucha frecuencia. Puede hacerse de manera relativamente sencilla, efectuando la representación gráfica de la distribución y analizando sus características más evidentes. O bien puede realizarse de forma mucho más compleja, efectuando complicados cálculos numéricos en los que suelen intervenir muchos cientos de datos. Tanto en un caso como en otro (análisis gráfico o cálculos numéricos) es fundamental el auxilio del ordenador y de programas especialmente diseñados para este fin.

Se recurre al estudio de distribuciones bidimensionales en todas las ciencias, pero de forma muy especial en las ciencias sociales: Psicología, Sociología, Pedagogía, Demografía, Política (empleo, discriminación, control de velocidad…), Sanidad…

Regresión

El término **regresión** fue acuñado por **Francis Galton,** primo del famoso naturalista **Charles Darwin.** Galton estudió la siguiente distribución bidimensional:

Estatura media de un matrimonio - Estatura media de sus hijos adultos

Encontró que cuanto mayor era la primera, mayor era la segunda. Es decir, cuanto más altos son los padres, más altos tienden a ser los hijos.

Sin embargo, observó que a padres de estatura muy elevada corresponden hijos altos, pero no tanto. Y a padres muy bajos corresponden hijos no tan bajos. Es decir, parece que la estatura de los hijos se aproxima a los valores medios de la población.

Según Galton, la estatura de los hijos *regresa* hacia la media de la población. De ahí el término *regresión* que, desde entonces, se asocia a la relación entre dos variables estadísticas cualesquiera.

Francis Galton (1822-1911).

En la web Biografía de Galton.

Relación funcional y relación estadística

Si lanzamos un objeto hacia arriba, llegará tanto más alto cuanto más fuerte lo lancemos. Y hay una fórmula que nos permite calcular, exactamente, la *altura* alcanzada en función de la *velocidad* con que se lance. Es una **relación funcional.**

Las personas, en general, pesan más cuanto más altas son. Pero no se puede dar una fórmula que permita obtener el peso de cualquier persona conocida su estatura. La relación entre las variables *estatura-peso* es estadística. Se dice que hay una **correlación** entre ellas.

También hay correlación entre la *distancia* a la que un jugador de baloncesto se coloca de la canasta y el *número de encestes* que consigue. Pero en este caso, al contrario que en el anterior, es **correlación negativa:** a *mayor* distancia, *menor* número de encestes.

El tiro vertical es un ejemplo de relación funcional.

Resuelve

Relación funcional y relación estadística

En cada uno de los siguientes casos debes decir si, entre las dos variables que se citan, hay relación funcional o relación estadística (correlación) y, en este último caso, indicar si es positiva o negativa:

a) En un conjunto de familias:

Estatura media de los padres - Estatura media de los hijos

b) Entre los países del mundo respecto a España:

Volumen de exportación - Volumen de importación

c) En los países del mundo:

Tasa de mortalidad infantil - Médicos por cada 1 000 habitantes

d) En las viviendas de una ciudad:

KWh consumidos durante enero - Coste del recibo de la luz

Número de personas en cada casa - Coste del recibo de la luz

e) En los equipos de fútbol:

Posición al finalizar la liga - Número de partidos perdidos

Posición al finalizar la liga - Número de partidos ganados

Ejemplo de relación estadística

En la siguiente gráfica, cada punto corresponde a un chico. La abscisa es la estatura de su padre, y la ordenada, su propia altura:

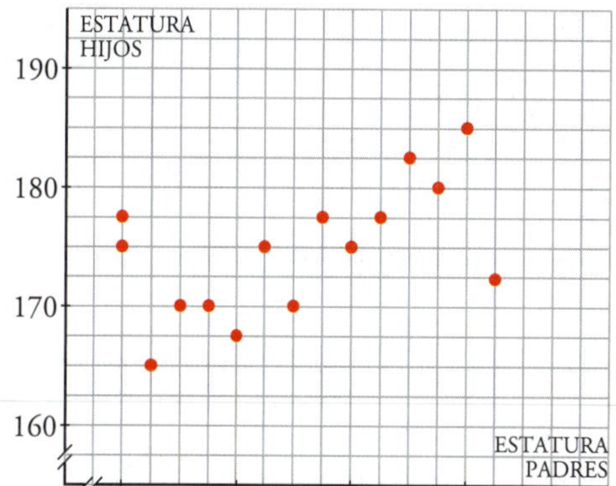

a) Identifica a Guillermo y Gabriel, hermanos de buena estatura, cuyo padre es bajito.

b) Identifica a Sergio, de estatura normalita, cuyo padre es muy alto.

c) ¿Podemos decir que hay una cierta relación entre las estaturas de estos 15 chicos y las de sus padres?

1 Distribuciones bidimensionales. Nubes de puntos

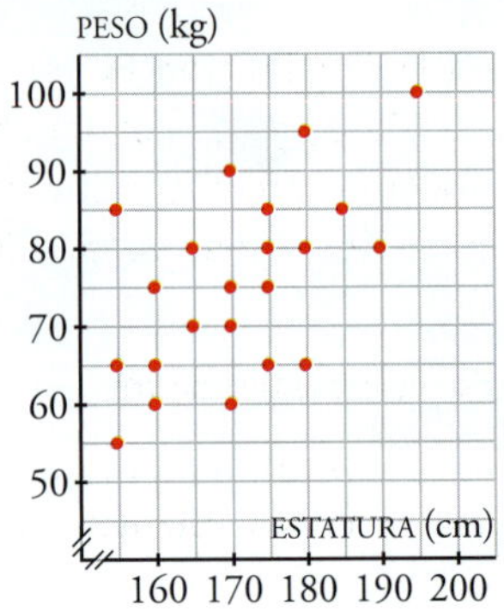

Cada punto de la gráfica del margen representa a un hombre. La abscisa es su estatura y la ordenada, su peso. Apreciamos, por ejemplo, a un gigantón de 195 cm y 100 kg y a un bajito obeso, de 155 cm y 85 kg. El conjunto de todos ellos forman una población estadística en la que a cada individuo se le asocian los valores de dos variables, *estatura* y *peso*. Este tipo de distribuciones estadísticas se llaman **distribuciones bidimensionales.**

Veamos otras:

En los países del mundo:

Extensión en kilómetros cuadrados - Población censada

En los alumnos de una clase:

Número de calzado - Altura en centímetros

En los pueblos de una región:

Número de habitantes - Presupuesto del ayuntamiento

Se llama **distribución bidimensional** a un colectivo en el que cada uno de sus individuos lleva asociados los valores de dos variables, x, y. Si interpretamos cada par de valores (x_1, y_1), (x_2, y_2), …, (x_n, y_n), como un punto del plano, el conjunto de todos ellos se llama **nube de puntos** o **diagrama de dispersión.**

- Veamos otras distribuciones que no son exactamente de este tipo pero pueden ser analizadas con los mismos instrumentos.

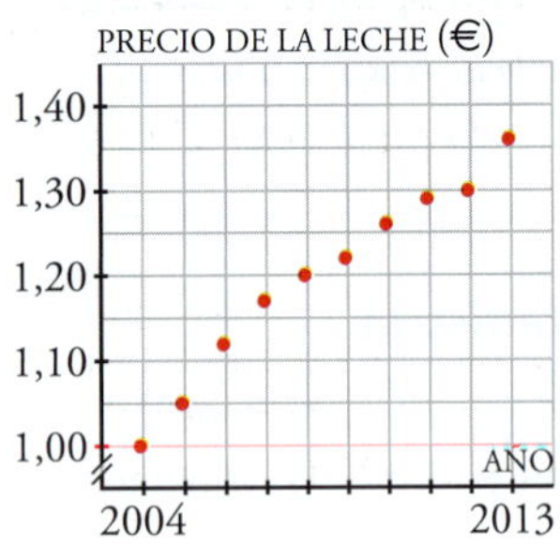

• Precio del envase de 2 *l* de cierta marca de leche a lo largo de 10 años.

AÑO	2004	2005	2006	2007	2008	2009	2010	2011	2012	2013
PRECIO (€)	1,00	1,05	1,12	1,17	1,20	1,22	1,26	1,29	1,30	1,36

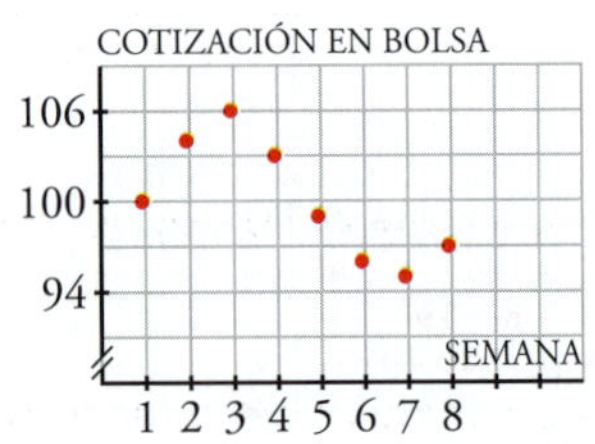

• Cotización semanal en bolsa de un cierto producto financiero (cotización inicial, 100).

SEMANA	1	2	3	4	5	6	7	8
COTIZACIÓN	100	104	106	103	99	96	95	97

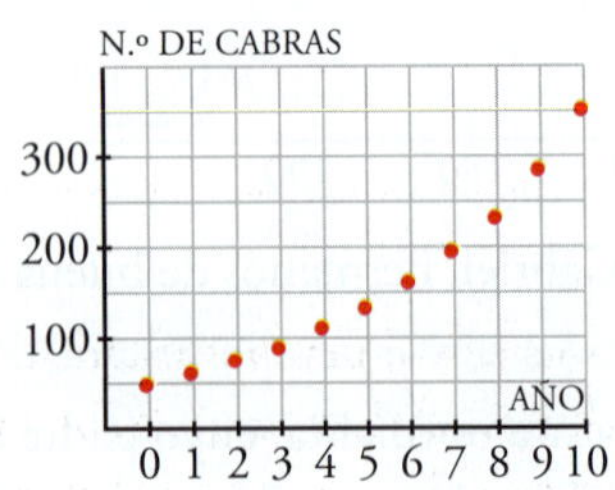

• En una isla desierta se introducen 48 cabras. Estudiamos la población de cabras a lo largo de los 10 años siguientes.

AÑO	0	1	2	3	4	5	6	7	8	9	10
N.º DE CABRAS	48	61	75	89	111	133	161	195	232	285	351

Estas distribuciones estadísticas, que ligan dos variables, una de las cuales es el tiempo, se llaman **series temporales.** La segunda variable (precio, cotización, n.º de cabras…) es de tipo estadístico, por lo que la distribución puede tratarse del mismo modo que las distribuciones bidimensionales.

Curva de regresión

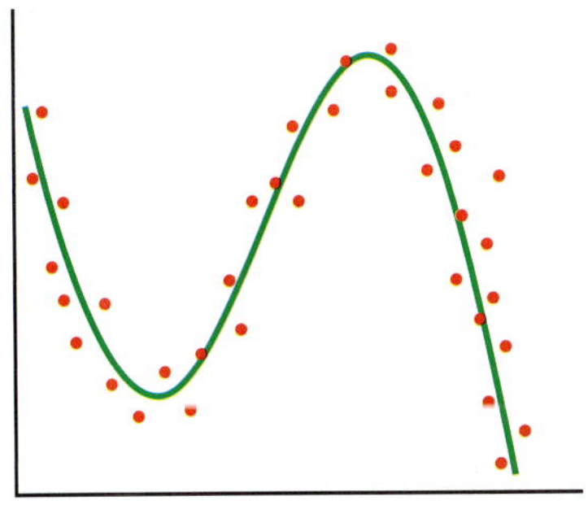

Una curva a la cual se ajustan, en mayor o menor grado, los puntos de la nube se llama **curva de regresión.**

Correlación. Regresión

Si observamos la nube de puntos correspondiente a la distribución de estaturas y pesos de la página anterior, apreciamos una cierta relación entre las dos variables. Es lógico, a más estatura cabe esperar más peso. No podemos pretender una fórmula que relacione las dos variables pero sí una forma de medir el grado de relación que hay entre ellas.

Esta relación que apreciamos entre las dos variables se llama **correlación.**

Para medir la correlación entre dos variables hemos de determinar una función (recta, polinomio, curva exponencial…) a la cual se aproximan razonablemente los puntos de la nube. Se llama **curva de regresión.**

- Los puntos de estos dos diagramas se aproximan, en mayor o menor grado, a sendas rectas (**rectas de regresión**).

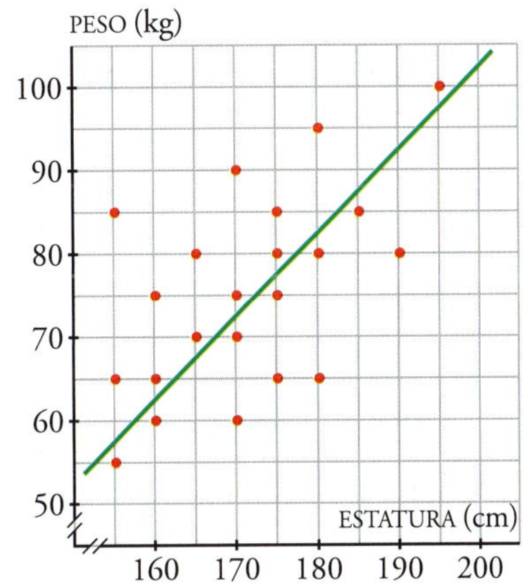

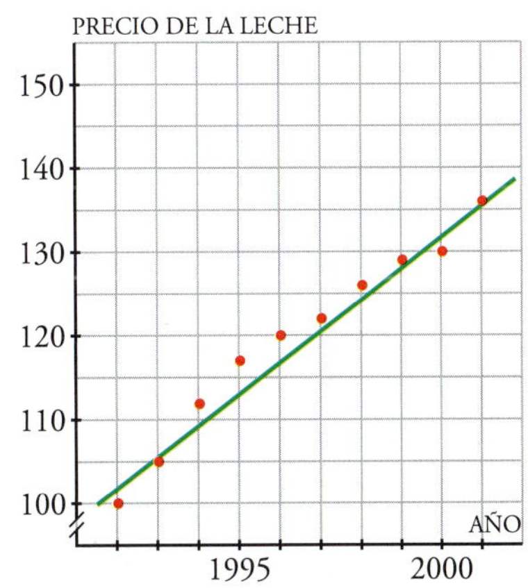

Diremos que hay **correlación lineal.** El reto es medir esta correlación y determinar la ecuación de la recta.

- En el caso de la cotización en bolsa, no es razonable asociar los puntos, a la vista de cómo se distribuyen, a una recta.

  Aquí tendríamos que proceder a una **correlación polinómica:** determinar un polinomio (acaso de 3.er grado) que se ajuste a esos puntos (**polinomio de regresión**).

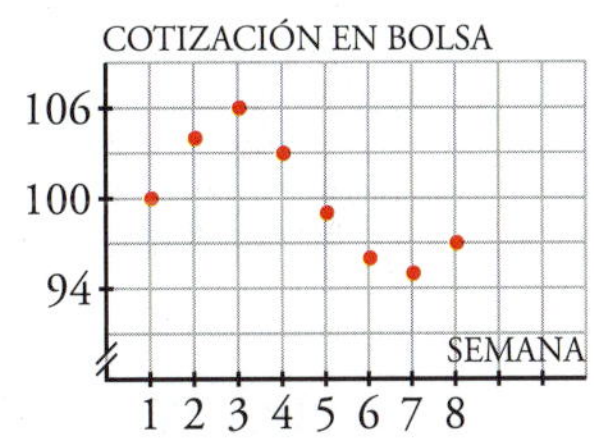

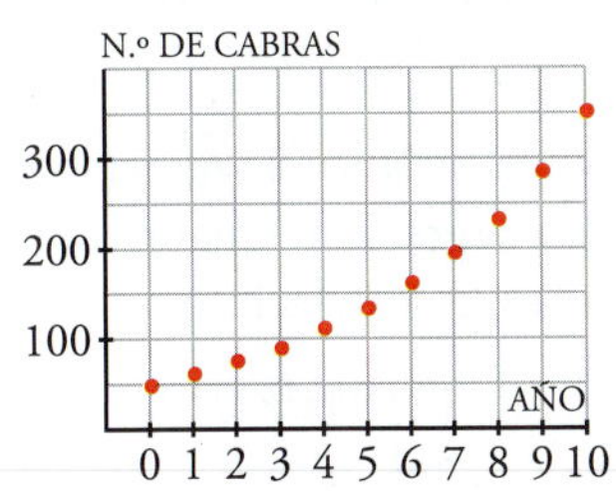

- Y en el caso de la población de cabras, una función **exponencial** sea, posiblemente, la adecuada para correlacionar estos puntos.

Todos estos modelos (correlación lineal, polinómica, exponencial), y otros, son objeto de estudio en la teoría de la correlación aplicada a las distribuciones bidimensionales. En adelante nos vamos a dedicar, en exclusiva, a la correlación lineal.

Ejercicio propuesto

1 ¿Verdadero o falso?

a) En una distribución bidimensional, para cada valor de x solo puede haber un valor de y.

b) Cuantos más puntos tenga una distribución bidimensional, más fuerte es su correlación.

c) Las series temporales son distribuciones estadísticas en las que una de las variables es el tiempo. Aunque no sean distribuciones bidimensionales propiamente dichas, pueden tratarse del mismo modo que estas.

2 Correlación lineal

- En atletismo, la especialidad de decatlón consiste en una serie de 10 pruebas. Los atletas (decatletas se les llama) compiten sucesivamente en todas ellas y, con un cierto sistema de puntuación, la suma de sus resultados determina su clasificación final.

  En una competición participan ocho decatletas. He aquí sus clasificaciones, el lugar que han ocupado, en dos de las pruebas:

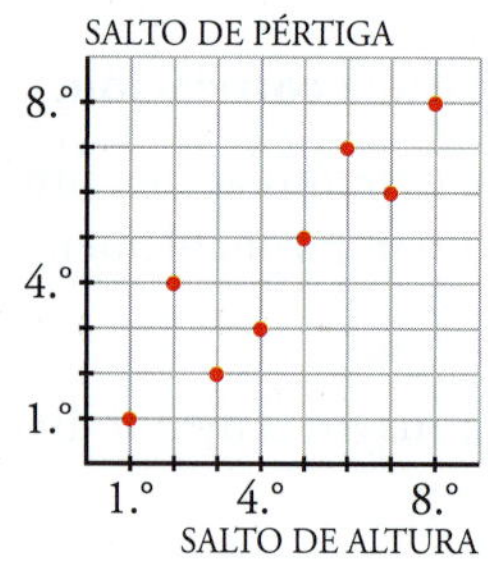

ATLETA	a	b	c	d	e	f	g	h
SALTO DE ALTURA	1	2	3	4	5	6	7	8
SALTO CON PÉRTIGA	1	4	2	3	5	7	6	8

Se trata de una distribución bidimensional porque a cada individuo le corresponden los valores de dos variables: su clasificación en *salto de altura* y su clasificación en *salto con pértiga*. Se aprecia una clara relación positiva entre las dos variables **(correlación positiva fuerte).**

- Relacionamos ahora las clasificaciones de los mismos atletas en las pruebas de *salto de altura* y *1 500 m lisos*:

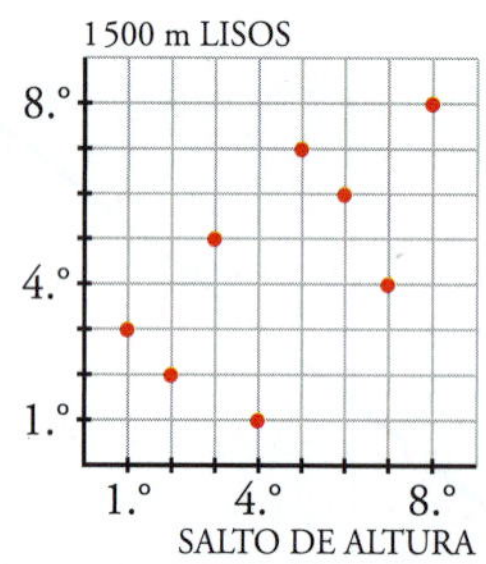

ATLETA	a	b	c	d	e	f	g	h
SALTO DE ALTURA	1	2	3	4	5	6	7	8
1 500 M LISOS	3	2	5	1	7	6	4	8

Tanto si nos fijamos en la tabla de datos como en la nube de puntos, apreciamos que también hay **correlación positiva** entre estas dos variables, pero es **más débil** que la anterior.

- Relacionamos, finalmente, las clasificaciones de los mismos ocho decatletas en *salto de altura* y *lanzamiento de peso*:

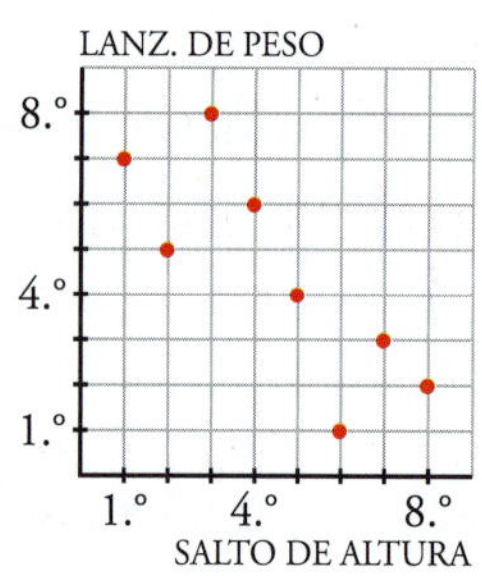

ATLETA	a	b	c	d	e	f	g	h
SALTO DE ALTURA	1	2	3	4	5	6	7	8
LANZ. DE PESO	7	5	8	6	4	1	3	2

Parece ser que, a grandes rasgos, "a mejor saltador, peor lanzador" y viceversa. La **correlación** es **negativa** y bastante fuerte pues, al aumentar una variable tiende a disminuir la otra.

Esta forma de tendencia a variar conjuntamente las dos variables se marca mediante una recta que se acopla a la nube de puntos: la **recta de regresión.** Cuanto más prieta está la nube de puntos en torno a la recta, más fuerte es la correlación.

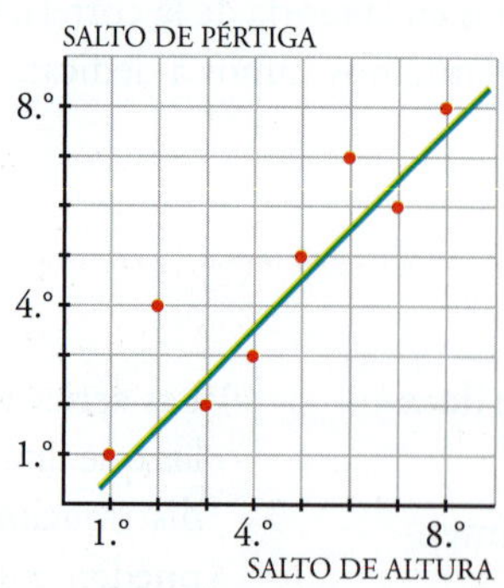

CORRELACIÓN FUERTE POSITIVA

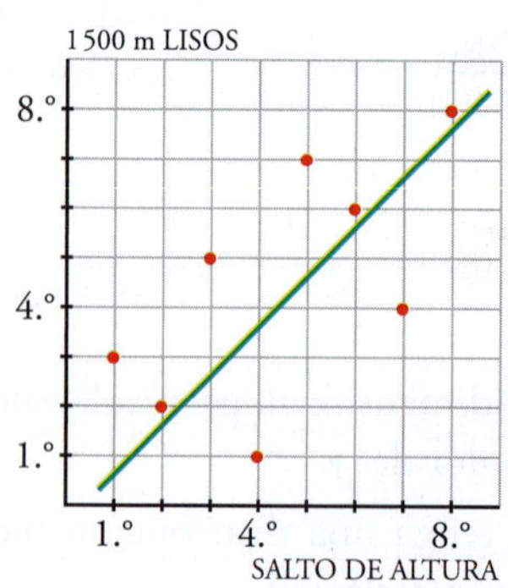

CORRELACIÓN DÉBIL POSITIVA

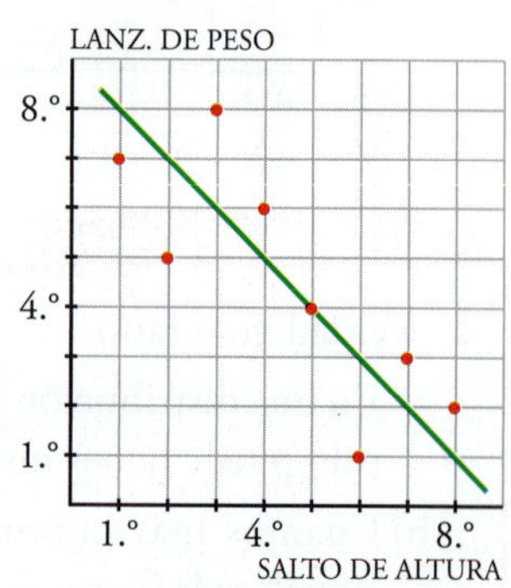

CORRELACIÓN FUERTE NEGATIVA

Las 10 pruebas del decatlón

100 metros lisos
Salto de longitud
Lanzamiento de peso
Salto de altura
400 metros lisos
110 metros vallas
Lanzamiento de disco
Salto con pértiga
Lanzamiento de jabalina
1 500 metros lisos

Relación estadística y relación funcional

La **correlación** (relación estadística entre dos variables) se puede mirar en contraposición a la **relación funcional.** Entre dos variables x e y hay una relación funcional cuando ocurre que cada vez que la variable x toma un cierto valor, la variable y tomará el correspondiente de forma unívoca.

Por ejemplo, el tiempo, y, que tarda un objeto en alcanzar el suelo es función de la altura, x, desde la que se deja caer.

En la web

Ejemplos gráficos con distintos tipos de correlación.

Correlación lineal. Partimos de una distribución bidimensional (n individuos, dos variables x, y, así como los valores de esos individuos para cada variable). Podemos identificar una recta que se ajusta, de forma más o menos clara, a la nube de puntos. Se llama **correlación lineal** al grado de ajuste de los puntos a dicha recta.

La correlación es más o menos fuerte según lo apretados que estén los puntos de la nube a la **recta de regresión.**

La correlación se llama **positiva** o **negativa** según el signo de la pendiente de la recta de regresión.

Si la forma de la nube de puntos no sugiere ninguna recta, diremos que entre las variables no hay correlación lineal, o que están **incorreladas.**

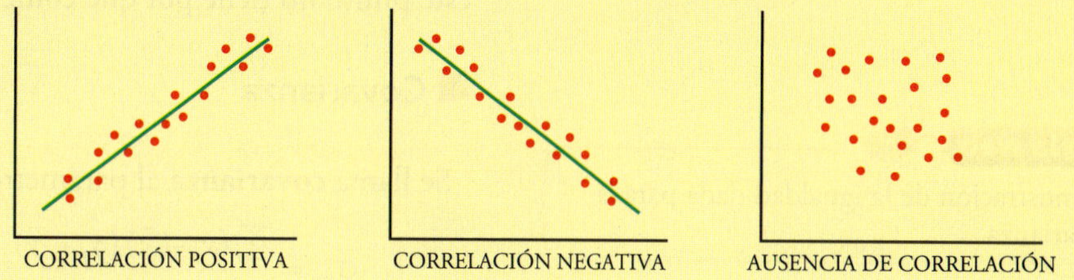

La valoración numérica de la correlación y la determinación de la recta de regresión serán el objetivo de las próximas páginas.

Veamos un ejemplo más de distribuciones bidimensionales y cómo las variables que intervienen están, en mayor o menor medida, correladas.

Se suministra, a cada una de 8 cobayas, una dosis diaria de 1 mg, 2 mg, …, 8 mg, respectivamente, de un cierto fármaco A. Al cabo de un mes, calculamos el aumento de peso de cada cobaya. Repetimos el experimento con otras 8 cobayas y otro fármaco B y, por último, un tercer experimento con otras 8 cobayas y otro fármaco C.

Los resultados se dan de forma gráfica:

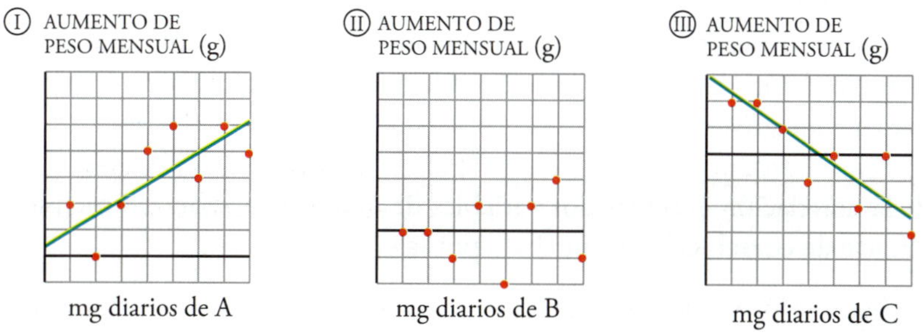

A la vista de las gráficas nos inclinamos a pensar que A favorece el engorde de las cobayas, B no influye y C produce adelgazamiento.

La correlación de la gráfica (I) es positiva y la de la (III) es negativa, igual que las pendientes de las rectas de regresión correspondientes.

En la (II), sin embargo, la nube de puntos es amorfa y no sugiere ninguna recta: no hay correlación entre las variables (se dice que son incorreladas).

Ejercicios propuestos

1 ¿Verdadero o falso?

a) Cuanto más próximos estén a una recta los puntos de una distribución bidimensional, más fuerte es su correlación lineal.

b) Si la recta de regresión tiene pendiente negativa, la correlación lineal es negativa.

c) Si los puntos de la nube no se aproximan a ninguna recta, entonces las variables están incorreladas.

2 La siguiente tabla muestra cómo se ordenan entre sí diez países, A, B, C…, según dos variables, R.P.C. (*renta per cápita*) e I.N. (*índice de natalidad*). Representa los resultados en una nube de puntos, traza la recta de regresión y di cómo te parece la correlación.

PAÍSES	A	B	C	D	E	F	G	H	I	J
R.P.C.	1	2	3	4	5	6	7	8	9	10
I.N.	10	6	9	5	7	4	1	3	8	2

3 Parámetros asociados a una distribución bidimensional

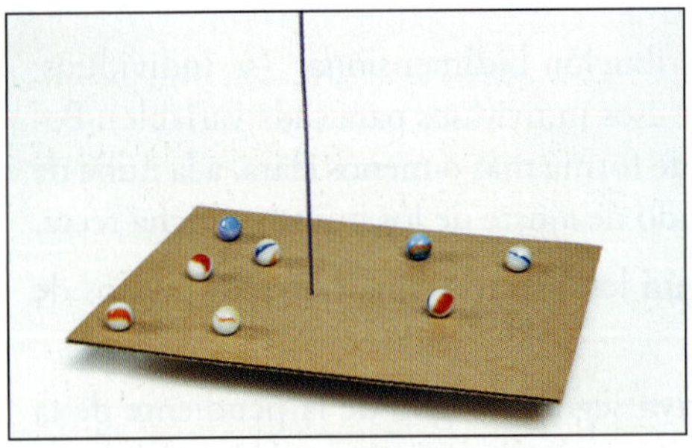

Si los puntos de la nube fueran bolas con peso, el conjunto se sustentaría apoyándose en $(\bar{x}, \bar{y})$.

Centro de gravedad

x_i	y_i
x_1	y_1
x_2	y_2
x_3	y_3
…	…
x_n	y_n

MEDIA DE LA VARIABLE x

$$\bar{x} = \frac{\sum x_i}{n}$$

MEDIA DE LA VARIABLE y

$$\bar{y} = \frac{\sum y_i}{n}$$

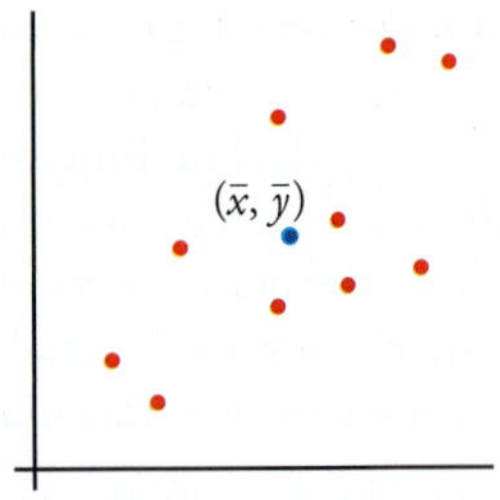

El punto $(\bar{x}, \bar{y})$ se llama **centro de gravedad** de la distribución. Ten en cuenta que este punto no tiene por qué coincidir con ninguno de los puntos de la nube.

Covarianza

En la web

Demostración de la igualdad dada para la covarianza.

Se llama **covarianza** al parámetro:

$$\sigma_{xy} = \frac{\sum (x_i - \bar{x})(y_i - \bar{y})}{n} = \frac{\sum x_i y_i}{n} - \bar{x}\,\bar{y}$$

Ambas expresiones coinciden. La segunda de ellas es más cómoda para obtener numéricamente la covarianza.

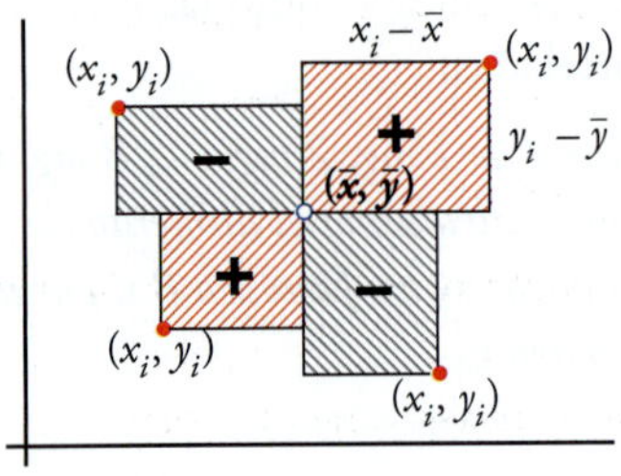

En la figura adjunta, cada sumando $(x_i - \bar{x})(y_i - \bar{y})$ de la covarianza es el área de un rectángulo como los que aparecen en la figura. Según donde esté situado (x_i, y_i) respecto a $(\bar{x}, \bar{y})$, el área $(x_i - \bar{x}) \cdot (y_i - \bar{y})$ será positiva (rojo) o negativa (gris). Si los puntos están próximos a una recta de pendiente positiva, los sumandos son casi todos positivos y la covarianza es grande.

Coeficiente de correlación

En páginas anteriores hemos visto que la correlación entre dos variables (más o menos fuerte, positiva o negativa) se aprecia mediante el grado de "apretura" de los puntos de la nube. Ahora vamos a dar una fórmula que sirva para obtener su valor de forma numérica e inequívoca.

El valor de la correlación entre las dos variables de una distribución bidimensional, **coeficiente de correlación,** viene dado por la expresión:

$$r = \frac{\sigma_{xy}}{\sigma_x \sigma_y}$$

σ_{xy} ← covarianza

$\sigma_x \sigma_y$ ← producto de las desviaciones típicas

El coeficiente de correlación, r, tiene las siguientes propiedades:

- No tiene dimensiones. Es decir, no depende de las unidades en las que se expresen los valores de las dos variables. Por tanto, si se realiza un cambio de unidades, el valor de r no varía.
- El valor de r está comprendido entre –1 y 1.
  - Si la correlación es perfecta (puntos de la nube alineados), entonces $|r| = 1$, es decir, $r = 1$ o $r = -1$.
  - Si la correlación es fuerte, $|r|$ es próximo a 1.
  - Si la correlación es débil, $|r|$ es próximo a 0.

Recuerda

La desviación típica de una variable x se calcula así:

$$\sigma_x = \sqrt{\frac{\sum x_i^2}{n} - \bar{x}^2}$$

Coeficiente de determinación

Al cuadrado del coeficiente de correlación (r^2) se le llama **coeficiente de determinación.**

Ejercicio resuelto

1 *Utilizando la fórmula anterior, calcular la correlación entre las variables:*

x: nota en Matemáticas
y: nota en Física

asociadas a un conjunto de 12 alumnos.

x_i	y_i
2	1
3	3
4	2
4	4
5	4
6	4
6	6
7	4
7	6
8	7
10	9
10	10

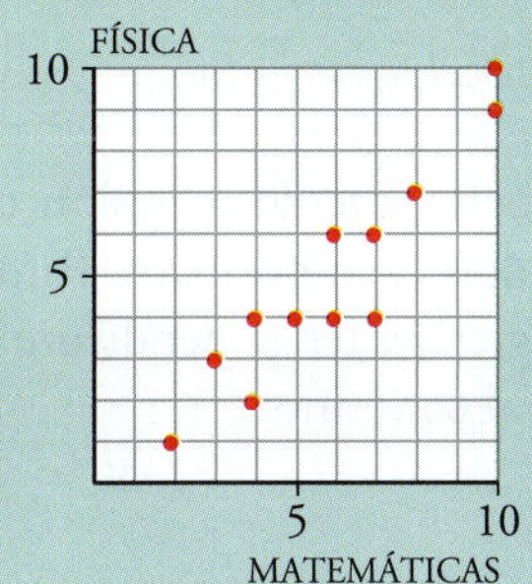

Elaboramos una tabla con las columnas x_i, y_i, x_i^2, y_i^2, $x_i \cdot y_i$. Las sumas de la columna Σx_i, Σy_i, Σx_i^2, Σy_i^2, $\Sigma x_i \cdot y_i$, nos permiten calcular $\bar{x}$, $\bar{y}$, σ_x, σ_y, σ_{xy}.

x_i	y_i	x_i^2	y_i^2	$x_i \cdot y_i$
2	1	4	1	2
3	3	9	9	9
4	2	16	4	8
4	4	16	16	16
5	4	25	16	20
6	4	36	16	24
6	6	36	36	36
7	4	49	16	28
7	6	49	36	42
8	7	64	49	56
10	9	100	81	90
10	10	100	100	100
72	60	504	380	431

$$\bar{x} = \frac{\sum x_i}{n} = \frac{72}{12} = 6 \qquad \bar{y} = \frac{\sum y_i}{n} = \frac{60}{12} = 5$$

El **centro de gravedad** es el punto (6, 5). Observamos que este punto no tiene por qué ser de la distribución.

$$\sigma_x = \sqrt{\frac{\sum x_i^2}{n} - \bar{x}^2} = \sqrt{\frac{504}{12} - 6^2} = \sqrt{6} = 2{,}45$$

$$\sigma_y = \sqrt{\frac{\sum y_i^2}{n} - \bar{y}^2} = \sqrt{\frac{380}{12} - 5^2} = \sqrt{6{,}67} = 2{,}58$$

$$\sigma_{xy} = \frac{\sum x_i y_i}{n} - \bar{x}\bar{y} = \frac{431}{12} - 6 \cdot 5 = 5{,}92$$

$r = \dfrac{\sigma_{xy}}{\sigma_x \sigma_y} = \dfrac{5{,}92}{2{,}45 \cdot 2{,}58} = 0{,}94$. Es una correlación fuerte.

CON CALCULADORA

- Se prepara la calculadora para tratamiento bidimensional → modo LR
- Se borra todo lo que pueda haber en la memoria de cálculos anteriores → SHIFT AC
- Se introducen los puntos: (x_i, y_i) → x_i [ ] (x_D, y_D) y_i DATA

Si dos o más puntos tienen la misma abscisa, se pueden introducir consecutivamente sin volver a repetir la abscisa. Veámoslo:

<u>INTRODUCCIÓN DE DATOS</u>

2 [ ] (x_D, y_D)	1 DATA
3 [ ] (x_D, y_D)	3 DATA
4 [ ] (x_D, y_D)	2 DATA
	4 DATA
5 [ ] (x_D, y_D)	4 DATA
6 [ ] (x_D, y_D)	4 DATA
	6 DATA
…	…

<u>RECOGIDA DE RESULTADOS</u>

MEDIAS:
- SHIFT [ ] ($\bar{x}$) → 6
- SHIFT [ ] ($\bar{y}$) → 5

DESVIACIONES TÍPICAS:
- SHIFT [ ] ($x\sigma_n$) → 2.44…
- SHIFT [ ] ($y\sigma_n$) → 2.58…

COVARIANZA:
- K out [ ] (Σxy) ÷ K out [ ] (n) − SHIFT [ ] ($\bar{x}$) × SHIFT [ ] ($\bar{y}$) → 5.91…

COEFICIENTE DE CORRELACIÓN:
- SHIFT [ ] (r) → 0.93…

Ejercicios propuestos

1 ¿Verdadero o falso?

a) El signo de la correlación (r) coincide con el de la covarianza (σ_{xy}).

b) Si cambiamos las unidades en que se expresa la variable x, entonces se modifican los valores de $\bar{x}$, σ_x, σ_{xy} y r.

c) Aunque cambiemos las unidades en que se da la variable x (o la y, o ambas) el valor de la correlación, r, no se modifica.

2 Obtén mediante cálculos manuales los coeficientes de correlación de las distribuciones con las que hemos trabajado en el epígrafe anterior:

Salto de altura - Salto con pértiga

Salto de altura - 1 500 m lisos

Salto de altura - Lanzamiento de peso

Hazlo también con una calculadora con modo LR.

4 Recta de regresión

Al principio de esta unidad trazamos, a ojo, rectas que "se acoplaban bien" a las nubes de puntos. Las llamábamos rectas de regresión. Vamos a proceder, ahora, a obtenerlas de forma precisa.

Método de los mínimos cuadrados

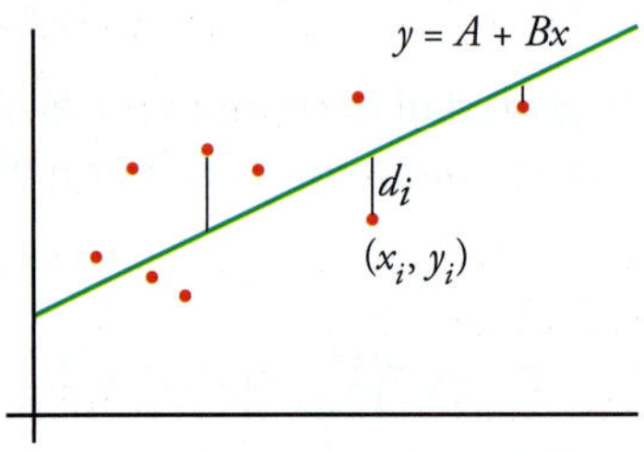

d_i = diferencia entre las ordenadas del punto y de la recta.

Partimos de la nube de puntos (x_1, y_1), (x_2, y_2), …, (x_n, y_n).

Hemos de encontrar la recta que "mejor se ajuste" a la nube.

¿Qué criterio seguimos para ese "mejor ajuste"?

Consideraremos todas las posibles rectas $y = A + Bx$ y nos quedaremos con aquella para la cual los cuadrados de las diferencias, d_i, de ordenadas de cada punto y la recta sumen lo menos posible, es decir, para la cual Σd_i^2 es mínimo (ponemos d_i^2 para que todos los sumandos sean positivos. De no ser así, los valores d_i negativos compensarían a los positivos).

De este modo se llega (utilizando métodos matemáticos superiores a este curso) a lo siguiente:

- La recta buscada pasa por el centro de gravedad $(\bar{x}, \bar{y})$ de la distribución.
- Su pendiente es $m_{yx} = \dfrac{\sigma_{xy}}{\sigma_x^2}$.

En la web
Hoja de cálculo para trabajar las distribuciones bidimensionales: parámetros, correlación, recta de regresión…

La recta que hace mínima la suma Σd_i^2 tiene por ecuación:

$$y = \bar{y} + \frac{\sigma_{xy}}{\sigma_x^2}(x - \bar{x})$$

Se llama **recta de regresión de *Y* sobre *X*.**

A la pendiente, $\dfrac{\sigma_{xy}}{\sigma_x^2}$, se la llama **coeficiente de regresión.**

En la web
Actividad interactiva para determinar una recta de regresión. Ejemplo de cálculo y ejercicios.

El signo del coeficiente de correlación y el del coeficiente de regresión coinciden, pues tienen el mismo numerador y sus denominadores son positivos. Pero aquí termina la coincidencia: puede ser que la recta de regresión tenga pendiente alta y, sin embargo, el coeficiente de correlación sea bajo. O al contrario.

Ejercicio resuelto

1 *En la distribución*

Nota de Matemáticas - Nota de Física

cuyos parámetros hemos calculado en la página anterior, obtener la recta de regresión de Y sobre X.

- Pendiente $\rightarrow m_{yx} = \dfrac{\sigma_{xy}}{\sigma_x^2} = \dfrac{5{,}92}{(\sqrt{6})^2} = 0{,}986$
- Ecuación $\rightarrow y = 5 + 0{,}986(x - 6) \rightarrow y = -0{,}917 + 0{,}986x$

CON CALCULADORA

Después de introducir los datos como se ha hecho en la página anterior, se obtiene:

- Pendiente de la recta: SHIFT B [0.98611111] $\rightarrow B = 0{,}986$
- Ordenada en el origen: SHIFT A [-0.9166666] $\rightarrow A = -0{,}917$

(En la calculadora, B es la pendiente de la recta de regresión de Y sobre X. A es su ordenada en el origen).

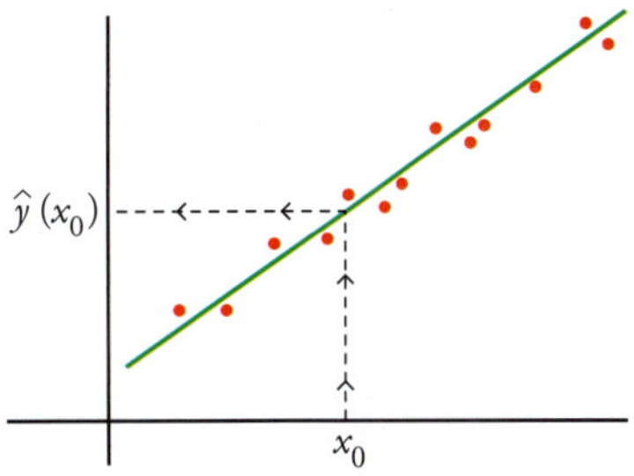

Atención

La estimación $\hat{x}(y_0)$ se suele realizar, como verás en la página siguiente, sobre *la otra recta de regresión.*

La recta de regresión para hacer estimaciones

La recta de regresión se amolda a la nube de puntos y describe, grosso modo, su tendencia. Por eso, a partir de la recta de regresión, obtenemos, de forma aproximada, el valor esperado de y para un cierto valor de x. A estos valores se les llama *estimaciones*.

$\hat{y}(x_0)$ es el **valor estimado de *y*** correspondiente a $x = x_0$ sobre la recta de regresión.

- Las estimaciones siempre se realizan aproximadamente y en términos de probabilidad: *es probable que si* $x = x_0$, *entonces* y *valga, aproximadamente,* $\hat{y}(x_0)$.
- La aproximación es tanto mejor cuanto mayor sea $|r|$, pues para valores de r próximos a 1 o a –1, los puntos están muy próximos a la recta.
- Las estimaciones solo deben hacerse dentro del intervalo de valores utilizados o muy cerca de ellos.

Ejercicio resuelto

1 *La tabla adjunta da los alargamientos de una barra metálica por efecto de cambios en la temperatura. Con ayuda de la calculadora, calcular la recta de regresión y estimar los valores de los alargamientos* A *para temperaturas* $T = 55$, $T = 100$ *y* $T = 200$.

TEMP. (°C)	ALARG. (mm)
0	0
8	1
16	2
25	3
40	5
50	6
60	7
75	9

Modo LR SHIFT AC. Designamos temperaturas, $T \to x$; alargamientos, $A \to y$.

0 [x_D,y_D] 0 DATA; 8 [x_D,y_D] 1 DATA; 16 [x_D,y_D] 2 DATA; …; 75 [x_D,y_D] 9 DATA

- Recta de regresión Y sobre X:

  Pendiente SHIFT [B] {0.118667485}. Tomamos $B = 0{,}119$.

  Ordenada en el origen SHIFT [A] {0.060638624}. Tomamos $A = 0{,}06$.

  Ecuación de la recta: $y = 0{,}06 + 0{,}119x$

- Correlación SHIFT [r] {0.999437044}. Tomamos $r = 0{,}999$.

- Estimaciones: 55 [$\hat{y}$] {6.587350322}. Tomamos $\hat{y}(55) = 6{,}6$.

  100 [$\hat{y}$] {11.92738716}. Tomamos $\hat{y}(100) = 11{,}9$.

- Interpretación: Para una temperatura de 55 °C la barra se alargará 6,6 mm. Esta estimación es muy fiable, porque r es casi igual a 1 y 55 está dentro del rango de valores dados a x.

  La estimación $A = 11{,}9$ mm para $T = 100$ °C es menos precisa porque 100 está fuera del intervalo [0, 75] donde se han tomado los valores.

  Para $T = 200$ °C ni siquiera hemos hecho la estimación, pues está demasiado lejos y el resultado no sería nada fiable.

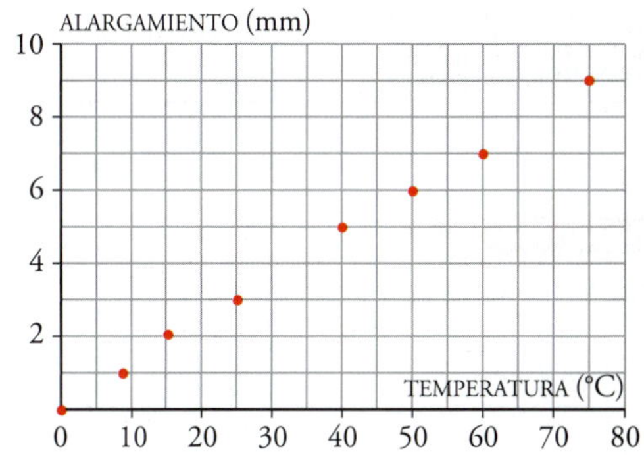

Ejercicio propuesto

1 ¿Verdadero o falso?

a) Cuanto más fuerte sea la correlación, más puntos habrá de la nube que se encuentren exactamente sobre la recta de regresión.

b) Cuanto más fuerte sea la correlación, más cerca de la recta de regresión estarán los puntos de la nube.

c) Cuanto más fuerte sea la correlación, más fiables serán las estimaciones hechas a partir de la recta de regresión.

5 Hay dos rectas de regresión

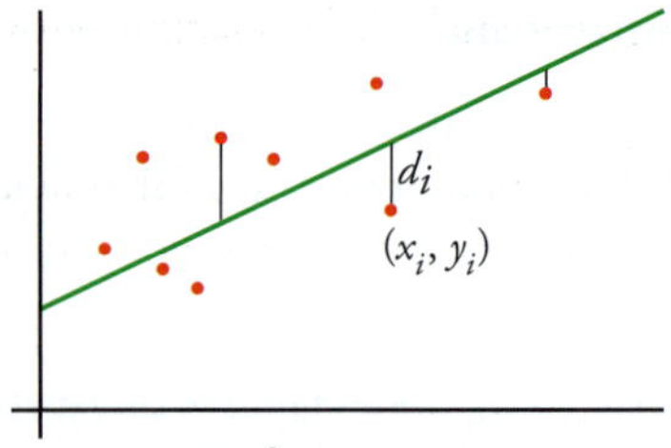

Σd_i^2 mínimo

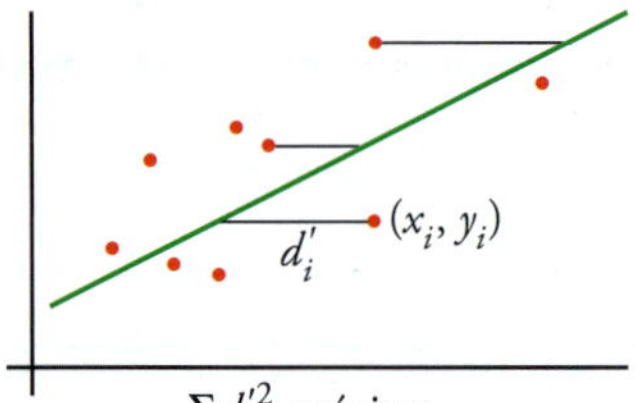

$\Sigma d_i'^2$ mínimo

En el apartado anterior hemos visto que la **recta de regresión de *Y* sobre *X***

$$y = \bar{y} + \frac{\sigma_{xy}}{\sigma_x^2}(x - \bar{x})$$

es aquella para la cual la suma de los cuadrados de las diferencias de ordenadas, d_i, entre los puntos y la recta sea mínima.

Si el criterio que siguiéramos para ajustar la recta a la nube de puntos fuera hacer mínima la suma de los cuadrados de las diferencias de abscisas del punto y de la recta ($\Sigma d_i'^2$ mínimo) obtendríamos otra recta llamada **recta de regresión de *X* sobre *Y*.**

La ecuación de la **recta de regresión de *X* sobre *Y*** es:

$$x = \bar{x} + \frac{\sigma_{xy}}{\sigma_y^2}(y - \bar{y})$$

O bien, despejando y: $y = \bar{y} + \dfrac{\sigma_y^2}{\sigma_{xy}}(x - \bar{x})$

Pasa por el centro de gravedad, $(\bar{x}, \bar{y})$, y su pendiente es $\dfrac{\sigma_y^2}{\sigma_{xy}}$.

Atención

La estimación $\hat{y}(x_0)$ se realiza sobre la recta de regresión de Y sobre X.

La estimación $\hat{x}(y_0)$ se debe realizar sobre la recta de regresión de X sobre Y.

Sin embargo, las calculadoras habituales solo trabajan con la recta de regresión de Y sobre X y con ella realizan los dos tipos de estimaciones, para los que usan las teclas $\hat{y}$, $\hat{x}$.

En este nivel es suficiente trabajar con esta recta (Y sobre X), como hicimos en el apartado anterior, y dejar este apartado como complemento para entender que hay dos rectas de regresión, aunque solo manejemos una de ellas.

En la web

Relación entre r y las rectas de regresión.

Posiciones de las dos rectas de regresión

- Cuando la correlación es casi nula, las dos rectas forman un ángulo muy grande (próximo a 90°):

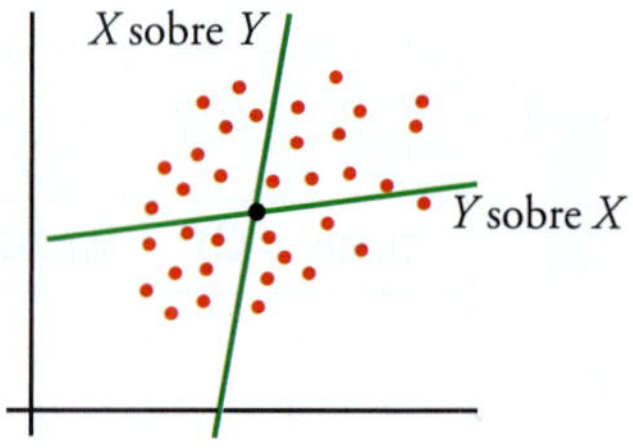

- Si la correlación es fuerte, el ángulo que forman las dos rectas es pequeño:

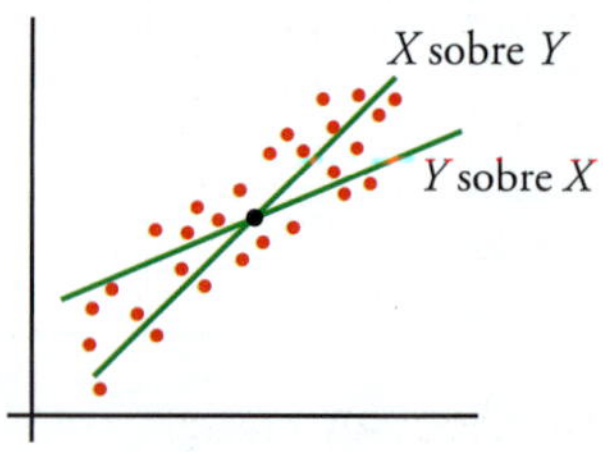

- Si $|r|$ es próximo a 1, las rectas son casi coincidentes:

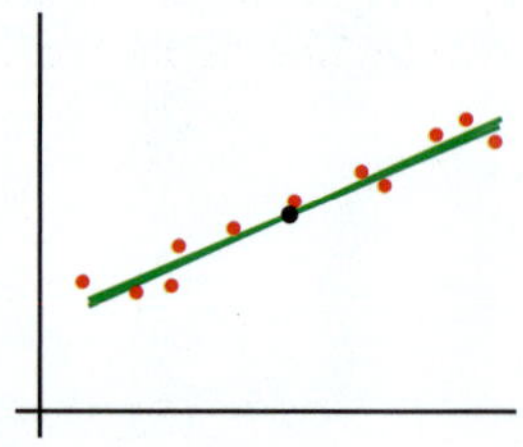

Ejercicio propuesto

1 ¿Verdadero o falso?

a) En una distribución bidimensional en la que se estudien conjuntamente las estaturas (x) y los pesos (y) de un grupo de jóvenes en la cual $\bar{x} = 170$ cm e $\bar{y} = 65$ kg, es imposible que las rectas de regresión sean $y = 0{,}8x - 67$ e $y = 1{,}1x - 121$.

b) Si en una distribución bidimensional es $\bar{x} = 3$ e $\bar{y} = 5$, entonces es posible que las rectas de regresión sean $y = 2x - 1$ e $y = -x + 8$, pues ambas se cortan en (3, 5).

c) Si las rectas de regresión son $y = \frac{1}{5}x + 10$ e $y = 11x - 2$, entonces la correlación es débil porque las rectas forman un ángulo próximo a 90°.

6 Tablas de contingencia

Las tablas de contingencia se utilizan para registrar y analizar la relación entre dos variables. Por ejemplo:

Se ha hecho una encuesta a 500 varones, mayores de edad, sobre sus preferencias televisivas. Hay seis posibles respuestas (como puedes ver en el margen). Los resultados se dan en la siguiente tabla:

Edad ☐

De los siguientes tipos de programas televisivos, ¿cuál prefieres?:

Informativos .... ☐

Documentales .... ☐

Entretenimiento (concursos, famosos, corazón…) .... ☐

Deportes .... ☐

Películas y series .... ☐

Otros .... ☐

y \ x	18-25	26-35	36-50	51-65	MÁS DE 65	TOTAL
INF	4	6	15	11	25	61
DOC	5	15	21	15	21	77
ENT	10	10	22	15	16	73
DEP	20	34	56	40	50	200
PEL	11	15	20	16	11	73
OTR	0	5	6	3	2	16
TOTAL	50	85	140	100	125	500

La variable x describe las *edades* de los encuestados. Se presenta repartida en cinco tramos. Es una variable cuantitativa.

La variable y describe las *preferencias televisivas*. Es una variable cualitativa.

A cada individuo del colectivo se le ha contabilizado en una casilla y solo en una. Por tanto, en cada casilla aparece la frecuencia correspondiente a ese par de valores. Por ejemplo, el 34 de la segunda columna es el número de individuos que TIENEN ENTRE 26 Y 35 AÑOS y que PREFIEREN DEPORTES.

Distribuciones marginales

Distribución marginal de la x

Cómo se reparten los encuestados por *edades*, prescindiendo de sus preferencias televisivas.

Distribución marginal de la y

Cómo se reparten los encuestados por *preferencia televisiva*, prescindiendo de sus edades.

Si a cada grupo de edades le asignamos la frecuencia correspondiente de la última fila (TOTAL) obtenemos la **distribución marginal de la x.**

x_i	18-25	26-35	36-50	51-65	MÁS DE 65	
f_i	50	85	140	100	125	500

Análogamente, la última columna (TOTAL) nos da las frecuencias de la **distribución marginal de la y.**

y_i	f'_i
INF	61
DOC	77
ENT	73
DEP	200
PEL	73
OTR	16
	500

Ejercicios propuestos

1 Calcula la media y la desviación típica de la distribución marginal de la x. Para ello, asigna a cada intervalo de edades su marca de clase (punto medio) y al último intervalo asígnale el valor 75.

2 La distribución marginal de la y corresponde a una variable cualitativa. Por tanto, no tiene media ni desviación típica. El único parámetro que podemos asignarle es la moda. ¿Cuál es?

y \ x	18-25	26-35	36-50	51-65	MÁS DE 65	TOTAL
INF	4	6	15	11	25	61
DOC	5	15	21	15	21	77
ENT	10	10	22	15	16	73
DEP	20	34	56	40	50	200
PEL	11	15	20	16	11	73
OTR	0	5	6	3	2	16
TOTAL	50	85	140	100	125	500

Distribuciones condicionadas

- ¿Cómo se distribuyen las *preferencias televisivas* de los mayores de 65 años? Lo vemos en la quinta columna de la tabla: es la *distribución de la variable y* **condicionada** *a que x sea del intervalo "más de 65".*

VAR	FREC
INF	25
DOC	21
ENT	16
DEP	50
PEL	11
OTR	2

- La cuarta fila de la tabla nos da las frecuencias de la distribución de edades de los que prefieren deporte. Es la *distribución de la variable x* **condicionada** *a que y = DEP.*

VAR	18-25	26-35	36-50	51-65	MÁS DE 65
FREC	20	34	56	40	50

Variables independientes

Imagina una tabla de contingencia que relacione las variables:

x: grupo sanguíneo

y: preferencias televisivas

Es claro que deberían ser independientes, pues el grupo sanguíneo no afecta a los gustos televisivos. Por tanto, para cada grupo sanguíneo las proporciones de individuos a los que les gusta esto o lo otro deben ser parecidas entre sí y parecidas al total.

Variables independientes

Vamos a comparar las **frecuencias relativas** de estas distribuciones:

— La distribución de la x condicionada a y = DEP.

— La distribución marginal de la x.

18-25	26-35	36-50	51-65	MÁS DE 65
$\frac{20}{200} = 0{,}10$	$\frac{34}{200} = 0{,}17$	$\frac{56}{200} = 0{,}28$	$\frac{40}{200} = 0{,}20$	$\frac{50}{200} = 0{,}25$
$\frac{50}{500} = 0{,}10$	$\frac{85}{500} = 0{,}17$	$\frac{140}{500} = 0{,}28$	$\frac{100}{500} = 0{,}20$	$\frac{125}{500} = 0{,}25$

Las frecuencias relativas son idénticas. Es decir, los que prefieren deporte se reparten por edades de igual manera que el colectivo total. Eso lo concretamos diciendo que el suceso PREFIERE DEPORTE es **independiente** de la edad.

Cuando todos los sucesos de una variable son independientes respecto de la otra, se dice que **las dos variables son independientes.**

En la tabla que nos ocupa, los demás sucesos (y = INF, y = DOC, …) no son independientes de la edad. Por eso, estas dos variables x e y no son independientes.

Ejercicios propuestos

3 Comprueba que la siguiente tabla corresponde a la distribución de x condicionada a $y \in$ {INF, DOC}.

x	18-25	26-35	36-50	51-65	MÁS DE 65
f	9	21	36	26	46

Halla su media y su desviación típica.

4 Haz la distribución de y condicionada a $x < 36$.

5 Comprueba, calculando las frecuencias relativas, que el suceso PEL no es independiente de la edad.

6 Haz la distribución de x condicionada a NO DEPORTE y compara sus frecuencias relativas con las de la distribución marginal de la x.

Tablas de contingencia con variables cuantitativas

Recordemos que las distribuciones de una variable, cuando el número de observaciones es pequeño, se dan, simplemente, enumerando los datos de forma ordenada. Pero cuando el número de datos es grande, se recurre a una tabla de frecuencias.

Del mismo modo, en las distribuciones bidimensionales, cuando hay pocos pares de valores, simplemente se enumeran. Si algún par está repetido, se vuelve a poner (es lo que hemos hecho en los apartados 1 a 5 de esta unidad). Pero cuando el número de datos es grande, se recurre a las **tablas de doble entrada,** esto es, tablas de contingencia con las dos variables cuantitativas.

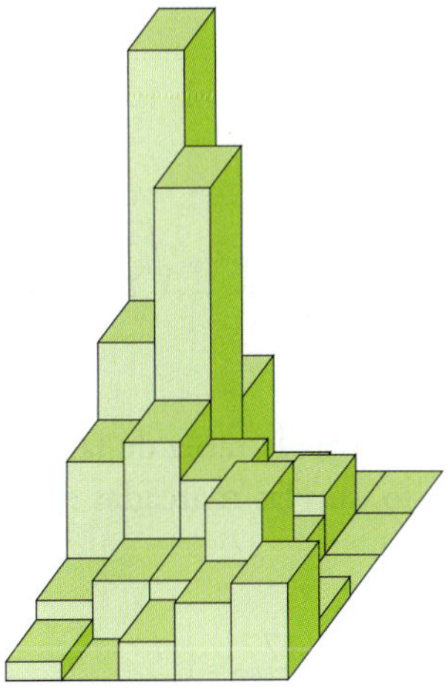

y_i \ x_i	0	1	2	3	4
0	24	6	1	0	0
1	11	19	2	3	0
2	7	8	6	2	0
3	2	3	3	7	1
4	1	0	2	4	5

Por ejemplo, en la tabla adjunta aparecen los resultados de dos tests, uno de *cálculo*, x, y otro de *visión espacial*, y, pasados a 117 personas. En cada casilla se pone la frecuencia correspondiente al par de valores que definen esa casilla. Por ejemplo, hay 11 individuos para los cuales $x = 0$, $y = 1$. Es decir, el par $(0, 1)$ está 11 veces.

CÁLCULO DE PARÁMETROS CON CALCULADORA

Observa cómo se introducen estos datos en una calculadora:

0 [x_D, y_D] 0 [×] 24 [DATA] 1 [×] 11 [DATA] 2 [×] 7 [DATA] 3 [×] 2 [DATA] 4 [DATA]	1 [x_D, y_D] 0 [×] 6 [DATA] 1 [×] 19 [DATA] 2 [×] 8 [DATA] 3 [×] 3 [DATA]	2 [x_D, y_D] 0 [DATA] 1 [×] 2 [DATA] 2 [×] 6 [DATA] 3 [×] 3 [DATA] 4 [×] 2 [DATA]
3 [x_D, y_D] 1 [×] 3 [DATA] 2 [×] 2 [DATA] 3 [×] 7 [DATA] 4 [×] 4 [DATA]	4 [x_D, y_D] 3 [DATA] 4 [×] 5 [DATA]	

Si los datos se han introducido correctamente en la calculadora, esta nos proporciona directamente todos los parámetros.

CÁLCULO DE PARÁMETROS SIN CALCULADORA

Para hallar los parámetros manualmente, se procede así:

— En la distribución marginal de la x hallamos $\bar{x}$ y σ_x.

— En la distribución marginal de la y hallamos $\bar{y}$ y σ_y.

— En cada casilla de la tabla hallamos el producto de los valores de las variables por la frecuencia correspondiente.

Por ejemplo, en la casilla en la que hay un 8, los valores de las variables son $x = 1$, $y = 2$; la frecuencia es 8; el producto es $8 \cdot 1 \cdot 2 = 16$. La suma de todos estos productos es Σxy, correspondiente a la fórmula de la covarianza.

En la página siguiente hallamos, paso a paso, el coeficiente de correlación de esta distribución.

En la web

Hoja de cálculo en la que puedes trabajar las tablas de doble entrada.

En la web

Hoja de cálculo para trabajar algunos aspectos de esta unidad.

Recuerda

La fórmula de la covarianza es:

$$\sigma_{xy} = \frac{\Sigma xy}{n} - \bar{x}\,\bar{y}$$

y_i \ x_i	0	1	2	3	4	
0	24	6	1	0	0	**31**
1	11	19	2	3	0	**35**
2	7	8	6	2	0	**23**
3	2	3	3	7	1	**16**
4	1	0	2	4	5	**12**
	45	**36**	**14**	**16**	**6**	

Cálculo del coeficiente de correlación de la distribución dada en la página anterior mediante una tabla

— Empezamos ampliando la tabla con las sumas de las filas y de las columnas.

— Para calcular $\bar{x}$ y σ_x recurrimos a la **distribución marginal de la** x (las frecuencias son los valores marcados en rojo sobre la tabla):

x_i	f_i	$x_i f_i$	$x_i^2 f_i$
0	45	0	0
1	36	36	36
2	14	28	56
3	16	48	144
4	6	24	96
	117	136	332

$$\bar{x} = \frac{\sum x_i f_i}{\sum f_i} = \frac{136}{117} = 1,16$$

$$\sigma_x = \sqrt{\frac{\sum x_i^2 f_i}{\sum f_i} - \bar{x}^2} = \sqrt{\frac{332}{117} - 1,16^2} = 1,22$$

— Análogamente, para obtener $\bar{y}$ y σ_y se forma la tabla de la **distribución marginal de la** y (las frecuencias, en este caso, son las marcadas en azul en la tabla):

y_i	f_i	$y_i f_i$	$y_i^2 f_i$
0	31	0	0
1	35	35	35
2	23	46	92
3	16	48	144
4	12	48	192
	117	177	463

$$\bar{y} = \frac{\sum y_i f_i}{\sum f_i} = \frac{177}{117} = 1,5$$

$$\sigma_y = \sqrt{\frac{\sum y_i^2 f_i}{\sum f_i} - \bar{y}^2} = \sqrt{\frac{463}{117} - 1,5^2} = 1,3$$

— Para calcular la **covarianza** aplicaremos la fórmula $\sigma_{xy} = \frac{\sum x \cdot y \cdot f}{\sum f} - \bar{x} \cdot \bar{y}$, donde x e y representan cada uno de los valores que puede tomar cada variable:

$$(x_1, y_1),\ (x_1, y_2),\ \dots,\ (x_4, y_3),\ (x_4, y_4)$$

y f son las frecuencias de cada uno de estos pares.

$$\sum x \cdot y \cdot f = 1 \cdot 1 \cdot 19 + 1 \cdot 2 \cdot 8 + 1 \cdot 3 \cdot 3 + 1 \cdot 4 \cdot 0 + 2 \cdot 1 \cdot 2 + 2 \cdot 2 \cdot 6 + $$
$$+ 2 \cdot 3 \cdot 3 + 2 \cdot 4 \cdot 2 + 3 \cdot 1 \cdot 3 + 3 \cdot 2 \cdot 2 + 3 \cdot 3 \cdot 7 + 3 \cdot 4 \cdot 4 +$$
$$+ 4 \cdot 1 \cdot 0 + 4 \cdot 2 \cdot 0 + 4 \cdot 3 \cdot 1 + 4 \cdot 4 \cdot 5 = 330$$

$$\sigma_{xy} = \frac{\sum x \cdot y \cdot f}{\sum f} - \bar{x} \cdot \bar{y} = \frac{330}{117} - 1,16 \cdot 1,5 = 1,08$$

— Finalmente, para calcular el **coeficiente de correlación** aplicamos su fórmula.

$$r = \frac{\sigma_{xy}}{\sigma_x \cdot \sigma_y} = \frac{1,08}{1,22 \cdot 1,3} = 0,68$$

Ejercicio propuesto

7 Otro grupo de 154 personas han realizado los mismos tests, con los resultados que se dan en la tabla de la derecha. Halla el coeficiente de correlación.

y_i \ x_i	0	1	2	3	4
0	17	22	6	4	1
1	15	14	8	2	0
2	13	6	10	5	1
3	5	4	2	6	2
4	3	1	0	3	4

Ejercicios y problemas resueltos

1. Relación funcional y relación estadística

La tabla de la derecha muestra los resultados que se han obtenido al medir la temperatura (en °C) y la presión atmosférica (en mm Hg) durante siete días en cierta localidad:

a) ¿Es una distribución bidimensional? ¿Qué variables se relacionan?

b) Representar la nube de puntos correspondiente.

c) ¿Es una relación estadística o funcional?

TEMPERATURA (°C)	15	16	17	20	18	16	12
PRESIÓN (mm Hg)	800	810	800	820	810	750	750

a) Es una distribución bidimensional en la que se relacionan las variables x: *temperatura*, e y: *presión atmosférica*, correspondientes a siete días, en dicha localidad.

b)

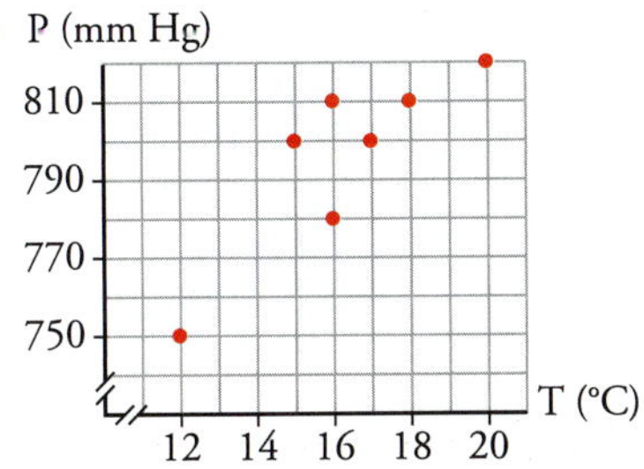

c) Entre las dos variables hay una clara relación estadística pero no funcional, ya que hay puntos con la misma temperatura y distinta presión. Es decir, el valor de la temperatura no determina el valor de la presión.

Hazlo tú. Haz lo mismo con las variables *Horas de sol - Temperatura media en Almería.*

	E	F	Mr	Ab	My	Jn	Jl	Ag	S	O	N	D
HORAS DE SOL	216	251	271	300	335	329	377	321	244	225	159	194
TEMPERATURA MEDIA	12,2	10,8	14,5	15,6	20,4	24,1	25,8	26,7	23,7	19,3	16,4	13,5

2. Análisis gráfico de una distribución bidimensional

La tabla de la derecha muestra:

- *Las notas de un examen de Matemáticas de 10 estudiantes.*
- *Las horas dedicadas a su preparación.*
- *Las horas que vieron la televisión los días previos al examen.*
- *El peso de cada uno.*

Estudiar gráficamente la correlación entre la nota y cada una de las otras variables.

NOTA	3	4	5	6	6	7	7	8	8	9
HORAS DE ESTUDIO	3	5	7	12	5	7	11	12	15	14
HORAS TV	18	12	14	10	6	8	6	5	8	4
PESO (kg)	60	54	70	68	59	72	55	65	52	64

(I) NOTA-HORAS ESTUDIO

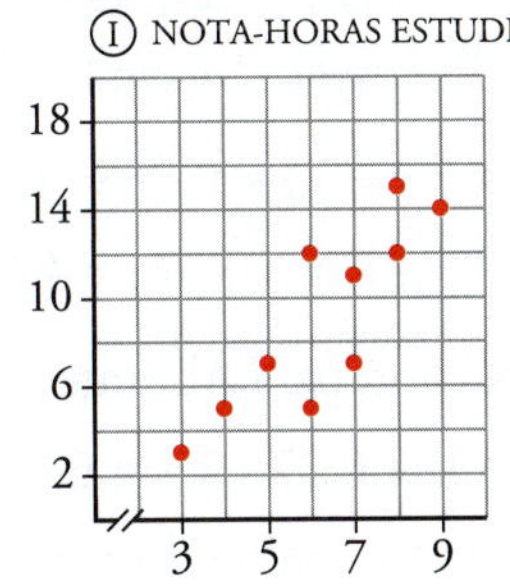

(II) NOTA-HORAS TV

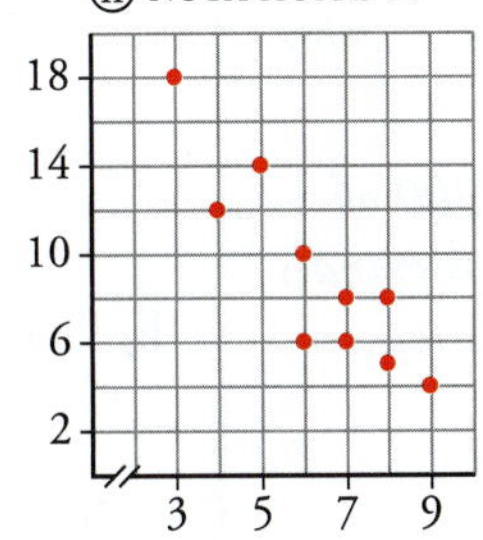

(III) NOTA-PESO

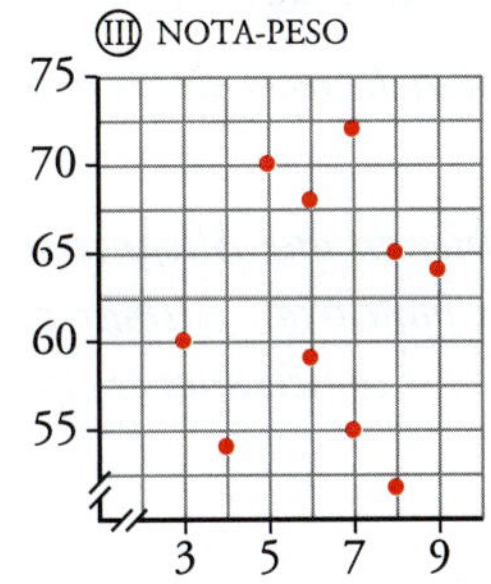

A la vista de las gráficas, podemos decir que hay una correlación bastante fuerte en los casos (I) y (II): en el primer caso, positiva, y en el segundo, negativa. Sin embargo, en el tercer caso no hay correlación apreciable. Los resultados son razonables: cabe esperar que a más horas de estudio mejor sea la nota obtenida y que a más horas viendo la televisión la nota sea peor. El peso no influye en la nota, naturalmente.

Hazlo tú. Estudia la correlación entre la NOTA de un exámen de Matemáticas y las otras variables que aparecen en la siguiente tabla:

NOTA	3	4	5	6	6	7	7	8	8	9
NOTA DEL AÑO PASADO	4	2	6	6	8	5	6	9	7	10
COCIENTE INTELECTUAL	120	102	118	105	95	110	103	107	115	125

3. Cálculo del coeficiente de correlación

La siguiente tabla muestra el número de oficinas bancarias (en cientos) y el número de grandes centros comerciales en ocho ciudades españolas:

CIUDAD	x: OFICINAS BANCARIAS (cientos)	y: CENTROS COMERCIALES
Madrid	31	30
Barcelona	19	16
Valencia	9	12
Zaragoza	7	11
Sevilla	6	11
Málaga	5	9
Murcia	5	10
Palma de Mallorca	5	5

Calcular el coeficiente de correlación que hay entre ambas variables.

x_i	y_i	x_i^2	y_i^2	$x_i \cdot y_i$
31	30	961	900	930
19	16	361	256	304
9	12	81	144	108
7	11	49	121	77
6	11	36	121	66
5	9	25	81	45
5	10	25	100	50
5	5	25	25	25
87	104	1 563	1 748	1 605

MEDIAS: $\bar{x} = \frac{87}{8} = 10,875$; $\bar{y} = \frac{104}{8} = 13$

DESVIACIONES TÍPICAS:

$$\sigma_x = \sqrt{\frac{1563}{8} - 10,875^2} = 8,78$$

$$\sigma_y = \sqrt{\frac{1748}{8} - 13^2} = 7,04$$

COVARIANZA:

$$\sigma_{xy} = \frac{1605}{8} - 10,875 \cdot 13 = 59,25$$

COEFICIENTE DE CORRELACIÓN: $r = \frac{59,25}{8,78 \cdot 7,04} = 0,96$

Es una correlación muy fuerte, muy próxima a 1.

CON CALCULADORA

Modo LR

Se borra todo lo que haya en la memoria: SHIFT AC

Se introducen los datos:

31 [x_D,y_D] 30 DATA 19 [x_D,y_D] 16 DATA … 5 [x_D,y_D] 9 DATA 10 DATA 5 DATA 1

Se obtienen los parámetros $\bar{x}$, $\bar{y}$, σ_x, σ_y, σ_{xy} y r con las teclas específicas.

4. Recta de regresión de *Y* sobre *X*

A partir de los resultados obtenidos en el ejercicio anterior:

a) Hallar la recta de regresión de Y sobre X.

b) Sabiendo que Alicante tiene 300 oficinas bancarias, estimar cuántos grandes centros comerciales es esperable que tenga.

a) Hallamos la recta de regresión:

$$\text{Pendiente} = \frac{\sigma_{xy}}{\sigma_x^2} = \frac{59,25}{8,78^2} = 0,768$$

Ecuación: $y = 13 + 0,768 \cdot (x - 10,875) \rightarrow$

$\rightarrow y = 0,77x + 4,64$

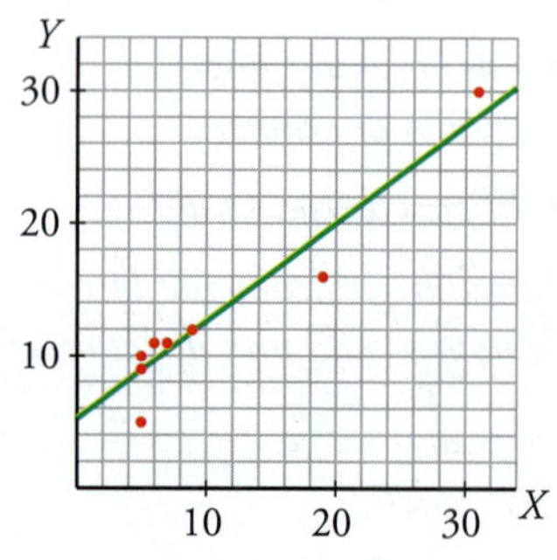

b) La estimación para Alicante ($x = 3$) será:

$$\hat{y}(3) = 0,77 \cdot 3 + 4,64 = 6,95 \approx 7$$

Se estima que tendrá 7 centros comerciales. La estimación es poco fiable porque, aunque el coeficiente de correlación es grande (próximo a 1), el valor $x = 3$ está fuera del intervalo [5, 31] en el que se dan los datos.

CON CALCULADORA

Recta de regresión:

Pendiente de la recta: SHIFT [B]

Ordenada en el origen: SHIFT [A]

Estimación para Alicante:

Valor de y estimado para $x = 3$: 3 [$\hat{y}$]

Comprueba que, con calculadora, los resultados son los mismos que los que se han obtenido manualmente.

Ejercicios y problemas guiados

1. Dos rectas de regresión. Estimaciones

La siguiente tabla relaciona las variables

x: gastos en publicidad (miles de euros)

y: ventas (miles de euros)

durante los 6 primeros meses de promoción de un cierto producto:

x	1	2	3	4	5	6
y	10	17	30	28	39	47

a) Hallar las dos rectas de regresión.

b) Efectuar la estimación $\hat{y}(5,5)$ y explicar su significado.

c) Para obtener unas ventas de 20 000 €, ¿cuántos miles de euros se estima que hay que gastar en publicidad?

¿Serán fiables estas estimaciones?

a) • Confecciona una tabla con las columnas x_i, y_i, x_i^2, y_i^2, $x_i \cdot y_i$ y halla el valor de los parámetros $\bar{x}$, $\bar{y}$, σ_x, σ_y y σ_{xy}.

• Halla la pendiente de la recta de regresión de Y sobre X, $m_{yx} = \dfrac{\sigma_{xy}}{\sigma_x^2}$, y escribe la ecuación de esta recta.

• Halla la pendiente de la recta de regresión de X sobre Y, $m_{xy} = \dfrac{\sigma_y^2}{\sigma_{xy}}$, y escribe la ecuación de esta recta.

b) Para calcular la estimación $\hat{y}(5,5)$, da a x el valor 5,5 en la ecuación de la recta de regresión de Y sobre X.

c) Tienes que calcular $\hat{x}(20)$ en la ecuación de la recta de regresión de X sobre Y.

Halla el valor de $r = \dfrac{\sigma_{xy}}{\sigma_x \cdot \sigma_y}$ para decidir sobre la "calidad" de las estimaciones.

Solución:

a) $\bar{x} = 3,5$; $\bar{y} = 28,5$; $\sigma_x = 1,71$; $\sigma_y = 12,45$; $\sigma_{xy} = 20,75$

Recta de regresión de Y sobre X: $y = 7,1x + 3,65$

Recta de regresión de X sobre Y: $y = 7,47x + 2,36$

b) $\hat{y}(5,5) = 42,7$. Significa que para un gasto en publicad de 5 500 €, las ventas serán próximas a 42 700 €.

c) Estimamos con la recta de regresión X sobre Y, el valor de x que le corresponde a $y = 20$. Es decir, $\hat{x}(20) = 2,36$.

Como la correlación $r = 0,97$ es alta, las estimaciones son fiables (digamos que "al gastar 5 500 € en publicidad es probable que las ventas estén entre 40 000 € y 45 000 €"; y que "para obtener unas ventas de 20 000 €, es probable que haya que gastar entre 2 300 € y 2 400 €").

2. Tabla de doble entrada

Una compañía discográfica ha recopilado en la tabla de la derecha la siguiente información sobre el número de conciertos dados por 15 grupos musicales durante un verano, y las ventas de discos de estos grupos (en miles).

a) Calcular el número medio de discos vendidos.

b) ¿Cuál es el coeficiente de correlación?

c) Obtener la recta de regresión de Y sobre X.

d) Si un grupo musical vende 18 000 discos, ¿qué número de conciertos se prevé para él?

CONC. (y) / DISCOS (x)	10 - 30	30 - 40	40 - 80
1 - 5	3	0	0
5 - 10	1	4	1
10 - 20	0	1	5

• Sustituye los valores de x y de y por sus correspondientes "marcas de clase".

• Haz las distribuciones marginales de x y de y y halla $\bar{x}$ y σ_x.

• Halla $\sum x \cdot y \cdot f$ y calcula $\bar{y}$, σ_y, σ_{xy}, r y m_{yx}.

• Halla la ecuación de la recta de regresión de Y sobre X.

• Calcula $\hat{y}(18)$ sobre la ecuación anterior.

Solución:

a) $\bar{x} = 9,5$; es decir, 9 500 discos vendidos por término medio.

b) $r = 0,81$

c) $y = 2,78x + 14,59$

d) $\hat{y}(18) = 65$ conciertos

Para practicar

Sin fórmulas

1 Para cada uno de los siguientes casos, indica:

- Cuáles son las variables que se relacionan.
- Si se trata de una relación funcional o de una relación estadística y, en este último caso, determina el signo de la correlación.

a) *Renta mensual de una familia - Gasto mensual en electricidad*

b) *Radio de una esfera - Volumen de esta*

c) *Litros de lluvia recogidos en una ciudad - Tiempo dedicado a ver la televisión por sus habitantes*

d) *Longitud del trayecto recorrido en una línea de cercanías - Precio del billete*

e) *Peso de los alumnos de 1.º de Bachillerato - Número de calzado que usan*

f) *Toneladas de tomate recogidas en una cosecha - Precio del kilo de tomate en el mercado*

g) *Superficie de una vivienda - Valor de la misma*

2 a) Copia en tu cuaderno y traza a ojo una recta de regresión para cada una de estas distribuciones bidimensionales:

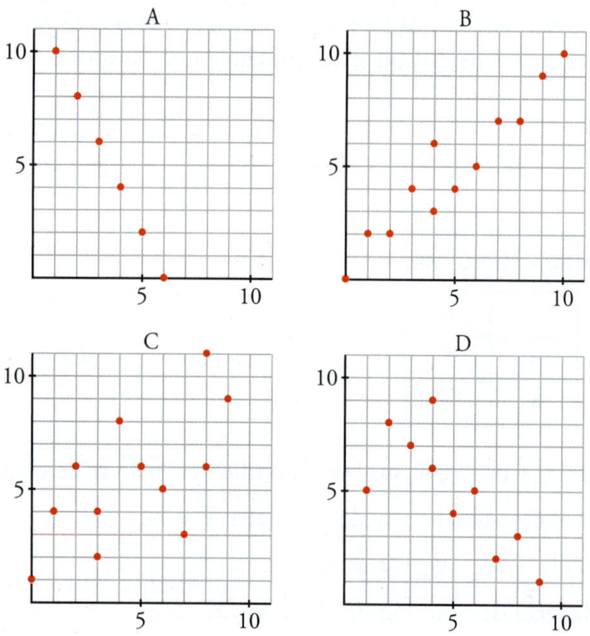

b) ¿Cuáles de ellas tienen correlación positiva y cuáles tienen correlación negativa?

c) Sin hacer cálculos, elige, de entre los siguientes valores, la correlación de cada una de las distribuciones:

0   0,64   1   –0,98   0,95   –1   –0,76

d) Una de ellas presenta relación funcional, ¿cuál? Da la expresión analítica de la función que relaciona las dos variables.

3 Cada una de estas seis distribuciones bidimensionales está representada por sus dos rectas de regresión:

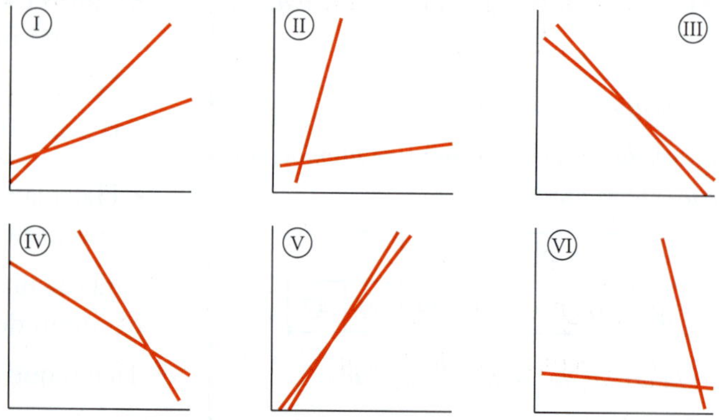

Sus coeficientes de correlación son, no respectivamente:

–0,9   0,99   0,6   –0,2   –0,5   0,1

Asigna, razonadamente, a cada una su valor.

4 Representa la nube de puntos de esta distribución y estima cuál de estos tres puede ser el coeficiente de correlación:

a) $r = 0{,}98$ b) $r = -0{,}87$ c) $r = 0{,}58$

x	0	1	2	3	3	4	5	6	7	8	9
y	1	4	6	2	4	8	6	5	3	6	9

5 Representa sobre papel cuadriculado la nube de puntos correspondiente a esta distribución:

x	1	2	3	4	5	6
y	10	8	6	4	2	0

¿Cuál crees que es el coeficiente de correlación?

6 a) En tu cuaderno, en una cuadrícula como esta, sitúa diez puntos de modo que estimes que su correlación sea 0,9 y una de sus rectas de regresión sea la que ves.

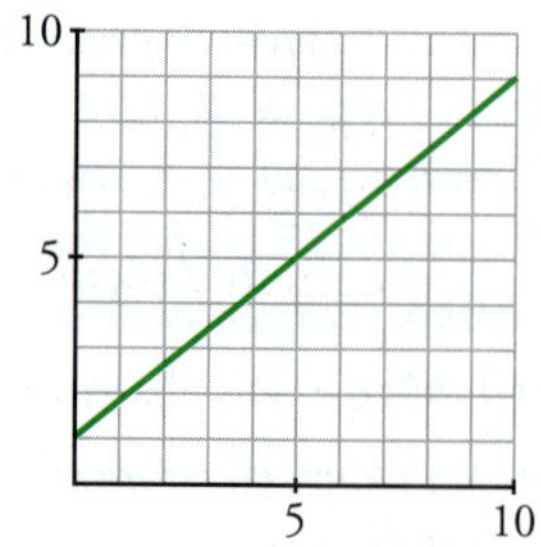

b) Repite la experiencia para conseguir un coeficiente de correlación de 0,6.

c) Haz lo mismo para un coeficiente de 0,3.

* *Atención: se pide estimar, pero no calcular.*

7 Las estaturas de 10 chicas y las de sus madres son:

x_i	158	162	164	165	168	169	172	172	174	178
y_i	163	155	160	161	164	158	175	169	166	172

a) Representa estos valores mediante una nube de puntos.

b) Traza a ojo una recta de regresión y di si la correlación es positiva o negativa y más o menos fuerte de lo que esperabas.

Con fórmulas

8 Esta es la distribución bidimensional dada por la nube de puntos B del ejercicio 2:

x	0	1	2	3	4	4	5	6	7	8	9	10
y	0	2	2	4	3	6	4	5	7	7	9	10

Halla:

a) $\bar{x}$, $\bar{y}$, σ_x, σ_y, σ_{xy}.

b) El coeficiente de correlación, r. Interprétalo.

c) Las ecuaciones de las dos rectas de regresión.

9 a) Represента la nube de puntos correspondiente a la siguiente distribución bidimensional:

x	0	1	2	3	3	4	5	6	7	8	9
y	1	4	6	2	4	8	6	5	3	6	9

b) Comprueba con la calculadora que sus parámetros son:

$\bar{x} = 4{,}4$ $\bar{y} = 4{,}9$ $\sigma_{xy} = 3{,}67$

$\sigma_x = 2{,}77$ $\sigma_y = 2{,}31$ $r = 0{,}58$

c) Halla las ecuaciones de las dos rectas de regresión, X sobre Y e Y sobre X, y represéntalas junto con la nube de puntos.

10 Una distribución bidimensional en la que los valores de x son 12, 15, 17, 21, 22 y 25, tiene una correlación $r = 0{,}99$ y su recta de regresión es $y = 10{,}5 + 3{,}2x$.

a) Calcula $\hat{y}(13)$, $\hat{y}(20)$, $\hat{y}(30)$, $\hat{y}(100)$.

b) ¿Cuáles de las estimaciones anteriores son fiables, cuál poco fiable y cuál no se debe hacer?

c) Expresa los resultados en términos adecuados.

Por ejemplo:

$\hat{y}(13) = 52{,}1$. "Para $x = 13$ es muy probable que el valor correspondiente de y sea próximo a 52".

11 Observa la distribución D del ejercicio 2.

a) Descríbela mediante una tabla de valores.

b) Realiza los cálculos para obtener su coeficiente de correlación.

c) Representa los puntos en tu cuaderno.

Halla la ecuación de la recta de regresión de Y sobre X y represéntala.

d) Calcula $\hat{y}(4{,}5)$, $\hat{y}(11)$, $\hat{y}(20)$ dilucidando cuánto de fiables son dichas estimaciones.

12 Calcula las correlaciones correspondientes a las nubes de puntos que inventaste en el ejercicio 6. Comprueba si las correlaciones obtenidas se parecen a las que pretendías alcanzar.

Para resolver

13 La siguiente tabla recoge los datos económicos de algunas de las películas más rentables de un año (las cantidades están dadas en millones de euros):

x: GASTOS	18	15	20	11	10	6	6	14	16	12
y: RECAUDACIÓN	93	83	80	47	46	44	36	34	33	26

a) Halla el coeficiente de correlación.

b) Obtén la recta de regresión de Y sobre X y estima qué recaudación cabe esperar si se invierten 30 millones de euros en una película.

14 Un excursionista, en diez marchas distintas, toma las siguientes medidas:

x: altura de lugar (en m)

y: presión atmosférica (en mm Hg)

z: número de pulsaciones en reposo

x	0	184	231	481	730	911	1 343	1 550	1 820	2 184
y	760	745	740	720	700	685	650	630	610	580
z	73	78	75	78	83	80	89	80	85	92

Halla el coeficiente de correlación y la recta de regresión para la distribución x-y y para la distribución x-z y analiza los resultados.

15 En la siguiente tabla se consignan los goles a favor (x) y los goles en contra (y) al final del campeonato de liga de 1.ª división de fútbol de 10 equipos:

x	95	102	64	54	62	60	62	46	45	35	54	41
y	21	33	44	44	61	55	53	55	46	42	68	56

Halla el coeficiente de correlación entre las dos variables y analiza lo que has obtenido.

16 La siguiente tabla relaciona el número atómico de varios metales, x, con su densidad, y:

ELEMENTO	K	Ca	Ti	V	Mn	Fe	Co	Ni
N.° ATÓMICO	19	20	22	23	25	26	27	28
DENSIDAD	0,86	1,54	4,50	5,60	7,11	7,88	8,70	8,80

a) Representa los puntos, halla el coeficiente de correlación y calcula la ecuación de la recta de regresión de Y sobre X.

b) Estima la densidad del cromo sabiendo que su número atómico es 24 → Cr (24).

c) Estima la densidad del escandio → Sc (21).

17 La siguiente tabla relaciona tres variables sociométricas relativas a doce países:

PAÍS	x: RENTA PER CÁPITA ($)	y: ÍNDICE DE NATALIDAD (‰)	z: ESPECTATIVA DE VIDA AL NACER (años)
A	873	50	49
B	402	48	50
C	536	47	54
D	869	44	57
E	1 171	41	61
F	636	36	64
G	1 417	35	59
H	2 214	31	63
I	1 334	28	63
J	769	26	61
K	1 720	25	64
L	2 560	24	70

a) Halla el coeficiente de correlación entre las variables x-y y entre las variables x-z.

b) ¿Qué conclusiones sacas de los resultados obtenidos?

18 La siguiente tabla recoge datos de ocho alumnos de secundaria de un centro escolar, relativos al número de horas por día que ven la televisión y la nota media obtenida en la última evaluación:

x: N.° DE HORAS DE TV	0	2	1	3	4	2	1	3
y: NOTA MEDIA	8	6	8	6	1	4	7	3

a) Representa gráficamente los datos. ¿Permite el análisis gráfico deducir el signo del coeficiente de correlación de Y sobre X? ¿Y el de X sobre Y?

b) Halla el coeficiente de correlación de las dos variables.

c) Calcula la ecuación de la recta de regresión de Y sobre X.

d) ¿Qué nota media puede esperar quien ve la televisión tres horas y media diarias? ¿Y quien la ve cinco horas?

19 Elegimos seis automóviles al azar. Su antigüedad, en años, y el número de kilómetros que han rodado, en miles de kilómetros, están relacionados por la siguiente tabla:

ANTIGÜEDAD	1	2	4	4	5	6	7
KILÓMETROS RECORRIDOS	15	45	32	61	60	132	93

a) Calcula la media y la desviación típica de las dos variables que intervienen.

b) Calcula el coeficiente de correlación e interprétalo.

c) Si un automóvil tiene tres años, ¿cuántos kilómetros estimas que ha rodado?

d) ¿Y si tiene cinco años? ¿Y diez? Justifica tus respuestas.

Cuestiones teóricas

20 El coeficiente de correlación de una distribución bidimensional es 0,87.

Si los valores de las variables se multiplican por 10, ¿cuál será el coeficiente de correlación de esta nueva distribución?

21 Hemos calculado la covarianza de una cierta distribución y ha resultado negativa.

Justifica por qué podemos afirmar que tanto el coeficiente de correlación como las pendientes de las dos rectas de regresión son números negativos.

22 ¿Qué punto tienen en común las dos rectas de regresión?

23 ¿Qué condición debe cumplir r para que las estimaciones hechas con la recta de regresión sean fiables?

24 Prueba que el producto de los coeficientes de regresión es igual al cuadrado del coeficiente de correlación.

25 Explica cómo se calculan $\bar{x}$ e $\bar{y}$ a partir de las dos rectas de regresión de una distribución bidimensional. Aplícalo a este caso:

La recta de regresión de Y sobre X es: $y = 8{,}7 - 0{,}76x$

La recta de regresión de X sobre Y es: $y = 11{,}36 - 1{,}3x$

26 Explica cómo se halla el coeficiente de correlación a partir de las dos rectas de regresión de una distribución bidimensional. Aplícalo al caso del ejercicio anterior.

27 La estatura media de 100 escolares es de 155 cm con una desviación típica de 15,5 cm.

La recta de regresión de la estatura respecto al peso es $y = 80 + 1{,}5x$ (x: peso; y: estatura)

a) ¿Cuál es el peso medio de esos escolares?

b) ¿Cuál es el signo del coeficiente de correlación entre peso y estatura?

28 ¿Verdadero o falso?

a) Si la pendiente de la recta de regresión de Y sobre X es 1, la correlación entre las dos variables es muy fuerte.

b) Si la pendiente de la recta de regresión de Y sobre X es negativa, la pendiente de la recta de regresión de X sobre Y también es negativa.

c) En una relación funcional lineal las dos rectas de regresión coinciden.

d) Cuanto más fuerte sea la correlación entre las variables x e y, mayor es r^2.

Para profundizar

29 En una autoescuela, cada alumno realiza un total de 80 tests repartidos en 4 tandas de 20. La siguiente tabla relaciona las variables número de la tanda (x) y número de fallos (y):

x \ y	0 - 3	4 - 7	8 - 11	12 - 15
1	0	4	11	5
2	1	10	7	2
3	12	7	1	0
4	16	4	0	0

Por ejemplo: En la tercera tanda, en 12 de los tests se encontraron de 0 a 3 fallos; en 7, de 4 a 7 fallos…

a) Calcula el coeficiente de correlación y halla la ecuación de la recta de regresión de Y sobre X.

b) ¿Cuántos fallos se estima que tendrá un alumno en la primera tanda? ¿Y en la segunda? ¿Y en la última?

30 En un estudio realizado a los trabajadores de una cadena de fabricación de piezas de coches sobre su productividad quincenal, se relacionan las horas trabajadas (x) con las unidades producidas (y).

Sabemos que:

- La recta de regresión de Y sobre X es:

  $y = 3{,}47x + 32{,}01$

- La recta de regresión de X sobre Y es:

  $y = 3{,}81x + 5{,}36$

- El intervalo de horas empleadas por los trabajadores es $[60, 85]$.

a) Halla $\bar{x}$, $\bar{y}$ y el coeficiente de correlación.

b) Si un operario trabaja 70 horas en una quincena, ¿cuántas unidades se estima que produzca? ¿Cómo de fiable es esta estimación? ¿Y si trabaja en total 40 horas? ¿Y si fueran 120 horas?

c) Si un empleado esta quincena ha llegado a producir 300 piezas, ¿cuántas horas se estima que ha trabajado?

Autoevaluación

En la web Resoluciones de estos ejercicios.

1 Observa estas distribuciones bidimensionales:

a)
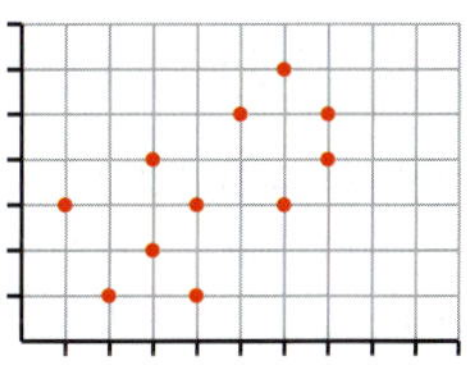

b)
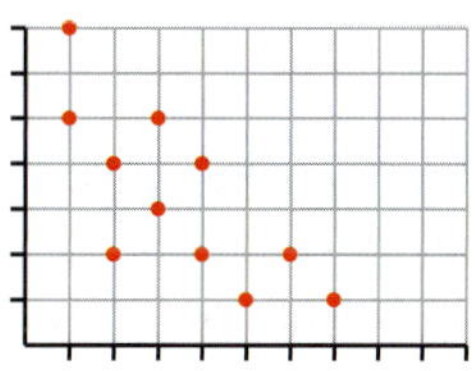

c)
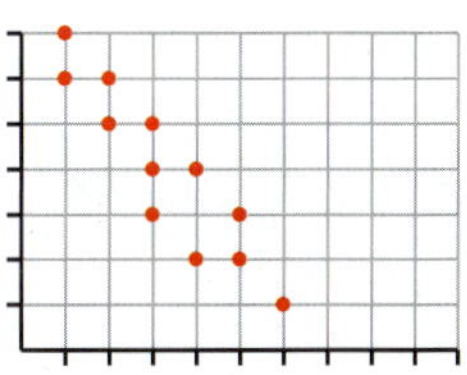

d)
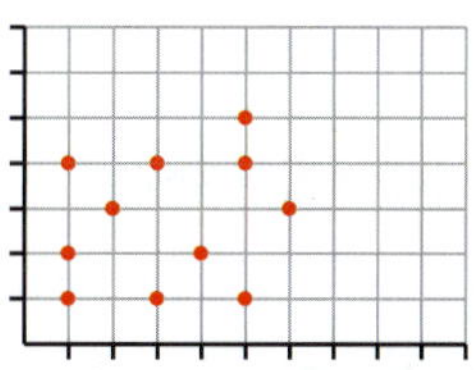

Asigna razonadamente uno de los siguientes coeficientes de correlación a cada gráfica:

0,2   −0,9   −0,7   0,6

2 Representa esta distribución bidimensional:

x	1	2	2	3	4	6	7	8	8	9
y	2	4	3	4	6	5	8	9	10	9

a) Calcula los parámetros $\bar{x}$, $\bar{y}$, σ_x, σ_y y σ_{xy}.

b) Halla el coeficiente de correlación.

c) Halla la recta de regresión de Y sobre X.

d) Estima el valor de y para $x = 5$ y para $x = 10$. ¿Son "buenas" estas estimaciones?

3 La recta de regresión de Y sobre X de una cierta distribución bidimensional es $y = 1{,}6x - 3$. Sabemos que $\bar{x} = 10$ y $r = 0{,}8$.

a) Calcula $\bar{y}$.

b) Estima el valor de y para $x = 12$ y para $x = 50$. ¿Qué estimación te parece más fiable?

c) Halla la recta de regresión de X sobre Y.

4 El *consumo mensual de energía per cápita*, y, en miles de kWh, y la *renta per cápita*, x, en miles de euros, de seis países son:

	A	B	C	D	E	F
x	11,1	8,5	11,3	4,5	9,9	6,5
y	5,7	5,0	5,1	2,7	4,6	3,1

a) Calcula la recta de regresión de Y sobre X.

b) Halla el coeficiente de correlación entre el consumo y la renta.

c) ¿Qué predicción podemos hacer sobre el consumo de energía per cápita de un país cuya renta per cápita es de 4 400 €? (Recuerda que en la tabla se da la renta en miles de euros.)

d) Estima la *renta per cápita* que tendrá un país en el cual el *consumo de energía per cápita* ha sido de 9 000 kWh.

e) ¿Cómo de fiables son estas estimaciones?

Soluciones a las autoevaluaciones

Unidad 1

1 $\mathbb{N}: \frac{51}{17}$

$\mathbb{Z}: \frac{51}{17}, \sqrt[3]{-8}$

$\mathbb{Q}: \frac{51}{17}; \sqrt[3]{-8}; -\frac{58}{45}; 1{,}0\widehat{7}$

$\mathbb{R}: \frac{51}{17}; \sqrt[3]{-8}; -\frac{58}{45}; 1{,}0\widehat{7}; \frac{\pi}{3}; \sqrt[5]{2^3}$

2 a) $(-\infty, -8] \cup [8, +\infty)$

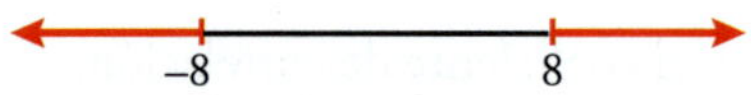

b) $(-1, 9)$

3 a) $2\sqrt[3]{2}$ b) $a^{7/6}$

4 La distancia entre sus centros es $r = 89{,}4$ m.

E.A. < 0,05 m

$\text{E.R.} < \frac{0{,}05}{89{,}4} = 0{,}00055\ldots \rightarrow \text{E.R.} < 0{,}06\,\%$

5 $m = 3$

6 $\frac{2\sqrt{3} + 3\sqrt{2} - 6}{6}$

7 a) $x = 0{,}76$ b) $x = 1{,}10$ c) $x = 8$

8 $A = \frac{9}{4}$

9 a) $x = -5{,}18$ b) $x = -6{,}05$

10 El lado oblicuo del trapecio mide $5(1 + \sqrt{5})$ cm.

Se comprueba que, efectivamente, $P = 10(2 + \sqrt{5})$ cm.

Unidad 2

1 $a_1 = -177$, $a_{97} = 87$, $a_{500} = 495{,}61$

$\lim a_n = +\infty$

2 4, 7, 1, 13, –11, 37, –59, 133, –251, 517

3 a) $4n - 1$ b) $n^2 - 2n + 2$ c) $\frac{2048}{2^n}$

d) $-(-3)^n$ e) $\frac{45 - 13n}{52}$

f) Por recurrencia: $a_1 = 4$, $a_{n+1} = a_n + (-1)^n n$

El término general de la sucesión f es:

$$a_n = \frac{1+(-1)^{n+1}}{2}\left(4 + \frac{n-1}{2}\right) + \frac{1+(-1)^n}{2}\left(4 - \frac{n}{2}\right)$$

Las expresiones $\frac{1+(-1)^{n+1}}{2}$ y $\frac{1+(-1)^n}{2}$ valen 0 o 1 dependiendo de la paridad de n.

g) $32 \cdot \left(\frac{3}{4}\right)^n$ h) $n^2 - n$

Son progresiones aritméticas a) y e); y geométricas c), d) y g).

4 a) $a_1 = 7$, $a_2 = 8$, $a_{n+2} = a_n + a_{n+1}$

b) $a_1 = a_2 = a_3 = 1$, $a_{n+3} = a_n + a_{n+1} + a_{n+2}$

c) $a_1 = 0$, $a_2 = 1$, $a_3 = 2$, $a_{n+3} = a_n + a_{n+1} + a_{n+2}$

d) $a_1 = 1$, $a_2 = 1$, $a_{n+2} = a_n + 2a_{n+1}$

5 a) 253 b) 35 949,73 c) 160

d) 586 140 e) 14 391

6 La diferencia es $d = 0{,}6$.

a) $S_{100} = 6430$ b) $a_{220} = 166$

7 a) Aritmética: 2, 5, 8, 11, 14, 17; $a_n = 2 + 3(n-1) = 3n - 1$

b) Geométrica: 2, 4, 8, 16, 32, 64; $a_n = 2 \cdot 2^{n-1} = 2^n$

8 a) $\lim a_n = 0$ b) $\lim b_n = 3$ c) $\lim c_n = +\infty$

d) No existe. e) $\lim e_n = -\frac{5}{2}$ f) No existe.

g) $\lim g_n = +\infty$ h) $\lim h_n = 0$ i) $\lim i_n = 0$

Unidad 3

1 $x(x+1)^2 (3x+1)(x-2) = 0$

$x_1 = 0$, $x_2 = -1$, $x_3 = -\frac{1}{3}$, $x_4 = 2$

2 $\frac{1}{3(x+1)}$

3 a) $x_1 = \sqrt{2}$, $x_2 = -\sqrt{2}$, $x_3 = 1$, $x_4 = -1$

b) $x = -2$ c) $x_1 = 1$, $x_2 = -16$

d) $x = \frac{1}{2}$ e) $x_1 = 1$, $x_2 = 2$

f) $x = 1$ g) $x_1 = -2$, $x_2 = \frac{1}{2}$

4 a) $x_1 = 2,\ y_1 = 5;\quad x_2 = \frac{3}{2},\ y_2 = \frac{11}{2}$

b) $x_1 = -1,\ y_1 = 0;\quad x_2 = -1,\ y_2 = 1$

$x_3 = 1,\ y_3 = 0;\quad x_4 = 1,\ y_4 = -1$

5 a) $x = 1,\ y = 2$

b) $x_1 = 2,\ y_1 = 1;\quad x_2 = \frac{2}{3},\ y_2 = \frac{1}{3}$

c) $x = 1,\ y = 2,\ z = -1$

d) El sistema no tiene solución.

6 a)

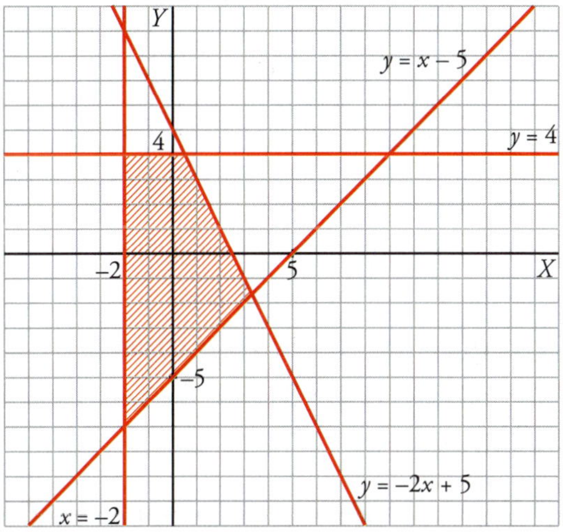

La solución es la región del plano sombreada, incluyendo los segmentos que la delimitan.

b) $x \in [-2, 3] \cap [1, +\infty] = [1, 3]$

7 a) $x \in (-1, +\infty)$ b) $x \in (-3, +\infty)$

8 Llamando $x,\ y,\ z$ a los radios de cada pista, se plantea el sistema $\begin{cases} x + y = 120 \\ x + z = 100 \\ y + z = 80 \end{cases}$.

Los diámetros de las pistas son 60 m, 100 m y 140 m.

Bloque I

1 a) Falsa. Los decimales no periódicos no se pueden expresar como fracción.

b) Verdadera.

c) Falsa. Todos los irracionales son reales.

d) Verdadera. Por ejemplo, $\sqrt{2} \cdot \sqrt{2} = 2$.

2 $A \cup B = (-2, 6)$ $A \cap B = [1, 5]$

3 a) $a\sqrt{a}$ b) $\sqrt{3} + 2\sqrt{2}$

c) 30 d) $\frac{3\sqrt{2} - 4\sqrt{6}}{6}$

4 $3{,}70 \cdot 10^{11}$

E.A. < $5 \cdot 10^8$

E.R. < $1{,}35 \cdot 10^{-3} = 0{,}00135 \rightarrow$ E.R. < 0,2 %

5 a) –3,9 b) 1,3 c) –3,3

6 a) $x = \frac{1}{4}$ b) $x = 3\sqrt{e}$

7 a) $x = 2;\ x = -2$ b) $x \in (3, 7)$

8 $-\frac{189}{4}x^7$

9 a) $a_n = \frac{18 - 5n}{4};\ S_{20} = -\frac{345}{2}$

b) $b_n = 2(n + 1)^2;\ S_{20} = 2(2^2 + 3^2 + 4^2 + \ldots + 21^2) = 6\,620$

c) $c_n = \sqrt{512}\left(\frac{\sqrt{2}}{2}\right)^{n-1} = \frac{16(\sqrt{2})^n}{2^{n-1}};\ S_{20} = \frac{\sqrt{2} - 2^{10} \cdot \sqrt{2}}{(\sqrt{2} - 2) \cdot 2^5}$

d) $d_n = 18 \cdot \left(-\frac{1}{3}\right)^{n-1};\ S_{20} = -\frac{18(1 - 3^{20})}{4 \cdot 3^{19}};\ S_\infty = \frac{27}{2}$

10 $S_{12} = 246$

11 Tendremos 2 816,49 €.

12 $\lim a_n = 0$ $\lim b_n = 5$ $\lim c_n = +\infty$

$\lim d_n = 2$ $\lim e_n = \frac{-3}{2}$ f_n es divergente

13 $a_n = \frac{n^2 + n}{2n^2};\ \lim a_n = \frac{1}{2}$

14 a) $\frac{x + 2}{x - 1}$ b) $\frac{x}{x + 1}$

15 a) $x_1 = 0,\ x_2 = -2$ b) $x_1 = 1,\ x_2 = -\frac{1}{2}$

c) $x = -3$ d) $x_1 = 0,\ x_2 = -1,\ x_3 = 2,\ x_4 = \frac{1}{3}$

16 a) $x_1 = 0,\ y_1 = 3;\ x_2 = 4,\ y_2 = -1$

b) $x \in (2, 5]$

17 2

18 a) $x = 1$ b) $x = -1$ c) $x_1 = 1,\ x_2 = -1$

d) $x = 1$ e) $x = \frac{1}{9}$ f) $x = e^2$

19 a) $x = 9,\ y = 1$ b) $x = 2,\ y = 3$

c) $x = 1,\ y = -1,\ z = 2$ d) El sistema no tiene solución.

20 a) $x \in (-\infty, -1] \cup [1, 2]$ b) $x \in (-\infty, -2) \cup (2, +\infty)$

21 Se vendieron 10 tartas de chocolate, 5 de nata y 12 de queso.

Unidad 4

1 Altura = 5,5 cm

Lado desigual = 8,6 cm

2 $\hat{B} = 36°\ 52'$; $\hat{C} = 53°\ 8'$; $a = 12{,}5$ cm; $b = 7{,}5$ cm

3
- $sen\ 154° = sen\ 26°$; $cos\ 154° = -cos\ 26°$

  $tg\ 154° = -tg\ 26°$
- $sen\ 207° = -sen\ 27°$; $cos\ 207° = -cos\ 27°$

  $tg\ 207° = tg\ 27°$
- $sen\ 318° = -sen\ 42°$; $cos\ 318° = cos\ 42°$

  $tg\ 318° = -tg\ 42°$
- $sen\ 2\,456° = -sen\ 64°$; $cos\ 2\,456° = cos\ 64°$

  $tg\ 2\,456° = -tg\ 64°$

4 a) $-\frac{3}{5}$ b) $-\frac{4}{3}$ c) $-\frac{4}{5}$

d) $-\frac{4}{5}$ e) $\frac{4}{3}$ f) $-\frac{3}{5}$

5 $\alpha = 105°\ 56'\ 43''$; $sen\ \alpha = 0{,}96$; $cos\ \alpha = -0{,}27$

6 La primera observación se hizo desde 51,9 m.

La altura del edificio es de 43,5 m.

7 a) $b = 24{,}72$ cm; $\hat{A} = 97°\ 9'$; $\hat{C} = 34°\ 51'$

$S = 232{,}98\ cm^2$

b) Hay dos soluciones:

$\hat{A}_1 = 42°\ 59'\ 9''$; $\hat{C}_1 = 107°\ 0'\ 51''$; $c_1 = 21{,}04$ cm

$S_1 = 78{,}9\ cm^2$

$\hat{A}_2 = 137°\ 0'\ 51''$; $\hat{C}_2 = 12°\ 59'\ 9''$; $c_2 = 4{,}94$ cm

$S_2 = 18{,}53\ cm^2$

8 45,36 cm

9 $\overline{DC} = \overline{BD} = 4{,}5$ m; $\overline{BC} = 8{,}3$ m

Unidad 5

1 a) $\frac{\sqrt{15}}{4}$ b) $\frac{-1-3\sqrt{5}}{8}$

c) $\sqrt{\frac{5}{3}}$ d) $\frac{-1-3\sqrt{5}}{8}$

2 a) $tg\ 2\alpha = tg(\alpha + \alpha) = \frac{tg\ \alpha + tg\ \alpha}{1 - tg\ \alpha\ tg\ \alpha} = \frac{2\ tg\ \alpha}{1 - tg^2\ \alpha}$

O bien:

$$tg\ 2\alpha = \frac{sen\ 2\alpha}{cos\ 2\alpha} = \frac{2\ sen\ \alpha\ cos\ \alpha}{cos^2\ \alpha - sen^2\ \alpha} =$$

$$= \frac{\dfrac{2\ sen\ \alpha\ cos\ \alpha}{cos^2\ \alpha}}{\dfrac{cos^2\ \alpha}{cos^2\ \alpha} - \dfrac{sen^2\ \alpha}{cos^2\ \alpha}} = \frac{2\ tg\ \alpha}{1 - tg^2\ \alpha}$$

b) $sen\ (\alpha + \beta) sen\ (\alpha - \beta) =$

$= (sen\ \alpha\ cos\ \beta + cos\ \alpha\ sen\ \beta)(sen\ \alpha\ cos\ \beta - cos\ \alpha\ sen\ \beta) =$

$= sen^2\ \alpha\ cos^2\ \beta - cos^2\ \alpha\ sen^2\ \beta =$

$= sen^2\ \alpha(1 - sen^2\ \beta) - (1 - sen^2\ \alpha) sen^2\ \beta =$

$= sen^2\ \alpha - sen^2\ \alpha\ sen^2\ \beta - sen^2\ \beta + sen^2\ \alpha\ sen^2\ \beta =$

$= sen^2\ \alpha - sen^2\ \beta$

3 a) $x_1 = 360°k,\ k \in \mathbb{Z}$; $x_2 = 180° + 360°k,\ k \in \mathbb{Z}$

$x_3 = 30° + 360°k,\ k \in \mathbb{Z}$; $x_4 = 150° + 360°k,\ k \in \mathbb{Z}$

b) $x_1 = 45° + 360°k,\ k \in \mathbb{Z}$; $x_2 = 225° + 360°k,\ k \in \mathbb{Z}$

4 a) 1 b) 2

5 $\frac{3\pi}{4}$ rad = 135°; $\frac{5\pi}{2}$ rad = 450°; 2 rad = 144° 35' 30''

6 a) $\frac{\pi}{3}$ rad = 1,05 rad b) $\frac{5\pi}{4}$ rad = 3,93 rad

c) $\frac{11\pi}{6}$ rad = 5,76 rad

7 Tendrá una longitud de 24 cm.

8 La gráfica corresponde a $y = sen\ \frac{x}{2}$. Su periodo es 4π.

Unidad 6

1 El resultado de la operación es $z = -1{,}9 + 3{,}7i$.

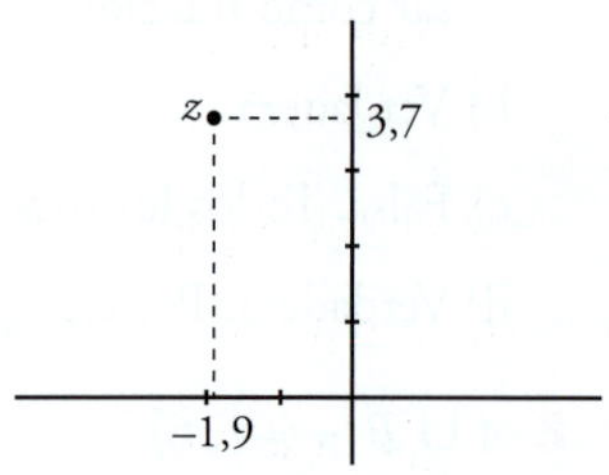

2 $z = -2 - 2\sqrt{3}\,i$

3 $a = -4,\ b = -7$

4 $z_1 = 5 + 2i,\ z_2 = 5 - 2i$

5 $x_1 = 2,\ x_2 = -2$

6 $2\sqrt{3}$ u

7 a)

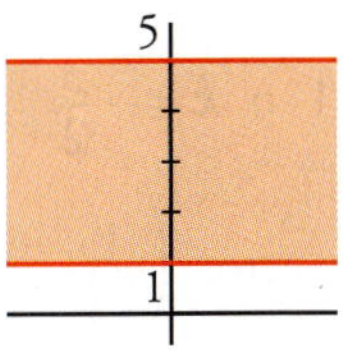

b)

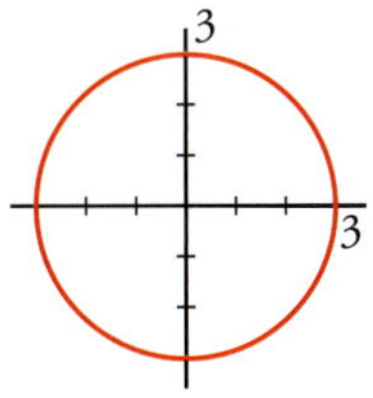

c)

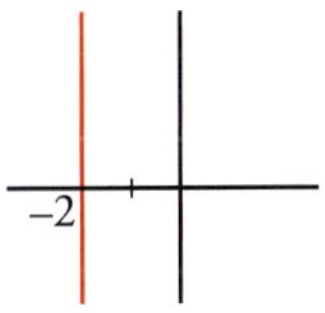

8 Los números son $6_{120°}$ y $3_{330°}$.

9 $z = a + bi,\ \bar{z} = a - bi$

$$\left.\begin{array}{l} z \cdot \bar{z} = a^2 + b^2 \\ |z| = \sqrt{a^2 + b^2} \rightarrow |z|^2 = a^2 + b^2 \end{array}\right\} z \cdot \bar{z} = |z|^2$$

10
$$\left.\begin{array}{l} 1_{90°} \cdot 1_{30°} = 1_{120°} \\ 1_{90°} \cdot 1_{30°} = -\dfrac{1}{2} + \dfrac{\sqrt{3}}{2}i \end{array}\right\} \cos 120° = -\frac{1}{2};\ \operatorname{sen} 120° = \frac{\sqrt{3}}{2}$$

11 $z = \dfrac{2\sqrt{3} - 3}{2} + \dfrac{2 + 3\sqrt{3}}{2}i$

Bloque II

1 12,9 cm

2 $c = 4{,}7$ cm; $b = 9$ cm; $\hat{C} = 30°\ 56'$; $\hat{B} = 99°\ 4'$

3 El globo está a 63,2 m de altura. El cable largo mide 110,3 m.

4 $\hat{A} = 19°\ 48'$; $\hat{C} = 132°\ 12'$; $\overline{AB} = 181{,}5$

La solución es única. Por tanto, podemos asegurar que $\overline{AB} > \overline{AC}$.

5 No existe un ángulo con las condiciones dadas. Si existiera, se obtendría $\cos \alpha = \dfrac{3}{4}$, y con este dato no se cumpliría la igualdad $\operatorname{sen}^2 \alpha + \cos^2 \alpha = 1$.

6 Perímetro = 61,48 cm; Área = 83,23 cm^2

7 a) $\cos 297° = \cos 63°$ b) $\operatorname{sen} 1\,252° = \operatorname{sen} 8°$

c) $\operatorname{tg} (-100°) = \operatorname{tg} 80°$ d) $\operatorname{sen} \dfrac{13\pi}{5} = \operatorname{sen} \dfrac{2\pi}{5}$

8 a) $\cos 2\alpha = \dfrac{-3}{5}$ b) $\operatorname{sen}\left(\dfrac{\pi}{2} - \alpha\right) = \dfrac{\sqrt{5}}{5}$

c) $\operatorname{sen} \dfrac{\alpha}{2} = \sqrt{\dfrac{5 - \sqrt{5}}{10}}$ d) $\operatorname{tg}\left(\dfrac{\pi}{4} + \alpha\right) = -3$

9 a) IV b) III c) I d) II

10 a) $\cos^4 x - \operatorname{sen}^4 x = (\cos^2 x + \operatorname{sen}^2 x)(\cos^2 x - \operatorname{sen}^2 x) =$

$= \cos^2 x - \operatorname{sen}^2 x = \cos^2 x - (1 - \cos^2 x) = 2\cos^2 x - 1$

b) $2\operatorname{tg} x \cdot \cos^2 \dfrac{x}{2} - \operatorname{sen} x = 2\,\dfrac{\operatorname{sen} x}{\cos x} \cdot \dfrac{1 + \cos x}{2} - \operatorname{sen} x =$

$= \dfrac{\operatorname{sen} x + \operatorname{sen} x \cdot \cos x - \cos x \cdot \operatorname{sen} x}{\cos x} = \dfrac{\operatorname{sen} x}{\cos x} = \operatorname{tg} x$

11 a) $x_1 = 0° + 360°k,\ k \in \mathbb{Z}$

$x_2 = 126°\ 52'\ 12'' + 360°k,\ k \in \mathbb{Z}$

b) $x_1 = 60° + 360°k$; $x_2 = 90° + 360°k$

$x_3 = 270° + 360°k$; $x_4 = 300° + 360°k$

12 $\bar{z} = 3_{300°}$; $-z = 3_{240°}$; $\dfrac{1}{z} = \left(\dfrac{1}{3}\right)_{300°}$

13 i

14 $x^2 + 2x + 4 = 0$

15 Los otros vértices están en los afijos de $2_{150°} = -\sqrt{3} + i$, $2_{240°} = -\sqrt{3} - i$ y $2_{330°} = \sqrt{3} - i$.

El lado del cuadrado mide $2\sqrt{2}$.

16 $a = 4,\ b = 7$

17 $z_1 = 2i,\ z_2 = -2i$

18 a)

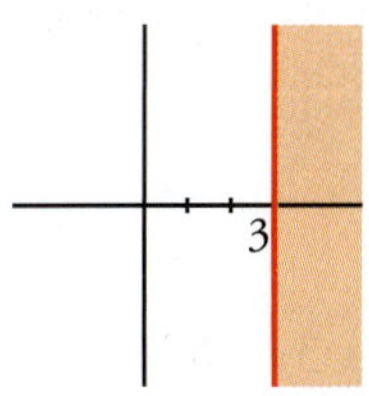

b)

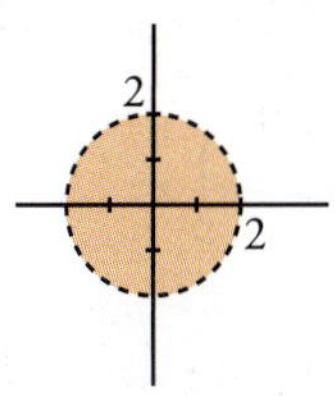

c)

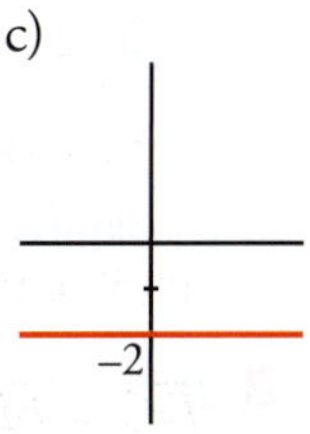

Soluciones a las autoevaluaciones

Unidad 7

1

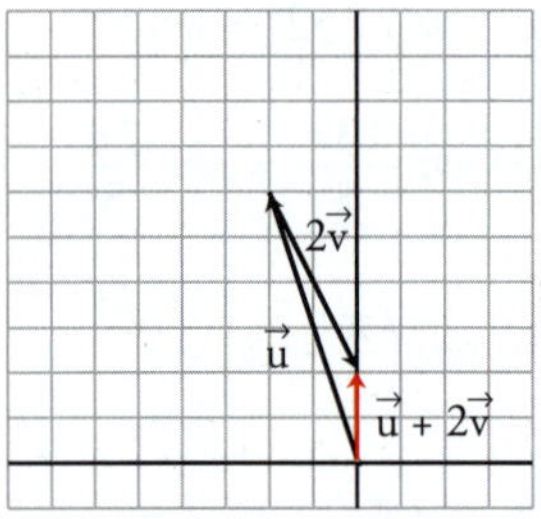

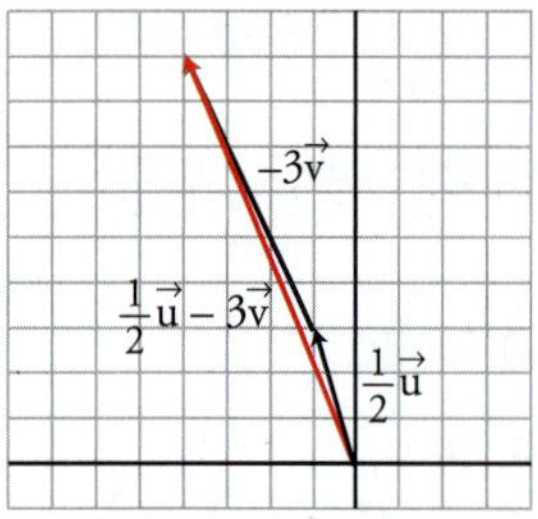

$\vec{u} + 2\vec{v} = (0, 2)$ $\qquad$ $\frac{1}{2}\vec{u} - 3\vec{v} = (-4, 9)$

2 a) $\vec{u} \cdot \vec{v} = \frac{1}{2}$ $\qquad$ b) $(3\vec{u}) \cdot (-2\vec{v}) = -3$

c) $proy_{\vec{u}}\,(\vec{u} + \vec{v}) = \frac{3}{2}$

3 $\vec{a} = 2(-2, 3) - 3(-1, 5)$

4 a) $\vec{u} \cdot \vec{v} = 2\sqrt{3}$ $\qquad$ b) $|\vec{u}| = 2,\ |\vec{v}| = 2$

c) $(\widehat{\vec{u}, \vec{v}}) = 30°$

5 a) Hay dos posibles soluciones:

$\vec{a_1} = \left(\frac{3}{5}, \frac{-4}{5}\right)$ $\qquad$ $\vec{a_2} = \left(\frac{-3}{5}, \frac{4}{5}\right)$

b) Hay dos posibles soluciones:

$\vec{b_1} = \left(\frac{8}{5}, \frac{6}{5}\right)$ $\qquad$ $\vec{b_2} = \left(\frac{-8}{5}, \frac{-6}{5}\right)$

6 a) $k = -2$ $\qquad$ b) $k_1 = 4,\ k_2 = -4$

7 $\vec{a} = (-1, -\sqrt{3})$ o $\vec{a} = (-1, +\sqrt{3})$

8 $\vec{u} = (-3, 4)$ o $\vec{u} = (3, -4)$

9 $|\vec{a} + \vec{b}| = 1;\ |\vec{a} - \vec{b}| = \sqrt{3}$

Unidad 8

1 a) $P(1, 3)$ $\qquad$ b) $k = -7$

2 a) Paramétrica: $\begin{cases} x = 3 + 5t \\ y = 2 + t \end{cases}$

Implícita: $x - 5y + 7 = 0$

b) Continua: $\frac{x}{3} = \frac{y}{-1}$

Explícita: $y = -\frac{1}{3}x$

3 a) $y = \frac{5}{2}x - 8$ $\qquad$ b) $2x + 3y - 6 = 0$

4 Haz de rectas: $a(x - 5) + b(y - 1) = 0$

La recta que pasa por (0, 1) es $y = 1$.

5 Las rectas r y s son perpendiculares y se cortan en el punto $P(3, 5)$.

Las rectas r y t son secantes y se cortan en el punto $Q(8, 2)$.

6 $k = \sqrt{3}$

7 a) $k = 11$ o $k = -1$ $\qquad$ b) $k = 1$ o $k = -\frac{3}{2}$

8 Ortocentro: $\left(\frac{21}{11}, \frac{103}{11}\right)$; Circuncentro: $\left(\frac{1}{22}, \frac{-37}{22}\right)$

Unidad 9

1 Se obtienen dos bisectrices:

$x + 2y - 8 = 0$

$4x - 2y - 7 = 0$

2 $x^2 + y^2 - 2x + 6y - 15 = 0$

3 r interior: $k \in (-8, 2)$

r tangente: $k = 2$ o $k = -8$

r exterior: $k \in (-\infty, -8) \cup (2, +\infty)$

4 a) $\sqrt{(x-3)^2 + (y-2)^2} + \sqrt{(x-1)^2 + (y+2)^2} = 6$

Simplificada: $8x^2 + 5y^2 - 4xy - 32x + 8y - 4 = 0$

b) $\left|\sqrt{(x-3)^2 + (y-2)^2} - \sqrt{(x-1)^2 + (y+2)^2}\right| = 2$

El valor absoluto da lugar a dos ecuaciones distintas que simplificadas resultan ser la misma ecuación:

$3y^2 + 4xy - 8y - 4 = 0$

c) $\sqrt{(x-3)^2 + (y-2)^2} = \frac{|x + y - 1|}{\sqrt{2}}$

Simplificada: $x^2 + y^2 - 2xy - 10 - 6y + 25 = 0$

5 a) Es una hipérbola:

$a = 3,\ b = 4,\ c = 5$

Asíntotas:

$y = \frac{4}{3}x;\ y = -\frac{4}{3}x$

Focos:

$F(5, 0)$ y $F'(-5, 0)$

Vértices:

$V(3, 0)$ y $V'(-3, 0)$

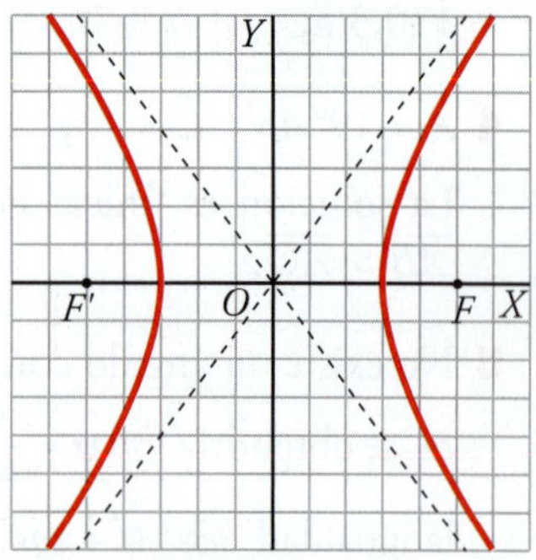

b) Es una hipérbola igual a la del apartado anterior, pero con su centro en el punto (5, –1): $a = 3$, $b = 4$, $c = 5$

Asíntotas: $y = \frac{4}{3}x - \frac{23}{3}$; $y = -\frac{4}{3}x + \frac{17}{3}$

Focos: $F(10, -1)$ y $F'(0, -1)$

Vértices: $V(8, -1)$ y $V'(2, -1)$

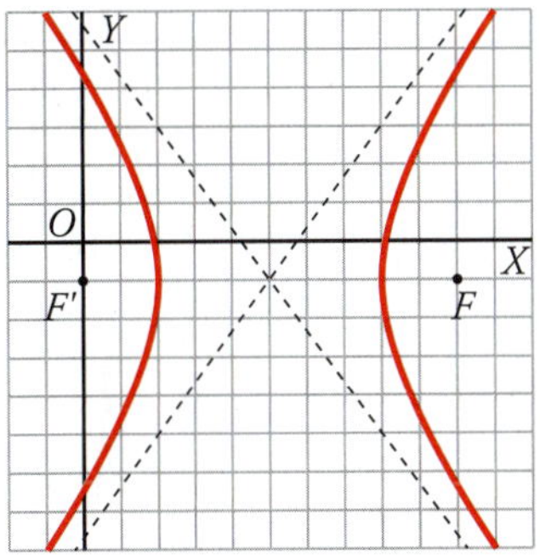

6 $\frac{x^2}{25} + \frac{y^2}{9} = 1$

7 Focos: $F(0, 5)$ y $F'(0, -5)$

Excentricidad: $e = \frac{5}{4}$

Asíntotas: $y = \frac{4}{3}x$; $y = -\frac{4}{3}x$

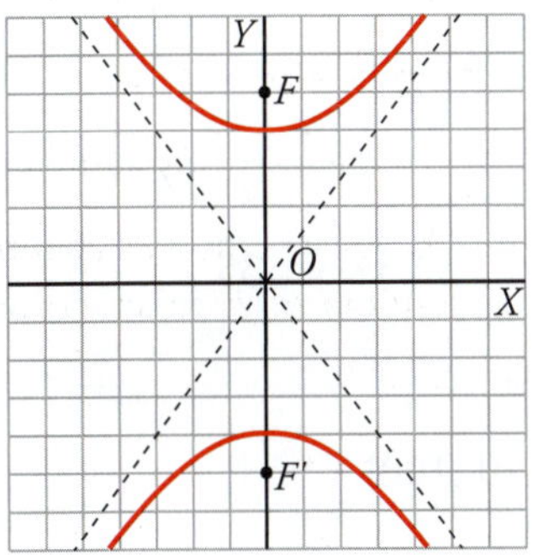

8 $y^2 = -12x$

9 El eje radical es la recta $y = \frac{5}{4}$.

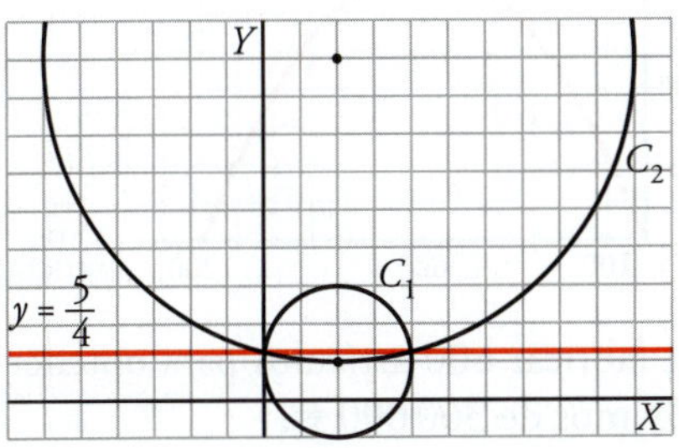

Bloque III

1 a) $|\vec{u}| = \frac{\sqrt{5}}{2}$ b) $-2\vec{u} + 3\vec{v} = (-1, -4)$

c) $2\vec{u} \cdot (-2\vec{v}) = -8$

2 $k = -2$

3 a) $proy_{\vec{u}}\ \vec{v} = -1$ b) $(\widehat{\vec{u}, \vec{v}}) = 116^\circ\ 33'\ 54''$

c) $\vec{w}(8, -7)$

4 $y = -8$

5 $D(3, 3)$

6 Ecuación paramétrica:

$$\begin{cases} x = t \\ y = 2t + 3 \end{cases}$$

Ecuación implícita: $2x - y + 3 = 0$

7 a) $k = -2$ b) $k = -4$ c) $k = \frac{1}{2}$

8 Las rectas son paralelas.

$dist\ (r, s) = 2\sqrt{2}$ u

9 Haz de rectas: $k(2x + y - 3) + t(x + y - 2) = 0$

Recta que pasa por $P(2, 3)$: $2x - y - 1 = 0$

10 C_1 es una circunferencia porque los coeficientes de x^2 e y^2 son 1, $\left(\frac{A}{2}\right)^2 + \left(\frac{B}{2}\right)^2 - C = 1 + 9 - 6 = 4 > 0$ y no tiene término en xy. Su centro es (1, – 3) y su radio es 2.

11 $\frac{x^2}{100} + \frac{y^2}{36} = 1$

12 La circunferencia y la recta son tangentes porque la distancia de la recta al centro de la circunferencia coincide con el radio de la misma.

13 Hay dos soluciones: $\vec{a} = \left(\frac{1}{2}, \frac{\sqrt{3}}{2}\right)$, $\vec{a}' = \left(\frac{1}{2}, -\frac{\sqrt{3}}{2}\right)$

14 $\vec{a} = (-2, 6) + (-3, -1)$

15 $A' = (2, 2)$

16 Hay dos soluciones:

$s: y - 3 = \frac{1}{3}(x - 1)$ $s': y - 3 = -3(x - 1)$

17 $P(5, 0)$ y $P'(-5, 0)$

18 a) Ortocentro: $\left(1, -\frac{3}{2}\right)$ b) Área = 6 u^2

19 a) $x - y - 2 = 0$ b) $x + (1 + \sqrt{2})y - 4 = 0$

c) $x + 3y - 4 = 0$

20 a) Es una parábola.

Foco: $F\left(\frac{3}{2}, 0\right)$

Vértice: (0, 0)

Directriz r: $x = -\frac{3}{2}$

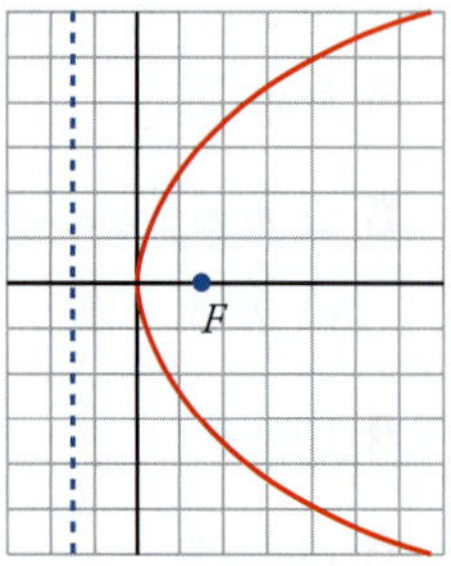

b) Es una circunferencia cuyo centro es el punto (0, 0) y su radio es 2.

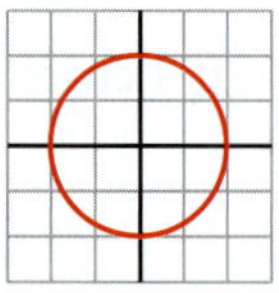

c) Es una elipse.

Constante: $k = 10$

Focos: $F(0, \sqrt{21})$ y $F'(0, -\sqrt{21})$

Semiejes: 5 y 2.

Excentricidad: $e \approx 0{,}92$

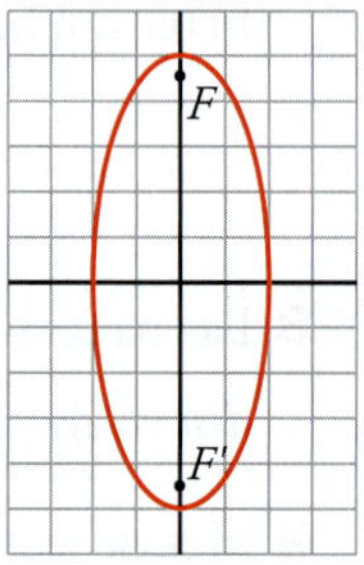

d) Es una hipérbola.

Centro: (1, –1)

Semiejes: $a = 4$, $b = 3$

Excentricidad: $e = 1{,}25$

Asíntotas: $y = \frac{3}{4}(x - 1) - 1$; $y = -\frac{3}{4}(x - 1) - 1$

Focos: $F(6, -1)$ y $F'(-4, -1)$

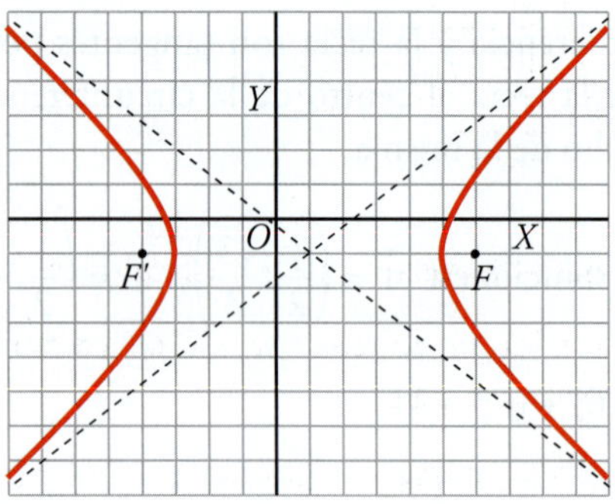

21 $(y + 1)^2 = 8(x + 1)$

22 $3x^2 + 3y^2 + 4x - 6 = 0$

Es una circunferencia de centro $O\left(-\frac{2}{3}, 0\right)$ y radio $\frac{\sqrt{22}}{3}$.

Unidad 10

1 a) $(-\infty, 0] \cup [2, +\infty)$

b) $\mathbb{R} - \{0, 1\}$

2 a)

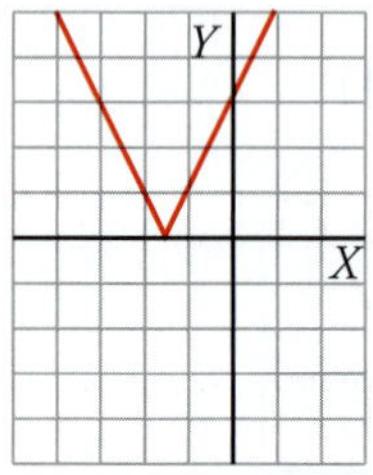

b)

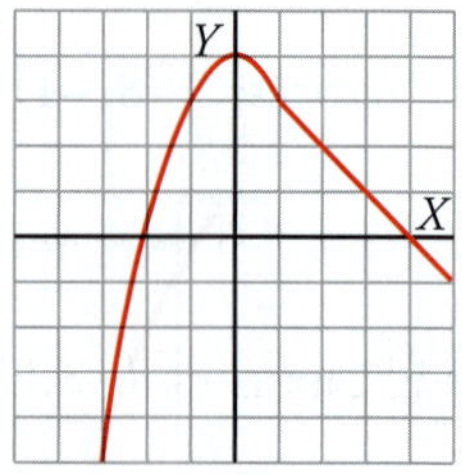

3

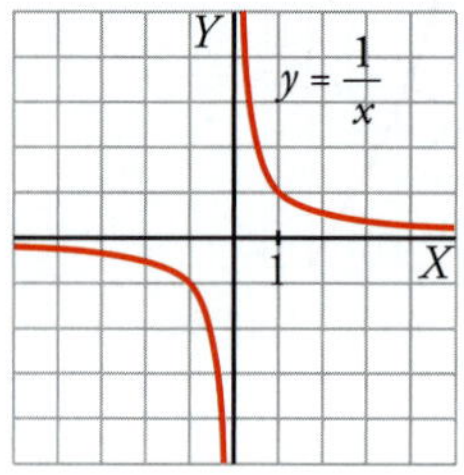

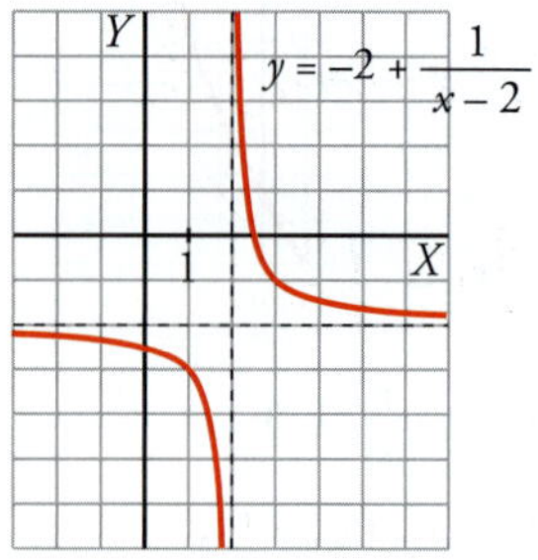

4 a)

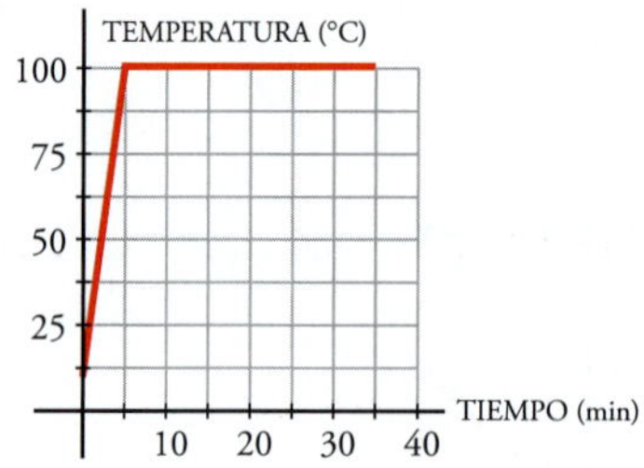

$$f(x) = \begin{cases} 18x + 10 & \text{si } 0 \le x < 5 \\ 100 & \text{si } 5 \le x \le 35 \end{cases}$$

b) *Dom* $f = [0, 35]$

Recorrido $f = [10, 100]$

5 a) Ingresos = 350 000 €

b)

$I(x) = p \cdot x = 12x - 0{,}01x^2$

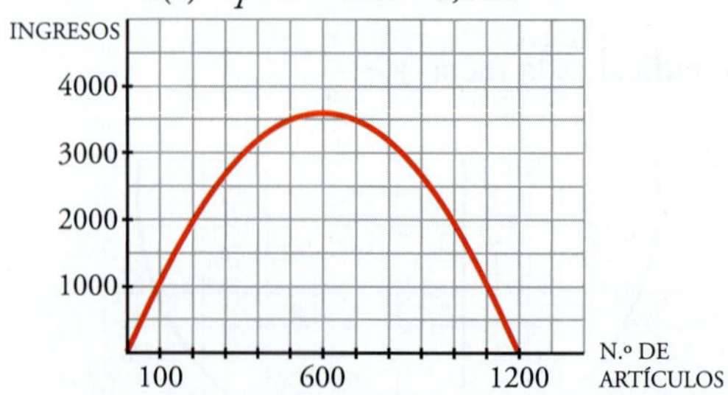

c) Deben fabricar 600 artículos para obtener unos ingresos máximos de 360 000 €.

6 a) $C = 2\,000 \cdot (1{,}06)^t$. Función exponencial creciente.

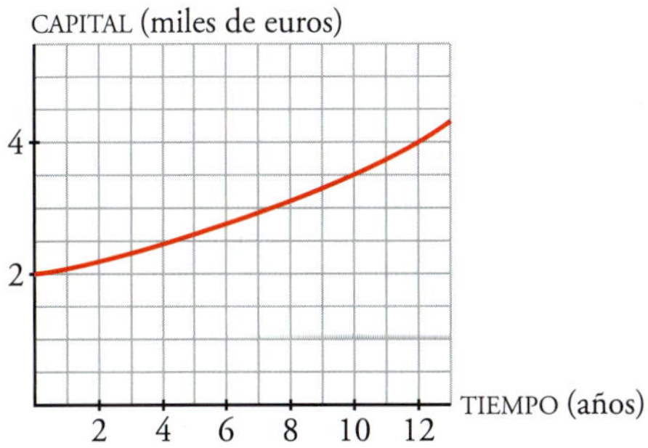

b) El capital tardará 12 años en duplicarse.

7 a) $f[g(2)] = 0$ b) $g[f(15)] = 1$

c) $f \circ g(x) = \sqrt{\dfrac{x-2}{x-3}}$ d) $g^{-1}(x) = \dfrac{1}{x} + 3$

Unidad 11

1 $\lim\limits_{x \to 0} f(x) = -5$

$\left.\begin{array}{l} \lim\limits_{x \to 3^+} f(x) = -1 \\ \lim\limits_{x \to 3^-} f(x) = 1 \end{array}\right\}$ No coinciden. No existe $\lim\limits_{x \to 3} f(x)$.

$\lim\limits_{x \to 5} f(x) = 13$

La función es continua en $x = 0$ y en $x = 5$. No es continua en $x = 3$.

2 a) $\lim\limits_{x \to 0} 2^{x-1} = \dfrac{1}{2}$ b) $\lim\limits_{x \to 5} \dfrac{1}{\sqrt{x+4}} = \dfrac{1}{3}$

c) $\lim\limits_{x \to 4} \dfrac{x}{(x-4)^2} = +\infty$

3 a) $\left.\begin{array}{l} \lim\limits_{x \to 3^+} f(x) = -\infty \\ \lim\limits_{x \to 3^-} f(x) = +\infty \end{array}\right\}$ No coinciden. No existe $\lim\limits_{x \to 3} f(x)$.

$\lim\limits_{x \to 2} f(x) = 1$

$\lim\limits_{x \to +\infty} f(x) = 0$

$\lim\limits_{x \to -\infty} f(x) = +\infty$

b) $\lim\limits_{x \to 3} f(x) = 0$

$\left.\begin{array}{l} \lim\limits_{x \to 2^+} f(x) = 1 \\ \lim\limits_{x \to 2^-} f(x) = 3 \end{array}\right\}$ No coinciden. No existe $\lim\limits_{x \to 2} f(x)$.

$\lim\limits_{x \to +\infty} f(x) = -\infty$

$\lim\limits_{x \to -\infty} f(x) = 3$

4 Asíntota vertical: $x = 2$

$\lim\limits_{x \to 2^-} f(x) = -\infty$

$\lim\limits_{x \to 2^+} f(x) = +\infty$

Asíntota horizontal: $y = 4$

Si $x \to +\infty$, $y > 4$

Si $x \to -\infty$, $y < 4$

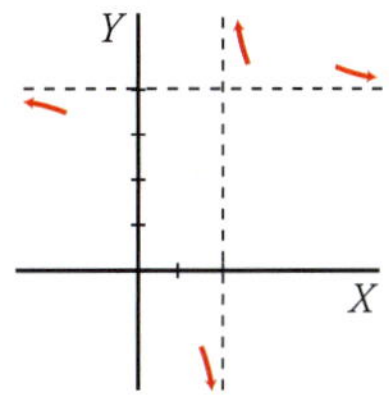

5 La función es continua para valores de x menores que 1 y mayores que 1. Para que sea continua en 1, los límites laterales han de coincidir:

$$a - 2 = 4 - 2a \to a = 2$$

6 $\lim\limits_{x \to 3} f(x) = 9$

$\lim\limits_{x \to 2^+} f(x) = +\infty$

$\lim\limits_{x \to 2^-} f(x) = -\infty$

$\lim\limits_{x \to +\infty} f(x) = +\infty$

$\lim\limits_{x \to -\infty} f(x) = -\infty$

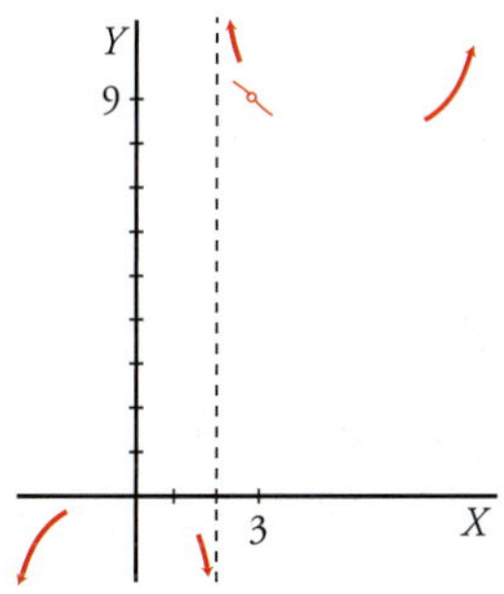

7

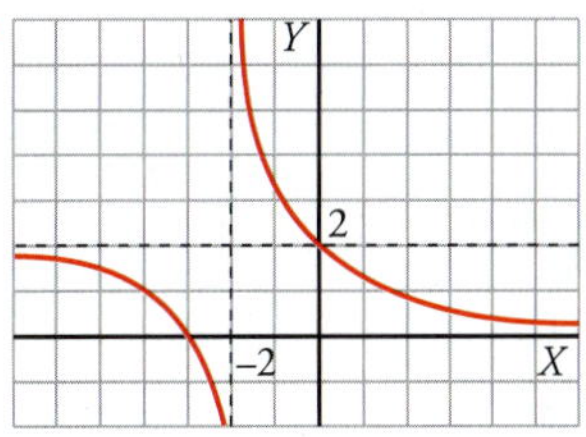

8 No tiene asíntotas verticales ni horizontales.

Tiene una asíntota oblicua, $y = 2x$. La posición de la curva respecto a ella es:

Si $x \to +\infty$, curva < asíntota

Si $x \to -\infty$, curva > asíntota

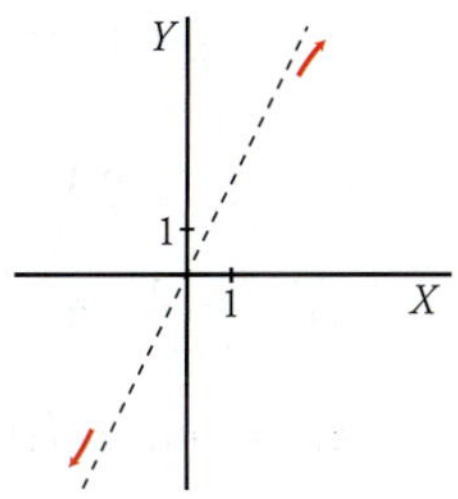

Unidad 12

1 a) T.V.M. [0, 3] = $-\frac{1}{2}$; T.V.M. [–4, –2] = 2

b) Sí, $P(-2, 4)$. c) Para $x < -2$. d) $f'(0) = -1$

2 $f'(-2) = \lim\limits_{h \to 0} \frac{f(-2+h) - f(-2)}{h} = \lim\limits_{h \to 0} \frac{h^2 - 7h}{h} =$

$= \lim\limits_{h \to 0} (h - 7) = -7$

3 a) $y' = \frac{1}{3\sqrt[3]{x^2}} - \frac{4}{x^3}$

b) $y' = \frac{1}{x} - 1$

c) $y' = -2\pi \cos \pi x \operatorname{sen} \pi x$

d) $y' = \frac{3x^4(x^2 - 4x)}{(x-2)^4}$

4 $y = 2x - 2$

5 La función tiene un solo punto singular, (1, 2), que no es ni máximo ni mínimo.

6 a) Asíntota vertical: $x = 2$

Posición: Si $x \to 2^-$, $f(x) \to +\infty$; Si $x \to 2^+$, $f(x) \to -\infty$

Asíntota oblicua: $y = -x$

Posición: Si $x \to +\infty$, $f(x) < -x$; Si $x \to -\infty$, $f(x) > -x$

b) Mínimo en (0, 2). Máximo en (4, –6).

c)

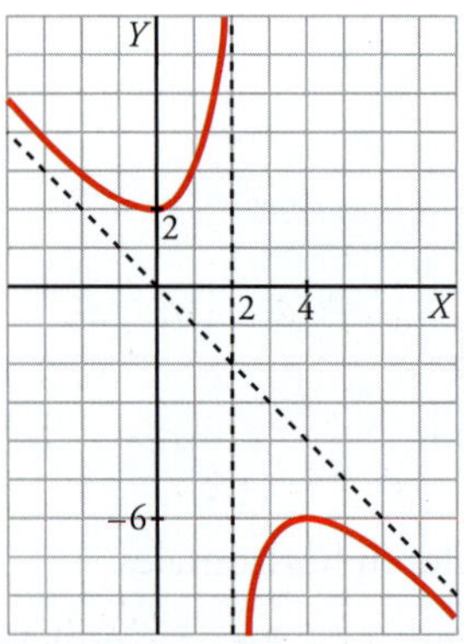

7

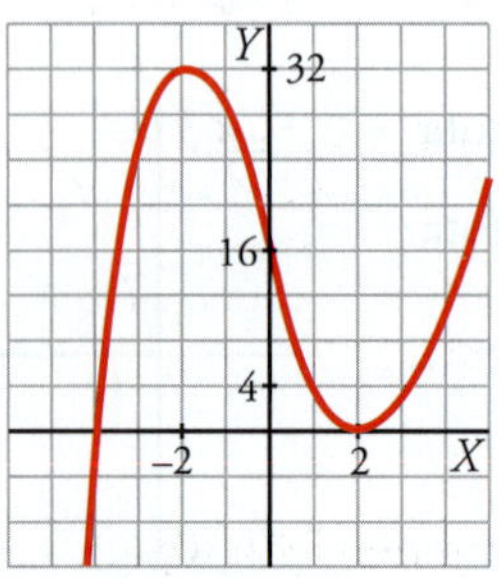

8 Dominio de definición: $\mathbb{R} - \{0\}$

Asíntota vertical: $x = 0$

Si $x \to 0^+$, $f(x) \to -\infty$

Si $x \to 0^-$, $f(x) \to -\infty$

Asíntota horizontal: $y = 1$

Si $x \to +\infty$, $f(x) < 1$

Si $x \to -\infty$, $f(x) < 1$

No tiene puntos singulares.

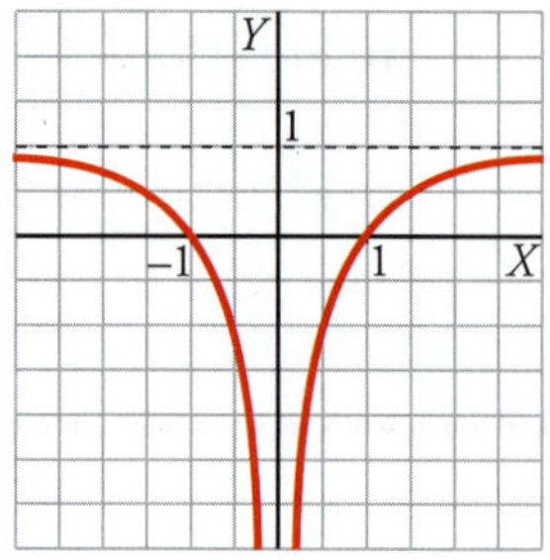

9 Crecimiento: $(-\infty, -1) \cup (3, +\infty)$

Decrecimiento: (–1, 3)

10 $b = -3$, $c = 1$

11 Hay que maximizar la función $f(x) = 34x - x^2$. Los números buscados son 17 y 17.

Bloque IV

1 a) *Dom* $f = (-\infty, 3]$; *Recorrido* $f = (-\infty, 0]$

b)

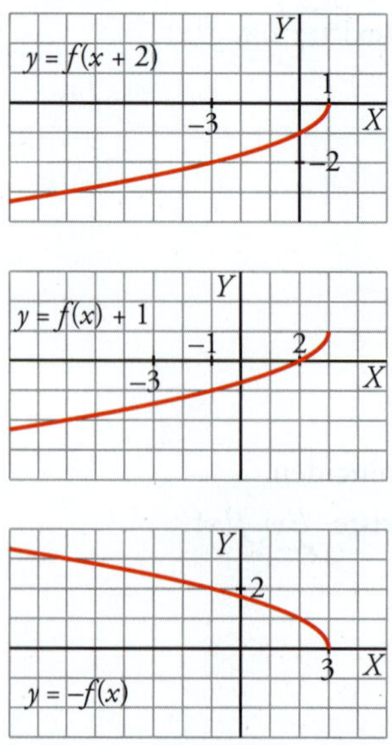

c)

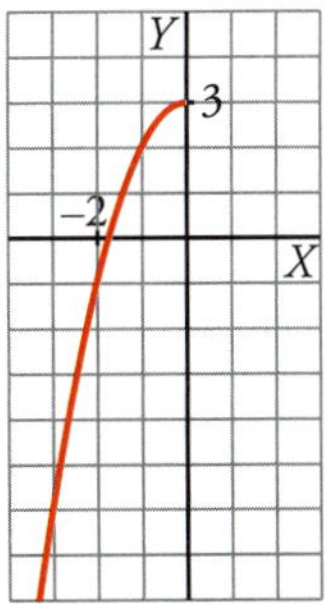

2 a)

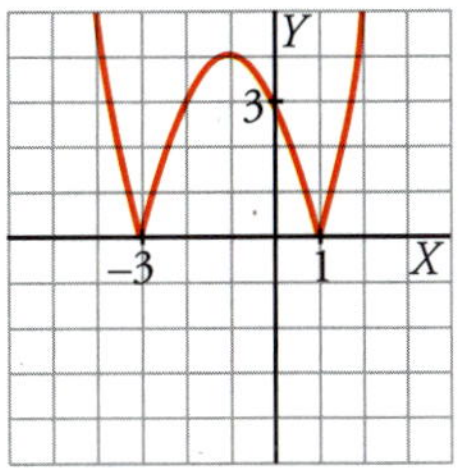

b)

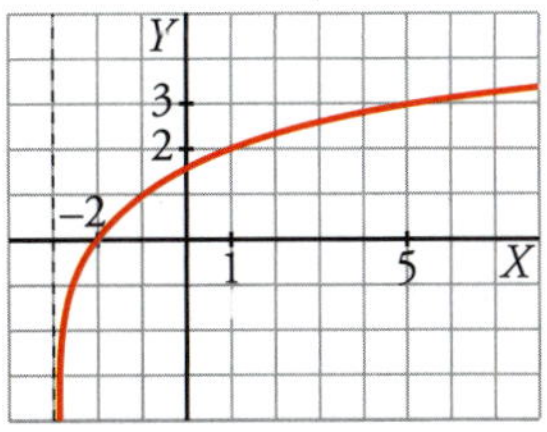

3 $a = 20$, $c = -4\,280$

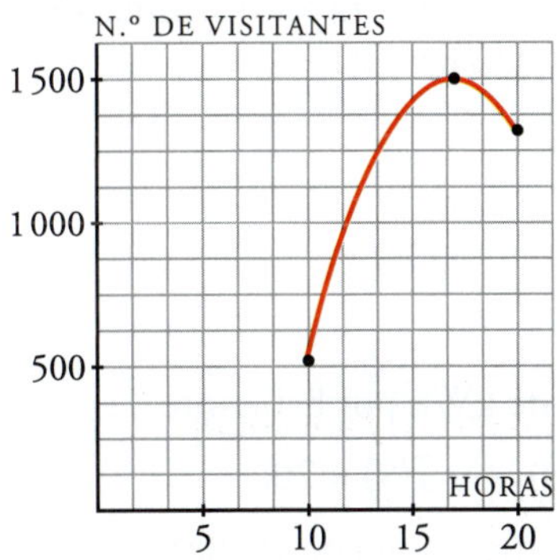

4

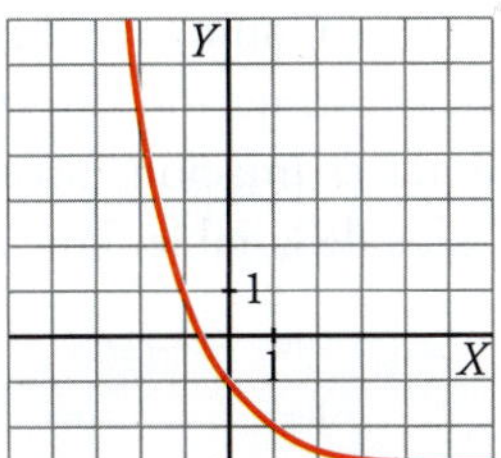

Función inversa: $y = 1 - \log_2 (x + 3)$

5 a) Población inicial = 1 500 insectos

b) Entre 7 y 8 días.

6 $p = g \circ h$; $q = f \circ g$; $r = h \circ f$

7 a) $\lim\limits_{x \to -\infty} \dfrac{3x-5}{x^2+1} = 0$

b) $\lim\limits_{x \to +\infty} e^{1-x} = 0$

c) $\lim\limits_{x \to 1} \dfrac{x^2-2x+1}{x^2-3x+2} = 0$

8 a) $b = 1$

b) $\lim\limits_{x \to 2} f(x) \neq f(2)$

Por tanto, $f(x)$ no es continua en $x = 2$.

9 $f'(x) = \lim\limits_{h \to 0} \dfrac{3x+3h-5-3x+5}{2h} = \lim\limits_{h \to 0} \dfrac{3h}{2h} =$

$= \lim\limits_{h \to 0} \dfrac{3}{2} = \dfrac{3}{2}$

10 $y = 9 - x$

11 Puntos singulares: (0, –5), (2, 11) y (–2, 11)

Máximos: (2, 11) y (–2, 11)

Mínimo: (0, –5)

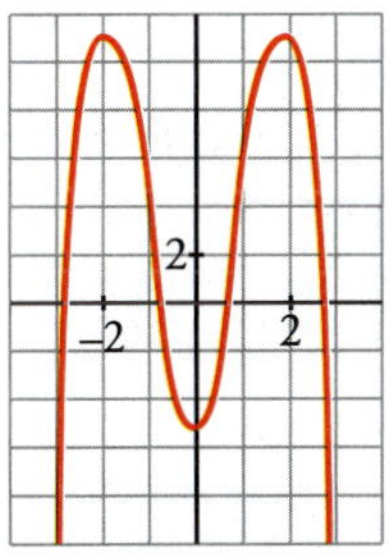

12 a) $f'(x) = \dfrac{1 + tg^2 x}{2\sqrt{tg\,x}}$ b) $f'(x) = \dfrac{1 - \ln x}{x^2}$

c) $f'(x) = \dfrac{2x}{1+x^4}$ d) $f'(x) = 0$

e) $f'(x) = \dfrac{1}{2\sqrt{1-x^2}}$ f) $f'(x) = \dfrac{2\sqrt{x}+1}{4\sqrt{x}\sqrt{x+\sqrt{x}}}$

g) $f'(x) = \dfrac{2}{3} \cdot \dfrac{1}{x}$ h) $f'(x) = \dfrac{-2x-6}{2x^2+3x}$

13 a) f crece en $(-\infty, -2) \cup (2, +\infty)$.

f decrece en $(-2, 2)$.

b) f es creciente en todo su dominio: $\mathbb{R} - \{0\}$

14 a) Asíntotas verticales: $x = 1$, $x = 3$

Asíntota horizontal: $y = 1$

b) Mínimo: (0, 0); Máximo: $\left(\frac{3}{2}, -3\right)$

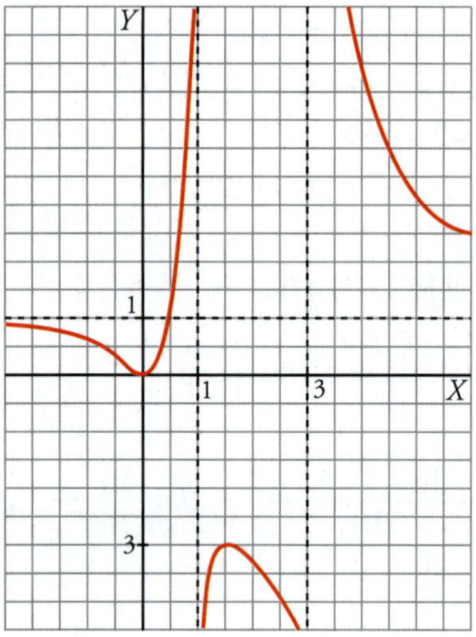

15 Tiene asíntota oblicua $y = \frac{4 + 2x^2}{x} = \frac{4}{x} + 2x$.

La asíntota es $y = 2x$.

Si $x \to +\infty$, curva > asíntota

Si $x \to -\infty$, curva < asíntota

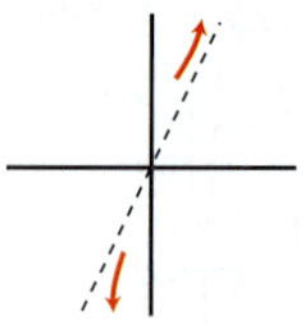

16 $a = -12$, $b = 17$

17 a) f crece si $x < 1$, y decrece si $x > 1$.

b) f tiene un punto de tangente horizontal en $x = 1$.

18 La función es continua en todo $\mathbb{R}$ y derivable en $\mathbb{R} - \{1\}$.

19 $\frac{1}{e} - 1$

20 Base = $\sqrt{60}$ m; Altura = $\sqrt{60}$ m

Unidad 13

1 a) 0,6 b) –0,7 c) –0,9 d) 0,2

2

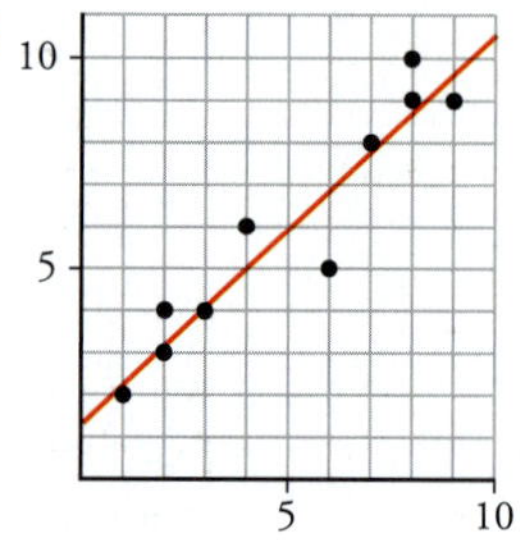

a) $\bar{x} = 5$; $\bar{y} = 6$

$\sigma_x = 2{,}8$; $\sigma_y = 2{,}7$; $\sigma_{xy} = 7{,}1$

b) $r = 0{,}95$

c) $y = 0{,}91x + 1{,}45$

d) $\hat{y}(5) = 6$; $\hat{y}(10) = 10{,}55$

Las estimaciones son muy fiables porque el valor de $r = 0{,}95$ es muy alto.

3 a) $\bar{y} = 13$

b) $\hat{y}(12) = 16{,}2$; $\hat{y}(50) = 77$

La primera estimación es aceptable, pues 12 está próximo a $\bar{x} = 10$ y el coeficiente de correlación es alto (0,8). La segunda estimación es poco significativa, pues 50 se separa demasiado de $\bar{x}$.

c) $y = 13 + 2{,}5(x - 10)$

4 a) $y = 0{,}80 + 0{,}41x$

b) $r = 0{,}93$

c) $\hat{y}(4{,}4) = 2{,}6$ miles de kWh por habitante

d) $9 = 0{,}80 + 0{,}41\hat{x}(9) \to \hat{x}(9) = 20$.

Se estima una renta per cápita de 20 000 €.

e) En la primera estimación (apartado c), el valor $x = 4{,}4$ es próximo a los valores de la tabla. Como el coeficiente de correlación es alto (0,93), la estimación es razonablemente fiable. En la segunda estimación (apartado d), el valor $y = 9$ es lejano a los de la tabla. Por tanto, la estimación es poco fiable.